KB083513

식민지의 사립전문학교,
한국대학의 또 하나의 기원

지은이(수록순)
정준영 鄭駿永, Jung Joon-Young
서울대학교 규장각한국학연구원 교수, 사회학·사회사.

김일환 金日煥, Kim Il-Hwan
서울과학기술대학교 인문사회교양학부 교수, 사회학·사회사.

조은진 趙慇珍, Cho Eun-Jin
서울대학교 역사학부 강사, 한국사.

강명숙 姜明淑, Kang Myung-Sook
배재대학교 교직부 교수, 교육학·교육사.

김필동 金弼東, Kim Pil-Dong
충남대학교 사회학과 명예교수, 사회학·사회사.

윤해동 尹海東, Yun Hae-Dong
한양대학교 비교역사문화연구소 교수, 한국사.

이경숙 李暻叔, Lee Kyung-Sook
경북대학교 강사, 교육학·교육사.

김근배 金根培, Kim Geun-Bae
전북대학교 과학학과 교수, 과학사.

김정인 金正仁, Kim Jeong-In
춘천교육대학교 사회과교육과 교수, 한국사.

최은경 崔銀暻, Choi Eun-Kyung
경북대학교 의과대학 의료인문학전공 교수, 의사학.

장신 張信, Jang Shin
한국학중앙연구원 한국학대학원 교수, 한국사.

식민지의 사립전문학교, 한국대학의 또 하나의 기원
초판인쇄 2023년 11월 10일 **초판발행** 2023년 11월 20일
엮은이 정준영
펴낸이 박성모 **펴낸곳** 소명출판 **출판등록** 제1998-000017호
주소 서울시 서초구 사임당로14길 15 서광빌딩 2층
전화 02-585-7840 **팩스** 02-585-7848
전자우편 somyungbooks@daum.net **홈페이지** www.somyong.co.kr

ISBN 979-11-5905-814-1 93910

이 저서는 2019년 대한민국 교육부와 한국연구재단의 지원을 받아 수행된 연구임(NRF-2019S1A5A2A03055704).

식민지의 사립전문학교, 한국대학의 또 하나의 기원

Private Colleges of Colonial Korea, a Historical Origin of Korean University System

정준영 엮음

정준영 김일환 조은진 강명숙 김필동 윤해동 이경숙 김근배 김정인 최은경 장신

서문_한국대학의 출발, 식민지의 사립전문학교를 통해 다시 생각하기

굳이 범람하는 위기론들을 들춰볼 필요도 없이, 오늘날 한국의 대학은 도처에 위기가 아닌 것이 없을 정도로 심각한 기능부전의 상태에 놓여 있는 듯하다. 게다가 산적山積한 위기는, 그 정체를 제대로 포착하고 있느냐의 여부와는 별개로 처음부터 조치가 난망難望한 상황이다. 한국의 대학은 누구라도 그 중요성을 부인하지 않는 공물公物처럼 간주되지만, 실제로 상당수는 사적으로 소유되고 운영되며 관리되는 사물私物로서 존재하기 때문이다. 다시 말해, 한국 대학의 대부분이 사립대학이라는 사실은 공적인 개입을 통해 대학의 위기를 근본적으로 해결하는데 원천적인 제약으로 작동한다는 말이다.

사실 한국의 고등교육이 지나치게 사립대학에 의존한다는 점은 문제로 지적된 지 오래다. 하지만 수많은 문제 제기에도 불구하고 의존성이 약해졌다는 징후는 보이지 않는다. 코로나 이전 한국의 사립대학은 이미 대학기관 전체의 80%, 제적 대학생 수의 약 70%를 넘어섰다. 법인화가 되었지만, 여전히 '국립대학'의 이상을 내세우고 있는 서울대학교를 비롯해서 지역별로 국공립 대학들이 존재하지만, 이들이 양적으로 사립대학의 우위에 섰던 적은 해방 이래 없었다. 심지어 교육과 연구 등 대학이 제공하는 사회적 기능과 관련해서도 국공립 부문이 사립 부문에 앞선다고 말하기 쉽지 않다. 수도권의 유력 사립대학의 경우에는 초기부터 질적으로 국공립대학에 못지않았으며, '지방의 몰락'과 연동해서, 갈수록 지방 국공립대학과 수도권 사립대학 사이의 격차는 커졌다. 코로나19 사태와 인구절벽 등 전례 없는 대학의 위기 속에서 대형 사립대학이 도리어 양질 모두 성장하고 있는 상황을 보자면, 한국의 대학체제 내에서 사립대학의 비중과 의존은 명확해 보인다. 갈수록 심화되고 있다고 판단해도 무리는 아닐 것 같다.

그런데 한국처럼 사립의 비중이 압도적인 경우는 세계적으로도 찾아보기 드문 사례이다. 지금 지구적인 차원에서 고등교육과 학술생산의 '보편적인' 제도로 군림하고 있는 '대학university'은 원래 중세 유럽에서 시작해서 근대보다 오랜 역사적 연원을 가지는데, 19세기 초반 독일에서 '창조된 전통'으로 새롭게 부활—실은 전前에 없는 것의 발명에 가깝다—했다. 합리, 진보, 문화의 이념을 구현하는 수단으로 유럽 각국의 부르주아 계급에게 열렬한 지지를 받기 시작했던 근대대학은, 국민을 실질적으로 창출하는 문화적인 장치를 필요로 했던 국가의 요구와 맞물리면서 서구사회의 중심적인 제도 중 하나로 순조롭게 정착했다. 원래 기원이 어떠했든지 간에 근대대학은 교육과 연구 등 운영의 자율성을 국가가 보장하고 있다는 점에서 대체로 공공적인public 성격이 강했다.

그리고 이런 특성은 대학이 고등교육의 모델로서 확산되는 과정에서도 그대로 관철된다. 주지하다시피, 근대대학은 19세기 후반부터는 제국주의의 흐름에 편승해서 지구 전역으로 퍼져나가게 되는데, 비서구사회에서는 기존의 공공적인 성격에 선진적인 지식의 수용을 통해 서구의 문명을 추격한다는 국가주의적 특징이 추가되기도 한다. 물론 20세기 후반이 되면 사립대학의 비중이 조금씩 늘어나는 현상은 지구적 차원에서 관찰된다. 하지만, 이러한 경향은 고등교육의 대중화, 기존 대학운영의 비효율 혹은 관료주의화 문제, 지식과 교육의 상품화 현상의 심화 등과 관련된 것으로, 한국처럼 국가형성과 더불어 대학체제가 확립되는 초창기부터 압도적으로 사립대학에 의존하는 형태는 좀처럼 드물다. 교육정책학자 대니얼 레비Daniel Levy에 따르면, 일정한 수준으로 자본주의 산업화를 이룬 국가들 중에서 사립대학 비중이 높은 사례는 한국 말고는 일본뿐이다.[1] 대학사가 로저 가이거Roger L. Geiger는 사립대학체계의 비교유형

1 Daniel Levy, "Global Private Higher Education : An Empirical Profile of its Size and Geographical Shape", *Higher Education* 76(4), 1983, pp.701~715.

론을 제시하면서 한국과 일본을 한 범주로 묶어서 '사립부문이 대규모인 유형 Mass Private Sector'으로 규정했다. 프랑스와 스웨덴처럼 사립부문이 주변적인 유형이나 네덜란드나 벨기에처럼 사립부문과 공립부문이 평행하는 유형과 대조된다.[2]

따라서 한국사회 특유의 사립대학 의존성을, 지금까지는 대학을 사물私物처럼 간주했던 일부 사립 교주校主들의 전횡專橫과 같이 묶어서 '후진성'이나 '퇴행성'으로 단정하고 분석하는 경우가 많았지만, 상황은 그리 간단치 않다. 오늘날 관찰되는 '대학의 사사화私事化'는 이처럼 다양한 유래나 원천을 가지는 이질적인 현상들이 '지금 여기'에 중첩된 결과 혹은 그로 말미암은 효과로 볼 필요가 있기 때문이다. 악명 높은 한국 사립대학의 문제 또한 마찬가지가 아닐까?

여기서 단서가 되는 것은 역시 일본과 한국이 사립대학의 비중이 대단히 높다는 측면에서 유사하다는 점이다. 주지하다시피, 한국사회는 일본 제국주의에 의해 식민 지배를 받는 가운데 본격적인 의미에서 근대경험을 시작했다. 고등교육과 대학 경험 또한 마찬가지다. 오랜 연원을 가진 수준 높은 고등교육의 전통을 가지고 있지만, 한국사회가 근대적 의미에서 '대학university'을 본격적으로 경험했던 것도 이 식민지의 시기였다. 식민권력은 직접 설립한 경성제국대학 이외에 어떤 대학도 승인하지 않았지만, 대학이 무엇이고, 어떠해야 하는지에 대한 우리 사회의 기본적인 감각은 대학설립을 불허不許하는 조선총독부과 대결하고 싸워가면서, 때로는 순응과 타협도 감수하면서 서서히 형성되었다.

대학을 설립하고 운영하는 물질적인 부담은 민民에게 떠넘기면서도 교육의 공적 성격을 내세우며 국가의 개입과 간섭은 당연시하는 근대일본 특유의 교육정책은 일본뿐 아니라 한국의 대학체제가 형성되는 과정에서 결정적으로 주

---

2 Roger L. Geiger, *Private Sectors in Higher Education : Structure, Function, and Change in Eight Countries*, University of Michigan Press, 1983을 참조

효했다. 나아가 다양한 형태의 고등교육기관을 종별화種別化하고 여기에 특유의 위계적인 서열과 이에 따른 특권을 부여하는 권력의 통제방식은 사람들의 입신출세立身出世의 욕구를 자극하면서, 사람들 사이에, 그리고 학교들 사이에 균열과 경쟁을 조장했다. 전형적인 '분할통치Divide and Rule'로, 이로써 권력은 단순한 '금지'를 넘어 '생산'적인 힘이 된다. 서로 알아서 싸우고, 서로를 이기기 위해 권력에 기대기 때문이다. 사실 이런 특징을 생각해보면, 우리는 본격적인 '대학의 시대'를 맞이하기 이전에, 이미 지금의 대학체제를 가능하게 만드는 '게임의 규칙'을 이미 마련한 것처럼 보인다. 대학이라고는 총독부가 설립한 제국대학 한 곳뿐이고, 교수 중 한국인이 하나도 없었던 것에서 단적으로 드러나듯이, 대학 운영에 피식민자가 접근하는 것은 철저히 배제되었다. 그러나 식민지사회는 대학을 지향하고 선망했던, 때로는 총독부의 대학에 대결을 꿈꾸었던 여러 형태의 '미생未生'들이 존재했다.

그중에서도 식민권력에 의해 전문학교로 인정받았던 사립전문학교들은 조선인들을 주된 대상으로 삼았으며, 비록 좌절되었지만 끊임없이 대학승격을 지향하고 있었다는 점에서, 한국대학의 실질적인 출발점 중 하나가 될 만하다. 심지어 이들 사학私學들이 처했던 존재론적 제약들, 전문학교를 운영하며 얻게 된 경험들도 한국의 대학이 지금의 모습으로 만들어지는데 중요하게 작용했다. 가령, 전문학교라는 제약 때문에 실용적인 전문교육을 넘어서는 지식과 교육의 보편성을 현실의 교육현장에서 구현하기 위한 노력과 노하우가 부족할 수밖에 없었는데, 이런 경험부족이 한국대학 특유의 교육관의 부재, 교양교육의 경시 등과 관련이 있지 않을까. 식민당국과 한국인 학생들의 요구 사이의 틈바구니에서 사립전문학교들이 취했던 운영 전략은 해방 이후 이들이 대학으로 승격한 이후 과연 달라졌을까.

이 책이 한국대학의 출발을 말하면서 식민지 유일의 '대학'이 아니라 식민지의 사립전문학교들에 주목한 이유도 여기에 있다. 사실 요즘 식민지시기 한국의 교육과 학술에 대한 관심이 늘어나면서 덩달아 식민지의 최고학부最高學府 경성제국대학에 대한 관심도 늘어났다. 경성제국대학이 어쨌든 간에 식민모국의 엘리트대학을 본따 만들어진 대학이었고, 일개 고등교육기관을 넘어서 '식민지 조선'을 학술의 대상으로 설정했던 지식생산의 기관이었기 때문이다. 대상으로서, 객체로서 '조선'이 창출되고, 이에 대한 지식생산을 독점하려는 일련의 지식정치, 그리고 그 와중에 '과학'으로서의 권위와 효력을 발하는 지식·권력의 상호연루 양상이 주목받기도 했다. 경성제국대학의 설립이 그저 식민통치의 시혜施惠가 아닌 만큼, 설립과 운영을 둘러싸고 권력의 속셈과 이를 받아들이는 척 어지럽게 엇갈리는 식민지 사람들의 의뭉한 동선動線이 분석의 대상이 되기도 했다. 꼭 경성제국대학에 한정되지는 않는 총독부의 다양한 문화적 통치기구들의 작용과 그 효력이 관학官學 아카데미즘의 차원에서 분석되기도 했다.

반면, 사립전문학교는 이런 식민지관학에 대항하는 '민족사학民族私學'으로 높여지기도 했지만, 정작 본격적인 연구는 비교적 드물었다. 자료가 부족한 것은 관학이나 사학이나 매한가지이지만, 설령 학교의 실태나 운영의 상황을 알 수 있는 자료가 있어도 상대적으로 공개를 꺼리는 분위기도 한몫하는 듯싶다. 서울대가 그렇듯이 후신後身의 단절斷切 선언으로 명맥이 끊어진 경성제국대학이나 관립전문학교들과는 달리, 사립전문학교는 현재 유수의 명문 사립대학교로 이어져 여전히 살아있는 과거로 남아있는 탓도 적지 않을 것이다. 자료도 없는데다 힘센 후신後身의 눈치를 보아야 하는 상황인 것이다. 게다가, 사립전문학교는 엄밀히 말하자면 식민지시기의 주도적인 고등교육기관이었을지언정 대학은 아니라는 인식도 은밀히 깔려있는 듯하다. 한국의 대학체제를 다룬다면, 1945년 해방 이후를 다루던가, 그 이전이라면 경성제국대학 정도를 분석하는 것이 맞지 않겠느냐는 통념이다.

그런데 이런 통념은 관점을 달리하면 다른 것이 보인다. 식민지의 경성제국대학은 앞서 언급했듯이, 그 운영에 있어서 한국인이 철저히 배제되었다. 식민지 시기 내내 한국인은 교수는커녕, 조교수가 되는 경우도 드물었고, 따라서 대학의 학사學事 운영과 이를 둘러싼 과제들은 철저하게 일본인 교원들의 몫이었다. 제국대학을 나온 '조센진'은 많았어도 제국대학에서 가르치고 학사를 운영해본 한국인은 전무했던 것이다. 그리고 이 문제는 해방 직후 전면적으로 부상한다. 일본에서 교육받은 지식인들은 최고학부인 제국대학을 대학의 숨은 이상이나 모델로 삼았지만, 정작 그것을 어떻게 운영해야 하는지 경험은 없다. 가진 실제 경험이란 것은 식민지 전문학교를 세우고, 가르치며, 운영해오며 쌓아온 것들이다. 제국대학을 나온 '조센진'도 식민지의 학계에 남으려면 사립전문학교 교원이 되는 것이 당시로서는 최선이었기 때문에, 이 경험은 제국대학과 전문학교로 분리되는 것은 아니다. 결국 해방 이후 한국의 지식인들은 사립전문학교의 경험을 토대로 한국의 대학체제를 구성할 수밖에 없었다. 선망했던 유럽의 근대대학—실제로는 그 경유지로서 일본의 제국대학—도, 미국의 대학도 '책을 통해 배우거나 학생으로서 체험하는' 표피적인 경험일 수밖에 없다. 오히려 한국의 대학은 경성제국대학이 아니라 차라리 사립전문학교의 후예는 아니었을까? 그렇다면 식민지의 사립전문학교를 통해서 우리는 한국대학의 역사를 어떻게 읽고, 위기의 국면에서 무엇을 다시 생각할 것인가? 이 책은 이러한 문제의식에서 출발한다.

여기서 우리가 주목했던 것은 사립전문학교의 존재방식과 식민지 상황 속에서의 특징이다. 보통 학교를 규정할 때 제일 통상적인 방식은 교육체제 혹은 학교의 단계에 근거하는 것이다. 교육의 목표가 무엇이고, 몇 년의 교육연한을 필요로 하며, 학력學歷의 위계적 자격이 어떻게 배분되는가 따위를 먼저 따져

묻는 것이다. 이러한 시각은 각 학교나 교육이 해당 사회에서 어떻게 인식되고 있는지를 포착하는데 크게 도움이 되겠지만, 학교들 사이의 위계를 미리 전제한다는 점은 아무래도 신경이 쓰인다. 가령, 전문학교도 제국대학도 모두 고등교육을 실시하는 기관이지만, 우리는 이미 제국대학이 전문학교보다 우월할 것이라고 단정할 것이다. 대학으로 승격한 전문학교와 그렇지 못한 전문학교를 견줄 때도 비슷한 단정이 전제된다. 하지만 이들 고등교육기관은 기본적으로는 더 이상의 진학進學은 없는, 최종 교육기관이라는 점, 그리고 이들 교육기관의 위계를 규정하는 것이 외부의 국가기관이며, 게다가 식민통치의 경우에는 그것이 총독부라는 것을 고려한다면, 이런 단정은 그 자체가 검토와 분석의 대상으로 떠오른다. 승격과 인가 등은 학교의 수준이나 교육의 질을 일정하게 반영할 수 있지만, 결정하는 것은 아니라는 것이다.

그런 의미에서 식민지 사립전문학교는 여러모로 특이한 조직이다. 첫째, 식민지 교육체제 안에 있으면서도 조선인 학생만을 받았으며, 조선어로 교육이 이루어졌다. 학력 자격은 차이가 있겠지만, 이것만으로 일본어로 교육이 이루어지는 내선공학內鮮共學의 관립고등교육기관과의 비교가 실은 그리 간단치가 않은 것이다. 둘째, 심지어 이들 학교는 '대학'으로 인정받지는 못했지만, 비공식적으로는 조선인들에 의한 조선학을 모색하기도 했다. 제국대학이 근대분과학문의 '과학적' 권위를 기반으로 "조선인 없는 혹은 조선인을 배제한 조선학"을 추구했다면, 사립전문학교는 "조선인에 의한, 조선인을 위한 조선학"을 표방했다는 점에서 결정적인 차이가 있었다. 조선인 지식인들은 제국대학에서는 정보원informant 취급 이상을 기대하기 어렵기 때문에 식민지의 사립전문학교야말로 학문하기가 제도적으로 가능한 유일한 거처였다. 셋째, 사립전문학교를 다니면서 배운 실용적인 '전문지專門知'가 식민시기 및 식민이후의 상황에 어떤 의미와 역할을 가지는지에 대해서도 이제 심각하게 따져볼 필요가 있다. 제국대학에 비해 열등한 위상이라고 해도, 사립전문학교에서 배우는 전문지는 식민지 지식인들이 접근할 수 있는 최고 수준의 지식이며, 따라서 이를 몸에 익힌 전문 지식인들이 식민지사회, 그리고 해방 이후의 한국사회에서 어떤 역할을 수행하는지를 추적할 필요가 있는 것이다. 그런 의미에서 식민지 사립전문학교는 그저 식민지 교육체제에 편입된 하나의 학교 단계로만 이해될 수 없다. 오히려 식민지 사립전문학교가 조선인이나 선교재단이 운영하는 하나의 조직으로서, 식민지 교육체제에 편입되어 있지만 거기에 완전히 통합되지는 않았다는 점, 학술과 교육의 측면에서 식민지 시기 이래 한국사회에 독특한 기여를 해왔다는 사실을 염두에 두고 이를 분석할 필요가 있는 것이다.

제1부에 수록된 연구들은 이처럼 식민지 전문학교, 그 중에도 사립전문학교의 존재방식과 이들이 직면하는 식민지의 현실을 다룬다. 정준영은 이 책의 전체적인 문제의식이라고 할 식민지 전문학교체제의 특징을 개괄하는 한편으로, 중앙불교전문학교를 사례로 들어 '민족사학民族私學'이라는 신화를 해부한다. 과연 식민지관학에 대립했을까, 현실은 저항보다는 길항拮抗에 가깝지 않았을까, 해방 이후 그 후과後果는 무엇일까 따위를 묻는다. 김일환은 식민지의 사립전문학교가 재단법인의 형태로 설립되고 운영되도록 규정된 이유와 그 역사적 맥락을 추적하면서, 식민지의 상황에서 사립의 재단법인이 의미하는 바가 무엇인지, 그리고 이를 공공적으로 운영하는데 직면하는 문제는 무엇인지를 보성전문학교의 사례를 들어 설명한다. 조은진은 식민지조선에 전문학교라는 제도가 어떻게 도입되는지를 주목하면서, 관립전문학교의 규정이 어떻게 바뀌며 누가 입학할 자격을 가지는가의 문제를 내선공학의 문제로 풀어간다. 사립전문학교 자체는 다루지 않지만 그 자리는 짐작할 수 있다. 강명숙은 1938년부터 1945년까지 조선총독부의 전문학교 정책과 전시체제하에서 급변하는 전문학교의 상황을 다룬다. 특히 일본 본토의 고등교육정책과 긴밀하게 연관되면

서, 전문학교의 교육이 전쟁 준비의 와중에 형해화形骸化되는 양상이 드러난다. 이공계의 강조와 인문계 전문학교의 폐지 등의 상황은 지금과 관련해서 기시감旣視感이 드는 대목이다.

제2부에서는 식민지에서 지식인이 된다는 것, 학문을 한다는 것이 가지는 의미를 사립전문학교를 통해 풀어나간다. 김필동은 사회학 교육이라는 관점에서 전문학교, 그 중에도 사립전문학교가 조선인 사회학자가 조선인 학생을 대상으로 조선어로 사회학을 가르칠 수 있는 장소가 될 수 있었음을 방대한 사료를 수집해서 세밀하게 살피고 있다. 이 글에는 향후의 과제로 남겼지만 경성제국대학에 사회학 강좌가 개설되었고 일본인 사회학자가 부임해서 경성제국대학은 물론 중앙불교전문학교—이후 혜화전문학교로 변경—에서 가르쳤다는 사실은 흥미로운 대조를 이룬다. 윤해동은 전통적인 지식체계이자 종교였던 유교가 '국가종교'라는 관점에서 어떻게 고등교육의 대상으로 포섭되게 되었는지를 경학원에서 명륜학원, 명륜전문학교로 이어지는 변화를 통해 추적하고 있다. 종교와 국가윤리 사이를 진동하면서, 유교를 전문학교에서 교육될 수 있는 전문적인 지식체계와 교과과정으로 재편되는 양상은 음미해볼 대목이다. 이경숙은 학력學歷 엘리트로서 새롭게 출현하고 있는 식민지 지식인들의 거처로서 사립전문학교에 주목한다. 제약이 있을지언정 식민지 전문학교, 그 중에도 사립전문학교는 식민지 지식인이 아카데미즘의 안팎에서 공적인 연구 활동을 수행할 수 있는 거의 유일한 장소였기 때문이다. 여기서는 숭실전문학교를 사례로 교수채용의 경로는 어떠했고, 교수진의 구성과 역량은 어떤 특징이 있었는지, 여기서 구성된 지식인 네트워크의 특징은 또 무엇인지를 세밀하게 따라간다.

제3부에서는 식민지 전문학교에서 배운다는 것이 가진 의미를 따져본다. 특히 자칫 간과되기 쉬우나, 실용적인 전문지식을 몸에 익힌 식민지의 엘리트들

이 식민지 현실에서 어떻게 살아갔으며, 해방 이후의 공간에서는 무엇을 추구했는지를 추적한다. 김근배는 종종 문과계 사립전문학교로 다루어지곤 했던 숭실전문학교의 잊힌 역사에 주목한다. 이학과와 농학과는 어떻게 설치되고 운영되었으며 여기서 배출한 조선인 과학기술자들은 누구였는지, 그리고 이들은 식민지 및 이후 해방공간에서 어떤 활동을 전개했는지를 묻는다. 김정인은 식민지 여성교육의 지향점 중 하나로 교사양성에 주목하고, 이화여자전문학교의 보육과, 음악과, 가사과, 문과의 설립과 운영을 교사 양성의 측면에서 분석한다. 흥미로운 것은 1938년이 되면, 식민지 여성전문학교와 관련해서 숙명여자전문학교와 경성여자의학전문학교가 개교를 하는데, 특히 숙명여자전문학교는 가정생활에 대한 지식과 기술을 중심으로 중산층의 아내와 어머니로서 갖추어야 할 자질을 연마하는 목표를 내세움으로써 이화여자전문학교와 상당한 차이를 보인다는 지적이다. 여성의 사회 진출이라는 사회사적 맥락에서 따져 볼 필요가 있는 지점이다. 경성여자의학전문학교의 설립과 관련해서는 최은경은 이 학교설립을 주도했던—하지만 완성할 수 없었던—4인의 도쿄여자의학전문학교 출신 여의사들의 활동을 추적한다. 정자영, 현덕신, 유영준, 길정희가 그들인데, 이들은 이후 여성운동에서 사회주의 운동에 이르기까지 다양한 길을 걸었다. 이 글을 통해 필자는 식민지 조선에서 여자 의사로 양성되어 살아간다는 것의 의미를 묻고 있다. 마지막으로 장신은 해방 이후 한국의 의학교육에 일본식도 아니고 미국식도 아닌, 독특한 형식의 의예과가 성립하게 된 배경을 따진다. 특히 예과과정이 존재하는 경성제국대학 의학부와 예과과정이 없었던 관립 및 사립 의학전문학교들이 종합대학의 의학부으로 전환되는 가운데, 현실적인 필요 때문에 '전문부'가 과도기적으로 운영되는 혼란상 속에 성립되는 사정을 밝힌다. 예과교육을 제외하면 대학의학부나 의학전문학교나 교육과정 면에서는 크게 다르지 않다는 점은 생각한다면, 의예과의 탄생이야말로 식민지 의학교육의 '탈식민적 효과'라 할 만하다. 어찌 보면 이 사례는 지금의 한국대학이 식민지 전문학교의 후계後繼임을 드러내는 상징적인 에피소드 중 하나일지도 모르겠다.

이 책에 수록된 글들은 공식적으로는 2019년에 시작되어 지금까지 계속되고 있는 공동연구을 바탕으로 한다. 이 책에 참여하신 선생님 중에서 윤해동, 강명숙, 김정인, 이경숙, 김일환 선생님, 사정상 참여하지 못하신 신주백 선생님과는 식민지 전문학교를 단서 삼아 한국대학의 역사 전반을 폭넓게 공부할 수 있는 기회를 가졌고 앞으로도 계속할 예정이다. 공부의 동반이 되어주셔서 늘 마음 든든하고 감사했고 앞으로도 잘 부탁드린다는 말씀을 편자로서 드리고 싶다. 다만, 이 책의 구성과 관련해서는 식민지 전문학교와 관련된 연구는 아직 연구가 초기 단계이고 사료의 제약 등 한계도 만만치 않아서 공동연구팀의 작업만으로 아쉬움이 없지 않았다. 그러던 차에 공동연구팀 밖에서 탁월한 연구작업을 수행하시는 선생님들을 모셔서 가르침을 받았고 그중 일부 선생님들께서 이 책에 옥고의 수록을 흔쾌히 승낙해주셨다. 덕분에 이 책은 이제 다행히도 식민지의 사립전문학교 주제에 관련해서 우리 학계가 도달한 지점을 어느 정도 드러낼 수 있게 되었다. 김필동, 김근배, 장신, 최은경, 조은진 선생님께 감사드린다. 전적으로 편자의 게으름으로 일정이 많이 늦어졌다. 인내로 기다려주시고 관련한 수고로움을 감당해주신 우리 공동연구팀의 '최대 성과' 김일환 선생님께는 특별히 더 감사하다는 말씀을 드리고 싶다. 제각각의 연구들을 책으로 묶어 세상에 선보일 수 있도록 애써주신 소명출판의 편집부께도 감사드린다.

편자 정준영

차례

제3부 전문학교에서 배운다는 것
식민지 현실과 길항하는 전문지專門知

제1부

민족사학民族私學이라는 신화, 식민지 전문학교라는 현실

식민지 전문학교체제 혹은 '민족사학'의 이면(裏面)

중앙불교전문학교의 사례

정준영

사립전문학교의 재단법인화와 공공성

보성전문학교의 사례

김일환

관립전문학교의 학제와 내선공학(內鮮共學)

조은진

전쟁과 식민지 전문학교

1938년 이후의 전문학교 정책

강명숙

식민지 전문학교체제 혹은 '민족사학'의 이면裏面*

중앙불교전문학교의 사례

정준영

1. 들어가며 – 식민지 사립전문학교, 어떻게 볼 것인가

최근 우리 학계에서는 근대학술의 형성과정을 새로운 시각에서 다시 보려는 시도가 제법 활발해진 듯 보인다. 우리 사회에 근대적인 학문체계가 어떤 경로로 도입되었고, 또 굴곡진 근현대 100년의 역사 속에서 어떠한 정착, 변용, 축적의 과정을 겪어왔는지가 새삼 주목의 대상으로 떠오른 것이다. 그리고 이런 시도들은 단순히 개별 분과학문들이 이루어온 학문적 축적을 평가하는 데 그치지 않고, 학문생산을 지탱해왔던 학술제도 전반에까지 성찰의 범위를 넓혀가고 있다. 물론 이러한 경향이 그냥 출현한 것은 아니다. 배후에는 현재 우리의 학계가 심각한 위기와 도전에 직면해있다는 위기의식, 고등교육과 학문연구를 지탱해왔던 제도적 기반들이 거대한 전환의 국면 속에 놓여있다는 공감대가 가로놓여 있기 때문이다. 너무 위기가 오래고 깊어서 '위기'라는 용어조차 이제는 식상해 보일 지경이지만, 그럼에도 현실의 위기[1]에서 학술생산과 고

* 『사회와 역사』 128집에 실린 필자의 글 「식민지관학과 '민족사학'의 사이–중앙불교전문학교와 식민지 전문학교체제」의 내용을 일부 보완하고 단행본 형식에 맞게 수정한 것임을 밝혀둔다.

등교육의 사회적 조건이 어떻게 구축되어 왔는가를 묻는 것은 여전히 유효하리라 믿는다. 이 질문은 대학의 위기가 어디에서 연원되었으며 무엇을 어떻게 바꾸어야 할 것인가 하는 당면한 현실의 과제와 직결되기 마련이기 때문이다.

그런데 이러한 문제제기가 실제 생산적인 성과로 이어지기에는 수많은 장벽들이 남아있는 것도 사실이다. 학술형성이라는 연구대상을 역사적으로 고찰한다는 것은 당연히 연구주체가 되는 지식인들의 존재기반을 파헤친다는 것을 의미한다. 사회학자 부르디외의 표현을 빌자면, 이것은 "객관화의 주체를 객관화시키는 고찰", 즉 인식주체가 가질 수 있는 "특권을 스스로 박탈한 후, 사용할 수 있는 모든 객관화의 도구들—통계적 조사, 기술記述, 인류학적 관찰, 역사적 연구 등—로 무장하는 고찰"이 되어야 하는 작업이다.[2] 연구자가 자신이 발 딛고 있는 그 지반을 스스로 파헤쳐야 하며, 따라서 나와 내 주변이 의도했던 의도하지 않았던 수많은 논란과 스캔들 속에 휘말릴 수도 있다는 위험도 어쩌면 감내해야 한다.

게다가 논의를 우리 사회의 학술형성으로 좁히면 이런 고생스러움과 성가심은 더 심해진다. 이유는 여러 가지이겠다. 근대적인 학술제도가 도입되고 사회적으로 정착하는 초기 조건은 이후의 경로에 크게 영향을 주었을 것이다. 학술적 지식의 창출주체들이 모두 식민통치의 자장磁場 속에서 형성되었다는 사실도 간과하기 어려울 것 같다. 나아가 식민이후 분단 및 냉전체제를 거치면서 특정 이데올로기의 편향성이 학술생산의 전제조건처럼 작동했다. 이처럼 근대적 학술제도의 도입 및 그 정착의 궤적은 식민지적인 조건 그리고 식민 이후postcolonial의 상황과 분리되기 어려울 만큼 밀접하게 관련되고 있었다. 오늘날

---

1 현재 한국 대학사회가 직면한 문제와 이른바 '대학위기' 담론의 위기에 대해서는 정준영, 「대학, 우리가 아는 것과 모르는 것」, 『릿터』 22호, 2020을 참조할 것.

2 P. Bourdieu, *Pascalian Meditations*, trans. by R. Nice, London : Polity Press, 2000, pp.9~10.

까지도 우리의 학술 제도와 관행 속에 남겨져 있는 식민지의 상흔傷痕들을 어떻게 분석할 것인가 하는 과제는 새삼 한국의 지식인이란 누구인가, 그 존재기반에 관한 질문과 분리하기 어려워지고 만다. 최근 학술형성과 관련해서 활발하게 문제제기가 이루어지고 있지만 정작 시론試論적인 논의를 넘어서는 것이 좀처럼 드문 이유도 여기에 있는 것은 아닐까. 우리 사회의 학술 및 고등교육의 제도와 관행이 어떤 특징을 가지며 그것이 어떠한 역사적 조건 속에서 형성되었는지에 관련해서 여러 의문들이 제기되고 있지만, 아직도 많은 것들은 여전히 '질문' 수준에 머물러 있다.

이 장에서는 우리 사회의 학술형성과 관련해서 이렇게 남겨진 질문 중 하나를 다루어보려고 한다. 일제시기 고등교육과 학술생산에 있어서 중요한 제도적 근거 중 하나였던 식민지 전문학교, 그 중에서도 '민족사학民族私學'이라 불렸던 사립전문학교의 존재방식에 관한 질문이 그것이다. 주지하다시피, 조선총독부는 조선인의 고등교육을 철저하게 억압하는 정책으로 일관해왔다. 1910년대 초반에는 '시세와 민도'를 구실로 아예 일체의 고등교육을 허용하지 않았다. 1915년 이후 고등교육기관 허용이 불가피해진 상황에서도 총독부는 다양한 방식으로 고등교육기관 설립을 모색했던 조선인들의 시도를 저지하려 애썼다.[3] 대학설립을 둘러싸고 식민지사회와 헤게모니 경쟁도 마다하지 않았고 그 결과가 경성제국대학이하, 경성제대의 설립이었다.[4] 일단 대학설립을 선점하자, 조선총독부는 식민통치가 지속되는 동안 경성제대를 제외하곤 일체의 대학설립 시도를 허용하지 않았다.

결국 식민지 민간사회에서 다양한 형태로 추진되었던 대학설립의 시도들은

3 1910년대 중반 조선총독부가 고등교육을 허용하게 된 경위에 대해서는 다음을 참조. 정준영, 「1910년대 조선총독부의 식민지교육정책과 미션스쿨－중·고등교육의 경우」, 『사회와 역사』 72집, 한국사회사학회, 2006.

4 정준영, 「경성제국대학과 식민지 헤게모니」, 서울대 박사논문, 2019를 참조.

대학이 아닌 '전문학교'로서 식민지 교육체제에 편입되는 데 그치고 말았다. 다른 식민지는 물론이고 일본 본토와 비교해도 유독 식민지 조선에 사립전문학교가 많았던 이유는 이것과 무관하지 않았다. 그런데 이들 학교들은 조선인 학생들을 위한 교육을 표방하고 있었으며, 비록 성공을 거두지는 못했지만 끊임없이 대학의 승격을 지향했다. 일본판도 내 어디에도 없는 독특한 특성이었다. 일본인이 중심이 되었던 식민지관학, 경성제대와 관립전문학교에 맞서고 대항하는 '민족사학'의 이미지는 여기서 만들어졌다. 그리고 이들 학교의 후신後身들이 해방 이후 한국의 대표적인 명문사립대학으로 성장함에 따라, 신화는 강화된다. 학술생산과 고등교육의 대안적alternative 가능성이었다는 관점이 일제강점기 대학과 학술을 바라보는 하나의 입지점으로 확고하게 자리 잡아간다.

그리고 바로 이 지점에서 흥미로운 사실 하나가 눈에 들어온다. 일제시기 '민족사학' 즉 사립전문학교는 오늘날 한국의 명문대학들을 통해 존재감을 드러내고 있지만, 그런데 이 존재감이라는 것이 역사적으로 어떤 것을 함의하는지 꼼꼼히 따져보는 연구들은 의외로 많지 않다는 사실이다. 기존의 교육사 연구에서 '일제강점기' 사립전문학교는 특별한 주목의 대상이 아니었다. 당시 고등교육 자체가 극소수 조선인을 제외하고 일본인들이 사실한 독점한 '그들만의 리그'였다는 점, 전문학교라는 이름 자체가 대학승격의 꿈이 식민권력에 의해 좌절되었음을 드러내는 굴욕의 징표였다는 점 등이 고려되었을 것이다. 저항적 성격에 대한 강조를 넘어 구체적인 역사에 눈길을 두는 경우는 드물었다. 그나마 구체적인 역사는 해당 학교를 모태로 삼은 대학들의 기념지적記念誌的 역사—예컨대 대학에서 간행되는 50년사, 100년사—를 통해서나 찾을 수 있는데, 그것도 호교적護校的 관점에서 쓰인 것이 많은 데다 원자료도 대부분 공개되지 않아서 객관적인 시야를 확보하기가 쉽지 않다. 이런 어려운 여건 속에서도 제도적 특징의 대략을 정리한 정재철의 선구적인 연구[5]나 비교교육사의 방법론을 활용해서 민립대학 설립운동 이래의 민족적 대학 모델의 추구로 포착한 우마코시 토루馬越徹의 연구[6]는 그래서 빛난다.

하지만 최근 들어 식민지 학술에 대한 관심이 높아지면서 상황이 약간 바뀌고 있는 것은 고무적이다. 특히, '토착어로 자기문화 학술하기'를 모색했던 식민지 지식인들의 동향에 주목하면서 이를 '식민지 아카데미즘'이라는 개념으로 적극적으로 이론화하려는 시도[7]나, 연세대학교의 경우처럼 연희전문학교에서 활동했던 교수, 연구자들에 주목해서 이를 '학풍學風'으로 묶어내려는 집단적인 작업[8] 등은 식민지 전문학교의 존재와 역할을 환기시킨다는 점에서 의의가 크다. 물론 사립전문학교 그 자체는 여기서도 여전히 논의의 후경後景 정도로 물러나 있기 때문에 아쉬움은 남는다. 사립전문학교들이 식민지 교육체제 이래에서 '전문학교'로 남아있었다는 사실이 실질적으로 의미하는 바는 무엇이었을까. 경성제국대학이 정점에 서 있는 식민지관학이 제도적으로는 고등교육과 학술생산을 독점하고 있는 상황에서 사립전문학교의 대안모색은 어떤 제약과 가능성 속에서 이루어졌을까. 그리고 이런 식민지적 조건 속에서 형성되었던 사립전문학교의 궤적은 식민이후 변화된 조건 속에서 어떻게 경로 의존적으로path-dependent 변용되었을까. 여전히 이런 많은 것들이 의문으로 남겨져 있기 때문이다.

이 장에서는 이런 질문들을 풀어내는 열쇠 중 하나로 1930년 조선총독부에

---

5 鄭在哲, 「日帝下의 高等教育」, 『교육문제연구소논집』, 중앙대 교육문제연구소, 1987.

6 馬越徹, 『『韓國近代大學の成立と展開』 – 大學モデルの傳播研究』, 名古屋 : 名古屋大學出版會, 1997.

7 정종현, 「신남철과 '대학' 제도의 안과 밖 – 식민지 학지의 연속과 비연속」, 『동악어문학』 54집, 동악어문학회, 2010; 홍종욱, 「'식민지 아카데미즘'의 그늘, 식민지의 전향」, 『사이間SAI』 11, 국제한국문학문화학회, 2011; 류준필, 「식민지 아카데미즘의 '조선문학사' 인식과 그 지정학적 함의 – 자국(문)학 형성의 맥락에서」, 『한국학연구』 32집, 인하대 한국학연구소, 2014.

8 연세학풍사업단, 『일제하 연세학풍과 민족교육』, 혜안, 2015; 김도형 외, 『연희전문학교의 학문과 동아시아대학』, 혜안, 2016; 김도형, 『민족문화와 대학 – 연희전문학교의 학풍과 학문』, 혜안, 2018.

의해 전문학교로 승격된 중앙불교전문학교이하, 중앙불전에 주목하겠다. 그 기원이 1906년 최초의 근대 불교학교인 명진학교明進學校까지 거슬러 올라갈 수 있는 중앙불전은 1940년 혜화전문학교이하, 혜화전문로 재편되어 존속하다가 1944년 폐교된, 현재 동국대학교의 전신에 해당하는 학교다. 민족사학이라고 하면 보통 연희전문, 보성전문학교이하, 보성전문, 이화여자전문학교이하, 이화여전, 숭실전문학교이하, 숭실전문 등을 떠올리겠지만, 당대의 중앙불전도 이들 못지않은 명성을 가진 사립전문학교였다. 원칙적으로 조선인 학생들만 입학시켰고, 이들을 위한 '전문교육' 실시를 표방했다는 점에서 '민족사학'으로서도 손색이 없는 존재였다.

어떻게 보면 중앙불전은 앞서 언급한 민족사학들보다 이념형적으로 더 '민족사학'에 걸맞은 학교라고도 할 수 있는데, '동양문학東洋文學'에 관한 전문교육 실시를 공식적으로 표방하여 식민권력의 전문학교 인가를 받았기 때문이다. 보성전문, 연희전문 등이 대표적인 민족사학들조차 전문학교라는 제도적인 제약 때문에 표면적으로는 법과, 상과 등 실용적인 전문교육을 표방할 수밖에 없었던 사정을 생각한다면, '조선종교사', '조선불교사', '조선유학사', '조선문학사'와 같은 과목들을 공식적인 교과목으로 편성할 수 있었던 중앙불전은 그야말로 이례적인 존재였다. 1930년대 중앙불전은 전문학교 수준에서 식민지조선인이 자기 언어로 자신들의 종교, 문화, 역사를 공부할 수 있는 거의 유일한 학교였던 셈이다.

물론 그 대가 또한 만만치 않았던 듯 보인다. 1940년의 혜화전문 개편이 잘 드러내고 있듯이, 다른 전문학교에서는 사실상 금지된 조선학 교육이 허용되는 곳이었던 만큼 교육과정 및 내용에 적극적으로 개입하려는 식민권력의 의향 또한 노골적으로 드러나기 쉬웠기 때문이다. 경성제대로 대표되는 식민지 관학 아카데미즘의 영향이 두드러졌고, 지식을 통제하려는 식민권력의 노골적

〈표 1〉 일본 식민지에 설치된 고등교육기관

	대학 / 고등학교	전문학교		
		관립 / 공립	사립	
대만 총독부	대북제국대학(28) 대북고등학교(25)	태남(台南)고등공업학교(31) 태북(台北)고등상업학교(19) 태남(台南)고등상업학교 (19 → 30) 태만(台灣)총독부 의학전문학교(19 → 36) 태북(台北)고등농림학교 (22 → 28)	[사립태북([私立台北] 여자전문학교(44)]	대학 1 고교 1 관립전문5
조선 총독부	경성제국대학(26) [경성제대예과(24)]	경성의학전문학교(16) 경성법학전문학교(16) 경성고등공업학교(16) 수원고등농림학교(18) 경성고등상업학교(22) 경성광산전문학교(39) 부산고등수산학교(41) 경성사범학교(43) 평양공업전문학교(44) 대구농업전문학교(44) 대구의학전문학교(公, 33) 평양의학전문학교(公, 33) 함흥의학전문학교(公, 44) 광주의학전문학교(公, 44)	동양협회경성전문학교 (18 → 19관립) 세브란스의학전문학교(17) 연희전문학교(17) 보성전문학교(22) 숭실전문학교(25 → 38) 이화여자전문학교(25 → 43) 경성약학전문학교(29) 경성치과의학전문학교(30) 중앙불교전문 (30 → 혜화전문40 → 44) 명륜전문학교(42 → 43) 경성여자의학전문학교(38) 숙명여자전문학교(39 → 43) 대동공업전문학교(38 → 44)	대학 1 관립전문 10 공립전문 4 사립전문 13
관동주	만주의과대학(私,22) 여순공과대학(22) 여순고등학교(40)	대련고등상업학교 (36 → 44관립)	만주교육전문학교(24 → 31)	대학 2 고교 1 전문 2
카라후토청	–	카라후토의학전문학교(44)	–	전문 1
기타	동아동문서원대학 (상해, 사(私), 39)	–	–	대학 1

(자료) 정준영(2013 : 69)를 수정 · 보완한 것이다

인 표적이 되기도 했다. 이처럼 중앙불전·혜화전문은 말하자면 체제수호적인 식민지관학과 저항적인 민족사학 사이에 걸친 존재로서, 식민 공간에서 체제 외부를 지향하면서도 체제내부에 머물러 있었던 '민족사학'의 복잡한 성격을 드러내는 흥미로운 사례였다. 여기에서는 식민지 사립전문학교가 가진 독특한 성격을 염두에서 두면서 중앙불전·혜화전문의 역사적 궤적을 따라가고자 한

다. 그리고 이를 통해서 식민지조선에서 관학과 민간사학의 대립이 의미했던 바, 이것이 식민이후의 상황에 미친 영향 등을 생각해보고자 한다.[9]

2. 식민지의 민족사학 – 식민지 고등교육체제의 안과 밖

식민지조선의 사립전문학교가 가진 독특한 양상은 시야를 넓혀보면 현저하게 드러난다. 당시 일본은 다양한 형태의 공식적, 비공식적 식민지를 보유하고 있었다. 그리고 식민지에서 활동하는 일본인들, 포섭할 필요가 있는 현지인들을 위해 다양한 형태의 고등교육기관을 설립·운영하였다. 이들 중 일부는 「대학령」, 「제국대학령」, 「전문학교령」 등 본토 법령의 적용을 받게 해서 제국의 권역을 통틀어 학력學歷을 인정받게 했다. 앞에서 제시된 〈표 1〉은 괴뢰국 만주를 제외하고 일본 본토에서도 학력이 통하는 '외지外地' 고등교육기관을 정리한 것이다.[10] 사실 이 표는 여러 가지로 불완전한 측면이 많다. 식민지의 고등교육

9 일제시기 사립전문학교에 대한 관심부족은 이미 지적한 바 있지만, 중앙불전·혜화전문의 경우에는 특히 심해서 관련 연구를 거의 찾기가 어려운 것이 현실이다. 그나마 최근에는 중앙불전과 관련 있는 인물을 다루면서 불교근대화의 성과로 중앙불전을 소개하는 연구는 간헐적이나마 등장하고 있는 가운데, 교육을 통해 불교의 근대화가 어떤 식으로 추구되었으며 그 결과는 무엇이었는지를 체계적으로 다루는 데까지 이르지는 못하고 있다. 이기운, 「근대기 승가의 교육체제 변화와 자주화운동」, 『불교학보』 48, 불교문화연구원, 2008; 고영섭, 「영호 정호의 중앙불교전문학교 – 한국의 윌리엄 칼리지 혹은 앰허스트 칼리지」, 『한국불교학』 70, 2014; 황인규, 「허영호의 1930·40년대 불교교육 활동과 동국대」, 『동국사학』 59, 동국역사문화연구소, 2015 등을 참조. 이 글에서도 이 문제를 체계적으로 다루는 것은 역부족이라고 하겠는데, 『中央佛教專門學校一覽』— 현재 1933, 1935, 1936, 1938년 4개년의 일람을 확인할 수 있다—, 『惠化專門學校一覽』— 현재 1941년판은 열람 가능하다—, 동국대학교에서 출간한 기념지 등 가용한 자료를 최대한 활용하여 중앙불전의 역사적 궤적 및 그 개괄적 특징을 포착하는데 집중하고자 한다. 학교기념지로는 동국대학교에서 간행한 『동국대학교 90년지 약사편』(1998)과 『동국대학교 백년사』(2006)가 있다.

10 물론 이보다 더 많은 학교들이 고등교육 혹은 전문교육을 추구했지만, 일단 여기서는 식민권력에 의해 고등교육기관으로 인가받은 경우로 한정한다. 학교 옆에 붙여진 첫 숫자는 인가 연도로 최소한 이때부터 학교의 졸업자는 일본 본토의 동급교육기관과 동등한 학력(學歷)을 인정받았

기관은 교육방침의 변화에 따라 설립, 폐지, 통합이 매우 잦았을 뿐 아니라, 고등교육 부문이 급격히 증가하는 1940년대의 경우에는 당시 학교 사정을 알만한 근거 자료들이 극히 부족하기 때문이다.

하지만 이런 약점을 감안하더라도 〈표 1〉은 식민지 조선의 고등교육가 일본의 다른 식민지들과 얼마나 다른지 한눈에 보여준다. 교육기관의 수 및 규모가 다른 식민지를 압도하는 것은 조선이 제국일본 최대의 공식 식민지라는 사정과도 관련이 있을 것이다. 하지만 사립전문학교의 비중이 관립고등교육기관을 육박하는 것은 식민지 조선에서만 확인되는 특징이다. 게다가 이런 경향은 1940년대 이전으로 시간을 돌려보면 더욱 선명하게 드러난다. 가령 1938년 5월 현재, 식민지조선의 관공립전문학교는 7개교, 재학생은 1,965명이었다. 반면, 사립전문학교는 8개교, 재학생은 2,408명이었다. 학교 수는 비슷해도 학생규모는 관공립이 사립의 81.6% 수준에 머물렀다.[11] 식민지조선의 고등교육에서 수적으로 가장 큰 비중을 차지하는 것은 사립전문학교였던 것이다.

더 흥미로운 것은 재학생의 민족구성 비율이다. 조선총독부는 중등교육 이하는 '내선별학內鮮別學'을 계속 유지했지만 고등교육은 1920년대부터 '내선공학內鮮共學'을 강력하게 추진하고 있었다. 동화정책의 과시라는 측면도 있지만, '공학共學'이라는 허구적 이미지에 기대어 인구학적으로 소수인 재조 일본인의 고등교육 기회를 늘이는 구실로도 활용했다. 조선총독부가 직접 설립한 경성부근의 관립전문학교에서 조선인학생의 비율은 34%에 불과했다. 지방에 설립된 공립의학전문학교의 경우에도 재조 일본인의 수는 경성보다 훨씬 희박했지만 조선인 학생의 비율은 36.7%에 머물렀다. 공학을 구실로 조선인 학생들의

음을 의미한다. 경우에 따라서 화살표와 숫자가 더해지기도 하는데 이런 학교는 식민통치가 종식되기 이전에 학교가 폐지된 경우를 뜻한다. '관립' 이관도 따로 표시하였다.

11 朝鮮總督府學務局, 『諸學校一覽』, 1939년판, 179~189면을 참조.

진입을 가로막고 있었음은 이 수치로도 명백하다.

반면, 사립전문학교의 경우 조선인 학생들의 비율은 80.4%를 넘었다. 여기에는 관공립전문학교에는 전혀 없었던 조선인 여학생 320명이 포함된다.[12] 이들 학교 중에서도 보성전문, 세브란스연합의학전문이하, 세브란스의전, 연희전문, 중앙불전 등 5개교의 재학생은 전원 조선인들이었다. 이화여전은 일본인 1명, 경성여자의학전문학교는 일본인 10명을 제외하고 모두 조선인들이었다. 식민지라는 공간적 한계에도 불구하고, 학생은 전원 조선인이고 교수도 조선인이 주축이 되며 교육행위 또한 실질적으로 조선어로 이루어지는 사립전문학교가 식민지 전문교육의 중추를 맡고 있는 상황이 펼쳐졌던 것이다.[13]

게다가 이런 상황은 조선인 학생들이 몰려서 생긴 우연한 결과가 아니었다. 이들 학교는 애초부터 조선인을 위한 최고 수준의 교육, 즉 대학교육을 염두에 두고 설립되었다. 식민권력에 의해 대학보다 한 급 아래인 '전문학교'로 인가받았지만, 이들은 식민지 교육체제에 편입된 이후에도 '조선인을 위한 최고 교육'이라는 지향을 쉽게 단념하지 않았다. 가령 1917년 조선총독부로부터 사립전문학교 설립인가를 받았던 연희전문은 학교의 교육목적을 다음과 같이 규정하였다. "조선교육령에 의한 전문학교규칙에 기초해서 조선인 남자에게 문학, 신학, 농학, 상업학, 수학, 물리학, 응용화학 등에 관한 전문교육을 실시"한다.[14] 이것은 같은 시기 전문학교 인가를 받은 세브란스의전도 다르지 않았다. 학칙 제1조는 다음과 같이 교육대상을 명시한다. "차此 학교學校는 조선인朝鮮人에게 의학醫學의 원리 실제實際에 있어서 특별교육特別敎育을 시킨다."[15]

12 『朝鮮諸學校一覽』에 따르면, 전문학교별 재학생들의 민족구성은 다음과 같다. 관립전문-일본인 908명, 조선인 472명, 대만인 8명; 공립전문-일본인 365명, 조선인 212명; 사립전문-일본인 남성 460명, 조선인 남성 1617명, 대만인 남성 5명, 일본인 여성 5명, 조선인 여성 320명.
13 당시 많은 지식인들의 증언에서 확인할 수 있듯이 최소한 1940년대 이전까지는 일본어가 익숙하지 않은 외국유학 출신의 지식인들이 별 불편함 없이 교수·강사들로 활동할 수 있을 정도였다.
14 鄭在哲, 위의 글, 9~10면.

물론 이들 학교가 이렇게 노골적으로 조선인을 위한 전문교육을 표방했던 것은 이들 학교가 「제1차 조선교육령」에 근간해서 설립된 전문학교이며, 이 조선교육령이 원칙적으로 조선인들만을 대상으로 하는 규정이었기 때문이다. 당시 일본인들은 식민지조선에 거주하는 경우에도 일본 본토 교육법의 적용을 받았다.[16] 따라서 이들 사립전문학교의 조선인 교육 표방은 그리 특별하지 않은 것일지도 모른다. 조선총독부가 설립한 관립 '조선총독부 전문학교'도 사정은 크게 다르지 않았다.[17] 조선인 교육이 중심이었고 전문학교로서의 학력자격도 식민지조선의 경계를 넘어서 통용되지 않았다.

그런데 이러한 1920년대에 들어서면 상황은 크게 바뀌게 된다. 주지하다시피, 제2차 조선교육령의 공포를 통해 식민지교육의 차별적 성격은 최소한 제도적 차원에서는 해소된다. 3·1운동으로 전면에 부상했던 식민지인들의 불만을 무마하려는 의도였다. 식민권력은 각급 교육기관에 일본 본토와 동일한 조건을 요구했고 이를 충족시키면 본토의 동급 학교와 같은 학력을 인정받게 된 것이다. 조선총독부의 관립전문학교는 일본인에게 문호를 개방하고 본토의 일본인 유학을 권장하는 등 '내지연장주의' 혹은 '교육의 제국화'에 제일 적극적이었다.

전원 조선인이었던 학생은 얼마지 않아 일본인들이 과반을 훌쩍 넘게 되었다. 더 이상 조선인교육으로 한정되지 않는 제2차 교육령의 시대에 '조선인 교육'의 강조는 자칫 식민권력의 통치기조에 대한 저항으로 비쳐질 우려도 있었다. 당시 조선총독부는 일본인과 조선인 대신에 "국어國語 — 즉, 일본어 — 를

---

15 연세대학교, 『연세대학교 백년사 – 연세통사』(상), 1985, 77면을 참조.

16 그런 점에서 〈표 1〉에 수록된 동양협회경성전문학교는 1919년 관립으로 이관되기 이전까지 일본 본토의 법령 즉 「전문학교령」의 규정을 받는 학교였다. 비슷한 시기의 관립 조선총독부 전문학교와 연희전문·세브란스전문이 「조선교육령」에 의거한 전문학교라는 점에서 교육시한이나 학력인정 등의 차이가 있었다.

17 1910년대 조선총독부의 관립전문학교에 대해서는 이 책의 제1부 제3장 조은진의 논의를 참조할 것.

상용常用하는 자者"와 "아닌 자"로 표현했을 정도로 민족적 구분에 대해서 예민하게 반응했다. 1917년 전문학교로 인가받은 연희전문과 세브란스의전도 1923년 다시 인가를 받으면서 교육대상으로서 조선인이라는 명칭은 삭제한다. 기본적으로 모든 사립전문학교의 「학칙學則」은 "본교本校는 조선교육령朝鮮教育令에 의依해" 무엇에 관한 "전문교육專門教育을 하는 것을 목적으로 하는 곳"으로 통일된다.

하지만 그렇다고 이들 학교들이 관립전문학교처럼 기존의 조선인 중심의 교육방침을 포기한 것은 아니었다. 입학자격을 규정하는 부분에서 첫 번째 기준으로 "고등보통학교 졸업"을 제시하는 것에서도 알 수 있듯이 이들 사립전문학교는 여전히 조선인 학생을 기준으로 두고 있었던 것이다.[18] 그리고 이러한 경향은 이후 설립인가를 받은 사립전문학교들 사이에서도 공통적으로 나타나는 현상이었다. 일본인이나 일본인단체가 설립한 경성약학전문학교이하, 경성약전, 경성치의과전문학교이하, 경성치의전를 제외하고, 대부분의 사립전문학교는 조선인 학생을 조선어로 가르치는 전문학교, 다시 말해 '민족사학'의 성격이 농후했던 것이다. 이것은 식민권력의 간섭과 통제가 노골적으로 전개되었던 1930년대 후반까지는 일종은 사립전문학교의 '학풍學風'처럼 자리 잡았다. 그런데 이것은 조선총독부의 묵인이 없었다면 불가능한 것으로, 일본 본토는 물론 다른 식민지에서도 찾기 힘든 이례적인 특징이었다. 식민지조선의 사립전문학교는 이른바 '민족사학'이라 불릴 만한 실질적인 조건을 일정하게 갖추고 있었던 것이다.

18 이것은 관립전문학교가 교칙에서 입학기준으로 "一, 중학교 및 고등보통학교를 졸업한 자"로 규정하는 것과 대비된다.

3. 일본의 전문학교 모델과 그 식민지적 함의

그렇다면 식민지조선에는 왜 이처럼 '민족사학'이라는 것이 존속할 수 있게 되었던 것일까. '조선인의, 조선인에 의한, 조선인을 위한' 사립전문학교들이 식민지 교육체제 내부에서 용인된다는 것은 혹시 민족동화를 표방했던 일본 식민주의 기조와 정면으로 배치되는 것은 아닌가. 사실 이런 의문과 관련해서 확인할 수 있는 식민당국자들의 발언은 대체로 원칙 표명 수준을 벗어나지 않는다. 따라서 이 문제는 식민지 고등교육체제의 형성이라는 관점에서 사태를 보다 구조적으로 파악할 필요가 있겠다.

이미 언급했지만, 고등교육에 대한 조선총독부의 방침은 전시체제戰時體制로 돌입하기 이전까지 일관되게 소극적인 방침을 취하고 있었다. 식민교육이라는 것은 "비근卑近한 보통교육을 베풀어 한 사람 몫으로 일할 수 있는 인간을 만드는 데 주안점을 두"는 것으로 충분하며, 고등교육은 "민도民度가 낮은" 조선의 현실에서는 "고등유민高等遊民"을 양산할 가능성이 높을 뿐만 아니라, 과격한 사상을 유입시켜 식민통치의 위협요인을 만들 가능성이 높기 때문에 가급적 피해야 한다는 관점이 그것이다.[19] 대응하는 내용이 구체적으로 변하는 것은 상황에 따라 적용을 달리 했을 뿐, 기조는 달라지지 않았다.

그런데 조선총독부의 기조가 이처럼 일관되게 소극적이었다면, 식민지 조선인들의 관점은 정반대의 방향에서 시종 적극적이었다. 식민권력에 대해 고등교육을 비롯한 교육의 확대를 적극적 요구하는 한편으로, 식민권력이 주도하는 교육방향과는 결이 같지 않은 '대안적인' 학술과 교육을 지향함으로써 이를 넘어서려 했던 것이다. 식민당국이 고등교육기관의 설립 자체를 불허하려했던 초기의 방침을 철회하고 1915년 이후 전문학교 설립을 허용할 수밖에 없었던

19 高橋濱吉, 『朝鮮教育史考』, 帝國地方行政學會朝鮮本部, 1927, 341~365면

이유도, 1920년대 들어 독립된 고등교육기관인 고등학교가 아니라 제국대학에 딸린 부속기관인 대학예과의 설립을 추진하면서까지 제국대학의 설립을 확정지으려 서둘렀던 이유도 이와 같은 식민지 민간사회의 요구와 압력에 기인하는 바가 컸다. 앞서 언급했듯이 대학설립을 둘러싸고 식민당국과 조선인사회가 경합하는 일종의 '헤게모니 경쟁' 상태에 돌입한 것이다.

물론 조선총독부는 이런 경합 상황에서 주도권을 잡기 위해서 적극적으로 대응했다. 선교사들의 기독교칼리지 설립시도에 대해서는 1915년 '악명이 높은' 「개정사립학교규칙」총독부령 24호을 내세워 식민지 교육체제로의 편입을 강요했고, 같은 날 공포된 「전문교육에 관한 방침」훈시 16호을 통해서는 사립전문학교 설립의 길을 열어놓아 자발적인 순응도 유도했다.[20] 이와 같은 '당근과 채찍'의 결과, 선교사들의 칼리지는 일단 사립전문학교의 형태로 식민지 교육체제에 편입될 수 있었다. 은밀하게 진행되는 종교교육, 조선어교육, 민족교육. 관련 규정을 엄격하게 적용한다면 용납될 수 없었던 '민족사학' 특유의 학술·교육현장이 정치적인 유예라는 형태로 존속될 수 있는 근거를 마련했던 것이다.

연희전문, 세브란스의전, 숭실전문, 이화여전, 보성전문 등 1920년대를 대표하는 사립전문학교들은 이와 같이 대학설립을 둘러싼 경합 속에서 출현했다. 식민지조선에 조선인이 설립하고, 조선인들을 교육대상으로 하는 사립전문학교가 많았던 비밀은 여기에 있었다. 일본의 다른 식민지와 비교했을 때 그만큼 조선인들의 고등교육 요구는 높았고 대학설립의 지향은 강렬했다. 비록 대학승격이 좌절되었을지언정, 이들 전문학교가 "조선인에 의한, 조선인을 위한, 조선인의" 학교처럼 운영되는 것을 식민당국이 묵인했던 이유도 이와 관련이 깊다. 게다가 식민지관학은 조선인들의 뜨거운 고등교육의 열기를 수용하기에는 역부족이었다. '내선공학'을 표방했지만 실제로는 일본인 위주의 교육, 일

20 정준영, 앞의 글, 2006, 225~226면을 참조.

본어 위주의 학술에 치우친 이들 기관에게 조선인들은 당연히 공감하지 않았다. '민족사학'은 비록 식민지 교육체제의 '체제 내 교육기관'이라는 한계는 있었지만 식민지관학에 비할 바가 아니었다. 이들이 조선인의 고등교육을 사실상 도맡게 된 것도 당연했다. 식민당국의 입장에서는 이들 전문학교가 식민체제에 순응하는 한에서는 굳이 조선인 사회의 반감을 살 필요가 없다는 현실적인 판단도 있었을 것이다. 결과적으로 사립전문학교가 '민족사학'일 수 있었던 것은 이들이 식민체제에 순응하는 한도 내에서였던 것이다.

이들 '민족사학'은 전문학교로 좌절한 이후로도 독자적인 대학 모델의 모색 자체를 포기하지 않았다. 특히 학술과 지식생산과 관련해서는 1930년대 이후 조선총독부가 사립대학의 인가를 사실상 거부하는 상황에서도 지속되었다. 주지하다시피, 1926년 경성제대의 설립 이후 식민지조선에 대한 학술적 지식의 생산은 경성제대를 중심으로 한 식민지관학이 독점하게 되었다. 대학설립을 계기로 많은 일본인 연구자들이 현해탄을 건너 식민지조선으로 건너와 활동하기 시작했으며, 학술적 활동의 중심도 일본 본토에서 식민지 경성으로 옮겨가기 시작했다.

하지만 이와 같은 식민지 관학 아카데미즘의 구축은 철저히 일본인 연구자 위주였기 때문에 조선인 지식인은 일부를 제외하고는 체계적으로 배재되었다. 제2차 조선교육령의 공포, 내지연장주의의 표명 등은 조선인들에게 제도적으로 고등교육의 길을 열어놓았고, 1910년대보다 훨씬 더 체계적이고 전문적인 배움과 연구가 이어졌지만 정작 이렇게 배출된 조선인 지식인들이 '학문적 경력academic career'을 쌓을 방안은 마땅치가 않아진 것이다. 이것은 당시 제2차 조선교육령 이후 제국대학 등에서 체계적인 교육을 받은 조선인 지식인이 늘어나는 상황 속에서 일어난 일이었기 때문에 "식민지 사회에서 근대적 지식체계가 이원화되는"[21] 현상을 낳게 되었다.

1930년대 들어 비약적인 성장세[22]를 보였던 사립전문들은 '제국의 아카데미즘' 내부에서 공부했지만 '식민지의 아카데미즘'을 형성하는 데에서 배제된 조선인 지식인들을 교수와 강사로 적극 영입했다. 가령, 보성전문은 1932년부터 1934년까지 김광진도쿄상과대학 학사, 상업학, 오천석컬럼비아대학 박사, 영어 / 심리학, 현상윤와세다(早稲田)대학 학사, 윤리, 최용달경성제대 학사, 상법 / 국제법, 유진오경성제대 학사, 헌법 / 행정법 / 국제공법, 안호상예나대학 박사 · 경성제대 대학원, 철학 / 독일어, 박극채교토제대 학사, 상업경제, 윤행중교토제대 학사, 경제학 등을 강사나 교수로 임명했다.[23] 그리고 이들 새로운 교수진들을 기반으로 실무지식 이외에 학술활동의 기초가 되는 전문적인 교과를 포함하도록 커리큘럼을 개편했을 뿐만 아니라,[24] 도서관과 연구실, 학술저널 등 학술적 지식생산에 필요한 제도적 기반을 갖추기 위해 애쓰는 양상으로 나타났다.[25]

대학 인가를 받지 못했지만, 식민지관학에 필적하는 민족사학의 아카데미즘을 구축함으로써 식민지 공간에서 '대학'의 역할을 실질적으로 대신할 수 있기를 기대했던 것이다. 최근 들어 1930년대 들어 "대학 제도 안으로 진입이 허용되지 않았던 식민지인이 대학의 밖에서 구성하고자 했던"[26] 일련의 학문적 실

---

21 한기형, 「제도적 아카데미즘의 결여와 근대잡지 – 식민지 지식문화의 특성에 관한 시론」, 『지식의 근대기획, 미디어의 동아시아』, 성균관대동아시아학술원 동양학학술대회, 2007, 70면. 다만, 여기서 인용된 한기형의 논의는 1920년대 조선지성계를 묘사한 것이기 때문에 여기서 설명하고 있는 것들과는 다소 차이가 있다.

22 『조선제학교일람』 각 연도판에 따르면, 1921년 3개 학교에, 교직원 50명(조선인 21명), 재학생 458명에 불과했던 사립전문학교의 상황은 1926년 5개 학교, 교직원 98명(조선인 26명), 재학생 800명, 다시 1932년에는 8개 학교, 교직원 213명(조선인 64명), 재학생 1,896명으로 비약적으로 성장했다.

23 이러한 신진 연구 인력의 적극적인 영입은 보성전문뿐만 아니라, 30년대 사립전문학교들에서 공통적으로 발견되는 현상이었다.

24 상세한 것은 장신, 「일제하 조선에서 법학의 교육과 연구」, 『서울과 역사』 85, 서울역사편찬원, 2013; 馬越徹, 앞의 책, 90면을 참조.

25 경성제대 출신의 유진오가 보성전문으로 자리를 옮길 때 校主 김성수에게 내걸었던 조건에 대한 에피소드는 이를 잘 보여준다. 兪鎭午, 「片片夜話 32 – 日記와 쇠고랑」, 『동아일보』, 1974년 4월 8일 자 기사를 참조.

26 정종현, 앞의 글, 430면.

천을 "식민지적 아카데미즘"으로 규정하고, 그 제도적 기반을 사립전문학교의 존재양태 속에서 찾으려는 시도가 나타나고 있는 것[27]은 이러한 사정을 반영하고 있는 듯이 보인다.

그런데, 과연 '민족사학'을 표방했던 사립전문들은 경성제국대학으로 대표되는 식민지 고등교육체제와 관학 아카데미즘과의 관계에서 대립하는 위치에만 있었던 것일까. 이것을 제대로 판단하기 위해, 우선 이들 민족사학이 식민공간에서 유지될 수 있었던 제도적 근거, 즉 전문학교라는 것이 어떤 것이었는지를 확인해 볼 필요가 있다.

애초에 일본의 '전문학교専門学校'이라는 것은 서구의 발달된 지식체계를 단기간에 수용하기 위해 창안된 독특한 고등교육의 모델이었다.[28] 서구의 학술체계를 체계적으로 습득하는 데는 많은 시간과 재원이 투여되기 때문에 당시 일본의 사회상황에 즉시 활용할 수 있는 실용적인 응용지식을 선별·교육하여 단기간에 전문 인력을 창출하고, 이들의 축적을 기반으로 보다 본격적인 대학의 설립을 모색하자는 것이 당시 메이지 정부의 구상이었다.[29]

그런데 이처럼 애초에는 잠정적 형태에 불과했던 전문학교는 1886년 도쿄제국대학이 설립된 이후에도 살아남아 일본 고등교육의 하위모델로 자리 잡게 되었다. 제국대학이 "국가國家의 수요須要에 응應해서 학술기예學術技藝를 교수敎授하고 그 온오蘊奧를 공구攻久"「제국대학령」 1조하는 곳, 즉 고급한 학술지식의 생산을 지

27 홍종욱, 앞의 글, 134면.

28 일본 전문학교 모델의 성립과정 및 특징에 대해서는 天野郁夫, 『高等教育の日本的構造』, 玉川大學出版部, 1986, 23~59면 참조.

29 일본의 교육사회학자 아마노 이쿠오(1993)에 따르면, 이러한 전문학교 모델의 특징은 일본 제국대학의 초기국면에도 확인된다. 초기 제국대학도 여전히 학술적 지식의 창출보다는 서양어에 기반한 지식의 직수입하고 이를 몸에 익힌 국가엘리트를 양성하는데 초점을 두었는데, 이것은 전문학교 모델의 연장선상에 있다는 것이다. 따라서 그는 일본형 고등교육의 원형적 모델은 제국대학이 아니라 전문학교라고 주장하기도 했다. 天野郁夫, 『旧制専門學校論』, 玉川大學出版部, 1993 참조.

향하는 곳이라면, 전문학교란 "고등高等한 학술기운學術技芸를 교수教授하는 곳"「전문학교령」 1조, 즉 전문적인 지식을 가르치는 곳으로 차별화되었다. 구체적으로 말하면 전문학교란 "고원高遠한 학리學理", "실제 필요치 않은 난해難解의 문장", "번다繁多한 사항"을 가르치는 것을 최대한 피하고, "간명簡明을 주지主旨로 해서 유용有用한 日新의 지식, 기능을 가르치는"[30] 곳이라는 것이다. 학술적 지식생산의 영역은 국가엘리트를 양성하는 제국대학이 독점하고, 중하위 기능적 전문직의 양성은 전문학교가 맡은 위계적 기능분화가 일본식 고등교육의 특징적인 모델로 등장했던 것이다. 그리고 이러한 위계적 분화관계는 교육체계가 정비되면서 더욱 확고하게 자리 잡았다. 전문학교는 5년제 중등학교 수료자를 받아 3년간—의학전문학교의 경우에는 4년—교육해서 졸업시키는 반면, 제국대학은 중학교 수료자가 3년간의 예비교육[31]을 마쳐야 비로소 입학자격을 얻을 수 있었다. 즉, 교육의 성격과 질質뿐만 아니라, 교육의 연한年限까지도 전문학교는 제국대학에 기능적으로 종속되는 고등교육 하위모델로 고착되었던 것이다.

철저하게 실용적인 전문지식의 교육을 강조했던 전문학교의 성향은 1919년 일본이 사학들에게도 대학승격의 문을 개방함으로써 더욱 강화되었다. 1919년 이전까지는 일본의 전문학교 중에서도 일부 사립학교들은 국가의 「전문학교령」 취지와는 별도로 교양적인 교육을 실시하는 등 나름의 고등교육을 모색했다. 관립의 제국대학이 일본에서 대학이라는 위상을 독점하는 상황에서 이와는 다른 대학상을 추구했던 것이다. 그리고 이들 사학들은 「대학령」 선포를

30 이러한 전문학교의 세부지침은 개별학교의 규칙에서 더욱 선명하게 확인된다. 전문학교 교육의 특징에 대해서는 앞에서 언급했던 1986년과 1993년의 아마노 이쿠오(天野郁夫) 연구를 참조할 것. 이 문장의 인용구는 1916년 설립된 경성의학전문학교의 규칙에서 따온 것이다. 그런데 이러한 취지는 비슷한 시기에 전문학교로 인가 받은 세브란스의학전문학교의 규칙에서도 마찬가지로 발견된다.

31 일본에서는 구제(舊制)고등학교가 제국대학 진학자를 위한 예비교육을 담당하는 학교였다. 구제고등학교는 제국대학에서의 고급한 학술지식 교육에 필요한 외국어와 교양교육을 실시했다.

기점으로 사립대학으로 승격해갔다. 그러자 남은 전문학교는 훨씬 더 기능적이고, 실용적인 측면이 강한 직업교육에 치중하였고, 중급 수준의 전문 인력 양성이라는 기능이 부상했다. 일본 본토에서는 대학설립을 허용하지 않았던 여성계 전문학교와 대학으로 승격되지 못한 일부 종교계 전문학교를 제외한 대부분의 전문학교에서 의약업, 농림업, 광공업, 상업, 수산업, 예술 등 직업교육 기관으로서의 역할이 강화되었다. 1910년대 후반에 들어서 일본의 교육당국이 제국대학뿐 아니라, 관공립 단과대학과 사립대학까지도 허용한 상황에서, 전문학교는 제도적인 차원으로 보면 전문적인 지식을 필요로 하는 직업을 위한 교육기관이 된 것이다.

그런데 대학 인가를 거부했던 조선총독부가 사학私學들에게 허용했던 고등교육의 형태가 이 전문학교였다. 사학들은 주체적인 대학설립의 요구가 좌절된 상황에서 '전문학교'라는 형식을 받아들였다. 1910년대부터 식민지 고등교육 체제의 외부에서 대학부를 개설하는 등 고등교육의 실시에 모색했던 숭실전문, 이화여전 등의 사학도 1925년 식민당국으로부터 전문학교 인가를 받았다. 이후 이들 사학들은 학교의 전문학교 인가, 또는 학과의 확대를 위해 식민당국의 요구에 더욱 적극적으로 부응하는 양상마저 보이게 된다. 그리고 전시체제에 돌입한 후 식민당국이 고등교육에 대한 개입과 통제를 강화하자 이와 같은 종속성은 더욱 심화되었다. 어찌 되었든 사학들은 전문학교의 인가를 받아들임으로써 원하든 아니든 식민지 고등교육체제에 편입되는 양상이 나타난 것이다.

물론 사학들이 전문학교 모델을 수용한 것은 어쩔 수 없는 측면이 많았다. 식민지 공간에서 학교를 유지·수용하기 위해서는 식민당국의 통제를 감수하는 것은 불가피했다. 전문학교로 인가를 받아야 일본제국 전 지역에서 전문학교 졸업이라는 학력學歷이 인정되었고, 전문교육 수료에 따른 자격과 면허도 누리게 된다.[32] 전문학교 졸업생은 전공과 관계되는 과목의 교원자격을 받을 수도 있었다. 학생들의 수업료로 운영되는 사립학교에서 학생들이 졸업과 더불어 학력과 자격을 부여받는 여부는 학교재정과 관련해서 큰 의미를 가진다. 점점 더 많은 학생들이 상급학교에 진학[33]하거나, 사립교원으로 진출할 수 있는 현실적인 가능성에 기대를 걸고 입학하기 시작했기 때문이다. 세브란스의전처럼 전문 직업인 양성을 뚜렷이 표방했을 경우, 의사 면허의 '지정'은 학교의 존재의의와 관련해서 사활이 걸린 문제가 되기도 했다. 세브란스의전은 의사 면허의 통용범위를 확대하기 위해서 총독부의 학칙과 교과과정 개정에 적극적으로 호응했다.[34] 전문학교가 되면서 얻는 현실의 이익이 적지 않았기 때문에, 처음에는 머뭇거렸던 사립학교들이 시간이 지날수록 전문학교 인가에 더욱 적극적인 양상을 보이기도 했다.

하지만, 전문학교로 인정받으며 치러야 하는 대가 또한 적다고 할 수는 없다. 앞서 살펴보았듯이 전문학교는 철저하게 실용적이고 기능적인 지식을 가르치는 곳으로 규정되어 있었고, 따라서 이 원칙에 부합되지 않는 교과과정은 식민당국의 감독을 받기 일쑤였기 때문이다. 1930년대 들어 주요 '민족사학'들은 대학 제도에의 진입이 허용되지 않았던 조선인 지식인들을 교원으로 적극 영입해서, 전문학교를 유지하는 가운데서도 교과과정의 개편과 확장을 꾀했다. 하지만 전문학교의 애초 목적이 철저하게 "고원高遠한 학리學理"를 배제하고 있는 이상 대학에 근접하는 교과의 도입은 한계가 있었다. 영입된 조선인 지식인들이 자신의 전공영역과 무관한, 게다가 기능적이고 실용적 과목을 강의해야

32 전문학교 졸업생들에게 부여되는 권리에 대해서는 朝鮮總督府學務局, 『朝鮮學事例規』, 1938을 참조.

33 전문학교 졸업자들은 학교에서 실시하는 소정의 시험을 거치면, 사립대학, 관공립대학, 심지어 제국대학에도 입학할 수 있었다.

34 세브란스의전은 1923년 3월 총독부지정을 통해 조선 내에서 통용되는 의사 면허를 취득했고, 1934년 4월 문부성지정을 통해 제국 전역에 통용되는 의사 면허를 취득했다. 佐藤剛藏(사토 고죠)은 세브란스의 에비슨 교장이 의사 면허의 지정을 위해 세세한 것까지 총독부의 지시를 받았으며 경성의전의 교장이었던 자신에게까지 협조를 요청했다고 회고하고 있다. 佐藤剛藏, 『朝鮮醫育史』, 1956, 79면.

하는 상황이 계속 되었다.[35] 물론 과목의 이름만 유지한 채 교원이 원하는 지식을 가르칠 수도 있겠지만, 전문학교에 진학하는 학생들이 점차 실용적인 성향이 강화되면서 이 또한 한계가 명확했다.

게다가 전문학교는 중급 이하의 전문지식을 가르치는 데 집중되어 있을 뿐, 제도적으로는 교원의 지식생산을 장려하고 학문후속세대를 양성하는데 필요한 제도적 뒷받침이 전무했다. 제국대학은 교수들에게 봉급과는 별도로 전문연구에 필요한 별도의 수당—즉, 강좌봉講座俸—을 보장했으며 대학원·강좌교실연구실 등 학문후속 세대의 양성을 위한 제도적 장치도 갖추고 있었다. 하지만 전문학교에는 그런 것이 없었다. 보성전문, 연희전문, 세브란스의전 등 사학당국의 특별한 노력에 의해 도서관이 정비되고 학술잡지가 간행되기도 했지만, 비공식적인 방식으로 사학이 별도의 자금을 동원해서 할 수밖에 없었기 때문에 학술지식의 안정적인 생산을 기대하기 어려웠고, 이에 대한 학생들의 참여를 적극적으로 유도하기도 어려웠다. 전문학교라는 제약 때문에, 보다 심화된 연구를 지향하는 학생들은 졸업 후 연구과를 갖춘 사립대학이나 제국대학에 진학할 수밖에 없었던 것이다.

전문학교 체제에 머물러 있는 한에서 대안적 아카데미즘을 지향했던 민족사학의 한계는 명확했다. 사실 보성전문이 관학에 대항하는 '제2의 민립대학'을 표방하면서 적극적으로 영입했던 교수요원들은 대부분 일본의 관학 아카데미즘에서 학문적 수련을 받은 사람들이었다. 식민관학과 민족사학은 표면적인 대립관계에도 불구하고, 제국 학지의 연쇄라는 측면에서는 관학출신의 교수들을 매개로 공고하게 연결되어 있었던 것이다. 게다가 제국대학과 전문학교의

---

35 예컨대 보성전문의 유진오는 대학에서 관심을 가졌던 세부 전공과는 무관하게 다양한 과목을 강의해야 했다고 증언하고 있으며, 연희전문의 백남운의 경우도 학교에서는 '부기'와 '상업사'를 가르쳤다.

기능적 분담관계가 제도적으로 받아들이는 상황에서 민족사학은 식민지관학과 대적하기 위해 본의든 아니든 점차 식민지관학을 닮아가지 않을 수 없었다. 민족사학이 지향했던 독립적 학술이란, 신남철이 처했던 이율배반적 상황과 비슷하게, 관학에 필적한 학술을 창출하기 위해서는 관학의 학술적 권위에 의존해야 하는 상황에 놓여 있었던 것이다.

결과적으로 1930년대 이후 확인되는 관학과 민족사학의 대립구조는 엄밀히 말해서 사학들이 식민교육체제로의 편입을 전제로 하며, 따라서 대립구조의 배후에는 경성제대를 정점으로 관공립전문, 사립전문이 동심원적으로 배치되는 위계구조가 가로놓여 있다. 때문에 제도적 아카데미즘에 대립하면서도 이를 '모방'해서 대안적 학술을 모색했던 '식민지적 아카데미즘'의 독특한 양상은 식민지 고등교육체제의 조건들, 즉 표면의 대립구도와 심층의 위계구조 사이의 절합節合, articulation 관계 속에서 나타난다고 볼 수도 있지 않을까. 이런 대립구도와 위계구조의 경계선에 있었던 사례로 주목되는 것이 1930년 전문학교로 인가 받아 1940년 혜화전문으로 개편했던 중앙불전의 궤적이다.

4. 승려양성기관에서 '동양문학' 전문학교로 – 중앙불전의 궤적

불교전수학교는 1930년 1월 8일 전문학교의 승격신청서를 총독부에 제출하여 4월 7일 승격을 인가받았다. 조선 불교계의 오랜 꿈이 실현되는 순간이었다. 사실 불교계는 비서구의 전통 종교 중에서도 근대교육에 가장 적극적인 자세를 취하고 있었다. 근대 고등교육의 지향은 1906년 최초의 근대식 불교학교인 명진학교明進學校까지 거슬러 올라갈 정도로 오래되었다.[36] 서구적 근대의 도

36 鄭在哲, 앞의 책, 46면.

전에 적극적으로 대응하여 각 교파마다 대학, 전문학교 등 고등교육기관을 보유하게 된 일본 불교계의 영향도 적지 않았다.[37] 불교계의 위기를 타파하기 위해서는 사원寺院에서 이뤄지는 전통적인 도제식 교육, 강원講院 교육은 이제 극복되어야 한다. 승려는 더 이상 전통적인 승려로 남아서는 안 되며 근대지식을 바탕으로 종교 활동도 근대화하는 '포교사'로 거듭나야 한다. 명진학교를 주도한 불교개화파는 이런 주장을 개진하였다.[38]

하지만 이런 적극적인 근대지향은 불교 종단 내부의 반발을 초래할 여지도 적지 않았다. 새로운 종교 포교사를 만드는 것 이상으로 기존 승려들의 '개조改造'를 지향했기 때문이다. 불교계는 분열되고 교권을 둘러싼 싸움이 격렬하게 제기되며 기존에 종단을 주도했던 세력은 공격의 대상이 된다. 종단에 직속된 근대학교도 곧 무력화된다. 1906년 설립된 명진학교는 1908년 무렵에는 이미 무력화된 상태였다. 불교연구회를 혁파한 종무원은 1910년 불교사범학교佛教師範學校를 설치했지만 그해 폐지되고 말았고, 1912년 불교고등학원佛教高等學院을 설치했지만 이것도 그해를 넘기지 못했다. 이들 근대 학교는 기본적으로 승려양성을 지향했기 때문에 전국의 주요 본산·사찰들이 파견하는 승려, 혹은 예비승려를 가르치는 방식으로 진행되었다. 종단이 분열되어 대립이 격화되면 학교 자체가 작은 격전장이 될 위험성이 적지 않았다. 본산 사찰들이 주도해서 1914년 불교고등강숙佛教高等講塾이 개설되지만 이것도 바로 폐지되었다. 1915년 설립된 중앙학림中央學林은 그나마 오래가서 1922년까지 지속되었다. 전국의 주요 사찰들과의 협력관계 속에서 지방학림과 중앙학림이라는 계통적인 승가교육체계를 구축하려는 시도였지만 3·1운동 이후 사찰령 폐지운동을 둘러싼 불교계 내부의

37 근대일본 불교의 특징에 관해서는 스에키 후미히코, 이태승·권서용 역, 『근대일본과 불교』, 그린비, 2009를 참조.

38 동국대학교, 앞의 책, 2006, 65면.

대립 속에서 무기한 휴교에 들어갔다.[39] 그리고 이 무렵부터 불교전문학교의 승격이 불교계 내부에서 제기되었는데, 이 승격운동은 1928년 설립된 불교전수학교를 통해 비로소 본격적으로 추진되었다.

이처럼 조선불교계는 일본불교계와 마찬가지로 초기부터 '근대교육을 통한 승려의 양성'에 적극적인 자세를 보여 왔지만 이것이 오히려 불교계의 분열을 초래하면서 좌절을 반복하는 경향을 보여 왔다. 승려들이 여전히 본산·사찰을 거점으로 활동하고 있는 상황을 감안한다면 기존 승려들의 '근대적 개조'는 곧 불교종단 내의 권력구도를 변화시킬 공산이 컸기 때문이다. 게다가 근대적 교육의 효과에 대해서도 의문을 품는 경우가 많았다. 초기 불교교육의 근대화에 영향을 미친 일본불교 중 정토종과 진종은 처사불교, 재가불교에 깊은 친연성을 가진 교파로 조선불교 특유의 교풍敎風과는 맞지 않은 측면이 많았다. 또한 근대교육을 받은 승려가 승려로서의 삶을 청산하고 환속하는 경우도 적지 않아 우려의 목소리도 높았다. 반작용으로 세속적인 근대교과의 비중은 줄이고 전통적인 강원교육을 강화하려는 경향이 나타나기도 했다. 1914년에 개설된 불교고등강숙과 1915년의 중앙학림은 그런 분위기를 반영한 것으로, 지리, 역사, 이과, 수학 등의 대요大要는 예과에서만 가르쳤고 3년제 본과에서 근대교과는 종교학, 윤리학, 철학, 조선종교사 등의 과목 정도에 국한되었다.[40]

한편 이런 상황과는 별도로 전문학교 승격의 움직임도 점차 커져하고 있었다. 근대교육을 받은 '신청년들'의 활약이 두드러졌던 3·1운동의 집단적 경험이 있었고, 불교고등교육을 자부하지만 정작 '학력學歷'을 인정받지 못하는 학생들의 집단적 불만도 있었다. 특히 후자의 관점에서 1921년 불교중앙학림의 학생들은 전문학교 승격에 소극적인 불교계 중앙교단을 비판하며 동맹휴업에

---

39 위의 책, 118면.
40 「佛敎中央學林學則」, 『불교진흥회월보』 1(9), 1915.12.

돌입하기도 했다. 하지만, 전문학교 승격문제는 불교교단 내부의 구조화된 갈등과 맞물려 좀처럼 진전되지 않았고, 교단은 오히려 1923년 장기 동맹휴업 상태에 있었던 불교중앙학림을 승격준비를 핑계로 5년간 휴교하기로 결정했다. 1924년 불교계의 내부 갈등이 다소 진정되자 전문학교 승격문제가 다시 표면에 부상했다. 중앙교무원은 이번에는 1928년 불교전수학교를 설립하는 등 적극적인 자세를 보였다. 먼저 조선총독부로부터 각종학교各種學校의 인가를 받았다. 처음부터 전문학교 승격을 목표로 했다. 불교전수학교는 교수구성, 교과편제, 교육과정에 신경을 썼는데, 전문학교로 승격했던 기존 사립학교에 기준이 맞추어졌다. 그리고 얼마지 않아 전문학교로 승격했다. 조선불교계의 중앙교무원은 60만 원이던 재단 출자금을 100만 원으로 증자하는 한편 새로 출범한 학교의 명칭을 '중앙불교전문학교中央佛教專門學校'라고 지었다. 일본에 있는 교토불교전문학교와 혼동을 피하되 '불교'를 강조하려는 의도였다.[41]

하지만 '불교'를 강조하고 싶었던 중앙교무원의 바램과는 별도로, 중앙불전은 새로운 상황에 직면하게 된다. 이제 공식적으로 승려양성을 학교의 존재이유로 내세우기 어려워진 것이다. 식민지 교육체제에 편입되어 전문학교로 인정받았기 때문에 직면하게 된 결과다. 그것은 식민권력의 보장 아래 세속적인 전문교육을 실시하는 학교가 되었음을 의미하기 때문이다. 내실이 어떨지언정 중앙불전의 일차적인 교육대상은 이제 승려나 예비승려가 아니라 일반인이 될 수밖에 없었다. 실제로도 교육과정에서 승려교육은 뒤로 밀리게 된다. 고등보통학교 등 중등교육을 수료한 자를 대상으로 하는 교육이 본과本科가 되었다. 승려는 학력자격이 없다면 선과選科나 특과特科에만 입학할 수 있다. 선과는 승려로서 본교의 학과과정 중에서 불교에 관한 과목을 이수하려고 하는 자에게 입학을 허가하는 제도로 본과로 전환 규정은 없으며 졸업장도 특과 졸업이 붙

41 동국대학교, 앞의 책, 2006, 138면.

었다. 특과는 본과에 진학할 학력자격을 갖추지 못한 자를 시험을 통해 선발해서 입학시키는 제도였다. 승려가 중앙불전을 정식으로 졸업장을 받으려면, 나중에라도 시험을 쳐서 합격하고 나머지 일반 과목을 이수해야 한다. 시험에 떨어진다면 특과 이상이 될 수는 없었다. 이러한 상황에서 중앙불전이 전문학교로서 내세우는 교육목표 중 하나는 "불교학에 관한 전문교육"의 실시였다. 불교는 이제 종교가 아니라 불교학, 다시 말해 학문이 되었다. 이는 교과과정에 다음과 같이 드러난다.

〈표 2〉 중앙불전의 교과과정(1931~1937)

<table>
<tr><th colspan="2" rowspan="2">교과목</th><th colspan="2">1학년</th><th colspan="2">2학년</th><th colspan="2">3학년</th></tr>
<tr><th>수업명</th><th>시수(時數)</th><th>수업명</th><th>시수</th><th>수업명</th><th>시수</th></tr>
<tr><td rowspan="5">불교학</td><td rowspan="2">종승(宗乘)</td><td>조계종지(曹溪宗旨, 불조삼경(佛祖三經))</td><td>2</td><td>조계종지(금강경)</td><td>2</td><td>조계종지(염송(拈頌))</td><td>2</td></tr>
<tr><td>화엄종지(華嚴宗旨, 기신론(起信論))</td><td>2</td><td>화엄종지(화엄경)</td><td>2</td><td>화엄종지(화엄경)</td><td>2</td></tr>
<tr><td rowspan="3">여승(餘乘)</td><td>불교개론</td><td>2</td><td>구사학(俱舍學)</td><td>2</td><td>유식학(唯識學)</td><td>2</td></tr>
<tr><td>각종강요(各宗綱要)</td><td>2</td><td>각종강요</td><td>2</td><td>불교서사학(佛敎書史學)</td><td>1</td></tr>
<tr><td>–</td><td></td><td>인명학(因明學)</td><td>2</td><td>불교미술</td><td>1</td></tr>
<tr><td colspan="2">불교사</td><td>인도지나불교사</td><td>2</td><td>조선불교사</td><td>2</td><td>일본불교사</td><td>1</td></tr>
<tr><td colspan="2">종교학 및 종교사</td><td>조선종교사</td><td>1</td><td>종교학개론</td><td>2</td><td>–</td><td>–</td></tr>
<tr><td colspan="2">윤리학 및 윤리사</td><td>국민도덕
윤리학개론</td><td>2
2</td><td>동양윤리사</td><td>2</td><td>서양윤리사</td><td>2</td></tr>
<tr><td colspan="2">철학 및 철학사</td><td>윤리학
심리학
자연과학개론</td><td>2
2
1</td><td>철학개론
–
지나철학사</td><td>2

2</td><td>인도철학사

서양철학사</td><td>2

2</td></tr>
<tr><td colspan="2">교육학 및 교육사</td><td>–</td><td></td><td>교육학개론</td><td>2</td><td>교육사 및 교수법</td><td>3</td></tr>
<tr><td colspan="2">법제 및 경제</td><td>법제 및 경제</td><td>2</td><td>–</td><td></td><td>–</td><td>–</td></tr>
<tr><td colspan="2">사회학</td><td>–</td><td>–</td><td>사회학개론</td><td>2</td><td>사회문제 및 사회사업</td><td>2</td></tr>
<tr><td colspan="2">한문 및 조선문학</td><td>한문강독
조선어학</td><td>2
2</td><td>조선문학강독
조선문학사</td><td>2
2</td><td>조선문학강독
조선유학사</td><td>2
2</td></tr>
</table>

교과목	1학년		2학년		3학년	
	수업명	시수(時數)	수업명	시수	수업명	시수
국어(國語) 및 국문학(國文學)	국어강독	2	국어강독	2	국문학	2
영어	영어	4	영어	2	영어	2
음악	음악	1	–		–	–
체조	체조	1	체조	1	체조	1
도합	–	34	–	33	–	29

〈표 2〉는 1931년에서 1937년까지 중앙불전에서 실지된 교과과정인데 불교학 교과목의 세부 분류가 종승宗乘과 여승餘乘으로 구분되어 있음을 확인할 수 있다. 종승이란 자기 종파의 교의, 여승이란 다른 종파의 교의를 가리키는데 승격 초기 만해도 여전히 특정 종파의 교리에 입각한 승려양성이라는 애초 취지가 여전히 남아있음을 알 수 있다. 그런데 이런 상황은 후반기에는 바뀌게 된다. 〈표 3〉은 1937년부터 혜화전문으로 재편되기 이전까지 중앙불전의 교과과정인데, 불교학에서 '종승宗乘', '여승餘乘'이라는 개념은 자취를 감추었다.

〈표 3〉 중앙불전의 교과과정(1937~1940)

교과목	1학년		2학년		3학년	
	수업명	시수	수업명	시수	수업명	시수
불교학	조계종지	2	조계종지	2	조계종지	2
	불교개론(佛教概論)	2	삼논학(三論學)	2	화엄종지(華嚴宗旨, 화엄경)	2
	구사학(俱舍學)	2	천태학(天台學)	2	유식학(唯識學)	2
	계률학(戒律學) 정토학(淨土學)	1 1	기신학(起信學)	2	불교서사학(佛敎書史學)	1
	불전개설(佛典概說)	1	–		불교미술	1
불교사	인도불교사	2	지나불교사 조선불교사	2 2	일본불교사	2
종교학 및 종교사	조선종교사	1	종교학개론	2	–	–

교과목	1학년		2학년		3학년	
	수업명	시수	수업명	시수	수업명	시수
윤리학 및 윤리사	국민도덕론	2	윤리학개론	2	서양윤리사	2
철학 및 철학사	윤리학 심리학	2 2	철학개론 지나철학사	2 2	인도철학사 서양철학사	2 2
교육학 및 교육사	–	–	교육학개론	2	교육사 및 교수법	3
법제 및 경제	법학통론	2	경제원론	2	–	–
사회학	–	–	사회학개론	2	사회문제 및 사회사업	2
문학	문학개론	2	–	–	–	–
한문 및 조선문학	한문강독 조선어	2 2	지나문학사 조선문학사	1 1	조선문학강독 조선유학사	2 1
국어(國語) 및 국문학(國文學)	국어(강독,문법)	2	국어강독	2	국문학	2
영어	영어	4	영어강독	3	영어강독	3
범어(梵語)	–	–	–	–	범어	2
음악	음악	1	–	–	–	–
체조	체조	1	체조	1	체조	1
도합	–	34	–	34	–	34

그리고 여기서 더 중요한 것은 중앙불전이 "불교학에 관한 전문교육"과 더불어 새로운 교육목표를 설정하고 있다는 사실이다. "동양문학에 관한 전문교육"의 실시가 그것이다. 물론 여기서 문학이란 근대적인 의미에서의 '문학'은 아니었다. 그보다는 글로 쓰인 문화적 총체, 다시 말해 문필文筆을 가리키는 것으로 보인다. 불교계가 다수 소장하고 있는 불경 등의 전통적인 문화자산을 염두에 둔 것이겠다. '조선'이 아니라 '동양'이라고 규정한 것도 이런 불교문화의 성격과 무관하지 않을 것이다. 그렇기에 "동양문학"이라는 기묘한 대상 설정은, 공식적으로는 승려양성이 아니라 세속교육을 표방해야 했던 중앙불전의 입장에서는 어쩔 수 없는 선택이었을 공산이 크다. 하지만 이런 선택은 뜻밖의 결과를 낳았다. 중앙불전은 조선총독부가 공식적으로 인정하는, '조선문학'을 가르치고 연구하는 유일한 전문학교가 된 것이다. 당시 학술의 대상으로서 조

선에 대한 지식은 식민지의 최고학부最高學府인 경성제국대학이 사실상 독점하고 있었다.[42] 공식적으로 전문학교는 실용적인 전문교육에 참고가 되는 일부의 내용을 제외하고 조선의 역사와 문화를 가르치는 것조차 문제가 되는 경우가 많았다. 대부분의 전문학교에서 '조선학'과 관련된 교육과 연구는 비공식적인 영역에 머물기 마련이었다. 그런데, 중앙불전은 조선의 역사와 문화를 공식적으로 가르치는 것이 가능했다. 조선총독부가 인가한 "동양문학에 대한 전문교육"은 당연하게도 "조선문학"을 포함할 수 있기 때문이다.

실제로 〈표 2〉와 〈표 3〉에서 확인할 수 있듯이 중앙불전에는 '조선종교사', '조선불교사', '조선유학사', '조선문학사' 등 조선학에 관련된 전문 분야에 대한 교육이 가능했다. 해당 과목은 이능화, 최상로, 이병도, 최남선, 김문경 등이 지속적으로 출강하였다. 이런 조선학 계열 과목 이외에도 사회학, 윤리학, 경제학, 법학, 교육학 등 인문사회과학 계열의 교과목도 비중이 적지 않았는데, 전임교수인 김두헌윤리학을 위시해서 김현준사회학, 윤행중경제학, 아키바 다카시秋葉隆, 사회학, 마츠즈키 히데오松月秀雄, 교육학 등이 강의를 맡았다. 아카마쓰, 마츠즈키 등을 위시해서 경성제대 관계자들이 다수의 강의와 지속적으로 관련을 맺고 있는 것도 이채롭다.

한편 중앙불전은 출범 직후부터 운영의 어려움을 겪었는데, 위기는 비교적 일찍 찾아왔다. 2년이 지나지 않아서부터 시위와 휴업이 반복되었다. 중앙교단이 심각한 자금난을 겪었고 학교운영에도 자금의 오용, 남용 등 문제가 빈번했다. 급기야 1933년부터는 학교폐지가 모색되었고 반발한 학생들은 동맹휴업으로 대응했다.

42 이 주제와 관련해서는 정준영, 『경성제국대학 법문학부와 조선연구』, 사회평론아카데미, 2022를 참고.

5. 혜화전문으로의 전환 – 동양문학에서 대륙진출의 첨병으로

이처럼 혜화전문이 발족될 때까지 불교계 전문학교의 설립과정은 불교 교단의 내부 갈등과 관련해서 파행의 연속이었다. 이러한 갈등의 원인은 사회의 급격한 변화에 유리되어 자기혁신의 계기를 놓친 불교계 내부에도 있었지만, 아무래도 결정적인 것은 조선총독부의 불교정책이었다. 조선총독부는 기독교세력의 확대를 막는 대안으로 불교의 진흥을 지원했지만, 통제강화를 위한 지나친 행정적 개입이 불교계 내부의 갈등을 더욱 증폭시키는 결과를 낳았던 것이다. 그리고 불교종단의 동향과 직결되어 있었던 불교계 고등교육기관은 이런 갈등과 모순에 가장 직접적으로 영향을 받았다. '전문학교 인가'라는 총독부의 전폭적인 지원에도 불구하고 불교계 고등교육기관은 1930년대까지 사실상 기능정지의 상태에 가까웠던 것이다.

그런데 1940년 조계종으로 개편된 불교교단은 취약했던 중앙불전의 재정적 상황을 크게 개선하는 조치를 취하는 한편으로 당시 식민교육정책의 취지를 적극 수용하였다. 혜화전문으로의 확대개편이 그것이다. 여기에는 기존의 과들이 폐지되고 새로 흥아과興亞科와 불교과佛教科가 설치되었는데, 특히 흥아과는 "만주국 및 지나支那에 이주하는 조선인을 지도할" 전문 인력을 창출하는 데 초점이 맞추어져 있었다. 교육목표 또한 "조선교육령에 의해 불교 및 대륙사정에 관한 고등학술을 교수하고 국가사회에 기여할 수 있는 유능한 인재를 배양함"[43]으로 바뀌었다.

전반적으로 보았을 때, 혜화전문은 명륜전문과 더불어 불교와 유교를 표방한다는 점에서 종교계 전문학교라는 조선의 사학의 기본적인 특징을 공유한다. 하지만, 기존의 사학들이 대체로 보성을 제외하면 기독교 계통이 대부분이

43 『惠化專門學校一覽』, 1941.

〈표 4〉 혜화전문의 교과과정(1942)

불교과			과목	흥아과		
1학년	2학년	3학년		1학년	2학년	3학년
1	1	1	수신	1	1	1
1	1	1	일본학	1	1	1
8	7	5	일본어 및 한문	4	3	4
2	1	1	일본사	2	1	1
	2		동양사		2	
8	8	8	불교학			
2	2	2	불교사			
			불교대의	2		
			불교윤리		1	1
		2	철학개론			
	2		동양윤리학사			
2			서양윤리학사			
		2	일본윤리학사			
		2	인도철학			
		2	종교학			
2	2		심리학 및 논리학			
	2		윤리학	2		
	2		교육학		2	
		3	교육사 및 교육법			3
		2	사회학			
2	2		법학통론 및 경제원론	2	2	
			지나만몽지리(支那滿蒙地理)		2	
			동아경제사정			2
			지나경제사			3
3	3	3	지나어	16	15	16
3	3	3	영어	3	3	3
3	3	3	체조, 무도, 교련			
37	41	40	합계	33	33	35

었다는 사실에서 차별화되는데, 후발 전문학교인 이들 학교가 일단은 조선인들이 설립주체가 되는 사학이면서도 동시에 기독교계 사학과는 다른 입장과

위치에 있었음을 보여준다. 조선총독부의 종교정책 기조는 기본적으로 조선의 토착종교인 유교와 불교를 이용해서 기독교의 세력 확장을 막는 것이었다. 이에 총독부는 이들 종교의 진흥에 비교적 우호적이었는데, 불교계의 사례가 잘 보여주듯이 이러한 '우호'정책은 오히려 종교계 내부의 모순을 격화시키고 자발적인 개선의 노력을 가로막는 장벽이 되기도 했다. 앞서 언급했듯이 중앙불전이 1930년대 내내 논란 속에 놓여 있었던 이유도 이와 무관하지 않았다.

하지만 1930년대 후반 들어 조선총독부가 이들 종교를 고등교육의 수준에서까지 이데올로기적으로 동원하는데 열의를 보이게 되자 사정이 달라지기 시작했다. 식민당국은 혜화전문의 재편과 명륜전문의 승격을 통해서 불교·유교의 이데올로기적 기능을 더욱 강조하였고, 식민지관학의 확장이라는 차원에서 이들 학교의 승격에 적극적으로 개입했기 때문이다. 지식생산의 독점으로서의 식민지관학과 이에 대항하는 민족사학이라는 이항대립의 가운데 관학아카데미의 확장이라는 차원에서 이들 학교가 삽입되는 양상으로 바뀌었던 것이다. 이것은 전문학교라는 제도적 제약 속에서 잠복해 있었던 식민지 고등교육의 위계적 구조가 전면화되는 것을 의미하기도 한다.

이처럼 혜화전문과 명륜전문이 '관학의 확장'으로 위치 지워지는 데 산파역할을 했던 인물이 바로 경성제대 법문학부의 교수를 역임했던 다카하시 도루高橋亨였다. 1878년 출생한 다카하시는 도쿄제대 문과대학 한학과漢學科를 졸업한 직후, 1905년 한성관립중학교 교사로 초빙되어 조선으로 건너왔다. 이후 경성고보, 대구고보의 교사를 역임하면서 조선총독부의 촉탁으로서 종교조사와 도서조사를 수행했다. 다카하시는 개인적 연구를 병행해서 1919년 「조선의 교화敎化와 교정敎政」이라는 논문을 도쿄제대 박사논문으로 제출했고, 이를 통해 조선의 문학과 사상, 종교 분야의 전문가로 자리 잡게 되었다. 이후 총독부 시학관을 역임했던 다카하시는 1926년 경성제대가 설립되자 조선어조선어문학제1강좌의 교수로 취임했고 1939년 정년퇴임을 한다.[44] 그런데 그는 경성제대 교수로 있을 당시인 1930년 명륜학원이 설립되자 명륜학원 강사를 계속 겸임했고, 명륜학원의 운영을 결정하는 평의원으로서도 계속 활동했다. 그리고 명륜전문학교가 1944년 명륜연성소로 개편되었을 때에는 경학원 제학 겸 명륜연성소의 소장이 되었다. 인연은 명륜학원에만 있는 것은 아니다. 앞서 보았듯이 그는 경성제대 퇴임 직후인 1940년, 새로 발족한 혜화전문의 초대 교장이 되었다. 공교롭게도 다카하시는 명륜전문과 혜화전문의 궤적에 결정적인 영향력을 행사했던 것이다.

그는 조선의 유림에 대한 실지조사와 사찰을 중심으로 진행된 도서조사의 과정에서 조선의 유교와 불교가 "단순한 학술學術 이상으로 커다란 가치를 가지고 있다는 사실을 깨닫고" 이후 조선유교와 조선불교에 대한 체계적인 연구에 돌입했다. 다카하시의 조선유교와 조선불교에 대한 관점에 대해서는 이미 많은 연구 성과가 나와 있기 때문에 여기서 다시 요약할 필요는 없을 것이다. 하지만, 그의 관점이 철저히 식민관료의 위치에 입각해 있었고 따라서 조선에서 적지 않은 세력을 가지고 있는 유교계와 불교계를 적극적으로 활용해서 조선유학과 조선불교의 일본화를 추진할 필요가 있으며 이를 통해 기독교의 성장세를 통제할 수 있을 것이라고 생각하고 있었다는 지적[45]은 음미할 필요가 있다.

실제로 1919년 조선총독으로 부임한 사이토 마코토斎藤実는 경성제대가 창설될 당시 조선의 제국대학 안에 유교의 교육과정을 설치하고 이를 통해 1911년 성균관의 폐지와 더불어 끊어진 조선의 유학전문교육을 부활시키겠다는 구상을 가지고 있었던 것으로 보인다. 그 구체적인 계획은 1926년 무렵에 쓴 것으로 추정되는 「명륜학원의 구상」이라는 사이토의 자필각서에서 확인되는데 다음과 같다.

---

44 다카하시 도루의 이력에 대해서는 「高橋亨先生年譜略」, 『朝鮮學報』 14, 1959, 1~13면 참조.

45 鄭圭永, 「京城帝國大學に見る戰前日本の高等教育と国家」, 東京大學博士論文, 1995를 참조. 정규영의 이런 점에서 흥미로운 논점을 많이 담고 있다.

거의 사물시死物視되고 있는 유림儒林을 개선해서 세도인심世道人心에 유익하게 하려는 희망. 그 방법은 제국대학에서 사계斯界에 권위 있는 교수로 하여금 유림 청소년을 소집시켜 시세時世의 진운進運에 따르는 한학漢學, 기타 과목을 교습시키도록 함. (도지사의 면접에 의함. 반드시 유림에 한정지을 필요 없음) 형식形式은 경학원에서 대학으로 위탁하는 것으로 한다.[46]

즉, 각 도지사가 조선유림의 자제 중에서 매년 일정정도의 인원을 선발해서 경성제대의 한학관련 교수의 지도를 받게 하며, 그 형식은 경학원에서 경성제대로 위탁시키는 교육형태를 택한다는 것이다. 그런데, 정규영[47]에 따르면, 이러한 구체적인 계획을 담당했던 이가 다카하시 도루였다. 그리고 이러한 구상이 제국대학의 규정 때문에 실현되기 어렵게 되자, 그 대신에 설립한 것이 명륜학원이었다는 것이다. 이처럼 다카하시는 관학 아카데미즘을 대표하는 제국대학과 유교이데올로기를 전파하는 경학원을 연결지어 관학 아카데미즘의 확장을 꾀하려는 시도와 관련해서 핵심적인 역할을 담당하고 있었다.

이러한 관점은 다카하시가 조선불교를 볼 때도 동일하게 적용되었다. 이미 다카하시는 1920년 『태양太陽』에 기고한 「조선개조의 근본문제」라는 글에서 "불교가 재흥再興해서 동양철학으로 대학에서도 강의되고 그 교리가 널리 이해되면 이에 따라 점차 기독교의 교세도 급격히 하락하여 결국에는 부진한 상태"에 이를 것이라고 예측하고 이를 위해 경성에 "불교철학, 불교문학, 불교문화를 연구하고 가르치는 종교대학"을 설립할 필요가 있다고 주장했다.[48] 그리고 이러한 구상은 1940년 그가 혜화전문의 초대 교장으로 취임하면서 현실화되었다.

---

46 「明倫學院ノ構想」, 『斎藤実文書』(4), 350면.
47 鄭圭永, 앞의 글, 154~155면.
48 高橋亨, 「朝鮮改造の根本問題」, 『太陽』 1920.8월호, 1920.

당시 총독부 학무국장인 시오바라 토키사부로塩原時三郎는 황국신민화 교육을 취지로 식민지교육에 대한 전면적 개편을 단행했는데, 특히 불온사상의 온상이 되었던 고등교육기관에 대한 전면적인 '숙학肅學'에 주력했다. 시오바라는 제국대학과 전문학교가 '학술적 지식의 생산-실용적 지식의 습득'의 기능적 분업관계를 넘어서 관학은 철저히 국가주의에 입각해서 이념적 토대를 창출하고 전문학교는 이런 이념적 기초를 실제에 적용할 수 있는 전문 인재를 양성하는 방식으로 재구축될 필요가 있다고 보았던 것 같은데, 이는 1920년 당시부터 다카하시가 가져왔던 소신, 즉 종교대학이 "조선인의 교화敎化뿐만 아니라 동양문화東洋文化의 연구硏究에 대한 일본日本의 권위權威를 조선인에게 알게 하고 그들로 하여금 일본의 학술學術에 경복敬服하게 하는 중대重大한 일시설一施設이 될 것"[49]이라는 지향과 합치하는 것이었다.

요컨대 혜화전문과 명륜전문=명륜학원은 기독교계로 대표되는 '민족사학'의 도전에 관학의 확장과 식민지 고등교육체계의 재위계화를 통해 대응하려는 시도 속에서 위치 지울 수 있다는 것이다. 관학의 확장과 관련해서는 실제로 경성제대로 대표되는 관학 아카데미즘의 진출이 두드러지는 현상으로 나타났다. 혜화전문은 경성제대의 강좌교수들이 대거 교수진을 구성하고 있었는데, 중앙불전 시절부터 참여했던 아키바 다카시와 마츠즈키 히데오에 더해서, 아카마츠 지죠赤松智城, 종교학강좌교수, 오오타니 가츠마사大谷勝眞, 동양사학제1강좌교수, 사토 타이슌佐藤泰舜, 종교학조교수가 그들이었다. 더불어 총독부 편수관으로 있었던 조선사학자 나카무라 히데다카中村榮孝도 강사진으로 참여했다.

한편, 명륜학원에는 다카하시 도루高橋亨를 비롯해서 경성제대 교수 후지즈카 치카시藤塚鄰, 지나철학강좌교수와 조수 가마즈카 타스쿠鎌塚扶, 조선총독부 편수관 후쿠시마 요조福島耀三가 강사를 맡았고, 명륜학원 총재였던 정만조와 경학원 부제

49 위의 글.

학 어윤적은 경성제대 강사를 맡고 있었다. 이들 학교는 경성제대 졸업자 또는 조수들에게도 강의의 기회가 상당히 돌아갔다. 한기준, 배상하, 김태준, 윤태동 등이 강사를 거쳤다. 당시 세간에는 대구와 평양의 공립의전들은 경성제대 의학부 출신자들이 많이 진출해서 구설수에 올랐다.[50] 혜화전문과 명륜전문은 그 정도까지는 아니라고 하더라도, 경성제대 법문학부, 그 중에서도 문과계열의 확장이라는 측면이 없지 않았던 것이다.

이러한 식민권력의 노골적인 재편의도에 대해서 이른바 '민족사학'들의 저항은 미미했다. 숭실전문처럼 학교폐쇄를 결의하는 경우는 있었지만, 대부분의 사립전문은 전황이 급박하게 전환되는 상황에서 식민권력의 개입을 수용하면서 실질적으로 종속되어갔다. 세브란스의전이 1942년 아사히의학전문학교로 명칭을 바꾼 것을 시작으로 1944년 연희전문은 경성공업경제전문학교로, 보성전문은 경성척식경제전문학교로 전환되었다. 이화여전과 숙명여전은 1943년 아예 청년연성소지도자양성과로 바뀌었다. 전문학교라는 제도적 제약 속에서 잠복해 있었던 식민지 고등교육의 위계적 구조는 전쟁 말기 전면적인 종속구조로 바뀌어나갔던 것이다.

6. 나가며

전쟁 중에 폐지되었던 혜화전문과 명륜전문은 해방 후 얼마지 않아 부활했다. 조선불교 중앙총무원은 1946년 6월 학교부활을 선포했고, 9월 미군정청으로부터 동국대학 승격이 인정되었다. 정규대학의 승격을 계기로 불교과, 문학과, 사학과가 개설되었고, 1947년 5월에는 정경학부정치학과, 법학과, 경제학과가 설치

50 佐藤剛蔵, 「朝鮮醫育史(後篇)」, p.185.

되고 기존의 학과는 문학부로 재배치되었다. 명륜연성소로 바뀌었던 명륜전문도 1945년 10월 부활했는데, 11월 전국유림대회의 결의에 따라 대학재단을 설립하고 1946년 8월 성균관대학 승격이 결정되었다.

그런데 흥미로운 것은 해방공간에서 동국대학과 성균관대학의 독특한 위치였다. 이들 대학은 설립 당시부터 경성제대를 비롯하여 제국대학 출신이 다수 교수와 강사로 포진해 있었다. 혜화전문과 명륜전문이 관학의 확대였던 구도가 해방 이후의 공간에서도 그대로 연속해서 재현되었던 것이다. 그리고 제대 출신의 교수들은 정치적 성향으로 보았을 때 좌익적인 성향이 강했다. 식민지라는 억압적 공간 속에서도 제국대학은 선별된 엘리트들에게 사상적 자유를 허용하는 경향이 있었고, 그만큼 좌익적인 지식인들에게는 최소한의 방패막이 되는 경우도 있었다. 식민 말기 연안행을 결행했던 경성제대 출신 마르크스주의자 김태준이 경찰의 취조를 겪으면서도 명륜학원 강사라는 직위를 유지할 수 있었다는 에피소드에서 짐작할 수 있듯이, 이러한 방패막은 심지어 명륜전문이나 혜화전문같이 확대된 관학의 공간에서도 부분적으로는 허용되었다. 이처럼 식민지 공간에 존재했던 관학과 민족사학의 대립과 위계구조, 관학 내부에서 존재했던 이중적 성격은 해방공간에서도 연속적으로 이어지지만, 식민이후 공간의 복합적인 대립구도 속에서 점차 다른 의미와 역할을 획득해간다. 이런 변화의 궤적은 어떤 것이었으며, 어떤 변용을 통해 오늘날 한국의 대학사회를 구성해나가는가? 이후 답해야 할 질문들이다.

참고문헌

高橋濱吉,『朝鮮教育史考』, 帝國地方行政學會朝鮮本部, 1927

『東亞日報』

『中央佛教專門學校一覽』, 1933 · 1935 · 1936 · 1938.

『惠化專門學校一覽』, 1941.

朝鮮總督府學務局,『諸學校一覽』, 각년도.

__________,『朝鮮學事例規』, 1938.

「佛教中央學林學則」

『佛教振興會月報』 1(9), 1915.12.

『斎藤実文書』(4)350,「明倫學院ノ構想」.

高橋亨(1920),「朝鮮改造の根本問題」,『太陽』, 1920.8.

佐藤剛藏,『朝鮮醫育史』, 1956.

「高橋亨先生年譜略」,『朝鮮學報』 14, 1959.

고영섭,「영호정호의 중앙불교전문학교－한국의 윌리엄스 칼리지 혹은 앰허스트 칼리지」, 한국불교학 70, 2014.

김도형 외,『연희전문학교의 학문과 동아시아대학』, 혜안, 2016.

김도형,『민족문화와 대학－연희전문학교의 학풍과 학문』, 혜안, 2018.

남도영,「구한말의 명진학교, 최초의 근대식 불교학교」,『역사학보』 90, 역사학회, 1981.

동국대학교,『동국대학교 90년지 약사편』, 동국대, 1998.

__________,『동국대학교 백년사』, 동국대, 2006.

류준필,「식민지 아카데미즘의 '조선문학사' 인식과 그 지정학적 함의－자국(문)학 형성의 맥락에서」,『한국학연구』 32, 2014.

스에키 후미히코, 이태승 · 권서용 역,『근대일본과 불교』, 그린비, 2009.

연세대학교,『연세대학교 백년사－연세통사(상)』, 연세대, 1985.

연세학풍사업단,『일제하 연세학풍과 민족교육』, 혜안, 2015.

윤대석,「『신흥』과 경성제대의 학지」,『국제어문』 73, 국제어문학회, 2017.

이기운,「근대기 승가의 교육체제 변혁과 자주화운동」,『불교학보』 48, 불교문화연구원, 2008.

장규식,『일제하 한국기독교민족주의 연구』, 혜안, 2001.

장　신,「일제하 조선에서 법학의 교육과 연구」,『서울과 역사』 85, 서울역사편찬원, 2013.

정일균,「일제의 무단통치와 경학원」,『사회와 역사』 76, 한국사회사학회, 2007.

鄭在哲, 「日帝下의 高等教育」, 『교육문제연구소논집』, 중앙대 교육문제연구소, 1987.
정종현, 「신남철과 '대학' 제도의 안과 밖－식민지 학지의 연속과 비연속」, 『동악어문학』 54집, 동악어문학회, 2010.
정준영, 「1910년대 조선총독부의 식민지교육정책과 미션스쿨－중 · 고등교육의 경우」, 『사회와역사』 72, 한국사회사학회, 2006.
______, 「경성제국대학과 식민지헤게모니」, 서울대 박사논문, 2009.
______, 「해방 직후 대학사회의 형성과 학문의 제도화－학과제도입의 역사사회학적 의미」, 『한국근현대사연구』 67, 한국근현대사학회, 2013.
______, 「대학, 우리가 아는 것과 모르는 것－"대학이란 무엇인가?"라는 질문 넘어서기」, 『Littor』 2/3, 민음사, 2020.
______, 『경성제국대학 법문학부와 조선연구』, 사회평론아카데미, 2022.
조성택, 「근대불교학과 한국 근대불교」, 『민족문화연구』 45, 고려대 민족문화연구원, 2006.
조승미, 「근대 일본 불교의 중국진출과 아시아주의」, 『불교학보』 49, 동국대 불교문화연구원, 2008
한기형, 「제도적 아카데미즘의 결여와 근대잡지－식민지 지식문화의 특성에 관한 시론」, 『지식의 근대기획, 미디어의 동아시아』, 성균관대동아시아학술원 동양학학술회의, 2007.
홍종욱, 「'식민지 아카데미즘'의 그늘, 지식인의 전향」, 『사이間SAI』 11, 국제한국문학문화학회, 2011.
황인규, 「허영호의 1930 · 40년대 불교교육 활동과 동국대」, 『동국사학』 59, 동국대 동국역사문화연구소 2015.
鄭圭永, 「京城帝国大学に見る戦前日本の高等教育と国家」, 東京大学教育学研究科 博士論文, 1995.
馬越徹, 『韓国近代大学の成立と展開－大学モデルの伝播研究』, 名古屋大学出版会, 1997.
天野郁夫, 『高等教育の日本的構造』, 玉川大学出版部, 1986.
________, 『旧制専門学校論』, 玉川大学出版部, 1993.
P. Bourdieu, trans. by. R. Nice, *Pascalian Meditations*, London : Polity Press, 2000.

사립전문학교의 재단법인화와 공공성*

보성전문학교의 사례

김일환

1. 재단법인으로 본 식민지 사립전문학교

이 글은 1920~30년대 보성전문학교의 사례를 중심으로 식민지 사립전문학교의 조직 및 운영구조를 살펴보는 것을 목적으로 한다. 특히 학교의 설립·운영 주체인 재단법인에 초점에 맞추어 당시 보성전문 재단의 설립 및 운영 과정을 살펴보고, 이를 '관공립'과 '사립'의 이분법적 구도로 온전히 포착하기 어려운 식민지 사립전문학교의 '공공성'의 측면에서 해석해보고자 한다. 그리고 마지막으로 이러한 사립전문학교의 경험이 해방 이후 한국 대학사를 이해하는데 주는 함의에 대해서 간략히 논의해보고자 한다.

'사립전문학교'는 '제국대학-전문학교', '관공립-사립'의 이중적 위계구조를 특징으로 하는 식민지 고등교육체제에서 가장 주변적 위치를 차지했지만, 조선인들의 교육과 학술활동이 활발하게 전개되는 제도적 바탕으로서 중요한 의미를 지녔다.[1] 또한 식민지 사립전문학교들은 해방 이후 빠르게 대학으로 승

---

* 이 글은 역사문제연구소, 『역사문제연구』 제45호에 실린 필자의 논문 「1920~30년대 보성전문학교의 운영과 공공성 문제」의 내용 일부를 보완하고, 단행본 형식에 맞게 수정한 것임을 밝힌다.

격하면서, 대학체제 내에서 핵심적 위치의 기관으로 발전했다. 따라서 식민지 사립전문학교의 경험이 해방 이후 한국 사립대학에 남긴 유산의 문제, 특히 그 제도적·조직적 유산에 대해서는 면밀한 검토가 필요하다. 예컨대 사립전문학교를 관리, 규제하는 법제와 행정, 고등교육기관으로서의 사립전문학교의 조직 형태, 내부 운영의 관행 등의 측면에서 남겨진 유산은 없는지, 그것이 해방 이후 한국 사립대학의 형성 과정에 미친 영향은 무엇인지에 대해 관심을 기울일 필요가 있을 것이다.[2]

특히 이 글에서 주목하는 것은 식민지 사립전문학교의 설립주체인 재단법인財團法人과 그 운영과 관련된 문제들이다. 그간의 대학사 연구들이 주목해왔듯 해방 이후 교육제도에서 각급 사립학교의 설립주체는 재단법인으로 한정되었으며, 이러한 재단법인 기구 운영, 재정 운용, 사립학교와의 관계는 이미 1950년대 이후 중요한 사회적 쟁점이 되어 왔다. 그런데 사립 고등교육기관의 운영을 재단법인 형태로 한정하는 법제나, 이를 규율하는 행정기술의 제도적 기원은 식민지 사립학교 행정에서 찾을 수 있다는 것이 본 장의 착안점이다.

잘 알려져 있듯, 식민지 조선에서 사립전문학교 설치에 재단법인 설립이 의무화된 것은 1915년 개정된 「사립학교규칙」에 따른 것이었다. 그런데 이에 관한 기존 연구들, 특히 개별 학교사史 서술은 사립전문학교 설치에 재단법인 설립을 요구한 조선총독부의 정책을 사립학교, 특히 기독교계 학교에 대한 간섭

1 정재철, 「일제하의 고등교육」, 『한국교육문제연구』 5, 중앙대 한국교육문제연구소, 1989; 김자중, 「일제강점기 전문학교에 관한 연구」, 고려대 박사논문, 2018; 윤해동, 「한국 근대 고등교육의 기원과 '식민지대학 체제'의 형성」, 윤해동·정준영 편, 『경성제국대학과 동양학 연구』, 도서출판선인, 2018; 정준영, 「식민지관학과 '민족사학'의 사이–중앙불교전문학교와 식민지 전문학교체제」, 『사회와역사』 128, 한국사회사학회, 2020.

2 물론 미군정기 교육개혁을 통해서 각종 고등교육 기관들은 '대학'으로 일원화되었고, 새로운 사립대학군이 대거 출현하면서 제도로서의 '사립전문학교'는 사라졌다고 할 수 있다. 그러나 이러한 외형적 변화에도 불구하고, 식민지 사립전문학교 제도와 행정이 가진 영향력을 살펴볼 필요가 있다. 해방 직후 고등교육 정책의 성격을 '미국화'라는 관점에서 파악하는 관점 역시 재검토가 필요하다.

과 통제 시도로 다소 단순하게 이해하는 경향이 강했다.[3] 따라서 일본의 법체계를 거쳐 이식된 근대적 법 제도로서의 '재단법인'이 교육계를 포함한 조선사회에 어떻게 수용되었는지, 사립전문학교를 '재단'의 형태로 하는 것의 학교 운영상 효과는 무엇이었는지, 이러한 식민지기의 경험이 해방 이후에 남긴 유산은 무엇인지 등에 대해서는 크게 주목하지 않았다.[4]

물론 법인의 설립은 학교 설립이나 재정 운용과 관련된 사안들이 조선총독부의 감독 행정에 깊숙이 편입됨을 의미한다는 점에서, 식민당국의 통제에 주목하는 시각은 중요하다. 그러나 재단법인은 식민당국의 통제수단 혹은 행정 장벽으로서 기능하기도 했지만, 학교 측에서 보면 사립학교 조직의 법적 안정성을 높이는 계기가 되기도 했다. 법인화를 통해 사립학교의 설립·운영과 관련된 집단들의 활동이 법적으로 제도화되었고, 식민지 법제 내에서 허용된 각종 권리를 확고하게 보장받을 수 있었다는 측면 역시 중요했던 것이다. 그런 점에서 재단법인화 과정은 양면성을 지니고 있었다.

학교의 내부 운영구조 측면에서 보면, 사립전문학교의 재단법인화는 식민권력의 통제로 환원될 수 없는 여러 복합적 효과들을 내포하고 있었음이 더욱 두드러진다.[5] 우선 공익적 목적으로 출연된 일정 수준 이상의 자산에 법인격을

3 특히 1915년 개정 「사립학교규칙」이 종교교육에 대한 엄격한 통제를 포함하고 있었기에 이러한 경향이 강화되는 측면이 있었다. 제국 일본의 기독교 통제 법령의 식민지적 이식의 맥락에서 「사립학교규칙」을 분석하는 연구는 안유림, 『일본제국의 법과 조선 기독교』, 경인문화사, 2018, 230~240면; 이명실, 「일본 메이지 정부의 '문부성 훈령 12호'와 조선총독부의 '개정사립학교규칙'에 관한 고찰」, 『한국교육사학』 30-2, 한국교육사학회, 2008.

4 1915년 개정 「사립학교규칙」에서의 사립전문학교에 대한 재단법인 설립 의무화 조항은 일본 내지의 1911년 개정 「사립학교령」에서 확립된 원칙을 식민지 조선에 그대로 적용한 것이었다. 1898년 메이지 민법 시행 이후 일본의 사립전문학교들은 소유권 문제를 해결하고, 내부 운영구조를 정비할 목적으로 잇따라 법인화에 착수했다. 이때 학교별로 '사단법인', '재단법인', 조합' 등 다양한 형태를 선택할 수 있었는데, 대개는 재단법인 형태로 수렴되었다. 1911년 「사립학교령」은 이러한 흐름을 전제로, 사립전문학교 및 중학교에 재단법인 설립을 의무화했다. 天野郁夫, 『高等教育の時代 下－大衆化大学の原像』, 中央公論新社, 2013, pp.77~87; 大迫章史, 「1911(明治44)年私立学校令改正と私学制度」, 『教育制度学研究』 10, 日本教育制度学会, 2003.

부여하는 재단법인 제도의 특성상, 사립학교 관계자들은 재단법인을 설립하기 위해 기본재산 확보를 위해 노력해야 했다. 그리고 이는 많은 경우 사적 재산을 내어놓는 외부 기부자와 새로운 사회적 관계를 형성하고, 이를 유지하는 것이 대단히 중요해짐을 의미하는 것이었다.

또한 법인화는 법적으로 '설립자', '교주校主' 등 특정 개인에 크게 의존했던 사립학교 운영이 독자적, 공식적 체계를 갖추는 과정을 수반했다. 그리고 재단법인과 사립학교 양자 사이의 관계가 설정되는 방식에 따라 학교의 소유 및 운영의 구조에도 변화가 불가피했다. 교강사, 졸업자, 외부 관계자 등의 각 집단이 학교 조직 내에서 점유하는 위치와 권한을 규정하는 것은 중요한 문제였다. 특히 자산을 출연한 기부자들이 재단에서 어떤 지위를 차지하며, 이들이 사립학교 운영에 어떻게 관여하는지의 문제는 경우에 따라 대단히 첨예한 쟁점이 될 수도 있었다.

이렇게 보면 재단법인화 이후 사립전문학교의 운영은 학교사·교육사적 의미 외에도 식민지 사회의 '공공성' 문제에도 시사하는 바가 크다. 재단법인 설립과정에서는 인허가권을 지닌 조선총독부와의 협상 못지않게, 식민지 사회 내부에서의 공동 노력의 차원이 중요할 수밖에 없었다. 따라서 이러한 과정에서 사적인 이해관계와 영향력이 사립학교의 공적 운영 속에서 어떻게 제도화되는지의 문제가 제기되었는데, 이는 "관공립학교와 사립학교, 식민교육과 민족교육, 일제의 교육 정책과 조선인의 대응이라는 이분법적 연구 틀 속에서 간과되거나 왜곡되어 버린 측면"이었다.[6] 따라서 재단법인 설립 이후 사립전문학교의 운영

5 사립전문학교의 사례는 아니지만, 기독교 단체 법인화에 대한 조선총독부의 정책과 선교사 및 조선인들의 대응에 대해서는 안유림, 앞의 책; 윤선자, 「일제하 종교단체의 경제적 기반 확보 과정」, 『한국 근현대사 연구』 24, 한국근현대사학회, 2003. 불교계의 사례는 김성연, 「재단법인 朝蘇佛教中央教務院의 자산 운영과 한계」, 『불교학연구』 27, 불교학연구회, 2010.

6 강명숙, 『사립학교의 기원－일제 초기 학교 설립과 지역사회』, 학이시습, 2015, 9면. 특히 강명숙은 일제강점 초기 사립학교가 "실질적으로는 '민립'의 의미가 강했으며, 관제적 공공성과 구

을 둘러싼 여러 문제를 살펴보는 것은 식민지 사회에서 '사립私立'의 범주가 의미하는 바가 무엇이었는지, 그리고 사립학교를 공공公共적으로 운영한다는 것이 뜻하는 바가 무엇이었는지를 구체적으로 살펴보는 수단이 될 수 있다.[7]

이러한 문제들을 염두에 두었을 때, 보성전문학교이하 '보성전문'으로 약칭의 사례는 당시 사립전문학교 중에서도 몇 가지 점에서 특히 흥미롭다. 우마코시 토루馬越徹의 표현을 빌리자면 보성전문은 당시 고등교육기관 중 '제국대학 모델'과도 선교회 주도의 '기독교계 사학' 모델과도 구분되는, 민간 사학설립 운동의 계보를 대표하는 위치에 있었다. 실제로 당대 조선인들도 보성전문에 대해 '조선인의 손으로 직접 설립한 유일한 전문학교'라는 특별한 의미를 일관되게 부여하고 있었다.[8]

하지만 이것이 학교 운영상의 큰 변화가 없었음을 의미하지는 않았다. 1905년 설립된 이후 보성전문은 일관되게 법과·상과의 2개 학과 편제를 유지해왔으나, 운영주체 및 조직 형태의 측면에서는 여타 사립전문학교에 비해 훨씬 빈번한 변화를 경험했기 때문이다. 1910년대 천도교의 운영, 1920년대 초 재단 설립과 전문학교 인가, 1930년대 김성수의 경영 인수 등 여러 변곡점이 존재했고, 그때마다 학교의 운영방식을 둘러싼 여러 논쟁과 갈등들이 뒤따랐다. 보성전문은 식민지 조선에서 '아래로부터의' 사립전문학교 운영의 상이한 방식들이 교차하는 실험 무대와도 같았다고 할 수 있다.

별되는 사회적 공공성"을 띠고 있었음을 강조한다. 같은 책, 14면.

7 식민지기 각종 단체와 조직의 운영, 특히 당시 「민법」, 「상법」 등 사법(私法)을 통해 설립된 영리회사, 사단법인, 재단법인, 조합 등 민간단체에서 나타나는 공공성의 구조는 기존의 '식민지 공공성' 논의에서 충분히 규명되지 못한 지점이기도 하다. 윤해동·황병주 편, 『식민지 공공성: 실체와 은유의 거리』, 책과함께, 2010; 신주백, 「식민지 조선의 고등교육체계와 문·사·철의 제도화, 그리고 식민지 공공성」, 『한국교육사학』 34-4, 한국교육사학회, 2012; 고태우, 「일제시기 재해문제와 '자선·기부문화'－전통·근대화·'공공성'」, 『동방학지』 168, 연세대 국학연구원, 2014.

8 우마코시 토루, 한용진 역, 『한국 근대대학의 성립과 전개－대학모델의 전파 연구』, 교육과학사, 2001.

그리고 보성전문학교 운영의 변곡점들은 재단법인의 설립과 구조개편, 인수 등의 변화와 깊은 관련이 있었다. 1915년 '사립보성법률상업학교'로 격하된 보성전문은 1922년에 전문학교로 재인가받은 이후, 학교의 설립주체로서 재단법인財團法人이 설립되었고, 이후 학교의 조직구조, 내부 운영의 형태, 총독부의 개입 방식 역시 상당한 변화를 겪었다. 그런데 이하에서 보듯 보성전문의 재단법인 설립은 조선사회의 공적 모금을 통해 이루어졌는데, 특히 학교 교강사, 교우회, 외부 기부자 등 다양한 집단들의 참여가 두드러졌다. 이 과정에서 학교 재정 운용에서 중요했던 외부 기부자들의 위치와 권한을 둘러싼 긴장과 갈등들이 표출되기도 했고, 때로는 이 문제가 분규로 발전하기도 했다. 보성전문의 사례는 식민지 사립전문학교에서 재단법인화 과정에 학교 운영에 미치는 효과와 특히 '공공성'을 둘러싼 여러 문제가 당대 사회에서 논의되는 과정을 살펴볼 수 있다는 점에서 흥미롭다.

법인화 이후 학교를 둘러싼 여러 집단 사이의 길항관계를 살펴보기 위해서는 그 구체적 분석대상으로 재단의 '기부행위寄附行爲' 문서에 주목할 필요가 있다.[9] 재단법인의 기본 규정인 '기부행위'는 설립주체인 법인의 목적 및 조직구조를 규정함과 동시에, 교육기관인 사립전문학교의 행정 운영에도 중요한 영향을 미쳤다. 자연스럽게 보성전문 재단의 '기부행위'는 내부 역학관계 변화에 따라 자주 개정되었으며, 그 과정에서 여러 논쟁들이 전개되었다. 따라서 '기부행위'의 내적 구조 및 변천 과정을 살펴보는 것은 학교운영을 둘러싼 사회적 역학관계를 해명하는 중요한 방법이 될 수 있다.[10]

---

9 '기부행위'라는 법률 용어는 사적 재산을 출연하는 행위 자체를 의미하기도 하지만, 이를 통해 구성된 재단법인의 기본규정을 지칭하기도 한다. 메이지 민법에서는 사단법인의 기본규정은 '정관(定款)'으로, 재단법인의 기본규정은 '기부행위'로 명명했고, 이것이 조선 내 법인 사무에도 그대로 적용되었다. 해방 후에도 1960년 새 「민법」 시행 전까지는 해당 용어가 그대로 사용되었다.

10 사립전문학교의 교육 운영을 분석하기 위해 '학칙(學則)'에 주목하는 연구는 없지 않았다. 강명

주요 자료로는 '기부행위' 등 각종 학교 규정, 임원진 명단 등을 확인하기 위해서 '보성전문학교일람' 자료를 활용했다. 또한 고려대학교에서 펴낸 학교사 자료들은 학교일람에서 확인하기 어려운 내부 의결사항, 분규의 전개과정, 자산과 재정운영 등에 대한 비교적 상세한 내용들을 수록하고 있어서 도움이 된다.[11] 그 밖에도 『동아일보』, 『조선일보』 등 신문기사와 『삼천리』 등 잡지를 통해서 보성전문에 대한 당대 사회의 인식과 여론을 살펴보았다.

2. 1920년대 보성전문학교의 재단법인화와 운영구조

1) 보성전문 재단법인화의 배경과 과정

1905년 설립된 보성전문학교는 1915년 4월 1일 자로 교명을 '사립보성법률상업학교'로 개칭해야만 했다. 이는 같은 날부터 시행된 「전문학교규칙」조선총독부령 제26호이 "이 영에 의하여 설치한 전문학교가 아니면 전문학교라고 할 수 없다"7조고 규정한 결과였다. 역시 같은 날 개정 시행된 「사립학교규칙」조선총독부령 제24호은 "전문교육을 하는 사립학교의 설립자는 그 학교를 설립유지하기에 족한

숙, 「일제강점기 연희전문학교의 학칙을 통해 본 교육 운영」, 『교육사학연구』 28-2, 교육사학회, 2018; 명순구·한민섭, 「3·1운동 시대 보성전문학교의 교육체계」, 명순구 외, 『1919년 보성전문, 시대·사회·문화—1919년 3·1운동의 원천 보성전문(普成專門), 그 역사를 학문으로 조망하고 음악으로 새기다』, 세창출판사, 2020. 반면 사립학교 재단의 구조를 규정하는 '기부행위'에 대한 본격적 연구는 거의 이루어지지 않았다. 예외적으로 연희전문학교 재단설립 당시 기부행위 작성의 경위 및 그 내용을 분석하는 연구로는 조재국, 「연희전문학교 정관의 작성과 기독교 정체성의 확립」, 『신학논단』 83, 2016, 361~398면. 조선인 설립 사립고등보통학교의 재단법인화 과정 및 기부행위 구조를 분석한 연구는 우지민, 「일제하 사립고등보통학교의 재단법인화와 재단 운영—조선인 설립학교를 중심으로」, 『역사교육』 162, 2022, 113~147면.

11 고려대학교100년사편찬위원회, 『고려대학교100년사』 I, 고려대 출판부, 2008(이하 『100년사』 I 로 표기); 고려대학교교우회100년사편찬위원회, 『고려대학교 교우회 100년사』, 고려대 교우회, 2007(이하 『교우회 100년사』).

재산을 가진 재단법인일 것을 요함"제3조의 2이라 규정하면서, 사립전문학교 설립에 대한 규제를 강화했다. 즉 '전문학교' 설립을 가능하게 하는 구체적 규정을 신설하면서도, 이에 대한 당국의 규제 가능성 역시 확보하는 방식이었다.[12]

따라서 각종학교 수준으로 격하된 보성전문이 식민지 교육체제 내에서 '전문학교'로 인가받기 위해서는 우선 일정 수준 이상의 재산을 구비하여 조선총독으로부터 재단법인 설립허가를 받아야 했다. 단 1915년 개정된 「사립학교규칙」의 '부칙'은 현재 인가를 받은 상태였던 사립학교는 1925년까지 재단법인 설립에 유예기간을 허용하고 있었고, 이러한 방침은 1920년 재차 개정된 「사립학교규칙」조선총독부령 제59호에서도 재확인되었다. 유예기간 10년이 지난 뒤의 학교운영은 더욱 불확실해질 것이 예상되는 상황에서, 1920년대 초가 되자 기존 보성전문 관계자들은 재단법인 설립을 서두를 수밖에 없었다.

그러나 이러한 외부 조건과는 별개로, 재단법인 설립을 통한 학교의 법인화는 그간 불안정했던 학교운영을 정비할 기회이기도 했다. 보성전문은 1905년 이용익李容翊 주도로 설립된 이후 1910년대부터는 천도교에서 그 경영을 맡고 있었으나, 이미 초기부터 재정 안정성 및 학교 소유·운영 구조에서 여러 불안정한 측면을 드러내고 있었기 때문이다.[13] 1907년에 설립된 '보전교우회普專校友會'가 여러 측면에서 학교운영을 지원해왔으나, 그러한 자구 노력만으로는 한

---

12 이러한 사립전문학교 설립에 대한 새로운 규제는 1911년 「사립학교령」 개정 이후 일본 본토에서 확립된 원칙이 거의 그대로 이식된 것이었으나, 그 효과는 동일하지 않았다. 앞서 언급했듯 일본에서는 1898년 메이지 민법 공포 이후 많은 사립전문학교가 자발적으로 법인화 작업에 착수했고, 개정 법령은 이러한 흐름을 수렴했던 측면이 강했다. 반면 조선에 이식된 갑작스런 규제는 높은 행정 장벽으로 작용했고, 결과적으로 기존 전문학교의 격하로 이어질 수밖에 없었다. 한용진·김자중, 「3·1운동 전후 고등교육제도」; 명순구 외, 앞의 책, 68~69면.

13 이를 잘 보여주는 것은 황실 내탕금 지원 중단이 초래한 1907년의 '유지회 사건', 그리고 1918년 이용익의 손자인 구 교주(校主) 이종호(李鍾浩)의 학교 반환 요구이다. 특히 후자의 경우 당시 보성전문의 소유 및 운영구조가 법적으로 매우 불안정한 것이었음을 잘 보여준다. 배항섭, 「고종(高宗)과 보성전문학교(普成專門學校)의 창립 및 초기운영」, 『사총』 59, 역사학연구회, 2004, 233~244면; 『100년사』 I, 230~231면.

계가 있었다. 특히 1919년 3·1운동 이후 천도교 조직이 입은 피해는 보성전문이 새로운 운영 체제를 모색해야만 하는 내부적 요인이었다.[14]

이러한 상황에서 보성전문의 재단법인화 작업이 본격적으로 추진되었다. 1921년 초부터 고원훈高元勳 교장은 조선총독부와 계속 접촉하며 전문학교 설립 가능성을 타진하고 나섰고, 서상환, 서상호, 이승우, 서광설, 김병로 등 학교 교강사진을 중심으로 재단법인 설립기성회 운동도 시작되었다.[15] 이는 1917년 연희전문학교, 세브란스연합의학전문학교가 각각 개신교 선교회들의 자산 출연에 의존하여 연합재단을 설립했던 것과 달리, 조선인들의 대중적 모금에 기댄 방식이었다. 설립기성회는 보전교우회의 인맥을 활용하는 한편, 각지 유지들과도 접촉을 시도했는데, 결과적으로 경남 진주의 거부 김기태金琪邰가 위원장으로, 교장 고원훈 등이 위원이 되는 기성회 조직이 갖추어졌다.

설립기성회 활동을 둘러싼 여러 조건은 비교적 나쁘지 않았다. 설립기성회의 모금 활동은 「기부금품모집취체규칙」조선총독부령 제138호에 따라 당국의 규제를 받았는데, 소위 '문화통치' 국면에서 모금 허가를 받는 것은 그리 까다롭지 않았을 것이다. 또한 동아일보 설립, 민립대학 설립운동 등의 사례에서 볼 수 있듯, 당시 고양된 민족주의적 분위기 속에서 조선인 사회는 모금을 통한 문화기관 설립에 적극적이었다. 여러 언론에서도 기부금을 낸 독지가들에 찬사를 보내며, 재단 설립을 고무하고 나섰다. "학교의 생명은 기본재산의 확고한 독립에 있"기에, 재단법인의 설립이 보성전문의'영구한 유지와 발전'의 계기가 될 것이라는 기대였다.[16] 더 나아가 새로운 보성전문 재단이 '암흑계의 신광명'과

14 1910년대 이후 여러 기독교계 단체들이 식민권력의 관리체계 내로 편입되는 위험을 감수하면서 단체의 안정성 제고를 위해 법인화를 추진했던 것도 이와 같은 맥락이었다. 윤선자, 앞의 글, 65~73면; 안유림, 앞의 책, 183~197·277~284면.

15 「沿革」, 『財團法人普成專門學校一覽』, 1925, 3~4면.

16 「社說 : 普成專門學校 財團法人 成立」, 『每日申報』, 1921.4.19.

같으며, "바라건대 차此재단이 더욱이 왕성하야 조선민족의 대행복이 될지어다"라며 민족적 의미를 부여하기도 했다.[17]

설립기성회 활동은 비교적 순조롭게 진행되었고, 일부 다액 출연자들의 기부에 힘입어 1921년 말까지 약 43만 원의 기금이 모였다. 〈부록 1〉은 당시 설립기성회에 재산을 출연한 인사들의 명단과 출연 규모를 정리한 것이다. 교주 박인호朴寅浩를 필두로 한 기존 경영자 천도교 측 인사에 더해, 학교 교장사진과 보전교우회 인사들이 출연자 집단의 중요한 축을 이루고 있음을 알 수 있다. 하지만 전체 출연자 수나 금액에서 가장 큰 비중을 차지하는 것은 학교 외부에서의 참여, 특히 김기태, 최준崔浚, 김원배金元培, 윤치호尹致昊, 김성수金性洙 등 전국 지역별 유력인사들이었다.[18]

재단 설립의 최종 단계는 조선총독부 당국과의 교섭 및 인허가 과정이었다. 인허가는 두 개의 병렬적인 과정으로, 사립학교의 '설립주체'인 재단법인의 설립허가, 그리고 '교육시설'인 전문학교의 설치인가로 나뉘어 있었다. 각각에 적용되는 규정은 인허가 과정뿐 아니라, 이후 총독부에 의한 관리감독의 법적 근거이기도 했는데, 전자인 재단법인 설립허가는 기본적으로 「조선민사령」을 통해 의용된 메이지 민법의 '공익법인' 규정, 그리고 그 구체적 시행규정인 「법인의 설립 및 감독에 관한 규정」1912.3.30, 조선총독부령 제71호에 의거한 것이었다. 이에 따라 보성전문 측은 1921년 11월 28일 재단법인 설립허가를 신청했고, 한 달 뒤인 12월 28일 조선총독으로부터 '재단법인사립보성전문학교' 설립을 허가받았다. 이는 법인으로서 법적 안정성과 사립전문학교 설치자로서의 자격

17 「社說 : 私專企成과 富豪의 義俠」, 『東亞日報』, 1921.4.22; 「社說－普成專門의 財團法人」, 『東亞日報』, 1921.11.25.

18 학교사에 따르면, 출연의 대부분은 일시불이 아닌 5~10년에 걸친 분납의 형태였다. 대신 기부자들은 완납 시까지 미불액에 대한 7% 이자를 함께 지불하기로 약정했고, 기부 총액에 상응하는 가치의 담보를 학교 측에 제공했다. 이렇게 보면 재단의 기초 자산의 상당 부분은 신용에 기초한 것이었는데, 아래에서 보듯 이것은 1920년대 분규의 중요한 단초가 되었다. 『100년사』 I, 271면.

을 획득함과 동시에, 조직 운영이 식민당국의 관리감독 체계로 깊이 편입됨을 의미하는 것이기도 했다.

이와 별개로 「사립학교규칙」, 「전문학교규칙」 등에 근거하여 사립전문학교 설치에 대한 인가 역시 받아야 했다. 이를 위해 학교 관계자들은 1922년 2월 18일 '재단법인사립보성전문학교'를 설립주체로 하는 전문학교 인가신청을 조선총독에게 제출했고,[19] 최종적으로 1922년 4월 1일에 3년제 법과 및 상과 2개 학과와 정원 400명 규모의 '사립보성전문학교' 설치를 인가 받았다. 전문학교 승격을 위한 제도적 절차는 이로써 일단락되었다.[20]

2) 재단 운영구조와 평의원회의 위상

이렇게 대대적인 모금을 통해 설립된 보성전문에는 민족적 차원의 의미가 투영되고 있었다. 학교 관계자들 역시 보성전문을 "조선 유일의 민립民立 전문학교"로 인식했다.[21] 그런데 주목해야 할 것은 모금 과정의 공共적 성격과는 별개로 보성전문은 법적으로는 사법인私法人인 재단법인으로 인가를 받았고, 그러한 법적 틀 내에서 운영구조를 갖추어 나갔다는 점이다. 따라서 법인화 이후 보성전문 재단에서 재단과 학교 구성원, 외부 기부자 사이의 관계를 어떻게 제도화할 것인지가 중요한 문제로 부각될 수밖에 없었다.

설립 당시 '재단법인보성전문학교'의 기부행위寄附行爲에는 이와 관련된 쟁점

19 「사립보성전문학교설치인가신청」, 『학교설치 인가』(국가기록원, CJA0004686).

20 보성전문학교 인가신청 이후, 기존 「전문학교규칙」을 대체하여 「공사립전문학교규정」이 1922년 3월 7일 제정, 4월 1일 자로 시행되었다. 이는 제2차 조선교육령의 내지연장주의에 입각하여 일본 「전문학교령」에 의한 공·사립전문학교의 설치 규정을 마련한 것이었다. 이미 1917년에 재단법인 설립 및 전문학교 설치 인가를 받았던 연희전문과 세브란스의전은 새 규정에 근거하여 다시 전문학교 인가를 받아야 했으나, 보성전문은 이러한 수속을 밟을 필요가 없었다. 보성전문의 인허가에 소요된 기간은 비교적 짧은데, 이는 당국과의 협상과정이 비교적 순탄했음을 암시한다.

21 「沿革」, 『財團法人普成專門學校一覽』, 1925, 5면.

들이 압축되어 있었는데, 이를 몇 가지로 나누어 살펴보자. 첫째, 학교 및 재단 운영의 권한을 각 기구에 어떻게 배분할지, 그리고 특히 다액 기부자들에게 어떤 권한을 부여할지의 문제이다. 우선 눈에 띄는 것은 「민법」에 규정된 재단법인의 법적 대표기구이자 집행기구로서 14인의 이사로 구성된 '이사회理事會'가 존재하지만, 정작 최고의결기구는 평의원회評議員會였다는 점이다. 기부행위에 따르면, 평의원회는 이사·감사 등 임원의 선임뿐 아니라제7조·8조, 이사가 제출한 주요 사항에 대한 결의제10조, 기부행위 변경 및 법인의 해산제12조·13조 등에 대한 결정권을 지니고 있었다.〈부록 2〉 참조

이러한 평의원회의 독특한 위상은 보성전문 재단이 대규모 기성 운동을 통한 공共적 설립과정의 결과물이라는 사실을 반영하는 것이었다. 이는 평의원의 자격에서도 확인된다. 기부행위에 명시된 특별한 자격 제한은 없었으나, 설립 시의 평의원회가 기부행위자 전원으로 구성된다는 규정제9조에서 보듯, 58인의 기금 출연자들이 재단의 '공동설립자'가 되고, 이들의 수평적 결사가 다시 최고의결기구인 평의원회를 구성하는 방식이었다.[22] 반면 이사회 구성에 대해서는 다액 기부자였던 김기태와 박인호 양자에게 그 권한이 위임되어 있었다.제7조 하

22 '평의원회'라는 기구 명칭은 1900년대 초반 이후 학회, 사립학교, 상공회, 후원회, 조합 등 각종 민간단체의 자문·의결기구에 일반적으로 사용되었다. 또한 재단법인 조직의 의결기구로 '평의원회'를 두는 경우도 종종 있었다. 특히 재단 설립과정이 지역이나 업계 차원의 공적 모금 형태를 띨 경우, 출연자 집단을 중심으로 '평의원회'가 공식 기구로 설치되고, 심지어는 단순 자문기구에 그치지 않고 최상위의 의결기구가 되는 사례들이 발견된다. 사립학교의 예로, 지역의 설립 기성회 운동을 통해 각각 1923년, 1925년 설립된 일신고등보통학교 및 오산고등보통학교 재단의 기부행위에서도 평의원회의 위상은 보성전문의 그것과 거의 동일한 방식으로 규정되었다. 「오산고등보통학교 설립에 관한 건」, 「일신고등보통학교 설립인가의 건」, 『공사립중학교 고등보통학교 학칙개정 서류』(국가기록원, CJA0004693). 학교만을 설립·운영하는 재단은 아니었지만, 1922년 설립되어 중앙불교전문학교 등을 경영한 '재단법인조선불교중앙교무원'의 사례도 자산을 출연한 30개 본말사가 각각 1인씩을 파견하여 최고의결기구 평의원회를 구성하고, 여기에서 7인의 이사를 선임하는 구조였다. 「재단법인조선불교중앙교무원 기부행위 조항 개정 인가신청의 건」, 『사원 폐지에 따른 사유재산 및 주지취직 인가신청 관계서류』(국가기록원, CJA0004762).

지만 이렇게 구성되는 이사회는 스스로 후임을 인선하는 자기 영속적 기구가 아니었고, 형식적으로는 평의원회의 이사 선임권에 종속되어 있었다. 이는 여타 재단법인에서 일반적으로 관찰되는 '기부자=설립자=이사회' 중심의 지배구조와는 거리가 있었다.

둘째, 보성전문 재단의 이러한 중층적 의사결정 구조의 또 다른 특징은 교육기관인 학교와 그 법적 설립주체인 재단의 경영이 미분화되어 있었다는 점이다. 우선 형식적으로 보면, 설립 당시 기부행위는 재단과 학교 양자를 명확하게 분리하지 않고 학교 자체가 곧 재단이 되는 형태였다제1조·2조. 이러한 형식적 특징은 각 기구의 인적구성에도 반영되었는데, 교강사 일부 및 보전교우회 등 학교 구성원들이 법인 기구인 평의원회와 이사회에 다수 참여하고 있었다. 즉 외부 기부자, 교원, 졸업자 등 다양한 구성원들이 평의원회를 중심으로 공존하면서, 경영조직과 교육조직이 명확하게 구분되지 않는 구조였다.〈부록 1〉 이런 독특한 양상은 보성전문 초기부터 이어져 온 교강사, 교우회의 강한 영향력이 재단 설립 이후에도 여전히 남아있었음을 의미하는 것으로, 연희전문과 세브란스의전 등 선교회 주도의 재단과는 차이가 있었다.[23]

하지만 기부행위상의 기구 조항에는 느슨한 점도 많았다. 각 기구 구성원의

---

23 연희전문과 세브란스의전의 초기 기부행위의 핵심은 복수의 선교회에서 자산 기여분에 따라 이사 파견권을 분배하는 것이었다. 의결기구는 '이사회'로 단일화되어 있었고, 경영조직인 재단과 교육조직인 학교 사이에도 비교적 뚜렷한 구별이 존재했다. 연세대학교백년사편찬위원회, 『연세대학교백년사 1-연세통사(상)』, 연세대 출판부, 1985, 73~75·148~150면.
그런데 보성전문과 유사한 사례는 일본 사립전문학교 사례에서도 발견된다. 특히 가숙(家塾) 등으로 출발, 학문 결사체 정체성과 졸업자 집단의 영향력이 강했던 학교의 경우 법인화 과정에서 인적 단체인 사단법인 형태를 취하거나, 재단법인화되더라도 '평의원회', '상의원회(商議員會)' 등을 최고의결기관으로 하는 경우가 많았다. 많은 경우 재단과 학교를 명확하게 구분하지 않았다는 것도 그 특징이다. 藤井啓吾, 「大学令における私立大学とその設置者との関係-旧制私立大学設置法人の寄附行為の分析」, 『流通科学大学論集』 人間·社会·自然編 19-1, 流通科学大学学術研究会, 2006. 이렇게 보면 평의원회 중심의 보성전문 재단 구조는 공적 모금을 통한 설립과정의 산물임과 동시에, 보전교우회 등 학교 구성원의 강한 초기 영향력 역시 일정 부분 반영하는 것이었다고 보인다.

자격과 임기, 구체적 권한과 소집절차는 명확하게 규정되지 않았고, 따라서 기구 간의 분쟁 가능성이 존재했다. 또한 설립과정의 특성상 이사와 평의원들은 전국에 산재해 있었는데, 이들이 얼마나 상시적으로 의결에 참여할 수 있을지도 불투명했다.[24] 요컨대 개입된 집단은 다양했으나 기구의 권한과 한계는 불명확했고, 신속한 의결은 쉽지 않았다.

셋째, 조선총독부의 사립전문학교에 대한 관리감독권의 문제이다. 이는 설립주체인 재단에 대한 감독과 사립학교에 대한 감독으로 구분해볼 필요가 있는데, 여기서는 전자를 중심으로 간략히 살펴본다. 「법인의 설립 및 감독에 관한 규정」이나 그 상위 근거법인 「민법」에는 재단법인 사무에 대한 주무관청 감독권의 범위가 명확하게 규정되어 있지는 않았다. 단 세부사항은 설립허가 과정에서 각 법인의 기부행위에 명시함으로써 당국의 권한을 규정했던 것으로 보인다.[25]

보성전문의 경우 기본재산의 처분제4조, 기부행위의 변경제12조, 법인의 해산제13조 등 물적 자산의 운영 및 그 목적에 해당하는 사안은 모두 주무관청의 '허가'를 필요로 했다. 반면 평의원회 중심의 구조에서도 볼 수 있듯, 법인 내부기구 형태에 대해서는 상당한 재량이 허용되었고, 임원의 선임 등 인적 측면 역시 인허가가 아닌 보고 사항으로 남겨졌던 것으로 보인다.[26] 이는 「사립학교규

---

24 예컨대 1925년 당시 이사 14인의 주소지를 보면, 경성 거주자는 6명이었고, 나머지는 경남, 경북, 전남 등지에 흩어져 있었다. 『財團法人普成專門學校一覽』, 1925, 40~46면. 특히 대표이사 김기태는 경남 진주에 거주하면서 이사회에 자주 참석하지 않았고, 다른 이사가 경성과 진주를 오가며 그의 의중을 확인, 전달해야 했다.

25 법인의 설립 및 감독에 관한 규정」에는 설립 허가의 조건(제1조), 정관 및 기부행위와 임원 선임, 재산 등에 대한 보고(제2조), 연도별 사업 보고(제3조) 등에 관한 규정이 존재했고, 도장관(道長官)에게 법인에 대한 상시 감독권을 부여하고 있었다(제4조·5조). 안유림, 앞의 책, 183~190면. 여기에서 규정되지 않은 기부행위의 작성 원칙에 대해서는 별도의 예규 등을 통해 규정했을 것인데, 추후 확인이 필요하다. 시기를 달리하지만 1941년 '재단법인의 설립 및 감독에 관한 사무제요'에서는 기부행위의 형식, 주무관청의 인허가를 필요로 하는 사항, 피해야 할 내용 등에 대해 세밀한 지침이 하달되고 있다. 「법인의 설립 및 감독에 관한 건」, 『학사예규철』(국가기록원, CJA0027605).

칙」 등을 통해 사립학교의 운영에 대해서, 특히 교원·교장 임용 및 교과과정에 대해 매우 세세하게 통제했던 것과 대비된다. 법인 기구의 상시적 운영과 관련된 사항들은 조선총독부와의 관계보다는 오히려 학교 내부적 관계를 통해 결정될 여지가 상당히 존재했다.

3. 다액 기부자 문제와 '보전 분규'

1) 보성전문의 재정구조와 기부자 문제

전문학교 인가 이후 학생 규모가 점차 늘어나고 신규 강사진도 확충되면서 보성전문의 운영 상황은 여러모로 개선되기 시작했다. 그런데 정작 학교는 1923년 하반기부터 극심한 분규에 빠져들었다. 언론도 이를 중요한 사회문제로 주목하며, 분규의 세세한 내막까지 보도했다. 긴 분규의 시작을 알린 것은 1923년 말 고원훈 교장의 사임 사태이었다. '김기태 파'로 분류된 일부 이사들이 몇몇 이유로 교장이자 상무이사였던 고원훈에게 사직을 요구했는데, 이에 대한 여러 반발이 터져나온 것이었다. 학생들은 교장 유임운동을 펼쳤고, 교우회에서도 이사회의 후임 교장 인선에 불만을 드러내며 "후임 교장을 선정함에 대하여 교우회의 의사를 물어줄 것"을 요구하고 나섰다.[27] 결국 이사회의 양보로 허헌許憲을 신임교장으로 선임하면서 사태는 간신히 진정될 수 있었다.[28]

---

26 시기는 다르지만, 국가기록원에서 확인 가능한 1942~43년도 보성전문 공문서를 보면, 신규 이사의 선임은 그 결과를 조선총독에게 '보고'하는 것에 그친다. 이는 기본재산 처분에 대해서는 도장관을 경유하여 조선총독에게 허가를 구했던 것과 대비된다. 「이사 선임의 건」; 「재단법인 보성전문학교 기본재산 처분의 건」; 『재단법인중앙학원』(1)(국가기록원, BA0831270).

27 「校長 留任運動으로」, 『東亞日報』, 1923.10.26; 「普專後任校長問題로 校友有志會合」, 『東亞日報』 1923.11.10.

28 당시 언론이 이사회의 권한 행사에 대해 논평하는 방식은 흥미롭다. 『동아일보』는 사설에서 "보성전문학교의 주체가 법인인 이상 법인을 대표한 이사회는 사교(私校)의 최고기관이라 아니할

그런데 사태는 표면적으로는 교무校務의 권한을 둘러싼 이사회와 교우회 사이의 갈등이었으나, 그 이면에는 기부자의 재정 기여와 그 권한 사이의 불균형에 대한 불만이 있었다. 특히 이사회를 주도한 김기태의 기부금 미납에 대한 누적된 불만이 가장 큰 문제였고, 평의원회 내 다른 기부자들의 출연 실적도 저조하기는 마찬가지였다. 당시 경제불황 속에서 기부자들이 출연 약속을 이행하지 않았던 경우가 많았던 것이다.[29]

이러한 미납 사태는 기부와 자산출연을 전제로 구성된 법인 기구의 정당성 문제를 초래함과 동시에, 학교 재정에도 실질적 문제를 야기했다. 일부 가용한 자료를 통해 당시 보성전문의 재정 수입 구조를 개략적이나마 추정해볼 수 있다. 예컨대 설립 당시 1922년도 예산안을 보면, 총 예상수입 37,910원은 재단기금 382,000원으로부터 생기는 이자 수입이 26,740원, 생도 240명에 대해 징수한 수업료가 10,510원, 입학시험료 및 입학금이 660원으로 구성되어, 기본자산으로부터의 수입이 가장 큰 비중약 70%을 차지하고 있다.[30]

또 다른 주 수입원인 학생 납입금이 차지하는 비중은 재학생 수가 증가한 뒤에도 크게 달라지지 않았다. 〈표 1〉은 보성전문의 학생 수와 경비규모 및 1인당 연간 수업료를 정리한 것이다. 이를 통해 전체 경비에서 수업료 수입의 비중을 개략적이나마 추정해볼 수 있는데, 1920년대 내내 생도 1인당 연간 납입금은 55원을 유지했고, 그로부터 기대되는 수입은 전체 경비에서 평균 약 30% 내외 수준이었다. 이는 선교회의 재정지원을 받았던 같은 시기 연희전문의 수

수 없다. (…중략…) 그러나 (…중략…) 교장의 지위가 이사회의 일빈일소에 의하여 동요한다든지 혹은 교무의 실제 경영에 개입하여 지엽의 세미한 점까지 하나하나 이사회의 용훼를 요한다면 반(反)히 교각살우의 결과에 빠질 것이다"고 주장했다. 「普成專門學校의 紛糾」, 『東亞日報』, 1923.11.12.

29 「교장사임으로 紛擾한 보전문제 내용」, 『每日申報』, 1923.11.8. 기부금 약정대로라면 매년 57,900원의 수입이 있어야 했으나, 제1년도분인 1922년의 실수입은 52,900원, 제2년도분의 실수입은 고작 7,100원에 그쳤다. 『100년사』 I, 276면.

30 『100년사』 I, 272~273면.

〈표 1〉 보성전문학교 학생수, 경비 규모, 수업료

연도	재학생 수				정원	경상비	임시비	경비 계	생도당 경상비	수업료
	1학년	2학년	3학년	계						
1924	130	78	73	281	400	58,500	–	58,500	208	/
1925	200	92	47	339	400	47,958	1,140	49,098	141	55
1926	132	84	69	285	400	41,911	1,000	42,911	147	55
1927	114	79	55	248	400	42,544	1,811	44,355	171	55
1928	110	53	50	213	400	44,912	2,710	47,622	210	55
1929	122	48	43	213	400	40,884	3,591	44,475	192	55
1930	127	69	60	255	400	43,756	920	44,676	170	55
1931	159	63	58	280	400	43,725	1,245	44,970	156	55
1932	170	91	59	320	400	34,292	10,927	45,219	107	55
1933	197	106	82	385	400	36,884	–	36,884	95	55
1934	271	147	94	512	400	43,496	–	43,496	85	77
1935	253	202	138	593	600	58,900	–	58,900	99	77
1936	190	199	184	582	600	63,954	6,000	69,954	110	77
1937	198	165	180	543	600	72,951	8,593	81,544	134	77
1938	200	165	164	529	600	81,400	51,480	132,880	154	77
1939	200	186	144	530	600	87,032	49,060	136,092	164	77
1940	200	176	172	548	600	104,171	12,680	116,851	190	77
1941	200	167	149	516	600	143,756	10,000	157,756	279	/
1942	200	193	153	546	600	160,496	19,000	179,496	294	100
1943	200	188	183	571	600	175,564	20,964	196,528	307	/

(출처) '학생 수', '경비'는 각 연도 『朝鮮諸學校一覽』, 「私立專門學校」 표에서 재구성.
'정원', '수업료'는 「普成專門學校學則」, 『普成專門學校一覽』, 1925 · 1931 · 1935 · 1939 · 1940 · 1942.
1934년 수업료 – 『100년사』 I, 435면('/' 표시는 불확실).

업료 수입 비중이 약 10% 수준이었던 것과 비교하면 상당히 높은 수준이었으나,[31] 그렇다고 기금 수입의 중요성을 대체할 수는 없었다.[32]

---

31 연세대학교백년사편찬위원회, 앞의 책, 151~152 · 155면. 당시 고등교육 기관별 수업료의 비교는 김자중, 「일제 식민지기 조선인의 장학단체의 설립과 운영 – 고등교육기관 재학자 대상의 단체를 중심으로」, 『한국교육사학』 40-3, 한국교육사학회, 2018, 75~80면.

32 다른 하나의 재원은 조선총독부로부터 지급되는 보조금이다. 하지만 사립전문학교에 대한 보조금은 전시체제로 돌입한 1940년도부터 사립전문학교의 '내용쇄신'을 명목으로 지급되기 시작했고, 그 액수도 연 6천 원 수준으로 수입원으로서는 큰 의미를 지니지 않았다. 「六個 私立專門에 新規로 補助金 支出」, 『朝鮮日報』, 1940.4.9.

2) 분규의 구조와 기부행위 개정의 쟁점들

이렇게 보면 1920년대 보성전문의 재정 구조는 상당히 취약했다. 전문학교 승격 이후 교원 확충 등으로 고정 경비 지출은 증가했으나, 정작 주된 재원인 기금 수입은 특정 기부자의 미래 시점의 불확실한 출연 의지에 크게 의존하고 있었던 것이다. 이러한 상황에서 다액 기부자 중심의 이사회 운영에 대한 논란이 제기될 수밖에 없었다. 1924년 중순부터 1925년 말까지 이어진 극심한 학교 분규는 결국 다액 기부자의 경제적 기여와 경영권 사이의 관계를 어떻게 조정할지의 문제를 둘러싼 내부적 갈등이었다. 그리고 이 과정에서 자연스럽게 '기부행위' 개정을 둘러싼 논쟁이 전개되었다.

대립의 한 편에는 기존 교강사 측 이사인 고원훈, 김병로金炳魯, 서광설 등이 있었다. 이들은 현 이사진의 총사퇴를 주장하는 한편, 이사 정수를 14인에서 7인 이내로 줄이고, 명확한 규정이 없던 이사 임기도 5년으로 제한하는 등의 기부행위 개정안을 들고 나왔다. 반면 반대편에 있던 김기태 측 이사진은 이러한 개정안이 다액 기부자의 권한을 전혀 존중하지 않는 것이며, 이것이 통과될 경우 이사직을 사임하고 학교와의 관계도 끊겠다는 입장이었다. 오히려 김기태는 개정안 철회를 조건으로 기존 약정액에 더해 10만 원 이상을 추가로 출연하겠다는 의사를 밝히면서, 이사회 내 입지를 확고히 하고자 했다.[33]

이사회 내에서의 충돌은 기부행위 개정권한을 지닌 평의원회로 무대를 옮겼다. 하지만 팽팽했던 대립은 입장이 다소 모호했던 천도교 측 인사들이 다액 기부자의 권한에 대해 김기태 측과 입장을 같이 했고, 중재에 나선 교우회 측 인사들도 김기태 측 입장에 경도된 새로운 기부행위 개정안을 제출하면서 세가 기울었다.[34] 김병로 측은 임원진 중 채무지불을 이행하지 않는 자는 향후 직

33 1924년 6월 22일 제14회 이사회부터 7월 17일 제16회 이사회까지의 경과와 의결 사항은 『100년사』 I, 281~283면.

무에서 배제한다는 결의를 통과시킨 뒤, 이사 사임 의사를 밝혔다.[35] 이는 기존 이사진의 재정 부담 책임을 확고히 하는 것을 조건으로, 그에 상응하는 지위를 보장하는 방식이었다. 총독부의 허가를 받아 1924년 10월 2일부로 개정된 기부행위는 이러한 잠정 타협의 내용을 그대로 반영했다. 다액 기부자 2인을 '종신이사'로 못 박고, 이들에게 지속적인 이사회 구성 권한을 보장하는 것이 그 골자였다.〈부록 2〉 참조

하지만 기부행위 개정으로 봉합된 것 같았던 분규는 1925년 중순에 재발했고, 이사진과 학교 측 인사들의 충돌이 이어졌다. 이번에는 새로 꾸려진 이사회의 방만한 학교 예산 편성과 투기성 개간 사업 결정이 발화지점이었다. 1924년 말 교장에 취임한 유성준兪星濬은 재정난 타개를 위해 교원 봉급을 인하하는 대신, 교강사 임면 권한을 이사회가 아닌 교장에 부여해달라며 대립각을 세우다 결국 사표를 제출했다.[36] 교우회에서도 예산 규모를 축소할 것과 이사진의 총사직을 요구하는 등 대치는 이어졌다.[37]

이번에도 이사 선임권을 쥐고 있던 평의원회가 주된 대결의 장이 되었다. 특히 이 과정에서 보전교우회는 새로 10명의 평의원 몫을 할당받으며 학교 경영에 대한 발언권을 높일 수 있었다. 교우회 측의 평의원회 참여가 제도적으로 보장되는 것은 설립 당초 기부자들로 구성된 평의원회의 성격이 상당한 정도로 변화했음을 의미하는 것이기도 했다. 교우회가 대거 진출하며 평의원회의 균형은 다시 바뀌었고, 결국 논란이 된 종신이사 제도의 폐지와 이사진 개편이

---

34 「普專紛糾問題로 校友들이 調停에 努力」, 『朝鮮日報』, 1924.7.12.

35 1924년 7월 19일 및 1924년 8월 9일의 평의원회 경과는 『100년사』 I, 283~288면.

36 「普專校長 辭表提出」, 『朝鮮日報』, 1925.7.15. 교장의 교강사 선임권을 요구하는 유성준의 이러한 입장은 그가 1907년 '유지회 사건'에서 강사 대표를 맡았던 것과도 관련이 있었다.

37 「普專校 豫算 縮少를」, 『朝鮮日報』, 1925.6.16; 「普專校友會, 聲明書 發表」, 『時代日報』 1925.8.17. 더 나아가 교우회에서 김기태의 기부금 3만 원이 이사 이승우가 임원으로 재직 중인 사기업으로 유입되었다는 의혹을 제기해서, 그 진위를 둘러싼 논란이 크게 일었다. 「普成專門學校紛糾眞相(一)」, 『每日申報』, 1925.8.25.

결의되었다.[38]

총독부의 허가를 거쳐 1927년 6월 15일 재차 개정된 기부행위는 수년에 걸친 '보전 분규'의 중간결산과도 같았다. 다액 기부자 2인의 종신이사제를 폐지시키면서, 이사 수를 7인 이내로 대폭 축소하는 것이 1927년 개정의 핵심이었다. 또한 이전까지 불명확했던 각 기구의 권한 및 운영절차, 임원진의 기부 책무도 상세하게 규정하면서, 기존의 기부행위에 비해서 형식적으로 가장 완성된 형태를 보였다. 요컨대 특정 인물의 특권의 형태로 기부자의 권한을 명시하지 않으면서 재단의 '탈인격화' 경향이 진전되는 대신, 광의의 학교 구성원인 교우회의 경영 참여가 두드러졌다.

하지만 다액 기부자에게 보장되는 권한이 축소되면서, 기금 출연에 의존했던 재정 상황은 오히려 더 어려워진 측면이 있었다. 표면적으로 1926년부터 분규는 재발하지 않았고, 1920년대 중등교육 졸업자 수 증가의 영향도 있어 1930년을 기점으로 학생 수도 다시 늘어나기 시작했다.〈표 1〉 참조 그러나 기부금 출연 성과는 여전히 미비했고, 학교 측은 재정난 타개를 위한 궁여지책으로 1928년부터 기부금 청구 소송을 제기하며 식민지 사법당국의 힘에 호소할 수밖에 없었다.[39] 이와 별개로 부동산 형태의 학교 자산을 현금화하면서 경비를 확보하고자 했던 자구책들도, 1924년 결성된 '보전후원회'의 모금 활동도 이어졌지만 상황을 크게 개선하지는 못했다.[40] 결국 설립 당시 보성전문 재단 구조로는 학교의 지속적 운영이 어려운 상황이 도래했고, 새로운 외부 기부자를 찾아 나서야만 했다.

38 「終身理事 撤廢 보전평의회서」, 『東亞日報』 1925.9.12; 『교우회 100년사』, 182~183면.

39 「崔浚 外 八氏 걸어 又復寄附請求訴」, 『東亞日報』, 1928.8.3; 「普專의 寄附金 履行請求 勝訴」, 『조선일보』, 1929.4.26. 『동아일보』 등 언론에서도 기부금의 미납은 "협동적 경영을 무시"하는 처사이며 "단지 일교일단체의 문제가 아니라 그 공공단체와 사업의 진행에 영향을 주는 바가 다대"하다며 출연자들을 비난했다. 「社說 : 寄附金의 支拂命令」, 『東亞日報』, 1929.4.17.

40 『100년사』 I, 291~293면. 1931년 김기태가 다시 대표이사로 선임된 것도 이러한 사정과 관련이 있었을 것이다. 하지만 이후 김기태의 학교 경영 관여는 크지 않았다.

4. 1930년대 보성전문 재단의 개편과 공공성 문제

1) 재단 인수와 '경영과 학교의 분리'

이런 상황에서 보성전문 재단 인수를 위한 협상이 진행되었다. 1931년 가을부터 교장 박승빈朴勝彬과 이사 김병로는 새로운 독지가를 찾아다녔고, 보성전문 평의원이기도 했던 김성수의 경영권 인수 의사를 확인했다. 1932년 3월에는 김성수에게 보성전문 경영권을 양도하기 위한 이사회, 평의원회가 차례로 소집되었다.[41] 평의원이자 1910년대 보전 교장을 맡은 원로였던 윤익선尹益善이 평의원회 석상에서 비감을 표하는 등 일부 관계자의 분위기는 어두웠다고 전해지나, 오히려 여러 언론에서는 보성전문의 인수 소식을 크게 환영하는 분위기였다.[42]

인수 과정의 물밑에는 향후 운영방식을 둘러싼 협상이 있었다. 평의원회와 교우회 측의 요구는 주로 '보성普成'이라는 교명의 보존과 기존 직원의 지위 보장, 교사校舍의 신축으로 모아졌다. 반면 김성수 측은 기존의 보성전문 운영구조의 대대적 개편을 요구했는데, 특히 자신에게 후임 이사 선임을 일임할 것과 함께, 평의원회 기구의 폐지를 그 조건으로 내걸었다. 결과적으로 1932년 3월 26일 열린 평의원회에서 이를 수용한 기부행위 개정안이 통과됨으로써, 보성전문 재단 운영구조는 크게 변화했다.〈부록 2〉 참조

개정 기부행위에서 가장 눈에 띄는 변화는 무엇보다 평의원회의 폐지였다. 반면 기존에 평의원회의 권한이던 임원 선임권뿐 아니라, 그간 분규에서 쟁점

41 이하 인수 협상에 대한 서술은 『100년사』 I, 366~368면을 참조. 우마코시 토루는 김성수가 1920년대 민립대학 설립운동에서 기성회 회비보관위원으로 활약했다는 사실을 강조하면서, 그의 보성전문 인수를 그 연장선에서 해석한다. 우마코시 토루, 앞의 책, 111~112면.

42 「신경영자를 맞아 보성전문교 충실」, 『中央日報』, 1932.3.29; 「曙光 맞난 普成專門」, 『朝鮮日報』, 1932.3.30.

이 되었던 교장 및 교수 임면, 재정 운용 등의 제반 사항은 이사회의 권한으로 분명하게 명시되었다.제17조 이는 이사회 중심의 경영구조가 확립되었음과 함께, 재단 설립 당시의 '공동설립자'들, 교우회 등이 법인 의사결정에 관여했던 제도적 통로가 사라짐을 의미했다. 형식적으로 보면 1932년 기부행위 개정을 통한 재단 구조개편은 경영조직인 재단법인 이사회부터 여타 학교 구성원 조직을 명확히 분리하되, 전자의 우위를 명확하게 하는 형태이었다. 이사회의 실권자인 김성수가 1932년 6월 학교장으로 취임한 것도 그 연장선이었다.

그에 비해 인적구성의 측면에서 재단경영과 학교 양자의 경계는 여전히 모호했다. 인수 시점에서 김성수가 자신과 함께 재단 이사로 선임한 인물은 최두선崔斗善과 김용무金用茂였고, 대표이사 역시 김용무가 맡았다. 둘 모두 그간 김성수와 여러 활동을 함께 했던 인물이었지만, 이미 1920년대 중반부터 교우회 측 평의원으로서 보성전문에 관여해 왔다는 사실 역시 중요하게 고려되었을 것이다.[43] 1935년 이후부터 1940년대 초까지는 김영주金泳柱, 백상규白象圭, 와타나베 가쓰미渡邊勝美 등 1920년대 초부터 자리를 지켜온 중진 교수들이 차례로 이사로 선임되면서, 오히려 교수진의 경영 참여가 두드러졌다.[44]

인수 이후 재단경영과 학교의 관계를 명확히 하기 위해서는, 초점을 바꾸어 자산 기부 및 운영경비 조달 방식을 구체적으로 확인할 필요가 있다. 인수 과정에서 김성수가 고창 김씨 가문 소유 약 5,500여 석 규모의 농지자산을 출연한 방식은 다소 독특했다. 해당 자산의 소유권은 기존 보성전문학교 재단이 아니라 김성수가 1929년에 설립한 '재단법인중앙학원'으로 귀속되었고,[45] 여기

43 김용무는 교우회 측 평의원 활동 이외에도 1930년부터 보성전문에서 민법 강의를 맡았고, 1931년 당시 보전교우회장 자리에 있었다. 1930년부터는 동아일보 임원으로 취임한 상태이기도 했다. 최두선은 보다 일찍부터 김성수와 인연이 있었는데, 1918년부터 중앙고등보통학교 교장으로, 1929년부터는 재단법인중앙학원의 이사로 활동했다.('한국역대인물 종합정보시스템' 검색).

44 『普成專門學校一覽』, 1936; 「이사 선임의 건」. 『재단법인중앙학원』 (1)(국가기록원, BA0831270).

45 「연혁개요」, 『普成專門學校一覽』, 1936, 2~3면. 단 이러한 기부 형태가 기존의 보성전문 관계자

에서 발생하는 수입이 다시 보성전문의 경비로 지원되었다.[46] 즉 보성전문 재단의 실질적 운영, 특히 자산과 재정운용의 측면은 김성수의 영향력하에 있던 중앙학원 재단에 크게 의존하고 있는 형태였다.

그런데 이러한 방식이 처음부터 의도된 것은 아니었다. 김성수는 채무관계 정리가 끝나면 보성전문 재단을 중앙학원과 통합할 것을 계획하고 있었고, 실제로 1933년 9월 9일 보성전문 이사회는 재단 해산 및 중앙학원으로의 학교 편입을 의결하기도 했다.[47] 하지만 당시 이사회의 해산 결의에도 불구하고, 결과적으로는 보성전문 재단이 존속되고, 중앙학원으로부터 경비가 지원되는 애매한 형태가 계속 유지된 것이다. 그 이유에 대해서는 추측만이 가능한데, 특히 평의원회 해산에 뒤이어 곧바로 학교 전체를 중앙학원에 편입시키는 조치가 야기할 수 있는 부정적 여론에 대한 우려가 있었을 것으로 보인다.

이는 학교 경영상의 실질적 필요와도 관련이 있었다. 안암동으로의 교사 이전 공사가 막바지에 접어든 1933년 7월부터 '보성전문학교 창립 30주년 기념

와도 합의된 사항인지는 불분명하다. 뒤에서 보듯 일부 교우회 측에서는 이러한 인수 방식에 문제를 제기하기도 했다.

46 여기에는 김연수(金秊洙)와의 협력도 중요했다. 김연수는 1920년대 중반 수 개의 농장을 새로 개척했는데, 그중 약 5천 석 규모 신태인농장(新泰仁農場)이 보성전문 재단 인수에 사용됐다. 삼양사, 『三養 50年 - 1924~1974』, 삼양사, 1974, 99면. 이는 이후 보성전문의 재정운영이 고창 김씨 가문의 농장 경영과 긴밀한 관련을 지녔음을 의미한다. 단편적 사례지만 1940년대 통제경제 시기 보성전문이 금융자산을 농지로 전환하면서 소작료 수입 증대를 꾀하는 모습도 관찰된다. 「재단법인보성전문학교 기본재산 현금처분 허가에 관한 건」, 『재단법인중앙학원』(1), (국가기록원, BA0831270). 보성전문학교를 포함, 많은 식민지기 재단법인이 농지를 소유한 지주이기도 했는데, 이는 해방 이후 농지개혁까지 이어지는 문제로서 추후 진전된 연구가 필요하다. 윤선자, 앞의 글, 84~89면. 고창 김씨 가문의 농장 및 경성방직 경영에 대해서는 김용섭, 『한국근현대농업사연구 - 한말·일제하의 지주제와 농업문제』, 일조각, 1992, 173~252면; 카터 J. 에커트, 주익종 역, 『제국의 후예 - 고창 김씨가와 한국 자본주의의 식민지 기원 1876~1945』, 푸른역사, 2008.

47 1933년 9월 9일 이사회 결의사항은 다음과 같다. "1.본 재단경영의 보성전문학교를 지속유지하기에는 본 재단 현재의 재산상태로는 절대 불가능함으로 동교의 경영을 (…중략…) 재단법인중앙학원에 인계할 것. 2.본 재단법인은 재정이 곤란하야 (…중략…) 본 재단을 해산할 것. 3.본 재단법인 잔여의 재산을 (…중략…) 재단법인중앙학원에 증여할 것." 『100년사』 I, 374면.

사업회' 활동이 시작되었다. 법인화 이후 10여 년 만에 진행된 또 다른 대규모 모금사업이었고, 교장 김성수는 그 책임자가 되었다.[48] 이후 총464명의 발기인과 57명의 실행위원으로 구성된 기념사업회가 조직되었고, 보전교우회도 사업 취지에 적극 찬동하면서 '민간최고학부' 보성전문에 대한 기부를 호소했다. 사업 결과 1934년 말까지 약 20만 원에 달하는 기부금이 모였고, 이것이 안암동 교사 내 도서관을 포함한 시설 확충의 중요한 재원이 되었다.[49] 김성수 역시 『동아일보』 등을 활용해 여론을 적극 동원하면서, 기념사업을 성공적으로 이끄는 수완을 보여주었다. 이러한 상황에서 보성전문 재단을 해산시키는 것은 사실상 불가능한 일이었다.

2) 보성전문의 '공기성公器性' 논쟁

이렇게 보면 김성수의 인수 이후 재단의 변화는 기존의 보성전문의 정체성과 다소 불편하게 공존하는 것이었다. 여기서 초래된 잠재적 갈등이 이후에도 계속 남아있었음은 1935년 보성전문의 정원 초과모집 사건과 김성수의 교장 사임, 그리고 『조선일보』와 보전교우회의 충돌로 이어진 일련의 에피소드가 잘 보여준다. 당시 큰 사회적 파문을 일으켰던 이 사태는 1930년대 중반 보성전문의 성격과 학교의 '공공성'에 대한 공론장의 논의를 살펴볼 수 있다는 점에서도 흥미롭다.

사건의 출발은 1935년도 입학정원 증원을 둘러싼 보성전문과 조선총독부

48 「普成專門 創立卅年記念事業 發起準備」, 『東亞日報』, 1933.10.3.

49 각지에 발송된 30주년 기념사업의 취지서는 "민간의 최고학부"로서의 보성전문이 지닌 민족적 의미와 함께, "학교의 금일까지의 역사가 결코 경영자 기개인(幾個人)의 힘으로만 된 것이 아니고 실로 다수인사의 협력과 일반사회의 성원에 의하여 일우어진 것"으로 "진실로 왼 조선의 것" 임을 강조하는 것이었다. 취지문과 사업의 경과, 기부자 내역은 『100년사』 I, 414~433면. 일부 사례지만, 전북 김제군 백구면 유지들의 기부 사례는 보성전문 30주년 기념사업에서 민립대학 설립운동의 조직적 유산이 도움이 되었음을 시사한다. 「十五年前 醵金을 利子 부처 寄附」, 『東亞日報』, 1937.9.3.

사이의 줄다리기였다. 1930년대 이후 각급 학교의 입시경쟁이 치열해지던 상황에서 보성전문 측에서는 1935년 3월 초 법·상과 입학정원 각 70명을 두 배로 늘려서 입학정원 280명으로 학칙 변경 인가신청을 총독부에 제출했다. 반면 사립학교 입학정원 준수에 대해서 보다 엄격한 태도를 취하던 총독부에서는 3월 말에 증원 요구의 일부만을 수용, 입학정원 200명 총정원 600명만을 인가했다. 그런데 보성전문에서 정원을 초과하여 265명에게 합격 통지를 내리자, 총독부에서는 입학식 하루 전날인 4월 10일, 정원 규모를 지키고 초과모집 학생은 합격을 취소시킬 것을 지시하고 나섰다. 이에 보성전문 측은 관례를 깨고 기한 내로 입학 수속을 완료한 학생 228명만을 합격 처리하고, 기한을 어긴 나머지 36명은 뒤늦게 합격을 취소시키는 선에서 사태를 수습할 수밖에 없었다. 또한 이에 대한 책임을 지고 김성수는 교장직에서 자진 사임했다.[50]

그런데 사건은 엉뚱하게도 『조선일보』와 보전교우회 사이의 갈등을 거치며 사회적 논쟁으로 비화했다. 『조선일보』가 합격 취소된 36명의 사연을 부각시키며 보성전문의 실책을 에둘러 비판했던 것이 그 시작이었다.[51] 이에 보전교우회 일각은 임시총회를 소집하고 전체 교우회 명의로 『조선일보』를 맹비난하는 성명을 여러 언론에 발표하고 나섰다. 성명은 방응모 사장의 사과와 기사를 쓴 주간의 사직을 요구하고 『조선일보』 불매운동까지 결의하는 강경한 내용이었고, 직위를 내던져 학교를 지킨 김성수에 대한 "경의"도 포함되었다.[52] 이러

50 김경재, 「兩大財閥의 制霸戰 全貌」, 『삼천리』 7-7, 1935. 사건 서술은 기록마다 다소 엇갈린다. 학교사는 총독부가 증원 신청에 대해 침묵을 지키다가 고의적으로 입학식 전날에야 정원을 확정하여 학교 측에 통보했다고 서술하고 있으나, 여러모로 이를 그대로 받아들이기는 어렵다. 『100년사』 I, 444~447면. 김성수는 이후 1937년 5월 26일 자로 교장직에 복귀했다.

51 「學校當局의 反省을 促함」, 『朝鮮日報』, 1935.6.8. 이러한 『조선일보』의 보도 태도에는 당시 『동아일보』와의 경쟁의식이 깔려 있었다는 것이 김동환 등 당대인의 관찰이었다. 김동환, 「本社 調査 그 眞相, 經過와 諸陣營 俯瞰」, 『삼천리』 7-7, 1935. 1930년대 『조선』-『동아』의 경쟁에 대해서는 장신, 「1930년대 언론의 상업화와 조선·동아일보의 선택」, 『역사비평』, 70, 역사비평사, 2005.

52 「朝鮮日報의 非를 들어 滿天下 人士에게 告함」, 『東亞日報』, 1935.6.21.

한 일각의 성명서는 도리어 보전교우회의 내분을 초래했다. 윤익선 등 학교 원로를 포함한 보전교우회 내 다른 집단에서 위의 총회를 "소수파의 망동"으로 비판하는 연명 성명서를 두 차례에 걸쳐 발표한 것이다.[53]

여기서 흥미로운 것은 후자의 교우회 성명에서 나타나는 보성전문 상황에 대한 비판, 그리고 개인 경영자와 학교의 관계에 대한 논변이다. 이들은 학교가 재단법인화된 이상, "법인法人인 모교와 자연인自然人인 당국자를 혼동하야 당국자의 과오를 몰판적沒判的으로 옹호"해서는 안 됨에도 불구하고, 일부 소수 교우가 "30년 역사를 가진 보성전문학교는 조선의 보성전문이요. 결코 이는 일개인의 보성전문학교가 아니"라는 것을 망각했다며 강하게 비판했다. 더 나아가 이들은 '보성전문' 학교 명칭의 보존과 "보성 재단의 확립"을 요구하고 나섰다. 인수 당시 기부된 농지가 중앙학원으로 편입되어, 정작 보성전문 재단에는 "법적으로 동전 한 푼 증가된 일이 없"음을 문제 삼은 것이다. 결국 여러 논지는 보성전문의 '공기성' 회복 주장으로 집약되었다. "교육기관은 그 자체가 공기성公器性을 확보하지 않으면 안된다. 공립이라야 공기화公器化되고 사립은 사유화되엿다는 것은 아니"라는 것이었다. 여기에는 1930년대 학교의 성격 변화에 대한 교우회 일각의 불편한 심정이 그대로 드러나 있었다.

해당 사태는 조선인 문화기관의 '공기성'에 대한 지성계의 논쟁을 촉발시켰다. 김동환金東煥이 주필을 맡고 있던 『삼천리』에서 "이 문제만치 근래 반도사회에 큰 파동을 이르킨 사건이 업"다면서, 총 10편의 기고문을 1935년 8월호 특집으로 묶었고, 사건의 의미를 공론장의 토론에 붙인 것이다.[54] 여기에 참여한

---

53 1차 성명서는 「普成專門學校 校友諸氏에게 急告함」, 『朝鮮日報』, 1935.6.30. 2차 성명서는 「普成專門學校 校友 諸氏에게 告함」, 『朝鮮日報』, 1935.7.27. 2차 성명서는 『삼천리』에도 실렸다.

54 「편집후기」, 『삼천리』 7-7, 66면. 『삼천리』의 '문화민족주의'적 지향 및 당대 정치적 공론장으로서의 기능에 대해서는 천정환·이경돈·손유경·박숙자 편, 『식민지 근대의 뜨거운 만화경 ―『삼천리』와 1930년대 문화정치』, 성균관대 출판부, 2010.

논자들은 당사자들의 시비是非에 대한 판단에는 대체로 한 발 거리를 두면서, 각종 언론·교육기관 일반의 공기公器로서의 성격에 대한 비판적 성찰을 진행했다. 1930년대 보성전문의 상황 역시 염두에 두었음은 물론이었다.

예컨대 원세훈元世勳은 교육기관과 사적 기부자의 관계에 대해서 "일반적으로 사회는 교육을 위하여 거액의 금전을 희사한다는 것은 감사"하게 생각하지만, "일종 영리회사에 투자한 것처럼 생각하고 경영자라는 명색하에서 교육기관을 사유물시視하는 심리와 행동은 배격하지 아니할 수 없"다는 주장을 폈다. 따라서 "재산을 희사하는 재산가들은 그 교육기관의 경영이 재단법인財團法人의 경영으로 완성되는 때에는 단연히 불간섭의 본의를 직히는 것"이 현명하다는 것이었다. 특히 보성전문의 역사를 두고서는 "일 개인의 사유물화하는 폐해를 방지하면서 왔든 것은 누구나 공인할 바"라는 점을 강조하기도 했다.[55]

김경재金璟載 등 좌파 성향의 논자들은 당시 언론계 및 교육계가 소수 자산가의 영향력 밑으로 편입되는 현상에 대한 일종의 정치경제학적 분석을 시도하며, 이를 '공기성'에 대한 주장과 결부시켰다. "학교와 신문은 (…중략…) 그 사업의 성질상 다른 것에 비하야 사회성이 농후"하지만 "이제 기업화하야것고 한개 투자사업이 되엿"으니 "그 사회성을 무시함에서 퇴퇴적退頹的의 제 사실을 낫는다"는 것이었다.[56] 민족주의 성향의 김동환 주필도 "모든 문화기관이 상품화"하고 "1, 2의 자본벌資本閥 수중에 편기적偏畸的으로 집중"되는 현상을 지적하고 나섰다. "보전普專이나 양 신문사"는 "인민공유의 것"이자 "인민의 합력으로 역득力得한 세 기관"이지만, "민중이 그 배후에 잇스매 통치자가 그를 인허認許하고 그 진행을 노아두는 것"임을 망각한 "몃몃 그룹의 전유물이 되려는 경향이 잇슴을 통한"한다는 것이었다.[57]

---

55 원세훈, 「兩新聞을 對立으로하는 多角相爭에 對하야」, 『삼천리』 7-7, 56~59면.
56 김경재, 앞의 글, 40~41면.

식민지 공론장에서 이루어진 "교육기관의 공기성"에 대한 성찰은 비록 특정 사건만을 대상으로 한 것은 아니었으나, 당시 보성전문을 바라보는 조선사회의 기대를 상징적으로 보여준다.[58] '30주년 기념사업'의 사례에서 보듯, 보성전문에 투사된 민족적 가치는 학교 경영에서 독특한 방식의 '기부의 경제'를 활용하는 것을 가능하게 했다. 하지만 이는 동시에 '민족의 공유물' 보성전문이 '공기성'을 지닐 것에 대한 강한 요구를 수반하는 것이기도 했다. 이러한 조선인 사회의 집단적 시선은 재단 인수 이후에도, 학교 경영에서 고려하지 않을 수 없는 객관적 조건으로 자리 잡고 있었다.

5. 나가며 – 사립전문학교와 공공성과 사사성 사이의 긴장

이상으로 1920~30년대 보성전문학교의 조직 및 운영구조, 특히 재단법인화 이후 사립학교 운영의 '공공성'과 관련된 여러 문제를 살펴보았다. 재단법인 설립 이후 보성전문학교의 역사는 '공기公器'로서의 사립학교 재단이 어떻게 운영되어야 하는지, 특히 사적 재산을 출연한 기부자의 영향력 속에서 재단의 공적 운영을 어떻게 제도화할지의 문제를 둘러싼 지속적 논쟁과 갈등을 수반했다. 물론 학교 경비가 관官으로부터 조달되지 않은 사립학교에서, 더구나 자

57 김동환, 앞의 글, 38면.

58 또 다른 쟁점은 조선총독부가 대변하는 관(官) 주도의 공공성, 특히 사립학교 정원 규제를 어떻게 볼지의 문제인데, 이는 식민권력의 간섭으로만 볼 수 없는 사안일 것이다. 일부 논자들은 "전문학교 이상의 정도의 학교에서 충분한 설비가 있으면서 제한을 받게 된다는 것은 있어서는 안 될 일이다"라거나(김경재), "노골적으로 말하자면 우리 조선 내니 문제가 되지 동경서는 한 대학이나 전문학교에 배수의 학생을 수용한다는데 비하면 이것쯤이 무엇이 그리 큰 문제가 되랴?"(유진태)면서 비판적 인식을 드러내기도 했다. 그러나 이런 부분적 언급에도 불구하고, 전반적 논의는 조선사회 내적 문제에 맞추어져 있었다. 심지어 『조선일보』는 사설을 통해 "교육기관의 공기성에 대해서는 (…중략…) 학무당국에서 엄밀한 감독을 요(要)"함을 주장하며 보성전문을 에둘러 비판했다. 「社說－教育機關의 公器性」, 『朝鮮日報』, 1935.6.9.

산 출연자를 중심으로 운용되는 경향이 강한 재단법인 조직에서 기부자의 영향력은 자연스러운 현상이었다. 하지만 이러한 힘은 1920년대 재단 구조에서 평의원회가 차지하는 독특한 위상이나, 학교 관계자의 개입, 여론의 기대와 같은 또 다른 힘과 지속적인 긴장 관계 속에 놓여 있었다.

이렇게 보면, 1920~30년대 보성전문학교의 '공공성'은 관제적 공공성을 대변하는 조선총독부와의 일정한 긴장관계를 통해 규정되었지만, 그와는 별개로 조선 사회 내부에서의 공공성公共性과 사사성私事性 사이의 긴장 속에서 제도화된 것이기도 했다. 이것은 개신교 선교회가 주도한 연희전문, 세브란스의전이나, 전통종교 조직과 결부된 중앙불교전문, 명륜전문 등 여타 사립전문학교에 비해 보성전문의 운영에서 특히 두드러지게 나타난 측면이었다고 판단된다. 단 1940년대 전시 교육체제로 돌입하면서 상황은 달라졌다. 식민권력의 위력은 압도적이었고, 결국 전쟁 말기인 1944년 5월 10일 자로 학교 이사진은 법인 명칭을 '재단법인경성척식경제전문학교'로 스스로 변경할 수밖에 없었다. 이와 동시에 보성전문학교는 총독부에 의해 '폐지'되었고, 5월 12일 '경성척식경제전문학교'로 다시 개교했다.[59]

해방 직후 보성전문의 일차적 과제는 '원상복구'였고, 1945년 9월 25일 재단법인 이사회는 교명과 제반 학사규정을 '보성전문학교'의 그것으로 환원했다. 하지만 이후 학교 관계자들은 대학 승격을 향해 빠르게 움직였다. 이사회는 1946년 5월 31일 '재단법인보성전문학교'를 해산했고, 중앙학원 재단으로 잔여재산을 편입시키며 일원화 조치를 마쳤다. 이는 앞서 보았듯 1932년 인수 당시부터 계획되었으나 시행에 옮길 수 없었던 일이었다. 그리고 1946년 8월 15일, '고려대학교'가 4년제 대학으로 개교했다.[60]

59 재단 명칭 변경 고시는 「朝鮮總督府官報」, 1944.9.2; 보성전문학교 폐지 인가와 재개교 고시는 각각 「朝鮮總督府官報」, 1944.6.10; 「朝鮮總督府官報」, 1944.5.16.

'조선 유일의 민립 전문학교'를 자처한 보성전문의 경험은 그 유산을 직접 이어받은 고려대학교 개교를 이해하는 데만 중요한 것은 아니다. 해방 이후 광주, 대구, 부산 등 각지에서는 대학설립기성회 운동이 시작되었고, 1920~30년대 보성전문의 앞선 사례와 유사한 과정을 거쳐 '민립대학'이라 불릴 만한 학교들이 속속 들어섰기 때문이다. 이러한 상황을 염두에 둘 때, 보성전문을 포함한 식민지 사립전문학교들의 사회적 존재 방식, 특히 재단법인화 이후의 사립전문학교 운영 경험이 해방 이후 한국의 사립대학에 남긴 제도적·조직적 유산에 대해서는 추후 면밀한 검토가 필요할 것이다.

60 해방 이후 학교 복구 및 4년제 대학으로의 승격 과정은 『100년사』 II, 3~22면.

참고문헌

단행본

강명숙, 『사립학교의 기원-일제 초기 학교 설립과 지역사회』, 학이시습, 2015.

고려대학교100년사편찬위원회, 『고려대학교100년사』 I, 고려대 출판부, 2008.

__________, 『고려대학교100년사』 II, 고려대 출판부, 2008.

고려대학교교우회100년사편찬위원회, 『고려대학교 교우회 100년사』, 고려대 교우회, 2007.

김용섭, 『한국근현대농업사연구-한말·일제하의 지주제와 농업문제』, 일조각, 1992.

김영식 편, 『三千里 10, 1935.7~1935.8』, 한빛, 2008.

명순구 외, 『1919년 보성전문, 시대·사회·문화-1919년 3·1운동의 원천 보성전문(普成專門), 그 역사를 학문으로 조망하고 음악으로 새기다』, 세창출판사, 2020.

삼양사, 『三養 50年-1924~1974』, 삼양사, 1974

안유림, 『일본제국의 법과 조선 기독교』, 경인문화사, 2018.

연세대학교백년사편찬위원회, 『연세대학교백년사1-연세통사』 (상), 연세대 출판부, 1985.

카터 J. 에커트, 주익종 역, 『제국의 후예-고창 김씨가와 한국 자본주의의 식민지 기원 1876~1945』, 푸른역사, 2008.

우마코시 토루, 한용진 역, 『한국 근대대학의 성립과 전개-대학모델의 전파 연구』, 교육과학사, 2001.

윤해동·황병주 편, 『식민지 공공성-실체와 은유의 거리』, 책과함께, 2010.

천정환·이경돈·손유경·박숙자 편, 『식민지 근대의 뜨거운 만화경-『삼천리』와 1930년대 문화정치』, 성균관대 출판부, 2010.

天野郁夫, 『高等教育の時代 下-大衆化大学の原像』, 中央公論新社, 2013.

논문

강명숙, 「일제강점기 연희전문학교의 학칙을 통해 본 교육 운영」, 『교육사학연구』 28-2, 교육사학회, 2018.

고태우, 「일제시기 재해문제와 '자선·기부문화'-전통·근대화·'공공성'」, 『동방학지』 168, 연세대학교 국학연구원, 2014.

김성연, 「재단법인 朝蘇佛教中央教務院의 자산 운영과 한계」, 『불교학연구』 27, 불교학연구회, 2010.

김자중, 「일제강점기 전문학교에 관한 연구」, 고려대 박사논문, 2018.

______, 「일제 식민지기 조선인의 장학단체의 설립과 운영－고등교육기관 재학자 대상의 단체를 중심으로」, 『한국교육사학』 40-3, 한국교육사학회, 2018.
배항섭, 「고종(高宗)과 보성전문학교(普成專門學校)의 창립 및 초기운영」, 『사총』 59, 역사학연구회, 2004.
신주백, 「식민지 조선의 고등교육체계와 문·사·철의 제도화, 그리고 식민지 공공성」, 『한국교육사학』 34-4, 한국교육사학회, 2012.
우지민, 「일제하 사립고등보통학교의 재단법인화와 재단 운영－조선인 설립학교를 중심으로」, 『역사교육』 162, 2022, 113~147면.
윤선자, 「일제하 종교단체의 경제적 기반 확보 과정」, 『한국 근현대사 연구』 24, 한국근현대사학회, 2003.
윤해동, 「한국 근대 고등교육의 기원과 '식민지대학 체제'의 형성」, 윤해동·정준영 편, 『경성제국대학과 동양학 연구』, 도서출판선인, 2018.
이명실, 「일본 메이지 정부의 '문부성 훈령 12호'와 조선총독부의 '개정사립학교규칙'에 관한 고찰」, 『한국교육사학』 30-2, 한국교육사학회, 2008.
장　신, 「1930년대 언론의 상업화와 조선·동아일보의 선택」, 『역사비평』 70, 역사비평사, 2005.
______, 「일제하 조선에서 법학의 교육과 연구」, 『鄕土서울』 85, 서울역사편찬원, 2013.
정재철, 「일제하의 고등교육」, 『한국교육문제연구』 5, 중앙대 한국교육문제연구소, 1989.
정준영, 「식민지관학과 '민족사학'의 사이－중앙불교전문학교와 식민지 전문학교체제」, 『사회와역사』 128, 한국사회사학회, 2020.
조재국, 「연희전문학교 정관의 작성과 기독교 정체성의 확립」, 『신학논단』 83, 2016.
大迫章史, 「1911(明治44)年私立学校令改正と私学制度」, 『教育制度学研究』 10, 日本教育制度学会, 2003.
藤井啓吾, 「大学令における私立大学とその設置者との関係－旧制私立大学設置法人の寄附行為の分析」, 『流通科学大学論集』 人間・社会・自然編 19-1, 流通科学大学学術研究会, 2006.

기타

「법인의 설립 및 감독에 관한 건」, 『학사예규철』(국가기록원, CJA0027605).
「사립보성전문학교설치인가신청」, 『학교설치 인가』(국가기록원, CJA0004686).
「이사 선임의 건」; 「재단법인 보성전문학교 기본재산 처분의 건」; 「재단법인보성전문학교 기본재산 현금처분 허가에 관한 건」, 『재단법인중앙학원』 (1)(국가기록원, BA0831270).
「오산고등보통학교 설립에 관한 건」, 「일신고등보통학교 설립인가의 건」, 『공사립중학교 고등보통학교 학칙개정 서류』(국가기록원, CJA0004693).
「재단법인조선불교중앙교무원 기부행위 조항 개정인가신청의 건」, 『사원 폐지에 따른 사유재산 및 주지취직 인가신청 관계서류』(국가기록원, CJA0004762).
『普成專門學校一覽』, 『朝鮮諸學校一覽』, 『朝鮮總督府官報』, 『每日申報』, 『東亞日報』, 『時代日報』, 『朝鮮日報』, 『中央日報』.

〈부록 1〉 재단법인보성전문학교 설립 당시 기부자 명단

	이름	기부금액	이름	기부금액	이름	기부금액
외부 기부자	김기태(金琪部)	15만 원	김원배(金元培)	3만 원	최준(崔浚)	3만 원
	오동준(吳東準)	1만 원	서상호(徐相灝)	1만 원	김상범(金相範)	1만 원
	현준호 (玄俊鎬) / 監事	5천 원	장길상(張吉相)	5천 원	윤태영 (尹泰榮) / 監事	5천 원
	장직상 (張稷相) / 監事	5천 원	차민수(車旼洙)	3천 원	차남진(車南鎭)	3천 원
	박현경(朴賢景)	3천 원	오상은(吳尙殷)	2천 5백 원	이석모(李錫模)	2천 원
	이운(李雲)	2천 원	조영희(趙暎熙)	2천 원	송태관(宋台觀)	2천 원
	이석구(李錫九)	1천 5백 원	윤치호(尹致昊)	1천 원	김성수(金性洙)	1천 원
	김상섭(金商燮)	1천 원	안도(安濤)	1천 원	이경세(李慶世)	1천 원
	김찬영(金瓚泳)	1천 원	이용문(李容汶)	1천 원	윤치소(尹致昭)	1천 원
	민규식(閔圭植)	1천 원	성호영(成虎永)	1천 원	윤정현(尹定鉉)	1천 원
	신구범(愼九範)	1천 원	김종달(金鍾達)	1천 원	심규섭(沈珪燮)	1천 원
	문택규(文澤圭)	1천 원	곽탁(郭鐸)	1천 원	총35인	
기존 경영주	박인호(朴寅浩)	5만 원/ 부동산	총1인			
전 / 현직 교장, 교강사	김병로(金炳魯)	5천 원	이승우(李升雨)	5천 원	유문환(劉文煥)	2천 원
	고원훈 (高元勳) / 校長	1천 원	정광조(鄭廣朝)	1천 원	오상준(吳尙俊)	1천 원
	서광설(徐光卨)	1천 원	윤익선(尹益善)	1천 원	윤기로 (尹錡老) / 敎授	1천 원
	서상환(徐相懽)	1천 원	김영주(金泳柱) / 敎授	1천 원	김상옥 (金尙沃) / 監事	1천 원
	이기찬(李基燦)	1천 원	박만서(朴晩緖)	1천 원	장도(張燾)	1천 원
	이항종(李恒鐘)	1천 원	총16인			
졸업생 출신 교우회	허헌 (許憲) / 監事	2천 원	이용헌(李容憲)	2천 원	이규용(李逵鎔)	2천 원
	황태연(黃台淵)	1천 원	박상현(朴商賢)	1천 원	민용호(閔溶鎬)	1천 원
	신녕우(申寧雨)	1천 원	총7인			
설립신청 이후의 기부자	백상규(白象圭)	2천 원	박승빈(朴勝彬)	1천 원	유성준(兪星濬)	1천 원
	김승우(金秉愚)	1천 원	이원생(李源生)	1천 원	이병숙(李秉肅)	1천 원
	이성묵(李聖默)	1천 원	이은우(李恩雨)	5백 원	김현태(金鉉台)	5백 원

	이름	기부금액	이름	기부금액	이름	기부금액
	최건식(崔建植)	3백 원	이순용(李淳鎔)	2백 원	이병도(李丙燾)	2백 원
	한봉우(韓鳳愚)	1백 원	강한종(姜漢宗)	1백 원	마희도(馬羲도)	1백 원
	전익영(全益榮)	1백 원	김현각(金鉉覺)	1백 원	김상옥(金相玉)	50원
	최정식(崔廷植)	30원	신원보(申元寶)	20원		

(출처)『財團法人普成專門學校一覽』, 1925

주 : 음영은 초대 평의원, 굵은글씨는 초대이사(분류는『교우회100년사』, 179~180면 참조, 일부 수정)

〈부록 2〉 재단법인보성전문학교 기부행위 주요 개정사항 비교

	1921년	1924년	1927년	1932년
목적과 명칭	제1조 본 재단법인은 법률 및 상업의 전문교육을 실시하는 것을 목적으로 한다	(변경사항 없음)	제1조 본 재단법인은 법률 및 상업에 관한 교육을 실시하기 위해 보성전문학교를 설립 경영하는 것을 목적으로 한다.	(변경사항 없음)
이사회의 구성과 권한	제7조 본 재단법인에 이사 14인을 둔다. 이사는 평의원회가 이것을 임면한다. 단 본 재단법인 설립에 際함에 한하여 김기태, 박인호에 있어서 기부행위자 중에서 선임한다. 이것을 해임할 경우 역시 같다. 김기태, 박인호가 전항의 해임을 못할 경우에는 평의원회에서 이것을 행한다	제7조의 1 본 재단법인에 이사 14인 이내를 둔다. 이사는 평의원회가 이를 선임한다. 단 제7조의 2 및 제7조의 경우는 차한(此限)에 부재한다. 이사의 임기는 5년으로 한다. 단 그 중 2인은 종신으로 한다. 제7조의 2 김기태, 박인호는 종신이사로 한다. 김기태, 박인호는 각자 자기에 대신하여 이사로 될 자를 지정할 수 있다. 김기태, 박인호는 하시(何時)라도 전항의 지정을 취소 또는 변경할 수 있다. 종신이사는 각 이사 1인을 선임할 수 있다.	제7조 본 재단법인에 이사 7인 이내를 둔다. 이사는 평의원회에서 이를 선임한다 이사의 임기는 5년으로 한다. (…중략…) 이사의 수 7보다 작을 때는 평의원회는 언제든지 7인이 되도록 이를 선임할 수 있다. 전항에 의해 선임된 이사의 임기는 총선거로 선임된 이사의 임기와 동시에 종료되는 것으로 한다. 이사의 임무종료 경우에 있어 4인의 이사가 되지 않을 경우 그 퇴임하는 이사는 4인의 이사가 될 때까지 계속 이사의 직무를 수행한다.	제7조 본 재단법인에 이사 7인 이내를 둔다. 이사는 이사회에서 선임한다. 이사회에서 이사를 선임할 수 없을 때에는 대표이사가 주무관청의 허가를 얻어서 이를 선임한다. 제16조 이사회에서 결의할 사항은 좌와 같다. 1) 이사 및 감사의 임면 2) 본 재단법인이 경영하는 학교의 교장 및 교수의 임면 3) 예산 및 결산 4) 기본재산의 처분 5) 부동산 및 중요한 동산의 매매대출 6) 새로운 차재(借財) 7) 기부행위의 개정 8) 기타 중요한 사항
	(해당 조항 없음)	제7조의 3 학교장은 그 재임기간 중에	제8조 본 재단법인이 경영하는	제8조 본 재단법인이 경영하는

	1921년	1924년	1927년	1932년
		한하여 이사로 선임된 것으로 착주(着做)한다	학교의 교장은 당연 이사가 된다.	학교의 교장은 1인을 정한다. (*1936년 기부행위 : 본 재단법인이 경영하는 학교의 교장은 당연이사가 된다.)
평의원회 구성과 권한	제9조 본 재단법인에 평의원(評議員)을 둔다. 평의원은 평의원회가 이를 임면한다. 단 본 재단법인 설립에 際함에 한하여 기부행위자 전원으로써 이것에 充한다.	제9조 일부 삭제 ~~(단 본 재단법인 설립에 際함에 한하여 기부행위자 전원으로써 이것에 充한다.)~~ 제10조의 1 (전략) 평의원회의 의사는 평의원 15인 이상 출석하여 그 과반수에 의하여 이것을 결정한다.	제11조 본 재단법인에 평의원 15인 이상을 둔다. 평의원은 평의원회에서 이를 선임한다. 단 평의원이 정수를 결하여 평의원회를 개최할 능력이 없을 경우에는 이사회에서 주무관청의 허가를 얻어 이를 선임한다.	(평의원회 조항 삭제)
	제10조 (전략) 평의원회의 의사는 평의원 반수 이상 출석하고 그 과반수에 의하여 이것을 결정한다. 제11조 평의원회는 이사가 이를 소집한다. 감사 또는 평의원 5인 이상에 있어서 필요하다고 인정할 때에는 이사에 청구하여 이것을 소집시킬 수 있다.	제11조의 1 평의원회는 이사회의 결정에 의하여 대표이사가 소집한다. 감사 또는 5인 이상의 평의원은 회의의 목적사항과 소집의 이유를 기재를 서면을 대표이사에 제출하여 평의원회의 소집을 청구할 수 있다. 대표이사가 전항의 청구가 있은 후 1주간 내에 소집의 수속을 하지 아니하면 그 청구를 한 감사 또는 평의원에 있어서 그 소집을 할 수 있다.	제23조 평의원회는 평의원 15인 이상 출석하지 않으면 의사를 할 수 없다. 단 평의원의 반수 이상 출석한 경우에는 차한(此限)을 두지 않는다. 평의원회의 의사는 출석한 평의원의 과반수를 통해 그를 결정한다. 제24조 좌기 사항에 대한 평의원회의 의사는 출석한 평의원 3분의 2 이상의 다수를 얻지 못하면 그 의결을 할 수 없다. 1. 평의원의 선임 및 해임하는 것. 2. 기부행위를 개정하는 것.	
	제10조 평의원은 평의원회를 조직하여 이사가 제출한 주요 사항을 결의한다.	제9조의 2 평의원회는 하시(何時)나 이사, 감사 및 평의원을 해임할 수 있다. 단 종신이사는 차한(此限)에 부재한다. 제10조의 1 평의원은 평의원회를 조직하여 예산 결산 및 이사회가 제출한 사항을 결의한다.	제14조 평의원회는 하시에라도 이사, 감사 및 평의원을 해임할 수 있다. 제26조 이사회는 매년 예산을 3월의 정기 평의원회에, 결산을 5월의 정기 평의원회에 제출하여 그 결의를 구할 것을 요한다.	

	1921년	1924년	1927년	1932년
			제27조 이사회에 있어 좌기 사항을 할 때에는 평의원회의 결의를 구해야 한다. 1. 기본재산을 처분하는 것. 2. 부동산 또는 중요한 동산을 처분하는 것. 3. 새로 차재(借財)를 하는 것.	
기부행위 변경과 해산	제12조 본 기부행위는 평의원회의 결의에 의하여 주무관청의 허가를 거쳐서 이것을 변경할 수 있다. 제13조 본 재단법인은 제1조의 목적을 달할 수 없이 되었을 때에는 평의원 전원의 일치에 의하여 주무관청의 허가를 거쳐서 해산할 수 있다.	(변경사항 없음)	(변경사항 없음)	제18조 본 재단법인은 제1조의 목적을 달할 수 없이 되었을 때에는 이사 전원의 일치에 의하여 주무관청의 허가를 거쳐 해산할 수 있다 제20조 본 기부행위는 이사회의 결의에 의하여 주무관청의 허가를 얻어서 이를 변경할 수 있다.

(출처) 1921년 : 『100년사』 I, 269~270면
1924년 : 『財團法人普成專門學校一覽』, 1925, 5~9면(번역은 『100년사』 I, 285~286면을 일부 수정).
1927년 : 『普成專門學校一覽』, 1931, 4~10면
1932년 : 『100년사』 I, 375~377면(번역 일부 수정)
1936년 : 『普成專門學校一覽』, 1936, 5~8면

관립전문학교의 학제와 내선공학內鮮共學*

조은진

1. 전문학교 연구의 출발

식민지기는 근대적인 교육 제도가 한국 사회에 형성되고 정착되는 시기였으나, 한편으로는 조선총독부 당국의 교육관이 식민지 조선에 반영되어 그 특징이 도드라지게 나타나던 시기이기도 하였다. 조선총독부는 1911년 제1차 조선교육령을 발포하면서 표면적으로 일본과 조선의 동화를 천명했지만, 결국 시세와 민도의 부족이라는 이유를 내세워 민족 별로 교육을 실시하였다. 제1차 조선교육령에서는 조선의 교육을 보통교육, 실업교육, 전문교육의 세 분야로 나누었으며, 각급 학교와 관련된 조항이 포함되었다.

그러나 실제로는 1910년대 전반 조선에 전문학교 지위를 가진 교육기관은 존재하지 않았다.[1] 1915년이 되어서야 조선에서 전문학교와 관련된 법령이 제

* 본 글은 조은진, 「1910~20년대 조선의 관립전문학교 학제 형성과 운영」, 『한국사론』 61, 2015를 수정·보완한 것이다.

1 전문학교규칙이 발포되기 이전에도 의학강습소, 전수학교, 공업전습소 특별과 등이 전문교육 교과를 가르치는 학과로 존재하였으나, 이들 학교에 전문학교 위상이 부여되지는 않았다(정준영, 「경성제국대학과 식민지 헤게모니」, 서울대 박사논문, 2009, 63면).

정·공포되었고, 기존에 개별적으로 존재하던 학교 중에서 일부가 전문학교 단계로 인정되면서 조선에서 전문교육이 이루어지게 되었다. 총독부는 전문교육을 학제 내부로 편입하는 과정에서 특히 관립전문학교를 중심으로 전문학교 제도를 운영하고자 하였다.[2] 이에 따라 1910년대 갑자기 등장한 전문학교, 그 중에서도 관립전문학교는 처음부터 조선 내에서 최고학부의 위치를 점하였다.

그러나 1920년대에 조선과 일본의 학제연장學制延長이 시도되면서, 조선 내 학제를 둘러싼 제도적, 사회적 환경이 크게 변하게 되었다. 특히 관립전문학교의 경우에는 학제상에서의 위치가 일본 국내와 동등한 정도로 변화하는 과정에서, 입학 자격과 더불어 졸업 후 취득할 수 있는 자격의 변화를 수반하였다. 근대사회에서는 학력이 직업과 관련된 자격을 부여하는 것과 더불어 진학 자격으로 등장하였다.[3] 이와 같은 '자격'은 결국 교육을 통하여 얻을 수 있는 것으로, 교육 정책 수립 및 수행에서도 중요한 위치를 차지한다. 관립전문학교는 식민지기 조선 내에서 교육 과정과 자격 문제가 가장 밀접하게 관련되어 있는 교육 기관이었다. 따라서 관립전문학교가 식민지 조선이라는 공간에서 차지하는 역할을 규명하는 작업은 식민지 교육의 한 일면을 밝히는 데 필요한 부분이다.

기존의 전문학교 연구는 일제가 조선에 고등교육을 억압하는 정책을 펼치는 가운데 전문학교 설립이 최대한 억제되었다고 보는 정재철의 시각이 일반적이

2 식민지기 당시 각급 학교는 설립 및 운영 주체에 따라 官立, 公立, 私立으로 나눌 수 있는데, 관립학교의 운영은 조선총독부에서 담당하였기에 관립전문학교의 법령상 명칭은 조선총독부 전문학교이다. 본 연구에서는 기본적으로 관립전문학교라는 용어를 쓰고, 법령을 인용할 경우에는 조선총독부 전문학교라는 용어를 썼지만, 조선 내 관립전문학교와 조선총독부 전문학교를 같은 의미로 사용하였다.

3 이광호, 「근대 한국사회의 학력주의 제도화 과정에 관한 연구(1)」, 『정신문화연구』 17, 한국정신문화연구원, 1994, 152면.
이광호는 학력주의의 발생 기원을 추적해가면서 학력이 진학 자격으로 제도화되는 과정을 그려냈다. 연구 시기는 1910년까지로 한정되었지만, 학력이 자격화되는 현상은 식민지기에 더욱 공고해지는 모습을 보이며 이는 본 연구에서 자격을 중심으로 전문학교 제도를 고찰하고자 하는 이유와도 맞닿아 있다.

었다.[4] 정재철은 식민지기 교육의 기본 기조를 동화주의에 두고 고등교육을 분석하였는데, 특히 전체 식민지기를 대상으로 하여 전문학교 교육에서 '동화'와 '차별'이 이루어졌다는 것을 제시하였다. 이러한 시각은 민족 대 반민족이라는 구도를 제공하고 있지만, 선험적인 구호에 그칠 수 있다는 한계 또한 동시에 내포하고 있다.

이후 전문학교에 대한 연구는 교육사 연구의 발전과 더불어 보다 다양한 방향으로 진행되었다. 먼저 학제 연구를 통하여 전체 학제 가운데에서 전문학교 단계를 논하는 강명숙의 연구가 있는데, 제1·2차 조선교육령 제정 과정과 각 시기별 학제 개편 논의를 전체적인 틀에서 다루고 있지만 각급 학교 단계에서의 논의는 소략한 부분이 많아 후속 연구가 필요하다.[5] 한편으로는 고등교육기관으로서의 전문학교의 성격을 분석하는 연구 또한 활발하다. 그 중 정준영의 연구는 운영주체에 따라 여러 고등교육기관이 헤게모니 경쟁을 벌이는 와중에 경성제국대학이 설치되어 식민권력의 지배 장치로서 기능하게 된 과정을 그리고 있는데, 총독부가 조선에 식민지 고등교육 체계를 구축하는 가운데 사립 측의 움직임을 견제하기 위한 것으로 관립전문학교가 지니고 있던 역할을 규정했다.[6] 신주백의 연구도 관립전문학교에 대해서 비슷한 시각을 가지고 있는데, 경성제국대학을 정점으로 하는 식민지 조선의 학문적 서열화 구도를 밝히는 것이 연구의 주된 방향이다.[7]

전문학교 자체에 주목한 연구로는, 먼저 각 전문학교 별로 설립 및 운영 과정

---

4 정재철, 「일제하의 고등교육」, 『한국교육문제연구』 5, 중앙대 한국교육문제연구소, 1989.

5 강명숙, 「일제시대 제1차 조선교육령 제정 과정 연구」, 『한국교육사학』 29, 한국교육사학회, 2007; 「일제시대 제1차 조선교육령 제정과 학제」, 『한국교육사학』 31, 한국교육사학회, 2009; 「일제시대 제2차 조선교육령 개정과정 연구」, 『교육사상연구』 제23권 제3호, 2009; 「일제시대 학교제도의 체계화-제2차 조선교육령 개정을 중심으로」, 『한국교육사학』 32, 한국교육사학회, 2010.

6 정준영, 「경성제국대학과 식민지 헤게모니」, 서울대 박사논문, 2009.

7 신주백, 「식민지 조선의 고등교육체계와 문·사·철의 제도화, 그리고 식민지 공공성」, 『한국교육사학』 제34권 제4호, 2012.

을 그려내는 일련의 연구 경향이 존재하는데, 이 경우에는 개별 전문학교의 내부적인 요소를 분석하는 데는 의의가 있으나, 전문학교 제도를 둘러싼 전체적인 상을 그려내는 데는 일정한 한계를 지닌다.[8] 최근 김자중의 연구는 이러한 기존 전문학교 연구의 한계점을 벗어나, 식민지기 조선에서의 전문학교라고 하는 제도의 전반적인 상을 그려내고자 하는 노력의 일환이라고 할 수 있다.[9]

그러나 관립전문학교 학제의 성립과 운영 실상을 해명하고, 더 나아가서는 관립전문학교와 관련된 제도 정비가 당시 식민지 조선 사회에서 가지는 의미를 분석하는 작업 또한 더욱 요구되는 실정이다. 이 글에서는 1910~20년대 식민지 조선 내에서의 관립전문학교 제도 형성 및 변경 과정을 정리하면서, 관립전문학교 입학 및 졸업과 관련된 '자격'과 더불어 일본인 학생과 조선인 학생의 공학 문제에도 초점을 맞추고자 한다.

이 글에서 활용한 자료는 크게 세 부류로 나눌 수 있다. ① 법령과 관련해서는 『조선총독부관보朝鮮總督府官報』에 실린 것을 기본으로 하였다. ② 관변 자료로는 조선총독부에서 발간한 『조선교육요람朝鮮教育要覽』, 『조선의교육朝鮮の教育』 등 교육요람教育要覽류 도서와 『조선제학교일람朝鮮諸學校一覽』, 『통계연보統計年報』 등의 통계자료, 총독부 기관지로 발행된 『조선朝鮮』, 『문교의 조선文教の朝鮮』, 그리고 각 관립전문학교에서 발간한 학교 일람을 이용하였다. ③ 언론 자료로는 『매일신보每日申報』, 『동아일보東亞日報』, 『조선일보朝鮮日報』 등의 신문과 『개벽開闢』, 『별건곤別乾坤』 등의 잡지를 이용하였다.

8 정인경, 「일제하 경성고등공업학교의 설립과 운영」, 『한국과학사학회지』 16, 한국과학사학회, 1994; 정선이, 「1910년대 기독교계 고등교육의 특성 – 숭실과 연희전문을 중심으로」, 『교육사학연구』 19, 한국교육사학회, 2009; 김호연, 「일제하 경성법학전문학교의 교육과 학생」, 한양대 석사논문, 2011; 이현일, 「일제하 공립의학전문학교의 설립과 운영」, 『한국독립운동사연구』 42, 2012.

9 김자중, 『한국 대학의 뿌리, 전문학교』, 지식의날개, 2022.

2. 전문학교 제도 형성과 관립전문학교

1) 1910년대 전문학교 제도 형성

식민지기에 조선에서 운영되었던 전문학교의 근간은 일본에서 찾을 수 있다. 1873년메이지(明治) 6년 4월 일본 문부성에서는 이전해 발포하였던 교육 법령인 '학제學制'에 '학제學制 이편二編'의 추가를 명령하였고, 여기에서 비로소 학교 종류의 하나로서 '전문학교'가 처음으로 생겨나게 되었다. 당시 전문학교는 '외국교사로 교수하는 고상한 학교, 이를 범칭하여 전문학교라 한다'고 정의되었으며, 구체적인 종류로는 '법학교, 의학교, 이학교, 여러 예학교, 광산학교, 공업학교, 농업학교, 상업학교, 수의학교 등'으로 정하고 있다.[10]

당시의 전문학교는 학제상 순서에 따라 단계를 밟아 진학할 수 있도록 한 '대학'과는 달리, 진학에 일정한 자격이 요구되지 않아 제도상으로는 대학의 아래에 있었다고 할 수 있다. 전문학교는 교육 내용이나 수준 등 이른바 '실사實事'에 있어서는 기본적으로 다르지 않았다고도 할 수 있었지만, 여러 개의 전문과를 두고 있는 대학과는 달리 기본적으로 전문 1과만을 두어 보다 '실용'적인 학문을 교수하는 곳이었다. 일본에서 제국대학이 설립되기 이전에는 '전문학교의 시대'라고 불릴 정도로 다수의 전문학교가 설립되어 교육을 제공하였다. 당시의 관립전문학교는 학문 연구보다는 당장 필요한 전문 관료 육성을 위해 문부성 이외의 각 관청에서 각자 설립하였고, 대학과 어깨를 나란히 할 수준의 고등교육기관이라는 점에서 프랑스의 그랑제꼴grandes écoles과 그 성격이 유사하였다.[11]

---

10 吉田昌弘, 「改正教育令期ごろまでの文部省の「専門学校」観－学校体系観との関連で」, 『研究室紀要』編集委員会 編, 『研究室紀要』 32, 東京大學校大學院教育學研究科 教育學研究室, 2006, pp.17~26 참조.

11 天野郁夫, 『大学の誕生』 (上), 中公新書, 2006 참조.

1903년 일본에서는 「전문학교령」[12]이 처음으로 공포되었다. 메이지明治 초기 이래 일본에는 여러 전문교육기관이 존재하였지만 이를 포괄하는 법령이 없어 각 부처 아래에서 산발적으로 존재하고 있었으나, 이 시기에 와서는 통일된 법령하에서 하나의 체제로 묶을 수 있었다.[13] 「전문학교령」은 제국대학·고등학교·고등사범학교 이외의 모든 고등교육기관을 대상으로 하는 포괄적인 칙령으로, 제국대학 이외의 관립전문교육기관을 제도적으로 위치 짓는 것이 가장 큰 목적이었다.[14] 「전문학교령」으로 '전문학교'라는 교육 기관이 개별적인 학교 단계를 넘어서 교육 제도 내로 편입되면서 다른 학제와 연계되는 형태가 되었다. 전문학교는 '고등의 학술기예를 교수하는 학교'1조였으며, 전문학교의 입학 자격은 '중학교 또는 수업연한 4년 이상의 고등여학교를 졸업한 것과 동등 이상의 학력을 가진 자'5조에 한하였다. 일본에서 전문학교는 중학교 졸업 정도의 학생이 진학할 수 있는 곳으로, 학제상으로는 고등학교 및 대학 예과와 동등한 정도의 교육 기관으로 자리매김하였다. 법령으로 「전문학교령」이 제정되면서 이 법령에 의하지 않는 학교는 '전문학교'라는 명칭을 사용할 수 없게 되

---

12 JACAR (아시아역사자료센터) Ref.A03033034600, 枢密院御下附案·明治三十六年·巻上(国立公文書館)
1903년 3월 27일 「勅令 제61호 専門学校令」 中 발췌.
제1조 고등의 학술기예를 교수하는 학교는 전문학교로 함. 전문학교는 특별한 규정이 있는 경우를 제외하고는 본령의 규정에 의하여야 함
제4조 공립 또는 사립의 전문학교 설치 폐지는 문부대신의 인가를 받아야 함
제5조 전문학교의 입학자격은 중학교 또는 수업연한 4개년 이상의 고등여학교를 졸업한 자 또는 이 와 동등한 학력을 가진 자로 검증된 자 이상 정도로써 이를 정함. 단 미술, 음악에 관한 학술기예를 교수하는 전문학교에 대해서는 문부대신은 별도로 그 입학자격을 정함
제8조 관립전문학교의 수업연한, 학과, 학과목 및 그 정도와 더불어 예과, 연구과 및 별과에 관한 규정은 문부대신이 이를 정함. 공립 또는 사립의 전문학교의 수업연한, 학과, 학과목 및 그 정도와 더불어 예과, 연구과 및 별과에 관한 규정은 공립학교에 있어서는 관리자, 사립학교에 있어서는 설립자 문부대신의 인가를 거쳐 이를 정함
제12조 제1조에 해당하지 않는 학교는 전문학교로 칭하지 못함

13 文部省, 『學制百二十年史』, ぎょうせい, 1992, pp.43~44.

14 天野郁夫, op. cit., pp.366~367.

었는데, 이는 전문학교와 그 이외의 학교 간에 제도적으로 명확한 경계를 설정하게 하였다.[15]

조선에서는 합병 이전부터 근대 국가를 형성해 나가고자 시도하는 과정에서 근대 교육 체계를 구상하면서, 대체적으로 일본의 학제를 참고로 하였다. 일본의 전문학교와 같이 특정한 과科를 가르치는 학교 또한 조선에도 개별적으로 존재하고 있었다. 1895년 정부에서는 학제를 정리·개편하면서 평리원平理院에 법관양성소를 창설하였는데, 1909년 학부로 소관이 옮겨지며 법학교로 이름이 바뀌었으며 합병 이후 조선교육령 발포시기에 이르러서는 경성전수학교로 변경되었다.[16] 의학교의 경우에는 1899년에는 관립경성의학교가 학부 소속으로 창설되었는데, 1907년에는 대한의원 교육부로 변경되었다. 1909년 대한의원 관제가 개정되면서는 부속의학교로 명칭이 바뀌었고, 병합 이후에는 조선총독부의원 부속 의학강습소가 되었다.[17] 농학과 공학을 담당하는 학교로는 기존의 농상공학교가 분리되어 1906년 농림학교,[18] 1907년 중앙시험소 부속 공업전습소가 설립되었다.[19] 위의 학교들은 학제상 아직 다른 학교와 연결이 되는 단계는 아니었지만 각 기관에서 필요한 인재를 양성하기 위하여 설치되었고, 특정한 일과一科만 교수하는 등 그 성격이 일본의 관립전문학교와 비슷하였다. 그러나 학제상에서 이들 학교를 포괄하는 법령이 제정되지 않아 합병 이후에도 이들 학교는 개별 학교로 운영되었다.

한편 합병 이전에 조선인 교육의 큰 부분을 담당했던 사립학교 중에서는 이용익이 세운 보성학교와 장로교에서 설립한 숭실학교 등에서 고등교육을 제공

---

15 Ibid., p.369.
16 경성법학전문학교, 『京城法學專門學校一覽』, 1923, 1면.
17 경성의학전문학교, 『京城醫學專門學校一覽』, 1924, 1면.
18 수원고등농림학교, 『水原高等農林學校要覽』, 1932, 1면.
19 경성고등공업학교, 『京城高等工業學校一覽』, 1924, 1면.

하려는 움직임이 있었다. 보성학교의 경우, 당초 법률·경제·농업·상업·공업의 5개 전문과를 설치하고자 하는 계획이었으나 결과적으로는 법률·경제의 2개 과를 설치하고, 교명을 사립보성전문학교로 하여 학부의 인가를 받았다.[20] 또한 숭실학교는 평양에서 이미 1906년에 '숭실대학'이라는 명칭으로 북장로교와 감리교 등 여러 교단이 연합하여 평양연합칼리지로 발전하기까지 하였다.[21] 이처럼 당시 고등정도의 교육을 제공하던 사립학교는 특정한 1개 과를 설치한 것이 아니라, 여러 전문과를 제공하고자 한다는 점에서 전문학교보다는 보다 종합적인 대학에 가까운 성격을 지니고 있었다. 그러나 학교 명칭과는 별도로, 1905년 이후 본격적으로 식민지화 과정을 거치면서 관립은 물론 사립학교 중에서도 전문학교 및 대학 단계로까지 발전한 학교는 없었다.

합병 이후인 1911년 조선인 교육 전체를 포괄하는 법령인 제1차 조선교육령이 공포되었다.[22] 제1차 조선교육령은 조선에 있는 '조선인'의 교육만을 범주에 넣고 있었고, 일본인 교육은 일본 본국의 학제와 동일하게 제정하여 실행하였다.[23] 조선교육령에는 보통교육, 실업교육과 더불어 전문교육에 대한 규정이 있었지만, 실제 조선에서 전문학교에 해당하는 교육기관은 1915년까지 존재하지 않았다. 여기에는 '조선의 민도에 비추어 보아 아직 전문교육 실시 단계에 이르지 않았다'[24]는 총독부의 판단이 전제되어 있었다. 따라서 전문학교로 신설되거나 지정된 학교 또한 없었으며, 특정 과를 교수하는 곳은 합병 이전과 마찬가지로 개별 학교 형태로 운영되었다. 당시 전문학교와 가장 유사한 성격을 지닌 곳은 합병 이전의 법학교를 이어받은 경성전수학교였다. 경성전

20 보성전문학교, 『財團法人普成專門學校一覽』, 1925, 1면.

21 정준영, 「1910년대 조선총독부의 식민지 교육정책과 미션스쿨 - 중·고등교육의 경우」, 『사회와 역사』 72, 한국사회사학회, 2006, 231면.

22 이후 이 글에서 언급되는 제1차 조선교육령기는 1911~1922년 1월까지의 기간을 가리킨다.

23 조미은, 「일제강점기 재조선 일본인 학교와 학교조합 연구」, 성균관대 박사논문, 2010, 33면.

24 조선총독부 내무부 학무국, 『朝鮮教育要覽』 1915년 12월 「제1편 조선인교육」 제5장 전문교육

수학교는 교육령이 공포되던 시기에 아직 학제 내부로 편입된 학교가 아니었지만, 이미 전문학교 '수준'의 교육을 행하는 학교로 인정받고 있었다. 조선교육령 第27조에 따르면 전문학교에 입학하기 위한 자격을 고등보통학교를 졸업한 자, 또는 그와 동등 이상의 학력을 지닌 자로 규정하고 있는데, 1911년 발포된 경성전수학교규정에서 이와 동일한 입학자격을 요구하고 있었다.[25] 또한 경성전수학교에서 교수하던 교과목 또한 전문학교로 지정된 이후와 크게 차이나지 않았던 것으로 보아, 제도상으로는 이미 전문학교에 준하는 성격을 지니고 있었다.

〈표 1〉 경성전수학교와 경성법학전문학교의 학과목 비교

경성전수학교 (1911년)	경성법학전문학교 (1922년)
수신	수신
국어	국어
법학통론	법학통론
헌법 및 행정법	헌법
민법	행정법
상법	민법
형법	상법
민사소송법	형법
형사소송법	형사소송법
국제공법	민사소송법
국제사법	국제법
경제	경제학
실무연습	연습
체조	체조
	재정학

25 「朝鮮總督府令 第115號 경성전수학교규정」, 『朝鮮總督府官報』, 1911.10.20.
제3조 경성전수학교에 입학할 수 있는 자는 연령 16세 이상으로 고등보통학교를 졸업한 자 또는 이와 동등 이상의 학력을 가진 자로 한다.

경성전수학교 (1911년)	경성법학전문학교 (1922년)
	상업학 (선택)
	파산법
	영어

(출처)『朝鮮總督府官報』, 1911년 10월 20일 조선총독부령 제115호 「경성전수학교규정」; 1922년 4월 1일 조선총독부령 제49호 「경성법학전문학교규정」.

일본인 학교 중에서 전문학교 정도로 인정된 곳은 동양협회에서 설립한 사립 동양협회전문학교 경성분교가 있었다. 동양협회전문학교 경성분교는 1907년 개교하여 매년 일본에 있는 모교로부터 상급생 중에서 지망자를 파견하여 조선에서 공사公私의 업무에 종사하는데 필요한 교육을 실시하고 있었다.[26] 그러나 조선 내에 공식적인 학제상으로 조선인들이 진학할 수 있는 전문학교는 아직 지정되지 않은 상태였다. 당시 총독부 학무국장인 세키야 데자부로關屋貞三郞도 조선에는 아직 민도가 전문교육을 실시할 정도에 이르지 못했다고 파악하고 있었다.[27]

1915년 총독부령 제26호로 공포된 「전문학교규칙」은 조선에서 최초로 전문학교에 관하여 제정된 법령이었다.[28] 총독부에서는 조선의 민도에 비추어 그동안은 전문교육을 실시하지 못했다고 하였으나, 불과 4년이 지난 이 시기에 이르러서는 중등교육이 보급되고 시세가 진보하였다는 이유를 들어 전문교육 단

26 조선총독부 내무부 학무국, 『朝鮮教育要覽』, 1915.12, 111면.

27 「朝鮮人教育と內地人教育」, 『朝鮮及滿洲』, 1913.4.

28 「朝鮮總督府令 第26號 전문학교규칙」(『朝鮮總督府官報』, 1915.3.24) 중 발췌.

제1조 조선인을 교육하는 전문학교에 대해서는 특별한 규정이 있는 것을 제외하고는 본령에 의한다.

제7조 본령에 의하여 설치하는 전문학교가 아니면 전문학교로 칭하는 것을 할 수 없다.

제10조 입학을 허가하는 자는 신체건전, 품행방정인 자여야 함.

제11조 제 2학년 이상에 입학을 허가할 자는 전 학년의 과정을 수료한 자로서 동등 이상의 학력을 가진 자에 한하여야 함.

전 항 입학자의 학력은 전 학년의 과정을 수료한 정도에서 그 각 교과목에 대해 시험에 의해서 검정하여야 함.

계를 인정하게 된다. 그러나 1910년대 조선에서 중등학교 단계에 해당하는 고등보통학교의 학급 수와 학생 수를 비교해보면, 1911년 4월 말 당시 조선에 고등보통학교는 3개교, 학급 수 28학급에 학생 수는 974명이었는데 비해 1915년 5월 말에는 고등보통학교 4개 교에 학급 수 34학급, 학생 수는 1,381명이었다.[29] 4년 동안 새로이 고등보통학교로 지정된 곳은 단 1개교양정고등보통학교에 불과하였지만, 총독부에서는 한 번에 3개의 전문학교를 신설하려는 계획을 수립하고 있었다. 따라서 당시 전문교육 시행의 원인을 총독부의 주장처럼 중등교육의 확대로 인한 결과로만 설명하기에는 무리가 있다.

1910년대 중반에 와서야 총독부가 전문학교 정책에 관심을 가지게 된 원인을 당시 고등교육을 둘러싼 사학, 특히 기독교 측의 움직임에서 찾을 수도 있다.[30] 기독교계 사립학교 중에서는 병합 이전부터 이미 독자적인 교육체계를 갖추어 고등교육까지 제공하려는 학교가 존재하였는데,[31] 1910년대에 들어와서는 언더우드가 중심이 되어 서울에 세속주의적 교육을 지향하는 기독교 대학을 설립하려고 하였다.[32] 구체적으로는 1912년 기독교 북감리교파 대회에서 각 교파가 연합하여 조선에 대학을 설립할 것을 결의하였으나 대학의 위치

29 조선총독부 내무부 학무국, 『朝鮮諸學校一覽』, 1917, 151~152면.
당시 조선에 설립되었던 고등보통학교는 관립으로는 경성고등보통학교와 평양고등보통학교가 있었고, 사립으로는 양정고등보통학교와 함흥고등보통학교가 있었다(『朝鮮教育要覽』, 1915.12, 43면, 고등보통학교상황표 참조). 여학생이 진학할 수 있는 전문학교는 1916년 당시에는 지정되지 않았기에 여자고등보통학교 수는 제외하였다.

30 사립, 특히 기독교계의 대학 설립 운동을 견제하고 총독부에서 고등교육의 주도권을 확보하기 위해서 기존의 정책을 수정하여 전문학교를 허용하는 방향으로 전환하게 되었다(정준영, 앞의 글, 2009); 대신 총독부에서는 기독교 측의 사립전문학교를 인가하기 이전에 관립전문학교를 먼저 정비하였는데, 이를 고등교육 분야에서 私를 배제하고 관제적 公共의 영역을 설정하는 기반으로 만든 것으로 파악하기도 한다(신주백, 2012 「식민지 조선의 고등교육체계와 문·사·철의 제도화, 그리고 식민지 공공성」, 『한국교육사학』 제34권 제4호).

31 대표적으로는 1906년 평양에서 기독교 연합칼리지(Union Christian College)로 출범한 숭실대학이 있었다(정준영, 위의 글, 74면).

32 정선이, 「1910년대 기독교계 고등교육의 특성－숭실과 연희전문을 중심으로」, 『교육사학연구』 제19집 제2호, 2009, 92면 참조.

에 이견을 보여 1914년 서울과 평양 두 곳에 임시대학이 각각 설립되었고, 1915년에는 연합대학 설립인가를 받고자 하는 움직임이 일어났다.[33] 당시 총독부는 조선에 아직 대학 및 전문학교 등 고등교육 단계의 교육기관을 설치하지 않은 상태였는데, 사립학교 측에서 고등교육을 선점하게 된다면 총독부로서는 조선인 인재 양성 및 활용에 있어서 주도권을 갖지 못하는 상황에 처하게 될 것이었다. 따라서 총독부에서는 사립전문학교나 대학을 지정하기 이전에 먼저 관립전문학교를 설치하여 조선에서의 고등교육을 선점하고자 하였다. 1917년에 와서야 사립학교 중에서 세브란스의학전문학교와 연희전문학교가 전문학교로 지정된 것은 이러한 이유에서였다. 더군다나 일본 내에서도 「대학령」이 법령으로 제정된 것은 1918년으로, 총독부로서는 본국에서도 정규 학제로서 대학이 확립되기도 이전에 식민지에서 사립대학을 인정할 수 없었던 사정도 존재하였다.

한편으로는 총독부에서 조선에 거주하는 재조일본인 학생들의 교육을 위해서 전문교육, 특히 관립전문교육을 시작했다는 시각도 있다.[34] 당시 일본인 학교 중에서는 전문학교 단계의 학교는 동양협회에서 설립한 사립 동양협회전문학교 경성분교 1개 교만이 설립되어 있었다. 중학교를 졸업한 일본인 학생들은 조선에서 진학할 수 있는 학교가 부족하여, 고등교육기관으로 진학하려는 학생은 일본으로 유학을 가야했다. 1914년에 와서 관립전문학교 설치가 논의되면서 경성전수학교를 제외한 각 관립전문학교에 일본인 학생의 입학을 허용한 것은 조선 내 일본인 학생들의 편의를 위한다는 명목도 존재했던 것이다. 1910년대 중반에 와서 총독부에서 전문학교 설치 논의가 시작된 것은 이처럼 당시 조선 내 사정이 복합적으로 작용하여 이루어진 결과물이었다. 그렇지만

33 연희전문학교, 『延禧專門學校一覽』, 1939, 3~4면.
34 정재철, 앞의 글, 1989, 8면.

전문학교를 둘러싼 다양한 논의가 이루어지는 와중에서도 결국 총독부의 의도가 가장 크게 반영되었다.

총독부에서는 1914년 당시 경성에서 고등 정도의 교육을 제공하던 경성전수학교, 총독부의원 부설 의학강습소, 중앙시험소 부속 공업전습소를 전문학교로 개편할 계획을 세우고,[35] 이를 위해 먼저 학무국에 여러 명의 촉탁위원을 두어 전문학교 위원회를 조직하였다.[36] 1914년 12월 16일 총독부에서 제1회 위원회를 개최하였는데 참석자는 데라우치 마사타케寺內正毅 총독 이하 학무국장 세키야 데자부로와 학무과장 유게 고타로弓削幸太郎을 포함한 총독부 측 인사와 촉탁위원 16인이었다.[37] 위원회는 의학전문학교위원 6명, 전수학교위원 5명, 고등공업학교위원 6명으로 구성되었는데, 각 학교 별 촉탁위원은 다음과 같았다.

〈표 2〉 조선총독부 전문학교 위원회 촉탁위원

경성의학전문학교	아키야마 마사노스케(秋山雅之介) 참사관 모리야스 랜키치(森安連吉) 의학박사 후지이 도라이코(藤井虎彥) 의관 우에무라 준지(植村俊二) 의관 사토 고조(佐藤剛藏) 교관 등
경성전수학교	아키야마 마사노스케(秋山雅之介) 참사관 야마구치 마츠지로(山口松次郎) 형사과장 이리에 카이헤이(入江海平) 이재과장 사와다 토요오조오(澤田豐丈) 서기관 등
경성고등공업학교	아키야마 마사노스케(秋山雅之介) 참사관 사카이 데나루미(阪出鳴海) 기사 요코이 지쓰로(横井實郎) 철도국기사 도요나가 마리(豐永眞里) 공업전습소장 히토미 츠구로(人見次郎) 상공과장 우노 사브로(宇野三郎) 상공과장[38]

(출처)『每日申報』1914.12.20; 1914.12.22; 1914.12.23. 기사를 토대로 직원록 자료에서 검색하여 재작성.

35 「專門三校 朝鮮學生의 幸福」,『每日申報』, 1914.11.4.
36 「專門學校委員」,『每日申報』, 1914.12.3.
37 「專門學校委員會」,『每日申報』, 1914.12.18.

위원회의 인적 구성을 보면 총독부 측 인사참사관, 형사과장, 서기관를 비롯하여 각 과의 실무자가 다수 포함되어 있으나, 교육계 인사는 거의 존재하지 않았고, 조선인 위원도 포함되지 않았다. 세 위원회에 공통적으로 참여하고 있는 아키야마 마사노스케秋山雅之介는 법안 심의를 담당하는 참사관으로, 학제 개정 과정에 중심적 역할을 했던 것으로 파악된다.

총독부에서는 학교 별 위원회를 각각 19일, 21일, 22일에 개회하여 제반 사항을 협의하였는데, 12월 중에 마무리되지 않아서 해를 넘겨 1월에도 계속해서 위원회가 열렸다. 당초에는 전수학교와 더불어 의학강습소와 공업전습소를 모두 전문학교로 변경하기로 계획하고 준비하였으나, 갑자기 예산불성립이라는 이유를 들어 의학전문학교와 공업전문학교는 당분간 연기하려는 움직임이 나타났다.[39] 이는 당시 일본에서 예산이 성립되기 이전에 의회가 해산된 관계상 총 예산을 전년도에 답습하여 운영하기로 하였기 때문으로,[40] 결국 총독부에서는 1915년 4월 1일 자로 전문학교규칙을 발포하면서 우선 경성전수학교만 전문학교로 변경하는 것으로 결정하였다.[41] 이에 따라 경성전수학교는 1915년 12월 당시 조선인 학교 중에서 유일하게 전문학교 정도의 수준을 지닌 관립학교로 인정되었다.[42]

38 『每日申報』(1914.12.20.), 「醫學專門校委員會」(1914.12.22.), 「專修校委員會」(1914.12.23) 「工業專門校委員會」 기사를 토대로 한국사데이터베이스 조선총독부 직원록 자료에서 검색.

39 「專門學校 問題」, 『每日申報』, 1915.2.11.

40 「專門學校委員會」, 『每日申報』, 1914.12.27.

41 「專門學校官制－우선 專修學校만 실행」, 『每日申報』, 1915.4.7.
"총독부에서는 大正 4년도에 현재 경성전수학교, 의학강습소, 및 공업전습소를 함께 전문학교로 할 터이나 예산불성립의 결과로 부득이 의학강습소 및 공업전습소는 당분간은 현상유지로 하고, 단지 예산에 직접관계를 가지지 않은 경성전수학교만 실행하기로 하여 지난번에 府令으로써 전문학교규칙을 발포하고 4월 1일부터 시행하기로 하였는데, 이에 동반한 同校의 관제안은 아직도 내각에서 심의중인지라 아직 발포함에는 이르지 못하였으므로, 이로 인하여 현재에는 종래대로 수업을 진행하는데 모두 추밀원을 거쳐 칙령으로 발포하는 것도 멀지 않았으리라더라."

42 조선총독부 학무국, 『朝鮮教育要覽』, 1915.12, 59면.
"조선교육령에 규정한 전문교육의 실시는 조선의 민도에 비추어 아직 이를 실시하는데 이르지 이듬해인 1916년 칙령 제80호로 「전문학교관제」가 발포되었다. 이에 따라 조선총독부 전문학교로 지정된 학교는 경성전수학교, 경성의학전문학교, 경성공업전문학교이다.[43] 당시 언론에서는 조선에 3개의 전문학교가 출범하게 된 것을 두고 '반도학계의 신광명'[44]이자 '교육계의 경사'[45]로 평가하였다. 세키야 학무국장은 이를 '조선인 개발을 위한 가장 기뻐할 반도의 사업'으로 평하며,[46] 전문학교 설치는 모두 조선교육 발달의 결과라는 입장을 보였다.[47]

1910년대 전반에는 조선에서 보통학교-고등보통학교혹은 실업학교 단계를 거친 학생들이 졸업 이후 진학할 수 있는 교육기관이 개별적으로 존재하고는 있었으나 학제 내로 포함되지는 않은 상태였다. 한편 총독부 입장에서는 점차로 전문학교 단계를 설치할 필요성이 증가하고 있었으나, 소요되는 예산과 기간 등 여러 측면에서 관립전문학교를 신설하기보다는 기존의 개별 학교를 전문학교 단계로 지정하는 방안을 선택하게 되었다. 따라서 1915년 경성전수학교를 필두로 1916년 경성의학전문학교, 경성공업전문학교, 1918년 수원농림전문학교가 관립전문학교로 지정되어 개교하였다. 이로써 조선에서 전문교육이 본격적으로 시행되었다.

한편 1910년대 사립전문학교로는 세브란스의학전문학교, 연희전문학교의 2

못했을 따름이나 최근 중등교육의 보급과 시세의 진보에 따라 점차 그 시설을 필요로 하는 기운에 이르게 되어 大正 4년 3월 전문학교규칙을 발포하여 현재 그 정도 및 성질로 전문학교에 유사한 것은 경성전수학교가 된다 하여 경성전수학교는 조선총독부의 관리에 속하여 조선인 남자에 법률 및 지식을 교수하여 公私의 업무에 종사할 자를 양성하는 것을 목적으로 함."

43 「勅令 第80號 조선총독부전문학교관제」(『朝鮮總督府官報』, 1916.4.1) 중.
제1조 조선총독부 전문학교는 다음과 같음
경성전수학교
경성의학전문학교
경성공업전문학교

44 「半島學界의 新光明」, 『每日申報』, 1916.1.1.

45 「專門學校에 對하여」, 『每日申報』, 1916.4.8.

46 「朝鮮教育의 發達」, 『朝鮮及滿洲』, 1915.1.

47 「專門學校에 對하여」, 『每日申報』, 1916.4.8.

개 교가 지정되었다. 세브란스의학전문학교는 1917년 세브란스연합의학전문학교재단법인이 설립되어 조선총독의 인가를 받았고,[48] 같은 해 연희전문학교 또한 재단법인이 설립허가를 받았다.[49] 일본인 학교로는 사립 동양협회전문학교 경성분교가 있었는데, 1918년에는 본교로부터 독립된 전문학교로 운영되어 중학교 졸업 이상의 학력을 지닌 자를 수용하였다.[50]

2) 조선교육령 개정과 관립전문학교 체제 성립

3·1운동이라는 극적인 국면 전환으로 인하여, 1920년대는 총독부에서 이른바 '문화통치'를 전면에 내세우게 되었다. 당국에서는 특히 교육제도를 예로 들면서 조선에서 이른바 '내지연장주의'가 실현되었다고 선전하였는데,[51] 교육 부문에 있어서 총독부의 노선 변경은 조선교육령의 전면개정이라는 형태로 나타났다.

1922년 2월 4일 칙령 제19호로 조선교육령이 공포되었다.[52] 제2차 조선교육령의 가장 큰 특징은 조선과 일본의 '학제연장'을 시도하고자 했다는 점이다. 이를 위하여 제1차 조선교육령 제1조였던 '조선에서의 조선인 교육은 본령本令에 의한다'는 조항이, 개정 이후 '조선에서의 교육은 본령本令에 의한다'는 조항으로 변경되었다.[53] 즉 조선교육령이 적용되는 범위가 조선인이라는 민족

48 세브란스연합의학전문학교, 『セブランス聯合医学専門学校一覧』, 1934, 3면; 「告示 제123호」, 『朝鮮總督府官報』, 1917.5.16.

49 연희전문학교, 『延禧專門學校一覽』, 1939, 5면; 「告示 제80호」, 『朝鮮總督府官報』, 1917.4.10.

50 경성고등상업학교, 『京城高等商業學校一覽』, 1938, 3면.

51 권태억, 「1920·1930년대 일제의 동화정책론」, 『한국 근대사회와 문화』 III, 2007, 17면.

52 일반적으로 교육사 연구에서는 1922년 개정·공포된 교육령을 제2차 조선교육령으로 명명하므로, 이 글에서도 이에 따르도록 한다. 제2차 조선교육령이 개정되는 과정 및 내용에 대해서는 강명숙, 「일제시대 제2차 조선교육령 개정과정 연구」, 『교육사상연구』 제23권 제3호, 2009; 「일제시대 학교제도의 체계화－제2차 조선교육령 개정을 중심으로」, 『한국교육사학』 제32권 제1호, 2010을 참조.

53 「勅令 第19號 조선교육령」 제1조, 『朝鮮總督府官報』, 1922.2.6.

에 한정된 것이 아니라, 조선이라는 지역 단위로 변경된 것이다. 이는 조선 내에서 조선인과 일본인의 학제 간 차이를 없애고, 일본 본국과 동일한 학제를 운영할 것이라는 것을 천명하는 것처럼 보인다. 그러나 제2조와 제3조에서는 다시금 '국어를 상용하는 자'와 '국어를 상용하지 않는 자'로 나누어 보통교육을 실시하는 것으로 규정하고 있다.[54] 표면상으로는 일본과의 연장을 내세우면서도, 실질적으로는 초등과 중등교육 단계에서 별도로 학제를 운영하고자 하였던 것이다. 결국 조선에서의 학제는 제1차 교육령기와 마찬가지로 조선인은 보통학교-고등보통학교, 일본인은 소학교-중학교로 분리하여 운영하였다.

3·1운동 이후 새로 부임한 시바타 젠자부로柴田善三郎 학무국장은 조선의 시세 진보에 걸맞은 학제 개혁을 언급하며 교육령을 개정할 움직임을 보였다.[55] 제2차 조선교육령이 공포되기 이전인 1920년 총독부에서는 부분적으로 교육령을 개정하면서 보통학교와 고등보통학교의 학년을 일본의 소학교 및 중학교와 같은 정도로 만들었다. 4년제였던 보통학교의 연한을 6년으로 하고, 역시 4년제였던 고등보통학교에는 2년 이내의 보습과를 두도록 하였다.[56] 이는 교육령을 전면 개정하기 이전에 조선과 일본의 학제 단계를 맞추기 위한 사전 작업의 형태로, 수업연한을 늘리는 정도로 교육령을 일부 개정한 것이었다. 특히 고등보통학교에서는 일본에 있는 전문학교와의 '연락連絡'을 위해서[57] 4년제 고

54 「勅令 第19號 조선교육령」, 『朝鮮總督府官報』, 1922.2.6.
제2조 국어를 상용하는 자의 보통교육은 소학교령, 중학교령 및 고등여학교령에 의한다. 단 이 칙령 중 문부대신의 직무는 조선총독이 행한다. 전항의 경우 조선의 특수한 사정에 의해 특례를 설정할 필요가 있는 것은 조선총독이 별도로 규정할 수 있다.
제3조 국어를 상용하지 않는 자에게 보통교육을 하는 학교는 보통학교, 고등보통학교 및 여자고등보통학교로 한다.

55 「現行教育令改正議」, 『每日申報』, 1919.10.25.

56 「조선교육령 개정에 관한 건」, 『朝鮮總督府官報』, 1920.11.12.
제9조 보통학교의 수업연한은 6년으로 함. 단 토지의 정황에 의해 5년 또는 4년으로 할 수 있음.
제12조 고등보통학교에는 수업연한 2년 이내의 보습과를 두는 것을 얻음.

57 조선총독부 학무국, 『朝鮮教育要覽』 1926, 17면.

등보통학교 졸업 이후 진학할 수 있는 보습과를 설치할 수 있게 하였다. 학무국장은 이와 같은 학제 개정의 경위를 다음과 같이 설명하며 보통교육의 연한을 연장하는 것과 내용을 충실히 하는 것은 결국 전문교육에까지 연결되는 문제임을 밝혔다.

一. 초등교육에 대하여는 보통학교의 수업연한을 연장하여 6년으로 할 일
二. 중등교육의 내용을 한층 충실케 할 일
三. 보통교육제도의 개정에 의하여 충분한 보통학의 소양을 얻은 후 온전히 전문교육을 받는데 이르게 할 일[58]

이후 제2차 조선교육령에서는 고등보통학교에 두었던 보습과를 폐지하고 수업연한을 중학교와 동일하게 5년여자고등보통학교 4년으로 변경하여, 형식상으로는 일본의 상급 교육기관과 바로 연결될 수 있도록 하였다.

조선교육령 개정은 1920년 조선총독부에서 당시 정무총감이었던 미즈노 렌타로水野錬太郎를 위원장으로 하여 임시교육조사위원회라는 자문기관을 발족하면서 본격적인 궤도에 오르게 되었다.[59] 임시교육조사위원회는 23명의 위원과 5명의 간사로 구성되었는데,[60] 그 중 3명의 조선인 위원을 두었다. 후작 지위를 가지고 있던 이완용, 보성법률상업학교장 고원훈, 전라남도 참여관 석진형이 조사위원으로 참여하였는데,[61] 전체 인원 수 중에서 조선인 위원이 차지하는 비율이 절대적으로 낮을 뿐만 아니라 이들이 조사위원회에서 행사할 수 있는 영향력은 매우 제한적이었다.

58 「學制改正內容」, 『每日申報』, 1919.11.16.
59 강명숙, 「일제시대 제2차 조선교육령 개정과정 연구」, 『교육사상연구』 제23권 제3호, 2009, 32면.
60 조선총독부, 「臨時教育調査委員会決議要項」, 1921, 8~9면.
61 고원훈과 석진형의 이력에 대해서는 강명숙, 앞의 글 참조.

제1회 위원회는 1921년 1월 7일부터 11일까지 5일간의 일정으로 총독부에서 소집되었는데, 이 자리에서 사이토 마코토齋藤實 총독이 훈사를 하며 새로 제정할 교육령의 기본 방향을 밝혔다.[62] 사이토 총독은 1920년에 교육령을 부분 개정하였던 것은 응급조치였으며, 조선 교육 전반에 관한 제도를 개정하기 위해서는 개정의 방향 및 목적을 근본적으로 조사할 필요가 있기에 위원회를 구성하여 각 위원들에게 의견을 구하고자 한다는 뜻을 밝히고 있다. 따라서 각 위원들이 초안을 신중히 심의할 것을 당부하고 있다.[63]

그러나 임시교육조사위원회가 교육령 제정에 행사할 수 있었던 영향력은 극히 제한적이었다. 위원회가 개최된 첫 날 학무국에서는 이미 미리 작성한 대강의 항목을 참고자료로서 제출하였는데, 주 내용은 각 학교의 내용 정도를 일본과 같은 형태로 하여 일본의 학교와 '연락'을 기약하고자 하는 학제 연장 방침을 밝힌 것이다. 전문학교와 관련된 조항은 7조 전문학교에 입학할 수 있는 자는 수업연한 4년의 고등보통학교를 졸업한 자였던 것을 5년의 고등보통학교를 졸업한 자로 바꿀 것으로,[64] 이전 교육단계의 수업연한이 바뀌는 것을 새롭게 입학 규정에 적용하고자 하는 것이었다. 조사위원회에서는 당국에서 제시한 요항을 대체로 적당한 것으로 받아들이고, 위원회에서 결정한 대강의 결의를 제1회 위원회의 결과로서 총독에게 답신하였다.[65]

5월에는 제2회 교육조사위원회가 개최되었는데, 여기에서 결의한 사항은

---

62 「教育調査委員會」, 『毎日申報』, 1921.1.8.

63 儒道振興會, 「臨時朝鮮教育調査委員會設置에 對하야」, 『儒道』 제1호, 1921, 49~50면.

64 조선총독부, 「臨時教育調査委員會」, 『朝鮮』, 1922.3, 332면.

65 위의 글, 336면.

1. 朝鮮에 있는 교육제도는 민도사정의 허락함에 한하여 內地의 교육제도에 準據할 일
2. 朝鮮人의 교육에 관하여 특별한 제도를 설치할 경우에 있어서도 각 제도하에 內鮮人을 교육함이 무방할 일
3. 內地의 朝鮮과에 있는 학교의 聯絡을 一層 친밀히 할 일
4. 向學心을 존중히 하여 사정의 허락함에 한하여 이에 應할 시설을 행할 일

「조선교육제도요항」으로 정리되었다.[66] 조선교육제도요항에서 조선의 교육제도는 '내지'에 준거한다는 것을 기본으로 내세우고 있으나 '특례'를 인정하는 방식을 취하고 있어 사실상 조선인의 교육은 이전 교육령 시기와 마찬가지로 일본인과 구별되었다. 이에 비하여 전문교육은 '연장'을 위한 제도적 장치를 실제로 마련했다는 점에서 차이를 보인다. 전문학교 이상 단계에서는 내지內地의 제도에 의거한다는 조항을 두고,[67] 공학도 인정했다.[68] 이후 일본 정부 내에서의 논의를 거쳐서 이듬해인 1922년 칙령으로 조선교육령이 공포되면서 조선교육령 개정 과정이 일단락되었다.[69]

상위 법령인 조선교육령이 전면적으로 개정되면서, 전문학교와 관련된 규정도 이에 따라 변경되었다. 조선교육령 제12조에서 전문학교는 '전문학교령'에 의한다고 밝히고 있는데, 여기서 말하는 전문학교령은 1903년 일본 본국에서 칙령으로 공포된 「전문학교령」을 의미한다. 다만 칙령의 내용 중에서 문부대신이 맡아야 할 직무를 조선총독이 대신 맡는 것으로 하였다.[70] 이는 제1차 조선교육령기에 조선 내 전문학교는 총독부에서 별도로 공포한 「전문학교관제」 및 「전문학교규칙」에 따라 운영되었던 점과는 확연한 차이가 있다. 조선 내 전문학교가 일본의 「전문학교령」의 직접 적용을 받는다는 것은, 적어도 법령상으로는 조선의 전문학교가 일본의 전문학교와 학제상 동등한 위치를 점한다는 것을 의미한다. 공·사립전문학교에 관한 법령으로는 일본과 거의 유사한 형태로 조선에 「공립사립전문학교규정」을 두었다.

제2차 조선교육령으로 인하여 기존에 조선 내에 관립전문학교로 있던 경성

66 「朝鮮教育制度要項」, 『日本植民地教育政策史料集成(朝鮮篇)』 16, 1987, 龍溪書舍; 조선총독부, 「臨時教育調査委員會」, 『朝鮮』, (1922.3), 337~339면.
67 5조 전문학교 대학예과 및 대학은 內地의 제도에 의함
68 2. 실업학교, 사범학교, 전문학교, 대학예과 및 대학에 있어서는 內鮮人의 共學을 행함
69 교육령 개정안이 확정되고 일본에서 승인을 받기까지의 과정은 강명숙(2009)의 논문을 참조.
70 「勅令 第19號 조선교육령」, 『朝鮮總督府官報』, 1922.2.6.

전수학교, 경성의학전문학교, 경성공업전문학교, 수원농림전문학교는 각각 경성법학전문학교, 경성의학전문학교, 경성고등공업학교, 수원고등농림학교로 개칭되었고, 일본인 사립전문학교였던 경성상업전문학교는 관립으로 전환되면서 경성고등상업학교로 이름을 바꾸었다. 따라서 법, 의, 공, 농, 상의 다섯 분야에서 관립전문학교가 지정·정비되어 조선에 이른바 5관립전문학교체제가 형성되었다.

3. 1920년대 전문학교 제도 정비와 자격 문제

1) 관립전문학교 관련 법령 및 입학 자격 정비

제2차 조선교육령으로 변경된 학제에서 가장 관건이 되는 문제는 전문학교와 관련된 '자격'이 변동되는 것이었다. 1910년대 당시 조선에 설치된 전문학교는 일본 내에 있는 전문학교와 학제상 동등한 위치가 아니었다. 제1차 조선교육령하에서 일본인의 학제는 일본 내와 동일한 정도였지만, 조선인의 학제는 이와 별도로 운영되었기 때문이다. 조선인들이 다니는 학교의 수업연한은 보통학교 4년, 고등보통학교 4년여자고등보통학교 3년이었다. 일본인 학교는 소학교[71] 6년 및 중학교 5년으로, 조선인 학교는 이에 미치지 못하여 연한이 부족하였다. 수업 연한의 차이는 곧 학교 급의 차이를 의미했다. 같은 초등교육기관으로 분류되어도 보통학교 졸업자와 소학교 졸업자는 일정한 차이를 가지고 있었다.

71 소학교는 심상과와 고등과 2과로 나뉘는데, 수업연한은 심상과 6년, 고등과 2년이다.

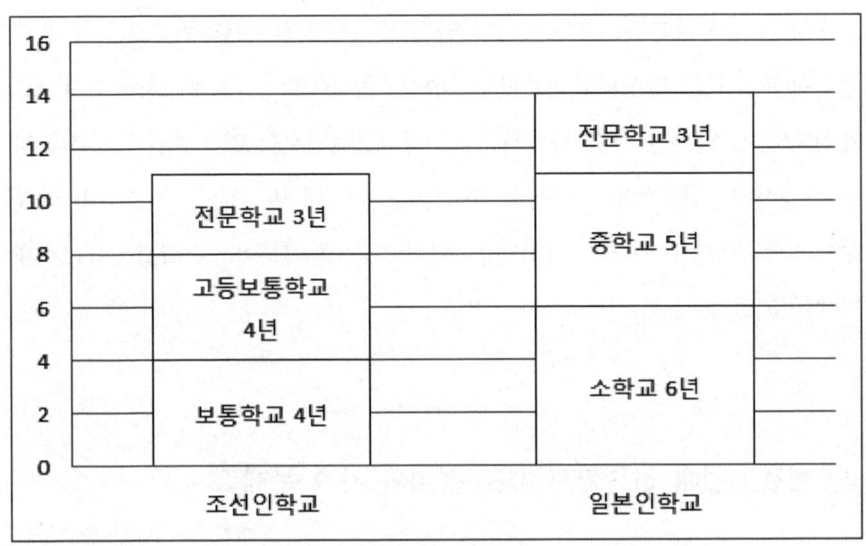

〈그림1〉 1910년대 조선인 학교와 일본인 학교 간 수업 연한 차이

(출처) 조선총독부, 『朝鮮敎育要覽』, 1919; 文部省, 『學制百二十年史』, ぎょうせい, 1992를 참조하여 작성.

〈그림1〉에서 볼 수 있듯이 전문학교에 진학하기 위해서는 초중등학교를 거쳐야 했는데, 여기에서 조선인 학생과 일본인 학생 간 수업 연한에 차이가 발생하였다. 수업 연한은 진학 자격 문제와도 밀접한 관련을 지니고 있었다. 1910년대 조선 내에 있는 전문학교는 고등보통학교를 졸업한 정도면 진학할 수 있었기 때문에,[72] 고등보통학교를 졸업한 조선인 학생 및 중학교를 졸업한 일본인 학생은 모두 조선 내의 전문학교에 곧바로 진학할 수 있는 자격이 주어졌다. 그렇지만 고등보통학교와 중학교는 수업 연한에서 차이가 발생했기 때문에 고등보통학교 졸업 정도와 중학교 졸업 정도는 동일한 자격으로 인정받지 못하였고, 조선에서 고등보통학교를 졸업한 학생은 일본 내 전문학교에 바로 진학

72 「勅令 第229號 조선교육령」, 『朝鮮總督府官報』, 1911.9.1.
제27조 전문학교에 입학할 수 있는 자는 연령 16세 이상으로서 고등보통학교를 졸업한 자 또는 이와 동등 이상의 학력을 가진 자로 한다.

하지 못하였다. 고등보통학교를 졸업한 학생이 일본에 있는 전문학교에 진학하기 위해서는 예비과정인 전문학교 예과에 진학하거나, 별도로 전문학교입학자검정시험을 치러 입학자격을 획득하여야 했다. 즉 조선 내에 있는 전문학교는 그 명칭은 일본의 전문학교와 같았지만 조선 내에서만 전문학교로 존재하였고, 일본 '제국' 전체에서는 전문학교 단계로 인정되지 않았던 것이다.

이처럼 단절되어 있던 일본과 조선의 전문학교는, 제2차 조선교육령 공포를 전후하여 법령이 정비되는 과정을 거쳐 동일한 학제로 연결되었다. 교육령 개정 이전인 1921년 9월 13일 일본에서는 전문학교에 준하는 학교를 지정하는 문부성고시가 공포되었다.[73] 이에 따라 조선에서는 경성전수학교, 경성공업전문학교, 수원농림전문학교 3개 교가 처음으로 일본 내 전문학교에 준하는 학교로 지정되었다.[74]

이듬해인 1922년에는 조선교육령 개정을 통하여 조선 내에 있는 전문학교는 일본 전문학교령의 적용을 받게 되었으며, 이에 따라 관립전문학교로 지정된 각 학교의 명칭이 일본의 관립전문학교와 같은 형식으로 변경되었다.[75]

이는 일본의 관립전문학교와 비교하여 명칭에서부터 동일한 정도로 '승격'하겠다는 의미로 받아들여졌다. 조선교육령이 개정되기 이전인 1920년 조선인들이 다니던 경성전수학교에서는 교명 변경과 교칙 개정을 요구하며 1, 2학년 학생들이 동맹휴교를 일으키기도 하였다.[76] 이처럼 전문학교 명칭이 변경되

---

73 「文部省告示 第449號」, 『日本官報』, 1921.9.13.

74 「準專門學校指定」, 『每日申報』, 1921.9.15.
동일한 고시로 대만총독부고등상업학교, 대만총독부상업전문학교, 대만총독부농림전문학교, 여순공과학당도 준전문학교로 지정되었다.

75 「朝鮮總督府令 第49號 경성법학전문학교규정」, 『朝鮮總督府官報』, 1922.4.1; 「朝鮮總督府令 第51號 경성고등공업학교규정」; 「朝鮮總督府令 第52號 수원고등농림학교규정」.
각 규정의 부칙에는 새로운 규정이 만들어짐에 따라 이전의 경성전수학교규정, 경성공업전문학교규정, 수원농림전문학교규정은 폐지한다고 밝히고 있다. 의학전문학교는 일본에서도 동일한 명칭을 사용하고 있었기 때문에 경성의학전문학교는 명칭이 변경되지 않았다.

76 「京城專門學校의 盟休」, 『每日申報』, 1920.10.23.

〈표 3〉 제2차 조선교육령기 조선 내 관립전문학교의 명칭 변경

제1차 조선교육령기(1922년 이전)	제2차 조선교육령기(1922년 이후)
경성전수학교	경성법학전문학교
경성의학전문학교	경성의학전문학교(변동 없음)
경성공업전문학교	경성고등공업학교
수원농림전문학교	수원고등농림학교
경성상업전문학교	경성고등상업학교

(출처) 「朝鮮總督府令 第49號 경성법학전문학교규정」, 『朝鮮總督府官報』, 1922.4.1; 「朝鮮總督府令 第51號 경성고등공업학교규정」; 「朝鮮總督府令 第52號 수원고등농림학교규정」; 「朝鮮總督府令 第53號 경성고등상업학교규정」을 참조.

는 문제는 학교의 자격 문제와 관련하여 학생들뿐만 아니라 각 학교당국에서도 신경을 쓰고 있던 문제였다. 또한 일본인 사립학교였던 경성상업전문학교가 1922년 관립으로 흡수되면서 경성고등상업학교로 교명이 변경되었는데,[77] 이 또한 일본 본국에서 상업계통의 관립전문학교 명칭으로 사용하던 '고등상업학교' 명칭과 동일하게 한 것이다.

그렇지만 교육령 개정만으로 전문학교 자격 문제가 완성된 것은 아니었고, 관련 법령을 정비하는 과정을 통해서 전문학교의 위치를 확실히 정하는 작업이 계속해서 이루어졌다. 1923년에는 문부성령으로 조선교육령에 의해 설치된 학교와 타 학교와의 관계를 설정하는 법령이 제정되었다. 그 중 전문학교와 관련된 규정은 제5조로, 조선교육령에 의해 설치된 전문학교의 생도 및 졸업자는 타 학교에 입학, 전학하는 관계에 대하여 전문학교령에 의하여 설치된 입학자격, 수업연한 및 종류에 맞는 학교의 생도 및 졸업자와 동일한 취급을 받는다는 것이었다.[78] 이는 조선 내에 있는 각급 학교가 일본 내에 있는 학교와

1, 2년생 전부가 동맹휴학을 한 것인바 그들은 그 교명변경과 및 교칙의 개정을 요구하였는데 당교(當校)에서도 교명변경에는 찬성하여 총독의 인가를 거쳐서 내지(內地) 법제국에 제출하였는데 시기를 기다릴 일.

77 「朝鮮總督府令 第53號 경성고등상업학교규정」, 『朝鮮總督府官報』, 1922.4.1.

78 「文部省令 第1號 朝鮮教育令에 의하여 設置된 學校의 生徒·兒童 및 卒業者의 他學校 入學·轉學에 관한 規程」, 『朝鮮總督府官報』, 1923.1.26.

동일한 취급을 받도록 하는 것을 법령으로 명시하고 있는 것이다. 따라서 법령상으로는 조선 내 전문학교에 다니던 학생이 일본에 있는 동일한 계통의 전문학교로 전학하는 것이 가능하다는 것을 의미한다.

1924년에는 조선총독부 전문학교가 일본 내의 전문학교와 마찬가지로 일본에 있는 고등학교·대학 예과와 동등 이상의 정도인 것이 문부성고시로 지정되었다.[79] 이와 같이 제2차 조선교육령 제정을 전후로 하여 전문학교, 특히 관립전문학교의 학제상 위치를 지정하기 위하여 일본 본국에서는 문부성에서 관련 법령을 제정하였고, 총독부에서는 문부성과의 협의를 계속해나가면서 조선에서의 교육 정책을 결정하였다.

그러나 결국 입학자격을 부여하는 문제를 둘러싸고 사건이 발생했다. 고등보통학교에 재학 중인 학생들이 졸업 후 입학자격이 명확하게 확인되지 않는 것을 문제시하여, 경성제일고등보통학교를 포함한 경성 내 6개 고등보통학교에서 대결속을 행하게 된 것이다.[80] 당국에서는 새로운 교육령을 발포하면서 신교육령에 의한 학교는 일본의 학교와 동일한 정도의 자격을 주기에 상급학교 입학에 아무런 거리낌이 없다고 선전하였다. 그러나 경성제일고등보통학교 교장 가토 츠네지로加藤常次郎가 입학자격과 관련된 학생의 질문에 대답하는 과정에서 '아직 문부성과의 교섭이 끝나지 않아 금년 졸업생은 일본 상급학교에 입학하기 힘들다'는 취지의 발언을 하자 4, 5학년 학생들이 이에 항의하여 진정서를 제출하며 퇴학도 불사하겠다는 움직임을 보였다.

이에 대해 나가노長野 학무국장은 동경에 학무과장을 파견하여 오는 학기까지는 반드시 해결하겠다는 의견을 밝혔다.[81] 경성제일고등보통학교 학생들은

79 「文部省告示 第290號」, 『朝鮮總督府官報』, 1924.6.9.
80 「1월 중의 조선과 세계」, 『開闢』 32호, 1923.2.
81 「上級校 入學資格問題로 第一高普 上級生의 大動搖」, 『東亞日報』, 1923.1.19.

입학자격 문제가 해결되지 않으면 동맹퇴학을 하겠다고 결의하였는데, 이는 비단 경성제일고등보통학교에만 국한된 문제가 아니라 조선에 있는 중등학교 전체가 걸린 문제였기에 조선 학계에서는 학무당국의 태도에 주목할 수밖에 없었다.[82] 중앙고등보통학교 교장 현상윤은 이와 같은 차별을 두는 것은 성립이 되지 않는다는 반응을 보였다.[83]

이처럼 학생들뿐만 아니라 각 학교 당국자 등을 비롯하여 학부형 등 조선 내 교육 관계자 다수의 눈이 이에 쏠리게 되자 학무국에서는 문제 해결을 위해서 학무과장을 동경에 급파하여 교섭하였다. 마침내 1월 22일 문부성령으로 조선교육령에 관한 보족補足규정이 발포되나, 구령舊令에 의한 자에 이를 적용하지는 않았다.[84] 당시 동경 문부성에 급파되었던 나카라이 기요시半井淸 학무과장이 돌아와서 교섭내용을 정리하였는데, '문부성에서는 아직 신교육령에 의한 졸업생이 없을 것이라 여기고 후속 조치를 준비하지 않았으나 조선에서는 편입생이 등장하는 등 실제 문제가 발생하고 있었으며, 이번에 문부성령을 발포하면서 여러 문제가 해결되었다'는 입장이었다. 문관임용령에 의하여 부여되는 자격도 '일본 내지와 연결할 것이며, 기타 검정시험제도에 관한 규정도 통일방침을 연구하는 중이라'는 요지로 문부성의 입장 및 계획을 정리하는데 그쳤다.[85] 조선에서의 교육을 총괄하는 조선교육령을 전면 개정하였음에도 불구하고 후속조치가 미비하여 문제가 발생하였는데, 총독부나 일본 정부에서는 학제 변경에 따른 별도의 대책을 마련해놓지 않았던 것이다. 그로 인하여 제1차 조선교육령하에서 4년제 고등보통학교에 입학하여 과정을 마친 조선인 학생들은 이전과는 달리 조선 내 전문학교에도 바로 입학할 수 없게 되어 그 피해를 고

82 「新敎育令은 休止인가」, 『東亞日報』, 1923.1.21.
83 위의 글.
84 「入學資格確認」, 『東亞日報』, 1923.1.24; 「文部省令 第1號」, 『朝鮮總督府官報』, 1923.1.26.
85 「入學資格 交涉의 結果」, 『東亞日報』, 1923.2.11.

스란히 떠안게 될 상황이었다.

이처럼 조선에서 전문학교 학제를 정비하는 과정에서 시행 초기에는 혼란스러운 상황이 벌어졌는데, 이를 해결하기 위해 활용되었던 제도가 '전문학교입학자검정시험'이었다. 총독부에서는 문부성과의 교섭을 통하여 전문학교입학자검정시험을 조선에 도입하여, 1921년 총독부령으로 전문학교입학자검정규정이 공포되었다.[86] 시바타柴田 학무국장에 따르면 이전에 조선에는 검정제도가 없어서 중학교를 졸업하지 않은 조선인들이 전문학교령에 의한 전문학교에 진학하려면 일본에 가서 시험을 보아야 했으나, 이를 조선에서도 시행하여 조선인의 편의를 도모하게 되었다고 하였다.[87]

一. 중학교를 졸업치 아니한 자로써 전문학교에 입학함에는 종래에는 일본 내지까지 전왕專往하여 이 검정시험을 받지 아니하면 안 되던 것을 금후에는 조선의 중학교에서도 자유로 이 검정을 받게 된 것

二. 이 검정시험에 합격한 자는 조선에 재在한 각 전문학교는 물론이오 일본 내지의 각 전문학교, 고등학교, 대학예과의 입학시험에도 응하게 된 것

三. 본 규정은 일본인 조선인의 차별이 없는 고로 조선인이라도 자기의 학력만 있으면 이 검정시험을 받아 일본인의 중학교 졸업생과 동히 일선日鮮의 어떤 전문학교 내지 고등학교, 대학예과든지 입학할 수 있게 된 것[88]

일본에서는 이미 전문학교입학자검정규정이 운영되고 있어서 검정시험에

---

86 「朝鮮總督府令 第72號 전문학교입학자검정규정」 中, 『朝鮮總督府官報』, 1921.4.25.
제8조 조선총독에서 전문학교의 입학에 관한 중학교 또는 수업연한 4년의 고등여학교 졸업자와 동등 이상의 학력을 가진 것으로 지정한 자는 무시험검정을 받는 것을 얻음

87 「專門校檢定試驗 朝鮮人敎育界의 福音」, 『每日申報』, 1921.4.13; 「專門學校入學檢定規程」, 『東亞日報』, 1921.4.24.

88 「專門學校入學檢定規程」, 『東亞日報』, 1921.4.24.

합격하면 중학교 졸업자와 동일하게 전문학교 입학시험에 응시할 수 있었는데, 조선에서는 아직 관련 규정이 존재하지 않았다. 따라서 고등보통학교를 졸업한 조선인이 일본의 전문학교나 고등학교, 대학예과에 진학하기 위해서는 일본으로 건너가서 검정시험에 응시하여야 했다. 1920년 조선교육령을 부분적으로 개정하여 조선에 있는 고등보통학교에 보습과를 두어 고등보통학교 졸업자가 이후 진학할 수 있는 길을 열도록 하였지만 이는 임시적인 방편이었다. 고등보통학교 보습과를 졸업한 이후 진학할 수 있는 학교는 전문학교뿐이었고 고등학교나 대학예과로는 진학할 수 없었다.[89] 전문학교입학자검정시험에 합격하면 전문학교, 고등학교, 대학 예과에 입학할 수 있는 자격을 부여받게 되었다. 일본에서 1903년 전문학교입학자검정규정을 공포한 목적은 주로 실업학교 졸업자가 동일 계통의 상급학교로 진학할 수 있도록 하는데 있었는데, 고등보통학교를 졸업한 조선인 학생에게는 이 검정시험이 일본의 중학교 졸업자와 같은 정도의 자격을 부여하는 역할을 하였다.

일본 내에서 운영하던 전문학교입학자검정시험 제도를 1921년에 조선에 도입한 이유는 일본으로 유학을 가고자 하는 학생들에게 편의를 제공하겠다는 목적 이외에도, 조선에 있는 전문학교를 일본의 전문학교와 같은 정도로 '승격'시키기 위한 제반 과정을 정비하기 위함이었다. 조선 내 전문학교에 입학하기 위해서는 고등보통학교를 졸업하거나 그 이상의 학력이 필요했는데, 제2차 조선교육령이 시행된 이후에는 4년에서 5년으로 수업연한이 연장된 고등보통학교를 가리키는 것이었다. 이에 따라 전문학교입학검정규정 또한 일부 개정되었다. 원 규정에서 제2조 제4호였던 '현재 중학교, 또는 고등여학교에 재학하지 않을 것'이라는 조항을 '현재 중학교, 고등보통학교, 고등여학교 또는 여자고등보통학교에 재학하지 않을 것'[90]으로 개정하게 된 것은 학제 연장으로

89 「專門校檢定試驗」, 『每日申報』, 1921.4.13.

조선 내에서 중학교와 고등보통학교, 고등여학교와 여자고등보통학교가 최소한 수업 연한상으로는 동등한 정도의 학교가 되었다는 것을 의미하는 것이다. 변경된 교육령 체제에서는 처음으로 1922년 경성제일고등보통학교에서 전문학교입학검정시험이 행해졌는데, 이 시험에 합격한 자는 중학교 또는 수업연한 5년의 고등보통학교 졸업자와 동등한 자격을 부여받게 되었다.[91]

따라서 전문학교입학검정시험은 제2차 조선교육령 공포 전후로 발생한 조선 내 학제의 틈을 메우기 위하여 활용되었다. 조선교육령 개정으로 학제가 변경되자, 당장 문제가 되는 것은 구 법령의 적용을 받고 있는 고등보통학교 졸업자 및 졸업예정자들이었다. 이들은 학제가 변경되기 이전에 4년제 고등보통학교에 입학하였는데, 법령이 개정되어 5년제 고등보통학교를 졸업하지 않으면 전문학교에 진학할 길이 막혀버린 것이다. 이전 법령의 적용을 받는 고등보통학교 졸업생 및 보습과 제1학년 수료자 등은 전문학교에 입학하기 위해서는 입학 자격이 필요하였고, 이를 위하여 전문학교입학검정시험을 받게 되었다.[92] 종래 규정상으로는 시험 장소가 관공립의 중학교 또는 고등여학교에 한정되었으나, 시험 응시자가 늘어나게 되자 규정을 개정하여 제3조 중 검정 장소를 '조선총독부중학교 또는 조선공립고등여학교'에서 '관립, 공립의 중학교, 고등보통학교, 고등여학교 또는 여자고등보통학교'로 확장 개정하여 학생들이 시험 검정을 받는데 편의를 제공하였다.[93]

또한 조선 내 각 전문학교에서는 일본 전문학교의 예과와 비슷한 성격의 특과를 설치하여 제1차 조선교육령하에서 고등보통학교를 졸업한 학생들이 진학할 수 있도록 하였다. 특과 제도는 임시적인 것으로, 1922년 설치되어 1926

90 「專門學校入學者檢定規程中改正」, 『朝鮮總督府官報』, 1922.3.15.
91 「專門學校入學檢定試驗」, 『東亞日報』, 1922.3.31.
92 「專門校入學者 檢定試驗改正」, 『每日申報』, 1922.3.15.
93 「專門學校入學者檢定規程中改正」, 『朝鮮總督府官報』, 1922.3.15.

년에 폐지되었다. 이처럼 교육령 개정 초기에는 제도 변경으로 인한 혼란을 줄이기 위하여 임시적인 방편을 내놓는 형태로 대응하였으나, 점차 전문학교 입학 자격 문제를 해결하고자 후속 제도를 마련해 나가는 방향으로 진행되었다.

한편으로는 조선 내에서 전문학교 입학 자격이 점차로 확대되는 방향으로 나아가게 되었다. 종래에는 전문학교에 입학할 수 있는 자격이 중학교, 고등여학교, 고등보통학교 및 여자고등보통학교 졸업생과 전문학교입학자검정시험 합격자에게만 주어졌는데, 그 외 학교 중에서도 이와 동일한 정도로 전문학교 입학 자격을 부여하는 학교를 지정하기로 하였다. 이로 인하여 실업학교 졸업생이 동일 계통의 전문학교로 진학할 수 있게 되었고, 고등보통학교로 지정되지 못한 사립학교 중에서도 전문학교 입학이 가능한 학교가 생겨났다.

〈표 4〉 전문학교입학자검정규정에 의해 지정된 학교

학교	비고
경신학교	1925년 3월 이후의 졸업자
남자실업학교 졸업자	다만 심상소학교 또는 수업연한 6년의 보통학교 졸업정도로서 입학자격으로 하는 수업연한 5년, 고등소학교 또는 보통학교 고등과 졸업정도로서 입학자격으로 하는 수업연한 3년 또는 이와 동등 이상의 실업학교 졸업자
경성철도학교	본과 졸업자
철도종사원양성소	본과 졸업자
숭실학교	1931년 3월 이후 졸업자
중동학교	1929년 4월 이후 본과 졸업자
여자실업학교	다만 심상소학교 또는 수업연한 6년의 보통학교 졸업정도로서 입학자격으로 하는 수업연한 4년, 고등소학교 또는 보통학교 고등과 졸업정도로서 입학자격으로 하는 수업연한 2년 이와 동등 이상의 실업학교의 졸업자
선천신성학교	1933년 3월 이후 졸업자
총독부 체신국해원양성소	1932년 3월 이후 본과 졸업자
숭의여학교	1934년 3월 이후 졸업자
계성학교	1934년 3월 이후 졸업자
신흥학교	1935년 3월 이후 졸업자
일신여학교	1934년 3월 이후 졸업자

학교	비고
정신여학교	1936년 3월 이후 졸업자
여자사범학교	심상과 졸업자
외국학교 졸업자	조선총독의 인정을 받은 자
총독부체신국 고등해원양성소	총독부 체신국해원양성소 졸업자 포함
실업학교졸업정도 검정규정에 의해 검정에 합격한 자	–
정화여학교	1945년 3월 이후 졸업자
대구남산여학교	1945년 3월 이후 졸업자

(출처) 「總督府告示 第105號 전문학교입학자검정규정에 의하여 지정된 곳」(『朝鮮總督府官報』, 1921.4.25) 및 이후 개정에 따라 추가된 학교 목록 정리

2) 졸업 후 취득 자격과 관립전문학교 입학 경쟁

전문학교 입학 자격이 보다 많은 학생들에게 주어지게 되는 것과는 반대로, 1920년대 내내 조선에서 관립전문학교는 신설되거나 새로 지정되지 않았다. 제2차 조선교육령 시기를 통틀어 관립전문학교는 5개 학교로 고정되었으며, 학생 수나 학급 수 등 학교 규모 또한 크게 변화하지 않았다.

〈표 5〉 제2차 조선교육령기(1922~1937년) 관립전문학교 생도 수

연도	조선인	일본인	학급수	합계
1922	423	468	36	891
1923	502	566	37	1,068
1924	477	635	38	1,112
1925	376	600	38	976
1926	403	674	36	1,077
1927	374	697	36	1,071
1928	361	741	36	1,102
1929	355	784	34	1,139
1930	346	808	34	1,154
1931	366	836	35	1,202

연도	조선인	일본인	학급수	합계
1932	358	833	35	1,191
1933	351	837	35	1,188
1934	355	832	35	1,187
1935	373	840	35	1,213
1936	409	831	35	1,240

(출처) 「官立專門學校學級職員 및 生徒」, 『조선총독부통계연보』, 1930; 「官立專門學校狀況」, 1937

1930년대 말까지 조선에 관립전문학교가 신설 혹은 증설되지 않은 이유로 우선 예산상의 문제를 들 수 있다. 1925년 「조선총독부제학교관제」가 변경되면서 그동안 관립학교로 지정되었던 중등학교의 운영주체를 모두 도 지방비로 이관하였으나, 5개의 관립전문학교는 계속해서 총독부에서 운영하는 것으로 하였다.[94] 관립학교의 예산은 결국 총독부 예산에서 전부 부담하는 구조였으므로, 총독부는 선뜻 조선에 관립으로 운영되는 전문학교를 신설하기 어려웠다.

더군다나 1924년에는 조선에 경성제국대학이 설치되었는데, 경성제대는 여타의 제국대학이 「제국대학특별회계법」으로 관리되고 있던 것과는 달리 총독부 예산에 직접적으로 편성되어 있었기 때문에,[95] 총독부 학무국의 교육비 부담이 점차 커지는 구조가 되었다. 따라서 총독부 학무당국에서는 조선 내에서 일어난 관립전문학교 신설 요구나 설비 확충 문제에 곧바로 대응하지 못한 것으로 보인다. 실제로 1926년 경성법학전문학교에서는 수년 전부터 교사 신축 등 학교 설비 문제로 학무당국에 진정하고 있던 차였으나 무성의한 모습을 보이자, 재학생들이 학생대회를 열고 학무국에 세 가지 요구사항을 담은 진정서를 결의하여 학생대표가 이를 학무국장 및 학무과장에게 제출하였는데, 당국에서는 예산상의 문제로 차일피일 미루는 모습을 보였다.[96]

94 「朝鮮總督府諸學校官制中改正」, 『朝鮮總督府官報』, 1925.4.1.
95 정준영, 앞의 책, 2009, 132면.

한편으로 총독부 입장에서는 조선 내 수요에 대응하여 관립전문학교를 증설할 필요가 없었던 것으로도 파악하고 있었던 것으로 추정된다. 이는 3·1운동 이후 보통학교 증가에 따라 조선인들의 교육 기회 확대 요구가 어느 정도 수용되었던 점과는 차이가 있다.[97] 보통학교 증설의 경우에는 그 비용을 '수요자 부담'으로 하여 총독부의 예산 부담을 최소화하는 것이 가능했지만, 관립으로 운영되는 학교에서는 불가능한 일이었다. 총독부에서는 막대한 예산 지출을 감수하면서까지 관립전문학교를 증설할 이유가 없었는데, 이는 관립전문학교가 지니고 있던 성격과도 관련이 있다.

당시 학생들이 관립전문학교에 진학하는 가장 큰 이유는 전문학교 졸업 이후에 주어지는 자격과 관련된 문제였다. 전문학교는 본래 특정한 과를 가르치며, 졸업생들에게 그와 관련된 자격을 부여하는 곳으로 기능하였다. 관립전문학교를 졸업하면 문관임용령에 따라 판임문관에 임용될 자격이 공통적으로 주어지고,[98] 사립보통학교, 사립고등보통학교, 사립여자고등보통학교 및 사립실업학교의 교원이 될 자격이 주어졌다.[99] 또한 각 학교 별로 졸업생에게 주어진 자격은 다음과 같다.

---

96 「法專學生大會 세 가지 됴건을 當局에 요구」, 『東亞日報』, 1926.7.7; 「學務當局陳情」, 1926.7.10.
一. 교사를 신축할 일
二. 학교내용을 충실히 하기 위하여 정치경제과를 증설할 일
三. 본교 졸업생을 우대하여줄 일

97 오성철, 『식민지 초등 교육의 형성』, 교육과학사, 2000, 211면.

98 「勅令 第261號 문관임용령」, 『朝鮮總督府官報』, 1913.7.31.
제6조 판임문관은 다음의 자격의 하나를 가진 자에서 이를 임용함
三. 전문학교령에 의해 법률학, 정치학, 행정학 또는 경제학을 교수한 학교에 있어서 3년의 과정을 이수하고 그 학교를 졸업한 자

99 「朝鮮總督府告示 第105號 사립학교 교원의 자격 및 員數에 관한 규정에 의한 사립학교 교원된 자격을 지닌 자는 다음과 같이 지정」(『朝鮮總督府官報』, 1922.4.14) 중 발췌.
제1조 다음에 게시된 자는 보통학교의 교원된 자격을 가짐
一. 舊 조선교육령에 의한 전문학교 졸업자
제3조 다음에 게시된 자는 고등보통학교 및 여자고등보통학교의 교원될 자격을 가짐
元 경성전수학교
元 경성의학전문학교
元 경성공업전문학교

〈표 6〉 관립전문학교 졸업 후 취득 자격

경성법학전문학교	총독부 판사 및 검사 임용 자격 변호사 시험 응시
경성의학전문학교	의사 면허 취득 일본 내 개업
경성고등공업학교	기수(技手) 자격
수원고등농림학교	–
경성고등상업학교	–

(출처) 각 전문학교 일람에 수록된 관련 법령을 토대로 작성

법령이나 규칙으로 지정된 자격 이외에도, 관립전문학교 졸업생은 취업에 있어서도 모종의 '특혜'를 받았다. 교원 채용에서도 동일한 전문학교를 졸업하더라도 사립 출신은 관립 출신에 비해 급료가 반액 또는 3분의 1밖에 안되었고,[100] 은행 취업에 있어서도 관립학교와 사립학교 출신은 초임부터 이미 20원의 차이가 있을 정도로 관립전문학교 출신이 우대를 받는 실정이었다.[101] 이와 같이 유형·무형의 '자격'을 획득하기 위하여 조선인들은 관립전문학교 진학을 위한 경쟁에 뛰어들었던 것이다. 따라서 학무당국에서는 더 이상 관립전문학교 규모를 확장하지 않고 자격 부여를 통제하여 조선 내에서 고등교육기관으로 지위를 확고히 한 후, 이를 다시 조선인 학생들을 통제하는 수단으로 사용하고자 하였다. 총독부 측에서는 오히려 '학교를 증설하여 교육을 많이 시키는 것은 결국 고등유민을 양성함에 불과하니 차라리 학교 증설을 피하여야 한다'는 주장을 하기에 이르렀다.[102]

元 수원농림전문학교
元 사립경성고등상업학교
제4조 다음에 게시된 자는 실업학교의 교원될 자격을 가짐
舊 조선교육령에 의한 관립전문학교졸업자

100 「私立學校의 價値」, 『東亞日報』, 1926.5.7.
101 「官私校卒業 差別 撤廢」, 『東亞日報』, 1926.12.21.
102 「조선인과 학문」, 『東亞日報』, 1927.2.25.

졸업 후 취득 자격과 전문학교 교육은 처음부터 밀접하게 관련을 지니고 있었다. 의사자격의 경우를 예로 들면, 합병 이후 당국에서는 취체규칙을 두어 '자래自來의 무자격자가 자연히 쇠퇴'하는 과정을 거치도록 하였고,[103] 1913년 부령으로 「의사규칙」을 두어 제1조에 조선에서 의사 면허를 획득할 수 있는 자격을 법령으로 정해놓았다.[104] 1914년에 총독부고시 65호 의사규칙에서 지정된 학교에 '조선총독부의원부속의학강습소'가 포함되어, 의학강습소 졸업생은 따로 시험을 치르지 않고도 의사 면허를 받을 수 있게 되었다. 의학강습소가 전문학교로 지정이 된 이후인 1917년에는 '경성의학전문학교 및 조선총독이 지정한 의학교'로 해당 조항이 변경되었다. 이는 같은 의학전문학교였지만 사립이었던 세브란스의학전문학교와 결정적인 차이가 발생하는 부분이었다. 세브란스의전 졸업생들은 시험에 응시하여 합격해야 면허를 획득할 수 있었다. 그러나 당시 「의사규칙」은 조선 내에서만 통용되던 총독부령이었다. 1910년대에 경성의학전문학교는 일본 내에서 전문학교로 인정받지 못하였기 때문에, 일본의 법률인 「의사법」 제1조에 따른 의학전문학교가 아니었다. 즉 경성의학전문학교 졸업자는 조선 내에서는 무시험으로 의사자격을 획득할 수 있었지만 일본 본국에서는 그렇지 못하였던 것이다.

그러나 1922년 조선교육령이 개정되고 관립전문학교가 일본 내 전문학교와 동등한 학제로 재편되는 과정에서, 경성의전 졸업생이 일본 의사법의 적용을

103 「朝鮮醫師의 衰退」, 『每日申報』, 1910.11.20.

104 「朝鮮總督府令 第261號 醫師規則」, 『朝鮮總督府官報』, 1913.11.15.
제1조 의사가 되려는 자는 다음의 자격을 가지고 조선총독의 면허를 받을 것을 요함
① 의사법 제1조 제1항 제1호, 제2호에 해당하는 자 또는 의술개업시험에 합격한 자
② 조선총독이 지정한 의학교를 졸업한 자
③ 조선총독이 정한 의사시험에 합격한 자
④ 외국의 의학교를 졸업하거나 또는 외국에서 의사 면허를 받은 제국신민으로서 의업을 하기에 적당하다고 인정되는 자
⑤ 조선총독이 지정한 외국의 국적을 지니고 그 나라에서 의사 면허를 받은 자로서 의업을 하기에 적당하다고 인정되는 자

받는 전문학교 졸업생으로 인정되어 별도의 시험 없이 일본에서도 의사 자격을 가지게 되었다.[105] 학무당국에서는 일본 본국과 교섭한 결과 경성의학전문학교 졸업자는 조선인 일본인 구별 없이 일본의 관공립의학전문학교 졸업자와 완전히 동일한 자격을 갖게 될 것이라고 선전하였다.[106] 그러나 실제로는 경성의학전문학교에 일본인 입학자가 대거 입학하는 양상이 나타나게 되었다.

관립전문학교를 둘러싸고 나타난 또 다른 양상은 조선에서 교육을 받은 일본인 학생들이 자격을 취득한 이후 대부분이 다시 일본으로 건너간 것이었다. 1929년에는 경성의학전문학교 졸업생의 8할이 일본인 학생이었는데, 대부분이 의사 면허를 취득하고 난 후 일본으로 취직하게 되어 가뜩이나 의료시설이 부족한 조선에서 곤란한 상황이 벌어지고 있다고 걱정하는 목소리가 높았다.[107] 조선에서 총독부의 예산으로 교육한 인력이 조선 사회 밖으로 유출되는 결과가 나타난 것이다.

조선의 관립전문학교는 '조선만의 전문학교'에서 '일본제국 내의 전문학교'로 그 위치가 점차 확장되어 갔지만, 그 혜택이 조선인에게 온전히 돌아가는 것이 아니었다. 일본과 조선의 '자격 연장'의 이면에는, 표면적으로 내세운 '내지와의 연장'이 가져오는 혜택에서 조선인은 소외되고 있었다. '총독부에서는 민도가 다른 것을 내세워 언론과 집회 등 모든 제도에서 특수한 대우를 하면서, 정작 고등교육에 있어서는 기회의 균등만 내세우며 조선인에게는 역차별을 가한다'는 비판이 제기되는 것은 당연하였다.[108] 더구나 일본에서는 문부성에서 일본 내 고등학교 및 전문학교 입학 시에 외국인에게 주어지던 우선 선발 혜택에서 조선인을 제외하는 방침을 세웠다.[109] 이는 표면적으로는 조선인과

105 「京城醫學卒業者 內地開業認定」, 『每日申報』, 1923.6.13.
106 「醫專卒業生 資格向上에 對하여」, 『東亞日報』, 1923.6.13.
107 「醫專卒業生 八割은 日本으로 就職 決定」, 『東亞日報』, 1929.3.10.
108 「朝鮮人學生의 官專入學難」, 『東亞日報』, 1929.2.22.

일본인을 동등하게 대우하겠다는 것이지만, 결국은 조선인의 진학 기회가 축소되는 결과를 가져왔다.

조선 내의 관립전문학교가 조선인 본위의 교육기관이 되지 못한 것은, 관립전문학교를 졸업한 이후 취득할 수 있는 '자격'이 조선 내에서만 통용되던 것에서 점차로 제국 내에서 통용되는 것으로 확대되어 가는 과정과 밀접한 관련이 있다. 자격 적용이 확대되어 가는 방향은 '식민지 내 특수한 자격→제국 내 보편적 자격'이었지만, 실제로 자격 확대가 가져오는 혜택을 받는 것은 일본인 학생이었다. 관립전문학교에 진학하고자 하는 조선인 학생들은 같은 조선인 학생은 물론이고 조선에 거주하는 일본인 학생, 심지어는 일본에서 전문학교 입학을 위하여 조선에 건너온 일본인 학생과도 경쟁하게 되었다.

4. 1920~30년대 조선 내 전문학교의 '내선공학內鮮共學' 문제

1920년대 관립전문학교에서는 조선인과 일본인 학생의 공학이 공식적으로 이루어졌다. 제1차 조선교육령 시기에는 학제가 민족 별로 분리되어 운영되는 것이 기본 방침이었다. 고마고메 다케시駒込武는 총독부 학무과장이었던 구마모토 시게키치隈本繁吉가 작성한 것으로 추정되는 「교화의견서」 분석을 통하여, 합병 당시 총독부 당국에서는 조선민족이 일본에 동화될 수 없다고 결론을 내리고 있으며 이로 인하여 '순량한 신민' 양성에 목적을 두고 혈족에 따른 배제원리를 작동하였던 것으로 파악하였다.[110]

이와 같은 당국의 구상은 제1차 조선교육령 제정에도 반영되었다. 교육령 제

109 「高等專門校 入學에 朝鮮人 優待를 撤廢」, 『東亞日報』, 1930.2.14.
110 駒込武, 오성철 외역, 『식민지제국 일본의 문화통합』, 역사비평사, 2008, 120~126면.

1조에서는 '조선에서 조선인의 교육은 본령에 의한다'고 밝히고 있는 것으로 보아,[111] 합병 초기 총독부 당국에서는 일본인과 조선인을 동일한 공간에서 동일한 교육과정으로 교육하려는 의도는 없었던 것으로 볼 수 있다. 1910년대 총독부 학무국에서 발간되었던 『조선교육요람朝鮮教育要覽』, 『조선제학교일람朝鮮諸學校一覽』 등 교육 관련 통계자료에서도 '내지인교육'과 '조선인교육'은 별도로 집계되었다. 1915년 공포된 전문학교규칙 제1조에서도 '조선인을 교육하는 전문학교에 대해서는 특별한 규정이 있는 것을 제외하고는 본령本令에 의한다'는 내용이 들어간 것으로 보아 조선 내 전문학교는 조선인을 교육하는 공간임을 기본 전제로 하고 있었다. 그러나 이듬해 총독부에서 공포한 전문학교관제 제10조에는 '조선총독은 필요하다고 인정하는 경우에 전문학교 또는 부속 공업전습소에 내지인을 수용하여 전문교육 또는 실업교육을 하도록 한다'는 규정을 두어 조선인과 일본인의 공학을 가능하게 하였다. 전문학교 설치를 위한 회의과정에서 총독부는 이미 '전수학교를 제외한 학교에는 조선인 이외에 일본인 학생에게도 입학을 허가'하는 안을 세워두고 있었다.[112]

조선 내에서 본격적으로 공학이 시행된 시기는 1922년 제2차 조선교육령이 공포되면서였으며, 관립전문학교를 중심으로 시행되었다. 관립전문학교에서도 실제로 공학이 시행되는 모습은 학교마다 다르게 나타났다. 경성전수학교의 경우,[113] 1911년 칙령으로 공포된 경성전수학교관제[114] 및 총독부령으로 공포된 경성전수학교규정[115]에 따르면 학교를 다닐 수 있는 자격은 '조선인 남

111 「勅令 第229號 조선교육령」, 『朝鮮總督府官報』, 1911.9.1.

112 「專門學校 創立準備」, 『每日中報』, 1914.12.23.

113 1922년 4월 1일 경성법학전문학교로 개칭하였다.

114 「勅令 第251號 경성전수학교관제」, 『朝鮮總督府官報』, 1911.10.16.
제1조 경성전수학교는 조선총독의 관리에 속하고 조선인 남자에 법률 및 경제에 관한 지식을 가르치는 곳임

115 「朝鮮總督府令 第115號 경성전수학교규정」, 『朝鮮總督府官報』, 1911.10.20.
제1조 경성전수학교는 조선인 남자에게 법률 및 경제에 관한 지식을 교수하여 공사의 업무에 종

자'에게만 주어졌고 실제로도 일본인 입학자는 한 명도 없었다. 경성전수학교는 1915년 전문학교가 된 이후에도 1922년까지는 일본인과의 공학이 이루어지지 않았고, 일본인 입학에 관한 별도의 규정을 두지 않은 채 조선인 남자에게만 입학을 허용하였다. 일본인 학생에 대한 입학을 허용하지 않은 것은 법제, 경제와 같이 경성전수학교에서 교수하는 과목은 이미 동양협회학교[116]에도 설치되어 있어 억지로 인원을 분배할 필요가 없다는 이유 때문이었다.[117] 또한 1922년 경성법학전문학교로 승격된 이후에도 입학자 수를 비교하면 조선인 입학자 수가 일본인 입학자 수를 항상 초과하였다.

이에 비해 경성의학전문학교와 경성공업전문학교는 1916년 전문학교로 승격된 직후부터 일본인 입학자를 받게 되었다.[118] 세키야關屋 학무국장은 새로 전문학교로 승격된 3교는 조선교육령에 따르는 조선인들의 전문교육기관이나, 경성의전·경성공전은 편의상 일본인을 수용하기로 하였다고 밝히며, 그 인원은 정원의 3분의 1 이상을 넘지 않을 것이라고 하였다.[119] 수원농림전문학교[120]도 1918년 전문학교로 승격되면서부터 일본인 학생이 입학할 수 있게 되었다. 경성고등상업학교는 1922년 관립으로 전환되기 이전에는 사립전문학교로 일본인 학생들만 입학하는 전문학교였는데, 관립이 된 이후 조선인 학생도 입학이 가능하게 되어 공학의 양상이 다른 전문학교와는 반대로 이루어졌다. 제1차 및 제2차 조선교육령기 각 관립전문학교의 조선인 및 일본인 학생의 실제 입학자 수는 다음과 같다.

사하고자 하는 자를 양성함을 목적으로 한다.

116 관립 경성고등상업학교의 전신인 사립 동양협회식민전문학교분교를 가리킨다.

117 「專門學校 創立準備」, 『每日申報』, 1914.12.23.

118 경성공업전문학교는 1922년 4월 1일 경성고등공업학교로 개칭하였다.

119 「專門學校에 對하여」, 『每日申報』 1916.4.9.

120 1922년 4월 1일 수원고등농림학교로 개칭하였다.

〈표 7〉 1911~1938년 관립전문학교별 조선인/일본인 학생 입학자 수

연도	경성법학 전문학교		경성의학 전문학교		경성고등 공업학교		수원고등 농림학교		경성고등 상업학교		합계	
	조선인	일본인	조선인	일본인	조선인	일본인	조선인	일본인	조선인	일본인	조선인	일본인
1911	26	–	43	–	168	–	40	–	–	43	277	43
1912	56	–	86	–	137	–	40	–	–	15	319	15
1913	86	–	75	–	128	–	40	–	–	30	329	30
1914	53	–	75	–	152	–	40	–	–	37	320	37
1915	42	–	96	–	107	–	40	–	–	14	285	14
1916	57	–	49	25	23	19	40	–	–	24	169	68
1917	51	–	26	26	31	31	15	7	–	18	123	82
1918	53	–	58	25	32	18	14	5	–	67	157	115
1919	48	–	69	25	40	21	9	1	–	43	166	90
1920	52	–	34	62	25	19	8	11	–	76	119	168
1921	54	–	65	37	25	22	22	17	–	79	166	155
1922	54	4	47	53	14	34	18	46	–	78	133	215
1923	47	3	47	56	17	38	25	55	14	68	150	220
1924	41	17	26	56	21	26	20	52	13	76	121	227
1925	31	16	22	66	18	30	29	32	9	81	109	225
1926	48	16	18	65	20	46	24	30	9	56	119	213
1927	40	29	16	65	10	40	25	31	14	66	105	231
1928	49	19	26	64	12	53	26	37	15	64	128	237
1929	45	20	30	60	12	50	20	42	16	82	123	254
1930	43	26	22	63	7	53	15	46	13	84	100	272
1931	44	15	15	66	12	53	8	17	15	66	96	224
1932	44	19	19	61	13	47	15	49	17	71	108	247
1933	48	13	12	68	11	49	15	42	19	75	105	247
1934	47	17	21	59	17	46	15	51	19	75	119	248
1935	52	16	21	59	17	53	19	46	21	78	130	252
1936	51	16	21	58	28	43	25	43	21	77	146	237
1937	52	18	22	59	20	59	22	62	21	79	137	277
1938	57	10	18	61	45	109	20	62	25	75	165	317

(출처) 『조선총독부 통계연보』를 바탕으로 작성(단, 경성고등상업학교는 1922년 관립으로 전환).

아직 전문학교 제도가 형성되기 이전인 1910년대 초반에는 공학이 실시되

지 않아 전문학교 입학자의 90% 이상이 조선인 학생이었다. 5개 관립전문학교 중 1922년까지 경성법학전문학교에는 조선인 학생만, 경성고등상업학교에는 일본인 학생만 입학하고 있었다. 경성의학전문학교, 경성고등공업학교 및 수원농림학교는 1916, 1917년부터 공학을 실시하게 되었는데 이 시기에 일본인 입학자 수가 증가하면서 조선인 입학자 수가 크게 감소하였다.

총독부에서는 제2차 조선교육령을 공포하면서 '내선융화內鮮融和'를 앞세웠지만, 정작 조선 내 학제 운영에서 공학을 실제로 시행하는데 있어서는 주저하는 모습을 보였다. 당시 정무총감은 새로운 교육령 발포에 대하여 표면적으로는 언어 및 풍속, 습관 등의 문제를 들어 결국 보통교육 단계에서는 공학을 행하지 않는다고 설명하였다.[121] 그러나 조선교육령 개정 과정에는 이와는 반대로 이미 '대학, 고등학교, 각종 전문학교는 전연 내선인공학으로 하는 관립으로 경영'하겠다는 계획이 수립되어 있었다.[122] 적어도 전문학교 이상의 관립학교에서는 당연히 공학을 실시하는 것을 기본 전제로 하였던 것이다. 이로 인하여 시간이 지나면서 관립전문학교에는 점차로 일본인 입학자가 훨씬 많은 상황을 가져오게 되었다.

이러한 입학자 분포의 변화는, 전문학교 운영의 현실적인 여건과 관련이 있다. 보통교육에서처럼 내선융화나 일시동인 등의 구호를 굳이 내세울 필요도 없었고, 공학 실시로 인하여 발생할지도 모르는 민족적 충돌과 같은 문제 또한 부차적인 것이었다. 우선 총독부에서는 조선에 거주하는 일본인 학생들이 중등교육을 마친 이후에 진학할 수 있는 단계의 학교를 설치할 현실적인 필요가 있었다. 게다가 관립전문학교를 졸업한 후 학생들이 취득할 수 있는 자격이 점차로 일본의 전문학교 졸업자와 동일하게 변경되면서, 재조일본인들뿐만 아니

121 「政務摠監談要項」, 『朝鮮總督府官報』 1922.2.7.

122 『朝鮮學制改正案要領』 1920, 12면.
사립의 경우에는, 상당한 설비와 기타 조건을 갖춘 곳이라야 인정한다는 점을 추가로 밝히고 있다.

라 일본 내에 거주하는 일본인 학생들도 조선으로 건너와서 입학하는 경우가 증가하였다. 총독부에서 시세와 민도의 진전을 이유로 하여 공학을 실시한다는 입장을 내세웠지만, 이전까지 분리되어 있던 식민지와 일본의 학제를 연결하고 자격 문제를 해결해 놓은 것은 결국 일본인 학생들이 조선의 전문학교에 입학할 수 있는 길을 열어놓고자 한 것이었다.

본격적으로 공학이 실시된 1922년부터 일본인 입학자 비율은 계속 증가하는 추세인 데 비해, 조선인 입학자 비율은 감소하고 있다. 학제상으로 관립전문학교와 일본의 전문학교가 동등한 정도로 인정되자 일본인 입학자는 더욱 늘어나 조선인 입학자 수와 일본인 입학자 수가 역전되는 결과를 불러왔다. 처음 공학을 실시하던 당시에는 학무당국에서는 '전문학교는 조선인 자제의 편익'을 위한 곳이며, '편의상 일본인 학생을 수용하기로 하나 배정되는 입학정원은 조선인 학생의 3분의 1 이내에서 결정될 것'이라고 하였으나,[123] 실제로 나타난 양상은 오히려 조선인 입학생이 일본인 입학생의 3분의 1 정도에 그치는 수준으로 귀결되었다. 이러한 상황을 두고 조선인 사이에서는 '전문, 대학은 누구를 위한 것인가' 하는 탄식이 나올 수밖에 없었다.[124] 이는 곧 조선인 학생들에게 '전문학교 입학 지옥'이라는 공포스러운 시련을 가져오게 되었다.[125]

관립전문학교의 조선인 입학생 수가 현저히 적은 현상이 지속되자 각 관립전문학교마다 민족 별 입학비율과 관련하여 내규를 두고 있는 것이 아닌가 하는 의혹이 언론을 중심으로 제기되었다. 조선 내에 있는 전문학교는 마땅히 조선인을 본위로 하여 일본인의 입학률을 제한해야한다는 주장도 나왔다.[126] 이는 조선에서 관립전문학교를 설치하고 운영한 목적이 학무당국에서 주장했듯

123 「전문학교에 대하여-關屋學務局長談」, 『每日申報』 1916.4.9.
124 이여성·김세용, 앞의 책, 90면.
125 「朝鮮人學生과 專門學校」, 『東亞日報』, 1931.2.14.
126 「입학률 통계를 보고」, 『東亞日報』, 1928.9.30.

이 '시세와 민도가 진전된 조선인의 교육 기회 확대 및 교육 요구 수용'에 맞춰져 있는 것이 아니라는 것을 보여주는 모습이었다. 전문학교 이상 단계의 교육기관이라 할지라도 조선인 본위의 교육을 하지 않는 것은 '나만이 지배자가 되고 주도층이 되어서 항상 우월한 지위를 독점하여 안락하고 행복하게 살고 싶으며, 너는 언제까지나 노동계급으로서 노예와 같이 착취당하고, 곤궁한 의식주 속에서 살라는 말과 다를 바가 없으니, 이는 위정자로서 행해서는 안 될 일이 아닌가?'하는 비판이 제기되는 와중에도,[127] 관립전문학교의 조선인 학생 비율은 이른바 5관립체제가 유지되던 시기였던 제2차 교육령기를 통틀어 늘어나지 않았다. 1938년 조선교육령 개정을 앞두고도 '현재 공학제도를 실시하고 있는 학교에 있어서도 조선인 입학자 수 제한을 철폐하고, 조선 내 중등학교를 졸업한 조선학생을 많이 수용해달라'는 요구가 계속될 정도로 관립전문학교의 조선인 입학생 제한 문제는 공공연한 사실로 받아들여지고 있었다.[128]

한편 조선인 학생이 입학하는 '조선인 본위'의 고등교육기관으로 받아들여졌던 사립전문학교의 경우, 1930년을 전후로 입학생 구성이 변화하기 시작하였다. 당시 경성치과의학전문학교과 경성약학전문학교가 새로 조선 내의 사립전문학교로 총독부 인가를 받게 되었는데, 이들 학교의 민족별 입학자 구성은 동시기 관립전문학교와 크게 다르지 않은 모습을 보인다.

이러한 공학 양상은 당시 여타의 사립전문학교에 일본인 입학자가 존재하지 않았던 것과는 확연히 다른 양상을 보인다. 1930년까지 조선 내 다른 사립전문학교 졸업생은 모두 조선인이었으나, 새롭게 사립전문학교 인가를 받은 이들 학교는 인가 이전부터 조선인 학생과 일본인 학생의 공학이 이루어지고 있던 곳이었

127 鄭炫·廉昌燮, 「조선에서의 교육은 專門學校 이상에서도 조선인 본위로 하는 것이 필요하다」, 『조선의 사정에 관한 참고의견』, 1931.
128 「募生制限의 撤廢」, 『東亞日報』, 1938.1.1.

〈표 8〉 1930~1938년 사립 경성치과의학전문학교 및 경성약학전문학교 조선인 / 일본인 학생 입학자 수

연도	경성치과의학 전문학교		경성약학 전문학교		합계	
	조선인	일본인	조선인	일본인	조선인	일본인
1930	106		85		191	
1931	18	120	18	57	36	177
1932	25	128	35	63	60	191
1933	25	128	29	72	54	200
1934	27	96	23	76	50	172
1935	29	83	31	61	60	144
1936	51	87	35	66	86	143
1937	59	85	41	52	100	137
1938	59	85	32	55	92	140

(출처) 『조선총독부 통계연보』를 바탕으로 작성

다. 경성치과의학전문학교의 경우 개교 당시부터 조선총독부 의원 내 부속으로 설립된 측면이 있어 관립전문학교의 성격과 유사한 측면이 있었다.[129] 또한 경성약학전문학교의 전신인 약학교의 경우에는 전문학교로 인가를 받기 이전부터 이미 공학제를 시행하였으며, 그 당시에도 조선인 입학생이 전체 입학 정원의 절반에도 미치지 못하는 상황이 포착되기도 하였다.[130] 치과의학전문학교 및 약학전문학교의 경우 전문학교 인가 이전에는 졸업생들이 조선 내의 치과 의사 면허 및 약제사 면허를 취득할 수 있었으며,[131] 전문학교로 인가받은 후에는 곧 일본 내에서도 통용되는 면허를 취득할 수 있는 학교로 지정되었던 점이 크게 영향을 끼쳐 관립전문학교, 특히 경성의학전문학교와 유사한 양상의 입학생 비율을 보이게 된다.[132] 이는 결국 현실적 수요가 전문학교에 있어서 조선인과 일본인 학생의

129 「齒科醫學設立」, 『東亞日報』, 1922.1.13.
130 「朝鮮人百五十名에 日本人二百九十餘」, 『朝鮮日報』, 1929.4.2.
131 「朝鮮總督府告示 第28號」, 『朝鮮總督府官報』, 1925.2.28; 「朝鮮總督府告示 第41號」, 『朝鮮總督府官報』, 1925.3.16.

공학 여부 및 그 양상을 결정하는 데 중요한 역할을 하였던 것으로 볼 수 있다.

이처럼 조선 내 전문학교 중에서도 조선인 학생과 일본인 학생의 공학이 이루어지는 곳은 총독부 당국 및 조선인 학생, 일본인 학생 간의 상호 의도가 투영된 곳이었다고 할 수 있으나, 제도화 과정을 거치면서 조선인들은 점차 배제의 대상이 되었다. 특히 사립전문학교 중에서도 관립전문학교와 유사한 형태로 민족별 입학자 비율이 나타나는 학교는 주로 의약 계열이며, 이들 학교는 처음부터 조선인 본위의 교육기관으로 운영하고자 하는 계획이 존재하지 않았다는 것을 보여주는 방증이기도 하다.

132 「「文部省告示 第64號」」, 『日本國官報』, 1931.3.13; 「文部省告示 第60號」, 『日本國官報』, 1931.3.1.

참고문헌

1. 자료

1) 법령

『日本官報』, 『朝鮮總督府官報』.

2) 관변 자료

『統計年報』, 『朝鮮教育要覽』, 『朝鮮の教育』, 『朝鮮諸學校一覽』, 『朝鮮』, 『文教の朝鮮』, 『臨時教育調査委員会決議要項』, 『朝鮮學制改正案要領』, 『日本帝國文部省第五十八年報』, 『日本帝國統計年鑑』.

3) 학교 일람

경성법학전문학교, 『京城法學專門學校一覽』, 1923·1925~1936.

________, 『京城醫學專門學校一覽』, 1924~1934.

경성고등공업학교, 『京城高等工業學校一覽』, 1924·1933~1940.

경성고등상업학교, 『京城高等商業學校一覽』, 1923·1924·1926~1939.

대구의학전문학교, 『大邱醫學專門學校諸規定輯覽』, 1936.

보성전문학교, 『財團法人普成專門學校一覽』, 1925.

세브란스연합의학전문학교, 『セブランス聯合医学専門学校一覧』, 1934.

수원고등농림학교, 『水原高等農林學校一覽』, 1923·1930·1931.

연희전문학교, 『延禧專門學校一覽』, 1939.

4) 언론 자료

『朝鮮及滿洲』, 『每日申報』, 『東亞日報』, 『朝鮮日報』, 『開闢』, 『別乾坤』.

5) 저작물

鄭炫·廉昌燮, 『朝鮮の事情に關する參考的意見』, 1931.

이여성·김세용, 『數字朝鮮研究』 1집, 1931.

2. 자료집

渡部學, 阿部洋 編, 『日本植民地教育政策史料集成－朝鮮篇』, 龍溪書舍, 1988.

文部省,『學制百二十年史』, ぎょうせい, 1992.
서울대학교법과대학동창회,『서울대학교법대100년사 자료편』, 1987.
국사편찬위원회,『일제강점기의 교육』, 2010.
신주백 편,『朝鮮總督府教育政策史資料集』, 선인, 2002.

3. 연구논저

고마고메 다케시, 오성철 외역,『식민지제국 일본의 문화통합』, 역사비평사, 2008.
권태억,『일제의 한국 식민지화와 문명화(1904~1919)』, 서울대 출판문화원, 2014.
김부자,『학교 밖의 조선 여성들』, 일조각, 2009.
김수진,『신여성, 근대의 과잉』, 소명출판, 2009.
김자중,『한국 대학의 뿌리, 전문학교』, 지식의날개, 2022.
송규진 외,『통계로 본 한국근현대사』, 아연출판부, 2004.
오성철,『식민지 초등 교육의 형성』, 교육과학사, 2000.
정재철,『일제의 대한국식민지교육정책사』, 일지사, 1985.

강명숙,「일제시대 제1차 조선교육령 제정 과정 연구」,『한국교육사학』 29, 한국교육사학회, 2007.
______,「일제시대 제1차 조선교육령 제정과 학제」,『한국교육사학』 31, 한국교육사학회, 2009.
______,「일제시대 제2차 조선교육령 개정과정 연구」,『교육사상연구』 제23권 제3호, 2009.
______,「일제시대 학교제도의 체계화－제2차 조선교육령 개정을 중심으로」,『한국교육사학』 32, 한국교육사학회, 2010.
古川宣子,『일제시대 보통학교체제의 형성』, 서울대 박사논문, 1996.
권태억,「1920·1930년대 일제의 동화정책론」,『한국 근대사회와 문화』 III, 서울대 출판부, 2007.
김경미,「일제하 사립중등학교의 위계적 배치」,『한국교육사학』 26, 한국교육사학회, 2004.
김동환,「일제강점기 진학준비교육과 정책적 대응의 성격」,『교육사회학연구』 12, 한국교육사회학회, 2002.
김태웅,「1910년대 前半 朝鮮總督府의 取調局·參事官室과 '舊慣制度調查事業'」,『규장각』 16, 서울대학교 규장각 한국학연구원, 1994.
김한종,「제2차 조선교육령 시기 日鮮共學 정책과 조선인의 반응」,『역사와 담론』 48, 호서사학회, 2007.
김호연,「일제하 경성법학전문학교의 교육과 학생」, 한양대 석사논문, 2011.
박철희,『식민지기 한국 중등교육 연구』, 서울대 박사논문, 2002.

백광렬, 「일제의 대한 식민지 교육체계의 구상과 실행」 서울대 석사논문, 2005.
신주백, 「식민지 조선의 고등교육체계와 문·사·철의 제도화, 그리고 식민지 공공성」, 『한국교육사학』 제34권 제4호, 2012.
안창모, 「일제하 경성고등공업학교와 건축교육」, 『대한건축학회 논문집』 14, 대한건축학회, 1998.
이광호, 「근대 한국사회의 학력주의 제도화 과정에 관한 연구(1)」, 『정신문화연구』 17, 한국정신문화연구원, 1994.
이명화, 「조선총독부 학무국 운영과 식민지 교육의 성격」, 『향토서울』 69, 서울특별시사편찬위원회, 2007.
이현일, 「일제하 공립의학전문학교의 설립과 운영」, 『한국독립운동사연구』 42, 독립기념관 한국독립운동사연구, 2012.
정선이, 「일제강점기 고등교육 졸업자의 사회적 진출 양상과 특성」, 『사회와 역사』 77, 한국사회사학회, 2008.
______, 「1910년대 기독교계 고등교육의 특성-숭실과 연희전문을 중심으로」, 『교육사학연구』 19, 한국교육사학회, 2009.
정인경, 「일제하 경성고등공업학교의 설립과 운영」, 『한국과학사학회지』 16, 한국과학사학회, 1994.
정재철, 「일제하의 고등교육」, 『한국교육문제연구』 5, 중앙대학교 한국교육문제연구소, 1989.
정준영, 「경성제국대학과 식민지 헤게모니」 서울대 박사논문, 2009.
______, 「식민지 의학교육과 헤게모니 경쟁-경성제대 의학부의 설립과정과 제도적 특징을 중심으로」, 『사회와 역사』 제85집, 2010

天野郁夫, 『大学の誕生』 (上, 下), 中公新書, 2006.
________, 『高等教育の時代』, 中公新書, 2013.
國立教育研究所, 『日本近代教育百年史』, 教育研究振興會, 1974.
吉田昌弘, 「改正教育令期ごろまでの文部省の「専門学校」-観-学校体系観との関連で」, 『研究室紀要』 32, 『研究室紀要』編集委員会 編, 東京大學校大學院教育學研究科 教育學研究室, 2006.

전쟁과 식민지 전문학교*

1938년 이후의 전문학교 정책

강명숙

1. 전쟁을 준비하다

1938년 제3차 조선교육령 개정을 전후하여 식민지 교육정책에 일대 변화가 일어났다. 그동안 이루어져온 동화와 차별 교육 대신 내선일체와 황민화 교육이 추구되었다. 그간의 연구에서는 이 시기를 전시체제기라 명명하고, 교육제도와 정책의 변화가 전쟁을 위한 인적·물적 동원의 맥락에서 이루어졌다는 점을 강조하며 주로 교련과 체육 등의 군사교육과 근로동원의 강화, 학도지원병 제도, 전시 과학기술동원 등의 주제를 다루어 왔다.[1] 또 이 시기 전문학교 연구로 한정하면 개별 학교사 차원에서 접근하여 전신 전문학교 역사를 서술[2]하거

---

* 이 글은 2019년 대한민국 교육부와 한국연구재단의 지원을 받아 수행된 연구(NRF-2019S1A5A2A03055704)이며, 한국교육사학회, 『한국교육사학』 43권 4호, 2021에 게재되었다.

1 대표적인 연구로 강명숙, 「일제말기 학생 근로 동원의 실태와 그 특징」, 『한국교육사학』 30권 2호, 2008; 신주백, 「일제의 교육정책과 학생의 근로동원(1943~1945)」, 『역사교육』 78호, 2001; 신주백, 「일제말기 조선인 군사교육-1942.12~1945」, 『한일민족문제연구』 9호, 2005: 표영수, 「일제강점기 조선인 지원병제도 연구」, 숭실대 박사논문, 2008; 이상의, 「태평양전쟁기 조선인 전문학생·대학생의 학도지원병 동원 거부와 '학도징용'」, 『역사교육』 141호, 2017; 강덕상, 정다운 역, 『일제강점기 말 조선학도병의 자화상』, 선인, 2016 등이 있다.

2 관립전문학교에 대해서는 『국립서울대학교 개학 반세기사(1895~1946)』(서울대·서울대 총동창회 편, 2016)에서 전신학교사를 정리하고 있고, 연세대학교는 연세학풍사업의 일환으로 일제

나 개별 전문학교의 특성을 식민지 고등교육체제의 맥락에서 고찰하는 연구[3]가 축적되고 있다. 그러나 1938년 이후는 소략하게 다루거나 1938년 이후의 급변하는 정세와 총독의 교체 등에 따른 전문학교 정책의 변화를 반영하지 못하고 '교육파멸기'로 통칭하며 다루는 경향이 있다. 따라서 이 시기 전문학교에 대한 법과 제도적·정책적 기반이 어떻게 변화했는지, 그리고 전문교육 기회가 관리되는 독특한 방식이나 교육내용의 변화는 어떠한지 등 기본적인 사항을 자세하게 정리하는 것이 필요하다.

이 글에서는 전쟁과 전문학교의 변화라는 관점에서 1938년 이루어진 제3차 조선교육령 개정 전후부터 1945년까지 8~9년간의 전문학교에 대한 정책을 전문교육 기회, 교육내용, 전문학교 제도의 변화에 초점을 두어 다루고자 한다. 이를 위해 제도사적 입장에서 1938년의 제3차 조선교육령 개정 이후부터 1945년까지의 전문학교 관련 법과 제도, 전문학교 교육 기회, 전문학교 교육내용 등의 주요 변화 흐름과 특징을 정리하고, 이를 기반으로 식민지 조선에서 전쟁과 전문교육의 연관을 논의하고자 한다.

2. 충량유위한 황국신민 양성 기관이 되다

1) 제3차 조선교육령 개정

1936년 총독으로 부임한 미나미 지로南次郎는 1937년 7월 학무국장으로 시오바라 토키사부로鹽原時三郎를 임명하였다. 학무국장으로 취임한 시오바라는 미

시기 연희전문학교를 다룬 연구들을 산출해내고 있다.

3 윤해동, 「식민지기 유교 고등교육과 명륜전문학교」, 『한국민족운동사연구』 102집, 2020; 정준영, 「식민지관학과 '민족사학'의 사이-중앙불교전문학교와 식민지 전문학교체제」, 『사회와역사』 128호, 2020.

나미 총독의 신뢰를 받았고, 이후 동경제대 법학부 출신의 네트워크를 활용하는 한편, 본국의 보수세력과 군부의 지원을 받으며, 3년 8개월 동안 학무국장으로 장수하면서 강력하게 정책을 추진하였다. 시오바라는 전적으로 본국의 입장을 대변하면서 조선교육령 개정을 추진하여 1938년 3월 4일 제3차 조선교육령을 공포하였다.

제3차 조선교육령 개정을 통해 우선 학교제도를 일본과 조선이 같도록 형식적이나마 통일하였다. 학교 명칭을 소학교, 중학교, 고등여학교로 바꾸고 모든 학교 급에서의 내선공학을 천명하였다. 또 학교 명칭 통일에 걸맞게 중등학교 교과용 도서를 일본에서 사용하는 것으로 통일하고, 필수과이던 조선어 과목을 선택과목으로 변경하고, 교수 용어를 일본어로 바꾸어 학교에서 조선어를 사용하는 것을 금지하였다.

둘째, "충량유위한 황국신민의 육성" 즉 황민화를 조선교육의 목적으로 제시하였다.[4] 이러한 목적은 제3차 조선교육령 개정을 준비하며 1937년 12월 이전에 이미 군부와 협의하는 과정에서부터 정해져 있었다.

> 조선에서 교육의 본지는 일시동인의 취지에 기초한 교육에 관한 칙어의 취지를 준봉함에 따라 충량한 황국신민을 육성할 수 있도록 한다. 그렇지만 그 방법에 대해서는 능히 시세와 민도를 성찰하고 그에 즉응하여 지도할 필요가 있다. 작금의 조선에서 이후의 교육의 실제에 강행해야 할 요점을 열거하자면 (1) 황도주의 (2) 내선일체 즉 동화 (3) 인고단련이라는 세 가지에 있다 하겠다. 또한 황국신민서사를 제정하고 기회가 있을 때마다 반복 낭송해야 하며 또한 황국신민체조를 창정하여 항

4 "충량한 황국신민의 육성"이라는 표현의 법적 지위에 대해 추후 연구가 필요하다. 이 표현은 칙령으로 개정된 제3차 조선교육령에는 조항으로 들어 있지 않고, 각급 학교 규정의 제1조에 있다. 그리고 제4차 조선교육령의 각급 학교 규정에는 8개 소항목의 교육 방책 가운데 국체본의, 일시동인 다음에 열거되고 표현도 "황국신민다운", "황국신민 연성" 등으로 완화되었다.

상 그것을 실시한다면 필경 위의 세 가지 형식으로부터 정신에 침투시킬 방책이 될 것이다.[5]

이제 '충량한 국민'이 아니라 충성스럽고 순량하되 쓸모 있는 천황의 신하인 백성을 기른다는 이른바 '충량유위한 황국신민' 양성이 새롭게 식민지 조선의 교육이념으로 자리 잡게 되었다. 황국신민이라는 용어는 이전부터도 있었지만 이것이 하나의 정책 용어로서 부상한 것은 시오바라에 의해서이다. '황국신민'이라는 용어가 전면적으로 등장한 것에 대해 당시 일본인 지식인, 관료들조차 제국헌법의 '일본신민'이라는 용어 대신 굳이 '황국신민'이라고 하는 이유를 물을 정도였다.[6] 시오바라가 교육목적으로 설정한 '황국신민의 육성'이라는 조항은 일본의 교육령에도 없었던 것으로, 제3차 조선교육령이 일본 법령보다 훨씬 뛰어나다는 평가를 받는 요인이 되었다.[7]

조선총독부는 황국신민 양성 방안으로 황국신민서사를 제정하여 때마다 반복 낭송하도록 하고, 황국신민체조를 정하여 보급하였다. 또 황국신민 교육을 전파하는 것을 목적으로 1939년 4월 교학연수소를 설립하였다.[8] 조선총독부 학무국장을 소장으로 하고, 국민·사도·수련과 세 과정을 개설하여 시학관과 각급 학교 교원, 특히 1942년부터는 전문학교 교직원까지 입소시켰다.

---

5 「朝鮮に於ける教育ニ對スル方策」, 1937.12; 강명숙 외편역, 『교육정책 (1) - 교육칙어와 조선교육령』, 동북아역사재단, 2021, 403면. 기밀문서로 분류되어 있는 이 문서는 작성자와 작성 일시를 특정할 수는 없지만 제3차 조선교육령 개정의 방향이나 향후 조선교육의 방침에 대하여 미나미 총독과 조선군, 학무국이 협의하는 과정에서 만들어진 것 같다. 조선어 금지, 교원의 재교육 강화, 조선인 수용을 위한 청년훈련소 확대 보급, 종교계 학교에 대한 조치 등의 내용이 들어 있다.

6 임이랑, 「전시체제기 鹽原時三郎의 황민화정책 구상과 추진(1937~1941)」, 『역사문제연구』 29호, 2013, 273면.

7 제3차 조선교육령은 육군특별지원병제도의 실시를 앞두고 군부의 교육시설 개선안을 그대로 수용한 것으로 평가받지만, 교육목적으로 황국신민 교육 이념을 정한 것은 학무국장 시오바라의 의지가 반영된 것이었다(위의 글, 267면).

8 『조선총독부 관보』, 1939.4.20.

2) 사립전문학교에 대한 통제 강화

제3차 조선교육령 개정 이후 후속조치로 각급 학교 규정을 재정비하였다. 각급 학교 규정 개정은 대개 조선교육령의 개정 공포와 동시에 이루어지지만 공립사립전문학교규정 개정은 약 2년 뒤인 1940년 3월에 이루어졌다. 그동안 공립사립전문학교규정 개정을 준비하면서 조선총독부는 일련의 전문학교 교육에 대한 개입 조치를 취했다. 우선 사립전문학교장 임명에 대한 간섭을 확대하고 교원의 사상 검열을 강화하였다.

> 교수 임명을 그 학교 교장에게 일임하기로 하여, 종래 학교 경영을 하던 재단이라든지 혹은 학교를 관리하는 이사회에서 관계하던 것을 끊게 한다는바, 학교에 인연 관계가 있어서 채용을 한다든지 또는 출중한 자격이 없는 교수는 임명하지 않을 방침이며, 시국이 요구하고 전시하는 학생을 지도할 만한 인재를 교장이 임명하되 총독부의 양해를 받아 임명하기로 하였다.[9]

> 특히 관·공·사립을 물론하고 앞으로는 교직원 임명에 대하여 각별한 주의를 해서 종래의 간단한 신원조사만으로 그치던 것을 이번부터는 학식 덕망 정신적 사상 방면을 엄중히 살펴 교단에서 수많은 황국신민의 진실한 사표가 되기에 출중한 자격을 갖추지 않으면 인가하지 않도록 한다.[10]

관·공·사립을 불문하고 전문학교 교원과 학교장 인사에 대한 재단 혹은 이사회의 재량권을 제한하고, 사상 검열을 강화하여 사상적 준거를 채용 기준으로 중시하였다. 특히 만족스럽지 못한 인사에 대해서는 연고 인사나 우수성 부

9 『매일신보』, 1940.6.22.
10 『매일신보』, 1940.5.18.

족을 빌미로 임용하지 않거나 해임할 수 있도록 하였다. 실제로 숙학肅學이라 할 만한 인사를 단행하였다. 1938년 9월 경성고등상업학교의 교장을 교체하였다. 이어 경성법학전문학교 교장에 교육 문외한인 행정관료 마스다 미치요시增田道義를 임명하였다. 그리고 1940년 3월 경성제대 총장 하야미 히로시速水滉의 사퇴를 압박하고, 1940년 7월 시노다 지사쿠篠田治策를 임명하였다.[11] 사립전문학교에 대해서도 개입을 확대해 1940년 6월 '교내 파벌'을 이유로 중앙불교전문학교를 혜화전문학교로 개명하고 교장으로 전 학무관료 다카하시 도루高橋亨를 임명하였다. 1940년 7월부터 연희전문학교와 이화여자전문학교의 외국인 선교사 교장에 대해서도 선교사들은 황국신민의 연성을 다할 수 없을 뿐만 아니라 스파이 역할을 할 가능성이 크다는 이유로 사퇴를 압박하고,[12] 각각 윤치호와 김활란을 추천하여 1941년 3월 임명하였다. 사립전문학교의 경우 교장 변경 시에는 학무국의 인가를 받아야 했지만 학무국이 나서서 사퇴를 압박하고 후임으로 누구를 선임할 것인지에 대해 협의하는 것은 권한 밖의 일이라고 할 수 있다. 그러나 제3차 조선교육령 개정 이후 조선총독부 학무국은 사립전문학교의 교원 임용, 학교장 선임에 대해 적극 개입하였다.

다음으로 조선총독부 학무국은 각 전문학교의 이사진을 교체하였다. 연희전문학교의 경우 1942년 2월부터 외국인 선교사를 이사에서 해임하고,[13] 그 자리를 일본인 이사로 대체해 나갔다. 그리고 1942년 8월 17일 연희전문학교를 적산관리 대상으로 지정하고 적산관리인으로 조선총독부 학무국장이자 조선교육회 부회장인 일본인 관리를 임명했다.[14] 세브란스의학전문학교도 외국인 선교사를 이사에서 해임하고, 1942년 4월 23일 아사히旭의학전문학교로 이름

11 임이랑, 앞의 글, 274~276면 참조.
12 위의 글, 279면.
13 『조선총독부 관보』, 1942.2.20.
14 『조선총독부 관보』, 1942.8.17.

을 바꾸고 이사진을 조선인으로 교체 구성하였다.[15] 명륜전문학원에서 승격 인가된 명륜전문학교도 향교 재산의 기부 등에 의해 법인을 설립하였으나 이사진은 마사키 나가토시眞崎長年, 혼다 다케오本多武夫 등 조선총독부 학무국장, 학무과장, 전·현직 사회과장으로 구성하였다.[16]

사립전문학교의 이사진 개편 및 관리는 "교육내용에서도 황국신민 연성상 유감스러운 점이 적지 않은 실정에 견주어 점차 그것을 공립학교 또는 확실한 사립학교로 접수"해야 한다는 방책[17]의 연장선에서 이루어진 것으로, 조선총독부는 "사학의 기구를 개혁"[18]하여, "관사립을 물론하고 전시하 탐탁한 고등교육기관으로서의 면목을 갖추게 되었다"[19]고 평가하였다. '탐탁한 고등교육기관으로서의 면목을 갖추었다'는 것은 사립전문학교를 인적 물적으로 동원하기 위한 감시와 관리의 최적 조건을 조성했다는 것으로 관·공·사립을 불문하고 전문학교를 전시동원체제에 편입시켰음을 의미하는 것이다.

3) 공립사립전문학교규정 개정

1940년 3월 공립사립전문학교규정이 개정되었다. 공립사립전문학교규정은 1922년 처음 제정된 것으로, 이후 1943년에 전면 개정되었다. 따라서 1938년 제3차 조선교육령 개정 이후 전문학교의 제도와 운영은 1940년 개정 공립사립전문학교규정과 1943년 개정 전문학교령과 공립사립전문학교규정에 따른 것이다.

1940년의 공립사립전문학교규정 개정은 두 가지 측면에서 그 의미를 논의

---

15 『조선총독부 관보』, 1942.4.23.
16 『조선총독부 관보』, 1942.5.30.
17 「朝鮮に於ける教育ニ對スル方策」, 1937.12; 강명숙 외편역, 앞의 책, 동북아역사재단, 2021, 405면.
18 『조선일보』, 1940.4.7.
19 『매일신보』, 1940.6.22.

할 수 있다. 첫째, 조선에서 일본보다 먼저 1940년 4월 1일 조선총독부령 제81호로 공립사립전문학교규정을 개정한 것이다. 일본에서는 공립사립전문학교규정을 1903년 제정한 이후 1905년, 1909년, 1943년, 그리고 대동아전쟁에서의 행정간소화 방침에 따라 1944년 부분적으로 개정하였다. 1943년 일본에서의 개정 이전에 조선에서 먼저 공립사립전문학교규정을 개정했다는 것 자체가 조선에서의 전문학교 정책의 독특성이 반영된 것이다. 조선의 독자적인 규정 개정이 가능했던 것은 황국신민 교육의 추진자 학무국장 시오바라의 영향으로, 조선에서의 전문학교 정책의 독자적 추진 의지의 표현이었다.

둘째, 전문학교의 교육목적으로 충량유위한 황국신민 육성을 명시하였다. 공립사립전문학교규정 개정은 제1조를 추가 삽입하는 것뿐이었는데, "전문학교는 그 목적에 따라 고등 학술기예를 교수하고 특히 황국의 도에 따라 국체 관념 함양 및 인격 도야에 유의함으로써 국가에 필요한 인재로서 부족함이 없는 충량유위한 황국신민을 육성하는 것에 힘을 다하여야 한다"고 규정하였다. 국체 관념으로서의 황국의 도, 국가에 필요한 인재, 충량유위한 황국신민 육성을 명문화하여 전문학교를 황국신민 교육기관으로 천명한 것이다. 전문학교는 고등의 학술기예를 연구하는 곳이 아니라 교육하는 학교라는 이른바 대학과 전문학교의 위계적 고등교육 구조는 여전히 유지하면서, 이제 전문학교도 초중등학교와 마찬가지로 황국의 도라는 국체 관념을 함양하여 국가에 유용한 인물을 연성하는 이른바 충량유위한 황국신민 양성 기관이어야 한다는 것이다.[20]

일본의 전문학교령에서 '국가유용의 인물 연성' 정도로만 교육목적이 언급

---

20 참고로 일본에서는 1903년 제정된 전문학교령에서 전문학교를 "고등의 학술기예를 교수하는 학교"로 정의하였다. 그러나 1928년 개정을 통해 "전문학교는 인격의 도야 및 국체 관념의 함양에 유의해야 한다"는 것이 부가되었고, 다시 1943년의 전문학교령 개정에서 "황국의 도에 즉하여 고등의 학술기예에 관한 교육을 실시하여 국가유용의 인물을 연성하는 것을 목적으로 한다"는 규정이 들어갔다.

되는 상황에서 1940년 조선에서 공립사립전문학교규정 개정을 통해 먼저 전문학교 교육 목적을 '충량유위한 황국신민 양성'으로 강조한 것이다. 이를 두고 조선총독부 내외에서는 높이 평가하는 목소리가 나왔다.

> 학도 연성의 목적에 대해 종래의 대학령에는 지식기능을 주로 하며, 겸하여 국체본의의 인식을 투철하게 하도록 되어있는 것에 대해 총독도 진작 그래서는 안 된다고 말하였다. 이번에 학과목, 학도 연성의 목적에서 국체본의의 투철을 명확하게 하도록 새롭게 고쳐 조선교육령 개정으로 그 내용을 반영했다는 점은 오히려 조선이 내지에 비해 앞선 것으로 자랑해도 좋다고 생각한다.[21]

공립사립전문학교규정을 개정하며 특히 '황국의 도'를 강조한 데에는 우선 전문학교가 황국신민 교육기관으로서 불충분하다는 인식과 특히 조선의 전문학교는 대륙전진문화기지로서 첨병의 역할을 해야 한다는 생각이 작용했기 때문이다.

> 전문학교에서도 전문적 지식의 교수와 함께 국체와 일본정신에 관한 교양, 체인體認에 중점을 두고, 참된 전문적 지식 기능을 통해 국가의 지도자다운 인물의 양성에 힘쓰지 않으면 안 된다. 종래 지식편중적 교수의 폐해를 배제하고 황국신민으로서의 인격 존중, 덕육의 진흥을 도모하고, 더욱 더 일본인으로서의 국민적 성격을 도야하여, 세계문화를 지도하기에 충분한 일본문화의 건설에 힘쓰지 않으면 안 된다.
>
> 돌아보면 메이지 이후 구미의 학문, 문화에 대한 우리나라 전문학도의 태도는 수동적, 모방적이며 무비판적이어서, 전반적으로 자주성을 결여한 아쉬움이 있었다. 금후 우리나라의 전문학도가 지녀야 할 태도는 더욱 자주적, 적극적으로 나아가 일

---

21 政務總監, 「朝鮮學制改革その他の問題」, 1943; 강명숙 외편역, 앞의 책, 2021, 563면.

본 국민으로서 바른 국가관, 인생관의 확립에 노력하고, 신 일본학술의 확립에 매진하는 것으로, 더욱이 조선의 대학 전문학도는 대륙전진문화기지로서의 조선의 사명 달성에 특히 공헌하는 바가 있어야 한다고 확신한다.[22]

그리고 '국가에 필요한 인재'를 강조하게 된 것은 학문과 교육이 국가 발전에 이바지해야 한다는 소박한 국가주의 교육이념의 표현을 넘어선 것이었다. 자유로운 학문의 교수를 인정하지 않겠다는 단호한 의지의 표현이었다. 당시 학무과장 야기 노부오八木信雄는 "국가에 수요須要한이라는 수식구를 부가하여 그 의미를 엄밀하게 한정한 것은 소위 자유로운 학문의 교수는 허용하지 않는 것으로, 이러한 자유의 한정은 대학의 사명이 어떻게 국가 생활과 밀접하고, 떨어질 수 없는 관계여야만 하는가를 명시한 것이다"[23]라고 분명히 하였다.

대학과 전문학교가 국가에 필요한 황국신민 양성 기관화되고 학문과 교수의 자유가 제한되는 것에 대해 우려하는 목소리도 있었다. 1940년 하야미는 경성제국대학 총장에서 물러나면서 "교육이 국책을 따른다는 것은 물론이지만, 대학의 본령은 가능한 학술적 연구에 매진하는 것, 그것에 의해서 국가사회에 공헌하는 것이 사명이다. 시류에 영합하는 것은 대학교육의 가장 조심해야 할 점이다"[24]라고 비판적 입장을 드러내었다.

4) 전문교육 기회의 기형적 확대와 수업 단축 운영

제3차 조선교육령 개정 이후 조선총독부는 전문학교 교육기회를 늘리고자 전문학교 증설에 나섰다. 1922년 제2차 조선교육령 개정 직후 고등교육기관

22 八木信雄, 「學制改革と義務教育の問題」, 1939, pp.53~54; 강명숙 외편역, 『교육정책 (2) – 일제강점기 교육논설』, 동북아역사재단, 2021, 436~437면.
23 八木信雄, op.cit., p.51.
24 임이랑, 앞의 글, 276면.

은 1 제국대학, 5 관립전문, 5 사립전문, 2 공립의학전문의 체제로 정비되었다. 이후 관립전문학교의 증설은 1938년 이전까지 15년여 동안 이루어지지 않았다. 그런데 제3차 조선교육령 개정 이후 1939년 광산전문학교, 1941년 부산고등수산학교가 설립되어 관립전문학교가 2개교 늘어났다.[25]

조선총독부 학무국이 관립전문학교 설립을 통한 교육기회 확장에 나서게 된 것은 전시 인적·물적 동원을 위해서 '왕성한 생산력의 확충'을 필요로 했기 때문이다. 당시 신문 보도에 의하면 조선총독부 학무국은 "경성고등공업학교, 수원고등농림학교, 경성광업전문학교, 평양 대동공업전문학교, 경성제국대학 이공학부 예과 등 과학교육 기관을 전면적으로 확장하고 대대적으로 학생을 증모하고자"[26] 계획을 세우고 있었다. 확장을 위해서는 예산의 확보가 무엇보다 우선이었다. "전시에 가장 중요한 국책사업인 생산력 확충 계획에 박차를 가하는 기술자원 확보책"이므로 일본 대장성의 협조를 받아 예산 확보는 쉽게 이루어질 것으로 예상했다. 그러나 〈표 1〉에 나타나듯이 학생 수의 증가에 맞추어 적시에 재정지원이 이루어지지 않아 관립학교의 1인당 경상비는 증감을 반복하였다.

〈표 1〉 1930년대 후반 이후 전문학교 교육 상황[27] (사범학교 및 전문 정도 각종학교 제외, ( )안은 여성)

성격			1936	1937	1938	1939	1940	1941	1942	1943
관	학교 수		5	5	5	6	6	7	7	7
	학급 수		35	36	39	44	49	55	62	70
	1학년 재학생수	계	425	454	532	597	685	753	851	1017
		조	153	141	173	210	259	205	181	245
		일	270	311	357	385	424	548	668	772

25 1939년 경성광산전문학교와 1941년 부산고등수산학교의 설립에 대해서는 선행 연구(김자중, 「전시체제기(1937~1945) 조선총독부의 전문학교정책의 성격 규명」, 『교육문제연구』 32권 3호, 2019, 4~7면)에서 다루고 있어 참고 가능하다.

26 『조선일보』, 1939.11.27.

성격			1936	1937	1938	1939	1940	1941	1942	1943
		기타	2	2	2	2	2	0	2	0
	1인당 경상비		605	663	781	770	719	800	741	814
공	학교 수		2	2	2	2	2	2	2	2
	학급 수		8	8	8	8	8	8	8	8
	1학년 재학생수	계	160	160	164	168	166	171	165	167
		조	51	52	58	55	57	67	58	44
		일	109	106	106	113	109	104	107	123
		기타	0	0	0	0	0	0	0	0
	1인당 경상비		220	222	234	222	233	227	230	249
사	학교 수		8	8	8	10	10	10	11	11
	학급 수		53	53	47	52	?	51	73	73
	1학년 재학생수	계	868	758	864	1107	1154	1307	1242	1409
		조	624(76)	577(28)	580(136)	674(233)	655(314)	709(335)	772(219)	684(455)
		일	165	151	142(6)	157(41)	143(39)	201(57)	195(51)	199(68)
		기타	3	2	0	2	3	5	5	3
	1인당 경상비		354	389	398	421	436	499	501	?

그러나 조선인들은 '과학교육기관'의 확대보다도 조선인 입학자 비율의 제고와 문화 예술과 조선학 같은 전공의 확대를 요구하고, 기존 전문교육의 충실화를 희망했다. 당시 한 언론의 사설에서는 ① 조선인의 비율을 1/3 내외로 조정하는 조선인 입학 차별 철폐 ② 일본 내지로의 진학자 수 정도의 대학 및 전문학교 교육 기회 확대 ③ 의, 공, 농, 상 이외에 문학, 미술, 음악 등의 문화학과 조선문학과 역사를 연구하는 조선문화 연구기관의 설치 등 전공의 다양화를 요구하였다.[28] 또 한 잡지에서 보성전문학교 교장 김성수에게 대학으로 승격할 의도가 있는지, 승격한다면 어떤 대학으로 만들고 싶은지를 묻는 대담을 가졌는데, 여기서 김성

27 조선총독부 학무국, 『조선제학교 일람』 각 연도. 각 연도 일람의 내용은 전년도 5월 말을 기준으로 작성되었다.

28 『조선일보』, 1938.1.3 사설.

수는 "지금 생각으로는 현재의 전문학교를 보다 더 충실하게 하고, 법과와 상과를 손색없이 완전하게 하여 미성이나마 사회에 다소의 공헌이라도 있기를 힘쓰는 것뿐입니다. 만약 종합대학을 만들게 된다면 과는 현재 있는 법과와 상과를 그대로 둘 터이며, 셋째로 문과, 넷째는 공과, 다섯째는 의과, 여섯째는 이과, 이렇게 여섯 과를 둘 터입니다. 그리고 예과도 두려고 합니다"라며, "저의 학교는 아직 법과와 상과만 있기 때문에 자연과학관이라든가 이화학연구소 같은 것은 아직까지 설치할 필요를 느끼지 않습니다"[29] 라고 단호하게 답하였다.

사립전문학교 몇 곳의 인가 및 승격도 이루어졌다. 숭실전문학교가 폐교된 이후 1938년 대동공업전문학교와 경성여자의학전문학교의 설립이 인가되었고, 1939년 2월 명륜학원이 전문 정도의 각종학교인 명륜전문학원으로 승격되었다가, 다시 1942년 명륜전문학교로 승격되었다. 중앙불교전문학교는 혜화전문학교로 명칭이 바뀌었다. 사립 전문 교육기관의 확충을 통해 특히 조선인 전문교육 기회가 증가되었다.[30]

제3차 조선교육령기 전문교육 영역의 특징은, 첫째 전문 교육기관의 수적 증가와 그에 따른 전문학교 학생 수의 증가이다. 한 해 전문학교 입학자 규모가 1938년 1,560명 수준에서 1943년 2,593명 수준으로 약 1천 명 늘어났다. 그러나 전문학교 교육기회의 증가 내역을 보면 조선인의 전문교육 기회는 사립 중심으로 확대되었고, 관·공립전문학교 교육기회의 증가는 제한적이었다. 특히 관립으로 광산전문학교와 고등수산학교가 설립되어 관립전문학교 입학 기회가 전체적으로 늘어났으나 일본인 입학자는 1938년 357명에서 1943년 772

29 『삼천리』 1940년 4월호, 1940.4.1, 34~36면.

30 정준영은 명륜전문학교와 혜화전문학교의 성격에 대해, 조선총독부가 조선 유교계와 불교계를 적극 활용하여 조선유학과 조선불교의 일본화를 추진하는 동시에 기독교계의 성장과 민족주의, 공산주의의 확산을 막기 위해 적극적으로 개입함으로써 혜화전문학교와 명륜전문학교를 "확대된 관학의 공간"으로 재구축하였다(정준영, 앞의 글, 199~121면)고 주장하여 "사립"의 의미에 대한 설득력 있는 견해를 보여주었다.

명으로 2배 이상 늘어난 반면, 조선인 입학자는 1938년 173명에서 1943년 245명으로 겨우 72명 늘어났다. 늘어난 관립전문학교 교육기회는 조선인 교육기회의 확대에 기여했다기보다 오히려 민족 간 교육기회 차별의 심화라는 결과를 가져왔다고 평가될 수 있다.

둘째, 전문학교의 학급 수, 즉 전공 학과 수가 관립과 사립 모두 늘어났다. 조선총독부는 '과학기술인력'의 양성이라는 목적 아래 이과계, 과학기술계 중심으로 학과와 정원이 확장되었다고 주장하나, 1942년 경성고등공업학교는 일본인 202명이 입학한 데 비해 조선인 23명이 입학했고, 부산고등수산학교 어로과의 경우 1942년 조선인 입학자는 0명이었다. 결국 '과학기술' 분야의 학과 개설과 정원 확충은 재조선 일본인 전문교육 기회의 확장과 일본인 과학기술인력 양성으로 귀결되었다. 조선인에게는 사립 문과계 교육기회가 확장되었을 뿐이다.

교육기회는 증가되었지만 실제 교육은 수업연한 단축 조치에 의해 계획된 교육과정이 축소되거나 생략되어 운영되었다. 총독부는 1941년에 수업연한을 3개월 단축하여 1939년 입학자의 경우 1941년 12월에 졸업하도록 하였다. 이어 1941년 12월 23일 다시 1942년 졸업생의 수업기간을 6개월 단축하도록 하였다. 1943년 3월 말로 예정되어있던 졸업을 앞당겨 1942년 9월에 졸업하도록 하였다. 수업 연한을 단축하면서 부족한 시수를 메꾸기 위해 수업 연장 방침을 다음과 같이 내렸다.

1. 학과과정과 수업 시수

- 1942년 1월 이후 졸업까지 매일 1시간 이내로 수업시간 수를 증가하되 토요일은 3시간 이내로 증가한다.
- 학과 교과목은 시국에 맞게 학과과정을 편성하여 적당히 실시한다.

- 최고 학년의 마지막 연도 학과과정은 될 수 있는 대로 빨리 끝내되, 다음 해 4월 정식으로 최고 학년에 진급하기 전부터 최고 학년의 과정을 앞당겨 교수한다.
- 최고 학년의 수업은 4월 1일부터 정식으로 하되 3월 16일부터 말일까지 보조 강의를 한다.

2. 휴업일
- 겨울방학은 졸업식 다음 날부터 다음 해 1월 5일까지의 12일간, 봄방학은 2월 24일부터 3월 15일까지 20일간, 여름방학은 1주 내지 3주의 범위에서 적당하게 실시한다.
- 실업전문학교는 매월 일요일 중 이틀은 수업한다.[31]

수업연한이 6개월 단축됨에 따라 1942년 이후에는 상시적으로 매일 1시간, 매주 토요일 3시간, 실업전문학교는 격주 일요일마다 추가적으로 수업을 진행하여 형식적으로나마 정해진 시수를 채우고자 하였다. 이 때문에 수업연한 단축에도 불구하고 수업료 삭감은 이루어지지 않았다. 게다가 학생들은 근로보국대를 통한 근로동원, 수련활동 등의 명분으로 생산 및 작업 현장에 거의 매일 동원되다시피 했다. 교육의 질이 낮아질 수밖에 없는 상황이었다. 수업연한 단축, 수업 연장 운영과 부실, 근로동원 등으로 인한 교육의 질 저하라는 예측 가능한 결과를 내장하고 있었기 때문에 전문학교 수와 학생 수의 양적 확대는 적극적 의미를 지니기 어려웠다.

5) 교육내용 변화와 일본학 교과 도입

공립사립전문학교규정 개정을 준비하면서 조선총독부는 교학쇄신이라는 명

31 『매일신보』, 1941.12.27.

분을 내걸고 교육내용에 대한 개입의 강도를 높이기 시작했다. 학무국에서는 조선 전문교육의 방향을 새롭게 하고자 모색하고 있었는데, 전문학교 교육내용에 대한 개입은 3가지 방향으로 전개되었다.

첫째, 교육과정에서 영어 시수를 줄이고 중국어 시수를 늘리고자 하였다. 학무국은 1939년 7월 대학 예과 및 각 전문학교의 입학시험에서 영어 과목을 제외하도록 하였다.[32] 이후 "시대적으로 맞지 않는 교육내용을 갖추고 있다"[33]며 경성고등상업학교를 시작으로 관·공·사립을 불문하고 영어 교수 시간을 축소하고, 중국어를 필수로 하도록 하였다. 연희전문학교에서도 조선어 과목을 없애고 영어를 축소하였으며, 중국어 시간을 늘렸다.[34] 그리고 경성법학전문학교에서는 "신대륙 경제와 구주의 정세를 뚜렷이 살피도록 하는 의미"에서 중국어와 독일어 시수를 늘렸다.[35]

둘째, 교재 사용에 대한 검열을 강화하였다. 우선 학교에서 개설한 과목과 담당 교수, 교재의 목록을 사전에 조선총독부에 보고한 후 교재를 사용하도록 하였다. 전문학교에서 사용하는 교재가 주로 외국에서 만든 것으로 일본주의에 부합하지 않는다는 것 때문이었다.

> 현재의 각 전문학교에서는 과목에 따라 중국서 만든 것 혹은 미국 기타 외국서 만든 책을 사용하기 때문에 일본주의에 들어맞지 않는 내용을 갖춘 것이 많아 여러 가지 폐단이 생기므로 앞으로는 반드시 문부성과 총독부의 인가를 받은 책을 사용하게 한다.[36]

---

32 『매일신보』, 1940.5.18.
33 『매일신보』, 1939.5.5.
34 『삼천리』 1940년 4월호, 1940.4.1, 43면.
35 『매일신보』, 1940.5.18.
36 『매일신보』, 1940.6.22.

셋째, 교재 없이 자유롭게 강의하는 것을 막고 일정한 교과서를 사용하도록 하였다. 사상적인 금기를 학생들에게 가르칠 우려가 있다는 이유였다.

> 전문과 대학에서의 교수는 앞으로 반드시 일정한 교과서에 의하여 교수하도록 교수의 제한을 하리라고 한다. 지금까지는 교과서나 혹은 인쇄물 같은 것을 가지고 하지 않았기 때문에 교수 중 자연 탈선을 하여 금단되어 있는 범위를 벗어나서 학생들에게 좋지 못한 영향을 주고 있으므로 이러한 일이 없도록 될 수 있는 대로 일정한 교과서에 의한 강의를 하게 한다는 것이다.[37]

넷째, 일본학, 일본사, 교련을 필수 교과로 추가 도입하였다.[38] 전문교육에서 교학쇄신, 국체명징의 정책적 실현 수단으로 전문학교에 일본학 교과를 필수로 설치 운영하도록 하였다.

> 각 사립전문학교에 일률적으로 일본학을 강의시켜 학생들의 국체명징에 관한 관념을 더욱 확실하게 한다는바, 담임 교수도 총독부에서 알선하기로 되어 혜화전문, 연희전문, 수원고등 등에서는 이미 작정을 하였다.[39]

일본학 교과가 도입된 데에는 우선 일본 내에서 득세하고 있던 천황기관설을 부정하고, 천황이 곧 일본이라는 국체론을 교육에서 강조해야 한다는 위기의식이 고조되어 있었기 때문이다. 일본 내에서도 철저한 국체 관념의 보유가 강조되어, 1937년 천황기관설을 부정하고 국체론을 알리려는 목적으로 『국체

37 『매일신보』, 1940.5.18.

38 교련 교과 도입과 필수화, 군사훈련 강화에 대해서는 연구가 진척되었으나 일본학 교과 도입에 대해서는 논의가 거의 없어 이 글에서는 일본학 교과의 도입과 운영에 대해서만 다룬다.

39 『매일신보』, 1940.6.22.

의 본의』를 간행하여 중학교 졸업자 전원에게 졸업 기념으로 주었다.[40] 조선총독부는 제3차 조선교육령에서 국체명징을 강령으로 내걸었고, 국체명징을 위한 교육적 노력으로 전문학교에 일본학 교과를 필수로 도입하였다.

다음으로 전문학교 교육내용에 대한 식민 당국자들의 불만이 높았다. "일본 국민적인 교양을 부여하는 학과목이 부과되지 않는 학부, 학과조차 있다"고 한탄이 나오고, "지금의 대학은 대학령 제1조의 정신이 진정으로 살아나 충분히 작동할 수 있도록, 그 조직에 쇄신 개선이 더해져야만 한다"[41]는 주장이 제기되고 있었다. 일본학 교과는 충량유위한 일본 신민 양성을 위한 교양 교과로 자리매김되어 도입되었다.

> 총독부에서는 이번에 경성고상의 학과목 중에 일본학이라는 과목을 새로 설치하여 고등전문교육에 있어서도 황국신민교육의 철저를 기약하기로 되었다 함은 기보既報한 바인데, 일본학이라고 하는 것은 종래와 같이 양학洋學의 기초 지식에 의해서 일본 사상을 연구하려는 것이 아니고, 일본적인 관찰방법 소위 일본사관을 확립하여 팔굉일우 만민보익의 황국 고유의 사상을 학문적으로 계통을 세우려고 하는 것인바, 이것이 고등전문학교로서는 첫 시험이니만치 그 성부에 관해서 당국으로서도 특히 중대한 관심을 가지고 있다 한다.[42]

일본학 교과를 가장 먼저 개설한 전문학교는 경성고등상업학교로, 1939년 4월부터 일본학 교과가 신설되었다.[43] 이어 각 관립전문학교로 나아가 사립전문

40 文部省, 형진의·임경화 편역, 『일본 신민족주의 전환기에 『국체의 본의』를 읽다』, 어문학사, 2017, 165면.
41 八木信雄, op. cit., 1939, p.52; 강명숙 외편역, 『교육정책 (2) – 일제강점기 교육 논설』, 동북아역사재단, 2021, 436면.
42 『매일신보』, 1939.5.5.
43 『조선시보』, 1939.4.6.

학교로 확대 실시한다는 계획[44]에 따라 1년 뒤인 1940년 4월에는 경성법학전문학교를 비롯하여 사립전문학교에서도 일본학 교과가 개설되었다. 경성법학전문학교에서는 교칙을 개정하여 일본학 교과목을 새로 개설하고, 마스다 교장이 직접 강의를 담당하였다.[45] 연희전문학교에서도 1940년 학칙 개정을 통해 일본학 교과목을 개설하였다.

일본학 교과는 "일본 국민다운 지식과 수련을 주는 것을 주안으로" 하는 과목으로 설계되었지만 실제 운영은 일본 고전을 읽고 일본 정신을 강조하는 정도였다. 그래서 연희전문학교는 일본학의 영문 교과명을 일본문화japanese culture로 표기했다. 일본학 교과의 교재로 사용된 것은 1939년 교학연수소 강사로 조선에 와서 1941년 경성제국대학 예과 교수가 된 오제키 마사카즈大關將一[46]의 『일본학』 교재였다. 그는 "일본학이란 황국의 국체를 반성 자각하고, 이로써 국체를 명징하게 하고, 아울러 국체의 본의를 본받아, 시대의 진운을 살펴 황국의 나아갈 길을 연구하는 것을 목적으로 하는 학문이다"[47]라고 정의하면서, 저술 과정을 다음과 같이 밝혔다.

> 1940년 4월 이후 조선총독부에 신설된 교학연수소에서 매 학기 모여들어온 중등학교 간부 교유, 초등학교장, 시학관 여러분들과 함께, 교학을 이야기하고, 동아 신질서의 이론을 말하고, 전체주의를 논하고, 일본 정신을 이야기하고 또 일본 고전을 읽었다. 이 책의 내용의 반은 그때의 자료에 기초한 것이다. (…중략…) 나머지

44 『부산일보』, 1939.4.6.

45 『매일신보』, 1940.5.18.

46 저자 소개에서 1931년 『현상학 개설』, 1933년 『논리학 개설』과 『학문방법론』, 1937년 『논리학 강요』를 저술하였고, 1937년 가을 대만을 거쳐 1939년 봄 조선으로 왔다고 본인이 밝혔다. 조선총독부 직원록에 따르면 1939년 조선총독부 학무국 교학연수소 촉탁 강사로 와서 1941년 경성제국대학 예과 교수가 되었다.

47 大關將一, 『日本學』, 理想社出版部, 昭和16, p.3.

반은 1940년 9월 이후 조선의 고등전문학교에서 개설된 일본학 강좌에서 내가 강의한 강의 초고에 유래한 것이다.[48]

일본학 교과가 각 전문학교에 설치 운영되자 학무국에서는 일본학 교과 담당자를 모아 교학연수소에서 1박 2일의 일정으로 학무국장 훈시, 각 학교의 운영 경험과 내용 개선 사례 발표, 국체학과 일본역사에 대한 명사 강연, 미소기 강습 등의 프로그램을 운영하였다.

최근 각 전문학교에서는 일본학을 가르쳤는데 이번 이 강좌를 더 한층 충실히 하고자 오는 19일에 각 전문학교 일본학 담당교수 18명을 모아 총독부에서 일본학연구회를 개최하기로 되었다. 이 회의에서는 교재 교수방법 실시사항 등에 대한 것을 협의할 터이며 특히 경성제대 미고尾高 교수의 국체학, 중촌中村 편수관의 일본역사학에 관한 강연도 있으리라고 한다. 그리고 이날 밤 일동은 교학연수소에서 하룻밤 미소기禊 강습도 받으리라고 한다.[49]

미소기는 『일본서기』에서 기원한 신토神道 의식의 하나로 죄나 더러움을 떨쳐내고 스스로를 청결하게 하려는 목욕재계인데, 일본에서 신神과 일체가 되는 정신을 체득하는 방법으로 장려 보급되었다. 조선총독 고이소小磯는 특히 연성의 방법으로 미소기를 중시했는데, 당시 논자들은 미소기 의식을 통해서 인격수양을 하면 인간은 누구나 모든 욕구에서 벗어나 신의 경지에 도달할 수 있다고 설파하고 있었다.[50] 미소기 강습을 하고 그것을 학생들에게 가르치도록 한 것은 수련

48 Ibid., p.3.
49 『매일신보』, 1941.9.14; 『매일신보』, 1941.9.20.
50 이형식, 「고이소 총독 시기(1942.5~1944.7) 조선총독부의 운영과 통치이념」, 『일본역사연구』 52집, 2020, 131·141면.

특히 미소기 수련을 일본학 교과의 특성으로 정립하고자 한 시도로 보인다.

그리고 조선총독부 학무국은 사립전문학교들이 일본에서 일본인 전문 교수를 초빙하여 교과를 운영하도록 하기 위해 교과 운영 지원비로 6천 원씩을 사립전문학교에 지원했다.

> 사립전문학교의 내용을 쇄신 강화하여 적어도 관·공립학교에 비하여 그다지 큰 손색이 없도록 하고자 총독부에서 적극적으로 진출하기로 된 점에 대하여 총독부 학무당국에서는 이와 같이 내용을 쇄신함에는 무엇보다도 우수한 인재가 필요한 것이요, 우수한 인재를 망라하자면 상당한 예산이 또한 필요하므로 쇼와 15년도부터는 종래에 주지 않던 사립전문학교에도 전부 보조금을 주기로 되었다. 즉 종래에는 경성약학전문학교 숙명여자전문학교 경성여자의학전문학교 등 몇몇 반관반민적 사립전문학교에만 보조를 주어 왔는데 금년부터는 이화여자전문학교 세브란스의학전문학교 연희전문학교 불교전문학교 보성전문 대동공업전문 등 종교 계통의 경영으로서 전자의 사립전문학교와는 그 설립 계통이 다른 전문학교까지에도 각각 6천원씩 보조를 주어서 내용을 더 확충하는데 물질적 도움이 되도록 할 것이다[51]

연희전문학교의 경우 회계 보고의 총수입 명세서 내역을 보면 국고보조금 명목으로 1940년 하반기부터 3,230원, 1941년 이후에는 6,000원 정도가 계상되어 있는데,[52] 국고보조금은 일본학 교과 운영 보조금으로 들어온 것으로 보인다. 6,000원은 선교부 출자금 54,530원의 약 1/10 규모였다. 일본학 교과 운영을 명분으로 조선총독부가 사립전문학교에 재정 보조를 시작했다는 점은 주목할 만하다.

---

51 『조선일보』, 1940.4.9.

52 연세대학교백년사편찬위원회 편, 『연세대학교 백년사』 (1), 연세대 출판부, 1985, 287면.

3. 학學보다는 교敎에 충忠

1) 일본적 교학체제의 정립 의도

제4차 조선교육령 개정은 종전과 달리 1942년 11월부터 시행된 일본의 내외지행정일원화 방침에 따라 일본의 교육령 개정과 동시에 이루어졌다. 절차적으로 보면 "대학, 고등학교, 전문학교와 실업전문학교 및 이에 준하는 각종 학교의 교육에 관한 사무는 문부대신이 감독한다"는 규정에 따라 제4차 조선교육령은 일본 문부대신이 초안을 작성하고 각의 결정으로 조선교육령 개정요강을 결정한 후 추밀원 심의를 거쳐 공포되었다.[53] 조선총독은 내각의 감독을 받으며 문부대신이 정한 정책을 조선에 적용하되, 조선의 사정을 고려한 방침을 추가할 뿐이었다.

1943년 제4차 조선교육령 개정을 통해 전문학교에 대해서는 ① 사범학교를 전문학교 정도로 승격한다 ② 실업학교령을 폐지하고, 현재의 실업전문학교는 모두 전문학교령 중에 포함하여 일반 전문학교와 통합, 일원화를 도모한다[54] 고 결정되었다.

이에 따라 총독부는 1943년 3월 경성사범학교와 경성여자사범학교를 전문학교로 승격시키고, 1944년 1월 평양사범학교와 대구사범학교를 공립에서 관립으로 전환하고 전문학교로 승격시켰다.[55] 초등 교원을 양성하는 사범학교의 전문학교 승격은 일본에서 지속적으로 주장되어 온 것으로 1943년 일본 사범학교의 고등교육기관화에 따른 후속조치였다. 그리고 경성고등공업학교와 수

---

53 「朝鮮教育令改正案要綱」, 『文教の朝鮮』 210호, 1943.4. 종전의 개정은 조선총독부 학무국에서 작성한 초안을 일본의 척식성과 법제국의 검토를 거쳐 추밀원에서 심의 의결하여 칙령으로 공포하는 절차를 취했다.

54 大野謙一, 「朝鮮教育令の改正とその實施に就て」, 『文教の朝鮮』 210호, 1943.4, p.8.

55 『매일신보』, 1944.1.24.

원고등농림학교에 부설 이과교원양성소를 설치하였다. 경성고등공업학교 부설 이과교원양성소는 다시 경성제국대학 부설로 변경되어 1~2년간의 단기로 이과교원을 양성하였다. 실업학교령에 의거했던 부산고등수산학교가 전문학교령에 의한 전문학교가 됨에 따라 부산수산전문학교로 명칭이 바뀌었다.

제4차 조선교육령 개정 이후 학무국장 오노 겐이치大野謙一는 "조선 교육제도는 황국의 도에 따라 황민 연성의 일관적 체제를 완수하게 되었다. 이와 같이 광범위한 개혁은 우선 제도를 적정하게 하고, 내용의 충실을 꾀하고, 학도의 훈련 연성을 온전히 하여, 대동아 전쟁 완수, 대동아 건설의 필성必成을 준비하는 것"[56]이라며 교육제도 변경과 운영의 목적이 전쟁 승리를 위한 황민 연성의 일관적 체제를 갖추는 것임을 밝혔다.

조선교육령 개정을 계기로 조선총독은 차례차례로 중등학교장 회의, 각 도 학무과장 시학관 및 사범학교장 회의, 대학전문학교장 사무협의회를 개최하고, 조선교육령 개정을 통한 학제 개혁의 목적이 전시동원체제를 확립하여 학원을 무장화하는 것임을 노골적으로 드러내었다. 조선총독은 대학전문학교장 사무협의회에 참석하여 전문학교는 직업교육에 편중됨으로써 지도적 황국민 연성이라는 일본적 교학 본래의 사명에서 이탈했다고 지적하고, 교敎에 힘써 사제 간의 개별적 훈화라는 교육 본연의 기능을 회복할 것을 강조하였다. 그리고 학문 연구보다는 교육에 집중하는 대학과 전문학교를 만드는 것이 이른바 일본적 교학체제라고 주장하였다.

> (고이소 조선총독은) 기왕의 자유주의적 풍조하의 대학 교육은 교敎와 학學이 분리되어 현실과 유리한 편지주의에 빠져 사회사상 혼미의 한 원인이 된 것과, 전문학교가 고도의 직업교육에 편중하였기 때문에 지도적 황국민 연성이라는 일본적 교

56 大野謙一, op.cit., p.4.

학 본래의 사명에서 이탈했음을 지적했다. 많은 동포 장정이 성스러운 전장에서 피땀으로 노력하고 있는 이때, 국가가 병력 유예와 거대한 국비를 투여하여 면학의 은전을 주는 것임을 생각할 때 교직원과 학도는 우리들이 무엇을 해야 하는가를 단적으로 이해할 것을 갈파하였다. 전문대학와 대학에 이를수록 사제 간의 개별적 훈화라는 교육 본연의 기능이 희박한 것은 교수가 학學에 충忠할지는 모르나 교敎에 불충한 실태를 입증하는 것이라고 단안을 내렸(다).[57]

여기서 연성이 강조되고 있는데, 연성이라는 개념은 일본에서 1930년대 중반 문부 관료들에 의해 사상대책, 교학쇄신의 원리로 창출되어 이후 중일전쟁을 지나면서 군의 요청과 결부되어 동원 논리로 확산되었다. 조선에서는 1942년 6월 17일 고이소 총독이 부임하여 국체 본의 투철과 도의조선, 황민연성을 강조하면서 학생만이 아니라 전 조선인에게 연성이 강조되었다.[58]

근로동원을 독려했던 조선총독부 학무과장은 "직장을 교실로, 작업을 교재로 하는 동원이 곧 교육이고, 근로가 즉 연성"[59]이라며 근로동원이 바로 연성교육임을 강변하였다. 고이소 총독의 통치이념을 정당화하는 데 앞장섰던 경성제국대학 법문학부 오다카 도모尾高朝雄 교수는 조선의 고등교육은 대동아 개척의 첨병이 되어야 한다며 일본인 학생의 통솔 아래 몸으로 하는 공동작업을 통해 조선인을 연성해야 한다고 주장했다.

대동아에서 오늘날 일본의 입장에서 논하자면 내지에서만 길러지고, 내지만을 아는 일본인은 일본의 대경륜에 참여할 자격을 가지지 않는다. 그렇다고 해서 지나

57 『매일신보』, 1943.7.16. 가독성을 위해 원문에 교정을 가했다.
58 이형식, 앞의 글, 150면.
59 近藤英男, 「學徒勤勞動員の要義」, 『文敎の朝鮮』 224호, 1944.7, p.11.

나 남방에 일본인이 배울 고등의 학부는 없다. 그렇다면 대동아에 뜻있는 내지인 청년은 적절히 조선의 대학 전문학교에 가서 배워, 양상이 다른 문화 전통 습속이 접합하는 상황에 대처하는 몸을 연습하는 것이 좋다. 정부 또한 이런 의미에서 조선의 대학 전문학교의 교학상 특수한 중요성을 인식하고, 졸업생에게 조선 및 만주를 가리지 않고 널리 진로를 주어야 한다.

공학共學의 성과를 얻기 위해 지도상 먼저 마음을 써야 할 것은 관념적인 의론에 치중하지 말고 내선 학도를 통틀어 학원 전체의 공동체 의식의 향상을 도모하는 것이다.

반도인의 황국신민화라고 하는 내선의 일체화라는 것도 결코 의론에 의해 해결되는 문제가 아니다. 목표에 도달하기 위한 가장 유효한 길은 공동의 목적을 향해 할 수 있는 공동작업의 협력 실천이다. 전문 정도 이상의 학도의 경우에는 전공하는 전문 지식을 활용한 적당한 공동작업을 선택하여 일을 공동으로 하게 함으로써 부지불식간에 서로 의지하고 서로 기대하는 기풍을 배양하는 것이 좋다.

다음으로 내선공학의 성과를 거두기 위해서는 내선학도의 비율을 적당히 규제하고, 특히 내지인 학도 중에서 우수한 지도적 인물을 얻기 위해 노력하는 것이 긴요하다. 물론 조선인 학도 가운데는 그 지능이나 성적에서 내지인의 수준을 능가하는 이가 적지 않지만, 학원 또는 학급의 통솔에 대해서는 대체로 내지인 중에 사람을 구하지 않으면 안 된다.[60]

또 조선교육령 개정을 통해 제도적으로 수업연한의 단축이 이루어졌다. 경성제국대학 예과의 수업연한도 3년에서 2년으로 줄었다. 연희전문학교의 경우 문과와 수물과는 수업연한 4년이었으나 1943년 4월 학칙 개정을 통해 모든 과의 수업연한을 3년으로 단축하고 이수 학점을 감축했다.

60 尾高朝雄, 「朝鮮教學論」, 『文教の朝鮮』 223호, 1944.6, pp.15~16.

2) 전시비상조치와 전문학교 통폐합

1940년대 초반 전문학교 교육정책의 실질적인 변화가 이루어진 것은 1943년 10월 일본과 동시에 발표된 전시비상조치에 의해서였다. 제4차 조선교육령 개정 이후 6개월도 지나지 않은 시점인 1943년 10월 12일 일본 내각에서 「교육에 관한 전시비상조치 방책」을 결정하였다. 내각 결정과 동시에 조선에도 적용되었는데, 정무총감 다나카 다케오田中武雄는 하루 뒤인 1943년 10월 13일 조선에 「교육에 관한 전시비상조치 방침」을 발표하면서, 원칙적으로 일본 내지에 준하여 조선에 실행하지만 구체적 실시 방안은 조선의 실정을 고려하여 만들었음을 강조하며 내각의 결정사항과 조선에 적용할 부분을 분리하여 제시하였다.

> 대학 및 전문학교는 내지에 준하여 조치한다. ① 경성제국대학 이공 의학 양학부의 정원을 늘린다. ② 이과계 전문학교 확충을 위해 기설 학교 생도 정원의 증가 및 학교 신설 등 적극적 조치를 강구한다. ③ 문과계 사립전문학교를 이과계 전문학교로 전환하는 것을 고려한다. ④ 나머지 문과계 전문학교는 적당하게 정리 통합한다. ⑤ 문과계 여자전문학교는 교육내용의 개선을 도모하여 여자 교원, 여자 실무자 및 여자 지방보도원을 양성하도록 필요한 조치를 강구한다.
>
> 각종학교는 내지에 준해 정리한다. 초등 정도의 것은 초등학교 보급 현상에 비추어 당분간 존치시키는 것으로 한다. 사설 학술강습회는 국어보급 등을 목적으로 하는 것에 한해 존치시킨다.
>
> 교원양성시설은 내지에 준하는 것으로 한다. 조선에 이과 교원이 극도로 저조한 현상에 비추어 기설 이과 교원양성기관을 확충 정비한다.[61]

61 田中武雄, 「教育に關する戰時非常措置方針」, 『文教の朝鮮』 216호, 1943.11, pp.16~18.

「교육에 관한 전시비상조치 방침」에 따라 학무국은 내부적인 조정과 준비를 거쳐 1944년 1월 「이공과계 교육 및 사범교육의 획기적 확충 계획」을 발표했다.

전문학교

1) 이공과계 전문학교

(1) 경성고등공업학교의 확충

- 전기화학과, 전기통신과, 공작기계과의 설치 각과 40명 모집
- 기계공학과, 전기공학과의 배가 모집 각과 30명 증모
- 응용화학과 26명 증모
- 토목공학과 및 건축공학과는 모집을 정지하고 신설 경성제2고등공업학교로 현재 생도를 편입

(2) 경성제2고등공업학교의 신설(수업연한 3년)

- 토목공학과, 건축공학과, 기계공학과 각과 40명 모집(경성고등공업학교 토목공학과 및 건축공학과의 제2학년 및 제3학년 생도를 편입)

(3) 평양고등공업학교의 신설(수업연한 3년)

- 기계공학과, 조선공학과, 항공공학과, 금속공학과 각과 40명 모집

(4) 수원고등농림학교의 확충

- 농학과 5명 증모, 임학과 5명 증모, 수의축산과 15명 증모, 농업토목과 10명 증모

(5) 대구고등농림학교의 신설(수업연한 3년)

- 농학과, 농예화학과 각 50명 모집

(6) 경성광산전문학교의 확충

- 채광학과 10명 증모, 야금학과 5명 증모, 광산기계과 15명 증모

(7) 부산고등수산학교의 확충

- 원양어업과의 설치(수업연한 1년 반, 본교 어로과 졸업생 수용), 어로과 25명 증모, 제조과 10명 증모, 양식과 5명 증모

(8) 대구공립의학전문학교의 확충 50명 증모

(9) 평양공립의학전문학교의 확충 40명 증모

(10) 아사히旭의학전문학교의 확충 20명 증모

(11) 경성치과의학전문학교의 확충 35명 증모

(12) 경성약학전문학교의 확충 10명 증모

2) 여자전문학교

- 이화여자전문학교 및 숙명여자전문학교는 최근 조선 각지에 설치될 여자 청년연성소의 지도원 될 자를 양성하는 기관으로 개조, 수업연한 1년

교원양성 시설

1) 수원고등농림학교 부치 지리, 박물 교원양성소를 개조하여 박물교원양성소로 하고 박물과 10명 증모

2) 경성제국대학에 새로 이과교원양성소를 부치하여 경성고등공업학교 부치 이과교원양성소(수학과, 물리학과) 및 수원고등농림학교 부치 지리, 박물 교원양성소의 지리학과 흡수하여 수학과 물리화학과 각과 50명, 지리학과 20명 모집

사범학교

1) 대구 및 평양 사범학교의 승격

- 본과 설치(수업연한 3년), 각교 모두 3학급 모집

- 연구과 설치; 각교 모두 1학급 모집

2) 여자 사범학교의 신설

- 심상과(수업연한 4년) 3학급 모집, 강습과(수업연한 1년) 4학급 모집[62]

62 大野謙一, 「半島に於ける理工科教育並に師範教育の劃期的擴充に就て」, pp.7~8.

이 조치에 대해 조선총독부는 이과계 전문교육 기회 확대 정책이라며 의의를 강조하였다.

> 1944년도 입학정원은 1943년도에 비해 한꺼번에 약 1,400명 증가하여 2,700명이 되었다. 이과 교육의 획기적인 대확충을 보게 된 것이다. 본 조치는 무엇보다 대對전시 과학기술요원의 급격한 증가에 대응해야 할 국가 긴급의 요청에 응하는 것이며, 동시에 문과계 감축의 완화와 맞물려 내지 문과계의 대폭 감축, 교통 관계, 기타 관계로 내지 진학의 곤란함을 구제하려는 총독 각하의 친애하는 마음에 기초한 것이다.
>
> 대확충에 따라 조선에는 종래 없었던 전기통신과, 전기화학과, 공작기계과가 경성고공에, 또 금속공학과, 조선학과, 항공기학과가 신설 평양고공에 설치된 것은 시국의 추이에 즉응하는 것임과 동시에 반도가 군수생산에서 짊어져야 할 사명을 분명히 하는 것이다. 반도 공업의 새로운 발전에 공헌할 것임은 의심할 나위 없이 믿는다. 다만 만든 과가 충분히 기능을 발휘하기 위해서는 지도자 면에서도 설비 면에서도 군·관·민 각 방면의 강력한 지원과 협력이 이루어져야 할 것이다.[63]

1944년 1월 22일 발표 당시까지도 문과계에 속하는 남자 전문학교의 통합 정비에 대해서는 구체적인 방안을 정하지 못하고 있었다. 조선 실정을 고려해야 한다는 명분 아래 "여러 점을 고려하여 구체적 계획은 대략 만들었으나 일본의 동향에 맞추어 나갈 필요가 있어서 가까운 시일에 내용을 발표할 것"[64]이라고 하였다.

전문학교 입학정원을 1,400명 늘린다고 계획했지만 계획은 뜻대로 진행되지

63 大野謙一, 「朝鮮に於ける戰時教育非常措置の概要」, 『文教の朝鮮』 220호, 1944.3, pp.14~15.
64 大野謙一, 「半島に於ける理工科教育並に師範教育の劃期的擴充に就て」, p.10.

않았다. 신설 각 전문학교의 입학시험이 예정대로 실시되지 않았고, 경성에 제2 고등공업학교와 원산에 여자사범학교가 신설될 것이라고 하였지만 결국 설치되지 못했다. 대동공업전문학교를 없애고 이를 활용하여 평양고등공업학교를 만들고, 또 대구고등농업학교를 신설하였다. 1944년도 이과계 전문교육 기회는 〈표 2〉에 의하면 1943년에 비해 기존 학교의 추가 모집 463명, 신설 460명의 증가가 이루어졌다. 이 중에 사립 의학계열 증원 95명을 포함하여 의학계열이 295명이었다. 여기에 추가로 이과계 교원양성소 160명 정도의 규모가 늘어났다. 모두 합하면 실제로 1,100명 정도 규모의 전문교육 기회 확대가 있었다.[65]

〈표 2〉 1943년 이후 전문학교 교육기회의 증감

성격	학교명(설립 및 인가년도)	1942년도 1학년 재학생 수[66]	1943년도 모집정원[67]	1943년도 1학년 재학생 수	1944년도 합격자 수[68]	1945년도 인가정원[69]	1945년도 모집정원
관	경성법학전문학교 (1916, 1921 교명 변경, 1944 통폐합)	96	100	106	-(통합)	-	-
	경성의학전문학교(1916)	103	80	147	*131	150	150
	경성고등공업학교(1916)	148	(*139합격)	124	*354(+206)	460	425
	수원고등농림학교(1918, 1922 교명 변경)	143	175	123	*175(+35)	175	175
	경성고등상업학교(1918 사립, 1922 관립 전환), 경성경제전문학교(1944)	117	150	171	*197(±200)	200	200
	경성광산전문학교(1939)	98	100	137	*150(+30)	130	130
	부산고등수산학교(1941)	69	60	83	*112(+40)	100	-
	평양공업전문학교(1944)	-	-	-	*160(+160)	160	-
	대구고등농업학교(1944)	-	-	-	*99(+100)	100	-
	경성사범학교(1922, 1943 승격)	-	-	본과 218	-	-	-
	경성여자사범학교(1935, 1943 승격)	-	-	본과 196	-	-	-
	대구사범학교(1929, 1944 승격)	-	-	-	*163	-	-
	평양사범학교(1929, 1944 승격)	-	-	-	*174	-	-
	경성고등공업학교 부치 이과교원양성소	77	(*73합격)	60		-	-

65 1943년 이후의 자료에는 공식적인 통계가 없어 정확한 계산이 어렵고 추정치에 불과하다. 〈표 2〉에서 나타나는 바와 같이 모집인가 정원, 선발 인원, 1학년 재학자 수의 차이가 있어 광범위하게 초과 선발이 이루어지고 있음을 알 수 있다. 이에 대한 추후 연구가 필요하다.

성격	학교명(설립 및 인가년도)	1942년도 1학년 재학생 수[66]	1943년도 모집정원[67]	1943년도 1학년 재학생 수	1944년도 합격자 수[68]	1945년도 인가정원[69]	1945년도 모집정원
	경성제국대학 부치 이과교원양성소(1944)	–	–	–	(+120)	120	120
	수원농림전문학교 부치 박물교원양성소	42	–	45	*50(+10)	30	40
공	대구의학전문학교(1933)	80	–	78	*115(+50)	–	–
	평양의학전문학교(1933)	85	–	89	(+40)	–	–
	함흥의학전문학교(1944)		–	–	100	–	–
	광주의학전문학교(1944)		–	–	100	–	–
사	보성전문학교(1917), 경성척식경제전문학교(1944)	200	200	200	200	–	–
	세브란스의학전문학교(1917), 아사히의학전문학교(1939 교명 변경)	70	70	99	*145(+20)	–	–
	연희전문학교(1917), 경성공업경영전문학교(1944)	180	150 (*171합격)	175	150	–	–
	이화여자전문학교(1925, 여)	127	350	457	(정지)	–	–
	경성치과의학전문학교(1929)	143	120	151	*155(+35)	–	150
	경성약학전문학교(1930)	129	120	134	*110(+10)	–	140
	중앙불교전문학교(1928, 1930), 혜화전문학교(1940 교명 변경)	123	100	127	(정지)	–	–
	숙명여자전문학교(1930, 여)	80	160	110	(정지)	–	
	경성여자의학전문학교(1938, 여)	63	60	86	*54	–	80
	명륜전문학교(1942)	55	(*55합격)	–	(정지)	–	–

66 조선총독부 학무국, 『조선제학교 일람』, 쇼와 18년도·쇼와 19년도 자료를 사용하였다.

67 『매일신보』에 보도된 전문학교 입시 일정과 모집정원 기사에 근거한 모집정원이다.(『매일신보』, 1943.1.14) 경성고등공업학교와 연희전문학교, 명륜전문학교의 경우는 입시 일정이 정해지지 않았는지 보도되지 않았다. 따라서 경성고등공업학교(『매일신보』, 1943.3.13), 연희전문학교(『매일신보』, 1943.3.6·1943.4.6), 명륜전문학교(『매일신보』, 1943.3.24)는 『매일신보』에 게재된 합격자를 근거로 작성하였다.

68 1944년도 자료는 『매일신보』에 합격자 발표자가 있는 경우 합격자 수를 *숫자로 표시하였다. 경성광산전문학교(『매일신보』, 1944.3.1), 아사히의학전문학교(『매일신보』, 1944.3.20), 경성고등공업학교(『매일신보』, 1944.3.21), 경성고등상업학교(『매일신보』, 1944.3.23), 경성의학전문학교 및 경성약학전문학교(『매일신보』, 1944.3.24), 수원고등농림학교와 대구고등농림학교(『매일신보』, 1944.3.27), 대구의학전문학교(『매일신보』, 1944.3.29), 대구사범학교(『조선총독부 관보』, 1944.5.4), 평양사범학교(『조선총독부 관보』, 1944.5.18)는 『매일신보』 게재 합격자 수를 참고하였다. 광주 및 함흥 의학전문학교 정원은 『조선총독부 관보』 1944년 4월 13일 자 생도 모집 광고를 참고하였다. 조선총독부 학무국 오노 겐이치의 「半島に於ける理工科教育並に師範教育の劃期的擴充に就て」에서 제시된 증원 계획은 괄호 안에 +숫자로 표시하였다.

69 1945년도 자료는 『조선총독부 관보』 1944년 11월 29일 자, 1945년도 실제 모집 정원과 1945

법문과계 전문학교의 전환 정비 계획은 1944년 2월에 발표되었는데, 전환 정비의 방향은 "법문과계 전문교육을 하여 경제 산업 부문의 사무 담당 직원 및 넓게는 대동아 여러 지역에 진출하여 건설 공작에 이바지할 인재를 양성함으로써 현재 긴급한 국가적 요청에 부응하는 것"이었다. 구체적인 조치 내용은 아래와 같다.

1. 관립전문학교에 대해서는 법전, 고상의 신학년 생도 모집을 정지한다. 새로 경성경제전문학교(가칭)를 설립한다.
2. 사립전문학교에 대해서는 보성, 연희, 혜화, 명륜의 4교 모두 신학년 생도 모집을 정지하고, 새로 경성척식경제전문학교(가칭) 및 경성공업경영 전문학교(가칭) 2교를 설립한다. 또 혜화, 명륜의 2교는 불교계 또는 유교계의 인재 양성을 목적으로 하는 특색있는 교육기관으로 실정에 비추어 그것을 대신할 선당禪堂적 또는 숙塾적 인재 양성 기관 설립을 별도 고려한다.
3. 일본의 법문과계 전문학교 입학정원이 종래 입학정원에 비해 거의 3분의 1 내지 2분의 1 정도로 감축되었다. 따라서 이러한 종류의 전문학교로 내지 진학하는 것이 상당히 궁색하게 될 것을 고려하여 입학정원을 종래 입학정원의 약 4분의 3으로 감축하는 것에 그친다.

1) 관립전문학교

(1) 경성법학전문학교 및 경성고등상업학교는 쇼와 19년도부터 생도 모집을 정지한다.

(2) 경성경제전문학교의 신설

년 지원자 수는 『매일신보』 1945년 2월 3일 자를 참고하였다. 읽기가 어려워 오독의 가능성이 있다.

– 생도 모집 정수 200명 예정, 경성고등상업학교의 교사를 사용할 예정

(3) 경성법학전문학교 및 경성고등상업학교 현재 생도의 교육은 경성경제전문학교 교사에서 한다.

(4) 양교 재적 생도로 쇼와 18년도 임시징병검사 및 쇼와 18년도 육군특별지원병임시채용규칙에 따라서 입영 또는 입단한 자가 제대 귀환할 때는, 희망에 따라 경성경제전문학교의 해당 학년에 복학시킨다.

2) 사립전문학교

(1) 보성, 연희, 혜화, 명륜의 네 전문학교는 1944년도부터 생도 모집을 정지한다.

(2) 경성척식경제전문학교의 신설

– 생도 모집 정수 200명 예정, 보성전문학교 교사를 사용할 예정

(3) 경성공업경영전문학교 신설

– 생도 모집 정수 150명 예정, 연희전문학교 교사를 사용할 예정

(4) 보성, 연희, 혜화, 명륜 4교의 현재 생도는 지망에 따라 경성척식경제전문학교 또는 경성공업경영전문학교의 해당 학년에 전입학한다.

(5) 네 곳의 전문학교 재적생으로 1943년도 임시징병검사 및 1943년도 육군특별지원병임시채용규칙에 따라서 입영 또는 입단한 자가 제대 귀환할 때는 희망에 따라 경성척식경제전문학교 또는 경성공업경영전문학교의 해당 학년에 복학시킨다.[70]

이 조치에 따라 1944년 신학기부터 경성법학전문학교와 경성고등상업학교는 합쳐져 입학정원 200명의 경성경제전문학교로 통합되었다. 보성전문학교는 경성척식경제전문학교로 되었으나 입학정원은 200명을 유지하였고, 연희전문

70 大野謙一, 「戰時教育非常措置に依る專門學校及中等學校の轉換 整備に就て」, pp.9~11.

학교는 경성공업경영전문학교로 되면서 3개과 입학정원 180명에서 2개과 150명으로 입학정원이 30명 축소되었다. 혜화, 명륜은 이화, 숙명과 마찬가지로 청년연성소로 되었다. 결국 경성법학전문학교의 통폐합에 의한 50명 감축, 연희전문 30명 감축, 혜화, 명륜, 이화, 숙명의 모집 정지에 의해 문과계 전문학교 입학정원은 400여 명 축소되었다. 조선총독부는 "문과계 전문학교 입학정원은 1943년의 830명에서 220명 즉 4분의 1이 감축되었다"고 하지만 실제 전문학교 입학정원은 50% 감축되었다. 특히 경성법학전문학교와 사립전문학교는 조선인 재학자의 비율이 압도적으로 높았는데, 문과계 정원 감소는 고스란히 조선인 전문학교 입학 기회의 축소로 귀결되었다. 그럼에도 조선총독부는 일본은 1/2 감축되었으나 조선은 1/4 감축되었다며 그들의 성과로 선전하였다.

> 내지가 전년도의 2분의 1 내지 3분의 2로 대폭 감축했던 것에 비해 조선은 겨우 4분의 1 감축으로 그치게 된 까닭은 내지의 감축에 따라 문과계로의 내지 진학이 상당히 곤란할 것임이 예상되어, 그것을 당분간 완화시키는 의도에 따른 것입니다.
>
> 이는 국가의 요무에 부응하여 문과계를 축소하고 이과계를 확충한다는 방책에 순응하는 조치임은 물론입니다. 동시에 반도에 부하하는 생산증강의 사명에 비추어, 문과계 교육의 중심을 산업경영 담당자 육성에 두고, 나아가 대동아 각 지역의 건설 공작에 헌신하는 인재를 양성하는 것을 꾀하는 것입니다.[71]

일본의 문과계 정원 축소로 조선인의 일본 유학이 어려워질 것이라는 예측은 당시 실정과는 거리가 있었다. 1943년 9월 문과계 학생의 징집 유예 정지 조치로 인하여 일본인 법문계열 학생은 곧바로 징집되고 있었으나 조선적을 가진 조선인 학생은 징집되지 않고 있었다. 이로 인해 일본인 학생들 사이에서

---

71 大野謙一, 「朝鮮に於ける戰時教育非常措置の概要」, 『文教の朝鮮』 220호, 1944.3, p.14.

조선인 학생들에 대한 불만이 고조되었고, 조선인에게도 지원이라는 형식을 빌려 군대로 나갈 것이 종용되어 1943년 후반기부터 귀국하는 학생들이 늘어나고 있었다. 이 상황에서 "내지의 감축에 따라 문과계로의 내지 진학이 상당히 곤란할 것"은 밖으로 내세운 명분에 불과하였다.

「교육에 관한 전시비상조치 방침」에 따라 조정된 1944년 이후의 전문교육 기회는 이과계열의 확장이라고 하지만 실질적으로는 관·공·사립을 불문하고 의학계열이 가장 많이 늘어났고, 공업, 농업, 수산의 실업계열과 수학, 물리, 지리 등의 이과계 교원 양성 계열이 늘어났다. 사범계열과 의학계열 중심으로 특히 지역의 전문교육 기회가 실질적으로 늘어났다. 물론 증가된 이과계열의 교육기회가 조선인에게 얼마나 돌아갔는지는 의문이다.[72]

전문학교 입학정원 확대는 제3차 조선교육령 이후 실업계열의 전문교육 기회 확대 경향의 연장선으로 다급한 전시 상황에서 비상조치로 추진되었다. 일본 본국의 내각 결의에 힘입어 조선총독부는 추진 계획을 세웠으나 재정 확보에 필요한 재무국장의 협력을 얻기 어려웠고, 대학운영자 입장에서는 막대한 재정 투여가 뒷받침되지 않는 증원은 교육의 질 저하로 연결되기 때문에 협조적이기 어려웠다. 하지만 전시 상황에서 전시 필요 인력 양성이라는 목적에서 이루어진 교육기회 증대는 오히려 이공계와 교원 양성 계열의 일본인 학생들에게는 징집 면제 혹은 유예의 합법적 통로로 작동할 가능성이 있었다. 그 때문인지 입학 지원자가 적지 않았고 정원 초과 모집도 공공연히 이루어졌다. 모집이 정지되거나 폐교된 학교에 다니던 학생들의 경우에도 군무 이후에 편입의 길이 열려 있어 실질적인 전문학교 재적자 수는 보다 많았을 것이다.

결전체제 아래서 이루어진 전문학교 입학정원 확대는 남설의 성격이 강하여

72 창씨개명으로 합격자의 민족별 구성을 알기 어렵지만 〈표 1〉의 1943년 이전 학생 민족별 비율을 보면 조선인에게 유의미한 전문교육 기회 증가가 있었다고 보기 어렵다.

교육의 질이 담보되기 어려웠다. 게다가 실질적으로 교육의 운영이 가능했는지도 의문이며, 전쟁협력체제 아래 교육이 이루어진다 하더라고 교육내용과 방법은 근로동원 강화와 교련의 강화가 중심이었다.

> 하나는 근로동원의 강화입니다. 종래에는 여름휴가와 그외 시기에 1년간 30일 내지 60일간의 근로봉사를 해왔습니다. 금일 일각을 다투는 생산 증강을 위해서는 싸우는 국민의 한 사람으로서 학도 역시 노무요원으로서 동원되지 않으면 안 됩니다. 즉 연간 3분의 1을 근로동원으로 채우고, 장기간에 걸쳐 농촌 공장 광산 등에서 근로하는 것도 가능합니다. 학교는 농장과 연계하고 공장과 통하게 되었습니다. 농장 공장을 통해 직접 전력을 증강하는 데 힘을 쏟아야 합니다. 이러한 근로동원에 의해 결국 정신훈련은 강화되고 기술은 실제적 향상을 보게 될 것입니다. 둘째는 교련의 강화입니다. 문무일체의 우리나라에 기초해 교육이 군교일치軍敎一致하지 않으면 안 된다는 것은 거듭 말할 필요도 없습니다. 하물며 근래 총을 들고 전선으로 나갈 할 청소년 연성의 학원이 다시금 군무예비훈련소, 예비사관학교로서의 성격을 농후하게 발휘하는 것은 당연합니다.[73]

특히 법문계열의 학생들은 1943년 10월 이후 육군특별지원병임시채용규칙에 따라 '지원'이라는 명목으로 입대를 강요당했고, 군무요원이나 근로요원으로 지원하지 않으면 학무국장은 "비국민의 오명을 띠게 될 것이며, 국가총동원법에 의하여 단호히 처벌할 것"[74]이라고 위협하였다.

73 大野謙一, 「朝鮮に於ける戰時教育非常措置の概要」, p.16.
74 『경성일보』, 1943.11.22; 이상의, 앞의 글, 128면 재인용.

3) 전문교육과의 설치

조선총독부 학무국 업무는 시기에 따라 차이가 있지만 크게 학무, 편수, 사회사회교육, 연성의 세 영역으로 구성되었다. 사회교육 업무의 담당 부서는 종교과, 사회과, 사회교육과, 연성과, 교무과, 원호과 등으로 명칭이 바뀌면서 관장 업무의 확대 및 축소 등의 변화가 있었다.[75] 그러나 학무과와 편수과는 큰 변화가 없었고, 학무과에서는 주로 ① 교육, 학예에 관한 사항 ② 교원에 관한 사항 ③ 학교 및 유치원에 관한 사항 ④ 기상대에 관한 사항 ⑤ 교직원 공제조합에 대한 사항 ⑥ 보물, 고적, 명승, 천연기념물 등의 조사 및 보존에 관한 사항 ⑦ (학무)국내 타과의 주관에 속하지 않는 사항[76]을 담당하고 있었다. 따라서 전문학교 관련 업무를 담당하는 부서는 학무국 학무과였다.

총독부는 전문학교 수와 학생 수가 늘어나고 특히 근로동원, 군사훈련, 징병 업무의 중요성이 강조되자 1944년 11월 22일 학무과를 전문교육과와 국민교육과로 나누어, 전문교육 관련 업무 담당 부서를 처음으로 만들었다. 전문교육과의 설치는 1944년 7월 아베 노부유키阿部信行, 1944.7.24~1945.8.15가 제9대 총독으로 부임하여 총독부 기구를 개편하면서 이루어졌다. 학무과는 전문교육과와 국민교육과로 나누어졌고, 연성과는 교무과와 사회과로 분리되었다. 학무국의 업무는 〈표 3〉과 같이 분장되었고, 전문교육과는 대학 및 전문학교, 이와 동등한 학교에 준하는 각종학교와 대학 및 전문학교에 부설된 교원양성기관에 관한 사항을 담당하는 것으로 되었다.

전문교육과의 업무 분장을 보면 국체의 본의에 기초한 교학의 쇄신, 학교 보건위생, 학교 교련 및 체육 훈련에 관한 사항이 강조되어 전시동원에 초점을

75 강명숙, 「일제시기 조선총독부 학무국 관료의 특징 연구」, 『아시아교육연구』 21권 1호, 2020, 322면.

76 『조선총독부 관보』, 1943.12.1 호외.

〈표 3〉 조선총독부 학무국 부서별 사무분장표(1944.11~1945.4)[77]

부서	전문교육과	국민교육과	연성과	교무과
담당 업무	1) 대학 및 전문학교, 이와 동등한 학교에 준하는 각종학교에 관한 사항 2) 대학 및 전문학교에 부설된 교원양성기관에 관한 사항 3) 국체의 본의에 기초하여 교학의 쇄신 진흥에 관한 사항 4) 학교의 보건위생에 관한 사항 5) 학교의 교련, 무도, 활공 훈련, 기타 체육 훈련에 관한 사항 6) 학위 및 이러한 류의 칭호에 관한 사항 7) 기상대에 관한 사항 8) 조선장학회 관한 사항 9) (학무)국내 타과의 주관에 속하지 않는 사항	1) 사범학교에 관한 사항 2) 중등학교, 초등학교, 유치원 및 이와 동등한 학교에 준하는 각종학교에 관한 사항 3) 서당 및 학술강습회에 관한 사항 4) 국민학교 교원 및 양호 훈도 시험에 관한 사항 5) 조선 교직원 공제조합에 관한 사항 6) 조선교육회, 기타 교육 연구 단체에 관한 사항	1) 청소년 훈련에 관한 사항 2) 청년 특별 연성에 관한 사항 3) 군무 예비 훈련에 관한 사항 4) 국민연성 및 국민 근로 교육에 관한 사항 5) 체위((體位) 향상에 관한 사항	1) 사회교화 및 사회교육에 관한 사항 2) 경학원 및 유림에 관한 사항 3) 종교에 관한 사항 4) 향사에 관한 사항 5) 보물, 고적, 명승, 천연기념물 등의 조사 및 보존에 관한 사항 6) 도서관, 박물관, 기타 관람시설에 관한 사항

맞춘 학무행정이 중요시되고 있었다. 전문교육과 및 교무과를 두게 된 상황을 조선총독부는 다음과 같이 설명하였다.

> 의무교육 제도의 실시를 목전에 맞이하고 아울러 학도 근로동원 등 결전에 즉응하는 교육행정의 변동기에 대처하기 위해 학무국 학무과를 전문교육과 및 국민교육과의 두 과로 나눈다. 유림층 및 종교가의 시국에 즉응하는 적극적 활동을 추진하기 위하여 연성과에서 교무과를 분리하여 유림 종교 및 기타 사회교육에 대한 사항을 담당하게 한다.[78]

77 『조선총독부 관보』, 1944.11.22 호외.

78 조선총독부, 「朝鮮總督府機構改革發表さる」, 『朝鮮』 354호, 1944.11, 75면.

전문교육과 과장으로는 11월 27일 가지카와 유타카梶川裕가 임명되었다. 그는 1930년 이후 농정 식산 영역에서 일하던 사람으로 1941년 조선총독부 수산과장으로 재직할 때에 부산고등수산학교 설립을 주도했다. 한편 국민교육과 과장에는 1934년 이후 지방 경시로 지내다 1941년도부터 도 경찰부 사무관으로 있던 야마무라 히사쿠山村仁策를 임명하였다.

전문교육과장 임명 이틀 후인 1944년 11월 29일 학무국은 「1945년도 경성제국대학 예과와 관립전문학교 등에 입학할 생도 수, 선발요항과 출원 수속」을 발표[79]하여, 전문학교 입학시험에서 교과지식을 묻는 학력시험을 없애고, 일반적인 수학 능력을 잰다는 명분으로 시국 인식을 묻는 필답 혹은 구두 논술시험을 보도록 하였다. 이는 1945학년도부터 전문학교 입학시험 방식을 바꾸기로 한 일본 내지의 문부성의 조치를 조선에도 시행하는 조치였으나 새로 생긴 전문교육과가 담당해야 할 실무였다.

하지만 전문교육과는 5개월여 만인 1945년 4월 17일 국민교육과와 합쳐져 다시 학무과로 통합되었다. 전문교육과는 사라졌고, 학무과 분장 사무는 이전과 유사하게 회귀하였다. 전문교육과장 가지카와가 학무과장을 맡게 되었다. 전문교육과의 폐지는 1945년 4월 이후의 수업 정지 조치와 연관이 있었다. 게다가 국민교육과 업무와의 연계성이나 업무 분장의 효율성도 높지 않았고, 간부진으로 식량 증산 업무 경력자를 투입한 결과 고등교육 업무 전문성도 높지 않았다.

전문교육과와 국민교육과를 나누고 다시 합치는 일련의 과정은 엄창섭嚴昌燮, 武永憲樹, 1944.8.17~1945.8.15 조선인 학무국장의 재직 시기에 이루어졌다. 하지만 그의 지도력 아래 학무행정 내부의 필요에 의해서 이루어진 일이라고 보기 어렵다. 당장 군 인력으로 동원 가능한 대학 및 전문학교 학생들의 효율적인 전시동원과 근로동원의 필요라는 외부의 요구에 의해 전문교육과가 설치 운영되

79 『조선총독부 관보』, 1944.11.29.

었던 것이다. 대학 및 전문학교 업무를 다루는 부서가 처음으로 생겼다는 것은 의미 있는 일이지만 전문교육과의 설치 의의를 교육적으로 높이 평가하기는 어렵다.

1945년 신학기 들어 전문학교는 수업을 전면 정지하고 학도대를 통한 상시 동원 체제의 단위로 전환하였다. 1945년 3월 18일 「결전교육조치요강」으로 국민학교 초등과 이외의 학교는 수업을 1년간 정지[80]하게 되었고, 교직원과 학생들은 학교마다 조직된 학도대를 통하여 동원되었다. 이어 1945년 5월 22일 전시교육령이 공포되고, 7월 1일에는 「전시교육령시행령」이 발표되었다. 이에 따라 1945년 7월 18일부터 1946년 3월까지 국민학교도 수업을 정지하고, 미군의 폭격에 대비하여 경성, 인천, 평양, 부산의 학생을 다른 곳으로 소개하는 계획[81]이 세워졌다. 전문학교의 경우 1945학년도 초부터 학교는 열었으나 수업은 정지되었고, 학생들은 지원병으로 군대에 가거나 근로동원과 군무훈련에 나날을 보내고 있었을 뿐이었다.

4. 전시동원의 통로가 되다

이 글에서는 1938년 제3차 조선교육령 개정 이후 총독부에서 전문학교 교육 목적으로 충량유위한 황국신민의 양성을 내세우며 교학쇄신을 추진하고, 전문학교 특히 사립전문학교에 대한 관리 통제를 강화하며, 교육내용 및 방법에서 국체명징을 강조하는 과정을 살펴보았다. 그리고 제4차 조선교육령 개정과 전시비상조치를 통해 전문학교 입학정원을 기형적으로 조정하고, 연성을

80 『매일신보』, 1945.4.7.
81 『매일신보』, 1945.7.16.

강조하는 일본적 교학체제를 정립하려는 시도를 살펴보았다. 전쟁 수행 인력 양성과 동원의 통로로 전문학교를 효율적으로 활용하려는, 전시동원체제의 구축이라는 큰 틀에서 전문학교 정책이 추진된 것은 두말할 필요도 없다.

교육 운영의 실제 면에서 보면 교련뿐만 아니라 일본학 교과를 필수로 가르치도록 함으로써 조선인에게 황국신민으로서의 정체성을 심고자 하였으며, 학무국에 전문교육과를 설치하여 곧바로 전방 배치가 가능한 전시 인력을 조직적으로 관리 통제 동원하고자 하였다.

전문교육 기회 면에서 보면 실업계 관립전문학교를 증설하여 관립전문교육의 기회를 늘렸고, 평양과 대구의 사범학교를 전문학교로 승격하고 광주와 함흥에 공립의학전문학교를 신설하여 지역의 전문교육 기회를 늘렸다. 또 사립의 의학계열과 여성 전문교육 기회도 늘어났다. 그러나 증가된 전문교육 기회는 총량적으로 보면 전문학교 입학정원이 늘어나는 형태였지만 일본인 학생의 증가 비율이 두 배 정도로 훨씬 높아 상대적으로 조선인에게 돌아온 것은 적었다. 전문교육 기회 제공의 민족 간 차별이 더욱 심화되었다. 조선인이 주로 다니던 문과계 사립전문학교는 이사진이 개편되거나 나아가 폐쇄 또는 강제적으로 척식경제, 공업경영전문학교로 전환되어, '민족사학'으로 기능할 장소적 가능성이 축소되었다. 기형적 전문교육 기회 제공으로 인해 주로 문과계 사립학교 학생이었던 식민지 조선인 학생들은 지원병으로 전장에 나가거나 생산현장으로 동원되었지만 실업계 관립전문학교, 의학계열, 교원양성계열의 일본인 학생들에게 전문교육 기회는 징집 면제와 유예의 통로로 활용될 수 있었다. 식민지 조선의 전문학교에서 전시기에 이루어진 일본학 교과의 도입과 입학정원 확대, 교敎와 연성을 강조하는 '일본적' 교학체제 정립은 일본인에게는 양지에 설 기회를, 조선인에게는 음지로 내몰리는 위기를 늘리는 이율배반의 장치로 기능하였다.

1937년 중일전쟁 시작 시기와 태평양전쟁 개전 초기, 전시 통제가 파탄나는 시기1943.2~1944.7, 태평양전쟁 말기 등 전황에 따라 전문학교 정책이 수시로 변하고, 동원과 통제의 강도가 차원을 달리하며 강화되었다. 미나미 총독과 시오바라 학무국장 시기에는 제3차 조선교육령 개정과 공립사립전문학교규정 개정이 있었고, 고이소 구니아키小磯國昭 총독 시기1942.5~1944.11에는 내외지행정일원화 조치가 시행되는 가운데 제4차 조선교육령 개정이 추진되었고, 전시비상조치가 발표되었다. 아베 노부유키 총독 시기1944.11.22 이후에는 전문교육과의 설치와 폐지, 결전조치에 따른 학교 폐쇄 등이 있었다. 전시체제기를 하나의 시기로 묶어서 황민화나 교육 파멸로 그 성격을 논의하기보다 이러한 차이에 주목하여 정책 전개와 각 개별 학교의 대응, 조선인들의 선택에 대해 정교한 논의를 펼칠 필요가 있다. 이를 위해 앞으로 이 시기 전문학교 연구에서 일본 본국과의 행정일원화나 군부의 영향력을 강조하더라도, 집행자인 조선총독을 비롯한 조선총독부 학무관료의 행위자성과 조선인의 주체성에 주목하여 정책 변화와 실제 전개를 학교별로 특히 관·공립전문학교와 사립전문학교로 나누어 미세하게 살펴보는 것이 필요하다.

참고문헌

『매일신보』, 『부산일보』, 『조선시보』, 『조선일보』, 『조선총독부 관보』, 『삼천리』, 『朝鮮』, 『文教の朝鮮』, 『조선제학교 일람』, 『국사편찬위원회 조선총독부 직원록』.

「朝鮮に於ける教育ニ對スル方策」, 1937.

政務總監, 「朝鮮學制改革その他の問題」, 1938.

八木信雄, 「學制改革と義務教育の問題」, 綠旗聯盟, 1939.

「朝鮮教育令改正案要綱」, 『文教の朝鮮』 210호, 1943.

田中武雄, 「教育に關する戰時非常措置方針」, 『文教の朝鮮』 224호, 1944.

近藤英男, 「學徒勤勞動員の要義」, 『文教の朝鮮』 216호, 1944,2.

尾高朝雄, 「朝鮮教學論」, 『文教の朝鮮』 219호 및 223호, 1944.

大野謙一, 「朝鮮教育令の改正とその實施に就て」, 『文教の朝鮮』 210호, 1943.

________, 「半島に於ける理工科教育並に師範教育の劃期的擴充に就て」, 『文教の朝鮮』 220호, 1944.

________, 「戰時教育非常措置に依る專門學校及中等學校の轉換 整備に就て」, 『文教の朝鮮』 220호, 1944.

________, 「朝鮮に於ける戰時教育非常措置の概要」, 『文教の朝鮮』 220호, 1944.

大關將一, 『日本學』, 理想社出版部, 昭和16.

강덕상, 정다운 역, 『일제강점기 말 조선학도병의 자화상』, 선인, 2016.

강명숙 외편역, 『교육정책 (1) - 교육칙어와 조선교육령』, 동북아역사재단, 2021.

____________, 『교육정책 (2) - 일제강점기 교육 논설』, 동북아역사재단, 2021.

강명숙, 「일제말기 학생 근로 동원의 실태와 그 특징」, 『한국교육사학』 30권 2호, 2008.

______, 「일제시기 조선총독부 학무국 관료의 특징 연구」, 『아시아교육연구』 21권 1호, 2020.

김자중, 「일제강점기 전문학교에 관한 연구」, 고려대학교 박사논문, 2018.

______, 「전시체제기(1937~1945) 조선총독부의 전문학교정책의 성격 규명」, 『교육문제연구』 32권 3호, 2019.

문부성 편, 형진의・임경화 편역, 『일본 신민족주의 전환기에 『국체의 본의』를 읽다』, 어문학사, 2017.

민족문제연구소 편, 『일제하 전시체제기 정책사료총서 제39권-황국신민화정책 10』, 한국학술정보, 2000.

서울대학교 ·서울대학교총동창회, 『국립서울대학교 개학 반세기사(1895~1946)』, 2016.
신주백, 「일제말기 조선인 군사교육-1942.12~1945」, 『한일민족문제연구』 9호, 2005.
______, 「일제의 교육정책과 학생의 근로동원(1943~1945)」, 『역사교육』 78호, 2001.
연세대학교백년사편찬위원회,『연세대학교 백년사』 (1), 연세대 출판부, 1985.
윤해동, 「식민지기 유교 고등교육과 명륜전문학교」,『한국민족운동사연구』 102집, 2020.
이상의, 「태평양전쟁기 조선인 전문학생·대학생의 학도지원병 동원 거부와 '학도징용'」,『역사교육』 141호, 2017.
이형식, 「고이소 총독 시기(1942.5~1944.7) 조선총독부의 운영과 통치이념」,『일본역사연구』 52집, 2020.
임이랑, 「전시체제기 鹽原時三郎의 황민화정책 구상과 추진(1937~1941)」, 『역사문제연구』 29호, 2013.
정준영, 「식민지관학과 '민족사학'의 사이-중앙불교전문학교와 식민지 전문학교체제」, 『사회와역사』 128호, 2020.
표영수, 「일제강점기 조선인 지원병제도 연구」, 숭실대 박사논문, 2008.

제2부

전문학교에서 학문하기와 식민지에서 지식인 되기

일제하 전문학교와 사회학 교육*

김필동

1. 들어가며

한국에 사회학이 처음으로 소개된 것은 대한제국 후반기인 1906년경으로 알려지고 있다. 물론 그 이전인 1880년대부터 사회학적 지식사상의 일부가 유길준·윤치호·서재필 등 개화사상가들에 의해 수용되었지만신용하, 2013, '사회학'이란 학문의 명칭과 함께 소개된 것은 이인직이 1906년 11월에서 1907년 3월에 걸쳐 (5회로 나누어) 『소년한반도』에 '사회학'을 소개한 데서 비롯된다.최재석, 1974 당시 『소년한반도』에는 사회학 외에도 많은 근대 학문과 근대 지식의 개념들에 대한 간략한 소개 글들이 실렸는데, 이런 근대 학문의 하나로 사회학이 소개된 것이다. 이인직은 일본에 공부한 경험이 있었는데, 그때 수강한 강의와 일본 책들의 영향하에 이 글을 작성했을 것으로 추정된다.[1] 이후 장지연이 사회학을 중국 문헌을 참조하여 '군학群學'으로 지칭하면서 간단히 (단 두 줄로) 소개한 책자장지연, 1909도

* 이 글은 다음 글을 일부 수정한 것이다. 김필동, 「한말·일제하의 사회학 교육(1906~1945)–전문학교를 중심으로」, 『사회와 역사』 130집(1921년 여름), 한국사회사학회, 9~79면.

1 이인직의 글은 5회에 걸쳐 연재되었지만, 모두 합해도 7~8면에 불과한 짧은 글이었다.

발견되지만, 당시 이미 대세는 '사회학'이었다. 이는 일찍부터 일본유학생이 다른 나라 유학생을 압도하고 있었고, 통감부 설치 이후에는 근대 지식학문의 통로로 일본의 영향을 더욱 강하게 받고 있었던 상황을 감안하면 당연한 일이었다.[2]

그러나 사회학이 사회지도층과 지식인 사회, 나아가 학구열이 왕성한 청년층의 관심사로까지 확장이 되는 것은 사회학이 학교의 교육과정에 반영되고, 청년 학생들에게 교육과 학습의 대상이 되는 것을 통해 이루어질 것이다. 이 점에서 이 글은 사회학의 수용과 전개를 일제하 전문학교에서 이루어진 사회학 교육의 실태를 통해 살펴보려는 것이다.[3] 사회학 교육의 실태는 학교별로 다루되, 학칙에 나와 있는 교과과정과 강의를 담당한 교원 개개인을 순서에 따라 살펴보고자 한다. 교원은 교육 배경과 강의를 담당하게 된 경위를 살펴보고, 강의 지속 기간과 교육 내용에 대해서도 가능한 한 살펴보고자 한다. 또 이런 내용들을 종합하여 각 학교의 사회학 교육의 전체적인 특징과 그것이 갖는 역사적 의의에 대해서도 살펴보고자 한다.

2. 사회학 교육의 전사前史 및 출발

1) 사회학 지식의 초기 수용 상황

앞서 언급한 사회학에 대한 이인직의 소개글에서 보는 것처럼, 주로 일본의 대학대부분 전문학교에 유학했던 사람들이 당시 일본에서 유행하던 사회학 및 사회

2 일본에서는 사회학의 도입 초기에 sociology의 번역어로 여러 대안들이 제시되었지만, 19세기 말에 이미 '사회학'으로 정리되었으며(한영혜, 1991), 중국에서도 일본의 영향으로 1900년대 후반에는 '군학'이 아니라 '사회학'이 이미 대세였다.

3 검토의 대상이 된 전문학교는 일제하의 관공립 및 사립전문학교를 모두 포함한 것이었으나, 실제로 사회학 강의가 이루어진 곳은 조선인이 주로 재학한 사립전문학교뿐이었다. 자세한 것은 본문 내용을 참조할 것.

진화론의 영향을 많이 받았음은 주지의 사실이다. 그러나 초기에는 중국으로부터 받은 영향도 적지 않았다. 이런 정황과 관련하여 주목되는 것은 1906년 3월에 평양에 창립된 대동서관大同書觀이 수입한 사회학 서적들이다. 1906년 6월 8일 또는 10일 자 신문에는 역사와 지리 및 다른 전문분야의 수입 서적들과 함께 사회학 및 철학사회진화론에 가까운 서적의 책명이 열거되어 있는데, 그 중 일부를 소개하면 다음과 같다.[4]

> 사회진화론社會進化論, 인군진화론人群進化論, 족제진화론族制進化論, 사회주의社會主義, 사회학社會學, 종교진화론宗敎進化論, 군학이언群學肄言, 인종지人種志, 근세사회주의近世社會主義, 혼인진화론婚姻進化論, 사회개량론社會改良論, 인종개량론人種改良論 이상은 사회학12종
>
> (…중략…) 다윈의 천택론天擇論, 다윈의 물종유래達爾文物種由來 (…중략…) 오경경절본천택론吳京卿節本天擇論, 천택물경론天擇物競論, 천연론天演論, 도덕·법률 진화의 이치道德法律進化之理, (…중략…) 이상은 철학모두 18종 중 사회학에 가까운 책만 뽑은 것임

이 목록에는 책의 제목漢字名만 나와 있어 분명하지 않지만, 중국책과 일본책이 섞여 있는 것 같은데, 처음에는 수입처가 중국 상해였으니,[5] 중국책 판본이 적지 않았을 것이다. 그러나 중국책 중에는 서양책을 번역한 것은 물론, 일본책을 번역한 것도 다수 포함되었을 것으로 생각된다.[6]

---

4 전체 목록은 사학총서(史學叢書), 지리학, 정치 및 법률학, 사회학, 철학으로 분류되어 있으며, 모두 142종의 책명이 수록되어 있다. 『황성신문』 1906년 6월 8일 자 등(당시 신문에 이런 광고가 많이 실렸다).

5 1906년 6월 1일 자 『황성신문(皇城新聞)』에는 "본관(本觀)에서 상해로부터 수입해온 책이 3,200여 종"이라고 하면서, 1차로 수십 종의 중학교(급) 교과서의 목록을 제시하고 있다.

6 책명만으로 단정하기는 어렵지만, 사회진화론과 종교진화론, 족제진화론은 아리가 나가오(有賀長雄, 1860~1921)의 사회학 3부작(1883~1884 출간)의 원본 또는 번역본이었을 것이다. 『군학이언』은 스펜서의 *The Study of Sociology*를 옌푸(嚴復)가 번역한 것이다.

위 내용은 평양의 대동서관이 수입한 책에 국한된 것이지만, 대동서관 외에도 중국에서 신서를 구입해 왔다는 서적상들의 신문 광고는 이 시기에 왕왕 접할 수 있다. 이렇게 보면, 서적의 수입면에서 본 사회학의 초기 수용은 중국을 통한 루트가 앞섰던 것으로 생각된다. 아마도 일본 유학생 외에는 일본어보다는 한문에 익숙한 지식인이 많았기 때문이었을 것이다. 그러나 통감부 설치 후 일본의 영향력이 증대하고, 일본어 학습 열풍이 일어나면서 서적의 수입 또한 일본책이 점차 우세하게 되었을 것이다.[7]

2) 보성전문학교의 사회학 교육 계획

이런 상황에서 사회학 교육에 관심을 가졌던 최초의 고등교육기관이 나타났으니, 바로 '보성전문학교普成專門學校'였다. 보성전문학교이하 '보전'는 1905년 4월에 설립된 한국 최초의 사립 고등교육기관이었다. 보전의 설립은 고종의 측근이자 내장원경內藏院卿을 역임했던 이용익에 의해 주도되었는데, 고종황제의 특별한 관심과 지원하에 개교했고, 운영되었으므로 사실상 황립皇立학교나 다름없었다. 당시 이용익은 신해영申海永을 교장으로 초빙하고 학교 설립과 운영을 전적으로 맡겼는데, 신해영은 이용익의 뜻에 감격하여 두세 동지와 함께 이 일에 매진했다고 한다.배항섭, 2004 그런데 이 글의 주제와 관련하여 주목되는 것은 보전에서 사회학 과목을 교과과정에 최초로 반영하는 시도가 이루어졌다는 점이다.

보전은 개교 당시 법률학法律學전문과와 이재학理財學전문과 두 과모두 2년제로 출발하였다. 개교 당시의 교과과정을 보면, 모든 과목은 법률학 및 이재학 과목으로 구성되었고,[8] '사회학' 과목은 들어있지 않았다. 그러나 개교 2년 뒤인 1907

---

7 『대한매일신보』 1907년 5월 4일 자 4면에는 '일한서방(日韓書房)'이란 이름의 서점이 일본 동문관(同文館) 특약점을 표방하며 각종 '교수세목(教授細目) 및 교수안(教授案)' 도서 광고를 내고 있는데, '잡서(雜書)'란 항목 속에 당시 일본의 대표적인 사회학자 엔도 류우기치(遠藤隆吉)의 『社會學』과 『社會史論』, 다께베 돈고(建部遯吾)의 『經世時言』이 포함되어 있다.

년에는 두 과의 교과과정을 3년제로 개편하고, 이재학전문과는 경제학전문과로 명칭을 변경하였는데, 이때 다음 〈표 1〉과 같이 '사회학'을 포함시킨 새로운 교과과정표를 제시하면서 학생모집 광고를 냈던 것이다.[9]

〈표 1〉 1907년 개정 교과과정(3년제)—법률학과

제1학년		제2학년		제3학년	
제1학기	제2학기	제1학기	제2학기	제1학기	제2학기
법학통론	법학통론	형법각론	형법각론	채권법3	채권법3
헌법론	헌법론	채권법2	채권법2	상속법론	상속법론
형법총론	형법총론	친족법	친족법	해상법(海商法)	해상법(海商法)
민법총론	민법총론	물권법2	회사법	전시국제공법	전시국제공법
물권법1	물권법1·2	상행위	어험법(魚驗法)	국제사법	국제사법
채권법1	채권법1·2	어험법(魚驗法)	평시국제공법	민사소송법	민사소송법
상법총론	상행위	평시국제공법	형사소송법	파산법(破産法)	파산법(破産法)
경제학	경제학	형사소송법	민사소송법	행정학범론(行政學汎論)	행정학각론(行政學各論)
구성법	구성법	민사소송법	재정학	논리학	논리학
		재정학	사회학	의률의판(依律依判)	의률의판(依律依判)
		사회학	의률의판(依律依判)		

〈표 2〉 1907년 개정 교과과정(3년제)—경제학과

제1학년		제2학년		제3학년	
제1학기	제2학기	제1학기	제2학기	제1학기	제2학기
경제학	재정학	상법경제	상업경제	조세각론	조세각론
화폐론	화폐론	상업총론	통계학	세계예산론(歲計豫算論)	세계예산론(歲計豫算論)
은행론	은행론	상행위법	상행위법	공채론(公債論)	공채론(公債論)
법학통론	법학통론	회사법	회사법	국제무역론	국제무역론
민법총론	민법총론	어험법(魚驗法)	어험법(魚驗法)	해상법	해상법
물권법	물권법	채권법	채권법	파산법	파산법
채권법	채권법	사회학	사회학	국제공법	국제공법

8 전공 이외의 교양(도구)과목으로는 '산술(算術)'이 들어있을 뿐이었다.

9 이 「광고」는 『法政學界』 제2호(1907년 6월호) 말미에 실려 있다.

제1학년		제2학년		제3학년	
사회학	사회학	조세원론	조세원론	국제사법	국제사법
산술	산술	행정학	행정학	부기학(은행)	부기학(은행)
	외국어	부기학(상업)	부기학(상업)	산술	산술
	헌법	산술	산술	외국어	외국어
		외국어	외국어		

두 표에 의하면, 법률학전문과는 2학년 1, 2학기에 걸쳐, 경제학전문과는 1학년과 2학년 1, 2학기에 걸쳐 사회학을 수강하도록 되어 있다. 이례적이라 할 정도로 과목시간을 많이 편성한 것이다. 그러나 이 교과과정에 따라 실제 교육이 이루어진 것 같지는 않다. 보전의 교우회지인 『법정학계法政學界』의 제6호1907년 10월호에는 바뀐 교과과정이 적용된 법률학과 및 경제학과 「제1학년 제1학기 수업정도표제3회」가 있는데, 여기에는 '사회학' 과목이 포함되어 있지 않기 때문이다. 또한 『법정학계』의 남아있는 다른 호에는 시험月終 또는 期末을 치른 과목명과 과목별 시험문제가 수록되어 있는데, 여기서도 '사회학' 과목 시험을 치렀다는 사실은 발견할 수 없다. 따라서 보성전문의 경영진이 1907년 교과과정을 개편하면서 '사회학' 과목의 필요성을 느끼고 이를 교과과정에 편성해 넣었지만, 적합한 교수요원을 구하지 못했고, 재정상의 어려움도 있어서 실제 설강에는 이르지 못한 것으로 보인다.

이처럼 비록 대한제국기의 보성전문에서 사회학 교육을 실시하지는 못했지만, 사회학 과목을 교과과정에 편성하려 했던 경영진의 의도 또는 문제의식에는 주목할 필요가 있다고 생각한다. 이는 교장申海永을 비롯한 경영진이 당시 최고의 인재를 길러내는 데 사회학이 꼭 필요했다고 생각했기 때문이다. 이는 사회학 과목을 두 학기법률학과 또는 네 학기경제학과나 편성하려 했던 것만 보아도 알 수 있다. 왜 사회학이 필요하다고 생각했는지를 알 수 있는 직접적인 단서는 없다. 그러나 보전 학생들이 법률학·경제학과 같은 전문지식을 습득하는 외에 열강 쟁투의 시대에 세계정세를 이해하고 사회진화의 원리를 터득하는 데 필요한 기초이론으로 사회학에 주목했기 때문으로 생각된다. 결국 당시 당면 과제인 국권회복운동을 전개하기 위한 문제의식을 기르기 위해 사회학 과목을 교과과정에 넣었던 것이라고 생각된다. 비록 이렇게 계획된 교육이 실천되지는 못했지만, 사회학 교육에 대한 이러한 문제의식은 1922년 보성전문학교가 재건될 때 교과과정에 다시 반영되는 것으로 계승되었다.

3) 경신학교 대학과에서의 사회학 교육 계획

대한제국이 일본에 강제 병합되기 직전인 1910년 8월 25일 자 『황성신문』에는 다음과 같은 기사가 실려 있다.

> ● **경신교儆新校 대학과大學科** 사립 경신학교에서는 대학과를 설치하기 위하여 현재 학부學部와 교섭하는 중이라더라. 신문의 문투는 현대어로 바꿈. 아래도 같음

경신학교儆新學校는 일찍이 1908년 9월에 신문에 광고를 내고, 대학과 학생을 모집한 바 있다. 이 광고에는 교과과정과목도 제시되어 있는데, 이 과목들 중에 사회학은 포함되어 있지 않았다.[10] 이 때 실제로 대학과 학생 모집이 이루어져 교육이 이루어졌는지는 불투명하다. 그러다가 1910년 8월 25일에 위와 같은 기사가 신문에 실렸고, 이어서 9월 6일에는 중학과와 대학과의 학생 모집 광고가 자세한 교과과정표와 함께 『황성신문』에 실리게 되었다. 그런데 이 과정표에는 대학과의 4학년 선택과목選科으로 '사회학'이 포함되어 있다. 광고의 문안에 보면, "특히 종래로 학생계에 희망하던바 대학과를 신설하여 완미한 교육을

---

10 『대한매일신보』 1908년 9월 3일 자. 이후 9월 16일 자까지 대한매일신보와 황성신문에 여러 차례 광고가 게재되었다.

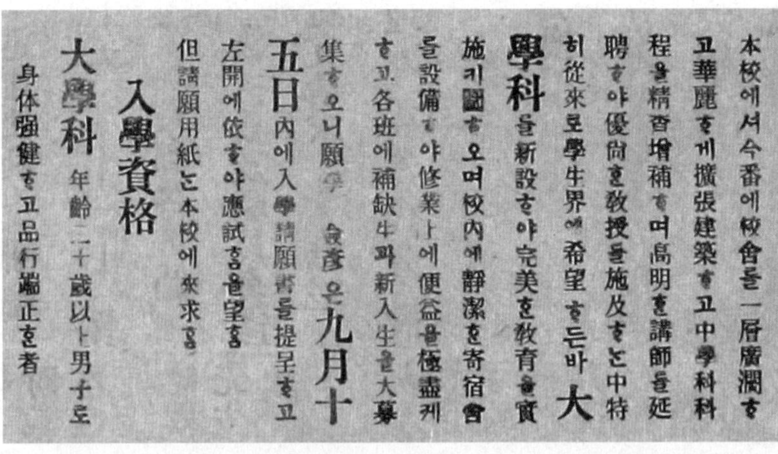

●學員募集廣告●

本校에서今番에校舍를一層廣濶ᄒᆞ고華麗ᄒᆞ게擴張建築ᄒᆞ고中學科科程을精査增補ᄒᆞ며高明ᄒᆞᆫ講師를延聘ᄒᆞ야優尙ᄒᆞᆫ教授를施及ᄒᆞᄂᆞᆫ中特히從來로學生界에希望ᄒᆞ든바大學科를新設ᄒᆞ야完美ᄒᆞᆫ敎育을實施키圖ᄒᆞ오며校內에靜潔ᄒᆞᆫ寄宿舍를設備ᄒᆞ야修業上에便益을極盡케ᄒᆞ고各班에補缺生과新入生을大募集ᄒᆞ오니願學僉彦은九月十五日內에入學請願書를提呈ᄒᆞ고左開에依ᄒᆞ야應試ᄒᆞᆷ을望ᄒᆞᆷ
但請願用紙ᄂᆞᆫ本校에來求ᄒᆞᆷ

入學資格

大學科 年齡二十歲以上男子로身体强健ᄒᆞ고品行端正ᄒᆞᆫ者

(중간에 있는 중학과의 입학자격과 교과과정표는 생략함)

大學科

一年級	英國史	代數(高等) 幾何	化學 博物學	文法	書傳	英語 日語 上仝					
二年級	米國史	幾何 三角	化學 生物學 星學	作文法	書傳	上仝	心理學 論理				
三年級	教會史(選科)	分析幾何 測量(選科)	星學 物理學(選科)	修辭學 論文	左傳	上仝	哲學史(選科)	教育史		政法學(選科)	
四年級	現世史(選科)	微積分(選科)	地質學 化學(選科)	批評	古今文選	上仝	倫理 性理(選科)	學校管理法 教授法	經濟學(選科)	本國法律 萬國公法(選科)	社會學(選科)

〈그림 1〉 경신학교의 학생모집 광고 (부분)

실시키를 도모하오며"라 하고 있어 앞서 1908년에 학생모집 광고를 냈던 대학과의 설치는 실패했던 것임을 알 수 있다.

그런데 이 광고는 9월 8일과 10일에도 『황성신문』에 게재되었지만, 9월 13일 광고에서는 대학과의 과목표가 빠지고중학교 과목표만 제시, 광고 문안에 "단 대학과ᄂᆞᆫ 미비한 조건이 유ᄒᆞᆷ와 금추에 개학지 아니ᄒᆞᆷ"이라고 적혀 있어 이때도 대학과 설치 계획은 무산된 것임을 알 수 있다.

이처럼 경신학교 대학과의 설치가 실패로 돌아갔고, 겸하여 교과목에 사회학을 포함시키려던 계획도 실현되지 않았지만, 1915년 4월에 이르러 경신학

DEPARTMENT.	FRESHMEN.	SOPHOMORE.	JUNIOR.	SENIOR.
Biblical Instruction.	Matthew, Isa., 1 & II Thes. R 3	John, Proverbs., Phil. R 3	Hebrews., James., Minor Proph. R 3	Romans, Psalms, Daniel. R 3
Math. and Astronomy.	College Algebra R 5	Trigonometry and Surveying. R 3	Analytics. E. 3. Descriptive Astr. R. 3.	Practical Astr. E. 3. Elective Math. E. 3.
History and Economics.	Eng. Hist. E. 3.	American. E. 3.	Modern. E. 3. (European and Oriental). (2) Economics, (1) Sociology R 3	Church Hist. R. 3. Civil Law, E. 3.
Natural Sciences.	Biology. R. 3.	Adv. Botany R. 3.	Farming. E. 3.	Physiology. E. 3. Forestry. E. 3.
	Chemistry. E. 2.	Physics. R. 3.	Physics. E. 3. Chemistry. R. 3.	Geology. R. 3. Mineralogy. E. 3.
Mental and Moral Science.	Elementary Psych. and Pedagogy. E. 3.	Ethics. R. 2.	Logic. E. 3. Philosophy of Religion and Christian Sociology. E 3	Psych. R. 3. Philosophy, E. 3.
Arts of Expression	Classics. E. 2.	Book of Gov't. E. 2.	Annals of Confucius E. 2.	
	Original Essays E. 1.	Written Discussions. E. 1.	Original Orations. E. 1	Orations and Debate. E. 1.
	English. E. 3.	English. E. 3.	English E. 3.	English. E. 5.
	Japanese. E. 3.	Japanese. E. 3.	Japanese. E. 3.	Japanese. E. 5.
	Music. E. 2.	Music. E. 2.	Music. E. 2.	Music. E. 2.
Industrial Sciences.	Manual Training. E. 3.	Manual Training. E. 3	Manual Training. E. 3.	Manual Training. E. 3.
	Mechanical Drawing. R. 3.			

〈그림 2〉 숭실학교 대학부의 개편된 교과과정 (1912~13)

Catalogue of the Union Christian College and Academy, Pyeng Yang, Korea, For the Year Ending June 1913.

교 대학과와 배재학당 대학부가 합쳐서 '경신학교 대학과' 영문명은 Chosen Christian College를 사용의 이름으로 각종학교 인가를 받았으며, 이는 1917년에 연희전문학교의 설립·인가로 이어지게 되었다. 따라서 연희전문학교가 개교한 뒤 교과과정에 초기부터 사회학이 포함되었고, 이후에도 꾸준히 유지되었던 것은 이러한 계획과 시도가 오래 전부터 있었기 때문이라고 할 수 있다.

4) '숭실대학'에서의 사회학 교육의 시작 – '기독교사회학' 강의

한편 또 하나의 기독교계 학교인 숭실학교崇實學校는 경신학교보다 앞서 '대학부大學部'를 설치하였다. 숭실학교에 대학부가 설치된 것은 1906년의 일인데, 『대한매일신보』는 1906년 7월 13일 자 사설에서 이 사실을 전하면서 축하를 하고 있다.[11] 이후 이 학교는 '숭실대학' 또는 '숭실대학교'로 호명되면서, 소수지만 졸업생을 배출하고 있었다.[12] 현재 1909~10년의 교과과정이 남아있는데, 여기에는 사회학이 포함되어 있지 않다.『숭실대학교 90년사』, 1987 : 146

그런데 1912~13년에 개편된 교과과정〈그림 2〉 참조은 내용이 상당히 풍부해졌으며, 특히 자연과학과 사회과학·어학 등에 보강이 이루어졌는데, 여기에 사회학과 기독교사회학 과목이 포함되어 있었다. 다만 사회학1시간은 경제학2시간과 묶여서 3시간 과목으로, 기독교사회학은 종교철학과 묶여서 3시간 과목으로 편성되었다. 교과과정의 변화에 따라 교수진의 보강도 이루어졌는데, 이 두 과목은 1912년에 새로 부임한 편하설C. F. Bernheisel 목사가 담당했을 가능성이 있다.

---

11 「(論說)賀平壤大學校設立」, 『대한매일신보』, 1906.7.13.

12 『대한매일신보』 1910년 5월 14일 자에 의하면, '평양숭실대학교'는 5명의 졸업생을 배출하였다. 숭실학교 대학부는 영문으로는 'Union Christian College(Pyeng Yang)'로 표기하고 있었는데, 학교 운영에 미국 북장로교뿐만 아니라 감리교 선교부도 참여하고 있었으므로, 영문 교명에 'Union'을 붙였던 것인데, 당시 Union은 '합성'으로 번역되어, '합성숭실대학(교)'로 불리우고 있었다.

편하설片夏薛, C. F. Bernheisel, 1874~1958

편하설은 1874년 미국 인디애나주의 컬버Culver에서 태어났으며, 같은 주의 하노버대학1896과 시카고의 맥코믹신학교1900를 졸업한 뒤 1900년 미국 북장로교 선교사로 한국에 나왔다.[13] 1903년부터 평양신학교에서 도덕학을 강의했고, 1905년 평양 산정현교회에서 초대 목사로 시무했으며, 1912년부터 숭실대학 교수, 1930~31년 평양외국인학교 교장으로 봉직했다. 1941년 일제에 의해 본국으로 강제 송환되었으며, 1958년 인디애나폴리스에서 사망했다.김승태·박혜진 편, 1994; 곽신환, 2017[14]

그러나 실제로 편하설이 '사회학' 강의를 했을지는 불투명하다. 당시 숭실학교 이사회에 제출된 학장 겸 교장 윌리엄 베어드의 「1912~13년도 보고서」와 「1914~15년도 보고서」에는 교수진과 담당과목에 관한 항목이 포함되어 있는데, 여기에서 편하설은 "철학, 논리학, 기독교사회학, 근대사"를 담당하는 교수로 되어 있기 때문이다.

그런데 1912~13년도에 새 교과 과정이 마련되었고, 이 교과과정에서 사회학과 기독교사회학은 3학년 과목으로 되어 있으므로, 사회학 및 기독교사회학에 대한 강의는 1914년도 가을학기부터 적용되어야 했을 것이다. 따라서 위 보고서들은 편하설이 '기독교사회학' 강의는 했지만, '사회학'은 강의하지 않았음을 강력하게 시사하고 있다. 또 1시수의 사회학을 강의하려면, 2시수의 경제학도 강의해야 하는데, 편하설은 물론 다른 누구도 경제학을 담당했다는 기록이 없다. 따라서 3시수의 '경제학+사회학' 과목은 비록 필수과목R. required으로 되어 있었지만, (아마도) 적합한 교수를 구하지 못해서 강의가 이루어지지 못했던 것으로 생각된다.[15] 그러나 '기독교사회학' 강의는 비록 선택과목E. elective이었

---

13 하노버(Hanover)대학과 맥코믹(McCormick)신학교는 조선(특히 숭실학교를 비롯한 서북지방)에서 활동한 선교사들을 많이 배출한 학교이다. 이재근(2011) 참조.

14 주요 논저로 『論理略解』(1920) 외에 『神學指南』과 *Korea Mission Field*에 기고한 글들이 다수 있다. 자세한 목록은 곽신환(2017) 참조.

지만 편하설이 담당했고, 그 과목은 원래 종교철학+기독교사회학 합강으로 설계된 과목이었지만, 그가 종교철학을 담당했다는 기록은 없으므로, 기독교사회학 중심으로 강의가 이루어졌던 것으로 생각된다. 따라서 이 과목을 통해 '사회학'의 개요 또는 기초 개념에 대한 강의가 이루어졌다고 봐도 좋을 것이다. 따라서 숭실대학은 비록 부분적인 것이지만, 일제하의 고등교육기관 중에서 사회학 관련 강의를 실시한 최초의 사례로 기록할 수 있을 것이다.

이렇게 비록 제한적인 형태 및 내용으로라도 '숭실대학'에서 사회학기독교사회학 강의가 이루어지게 된 까닭은 무엇일까? 현재 남아 있는 학교 측 자료에 의하면, 1911년추정 숭실대학을 방문한 미국 장로교회 목사 마르퀴스Marquis의 권고가 있었던 점에 주목할 수 있다. 마르퀴스 박사의 이름은 당시 학장W. Beard이 1910~11년 대학이사회에 제출한 보고서에 여러 차례 등장하는데『평양숭실대학 역사자료집』 IV : 18~36, 박사 호칭 외에는 성family name만 나와 있기 때문에 인물을 특정하기 어렵다. 그러나 현재까지의 조사로는 교회교육의 전문가인 John Abner Marquis 목사로 추정되고 있다.[16] 그는 위 자료에 의하면, 당시 조선에 와서 여러 곳에서 강연도 하고 조언을 했으며, 숭실대학에 대한 후원도 했다고 한다.

그런데 마르퀴스 박사는 숭실학교를 방문한 날에 교사들의 모임에서 한국에서의 기독교 교육에 관한 제안을 했는데, 그 중에 '교육에 필요한 분과'로 신체

---

15 『평양숭실대학 역사자료집 IV · 선교자료 I』(2018), 42 · 65면 및 268 · 293면 참조. 이 『자료집 IV』에는 1915~19년 사이의 교수진과 담당과목에 관한 기록은 없다. 한편, 같은 『역사자료집 V · 선교자료 II』에는 비슷한 내용이 포함된 「숭실대학 및 학교 편람(1913년 6월까지)」이 수록되어 있는데, 여기에도 같은 내용이 들어있고, 동시에 "가까운 장래에 대학 발전을 위해 필요한 교수 요원" 리스트가 있는데(214면), '역사 및 경제학 선생'은 들어있지만, '사회학' 선생은 따로 구하고 있지 않아 이런 추론을 가능케 한다.

16 이는 확정된 사실은 아니지만, 그가 조선에 와서 한 일을 생각하면, 가능성이 있는 추정이다. 이 추정은 UCLA의 옥성득 교수님이 찾아주신 정보에 따른 것인데(미국 장로교역사연구회 HP 참조. https://catalog.history.pcusa.org/), 그는 당시 목사로서 교회 교육 분야의 권위자였던 것 같다. 저서로 Marquis, John Abner, *Learning to teach from the Master teacher*(Philadelphia : Westminster Press, 1929)가 있다.

적몸, 정신적지혜, 사회적사람들의 총애, 영성적하느님의 총애 분과 네 가지를 들고,[17] 그 중에서 '사회적' 분과의 내용을 다음과 같이 풀어서 설명했다.[18]

(3) 사회적 (예수는 사람들과 좋은 관계를 맺어 갔다)

- 시민적 의무에 대한 훈련
- 사회학적 문제들에 대한 연구
- 가정에서의 의무

이처럼 마르퀴스는 기독교 교육에서 사회 교육을 주요 분과로 포함시키고, 구체적인 항목 중에 시민의식 교육 및 가정적 의무와 함께 '사회학적 문제에 대한 연구'를 포함시켰던 것이다. 이는 특히 대학부에서 사회학 교육사회문제에 대한 연구를 포함하는이 필요함을 강조한 것이라고 할 수 있는데, 이러한 그의 제안이 자극이 되어 교과과정 개편이 이루어졌고, 그 안에 사회학 및 기독교사회학 과목을 포함시켰던 것으로 생각해볼 수 있다.

그런데, 이렇게 마르퀴스 박사의 영향으로 교과과정이 개편되었다 하더라도, 문제는 개편한 교과과정의 새로운 과목을 누가 강의할 것인가였을 것이다. 새 교과과정에 포함된 새로운 과목들을 소화하기 위해 초빙된 교수 중에 한 사람이 편하설이었고, 그에게 사회학 및 기독교사회학 강의도 맡겨졌던 것이 아닌가 생각된다. 그러나 그는 경제학과 일반 사회학을 함께 강의하는 과목은 맡지 못했고, 종교철학과 묶어 함께 강의하는 기독교사회학합해서 3시간만 강의하게 되었던 것으로 추정해보는 것이다.

---

17 이 네 가지는 다음과 같은 『누가복음』 2장 52절의 내용을 네 가지로 풀어서 설명한 것이다. "예수는 **몸**과 **지혜**가 날로 자라면서 **하느님**과 **사람의 총애**를 더욱 많이 받게 되었다."

18 아래 번역은 자료집의 번역을 옮긴 것이 아니고, 필자의 것이다.

3. 전문학교별로 본 사회학 교육의 실태1917~1944

위에서 살펴본 내용은 일제하의 조선에서 이루어진 일반 사회학 교육의 전사前史에 해당한다고 볼 수 있을 것이다. 아래에서는 이 시기에 이루어진 일반 사회학 교육의 실태를 학교별로 살펴보기로 한다.

1) 연희전문학교

교과과정

연희전문학교는 1917년 4월에 총독부의 인가를 받은 전문학교로 개교하였다. 연희전문학교이하 '연희전문'으로 약칭함 초기의 사회학 교육은 현재 남아있는 1921년과 1924년의 교과과정을 통해 알 수 있다.강명숙, 2018 : 13~14

이 표에 의하면, 연희전문 문과에서는 1920년대 초·중반에 걸쳐 사회학 교육이 이루어지고 있었음을 알 수 있다. 사회학은 문과 4학년 학생들이 주당 3시간을 수강하도록 되어 있었다. 다른 전공 중에서 신과神科의 경우에 1924년 교과과정에 사회학이 들어있었지만, 이는 명목뿐이고 실제로는 총독부에 의해 학생 선발이 금지되고 있었기 때문에 실제 교육은 이루어지지 않았다. 다만 1921년 학칙의 '신학과'당시 명칭의 교과과정에는 사회학이 없었으므로, 연전 당국이 사회학 교육을 점점 더 중요하게 생각한 분위기의 변화를 읽을 수 있다.

이후에도 연전의 학칙은 몇 차례 개정되는데, 1929년에 개정된 학칙의 교과과정에 의하면, 사회학은 문과의 4학년 학생들이 주당 2시간을 수강하는 과목으로 되어 있다. 시수時數가 줄어든 것은 영어와 교육학 과목이 세분되고 시수가 늘어나면서, 일부 과목들이 폐지되거나 시수가 조정된 데 따른 것이다. 이후에도 학칙은 몇 차례 변했지만, 사회학 강의 시수는 2시간으로 유지되었다. 다만 수강 학년은 2학년1938년 개정, 3학년1940년 개정 등으로 바뀌었다

〈표 3〉 연희전문학교 문과 교과과정의 변화

연희전문학교 문과 (1921)

교과목	시수(時數)			
	1학년	2학년	3학년	4학년
수신	1	1	1	1
국어	2	2	2	2
영어	5	5	5	5
영문학	3	3	3	3
역사	2	2	2	3
지리	1	1	1	
수학	3			
동식물 및 생리위생	4	2		
지질학 및 천문학	2			
이화학		3	3	
교육학			2	2
한문	3	3	3	
논리학 및 철학			2	2
심리학 및 윤리학			3	3
부기, 경제 및 사회학	2	3		3
음악	2	2	1	1
체조	1	1	1	1
합계	31	28	29	26

연희전문학교 문과 (1924)

교과목	시수(時數)			
	1학년	2학년	3학년	4학년
수신	1	1	1	1
성서	2	2	2	2
국어	2			
국문학		2	2	2
한문학	3	3	2	
문학개론	2			
영어	5	5	2	2
영문학	5	5	3	3
동양사	2	2		
서양사	3	3	4	5
사회학				3
법제경제		2		
경제원론			3	
철학개론			3	
철학사				3
심리학		3		
윤리학				3
논리학			2	
교육학			6	3
자연과학	3	2		
음악	1	1	1	1
체조	1	1	1	1
합계	30	32	32	29

(출처) 「1921년도 사립연희전문학교학칙」; 「1924년도 재단법인연희전문학교학칙급세칙」; 강명숙(2018 : 13~14) 참조.

그러나 1941년 말 일제는 전시체제에 맞춘 새로운 학칙 개정을 강요했고, 그 결과 1942년에 개정 실시된 학칙에는 문과와 이과도 3년제로 축소되면서 사회학 강의도 교과과정에서 빠지게 되었다.[19] 그러나 적어도 1941~42년까지

19 『연세대학교백년사』 I, 276면에 의하면, 1942년에 이루어진 '문과교수과목 개신안'(표)의 하단 주에는 "사회학, 사학개론 폐지, 자연과학 신설, 중국어 증가, 영어 · 조선문학 · 교육학 감소"라고 적혀 있다.

는 기존 교과과정으로 공부한 학생들을 위해 사회학 강의가 3학년에 개설되었던 것 같다.[20]

원한경Horace Horton Underwood, 1890~1951

그러면 연전의 사회학 강의는 언제부터, 누가 담당했던 것일까? 이에 관하여 일찍이 최재석1974 : 22은 '연전' 설립자인 원두우元杜尤, Horace Grant Underwood의 아들인 원한경元漢慶, Horace Horton Underwood이 "1918년 한국에서 최초로 대학전문학교에서 사회학 강의를 한 듯하다정석해 선생 談"고 추정한 바 있다. 같은 얘기는 연대 사학과 교수를 역임한 이종영의 다음과 같은 글에도 나타나는데, 정석해의 얘기가 일관성이 있어 신뢰할 만하다.

> 그는 문과 교수로 영어, 교육학, 심리학, 철학 등을 강의하였으며, 사회학도 강의하였다. 정석해 선생의 말씀에 따르면, 사회학이란 과목을 개설하여 강의하게 된 것은 장남 원일한이 출생한 지 얼마 되지 않은 때의 일로서1917~1918(?), 이것이 우리나라에서의 사회학 개설의 효시였다고 한다.이종영, 1982 : 54

원한경의 장남 원일한이 태어난 것은 이미 가을학기가 시작된 뒤인 1917년 10월 11일의 일이므로, 그로부터 얼마 되지 않았다면 원한경의 첫 강의는 1918년봄학기의 일로 추정하는 것이 타당할 것이다. 한편, 강명숙은 1921년도의 교과과정이 1922년의 제2차 조선교육령 개정 이전의 것이므로, 1917년 연희전문 개교 당시의 교과과정도 동일한 것으로 간주한 바 있다.2018 : 10. 주 20 만일 그렇다면 문과 4학년에 개설되는 사회학 과목이 이때 개설된 것은 좀 의아한 바가

20 후술하는 것처럼 1941~42년도에는 상과의 정래길 교수가 사회학 강의를 담당했다. 이 강의가 마지막 강의였을 것으로 생각된다.

있다. 그러나 총독부의 전문학교령에 의해 연희전문이 개교한 것은 1917년 4월의 일이지만, 전술前述한 대로 연희전문의 설립자들은 1915년 4월에 '경신학교 대학과'의 이름영문명은 Chosen Christian College를 사용으로 학교를 출범시켰고,[21] 그때 입학생이 1918년에는 4학년이 되므로, 이는 자연스러운 일이 된다. 아마도 1915년과 1916년에 입학한 학생들은 '경신학교 대학과'의 학칙교과과정을 따랐을 것이고, 그 내용은 1917년 제정된 연희전문 학칙과도 큰 차이가 없었을 것이다. 이는 또한 1908년 이래 여러 차례 학생 모집을 시도했던 경신학교 대학과가 1910년 학생을 모집하기 위해 광고에 실었던, 사회학이 선택과목으로 포함된 교과목표의 연장선상에 있는 것이었고, 그 결과 '사회학'은 1918년에 연희전문에서 처음으로 개설되었던 것이다. 지금까지의 고찰을 통해 보면, 이 강의가 한국의 고등교육기관에서 개설된 최초의 '일반 사회학' 강의로 간주해도 무방할 듯하다. 또한 그것은 꽤나 오랜 기다림 끝에 실현된 것임을 알 수 있다.

앞서 인용한 이종영의 글에는 이 최초의 사회학 강의가 조선말로 처음 행해질 때의 정황이 기록되어 있는데, 이를 옮기면 다음과 같다.

> 처음 개설됐던 과목이요, 학문이었던지라, 영어로 된 학술 용어를 우리말로 옮겨 교수하였는데 무척 고심했던 모양으로, 애써 번역을 해서 강의를 했으나 학생들은 좀체로 이해할 수가 없었다고 한다. 그의 우리 말 실력은 대단한 것이었으나, 번역의 적절을 기하기 위해 강의시간에 오모吳某란 서기를 데리고 들어가서는 교단 옆에 앉혀 놓고 원어에 적합한 우리말을 물어가며 강의를 하였다고 한다. 그러나 이 오모의 번역도 사회 환경social environment을 사회 주위周圍라고 하는 등 도시 신통치가 못해서 학생들을 어리둥절하게 했었다고 한다.이종영, 1982 : 54~55

21 연희전문학교는 이후에도 1915년 4월에 학교가 개교한 것으로 간주해 왔다.

이 최초의 강의가 만일 일본 유학생 출신 교수에 의해 이루어졌다면, 이러한 번역상의 어려움은 적었을 것이다. 그러면, 이 강의를 담당한 원한경은 누구인가? 원한경은 1884년에 조선에 들어온 초창기 선교사의 한 사람이자 무엇보다 교육 선교사역에 몰두한 H. G. 언더우드의 아들로 1890년 조선한성에서 태어났다. 유년시절을 조선에서 보낸 원한경은 1907년 미국으로 건너가 1912년 뉴욕대학교 문과교육학 · 심리학 전공를 졸업했으며6월, 9월에는 미국장로교 선교사 자격을 얻고 조선에 돌아왔다. 귀국 직후 경신학교 교사가 된 원한경은 영어와 역사를 담당했으며, 1915년부터는 경신학교 대학과를 거쳐 1917년부터 연희전문의 교수로 활동했는데, 사회학은 대학에서 전공한 것은 아니지만, 당시 미국에서 교육학 및 심리학과 밀접한 관계가 있던 사회학에 대해서도 일정한 지견知見을 갖고 있었기 때문에[22] 사회학도 담당하게 되었던 것으로 보인다.

노정일盧正一, 1890~1960

원한경의 사회학 강의는 1919년에 3·1운동이 일어났음을 감안하면, 한해에 그쳤을 가능성이 높다. 그러나 1920년대에 들어오면 다른 사람들이 맡아 사회학 강의는 지속되었다. 최재석은 1921년에 노정일이 강의를 담당했다는 얘기를 전한 바 있는데, 연희전문의 1923~24년도 운영보고서에 의하면, 1924년 6월 현재 문과의 교수진 중에서 교수 노정일C. I. Roe이 "사회학, 윤리학 및 성경"을 담당한 것으로 나와 있어 확인이 된다.[23]

노정일은 평안도 진남포 출신으로, 일찍이 일본에 유학하여 청산학원 중학부를 다닌 뒤1910~1911 귀국했다가, 1914년 미국으로 건너가 웨슬리언Wesleyan

22 당시 뉴욕대학에 사회학 강의가 개설되어 있었는지는 확인하지 못했지만, 인접한 컬럼비아대학 사회학과가 미국 사회학의 중심지 중 하나였고, 미국 사회학이 확산 과정에 있었으며, 교육학과 사회학은 밀접한 관계에 있었기 때문에 강의를 수강했을 가능성은 충분하다.

23 연세대학교 박물관 편, 『연희전문학교 운영보고서』 上, 선인, 2013, 18면.

대학을 졸업했고, 이후 1918년 8월 뉴욕으로 가서, 컬럼비아대학대학원과 드류신학교 등에서도 공부했다. 또한 노정일은 1920~21년 사이에 영국 및 유럽의 여러 나라를 돌아보고, 1921년 5월에 조선으로 돌아왔으며, 이후 연전에서 강의를 담당하게 되었다.[24]

노정일은 자신의 일본 및 미국유학기를 『개벽』지에 연재한 바 있는데, 뉴욕생활을 다룬 부분에서 다음과 같이 적고 있다.

> 1919년 5월에 학사學士라는 무엇을 밧게 되엿다. 연連하야 정치과에 입入하야 사회학을 전공하노라고 께딩박사의 문하에서 필연筆硯을 들게 되엿다. 콜넘비아 학사원생활의 진경眞境을 그려낼 수 잇섯스면![25]

글 내용이 분명하지는 않지만, 그는 컬럼비아대학에서 공부를 좀 더 한 뒤 1919년 5월에 '학사學士' 호를 받고,[26] '학사원대학원'의 정치과에 들어가 사회학을 전공했다는 것이다. 께딩 박사는 미국 사회학의 개척자 중 한 명인 기딩스F. Giddings, 1855~1931를 가리키는 것 같다. 그렇다면, 비록 사회학으로 학위를 받은 것은 아니지만, 돌아와 연희전문에서 사회학을 강의할 자격은 있었다고 할 수 있다.[27] 그는 1925년에 연전 교수를 사임하므로, 1921~25년 사이에 사회학 강의를 했던 것으로 보인다. 노정일이 남긴 사회학 관련 글은 아직 확인하지 못했다. 신문기사 중에는 그의 강연 기사가 다수 확인되는데, 자신의 유학 및 여행 경험을

---

24 노정일의 생애에 대해서는 장신(2021 : 123~133)의 연구와 당시 신문기사 등을 참조했다.

25 一愚, 「山넘고물건너(7)」, 『開闢』 임시호(2주년기념호), 개벽사, 1922, 92면; 김원극 등(2005)에 재수록.

26 당시 일본어로 '學士(Gakushi)'라는 칭호는 영어의 M.A.에 해당하는 것으로 이해되었다.

27 컬럼비아대학은 1890년대 이래 시카고대학과 더불어 미국 사회학을 개척하고 선도한 대학이었고, 기딩스는 이를 대표한 인물의 하나로, 저술을 통해 유럽과 일본의 사회학계에도 영향력을 갖고 있었다. 그러나 뉴욕 체류중에 노정일은 드류신학교 등에서 신학을 공부했고(B.D. 취득), 뉴욕 체류 기간도 길지 않았기 때문에, 사회학에 몰두했다고 보기는 어렵다.

소재로 한 경우가 많고, 사회문제를 다룬 경우도 여럿 있지만, 이론적 깊이가 있는 주제는 찾아보기 어렵다.

노정일은 1925년 연전을 사임하고 얼마 후 미국으로 다시 가서 네브래스카 대학에서 철학박사 학위를 받아 돌아왔는데, 이후 그는 총독부의 환심을 사기 위한 행동을 하거나 폐간된 『중외일보』를 인수하여 『중앙일보』로 개제하고 운영하려 하였으나 모두 성공하지 못했다.

조병옥趙炳玉, 1894~1960

노정일 이후 연희전문의 사회학 강의는 조병옥을 거쳐 백남운이 담당한 것으로 보인다. 1925년 9월 현재 연희전문의 교수 명단에 의하면, 다음과 같이 문과 교수진에 노정일C.Y. Roe의 이름이 보이지만, '휴직'으로 되어 있고, 상과 교수진에 있는 조병옥이 사회학과 영어, 재정학을 담당하는 것으로 되어 있다.[28] 따라서 노정일의 휴직실제로는 사직으로 인한 공백을 신임교수인 조병옥이 메운 것으로 보인다.

C. Y. Roe, B.A., B.D., M.A.
(Columbia) Professor
Sociology, Ethics & Bible
(On leave of absence)

P. O. Chough, B.A., M.A., Ph.D.
(Columbia) Professor
Sociology, English and Finance

28 Chosen Christian College의 1925년 9월의 "Faculty List"에 의함. 『연희전문학교 운영보고서』 上, 41면.

조병옥은 1918년 컬럼비아대학 경제학과에 입학하여 1922년에 학사, 1923년 석사, 1925년에 박사학위를 받은 뒤 귀국하였다.조병옥, 1986 : 56 귀국 후 연전 상과商科 교수가 된 조병옥은 영어와 재정금융학finance을 가르치는 동시에 사회학 강의도 담당했는데.[29] 위에 인용한 것처럼 '사회학'을 가장 먼저 적고 있는 것이 눈에 띈다. 1920년대에도 컬럼비아대학사회학과은 시카고와 함께 미국 사회학을 주도하고 있었기 때문에 조병옥도 사회학에 대해서 어느 정도 안목을 갖추고 있었을 것이지만, 담당 과목에 사회학을 먼저 적고 있는 것은 아마도 노정일이 휴직을 하면서 그 공백을 조병옥이 메우도록 한 때문일 것이다. 또 그만큼 당시 연전에서 사회학을 꼭 개설해야 할 과목으로 생각하고 있었다는 방증이기도 하다.

물론 조병옥은 사회학을 전공한 것이 아니기 때문에 사회학 강의에 열의를 갖고 있었다고 보기는 어렵다. 실제로 조병옥이 사회학 강의를 맡은 기간은 1년에 불과했던 것 같다. 그것은 연희전문의 1931~32년도 「연감」의 교수 소개란에 백남운이 1926년부터 사회학 강의를 맡고 있는 것으로 나오기 때문이다.[30] 이렇게 된 정확한 사정은 알 수 없지만, 조병옥이 상과 강의 외에도 사회·정치운동에 더 열심히 참여하게 되었던 반면,[31] 백남운은 사회학 강의에 적극적인 관심을 보였기 때문으로 생각된다. 1926년부터 백남운은 보성전문학교에서도 사회학 강의를 담당하게 되었던 것이다.[32]

---

29 그의 회고록에는 "그해 2학기부터 (…중략…) 상과 전임교수로서, 경제학과 재정금융학을 담당하게 되었고, 문과에서는 사회학을 담당하게 되었다"라고 쓰여 있다(조병옥, 1986 : 93).

30 『연희전문 운영보고서』 (상), 135면.

31 조병옥은 연전 교수로 있으면서 YMCA 및 YWCA 이사를 맡고 있었고, 1927년 3월에 발족한 신간회의 조직에 참여하여, 중앙본부의 재정총무와 서울지회의 책임자를 맡고 있었다. 조병옥(1986), 101면 참조.

32 『보성전문학교일람』(1931), 60면에 의하면, 백남운은 1926년 4월부터 1929년 5월까지 사회학 담당 강사를 맡고 있었다. 1929년 4월부터 사회학 강의는 김현준이 담당(강사)하게 되었다(김필동·최태관, 2019).

백남운白南雲, 1895~1979

백남운의 사회학 강의는 1926년에서 1932년까지 이어진 것으로 보인다. 전술한 대로 연희전문 『연감』1931~1932에 그렇게 되어 있고, 후술하듯이 하경덕이 1932년 4월부터 연전에서 강의를 시작했기 때문에 1932년 3월까지 백남운이 강의를 담당했을 것으로 생각된다. 그러면 상과 교수인 백남운은 어떻게 해서 사회학에 관심을 갖고 강의를 하게 되었을까?

백남운은 일본에 유학하여 1919~1922년에 동경상과대학 예과를, 1922~1925년에는 본과를 다녔는데, 동경상대를 다니면서 경제학을 전공했지만, 사회학에도 관심을 가졌던 것 같다. 당시 동경상대에는 다카다 야스마高田保馬, 1883~1972라는 당대 일본 제일의 사회학이론가가 경제학사와 사회학을 담당하고 있었고,[33] 경제학사를 전공하려 한 백남운은 다카다의 연구지도를 받았다. 비록 백남운이 그의 사회학 강의를 수강하지는 않았지만방기중, 1992 : 50~54, 다카다의 지도와 저술을 통해 사회학에 대해서도 상당한 공부를 하게 된 것으로 생각된다. 이런 배경이 상학과 교수인 백남운이 연전과 보전에서 사회학 강의를 맡았던 바탕이 되었거니와, 이후 백남운은 강의 외에도 사회학 또는 사회사의 관점에서 작성한 논문과 책을 여러 편 발표하게 되는데백남운, 1926; 1927a; 1927b; 1930; 1933, 이 기간은 백남운이 사회학 강의를 하고 있던 시기와 거의 일치한다.

백남운의 사회학관과 강의 내용을 엿볼 수 있는 것이 그가 『조선일보』에 1930년 8월 20일에서 24일에 걸쳐 연재한 "사회학의 성립유래와 임무"라는 논문이다. 이 논문은 그가 사회학 강의를 4년 정도 담당한 시점에서 작성된 것

33 다카다는 교토제대 철학과(사회학전공) 출신으로 요네다 쇼타로(米田庄太郎)의 제자이다. 대학원 진학(1910) 후 이론 연구에 전념하여 1919년에 1,400 페이지가 넘는 대작 『社會學原理』를 공간하면서 독자적인 이론체계를 구축한 이론사회학자로 주목을 받게 되었다. 이후 사회학 저술을 이어 내는 가운데 경제학설 연구에도 힘을 기울였다. 히로시마고등사범(1919), 동경상과대학(1921), 규슈대학(사회학, 1925)을 거쳐 교토대학 경제학 교수(1929)를 역임하면서 반맑스주의 경제학의 대표적 인물로 꼽히게 되었다.

으로, 맑스주의 경제학자인 그가 자신의 기본 입장을 견지하면서도 근대사회학의 다양한 흐름에 대해 폭넓은 이해를 하고 있고, 이를 상당히 객관적으로한계에 대한 비판을 포함하여 평가하고 있음을 엿볼 수 있다.[34]

백남운은 연전에서 1926~32년 6년간 사회학 강의를 했다. 여기에다 백남운은 보성전문에서 1926~29년 3년간 사회학 강의를 했다. 이렇게 보면, 백남운은 경성제대와 중앙불전・혜화전문에서 가르친 아키바秋葉隆를 제외하면, 식민지 조선에서 사회학 강의를 가장 많이 행한 교육자가 된다.[35] 이 점은 그동안 크게 의식하지 못했던 부분인데, 그렇다면 백남운은 사회학자로서도 재조명되어야 마땅하다.

하경덕河敬德, 1897~1951

백남운에 이어 연전에서 사회학 강의를 한 사람은 하경덕河敬德, 1897~1951이다. 하경덕은 전북 익산 출신으로, 전주의 신흥학교와 평양의 숭실중학을 다녔고, 1916년에 중국상해을 거쳐 미국에 건너갔다. 미국에서 그는 고학을 통한 대학 입학 준비과정을 거쳐 1921년에 하버드대학에 입학했으며, 학부와 대학원 과정을 거쳐 1928년에 박사학위를 취득하였다.안계춘, 1973; 원재연, 2016 전공은 '사회윤리학'이지만,[36] 박사논문의 내용은 사회학 논문으로 손색이 없고, 당시에 높은 평가를 받아, 1930년에 노스 캐롤라이나 대학에서 책으로 출판될 정도였다.Har, 1930[37]

---

34 다만 이 글에서 에밀 뒤르켐과 막스 베버에 대한 언급은 없다. 이는 1920년대 일본사회학계의 유럽사회학 수용 상황을 반영한 것으로 볼 수 있다.

35 강의를 한 횟수나 과목 수로 보면, 경성제대의 아키바가 1927년부터 1945년까지 매년 2~3개 강의를 담당했으므로 단연 많았다. 게다가 아키바는 중앙불전에서도 십여 년간 사회학 강의를 했다. 그렇지만, 사회학 강의를 수강한 학생수(누적)나 영향력의 강도에 있어서는 백남운이 가장 큰 영향력을 끼쳤다고 볼 수 있다.

36 하경덕 재학 당시 하버드대학에는 사회학과가 설치되어 있지 않았다. 사회윤리학과는 1906년에 설치되었는데, 주된 기능은 사회사업가를 양성하는 것이었으며, 따라서 하바드에서도 상당히 '예외적인(anomaly)' 존재로 되어 있었다. 사회윤리학과는 1931년에 사회학과로 완전히 재편되었다(Kellers, 2001 : 91).

KYUNG DUK HAR, M. A., Ph. D., *Assistant Professor of Sociology and English.*

B. S., Harvard College, 1925; M. A., Harvard University, 1927; Ph. D., Harvard University, 1928; Director, Korean Y. M. C. A's and Y. W. C. A's Survey, Seoul, 1930, Lecturer in Sociology, Chosen Christian College, 1932-1933; Lecturer in Sociology and Psychology, 1933-1935; Instructor in Sociology and English, 1935-1936; Assistant Professor of Sociology and English, 1936—; Lecturer in Sociology and Economics, Union Methodist Theological Seminary, 1935—.

하경덕은 1929년 여름에 귀국했지만, 1930년 2월부터 국제기독교청년회 YMCA & YWCA사업조사회의 총무Director를 맡았다.[38] 당시 조선 YMCA 및 YWCA가 국제조직의 지원을 받아 추진하던 농촌사업의 실시 상황과 성과를 조사해서 미국의 국제위원회에 보고하는 일을 맡아한 것으로 생각되지만, 구체적인 내용은 잘 알 수가 없다.[39] 하경덕은 1932년부터 연희전문에서 사회학을 담당하는 촉탁강사가 되었는데,[40] 이밖에 심리학과 영어, 경제학을 담당하는 경우도 있었다.[41] 1937년 9월에 발간된 『연전 회보*Bulletin*』에는 하경덕의 약력이 다음과 같이 기재되어 있다.[42] 연전 외에 하경덕은 1935년부터아마도 2년 정도 감리

37 『사회 법칙』이란 제목으로 출판된 이 책은 컬럼비아대학 교수이자 미국사회학회 회장을 역임했던 매키버(Robert M. MacIver)가 1932년 미국사회학회지(*AJS* 37권 5호)에 서평을 쓸 정도로 주목을 받았다(원재연, 2016; MacIver, 1932). 책의 주요 내용은 안계춘(1973)과 원재연(2016)을 참조할 것.

38 하경덕의 '자필 일지(漢文)'에 의하면, 그는 이 일을 2월 14일부터 7월 19일까지 수행했다.

39 다만, 하경덕의 유품(가족 보관) 중에는 "SOCIAL PROBLEMS IN KOREA"(1930.4.9)라는 소논문(12면, 타자 원고)이 남아 있어서, 그가 수행한 일이 농촌사업에 국한된 것만은 아니었던 것 같다. 앞으로 추가 연구가 필요한 부분이다.

40 하경덕은 1932~34년에는 촉탁강사(Lecturer=part time teacher), 1934~35년에는 전임강사(Instructor)로 임명되었으며, 1936년에 조교수로 임용되었다. 직명에 대한 설명은 『운영보고서』(상), 446면 참조.

41 1932~33년에는 사회학을, 1933~34년에는 사회학과 심리학을 담당했다. 33~34년에 심리학을 맡은 것은 1933년에 안식년으로 귀국하는 원한경의 부탁에 따른 것이다(자필 일지, 1933년 4월 참조). 또한 하경덕은 1934년 가을에는 상과 과장 李順鐸의 부탁으로 경제학 과목(과목명은 미상)을 담당하기도 했다(1934.7.15).

42 *Chosen Christian College Bulletin* vol.1 No.3 (September, 1937), p.25; 『(연전)운영보고서』(상), 331면.

第一編 原 論	第三篇 人口論
1. 社會學의 語源	1. 罪惡과 貧困의 原因
2. Comte 및 Spencer의 社會學說	2. 食糧增加率과 人口增加率
3. 社會學의 一般的性質	3. 人口에 대한 制限의 種類
4. 社會現象의 概念的 表徵	4. 人口制限의 作用方法
5. 社會의 本質	5. 人口問題의 現狀
6. 社會形態의 分類	6. 人口問題의 對策
7. 社會現象의 存續과 變化	7. 產兒制限 反對論
第二編 家族 및 國家	第四篇 社會改良問題
1. 家族의 社會的 位置	1. 空想的 社會主義
2. 家族의 定義	2. 科學的 社會主義
3. 家族의 크기	3. 無政府主義
4. 家族의 本質	(未完)
5. 婚姻制度	

〈그림 3〉『社會學撮要』의 목차

교협성신학교에서 사회학과 경제학을 묶은 강의를 담당하기도 했는데, 이 강의도 실제로는 사회학 강의였을 것이다.[43]

하경덕의 사회학 강의 내용은 『사회학촬요社會學撮要』라는 등사판 교재를 통해 엿볼 수 있는데, 안계춘1973의 연구에 목차와 내용이 간략히 소개되어 있다.[44] 책은 전체가 4편 총22절로 구성되어 있으며, 보통의 사회학개론 교과서의 모양을 취하고 있지만, 짜임새가 좋은 편은 아니다. '원론原論'이라 이름한 제1편전체을 제외하면, 제2~4편은 가족 및 국가, 인구론, 사회개량문제로 편성되어 있어, 소략하고 다소 편의적으로 구성된 인상을 준다. 제4편은 사회개량문제를 다루면서, 그 사상적 배경을 살펴보다가 만 것처럼 보인다. 아무래도 이

43 하경덕은 자필 일지(1935년분)에서 "9월 7일부터 冷洞協成神學校에서 社會學을 교수하게 되었다"고 적고 있다.

44 정식 출판된 것이 아니기 때문에 집필 시점을 알 수 없지만, 본문에 국한문과 일어가 혼용되고 있는 것을 보면, 1930년대 중반 이후의 것으로 추정된다. 이 책자는 유족이 소장하고 있다.

〈그림 1〉 하경덕의 사회학 강의 모습

주: 연대 미상(1930년대 중반으로 추정됨) (출처) 유족 보관 사진.

강의안은 완성되지 못한 상태로 남아있는 것 같다. 하경덕이 사회학 강의를 맡던 시절은 주 2시간 강의로 편성되어 있었기 때문에 많은 주제를 커버하기는 어려웠으므로, 이런 사정도 반영된 것 같다.

그러나 『촬요』의 목차가 하경덕의 강의 내용을 다 설명하는 것은 아니다. 하경덕이 이 목차와는 다소 결이 다른 강의를 하기도 했음을 다음 사진은 보여주고 있기 때문이다. 〈그림 1〉은 하경덕의 사회학 강의 시간을 찍은 것으로, 연도는 미상이지만 하경덕의 용모를 감안할 때 1930년대 중반이었을 것으로 추정된다. 그런데 칠판에 판서板書된 내용을 보면, 우측 칠판에 '2. 미국 사회학계의 인물고人物考'란 제목하에 20세기 초반에 활동했던 주요 미국사회학자의 이름이 적혀 있고, 좌측에는 '3. 타드Gabriel Tarde'의 이름과 함께 그의 '모방론'을 설명하는 내용이 있는 것으로 보아 강의 앞부분에서 일종의 학설사적 설명을 하는 가운데, 다분히 심리학적 사회학의 경향을 보이는 강의를 했던 것으로 짐작된다.

하경덕의 사회학 강의는 1937년 6월에 중단되었다. 이 때 발생한 이른바 '동우회 사건'으로 동료 교수들과 함께 체포되었기 때문이다. 이로 인해 하경덕은 오랫동안 구금상태에 있었고, 이후 기소유예 처분을 받아[45] 1938년 9월 학교로 복귀하였다. 이러는 동안 1937~38년 강의와 1938~39년 강의를 하지 못했고, 이후에도 하경덕은 사회학 강의를 맡지 않게 된 것 같다. 결국 하경덕은 연전에서 5년 정도 사회학 강의를 한 것으로 보인다.

학년도	직급	정래길의 담당 과목	비고 (하경덕)	
1939~40	전임강사	경제, 법학, 재정, 공법, 사회	영문법, 영작	문과 과장대리
1940~41	조교수	법학, 재정학, 경제학	영어	문과 과장
1941~42	교수	법학통론, 재정학, 사회학, 경제원론, 商用文	영어	

정래길丁來吉, 1895~?

하경덕이 맡지 않게 된 사회학 강의는 1939년 4월부터 상과 교수인 정래길丁來吉이 맡게 되었다. 정래길은 1895년 전남 곡성 출신으로, 일찍이 일본에 유학해서 게이오대학을 졸업했다. 1933~1938년간 촉탁강사로 있다가 1938년에 전임강사가 되었으며, 1939년에 조교수가 되었다.[46] 『연희전문학교일람』에 의하면, 정래길은 게이오대학 출신으로 학위는 법학사로 되어 있지만, 주전공 과목은 재정학이고, 경제학 및 법학 과목을 두루 강의했는데, 하경덕이 사회학을 맡지 않게 되면서 사회학 강의까지 담당했던 것이다. 이 시기에 정래길의 직급과 담당한 과목을 하경덕과 대비해 보면 다음과 같다. 1940~41년에는 사회학

---

45 동우회원 중 하경덕을 포함한 18명은 전향 성명서를 발표하고, 기소유예 처분을 받았다. 『매일신보』, 1938.7.2·7.3.

46 정래길이 오래 촉탁강사로 있다가 1938년 이후 갑자기 승진하게 된 것은 1937~38년 사이에 연전에 몰아닥친 동우회사건과 흥업구락부사건, 그리고 '경제연구회사건'으로 1938~39년 사이에 상과의 정교수 5명(이순탁, 백남운, 노동규 포함)과 전임강사 1명이 학교를 떠나게 되었기 때문이다. 홍성찬(1994) 참조.

강의가 이루어지지 않은 것 같다.

하경덕이 사회학 강의를 맡지 않게 된 정확한 이유는 알 수 없다. 다만, 그렇게 된 데에는 하경덕이 전향서를 쓰고 풀려나오면서 수사 당국과 한 약속이나 심경의 변화 등이 복합적으로 작용했을 것으로 짐작해볼 수 있다. 그러나 그럼에도 불구하고 연전이 적어도 1941~42년까지 사회학 강의를 개설했다는 것은 특기할 만한 일이다. 그 결과 연희전문은 일제하의 고등교육기관 중에서, 경성제대를 포함하여, 사회학 강의를 가장 먼저 개설하고 가장 오랫동안 지속적으로 제공한 학교가 되었다.

2) 숭실대학 · 숭실전문학교

교과과정

'숭실대학'이 일제하의 고등교육기관 중에서 가장 먼저 사회학 강의를 교과과정에 편성했고, 비록 일반 사회학은 아니지만, 1910년대 중반부터 '기독교사회학' 강의를 열었다는 사실은 이미 기술한 바와 같다. 이어서 '숭실대학숭실학교 대학부'은 1920년 가을부터 일반 사회학 강의도 개설하기 시작했다. 비록 당시의 교과과정표에는 이 사실이 제대로 표시되어 있지 않지만,[47] 1921년의 졸업앨범사진첩에 이종희李鍾熙가 사회학 교실에서 강의하는 사진이 있고아래 〈그림 2〉 참조, 1924년 사진첩에도 그가 강의하는 사회학 교실 사진이 있어서 1920년대 전반

47 1920년 숭실학교 '大學科課程表'는 『(朝鮮人敎育)私立各種學校狀況』(朝鮮總督府學務局, 1920), 51~52면에 나와 있다. 그런데 이 표에는 사회학 과목이 들어있지 않다. 다만, 이 표의 2학년과 3학년 과정은 제시된 과목들의 시수를 합한 수치가 합계난보다 작게 나타난다. 또한 심리학이 2학년과 3학년에 연속 편성되어 있는 부분이 부자연스럽다. 따라서 사회학 과목명과 그 시수가 빠진 것이 아닌가 의심된다. 혹은 이 자료는 1920년 9월부터 이종희가 사회학 강의를 맡기 전에 총독부에 제출한 자료일 가능성도 있다.

기에 이미 사회학 강의가 제도화되어 있었음을 확인할 수 있다.

숭실학교 대학부는 1925년 4월 총독부의 인가를 받아 숭실전문학교로 개편되었다. 개편 이후의 교과과정도 완전한 형태로 남아있는 것은 찾을 수가 없다. 그러나, 비록 교과목명만 기록된 것이긴 하지만, 1926년과 1934년의 강의 개설 상황을 알 수 있는 자료들은 찾아볼 수 있다.

1926년도 : 『조선교육요람朝鮮敎育要覽』(조선총독부학무국朝鮮總督府學務局, 1926), 116~117면.

성서, 수신, 국어(일어), 국문학(일문학), 한문학漢文學, 문학개론, 영어, 영문학, 역사, **사회학**, 심리학, 윤리학, 논리학, 교육학, 법제급경제法制及經濟, 철학, 생물학, 천문학, 정치학, 음악, 체조.

1934년도 : 『대평양大平壤』 1, 1934.11월호(『숭실대학교100년사』 ① 평양숭실편)

성경, 수신, 조선어, 한문학, 일본어, 일본문학, 문학개론, 영어, 영문해석, 동양사, 서양사, 논리학, 심리학, 윤리학, 동양철학, 철학사, **사회학**, 교육심리학, 교수법, 경제원론, 법학통론, 정치학, 생물학, 천문학, 영국문학사, 미국문학사, 음악, 체조.

이상 자료를 통해서 우리는 숭실전문학교의 문과에서 1920년대와 30년대를 통하여 사회학 교육이 꾸준히 이루어졌음을 알 수 있다.

이종희李鍾熙

전술한 대로 숭실학교 대학부의 일반 사회학 강의는 1920년 가을부터 이종희李鍾熙가 담당했던 것으로 생각된다. 이종희는 미국 네브래스카주의 장로회계 대학인 해스팅스Hastings대학을 졸업했다.[48] 전공은 분명하지 않지만, 문과에서 일반교양을 두루 공부한 걸로 추정된다. 전술한 대로 그는 숭실대학에서 사회학 강의를 맡았고, 역사, 영어도 가르친 것으로 나와 있다. 한편 『숭실교우회 회원명부』1938 : 19에 의하면, 이종희는 1920년 9월 30일부터 1925년 3월까지 숭실학교 대학부에서 교수로 재직했으며, 담당 과목은 역사로 되어 있다.[49] 위 『사진첩』1921에 있는 이종희의 사회학 교실 사진〈그림 2〉을 보면,[50] 당시 십수十數 명의 학생들이 사회학 강의를 듣고 있었음을 알 수 있다. 이종희가 1925년 숭실대학을 떠난 뒤 그의 행로는 확인되지 않는다. 또한 그가 남긴 글도 특별히 알려진 것이 없다. 그러나 그는 연전의 원한경에 이어 일반 사회학 강의를 두 번째로, 그것도 수년간 담당했던 인물로 기억되어야 할 것이다.

채필근蔡弼近, 1885~1973**과 정광현**鄭光鉉, 1902~1980

채필근은 1885년 평남 중화군 동두면 출신이다. 한학자 채응빈蔡膺斌의 독자로, 먼저 기독교에 귀의한 부친을 따라 기독교인이 되었고, 1909년 숭실중학을 졸업한 뒤 진학한 숭실대학을 중퇴하고, 평양장로회신학교에 입학, 1918년 졸업해서 목사가 되어 활동했다. 1918년 캐나다 선교회의 도움으로 늦게 일본유학을 가서 메이지학원 고등과를 거쳐 1921년 동경제국대학 철학과에 선과選科로 입학한 뒤 1925년 본과를 졸업했다. 이때 그의 나이는 만 40세였다. 채필근은 졸업과 함께 귀국해서 1925년 4월에 숭실학교 강사가 되었고, 이듬해 5월 숭실전문학교의 교수가 되었다. 채필근은 1926년부터 숭실전문에서 철학과 심

48 『崇實大學 第15回 卒業紀念寫眞帖』(1924), 7면. 이종희의 사진 옆에 "교수 이종희. 미국 헤스팅쓰대학 문학사. 사회학, 역사, 영어"로 설명이 붙어 있어서 당시 그가 사회학을 우선적으로 담당했음을 알 수 있다.

49 같은 『회원명부』의 11면에 의하면, 이종희는 1920년 4월에서 1922년 3월까지 숭실학교(중학부)의 교사를 한 것으로 되어 있다. 중간에는 교사와 교수를 겸임했던 것으로 보인다.

50 한국기독교박물관의 한명근 학예사에 의하면, 이 사진은 1921년 졸업생의 사진첩(1921.4 발행)에 실린 것이지만, 사진을 찍은 것은 1920년이라고 한다.

〈그림 2〉 이종희의 사회학 교실 (1920년도 말)

(출처) 『숭실대학 1921년 졸업기념사진첩』(1921). 숭실대 기독교박물관 소장.

리학, 사회학, 윤리학을 가르쳤으며,[51] 『숭실교우회 회원명부』에 의하면, 1938년 숭실전문이 폐교될 때까지 교수로 있었다. 채필근은 만학이었지만, '박학博學의 재사才士'로서 철학은 물론 "신학·종교학·역사 등에 걸친 폭넓은 저술" 활동을 했고, 특히 당대의 사회사상에 조예가 깊었기 때문에장규식, 1995 사회학 강의도 담당할 수 있었을 것이다.[52] 다만, 그는 1934년에 평양 장대현교회의 요청으로 담임목사가 되면서 "전임교수를 사면Sic"했기 때문에채필근, 1958 : 63, 이후에는 사회학 강의를 하지 못했을 것이다.[53] 그런데 1934년 9월 숭실전문에는 경성제대 철학과를 졸업한 뒤 조수를 하고 있던 박치우朴致祐가 교수로 임명되었는데, 이는 채필근의 공백을 메우기 위한 조치였을 것이다. 그렇다면, 박치우가 채필근이 맡던 철학·심리학·윤리학 과목과 함께 사회학 강의도 맡았을 가능성이 있다.[54] 그러나 이를 입증할 만한 자료는 아직 찾지 못했다.

한편, 1929~30년의 1년 동안은 동경제대 법학과를 나온 정광현鄭光鉉이 강사로 사회학 강의를 담당했다고 한다.최재석, 1974[55]

이렇듯 숭실전문은, 비록 '기독교사회학'의 형태였지만, 일제하 고등교육기관에서 처음으로 사회학 강의를 개설했고, 이후 20년 가까운 기간 동안 꾸준히 사회학 교육을 이어갔다. 다만 전문성을 갖춘 사회학자를 교수로 확보하는 데

51 『평양숭실대학 역사자료집』 IV, 158~159면 참조.

52 그러나 그의 많은 평론들 중에서도 사회학에 직접 관련된 글은 찾아보기 어렵다.

53 『숭실교우회 회원명부』(2017 복간)에는 1926년 5월 3일 취직, 1938년 3월 3일 퇴직으로 되어 있으나, 본문에서 인용한 본인의 회고담을 보면, 회원명부의 퇴직일자는 명목에 불과했던 것으로 보인다.

54 박치우(1909~1949)는 경성제대 철학과에서 철학·철학사를 전공했으나, 철학과에 속한 심리학, 윤리학, 교육학, 사회학 과목도 폭넓게 수강했다. 따라서 숭실전문에서 이런 과목 강의에 대한 요구가 있었다면 충분히 대응할 수 있었을 것이다. 당시 그는 약관 25세에 불과했지만, 성대(城大) 교수들로부터 높은 평가를 받았고, 철학·철학사연구실의 조수까지 하고 있었으므로 교수로 초빙될 만한 자격은 있었다고 볼 수 있지만, 그의 부친 박창영(朴昌英)이 평양 장로회신학교 출신의 헌신적인 목사였다는 점도 고려 사항이 되었을 것이다.

55 이후 정광현은 1930년부터 연전과 이화여전의 촉탁 강사를 했고, 1936년부터 연전의 전임강사가 되었는데, 사회학 강의는 하지 않고, 여러 법학 과목들을 강의했다.

성공하지 못했고, 그만큼 수준 높은 강의를 제공했다고 보기는 어려울 것 같다.

3) 보성전문학교

전술한 대한제국기의 보성전문학교는 경영난에 봉착하여 1910년 천도교의 손병희가 이를 인수하였으나, 곧 국권을 상실하면서 총독부의 간섭하에 놓이게 되었다. 특히 1915년 3월 사립학교 규칙과 전문학교 규칙이 공포되고, 같은 해 4월 1일부터 전문학교 규칙이 시행됨에 따라 교명이 '보성법률상업학교'로 격하되었다.

3·1운동 이후 보성은 1920년 2월 고원훈高元勳이 교장에 취임한 뒤 총독부 당국에 전문학교로의 승격을 거듭 타진하는 한편, 김병로金炳魯 등이 재단법인 기성회를 조직하여 널리 사회 독지가들에게 호소하여 출연금을 모았다.[56] 그리고 이를 기초로 1921년 11월 총독부에 재단법인 설립허가신청서를 제출해서 그 해 12월 28일 자로 보성전문학교라는 교명을 부활하기에 이르렀으며, 1922년 4월 '조선교육령'에 의한 3년제 전문학교법과·상과로 새 출발을 하게 되었다. 그러나 이후에도 보전은 재단 경영의 어려움을 계속 겪다가, 1932년에 김성수金性洙가 경영을 인수하는 변화를 겪게 되었다.

교과과정

보성전문 초기의 학칙교과과정을 보면, 법과와 상과 공히 '사회학'이 1학년에 2시간 과목으로 편성되어 있음을 알 수 있다.[57] 교과과정표를 두 전공의 각론 부분은 합쳐서 간략히 처리한 표로 만들어 보면, 다음과 같다.

---

56 당시 김기태(金琪邰, 15만 엔) 등 79명이 기부금을 냈다. 『보성전문학교일람』(1925), 40~45면.

57 『보성전문학교일람』(1925)에 의함. 학교 조직과 제도 운영 전반에 관한 가장 기본적이고 오래된 자료이며, 이 책에 나오는 학칙은 보전 재건 당시(1922)의 학칙과 동일한 것으로 생각된다.

〈표 4〉 보성전문 법과 및 상과의 교과과정(1925)

학년(學年) 학과목 (學科目)	제1학년		제2학년		제3학년	
	과정(課程)	시수(時數)	과정	시수	과정	시수
법과						
수신(修身)	도덕(道德) / 요지(要旨)	1	도덕 / 요지	1	도덕 / 요지	1
법학통론(法學通論)	–	2	–	–	–	–
여러 전공과목들(각론)은 생략		(16)	–	(21)	–	(21)
경제학(經濟學)	–	3	–	–	–	–
재정학(財政學)	–	–	–	3	–	–
사회학(社會學)	–	2	–	–	–	–
사회정책(社會政策)	–	–	–	2	–	–
철학개론(哲學概論)	–	1	–		–	–
논리학(論理學)	–	1	–	–	–	–
실무(實務)	–	–	–	2	–	3
영어(英語)	–	3	–	2	–	2
체조(體操)	–	1	–	1	–	1
계(計)	–	30	–	32	–	28
상과						
수신(修身)	도덕(道德) / 요지(要旨)	1	도덕 / 요지	1	도덕 / 요지	1
상업통론(商業通論)	–	2	–	–	–	–
여러 전공과목들(각론)은 생략		(8)	–	(23)	–	(25)
사회학(社會學)	–	2	–	–	–	–
사회정책(社會政策)	–	–	–	2	–	–
법학통론(法學通論)	–	2	–	–	–	–
상법(商法)	–	–	회사법	2	수형법(手形法)	2

학년(學年) 학과목(學科目)	제1학년		제2학년		제3학년	
	과정(課程)	시수(時數)	과정	시수	과정	시수
			(會社法)			
	–	–	상법총칙(商法總則), 상행위(商行爲)	3	해상법(海商法)	2
민법(民法)	총칙(總則)	4	–	–	–	–
	물권(物權)	2	물권(物權)	2	–	–
	채권(債權)	3	채권(債權)	2	채권각론(債權各論)	2
파산법(破産法)	–	–	–	–	–	1
영어(英語)	영문학(英文學), 영문법(英文法), 상업영어(商業英語)	7	–	5	–	3
체조(體操)	–	1	–	1	–	1
계(計)	–	35	–	36	–	35

〈표 4〉에서 볼 수 있는 바와 같이, 사회학은 두 과의 전공과목을 제외한 비전공과목 중에서 (전공과목에 준한다고 볼 수 있는 경제학과 재정학을 제외하면) 가장 앞에 배치되어 있다. 이는 대한제국기의 (구)보전에서, 비록 개설은 불발되었지만, 사회학이 중시되었던 전통과 문제의식이 계승된 결과로 생각되어, 주목할 만하다.[58] 3·1운동 후 얼마 안 되어 전문학교로 새 출발했던 당시의 민족주의적 분위기가 반영된 측면도 있을 것이다. 그러면, 이후의 교과과정에서 사회학은 어떤 변화를 겪었을까?

〈표 5〉 보성전문의 사회학 과목 개설 추이

시점	법과	법과 선택	상과	상과 선택	비고 (출처)
1925.3 현재	사회학 1학년(2)	–	사회학 1학년(2)	–	1925년도 일람
1931.7.17 현재	사회학 1학년(2)	–	사회학 1학년(2)	–	1931년도 일람
1935. 4.1 시행	–	사회학 1학년(2)	–	–	1936년도 일람
1939.7.28 개정	–	사회학 1학년(2)	–	사회학 1학년(2)	1939년도 일람

58 앞의 〈표 1〉과 〈표 2〉를 참조할 것.

시점	법과	법과 선택	상과	상과 선택	비고 (출처)
1940. 5.8 개정	–	사회학 2학년(2)	–	사회학 2학년(2)	1940년도 일람
1942.3.19 개정	–	사회학 2학년(2)	–	사회학 2학년(2)	1942년도 일람

(주) ( )안의 숫자는 과목 시간수(時數)

〈표 5〉는 현재 남아 있는 『보성전문학교일람』에 있는 학칙들을 근거로 사회학 강의 개설 추이를 정리한 것이다. 이 표에 의하면, 보전에서 1930년대 초반까지는 두 과 공히 사회학 강의가 사실상 필수로 개설되고 있었지만, 1930년대 중반부터는 사회학이 선택과목으로 되어 실제 개설 여부가 불투명하게 되었음을 알 수 있다.[59] 특히 상과에서는 1930년대 중후반에 사회학이 선택과목에서도 빠진 것을 볼 수 있다. 이후 1939년의 학칙 개정에 의해 사회학은 상과에서도 선택과목으로 되었으나, 이것이 과목 개설을 보장한 것은 아니었다.

좀 더 자세한 사정은 〈표 6〉을 통해 살필 수 있는데, 사회학을 대체하는 다른 과목들의 등장 및 선택의 과정에 주목할 수 있다. 대표적인 것이 '심리학'이다. 심리학은 1925년 학칙에는 없었지만, 1931년 학칙에는 사회학, 사회정책과 함께 두 과에 공히 설강되는 과목으로 나타났다. 이후 심리학은 선택과목 제도가 도입되는 1930년대 중반 이후에도 필수과목의 자리를 지키게 된다. 심리학이 사회학을 대체해간 것으로 볼 수 있다.

〈표 6〉 보성전문 법과 및 상과의 비전공 교과목 및 선택과목의 변화

시 점	법과	법과 선택	상과	상과 선택	비 고
1925.3 현재	경제학, 재정학, 사회학, 사회정책, 철학개론, 논리학	–	사회학, 사회정책, 법학통론	–	1925년도 일람
1931.7.17	경제학, 재정학, 사회학, 사회정책,	–	법학통론, 민법, 상법, 사회학,	–	1931년도 일람

59 1931~1934년의 『일람』이 남아있지 않아 확인할 수는 없지만, 이런 변화가 재단을 김성수가 인수한 1932년 직후에 이루어졌을 가능성도 배제할 수 없다.

시 점	법과	법과 선택	상과	상과 선택	비 고
현재	철학개론, 심리학, 논리학		사회정책, 심리학		
1935. 4.1 개정		[1학년] 제2외국어, 사회학, 문명사 중 택일(擇一)	법학통론, 민법, 상법, 제2외국어	[1학년] 철학개론, 논리학, 심리학, 문명사 중 택일(擇一)	1936년도 일람
		[2학년] 경제사 등 5과목 중 擇二		[2학년] 경제사 등 5과목 중 擇二	
	경제학, 재정학, 철학개론, 심리학, 논리학	[3학년] 보험론 등 6과목 중 擇二		[3학년] 보험론 등 6과목 중 擇二	
1939.7. 28 개정					1939년도 일람
1940. 5.8 개정		사회학, 문명사, 행정학, 법제사, 산업법, 사회정책 등 12과목 중[2, 3학년]에서 각 擇一 (2과목)	법학통론, 민법, 상법, 철학개론, 심리학, 논리학	사회학, 문명사, 신탁론, 농업정책, 광고학 등 13 과목 중 [2, 3학년]에서 각 擇一 (2과목)	1940년도 일람
1942.3. 19 개정					1942년도 일람

한편 사회학은 〈표 6〉에서 보듯이 1935년 법과의 선택과목이 되어 문명사와 경쟁하는 처지가 되었고, 1939년부터는 문명사 외에도 훨씬 더 많은 과목들과 경쟁하게 되었다. 당시 선택과목이란 여러 과목 중에서 학생들이 선택하는 것이 아니라, 교장이 10여 개의 후보군 중에서 1~2 과목을 선택해서 개설하는 방식이었다. 따라서 1935년 이후 사회학 과목은 개설되지 않는 해가 더 많았을 것으로 생각된다. 이렇게 된 이유에 대해서는 아래에서 다시 언급하기로 한다.

고영환高永煥, 1895~1950

〈표 4〉에 제시된 교과과정이 1922년 개교 당시의 것과 같다면, 보전에서 사회학 교육은 1922년부터 실시되어야 했을 것이다. 법과 1학년에 사회학 과목이 편성되어 있기 때문이다. 그러나 이때 사회학 과목이 실제로 개설되었던 것 같지는 않다. 『보전일람』1925의 구 직원·강사 명단에 담당과목도 있지만, 1924년 이전에 사회학을 가르친 사람은 없기 때문이다.

보전에서 사회학을 가르친 것으로 확인된 첫 번째 사람은 고영환이다. 고영환은 1925년 4월부터 1년간 '촉탁강사'로서 사회학 강의를 담당했다.[60] 고영환은 전남 담양에서 1895년 태어났다. 일본에 유학해서, 1924년 와세다대학 정치경제학부 경제학과를 졸업했다.[61] 고영환이 다닌 정치경제학부의 정치학과에서는 사회학을 필수로, 경제학과에서는 선택과목으로 개설하고 있었으므로, 고영환은 사회학 강의를 수강했을 가능성이 있고, 보전의 사회학 강의를 맡은 걸로 보아, 아마도 특별한 관심을 가졌던 것으로 생각된다. 그렇게 된 이유는 정치경제학부에는 사회학자라 해도 좋을 만한 정치학과 소속 교수들이 여럿 있었기 때문이다.[62] 고영환은 1926년 1월 『시종時鐘』이란 잡지의 창간호에 「사회의 진화와 사상의 변천」이란 글을 싣고 있는데, 이 글은 1924년 4월에 열린 이태리사회학협회의 제2차 대회에서 퇴니스가 「인류진보의 개념과 법칙」이란 제목으로 발표한 논문을 소개한 번역논문이다.최재석, 1974 : 9 보전에서 강의를 하면서, 그는 사회학에 대한 관심을 더욱 갖게 되었을 것이다. 그러나 고영환은 보전에서 사회학 강의를 1년만 하고 그만두었다. 이후 그는 주로 언론인으로 활동하게 된다.[63]

백남운白南雲, 1895~1979

고영환에 이어서 1926년 4월부터 사회학 강의를 맡게 된 인물은 연전 상과

60 『보성전문학교일람』(1931년도)의 구 직원 명단 참조. (구)보성전문 이래의 구 직원 명단이 담당과목과 함께 표시되어 있다.

61 「졸업생」(명단), 『早稻田大學一覽』, 1936, 213면 참조.

62 『早稻田百年と社會學』(早稻田大學社會學硏究室, 1983)의 2부(人と思想)에는 9명의 사회학자에 관한 논문이 실려 있는데, 이들 중 몇 사람은 정치학과 소속이었다. 이 책에서 언급되고 있는 '와세다계정치학'의 특징은 독일 국가학의 영향을 받은 관학의 정치학과는 달리, 영미권의 정치학 및 사회학의 영향을 받은 학풍으로 특징지어졌다.

63 고영환은 이후 주로 동아일보 기자로 활동했으며, 해방 이후에는 이승만의 노선을 적극 지지하는 극우 성향의 언론 활동을 전개했다. 이로 인해 1950년 인민군 치하의 서울에서 좌익 청년들에 의해 부인과 함께 피살되었다고 한다.

교수로 있던 백남운이었다. 백남운은 이때 연전의 사회학 강의도 맡게 되었는데, 이로써 백남운은 1920년대 후반에 연전문과과 보전법과의 사회학 강의를 함께 맡게 되었다. 백남운의 보전 강의는 1929년 3월까지 3년간 이어졌고,[64] 연전에서는 1932년 3월까지 6년간 이어졌기 때문에 두 학교의 경력을 합치면, 사회학 강의 경력이 통산 9년9회이 된다.[65] 이는 그가 해방 이전에 사회학 강의를 가장 많이 담당했던 교육자였음을 말해주는 것이다. 이만하면, 백남운은 경제학자일 뿐만 아니라, 사회학자로도 손색이 없었다고 할 수 있다. 백남운의 두 주저主著가 모두 '사회경제사'란 제목을 달고 있었고, 그가 쓴 글 중에 사회학 및 사회사란 학명을 단 논문들이 여럿 있었던 것도 이러한 그의 이중적또는 통합적 학문 정체성을 반영한 것이라고 할 수 있다.

김현준金賢準, 1898~1949

백남운에 이어서 보전의 사회학 강의를 담당한 사람은 김현준이다. 김현준은 1898년 전남 나주에서 태어나 자랐고, 휘문의숙을 거쳐 일본에 유학하여 1922년 토요東洋대학을 졸업한 뒤, 바로 독일에 유학하여 사회학, 경제학, 신문학 등을 공부했다. 김현준은 1928년 라이프치히대학에서 박사학위를 받고 귀국했는데, 그의 학위논문의 주제는 신문(학)에 관한 것이었다. 그러나 귀국 후 학자 및 교육자로서의 활동은 사회학에 초점이 맞춰져 있었다.김필동 · 최태관, 2019

김현준과 하경덕은 모두 1928년에 박사학위를 받고 귀국했다. 박사논문의

---

64 『보성전문학교일람』(1931) 60면에 의하면 백남운의 사회학 담당 경력은 1926.4~1929.5로 되어 있다. 같은 책 48면에는 김현준이 1929년 4월부터 강사로 사회학 강의를 담당하고 있는 것으로 나온다.

65 지금까지도 그가 연전과 보전에서 사회학 강의를 한 적이 있었다는 사실은 어느 정도 알려져 있었다. 그러나 그가 이 정도로 사회학 강의를 많이 담당했다는 사실은 이번 연구를 통해 필자도 비로소 알게 되었다. 앞으로 사회학자로서의 백남운에 대한 본격적인 조명이 이루어질 필요가 있다.

분야 및 학문적 수준에 비춰보면, 하경덕의 논문이 사회학 논문으로 더욱 돋보이는 것이라고 할 수 있다. 그러나 하경덕이 귀국 후 저술 활동에 힘을 기울이지 않은 데 비해, 김현준은 이 일에 매진했고, 특히 1930년에 『근대사회학』을 출판함으로써 한국에서 사회학 교과서이자 연구서를 출판한 최초의 인물이 되었다. 김현준은 1928년 6월에 귀국한 뒤, 1929년 4월부터 보전에 촉탁강사로서 사회학 강의를 맡게 되었는데, 『근대사회학』은 귀국 직후부터 집필하기 시작하여 1930년에 출판되었기 때문에 책에는 그의 강의 경험도 일부 반영된 것이라고 할 수 있다. 김현준의 보전 강의는 1932년 3월까지 만 3년간 지속되었다. 이 기간 동안 김현준은 활발한 집필활동을 했고, 대중강연도 하면서 사회적 명사로서 대접을 받았다.김필동 · 최태관, 2019 그러나 보전의 촉탁강사그래도 언론에서는 '교수'로 호명되면서 대접을 받았다를 그만둔 뒤 김현준의 학문 활동도 크게 위축되었다.

김현준이 보전 강의를 그만두게 된 자세한 사정은 잘 알 수가 없다. 그동안 경영난을 겪어오던 보전은 1932년에 재단법인중앙학원이 운영을 맡고, 6월에는 교장에 김성수가 취임하게 되는데, 이렇게 재단이 바뀌면서 촉탁강사와의 계약 해지도 이루어진 것이 아닌가 추측해 볼 뿐이다.

김현준이 보전을 그만둔 뒤에 누가 사회학 강의를 했는지는 알 수가 없다. 그 이후에 나온 『보성전문학교일람』1936, 1939 등에도 구 직원 · 강사 명단이 있지만, 담당 과목이 나와 있지 않아 확인되지 않는다. 아마도 보전 운영진이 바뀌면서 사회학 강의도 쉬게 되었던 것이 아닌가 생각된다. 이 무렵 교과과정 개편이 있었을 가능성도 배제할 수 없다. 한편 1935년 4월에는 전술한 대로 사회학 과목이 상과의 교과과정에서 빠지고, 법과에서도 제2외국어와 문명사를 포함한 3과목 중에서 1과목을 선택하는 것으로 바뀌게 되었다.[66] 이렇게 모양은 선택으로 되었지만, 손진태가 전임강사로 임용되었고, 그는 김성수가 크

66 선택과목은 교장이 미리 정해서 공지하는 형식이었다.

게 신뢰하는 인물이었기 때문에 선택은 '문명사'가 될 수밖에 없었을 것이다. 손진태는 보전의 도서관이 완성되자 도서관장을 맡았고, 고미술품과 민속품 수집에도 관심이 많았던 김성수는 도서관에 참고품부를 두고 이 일도 손진태에게 맡겼던 것이다.최광식, 2003 : 28~29

장덕수張德秀, 1894~1947

1939년 7월의 학칙 개정에 의해 사회학은 총 12과목법과, 13과목상과의 선택과목 중의 하나가 되었다. 선택과목은 학칙상 양과 공히 2학년과 3학년에서 각각 1과목씩 개설하는 것으로 되어 있었다. 비록 사회학이 선택과목 리스트의 선두에 있었지만,[67] 개설이 보장된 것이 아님은 물론이다. 그런 가운데 1942년에 개설된 사회학 강의를 장덕수가 맡았던 것으로 보인다. 『보전일람』1942년도의 직원 소개란을 보면, 장덕수가 영어·사회정책·상업정책과 함께 사회학을 담당한 것으로 나와 있기 때문이다. 장덕수는 1939년에는 촉탁강사로 영어만 담당했고, 1940년에는 교수 신분으로 사회정책·재정학·영어·상업정책을 담당했지만, 1942년에는 처음으로 사회학 강의를 하게 되었던 것이다.

장덕수는 황해도 재령 출신으로, 1912년 일본에 유학하여 1916년 와세다대학 대학부 정치경제학과를 졸업했다. 1918년에 상해로 건너가 여운형과 함께 신한청년단에 참여했고, 1919년에 국내에 잠입했다가 경찰에 체포되어 주거제한 처분을 받기도 했다. 1920년 『동아일보』 창간과 더불어 주필과 부사장을 맡았고, 이후 다양한 사회운동에 참여했으며, 1923년 미국 유학에 나서 오레곤 주립대신문학과를 거쳐 1924년 컬럼비아대학 정치학과 대학원에 입학했다. 이곳에서 장덕수는 그동안의 활동에서 오는 명성과 여전히 갖고 있던 동아일보 부사장 직함을 배경으로 '유학생총회'에서 지도적 인물로 활동하는 동시에

---

67 이렇게 된 것은 과거 사회학을 중요시했던 전통을 따른 것이나, 내용은 그렇지 않았다.

학업에도 정진하여 1925년에 석사학위를, 1936년에는 박사학위를 받았다.[68] 대학원 시절에는 사회학자 기딩스와 맑시즘 비판가로 유명한 씽코비치 등의 영향을 받았으며, 박사학위 논문의 주제는 사회정책 논문으로 정치학, 사회학, 경제학 분야에 두루 걸쳐 있는 것이다. 두 논문 모두 당시 높은 평가를 받았다.[69] 따라서 그는 사회학 강의를 할 만한 충분한 자격을 갖고 있었다.

문제는 이 시기의 장덕수는 사상전향을 선언하고, 각종 친일단체활동에 가담하고, 사상강연과 논설을 통해 적극적인 언론활동을 전개하고 있었다는 점에 있다. 그의 사회학 강의 내용을 알 수는 없지만, 그가 맡았던 다른 과목들보다 이러한 그의 변신이 반영되었을 가능성이 높다. 당시 일본 사회학은 대륙중국 연구를 통한 광의의 '전쟁가담松井隆志' 2004과 학생들의 취업 기회 확대라는 호황을 누리고 있었는데, 그의 사회학 강의가 이런 분위기를 반영한 것이었을 가능성도 배제할 수 없다.[70]

68 석사논문 제목은 "A Critical Examination of Marian Conception of the State"였고, 박사논문 제목은 "British Methods of Industrial Peace : A Study of Democracy in Relation to Labor Disputes"이다.

69 박사논문은 수년간의 영국 현지연구 기간을 거쳐 완성되었으며, 컬럼비아대학 출판부에서 출판되었다. 이상 장덕수의 미국유학에 관한 설명은 주로 심재욱(2007)의 박사논문을 참조했다.

70 후술하듯이 1940년대에 들어와 경성고등상업학교의 선택과목 중에 '사회학'이 등장하는 것도 이런 분위기의 한 반영이라고 할 수 있다. 경성고상에서 사회학 과목이 실제로 개설되지는 않았지만.

학 과 목	豫科	Ⅰ	Ⅱ	Ⅲ	Ⅳ	학 과 목	豫科	Ⅰ	Ⅱ	Ⅲ	Ⅳ
修 身	1	1	1	1	1	미 술 학	—	—	3	—	—
성 경	2	2	2	2	2	철 학	—	—	—	—	3
일 어	5	2	2	2	2	생 물 학	—	—	—	3	—
한 문 (선택)	2	2	2	2	2	심 리 학	—	—	—	3	—
영어 作文.會話	2	3	3	2	2	윤 리 학	—	—	—	3	—
영어 문법.해석	3	2	2	—	—	사 회 학	—	—	—	—	3
영어 영 문 학	3	5	5	3	3	교 육 학	—	—	—	—	3
수학(입체기하)	3	—	—	-	—	교 육 사	—	—	—	3	—
地 文	3	—	—	—	—	교 수 법	—	—	—	--	2
역사 동 양 사	—	2	2	—	—	가 정 학	—	—	—	2	—
역사 일 본 사	3	—	—	—	—	위 생 학	—	1	—	—	—
역사 서 양 사	—	3	3	—	—	창 가	2	2	2	2	2
법 제 경 제	—	3	—	—	—	체 조	2	2	2	2	2
지질 및 천문학	—	—	3	—	—	計	31	30	32	30	27

(梨專梨保設立 一般認可關係 書類綴(1945年 以前分)
朝鮮教育要覽, 朝鮮總督府 學務局, 京城, 1925, p. 117.)

〈그림 3〉 1925년 문과 교과과정(이화여전)

4) 이화여자전문학교

1886년에 설립된 이화학당은 1910년 일제강점 직후에 대학과를 열었고, 1912년에는 총독부로부터 '각종학교'로 인가를 받았다. 이후 1914년부터 졸업생을 배출하기 시작했으나, 그 수는 많지 않았다. 이 시기의 교과과정에 대해서는 1920년 것이 남아 있는데, 여기에는 사회학이 포함되어 있지 않다.[71]

1925년 4월 이화학당 대학과는 '이화여자전문학교'로 총독부의 설립 인가를 받고 새 출발을 하게 되었다. 설립 당시에 문과와 음악과 두 과를 두었고, 1929년에 가사과가 설치되었다. 또 이때부터는 교과과정과 담당 교수 등에 관한 기록이 어느 정도 남아 있어 구체적인 파악이 가능하다.

71 朝鮮總督府學務局, 『朝鮮人教育 私立各種學校狀況』, 1920, 23면.

교과과정

이화여전 설립 당시에는 2개 과가 있었는데, 문과는 예과 1년, 본과 4년 과정이었고, 음악과는 예과 1년, 본과 3년의 과정이었다. 문과의 교과과정을 보면, 〈그림 3〉과 같다.

이 교과과정표에 의하면, 사회학(3)은[72] 4학년에서 공부하는 것으로 되어 있다. 만일 1925년에 예과에 입학한 학생이라면, 1929년에 가서야 사회학 강의를 듣게 된다. 그런데 『이화팔십년사』1967의 166면에는 1925년의 교수진 표가 실려 있고, 여기에는 안동원安東源이란 교수가 "교육교수법, 사회학, 성경, 교육사"를 담임하는 것으로 나와 있다. 이 자료표는 이화여전에서 인가원을 내면서 총독부에 제출한 교수명단이라고 한다.같은 책, 167면[73] 따라서 이 자료에 안동원이 사회학도 담임한다고 적은 것은 앞으로 담당할 과목까지 적었던 것으로 생각된다. 그러나 1924년에 교원으로 부임했던 안동원은 1926년에 이화여전을 떠나게 되므로 실제로 사회학 강의는 하지 않은 것으로 판단된다.[74]

한편 1929년에 가사과가 설치되면서 개편된 1930년의 교과과정에는 문과에서 사회학 강의가 없어지고, 가사과에서만 사회학(2)이 포함되었다. 이후 1936년의 학칙에서는 문과의 사회학 과목이 회복되었고, 가사과에서도 유지되었으며, 이러한 사정은 그 후에도 이어졌다. 또한 1940년에는 보육과가 설치되었는데, 보육과에서는 사회학개론과 사회사업 두 과목을 수강하도록 하고 있었다. 이상의 사회학 과목 설치 추이를 정리하면 다음 〈표 8〉과 같다.

---

72 ( ) 안의 숫자는 주당 시간수(時數)를 가리킨다. 이하 같음.

73 朝鮮總督府學務局, 『朝鮮教育要覽』(大正15年). 여기에 〈표 7〉의 문과 교육과정의 과목명은 그대로 실려 있다.

74 안동원이 사회학도 담당했다는 위 기록에 대해 일찍이 최재석(1974)은 (당시 이를 증언해주는 사람이 없기 때문에) 의심스럽다고 판단한 바 있다. 안동원은 이화여전 외에 연희전문에도 출강했으나, 얼마 후 그만두고 1930년대에는 사업가(고무공장 경영)로 변신하여 활동했으며, 해방 후에는 정치가로도 활동했다.

〈표 8〉 이화여전의 전공과별 사회학 과목 개설 추이

연도	문과	음악과	가사과	보육과	비 고
1925년	사회학 4학년(3)	–	(설치 이전)	(설치 이전) * 별도의 이화보육학교의 형태로 존재	『이화80년사』(1967)
1930년	–	–	사회학 3학년(2)		
1936년	사회학 3학년(2)	–	사회학 3학년(2)		
1941년	사회학 3학년(2)	–	사회학 3학년(2)	(1940 보육과 설치) 사회학개론 2학년(2) 사회사업 3학년(2)	이화여자전문학교개람(개覽)(1941)

주 : 1. ( )안의 숫자는 과목 시간수(時數).
2. 문과는 원래 5년제(예과 1년, 본과 4년)였으나, 1930년 학칙 개정으로 모든 과가 4년제(1+3)로 바뀌었다.

배상하裵相河, 1906~?

배상하는 『이화80년사』 및 『100년사』 부록에 1930~1932년 2년간 교원으로 있으면서 철학과 사회학, 교육학을 담당한 걸로 나온다. 배상하의 사회학 강의에 대해서도 최재석은 의심한 바 있다. 그러나 필자는 배상하가 사회학 강의를 담당했을 가능성이 있다고 생각한다.

배상하는 경성제대 철학과의 1회 졸업생1929년 4월으로 철학·철학사를 전공했다. 재학 중에 교육과정에 따라 철학과의 다른 전공 과목들을 다수 수강했고, 그 중에는 사회학개론도 포함되어 있었다.김필동, 2020 : 43 따라서 이화전문에서 사회학개론을 맡아줄 것을 요구하면 대응할 수 있었을 것이다.[75] 배상하는 1930년 중앙불전에도 출강했는데, 교육학개론을 강의했다. 따라서 이화여전에서 철학 외에 사회학과 교육학 강의를 맡는 것은 특별한 일은 아니었을 것이다. 그러나 사회학에 대한 각별한 애정이나 학문적 관심이 있어 그랬다고 보기는 어렵다.

배상하는 두 학교의 강의를 그만둔 뒤 1935년 일본계 사립학교인 경성약학

75 경성제대를 졸업할 무렵 배상하는 법문학부 출신 조선학생(출신)들이 펴낸 학술지 『新興』의 편집진의 한 명이자 1, 2호의 발행인을 맡을 정도로 적극성을 보였으나, 다른 한편으로는 2호에 졸업후 취직난에서 오는 자괴감과 적개심을 여과 없이 드러내는 글을 싣기도 했다. 裵相河, 「焦點업는 小說–밋치려는 意識의 告白」, 『新興』 第2號, 1929.12.

전문학교의 교수독일어, 영어, 라틴어 담당가 되었는데,[76] 그 후 점차 친일의 길로 들어섰으며, 1940년 녹기연맹이 주최하는 황기皇紀 2600년 기념 현상논문공모에 1등으로 당선되어 조선총독상을 받은 뒤에는 더욱 적극적인 친일활동에 매진했다. 결국 그는 정부수립 후 반민특위에 의해 친일반민족행위자로 고발되었다.

한치진韓稚振, 1901~?

1932년부터 이화여전에서 사회학을 담당한 인물은 한치진이다. 한치진은 1901년 평남 용강龍岡 출신으로 1917년 중국에 건너가 난징南京 금릉대학 중학부에서 공부한 뒤, 1921년 미국 남가주대학에 들어가 사회학을 공부했고1925, 대학원에서는 심리학과 철학으로 중심을 옮겨가서 석사1926 및 박사학위1928를 받았다.[77] 이렇듯 그의 학문의 중심축이 옮아갔지만, 그의 학문과 사상의 바탕은 "사회학-철학-심리학이 연쇄적인 동시에 원환적으로 체계화되어 갔"던 것이라고 할 수 있다.[78]

한치진은 1928년 7월 10일 경성에 들어왔는데, 그의 귀국을 알리는 신문들은 그가 곧 평양 숭실전문의 교수가 될 예정이라는 기사를 냈다.[79] 그러나 한치진은 숭실전문으로 가지 않고(혹은 못하고), 1929년 1월에 협성신학교이후 감리교신학교로 개명의 교원으로 임명되었다.김학준, 2014 : 389[80] 이후 한치진은 신문과 잡지를 통해 논설과 논문을 발표했고, 저서도 발표하기 시작했다.[81] 그리고 1932년

76 『京城藥學專門學校一覽』(昭和10年), 92면; 『植民地朝鮮教育政策史料集成』 제50권 참조.

77 석사논문 : "The Instrumental Theory of Life"(June, 1926). 박사논문 : "A Criticism of Chinese Ethical Systems : Buddhism, Taoism and Confucianism"(May, 1928).

78 한치진의 학문과 사상의 특징 및 그 형성 과정에 대해서는 홍정완(2010)을 참조할 것.

79 「신진 청년박사 한치진씨 귀국, 十日밤 경성역에 도착, 今後는 崇專教授로」, 『중외일보』, 1928.7.11; 「철학박사 한치진씨 십일밤에 귀국」, 『매일신보』, 1928.7.11 참조.

80 김학준은 이 글에서 이화여대에 보관되어 있는 「이력서」를 참조하여 그의 이력을 정리하고 있다. 한치진은 협성신학교에서 영어, 논리학, 철학, 심리학 등을 가르쳤다고 한다(홍정완, 2010 : 160).

81 한치진은 1931년 2월 감리교협성신학교 안에 철학연구사라는 개인 출판사를 설립하고(하동호, 1981), 그곳을 통해 자신의 수많은 저술들을 출판하였다. 첫 저작이 『신심리학개론』(1931)이었다.

5월에는 이화여전으로 옮겨 강의를 하게 되었던 것이다. 이화여전에서 한치진을 교원으로 맞이하면서 배상하는 강사직을 떠나게 된 것 같다.

한치진은 이화여전에서 철학과 논리학, 심리학과 사회학 등을 두루 가르쳤다. 사회학을 가르치기에 전혀 손색이 없었고, 1933년에는 『사회학개론』 교과서도 출판해서 교재로 사용하게 되었다. 책의 내용은 당시 대표적인 미국 사회학 교과서를 한치진의 시각에서 종합한 것인데,[82] 당시 미국에서 유행하던 심리학적 사회학의 영향을 많이 받은 것이다. 이 책을 통해서 그의 사회학에 대한 생각과 강의 내용을 구체적으로 알 수 있음은 말할 것도 없다.[83]

한치진은 1938년 4월부터 1939년 초까지 이화여전을 휴직하고 일본 와세다대학에서 1년 가까이 체류하게 된다. 한치진은 일찍이 조선을 떠나 중국과 미국에 유학했기 때문에 일본어에는 익숙하지 않았는데, 이 무렵 일제가 모든 학교에서 일본어 상용을 강요하는 상태에서 일본어가 부족한 한치진의 일본유학을 요구하고 일본 및 일본인의 모든 것을 경험하고 공부하도록 강요했다고 한다.鄭瑽, 1999 : 153 한치진은 이런 '일본(어) 유학'을 하면서 자신의 첫 저작인 『신심리학개론』을 일본어로 번역해서 이를 『인격심리학원론人格心理學原論』東京 : 新生堂, 1939으로 출판하고 귀국했다.홍정완, 2010 : 160 일본에서 돌아온 뒤 한치진은 이화여전에 복직해서 기존에 강의하던 철학과 심리학, 사회학 등을 강의한 것으로 보인다. 이때는 고황경도 사회학을 강의하였기 때문에 사회학 강의는 그 전보다 줄어들었을 가능성이 있지만, 식민지기에 사회학을 강의한 대표적인 학자 중 한 명으로 꼽는데 손색이 없다.

---

82 책의 「自序」에 의하면, 이 책을 저작할 때 Ward, Park & Burgess, Ross, Blackmar & Gillin, Bogardus 등이 저술한 교과서를 주로 참고했다고 적고 있다.

83 한치진의 『사회학개론』의 내용은 최재석(1977)에 비교적 자세히 소개되어 있다.

고황경高凰京, 1909~2000

한치진보다 좀 늦게, 그러나 때로는 동시에 사회학 강의를 담당했던 사람은 고황경이었다.[84] 고황경은 1909년 황해도 장연長淵에서 태어났다. 고황경은 일찍이 기독교를 받아들인 조부 고학윤과 조부의 영향하에 세브란스의학교를 나와 의사가 된 부친 고명우의 영향을 많이 받았다. 고황경은 경성여자고등보통학교를 나와 1924년 일본에 건너가 도시샤同志社여자전문학교와 도시샤대학을 다녔다. 대학에서는 법과를 전공했다. 고황경은 1931년에 다시 미국으로 건너가 미시간대학에서 석사경제학 및 박사과정사회학을 밟았고, 1935년에 일단 귀국한 뒤 이화여전의 교원이 되었으며, 박사학위는 1937년에 받았다. 박사논문 제목은 「디트로이트 지역 소녀 범죄의 계절적 분포」였다.[85] 이는 고황경이 여성특히 소녀의 생활 및 지위 개선을 위한 사업과 운동에 관한 실천적 관심을 갖고 사회학을 공부한 것을 잘 보여준다.[86]

고황경은 처음에는 같은 재단의 이화보육학교에서 주로 가르쳤다. 1937년의 『이화여자전문·이화보육학교일람』1937에는 고황경이 경제·법제·영어를 담당한 것으로 되어 있는데,[87] 주로 보육과에서 담당한 과목이었을 것이다. 이후 한치진이 일본에 가 있던 1938년부터 이화여전문과와 가사과의 사회학 강의도 담당하게 되었으며, 1941년부터 보육학교가 이화여전의 보육과로 개편되면서, 이화여전의 사회학 강의를 한치진과 나누어 담당하게 된 것으로 추정된다. 고황경은 이밖에 보육과의 사회사업 강의도 담당했을 것이다. 이렇게 보면 이화여전은 1930년대 중반 이후 매우 훌륭한 사회학 담당 교수진을 갖추고 있었

84 고황경의 생애와 활동에 대한 기본적인 사실들은 주로 림영철(1988)에 의존하였다.

85 고황경은 1935년 귀국할 때 디트로이트 법원에서 조사한 자료를 갖고 돌아와 박사논문을 완성했다고 한다.

86 고황경은 1935년 귀국한 뒤 이화여전 교원 활동과 별도로 '가정료(家庭寮)'라고 하는 비행소녀 교육기관을 설치하고 운영하였다.

87 고황경의 일본 및 미국에서의 학력을 생각할 때 이런 과목을 담당한 것은 자연스럽다.

다고 평가할 수 있다.

5) 중앙불교전문학교 · 혜화전문학교

동국대학교의 전신인 중앙불교전문학교'중앙불전'으로 약칭함는 기존의 불교계 고등 교육기관을 바탕으로 1928년에 설립된 '불교전수학교'를 1930년 1월 전문학교로 승격시켜 설치인가를 받은 것이다. 따라서 두 학교의 교과과정은 연속성이 있었던 것으로 보인다. 불교전수학교 2, 3학년 학생들은 1930년 초에 편입시험을 거쳐 중앙불교전문학교 학생이 되었고, 1931년에는 중앙불전의 첫 졸업생이 배출되었다.

교과과정

개교 당시 중앙불전의 학칙제1조에 의하면, 이 학교는 "불교학 및 동양문학에 관한 전문교육을 베푸는 것을 목적으로 한다". 학과는 불교학과만 있는데, 본과와 특과, 선과選科를 두고 있었다.[88] 다음은 개교 당시의 교과과정표이다. 2년 전에 개교했던 불교전수학교의 교과과정도 크게 다르지 않았을 것으로 생각된다.

〈표 9〉 중앙불교전문학교 개교 당시의 교과과정(1930)

교과목		1학년		2학년		3학년	
		수업명	시수(時數)	수업명	시수(時數)	수업명	시수(時數)
불교학	종승(宗乘)	조계종지(曹溪宗旨,	2	조계종지(금강경(金剛經))	2	조계종지(염송(拈頌))	2

88 '특과(特科)'는 전문학교 입학 자격이 부족한 사람에게 별도의 시험을 거쳐 합격시키는 제도이다. 과정은 본과와 같으나(단, 영어는 선택과목으로 한다), 특과졸업생에게는 특과졸업증서를 수여한다. '선과(選科)'는 승려로서 불교에 관한 과목을 공부하려는 사람에게 입학을 허가하며, 과목별 수업증서를 수여한다. 1937년 학칙 개정 때 특과는 '별과(別科)'로 명칭을 바꾸었고, 선과는 폐지했으며, 대신 '연구과(硏究科)'를 두고, 졸업생이 전공과목에 대한 연구를 할 수 있도록 했다. 『중앙불교전문학교일람』(1930, 1933 및 1938년도) 참조

교과목		1학년		2학년		3학년	
		수업명	시수(時數)	수업명	시수(時數)	수업명	시수(時數)
		불조삼경(佛祖三經))					
		화엄종지(華嚴宗旨, 기신론(起信論))	2	화엄종지(화엄경(華嚴經))	2	화엄종지(화엄경)	2
	여승(餘乘)	불교개론	2	구사학(俱舍學)	2	유식학(唯識學)	2
		각종강요(各宗綱要)	2	각종강요	2	불교서사학(佛敎書史學)	1
				인명학(因明學)	2	불교미술	1
불교사		인도지나불교사	2	조선불교사	2	일본불교사	1
종교학 및 종교사		조선종교사	1	종교학개론	2		
윤리학 및 윤리사		국민도덕 윤리학개론	2 2	동양윤리사	2	서양윤리사	2
철학 및 철학사		논리학, 심리학 자연과학개론	2, 2 1	철학개론 지나철학사	2 2	인도철학사 서양철학사	2 2
교육학 및 교육사				교육학개론	2	교육사 및 교수법	3
법제 및 경제		법제 및 경제	2				
사회학				사회학개론	2	사회문제 및 사회사업	2
한문 및 조선문학		한문강독 조선어학	2 2	조선문학강독 조선문학사	2 2	조선문학강독 조선유학사	2 2
국어(國語) 및 국문학(國文學)		국어강독	2	국어강독	2	국문학	2
영어		영어	4	영어	2	영어	2
음악		음악	1				
체조		체조	1	체조	1	체조	1
도합			34		33		29

교과목 내용을 보면, 불교와 종교·철학에 관한 과목이 많은 가운데, 사회학(분야)을 '사회학개론'과 '사회문제 및 사회사업'으로 나누어 2, 3학년에서 2시간씩 강의를 하고 있는 것이 주목된다. 일찍부터 사회학 관련 과목을 중시했음을 알 수 있는데, 1920년대에 대학으로 승격된 일본 불교계 대학의 교과과정을 참고했을 것으로 생각된다.[89]

89 龍谷·大谷(1922), 立正(1924), 駒澤(1925) 등. 龍谷大學의 경우 문학부에 사회학 강좌가 설치

이후 1937년에 교과과정이 개편되지만, 2, 3학년에 각각 사회학개론과 사회문제 및 사회사업을 개설하는 것은 변하지 않았다.[90] 1940년 혜화전문학교로 개편되면서 불교과 외에 흥아과興亞科를 두었는데, 흥아과에는 사회학 과목을 편성하지 않았고, 불교과에서만 사회학개론2학년과 응용사회학3학년 과목을 편성하였다. 그러나 응용사회학은 1942년과 1943년의 교과과정에서는 빠지고, 사회학개론만이 3학년 과목2시수으로 남게 된다. 결국 사회학은 1942년 이후의 혜화전문에서 불교과 3학년에 사회학개론 강의 하나만 남는 것으로 축소되었다.

아키바 다카시秋葉隆, 1888~1854

중앙불전에서 사회학 강의를 가장 먼저 담당한 사람은 경성제대의 교수로 있던 아키바 다카시秋葉隆이다. 아키바는 불교전수학교 시절부터1929~ 사회학개론 강의를 맡았다.[91] 불전 및 중앙불전의 교수진은 기독교계 학교와는 달리 일본유학 출신자 외에 경성제대 교수 및 졸업생 강사에 대한 의존도가 높았는데, 그 중에서도 아키바는 가장 오래 출강한 인물이었다. 아키바는 1929년부터 1944년 혜화전문학교가 폐교될 때까지, 중간에 3년 정도 강의를 쉰 기간을 제외하면, 계속해서 중앙불전과 혜화전문의 사회학 강의를 담당했던 것이다. 강의를 쉬었던 기간은 그가 만몽滿蒙 지역의 샤머니즘 연구에 몰두할 때로, 1달 내외의 장기 출장도 여러 차례 다녀왔기 때문에,전경수, 2005 불전 강의를 정상적으로 할 상황이 아니었다.[92]

되어 있고, 社會學原論과 社會政策 강의를 제공하고 있다. 『龍谷大學一覽』(1928), 19~21면 참조. 駒澤大學에서는 불교학과의 필수과목에 사회학개론이, 인문학과의 필수과목에 사회학이, 선택과목에 사회정책, 사회학특수강의 등이 들어가 있다. 『駒澤大學一覽』(1930), 34~38면.

90 다만 사회문제와 사회사업을 각각 1시수로 분리 편성하고, 1937년과 1938년의 경우 담당 교수도 사회학(개론)과 사회문제는 아키바가, 사회사업은 에다 도시오(江田俊雄) 교수가 담당하는 것으로 되었다. 『중앙불교전문학교일람』(1938), 33~34면.

91 『東國大學校九十年誌』, 38면 참조.

92 아키바는 아카마쓰(赤松智城)와 함께 1933년 6월부터 일본 외무성 대지문화사업부(對支文化事

아키바의 사회학 강의 내용이 경성제대에서의 사회학개론 강의의 연장선상에서 이루어졌을 것임은 말할 것도 없다. 그러나 경성제대의 경우를 포함하여 그의 사회학개론 강의에서 어떤 교재를 썼고, 어떤 내용의 강의를 했는지 알 수 있는 단서는 없다. 다만 그가 가족 및 혼인 연구에서 출발하여 조선 무속샤머니즘 연구로 나아갔고, 간간이 농촌동족부락조사를 했기 때문에 그런 내용이 포함된, 사회학과 민족학인류학이 복합된 강의였을 것으로 짐작해볼 수 있다.

아키바는 중앙불전 / 혜화전문에서 1930년대 후반 이후에는 사회학개론 이외의 과목도 가르쳤다. 예컨대 강의에 복귀한 1937년도와 1938년도 『일람』에는 사회학개론과 '사회문제'를 아키바가 담당하는 것으로 되었다.[93] 특히 1940년에 중앙불전이 혜화전문학교로 바뀌면서, 아키바는 혜화전문의 교수직을 겸임하게 되었고, 담당 과목도 늘어난 것을 볼 수 있다. 이 시기에 아키바는 사회학개론 외에 '응용사회학'과 '일본학'까지 가르쳤던 것이다.[94] 일본학은 팀티칭 과목으로 운영되었고, 1942년부터는 아키바의 담당과목에서는 빠지게 된다. 응용사회학은 한 글秋葉隆, 1944 : 17에 자신이 중앙불전에서 사회학개론과 '향토연구법'을 가르쳤던 제자吳警鐸에게 '동족부락'에 대한 예비조사를 의뢰했던 얘기가 나오는 걸로 봐서 향토연구법조사방법을 가르치는 과목이었던 것으로 생각된다.[95] 그러나 1942년과 1943년도 『일람』의 교과과정표에는 응용사회학이 없고, 직원 난에도 아키바가 사회학만 담당하는 것으로 되어 있어, 과목이 폐지된 것으로 보인다.

業部)의 위촉을 받아 만주와 내몽고 지역의 민속과 종교 연구에 착수하게 되었다.

93 분리한 사회사업은 불교사 전공자인 에다 도시오(江田俊雄) 교수가 담당했다.

94 그동안 '사회문제 및 사회사업'으로 강의해 오던 과목을 1937년부터 '사회문제'로 바꿨다가, 1940년 아키바가 혜전 교수를 겸임하게 되면서 '응용사회학'으로 바꾼 것이다.

95 한편 시인·국문학자였던 조지훈의 학적부에는 2학년(1939) 때 사회학개론을, 3학년(1940) 때 응용사회학을 수강한 사실이 나와 있는데, 오경탁은 그와 동기생(1938년 입학)이다. 조지훈의 학적부는 서익환(1998)이 열람한 것을 송현지(2021)에서 재인용했다.

이상에서 살펴본 바에 따르면, 아키바는 경성제대의 사회학 강좌 담임교수로 있으면서, 경성제대와 중앙불전및 혜전에서 사회학 강의를 각각 17년 및 11년간, 그것도 전공과목까지 강의한 유일한 사회학자였다고 할 수 있다. 다만 두 학교 모두 학생 수가 적은 학교였고, 강의 내용도 대중적인 것은 아니었다는 점에서 그의 사회학 강의가 청년 대중들에게 끼친 영향력에는 한계가 있었을 것으로 생각된다.

김현준金賢準, 1898~1949

아키바가 만몽 지역 조사에 몰두하기 위해 중앙불전에서 사회학 강의를 쉬는 동안 이 공백을 메운 사람이 김현준이었다. 김현준은 보성전문 강사를 그만둔 뒤 대학 선생으로서의 지위를 잃은 데다가 가세도 크게 기울어져서 어려움을 겪을 때였으므로 사회학 강의를 다시 할 수 있게 되어 매우 다행스럽게 생각했을 것이다. 이때 김현준이 강의를 맡게 된 데에는 후술하는 김태흡과 토요東洋대학의 같은 과인도철학윤리학과를 함께 다녔던 인연이 작용했을 가능성이 있다.[96]

그의 사회학 강의 내용이 자신의 『근대사회학』을 바탕으로 한 강의였음은 말할 것도 없다. 그러나 이 시기에 김현준은 보전 시절의 학문에 대한 열정을 회복하지는 못하였다. 논문 발표도, 기타 언론이나 강연 활동도 활발하지 못했던 것이 당시 그가 처한 상황를 말해준다.김필동 · 최태관, 2019

김태흡金泰洽, 1899~1989

김태흡은 1899년 서울에서 태어났으며, 본명은 김용업金龍業이다. 일찍이 출

96 김현준에 관한 논문(김필동 · 최태관, 2019)에서 필자는 김현준이 토요대학 출신이라는 점과 同鄕인 김두헌의 추천이 있었을 가능성에 대해 언급한 바 있는데, 그때는 김태흡에 대해 알지 못할 때였다. 다만 김두헌과의 관계도 복합적으로 작용했을 수 있다. 물론 이런 걸 떠나서 김현준은 강의를 맡을 자격이 충분했다.

가하여 승려가 되었다.태흡(泰洽)은 법명(法名) 1918년 법주사 대교과를 졸업한 뒤, 일본에 유학하여 1920년 토요東洋대학 인도철학과에 입학했으며, 이후 학교를 옮겨 1926년 니혼日本대학 종교과宗教學士를, 1928년에는 니혼대학 고등사범부 국한과國漢科를 졸업했다. 니혼대학 졸업후에는 동경제대 문학부의 사료편찬원으로 근무했고, 일본 및 조선 관련 불교단체 활동도 병행했다고 한다. 불교계에서는 근대불교의 대표적인 학승學僧으로 꼽힌다.예지숙, 2019 1928년 귀국 후 조선불교중앙교무원 포교사로 활동했고, 1930년부터 중앙불전 교수가 되어 주로 '사회문제 및 사회사업' 과목을 담당했으며,[97] 아키바 공백기의 후반부인 1935년도와 1936년도 2년간은 사회학개론도 담당했다. 그러나 1937년과 1938년에는 신분이 강사로 되면서 '법요의식法要儀式'만 담당했고, 이후에는 직원명단에서 보이지 않는다. 김태흡은 1935년『불교시보』를 창간하여 편집 겸 발행인을 맡았으며, 이후 그는 친일활동에 본격적으로 가담했는데,[98] 이런 일들이 학교를 떠나게 된 요인이 되었을 것이다. 이 때문에 아키바가 사회문제까지 담당하다가 본인이 담당하기에 더 적합한 과목응용사회학을 신설해서 맡게 된 것으로 생각된다.

이처럼 중앙불전은 다른 전문학교에서 사회학개론 강의 하나만 개설되고 있었던 데 비해,[99] 사회문제나 사회사업, 응용사회학 등 개론 이외의 관련 과목에 대한 교육도 이루어지고 있던 특별한 학교로 기록될 수 있다. 다만 그 주요 담당자가 일반적인 사회학자와는 상당히 다른 연구 관심을 가졌던 아키바秋葉隆였고, 교과과정 편성에서 일본의 불교계 대학의 영향이 두드러졌다는 점도 함께 고려되어야 할 것이다.

---

97 동시에 그는 사회사업 실천 활동과 대중강연, 방송 출연 등 불교의 대중화에 앞장선 인물로도 평가된다.

98 김태흡의 생애, 특히 친일 활동에 대해서는『친일인명사전』(민족문제연구소, 2009)을 참조할 것.

99 전술한 대로 이화여전에서도 사회사업 강의가 고황경에 의해 이루어졌다.

6) 명륜전문학교

일제하의 조선에서는 위에 언급한 전문학교 외에 숙명여자전문학교와 명륜전문학교가 있었다. 1939년에 개교한 숙명여자전문학교는 가정과, 기예과1부·2부, 전수과를 두고 있었으나, 어느 과정에서도 사회학은 가르치지 않았다.

1942년에는 명륜전문학교가 설치되었다. 일제는 강점 직후인 1911년 성균관을 경학원으로 개편하면서 교육기능을 사실상 폐지했는데, 이후 유교교육에 대한 조선 유림의 반발로 1930년에 명륜학원을 설치했다. 이후 명륜학원은 1939년 명륜전문학원을 거쳐 1942년 4월 명륜전문학교로 개편됨으로써 비로소 정규 교육기관의 모습을 갖추게 되었다. 그러나 명륜전문은 개교 2년만인 1944년 3월 다른 사립전문학교와 함께 학생모집을 중단하게 되었고, 같은 해 10월에는 조선명륜연성소로 개편되면서 폐교되었다.[100] 명륜전문학교는 이같이 짧은 기간 존속했을 뿐만 아니라, 폐교되고 전혀 다른 성격의 기관으로 바뀌게 되었기 때문에 당시의 학교 운영 및 교육 실상을 살필 수 있는 문서기록이 전혀 남아있지 않다. 따라서 당시의 교과과정과 7명교수 5, 조교수 2으로 알려진 전임교원의 명단도 제대로 남아있지 않다. 교과과정에 대해서는 "교수과목은 유학을 비롯하야 법률, 경제의 세 가지 고등학과로 편성된다"는 신문기사 내용 정도만 알려져 있고,[101] 교수진으로는 명륜학원 이래 교수를 해왔던 안인식과 1941년에 새로 임명되어 사회학 등을 가르쳤던 신진균의 이름 정도가 알려져 있다. 학생들정원 50명은 신문에 실린 1942년 및 1943년도 입학생 명단이 남아 있다.[102]

---

100 이상 명륜전문학교에 관한 일반적 사항은 류미나(2007), 김필동(2017)과 윤해동(2020) 참조.

101 『매일신보』 1942년 3월 19일 자. 이밖에 아래에 인용하는 1941년 7월 27일 자 전망기사(주 101)가 참고가 되지만, 어디까지나 예상 이므로, 이런 과목들이 모두 교과과정에 포함되었다고 생각할 수는 없다.

102 『매일신보』, 1942.4.22(50명); 1943.3.24(49명).

신진균申鎭均, 1913~?

신진균은 경북 영해 출신으로 대구고보와 일본 제5고등학교를 거쳐 동경제국대학 사회학과를 1940년 3월에 졸업했으며, 바로 대학원에 진학하여 사회학을 전문적으로 연구하다가 1941년 4월경에 명륜전문학원의 강사전임로 임용되어 귀국했다. 자세한 사정은 알 수 없지만, 그의 귀국은 명륜전문학원이 전문학교로의 개편을 준비하는 가운데 이루어진 것으로 보인다. 신진균은 이후 명륜전문학교가 폐교될 때까지 전임교원강사-조교수으로 있었던 것으로 보이며, 이 기간 동안 사회학 분야의 연구 및 학회 활동발표에 전념하였다.김필동, 2017[103] 현재 명륜전문학교의 교과과정과 교수들의 담당과목을 알 수 있는 기록은 전혀 남아있지 않다. 그러나 다음과 같은 신문 기사를 보더라도 그가 사회학 강의를 했을 것으로 추정하는 것은 자연스럽다.

> 그래서 오는 구월 신학기부터는 교수용어도 전부 국어日語로 하고, 일본정신을 기초로 하야 일본학日本學도 가르쳐서 국체國體 관념을 철저히 깨닫게 하며, 지금까지 가르치지 않던 헌법, 민법, 형법, 상법, 행정학, 경제원론, 재정학, **사회학** 등강조-필자 현대적인 정치·경제·사회의 일반 지식을 가르쳐 명실이 상부한 전문학교로 만들리라고 한다.[104]

이 기사가 신진균이 임용되고 난 뒤의 기사임을 감안하면, 신진균의 존재를

---

103 신진균은 1940년 이후 일본사회학회의 연차대회에서 네 차례(1940~43 연속) 논문발표를 했고, 『北京のギルド生活』(生活社, 1942)을 번역하여 일본에서 출판했으며, 일본사회학회 학회지에 7편의 서평을 기고했다. 김필동(2017)에서 밝히지 못한 사실은 신진균이 1943년 10월 경성제대에서 열린 일본사회학회 제18회 대회에서 「殘存戶籍에 나타난 근세조선의 家族에 대하여」를 발표했다는 사실이다. 『日本社會學會 第十八會大會 硏究報告要旨』(謄寫本) 참조.

104 「明倫學院 面目一新－完全한 專門學校로서 새 出發」, 『매일신보』, 1941.7.26. 인용문의 철자법은 현대식으로 고침.

알고 쓴 것으로 생각되지만, 신진균이 실제로 맡아한 강의는 사회학에만 그치지 않았을 것이다. 사실 신진균은 동경제대 재학 시절 사회학 과목 외에도 법학과 경제학 과목도 다수 수강했기 때문에 전문학교에서의 강의 정도는 할 수가 있었고,[105] 교수진이 빈약했던 명륜전문학교의 사정을 감안하면 실제로 위 기사에 언급된 과목들 몇 개는 맡아서 강의했을 것이다.

신진균의 사회학 강의는 사회학이론 및 사회사상에 대한 일반적 소개 외에 가족과 농촌에 관한 내용이 중심이 되었을 것이다. 원래 신진균은 학부 시절부터 사회학이론과 사회사상맑시즘을 포함한에 대한 관심이 컸지만, 귀국해서 명륜전문의 교원이 된 이후에는 조선의 가족과 촌락농촌에 대한 현실 및 역사적 연구에 관심을 기울이고 있었기 때문에 강의에도 이런 점들이 일부 반영되었을 것이다. 전통 사상 및 문화와 관련성이 깊은 명륜전문이라는 환경학생 및 교수들을 포함한도 작용했을 것이다. 그러나 그의 교수 생활은 3년 남짓 지속되었을 뿐이고, 1943년 말부터는 다른 학교와 마찬가지로 정상적인 교육이 지속되기는 어려웠으며, 결국 1944년에는 폐교되면서 그마저 중단되고 말았던 것이다.

7) 협성신학교감리교신학교

앞서 대학전문학교에서의 사회학 교육이 '기독교사회학'에서 비롯했음숭실학교 대학부을 밝힌 바 있지만, 한말~일제하에 존재했던 신학교 중에서 협성신학교감리교신학교에서 사회학 강의가 개설되었음이 확인된다. 협성신학교의 당시 교과과정은 확인하지 못했지만, 전술한 대로 연전의 하경덕이 1935년부터 출강을 하고 있었던 것이다. 하경덕의 자필 기록'敬德自敍'에 의하면, 그는 1935년 "7일부

105 신진균이 수강한 과목 중에는 민법(총칙과 친족상속), 헌법, 행정법(총론과 각론), 경제학(원론 및 정책), 사회정책 등 법학 및 경제학 관련 과목들이 포함되어 있었고, 신진균의 학부 성적은 전반적으로 매우 우수했다. 신진균은 이밖에도 철학과 윤리학 과목들도 다수 수강했는데, 자세한 내용은 김필동(2017) 참조.

터 냉동冷洞=냉천동 협성신학교에서 사회학을 교수했다"고 한다. 앞서 인용한 『연전 회보』1937에 실린 하경덕의 약력영문에는 '사회학 및 경제학 강사'로 표기되어 있지만, 이 일지를 통해 그 강의가 사실상 사회학 강의였음을 알 수 있다. 협성신학교에서의 그의 강의는 2년2회 정도 지속되었을 것으로 생각된다.

8) 천도교와 사회학 교육

천도교는 1910년 경영난에 빠진 보성전문학교를 인수하여 운영했지만, 1915년 일제가 공포한 전문학교규칙에 따라 전문학교로 인정을 받지 못하고, 각종학교인 '보성법률상업학교'로 불리게 되었다. 이 학교에서 사회학 교육은 이루어지지 않았고, 이후 이 학교는 새로운 재단 설립으로 보성전문학교로 새 출발하면서 천도교와는 관계가 끊어지게 되었다.

다만 1922년 천도교는 일반인의 교화를 담당할 교역자를 양성하기 위하여 종학원宗學院을 설립하고, 교육과정으로 본과·예과·속성과를 두었는데, 속성과에서 교육한 과목 중에는 사회학이 포함되어 있었다.성주현, 2001 : 137[106]

또한 1933년에는 천도교청년당에서 '자수대학강의'를 열고, 대학수준의 국문 강의록을 월간 형식으로 발간하였는데, 그 중에 '사회과'란 이름의 사회학 개론 강의도 포함되어 있었다. 이를 집필한 사람은 공탁孔濯이었다.

공탁孔濯, 1900~1972

공탁은 본명이 공진항孔鎭恒이며, 공탁은 천도교 간부로 활동할 때 사용한 이름이다. 공진항은 개성부호인 공성학의 아들로 태어나 일본을 거쳐 영국과 프

---

106 천도교의 주요 간부들은 1910년대부터 새로운 사상과 학문 동향에 관심을 보였는데, 1912년 『천도교월보』 3권 2호와 23호, 24호에는 정광조(鄭廣朝, 1883~1951)가 쓴 사회학에 대한 소개 글이 실려 있다. 최재석(1974) 참조.

랑스에 유학했고, 소르본느에서 사회학을 공부한, 당시 천도교의 젊은 리더 중의 한 사람이었다. 그는 오랜 유학 생활 후 귀국하여 가업과 천도교 일주로 언론 계통을 병행하면서 위 책을 썼으며, 1935년 이후에는 이상향의 꿈을 갖고 만주에서 농장을 경영하는 일에 몰두했다.[107]

공탁의 책은 고등교육을 받지 못한 천도교청년당의 당원 교육을 위한 강의록으로 펴낸 것이다(물론 일반 대중에게도 판매되었다). 분량도 적은 편이고89면, 참고문헌에 대한 언급도 없지만,[108] 짜임새 있는 구성과 평이한 서술로 당시 천도교인들과 대중에게 사회학을 소개하는 데 일정한 역할을 했다고 생각된다.김필동 · 최태관, 2019 그러나 월보 형식으로 낸 후 재판을 낸 것 같지 않고, 책명도 '사회과'로 되어 있어서 꾸준히 주목을 받기는 어려웠던 것 같다.

9) 관 · 공립전문학교 및 기타 일본계 사립전문학교

식민지 조선에는 앞에서 살펴본 조선인 또는 외국 선교사들이 설립한 사립전문학교 외에 관공립전문학교와 일본인단체이 설립한 사립전문학교들이 많이 있었다.[109] 그런데 조선인 또는 선교사들이 설립한 전문학교의 경우는 대부분 사회학 강의가 개설되었지만(물론 개설되지 않은 시기는 있었다), 관립 및 일본계 사립전문학교의 경우에는 사회학 강의가 개설되지 않았다. 이는 모든 학교의 모든 시기의 교과과정을 확인한 결과는 아니지만, 이들 학교 대부분이 국책과목수신, 일본학, 국사, 체조이나 어학을 제외하면 전문 직업 활동실무에 필요한 과목 중심으로 교과과정을 짰기 때문에 어쩌면 당연한 것일 수도 있다. 반면 조선인

107 해방 후에는 한성일보 부사장(1946), 농림부장관(1950)과 농협중앙회장(1957), 고려인삼흥업 사장, 천도교교령 등을 역임했다.

108 책 속에서 이름이 거론된 학자들의 수도 모두 합쳐 이십 명 정도에 불과했다.

109 일제하 조선에 설립된 관립전문학교는 모두 10개, 공립은 4개였으며, 일본계 사립전문학교는 5개였다(정준영, 2020 : 96). 이 중에서 1937년(중일전쟁) 이후 설립된 학교가 10개였다.

또는 선교사들이 설립한 전문학교의 다수는 대학을 설립하려 했지만, 일제가 이를 허용하지 않아 어쩔 수 없이 전문학교로 인가를 받은 경우였기 때문에 교양과목또는 일반과목이 여럿 포함되어 있었던 것과 뚜렷이 구별되는 부분이다.[110]

다만 경성고등상업학교의 경우 1939년에 개정된 교과과정을 보면, 23과목의 선택과목 중에 사회학이 포함되어 있음이 확인된다. 그러나 선택과목이라 해도 학생이 그것을 자유롭게 선택할 수 있는 것이 아니고, 학교장이 그해 가르칠 과목을 골라 게시하면 그것을 수강하는 것이고, 아주 제한된 선택의 여지만 있을 뿐이어서 실제로 사회학이 선택과목으로 게시될 가능성은 매우 낮았다. 1940년대 초반의 경성고등상업학교의 학수부를 일부 살펴볼 기회가 있었지만, 학생들의 선택과목은 모두 동일했고, 그 중에 사회학은 찾아볼 수 없었다. 아마도 사회학이 선택과목으로 제시된 적도 없었던 것 같다. 그럼에도 불구하고 이 때 선택과목 리스트에 사회학이 지나支那사회사정·경제심리학 등과 함께 올랐던 것은 중일전쟁 이후 중국 및 아시아 여러 지역으로 일본 기업의 활동 및 공장 건설이 활발해지면서 지역 사정을 이해하고 낯선 사회·문화와 접촉하는 데 위에 적은 과목들이 필요하다는 판단이 개재된 결과가 아닐까 생각된다. 1942년 경성제대에 사회학전공이 설치되고, 조교수가 한 명 충원되면서 학생수도 급증했던 것과 함께 생각해볼 수 있는 부분이다.김필동, 2020 그러나 실제로는 일본계 전문학교에서 사회학 교육이 전혀 이루어지지 않은 것은 조선계 전문학교에서 대부분 사회학 교육을 실시하고 있던 것과는 뚜렷이 대조되는 부분이다.

이밖에 1939년 이정숙과 일본인 후치사와 노에淵澤能惠에 의해 설립된 숙명여자전문학교는 가정과와 기예과제1·2부, 전수과를 두고 있었지만정재철, 1989 교과

110 거기에는 학생들의 민족의식과 사회의식을 키우려는 설립·운영자들의 숨은 의도도 반영되어 있었을 것이다.

과정에 사회학은 들어있지 않았다. 중일전쟁 이후인 제3차 조선교육령1938 시행기에 설립이 된 데다, 초대 교장이 경성제대 교수였던 오다 쇼고小田省吾였고, 직원수1942년 23명 중 일본인이 18명을 차지할 정도로학생은 조선인 195명, 일본인 92명 사실상 일본계 학교에 가까웠던 점이 주요 이유가 되었을 것이다.

4. 나가며

지금까지 살펴본 내용을 정리하고, 앞으로 해야할 일에 대해 생각해 보면 다음과 같다.

1. 대한제국기인 1905년에 개교한 보성전문학교에서는 1907년에 교과과정을 개편하면서 법률학과와 경제학과의 수강과목에 사회학을 포함시키고, 그 내용을 광고까지 했지만, 사회학 교육은 이루어지지 못했다. 아마도 적합한 교원을 구하지 못한 것이 주된 이유였을 것이지만, 당시 학교 운영자들이 국가의 동량이 될 학생들에게 사회학 지식이 필요하다는 인식을 가졌고, 이를 교과과정에 반영하려 했다는 점은 주목할 만하다.
2. 기독교 선교사들이 세운 평양의 숭실학교는 1906년 대학부를 설치했는데, 1912년 교과과정을 개편하면서 사회학과 기독교사회학 과목을 각각 경제학 및 종교철학과 합강하는 형식으로 개설하기로 하였다. 이 중에서 사회학 강의는 실제로 개설되지 않았지만, '기독교사회학' 과목은 1914년부터 몇 차례 개설되었다. 이것이 한국에서 사회학관련 과목으로 개설된 최초의 강의였는데, 담당 교수는 편하설Bernheisel이었다. 이후 숭실대학은 1920년부터 일반사회학 강의를 개설했으며, 1925년 숭실전문학교로 개편된 뒤에도 1938년 일제에 의해 강제 폐교될 때까지 사회학 강의를 대

체로 이어간 것으로 보인다.

3. 선교사들이 세운 또 하나의 학교인 경신학교는 1910년 경술국치일 직전 학부에 '대학과'의 설치 신청을 내고 학생을 모집한다는 광고와 함께 '사회학'이 선택과목으로 포함된 교과과정표도 제시했지만, 인가를 받지 못했다. 이후 경신학교는 1915년 배재학당과 연합하여 경신학교 대학과영문명으로는 Chosun Christian College의 이름으로 각종학교의 인가를 받았고, 1917년에는 연희전문학교로 새출발을 하게 되었다. 그리고 1918년에는 원한경이 처음으로 일반 사회학 강의를 개설했다.
4. 원한경의 강의는 1919년에는 이어지지 못했지만, 연희전문은 1921년부터 사회학 강의를 다시 개설했고, 1937년 이후 두 차례 일시 중단한 적이 있었지만 1942년까지 사회학 강의를 계속 개설했다. 연희전문은 여러 전문학교 중에서 사회학 강의를 가장 중요시하고, 지속적으로 개설한 학교였다.
5. 보성전문학교는 1922년 전문학교로 재인가를 받은 뒤, 1925년에 사회학 강의를 개설했고, 이후 강의는 (강사는 바뀌었지만) 1932년까지 이어졌다. 이는 1907년 사회학 과목을 교과과정에 편성하려 했던 옛 보성전문의 문제의식을 계승한 것으로 볼 수 있다. 그러나 1932년 운영난으로 인해 기업인 김성수가 학교를 인수한 뒤 사회학 강의는, 비록 교과과정에는 남아 있었지만, 사실상 중단된 것으로 보인다. 이후 사회학 강의는 1942년 장덕수에 의해 일시 개설되었다.
6. 이화여전은 1925년 전문학교로 개편한 뒤 사회학을 교과과정에 반영했지만, 1920년대 후반에는 실제로 강의가 이루어지지 않았다. 그러나 1930년부터 사회학 강의가 개설되었고, 이후 1932년부터는 지속적으로 강의가 이루어졌다.

7. 중앙불교전문학교는 그 전신인 불교전수학교 시절인 1929년부터 사회학 강의가 개설되었다. 담당 교원은 경성제대 교수였던 아키바 다카시秋葉隆였으며, 이후 그는 중간에 3년 정도 쉰 것을 제외하면이때는 한국인 교원이 담당 1944년 폐교 때까지 사회학을 가르쳤고, 혜화전문으로 바뀐 뒤에는 교수직을 겸임하면서 한때 응용사회학향토연구법 과목을 추가로 강의하기도 했다.

8. 1942년 체제가 개편된 명륜전문학교에서는 신진균이 2년간 사회학을 강의한 것으로 추정된다.

9. 이처럼 조선인 또는 외국인 선교사가 설립한 대부분의 전문학교에서는 사회학 강의가 개설되었다. 그러나 관립전문학교와 일본계 사립전문학교에서는 사회학 강의가 개설되지 않았다. 이렇게 된 것은 조선인 또는 선교사가 설립한 전문학교는 원래 일반 대학을 지향했던 데다가, 사회학을 통해 세계와 사회, 나아가 민족에 대한 문제의식을 함양하려는 교육 목적이 들어가 있었기 때문이다.

10. 각 전문학교에서 사회학 강의를 담당했던 교수강사 명단을 종합하여 제시하면 다음 표와 같다.

〈표 10〉 일제하 전문학교에서 사회학을 강의한 교수(강사) : 종합

학교명	기간	회수	인명	출신 학교 (유학국)	전공 (공부)	비고
숭실학교 대학과	1914~?	3~4	편하설 (片夏薛)	미국 하노버대학 맥코믹신학교	문과, 신학, 철학(석사)	'기독교사회학'을 강의함
	1920~25	4~5	이종희 (李鍾熙)	미국 해스팅스대학*	문과	* 네브래스카주 소재
연희전문	1918	1	원한경 (元漢慶)	신학교, 뉴욕대학	교육학(박사), 심리학	(일반)사회학 강의로는 최초
	1921~25	4	노정일 (盧正一)	미국 웨슬리언대학, 컬럼비아대학, 드류신학교	문과, 사회학, 신학.	후에 네브래스카주립대에서 철학박사(1927)
	1925~26	1	조병옥 (趙炳玉)	미국 컬럼비아대학	경제학(박사)	정치 · 사회활동
	1926~32	6	백남운 (白南雲)	동경상과대학	경제학	다카다 야스마 (高田保馬)의 지도

학교명	기간	회수	인명	출신 학교 (유학국)	전공 (공부)	비고
	1932~37	5	하경덕 (河敬德)	하버드대학	사회윤리학, 사회학(박사)	『사회학촬요』 (등사본 교재) 사용
	1939~41	2	정래길 (丁來吉)	게이오대학	경제학(재정학)	
보성전문	1925	1	고영환 (高永煥)	와세다대학	경제학	신문기자로 활동
	1926~29	3	백남운 (白南雲)	(위 연희전문 난 참조)		
	1929~32	3	김현준 (金賢準)	일본 동양대학 (東洋大學, 철학), 독일 라이프치히대학	신문학, 사회학(박사)	저서(『근대사회학』, 1930)로 강의
	1942~43	1	장덕수 (張德秀)	와세다대학, 미국 컬럼비아대학	경제학, 정치학, 사회정책(박사)	『동아일보』 부사장 다양한 정치활동
숭실전문	1925~28 1929~38	6~7	채필근 (蔡弼近)	평양장로회신학교, 동경제대	신학(목사), 철학	1938년 이후 이화여전 철학교수
	1928~29	1	정광현 (鄭光鉉)	동경제대	법학	이후 연전 법학교수
이화여전	1930~32	2	배상하 (裵相河)	경성제대	철학	
	1932~37 1939~42	7~9	한치진 (韓稚振)	미국 서던캘리포니아(南加洲)대학	사회학(학사), 심리학(석사), 철학(박사)	저서(『사회학개론』, 1933)로 강의
	1938~43	5~6	고황경 (高凰京)	일본 도시샤대학 미국 미시간대학	법학(학사), 경제학(석사), 사회학(박사)	
중앙불전·혜화전문	1929~33 1937~44	11	추엽륭 (秋葉隆)	동경제대 사회학과. 프랑스·영국에 연수	사회학(박사)	경성제대 사회학강좌 교수
	1933~35	2	김현준 (金賢準)	(위 보성전문 난 참조)		
	1935~37	2	김태흡 (金泰洽)	도요(東洋)대학 니혼(日本)대학	불교학, 종교학	승려
명륜전문	1941~44	2~3	신진균 (申鎭均)	동경제대	사회학	1946년 경성대학 사회학교수, 월북
협성신학교	1935~37	2	하경덕 (河敬德)	(위 연희전문 난 참조)		현 감리교신학교
(기타)	1934	1	공탁 (孔濯)	프랑스 소르본느	사회학	『사회과』 강의안

주: (기타)는 천도교청년당 自修大學을 가리킨다.

11. 이상에서 자수대학自修大學 강의안을 집필한 공탁을 포함하여 모두 20명의 명단이 작성되었다. 이들 중에는 사회학을 전문적으로 공부한 경우도 있고, 전공과는 관계없이 상당한 수준의 사회학 지식을 갖춘 사람이 있는가 하면, 대학 / 대학원에서 다른 전공을 하면서 또는 개인적으로 약간의 관

심을 가졌던 정도까지 다양하다. 이들의 유학 경력과 수학 과정, 수학 내용전공, 교수 경력, 저술 활동 및 사회적 실천의 행로行路 등을 비교·검토하는 것은 한국 근대지성사의 한 단면을 살펴보는 흥미로운 작업이 될 수 있을 것이다. 특히 사회학이 근대지식을 표상하는 징표적 단어학문가 될 수 있다는 점에서 더욱 그러하다. 이를 앞으로의 과제로 남겨 둔다.

12. 다만, 일제하의 사회학 교육이란 측면에서 주목해야 할 인물과 사실에 대해 몇 가지를 특별히 언급해 두고자 한다. ① 한국의 사회학 강의는 기독교 선교사들이 세운 학교에서 선교사들의 강의로 시작되었다는 점. 또한 미션계 (중등) 학교들이 사회학 공부특히 유학의 주요 자극원이었고, 미션계 전문학교가 사회학 교육의 가장 중요한 현장이었다는 점. ② 전문학교에서 사회학 강의를 가장 많이 한 인물은 백남운, 한치진, 하경덕, 고황경, 김현준, 채필근 등이상 5년 또는 5회 이상이었다는 점. ③ 이 중에서 그동안 사회학자로는 큰 주목을 받지 못했던 백남운이 1920년대 후반에서 30년대 초까지 연전에서 6년, 보전에서 3년간 사회학 강의를 했다는 점. 특히 이 시기에 그가 사회학 내지 사회사 논문을 다수 발표했고, 이 시기가 사회사상의 면에서 가장 예민한 시기였으며, 학생·청년들의 움직임도 활발했다는 점에서 그에 관한 새로운 조명이 필요하다는 점. ④ 경성제대 사회학강좌 교수였던 아키바 다카시秋葉隆가 경성제대뿐만 아니라 중앙불전과 혜화전문에서 사회학 강의를 11년 이상 했다는 점에서 그가 끼친 영향도 무시할 수 없다는 점 등이다. 이상의 논점들과 관련해서 앞으로 추가적인 검토와 조명이 이루어져야 할 것이다.

참고문헌

『東國大學校90年誌』 I(歷史篇), 1898.

보성전문학교교우회 편, 『法政學界』 제1호~9호, 1907·1908.

『普成專門學校一覽』, 1925·1931·1936·1939·1942.

『崇實大學校90年史』, 숭실대, 1987.

『崇實大學第12回 卒業紀念寫眞帖』, 1921.

『崇實大學第15回 卒業紀念寫眞帖』, 1924.

『延世大學校百年史 I-延世通史』 上, 연세대 출판부, 1985.

『延禧專門學校槪覽』(昭和六年二月), 延禧專門學校, 1931.

『延禧專門學校一覽』, 1939·1940·1941년도.

『梨花女子專門·梨花保育學校一覽』, 1937.

『梨花80年史』, 이화여대 출판부, 1967.

『이화100년사』, 이화여대 출판부, 1994.

『이화100년사 자료집』, 이화여대 출판부, 1994.

『梨花女子專門學校槪覽』, 梨花女子專門學校, 1941.

『中央佛教專門學校一覽』, 1930·1933·1935·1936·1938.

『平壤崇實大學 歷史資料集 I-學事一般』, 숭실대 한국기독교박물관, 2017.

『平壤崇實大學 歷史資料集 IV-宣教資料 I』, 숭실대 한국기독교박물관, 2018.

『平壤崇實大學 歷史資料集 V-宣教資料 II』, 숭실대 한국기독교박물관, 2018.

『平壤崇實大學 歷史資料集 VI-崇實校友會 會員名簿』, 숭실대 한국기독교박물관, 2017.

『惠化專門學校一覽』, 1941·1942·1943.

연세대학교 박물관 편, 『연희전문학교 운영보고서』(上), 서울 : 선인, 2013a.

____________ 편, 『연희전문학교 운영보고서』(下), 서울 : 선인, 2013b.

강명숙, 「일제강점기 연희전문학교의 학칙을 통해 본 교육 운영」, 『교육사학연구』 28(2), 2018.

孔 濯, 『自修大學講義 社會科』, 天道教青年黨本部, 경인문화사 復刻本(1972), 1933.

곽신환, 『편하설, 복음과 구원의 글로벌화』(불휘총서5), 숭실대 출판부, 2017.

김동선, 「해방 직후 『매일신보』의 성격변화와 『서울신문』의 창간」, 『한국민족운동사연구』 63, 한국민족운동사학회, 2010.

김승태·박혜진 편, 『내한 선교사 총람-1884~1984』, 한국기독교역사연구소, 1994.

김원극 외, 『식민지 지식인의 개화세상 유학기』, 태학사, 2005.
김자중, 「일제강점기 전문학교에 관한 연구」, 고려대 박사논문, 2018.
김필동, 「일제 말기 한 젊은 사회학자의 초상－신진균론(1)」, 『한국사회학』 51(1), 한국사회학회, 2017.
______, 「강단사회학자에서 맑스-레닌주의 이론가로－신진균론(2)」, 『사회와 역사』 118, 2018.
______, 「경성제국대학의 사회학 교육－제도와 사람들 (1926~1945)」, 『사회와 역사』 127, 한국사회사학회, 2020.
______·최태관, 「한국 사회학의 개척자 김현준의 재발견」, 『사회와 역사』 122, 한국사회사학회, 2019.
김학준, 「잊혀진 정치학자 한치진－그의 학문세계의 복원을 위한 시도」, 『한국정치연구』 23(2), 한국정치연구소, 2014.
金賢準, 『近代社會學』, 京城：廣韓書林, 1930.
______, 『現代各國 社會主義及社會運動史 批判』, 京城：廣韓書林, 1931.
김혜련, 「식민지 고등교육정책과 불교계 근대고등교육기관의 위상－중앙불교전문학교를 중심으로」, 『불교학보』 45, 2006.
다지리 히로유키(田尻浩幸), 『이인직연구』, 국학자료원, 2006.
류미나, 「식민지기 조선의 명륜학원－조선총독부의 유교지식인 정책과 조선인의 대응」, 『교육사학연구』 17(1), 2007.
림영철, 『바롬 고황경 박사－그의 생애와 교육』, 삼형, 1988.
방기중, 『한국근현대사상사연구』, 역사비평사, 1993.
배항섭, 「고종과 보성전문학교의 창립 및 초기운영」, 『史叢』 59, 고려대 사학회, 2004.
백남운, 「조선 사회력(社會力)의 동적 고찰」, 『조선일보』 1926.1.3 부록, 1926.
______, 「조선 자치운동에 대한 사회학적 고찰」, 『현대평론』 1-1, 1927a.
______, 「조선계(契)에 대한 사회사적 고찰, 1~2」, 『현대평론』 1-6·1-7, 1927b.
______, 「사회학의 성립유래와 임무－다른 과학보담 역사적으로 연소한 학문」, 『조선일보』 1930.8.20~24, 1930.
______, 『朝鮮社會經濟史』, 東京：改造社, 1933.
서익환, 『조지훈 시와 자아·자연의 심연』, 국학자료원(c1998), 2011.
성주현, 「대학의 교양교육에 관한 시론적 연구－천도교를 중심으로」, 『종교교육학연구』 12, 한국종교교육학회,
손인수, 『원한경의 삶과 교육사상』, 연세대 출판부, 1992.

송현지, 「조지훈과 혜화전문학교－식민지 고등교육 이원 구조와 조선학 학술장을 중심으로」, 『민족문화연구』 90호, 2021.

신용하, 「구한말 서구사회학의 수용과 한국 사회사상」, 『학술원논문집(인문·사회과학편)』 52(1), 대한민국학술원, 2013.

심재욱, 「설산 장덕수(1894~1947)의 정치활동과 국가인식」, 동국대 박사논문, 2007.

안계춘, 「우리나라 사회학의 선구자, 하경덕」, 『인문과학』 제31집, 연세대 인문과학연구소, 1973.

원재연, 「안당(晏堂) 하경덕－격동기의 공공사회학자」, 『한국사회학』 제50집 2호, 한국사회학회, 2016.

유봉희, 「이인직 연구에 대한 몇 가지 재고찰－동경정치학교를 중심으로」, 『현대소설연구』 48, 한국현대소설학회, 2011.

윤대석·윤미란 편, 『사상과 현실－박치우 전집』, 인하대 출판부, 2010.

윤치호, 김상태 편역, 『물 수 없다면 짖지도 마라－윤치호 일기로 보는 식민지 시기 역사』, 산처럼, 2013.

윤해동, 「식민지기 유교 고등교육과 명륜전문학교」, 『한국민족운동사연구』 102, 2020.

이만갑, 「韓國의 學譜－人脈으로 살펴본 한국의 學界 : 社會學界 ①~⑥」, 『대한일보』 1972.5.10~18(6회), 1972.

이재근, 「매코믹신학교 출신 선교사와 한국 복음주의 장로교회의 형성, 1888~1939」, 『한국기독교와 역사』 35, 한국기독교역사연구소, 2011.

이종영, 「원한경(元漢慶)－수난기의 연세 파수꾼」, 『진리와 자유의 기수들－연세의 초석 15인』, 연세대 출판부, 1982.

장규식, 「蔡弼近의 생애와 사상」, 『한국기독교역사연구소소식』 19, 1995.

장　신, 『조선·동아일보의 탄생』, 역사비평사, 2021.

張志淵, 『萬國事物紀原歷史』, 皇城新聞社, 1909.

전경수, 「학문과 제국 사이의 秋葉 隆－경성제국대학 교수론(1)」, 『한국학보』 31(3), 일지사, 2005.

정재철, 「일제하의 고등교육」, 『한국교육문제연구』 5, 중앙대 한국교육문제연구소, 1989.

정　종, 『내가 사랑한 나의 삶 84』 하, 도서출판 동남풍, 1999.

정준영, 「식민지관학과 '민족사학'의 사이－중앙불교전문학교와 식민지 전문학교체제」, 『사회와 역사』 128집, 한국사회사학회, 2020.

정진석, 「사회학자·교육자·언론인 안당 하경덕박사」, 『전라문화연구』 제18집, 전북향토문화연구회, 2007.

조병옥, 『조병옥 나의 회고록』, 도서출판 해동, 1986(원저 : 『나의 회고록』, 어문각, 1963).

채필근, 「나의 목회생활 40년」, 『기독교사상』 2(11), 대한기독교서회, 1958.
최광식, 「손진태의 생애와 학문활동－새로운 자료를 중심으로」, 역사민속학회 편, 『남창 손진태의 역사민속학연구』, 민속원, 2003.
최재건, 「1928년 예루살렘 국제선교협의회와 한국교회」, 『신학논단』 45, 연세대 신과대학(연합신학대학원), 2006.
______, 『언더우드의 대학설립－그 이상과 현실』, 연세대 출판문화원, 2012a.
______, 「한국장로교회가 한국교육에 끼친 영향－초기 고등교육기관 설립을 중심으로」, 『장로교회와 신학』 제9호, 2012b.
최재석, 「한국의 초기사회학－구한말~해방」, 『한국사회학』 제9집, 한국사회학회, 1974.
______, 「1930년대의 사회학 진흥운동」, 『민족문화연구』 12, 고려대 민족문화연구소, 1977.
하경덕, 「現代思潮問題와 우리의 態度[1]－理想村主義의 由來와 科學的 社會主義」, 『青年』 10(6), 1930a.
______, 「現代思潮問題와 우리의 態度[2]: 科學的 社會主義」, 『青年』 10(7), 1930b.
______, 「新文化建設과 社會學의 概念規定」, 『朝鮮日報』, 1935.7.8, 1935.
하동호, 「韓稚振研究文獻志 III－1945年 8月 15日 以後分」, 『출판학논총』 23호, 1981.
한영혜, 「일본 사회학의 형성과 전개－성립에서부터 제2차 세계 대전기까지」, 『사회와역사』 32, 한국사회사학회, 1991.
韓稚振, 『社會學概論』, 京城 : 哲學研究社, 1933.
홍정완, 「일제하~해방후 한치진(韓稚振)의 학문체계 정립과 '민주주의'론」, 『역사문제연구』 제24호, 역사문제연구소, 2010.
홍성찬, 「일제하 延專商科의 경제학풍과 '경제연구회사건'」, 『연세경제연구』 제1권, 연세대 경제연구소, 1994.

『早稲田大學一覽』, 1913·1914·1936.
早稲田大學社會學研究室 編, 『早稲田百年と社會學』, 早稲田大學出版部, 1983.
松井隆志, 「東京帝國大學社會學研究室の戰爭加擔」, 『ソシオロゴス』 28, 2004.

Har, Kyung Durk, *Social Laws : A Study of the Validity of Sociological Generalization*, Chapel Hill : The University of North Carolina Press, 1930.
Keller, Morton and Phillis Keller, *Making Harvard Modern : The Rise of America's University*, New York : Oxford University Press, 2001.

MacIver, Robert M., "(Book Review) *Social Laws : A Study of the Validity of Sociological Generalizations*. By KYUNG DURK HAR. Chapel Hill : The University of North Carolina Press, 1930. Pp.xii+256", in *American Journal of Sociology* 37(5), 1932.

식민지 시기 유교와 고등교육

명륜전문학교의 사례

윤해동

1. 들어가며

1926년 경성제국대학이 설립됨으로써 조선에도 본격적인 고등교육체제가 수립되었다. 제국대학과 전문학교의 위계구도로 구성된 이 체제는 '식민지 제국대학 체제'로 지칭할 수 있을 것이다. 이런 양자 간 위계구도를 가진 식민지 제국대학 체제는, 제국대학-일반대학-전문학교의 3단계 위계로 구성되는 본국의 고등교육체제에 비해 열등한 체제로 간주되어 왔다. 그런데 식민지 제국대학 체제에는 또 하나의 위계가 더해져 있었는데, 관(공)립전문학교가 중심이 됨으로써 전문학교 구성 내에 관립-사립이라는 또 다른 하위 위계구조가 성립해 있었던 것이다. 식민지 조선에는 제국대학-관공립전문학교-사립전문학교라는 중층적 위계구조를 가진 고등교육체제가 구축되어 있었다.[1]

요컨대 주로 조선인들이 다니던 사립전문학교는 식민지 고등교육체제에서 가장 아래층의 하위위계를 구성하고 있었다. 그중에서도 가장 늦게 그리고 가

1 윤해동, 「한국 근대 고등교육의 기원과 '식민지대학 체제'의 형성」, 윤해동·정준영 편, 『경성제국대학과 동양학 연구』, 선인, 2018, 19~62면 참조.

장 작은 규모로 설립된 것이 명륜전문학교였다. 주지하다시피 이 학교는 경학원이 설립의 주체가 된 학교로서, 관립과 사립의 경계 위에서 모호한 정체성의 줄다리기를 하고 있었다. 게다가 왕조시기 성균관의 후예를 자처하면서 해방 후 설립된 성균관대학교는, 경학원-명륜학원-명륜전문학교로 이어지는 식민지기의 교육기관을 어정쩡한 상태로 둔 채 자신의 역사를 구성함으로써 명륜전문학교의 모호함은 더욱 증폭되었다.

한편 명륜전문학교는 불교전문학교인 혜화전문학교와 더불어 종교교육을 위한 고등교육기관으로 주목받아왔다. 그동안의 연구에 의하여 학교 설립 전후의 사정이나 학교의 대체적인 모습은 밝혀지게 되었다.[2] 그럼에도 아직 연구자의 손길을 기다리는 부분이 적지 않게 남아있는 것이 현실이다. 강사 구성이나 교육내용을 포함한 학교 운영의 구체적인 사정과 관련해서 아직 불명확한 부분이 많이 남아있다. 나아가 학교 교육이 가진 시대적 맥락이나 유교 교육기관으로서의 위상에 대해서도 거시적인 조명이 필요한 상황이라 하겠다. 전자의 문제와 관련해서는 학교 관련 서류가 거의 남아있지 않다는, 즉 부실한 자료의 문제가 가장 심각한 원인이 된다. 또 후자의 문제점과 관련해서는 명륜전문학교가 '종교' 교육을 위한 학교였다는 사실을 중시하지 않는 연구시각의 문제가 가로놓여 있는 것처럼 보인다. 명륜전문학교 연구의 쇄신을 위해서는 이런 문제를 보완할 필요가 있겠다.

먼저 후자의 문제점과 관련해서는, 국가종교state religion라는 연구시각을 도입할 필요가 있을 것으로 보인다. 국가종교란 "종교적 특혜와 그에 대응하는 정치적 종속성의 결합 혹은 교환"에서 그 특징을 확인할 수 있을 터인데, 식민

2 류미나, 「식민지기 조선의 명륜학원-조선총독부의 유교지식인 정책과 조선인의 대응」, 『교육사학연구』 제17집 제1호, 2007; 박영미, 「일제강점기 한문고등교육기관 설립에 관한 소고」, 『한국한문학연구』 제59집, 2015 참조.

지기 유교는 상당히 왜곡된 형태로 변화한 채 국가종교의 성격이 유지되었다. 더 이상 명백한 국가종교의 위상을 갖고 있지는 못했으나, 그럼에도 '유사 국가종교적 질서'로서 유교가 여전히 대우 받고 있었던 것이다. 유사 국가종교적 질서의 핵심은 '특혜 없는 규제'에서 확인할 수 있다. 식민지기 유교에 대해서는 국가종교에 걸맞은 특혜가 더 이상 제공되지 않았지만, 그에 준하는 강한 통제장치들은 계속 유지되고 있었다.[3] 일제시기 유교 고등교육과 관련해서는 다음과 같은 질문이 제출될 수 있을 것이다. 첫째, 고등교육기관에서 유교를 가르쳐야 할 필요는 어디에 있는가? 필요성이 있다면, 유교 고등교육의 목표는 무엇이어야 하는가? 둘째, 유교 고등교육 기관은 어떤 형식의 기관이어야 하나? 제국대학 내에 유교교육 부서를 부설할 것인가, 혹은 독립적 교육기관을 설치하는 것이 좋은가? 이런 질문들에 우선 대답할 필요가 있을 것이다.

다음으로 전자의 문제점 곧 부실한 자료의 문제와 관련해서는, 관련 연구기관과의 관련성이나, 유사 연구기관과의 비교연구라는 시각을 도입할 필요가 있을 것이다. 이 글에서 한국 내에서의 향교 그리고 일본 내의 유교 관련 고등교육기관과의 비교연구라는 시각을 도입하는 것은 이런 이유 때문이다.

제2절에서는 경학원을 중심으로 한 식민지기 조선유교의 성격을 동경사문회東京斯文會와의 비교를 통해 살펴볼 것이다. 또 지방향교의 유교교육 상황과 아울러, 일본에서의 유교 고등교육기관 설치에 대해서도 간단히 점검해볼 것이다.[4] 제3절에서는 유교 교육기관으로 설립된 명륜학원의 위상을 살펴보고, 교육과정과 교직원 구성의 구체적인 양상을 추적해보려 한다. 또 학교재정과 졸업생

3 강인철, 『종속과 자율–대한민국의 형성과 종교정치』, 한신대 출판부, 2013, 464~523면.

4 조선의 유교와 유교 고등교육기관의 비교대상으로 일본의 동경사문회나 유교계 대학이 아니라, 국가신도나 신도계 대학인 국학원대학(國學院大學)이 적절하다는 지적이 있을 수 있다. 일본에서는 국가신도가 국가종교로서의 성격을 갖고 있었다는 점에서, 이런 지적은 일면 타당성을 갖는다. 그러나 조선의 유교와 일본의 신도를 직접 비교하는 것은 이 글의 관심사가 아니며, 1910년대 이후 유교 역시 일본에서 준국가종교적 위상을 차지하게 된다는 점에서 비교의 의미가 크다.

의 진로를 분석하여, 지방 향교와의 관련성을 따져볼 것이다. 이를 통하여 지금까지 알려지지 않았던 명륜학원의 세부적인 운영과 교육내용이 조금 더 명확하게 드러나게 될 것이다. 제4절에서는 황도유학이 대두하면서 조선유도연합회가 유교 고등교육기관 설치에 본격적으로 나서게 되는 상황을, 시대적 맥락과 연관시켜 추적해볼 것이다. 이런 과정을 통해 명륜전문학교가 가진 식민지 유교 고등교육기관으로서의 위상이 좀더 분명히 드러날 수 있게 될 것이다.

2. 경학원과 유교, 그 식민지적 모호함

1) 경학원과 향교

성균관이 폐지되고 경학원이 설립됨으로써, 경학원의 기능은 석전과 강연으로 축소되었다.[5] 그리고 유교적 의리론이 폐기되고 석전을 중심으로 한 제사곧 종교적 성격을 강화한 유교론이 득세하고 이를 바탕으로 경학원의 유교 논리는 고정되어 간다. 곧 석전은 그런 논리와 연결되어서 변화하고 있었다.[6] 이에 따라 경학원에 참가하는 유림의 학문적 특성도 대개 조선 성리학의 이기론과 의리론을 폐기하는 데서 드러나게 된다. '이윤지훈伊尹之訓'을 내세운 논리적 특성에서 잘 드러나는 바, 왕도정치는 왕조 정체성의 변화를 인정하는 데서 출발하는 것이다. 그들은 새로운 식민지 교육의 정체성을 신학과 구학의 융합과 변통에서 찾았다.[7]

5 경학원에 대해서는 다음 논고를 참조할 것. 류미나, 「식민지권력에의 '협력'과 좌절－經學院과 향교 및 문묘와의 관계를 중심으로」, 『한국문화』 36, 2005; 정일균, 「일제의 무단통치와 경학원」, 『사회와역사』 76호, 2007; 정욱재, 「1910~1920년대 경학원의 인적 구성과 역할－사성과 구사를 중심으로」, 『정신문화연구』 제30권 제1호, 2007.

6 조남욱·조윤래, 「일제시대의 한국유교와 유교교육」, 『한국민족문화』 16집, 2000; 정욱재, 「일제 협력 유림의 유교인식」, 『한국사학사학보』 16호, 2007.

경학원은 석전과 아울러 유교 대중화를 위한 강연 사업에 주력하였다. 강연은 사회교화를 위한 가장 중요한 방편으로 간주되었고, 이에 따라 각도에 담당 강사 제도가 마련되었다. 그리고 사회교화 강연의 핵심적 내용은 일본식 충효일치론이 차지하게 되었다. 게다가 중화주의 논리는 모화사상慕華思想으로 간주되어 폐기의 대상이 되었고, 일본이 중조中朝로 그리고 국사일본사가 그 정화精華로 이해되었다.[8]

식민지기 유교의 변화를 살피기 위해서는 경학원과 아울러 지방의 향교에 주목할 필요가 있다. 식민지기 향교에 대한 비판은 정치적이고 재정적인 측면에서의 무능함으로 집약되고 있었다.[9] 1930년대 중반의 한 신문기사를 살펴보자. "향교재산에 대한 당국의 최근 조사에 의하면 전조선 향교 총수 552개소, 총재산은 약 1천만 원, 작년도 재산수입은 50여만 원에 달하였다고 한다. (…중략…) 그 연수입 50여만 원이란 것이 문묘 유지 및 제향비로 대부분 사용"[10] 되고 있다고 하여, 향교재산에서 나오는 수입을 유교의례에 허비하고 있다고 비판하고 있다.[11]

대중들의 향교재산 운영에 대한 불만은, 향교재산에서 나오는 수입이 유교의례 및 정체가 불분명한 사회교화 사업에 중점적으로 사용되고 있다는 데에 집중되고 있었다. 주요섭은 향교재산에서 나오는 비용을 조선인 의무교육에 사용하자고 주장하며, 향교재산 비용을 다음과 같이 분석·비판하고 있다.

1919년까지는 향교재산 수입도 얼마만큼 학교비에 던져주었다. 그러던 것을

7 정욱재, 위의 글.

8 위의 글.

9 향교재산의 변동과 운영에 관한 전체적 추이는 김정인, 「일제강점기 향교의 변동 추이」, 『한국민족운동사연구』 47집, 2006; 김명우, 「일제 식민지시기 향교 연구」, 중앙대 박사논문, 2007; 김순석, 「일제강점기 향교재산관리규칙 연구」, 『태동고전연구』 33집, 2014 참조.

10 「향교재산의 처리문제-용도재검토의 필요」, 『동아일보』, 1935.4.16.

11 향교재산 사용에 대한 비판은 1930년대 내내 계속 이어지고 있다. 「유림의 기구를 혁신 사회교화운동의 제일선에」, 『동아일보』, 1938.8.23.

1920년부터는 문묘의 제사를 정중히 하기 위해 이 돈을 보통학교에 주기를 정지해 버리고 말았다. 1918년 조사에 의하면 전조선 향교 총수는 335개, 소유토지가 도합 48만여 평에 달한다. 1927년 향교재산으로부터 들어온 세입이 59만 7,625원이란 거액에 달하였다. 그 돈을 써버린 세출을 세별해 보면 이러하다. 향사비享祀費 53,927, 수리비 35,999, 잡급잡비 44,553, 관리비 114,907, 교화비 201,440, 비용변상 15,169, 예비비 36,794, 기타 94,836, 계 597,625원. 공자의 제사비로 매년 5만 원 돈을 허비할 필요가 있을까? 만일 그 돈으로 조선아동을 가르칠 학교를 세워 학문과 도덕을 가르친다면 공자님의 혼도 아마 공자묘보다 기뻐하실 줄로 안다.[12]

1910년대에는 향교재산에서 나오는 수입을 조선인 보통학교 운영비인 '학교비'에 사용하도록 되어 있었으나, 이후 규정이 개정되어 그 비용이 주로 유교의례에 지출되고 있음을 비판하고 있다.

이런 상황에서 몇몇 지방 향교에서는 향교수입으로 운영하는 '명륜학원'을 설립하기 시작하였다. 지방 향교 부설 명륜학원의 존재는 『동아일보』 기사를 통해 1923년부터 1927년 사이 5년 동안에 모두 7건이 확인된다. 거의 대부분은 초등 강습소였던 것으로 보이고, 중등과정은 확인되지 않는다.[13] 함경남도 함흥유신회에서 경영하는 명륜학원,[14] 황해도 신천의 명륜학원,[15] 황해도 서흥의 명륜학원,[16] 황해도 안악의 명륜강습소,[17] 경상북도 고령의 명륜학원[18] 등이 확인된다. 또 김천공립보통학교 부설 명륜학교와,[19] 함경북도 무산의 명륜학원

12 주요섭, 「의무교육을 목표로 七」, 『동아일보』, 1931.4.5.
13 지방향교의 강습소 설치운동에 대해서는 김명우, 앞의 글, 2007, 156~162면 참조.
14 「명륜학원 개학」, 『동아일보』, 1923.5.9.
15 「명륜학원 준공」, 『동아일보』, 1924.8.28.
16 「瑞興명륜학원 개원식」, 『동아일보』, 1925.5.16.
17 「순회탐방 155, 海西의 巨邑 교육이 불비」, 『동아일보』, 1926.12.3.
18 「명륜학원 연극」, 『동아일보』, 1927.1.16.
19 「명륜학교 폐지」, 『동아일보』, 1924.3.25.

은 폐지[20]된 사실이 보도되고 있다. 무산의 경우 3년이 유지되었으나, 교사를 구하지 못해 폐교하는 것으로 나타나 있다. 향교의 재정사정이나 교사 상황 등을 감안할 때, 대부분의 명륜학원은 오래 유지되지 못했던 것처럼 보인다.

지방 명륜학원의 또다른 문제점은 교육내용과 관련한 것이었다. 경남 진주에서는 명륜학원 설립이 저지되었는데, 신교육과 공자의 도가 양립할 수 없다는 것이 유림의 명륜학원 설립에 대한 공식적인 반대이유였다.[21] 그리고 황해도 안악의 경우 유림들은 신학新學이 이족지도異族之道이므로 가르쳐선 안 되고, 오직 유도만을 교육해야 한다는 것을 반대의 이유로 내걸었다.[22] 이런 사실을 통해 볼 때, 대부분의 지방 명륜학원에서는 신학 곧 근대교육을 중심으로 교육내용이 편성되었을 것으로 보인다. 각지의 서당에서 광범위한 한문 교육이 유지되고 있었지만,[23] 근대적 유교교육이 학교교육을 통해 보급되고 있었다고 할 수는 없을 것이다.

2) 유교 – 일본과 조선의 다른 길

유교교육과 관련해서는 우선 조선의 경학원에 대응하는 일본의 관련기관으로 동경사문회와 유시마성당湯島聖堂을 주목할 필요가 있다. 사문회는 1880년 결성된 사문학회斯文學會가 중심이 되어 유교 관련 단체를 결집함으로써, 1918년 새로 동경에서 출현한 단체이다. 사문회는 사무소를 유시마성당에 두었으며, 유교의 연구 및 강습과 공자를 비롯한 성현에 대한 제사를 주요한 사업으로 설정하였다. 1919년 이후에는 연구부를 두어 유명한 유교 계몽지식인들을 모았으며, 우노 테츠도宇野哲人, 동경제대 동양철학, 핫토리 우노키치服部宇之吉, 동경제대, 하야시 다이스케林泰輔,

---

20 「명륜학원 求生難으로」, 『동아일보』, 1925.5.9; 「무산 명륜인사에게」, 『동아일보』, 1925.5.16.
21 「신교육과 儒林」(사설), 『동아일보』, 1922.7.12.
22 「학원 반대파여!」, 『동아일보』, 1925.4.10.
23 송찬섭, 『서당, 전통과 근대의 갈림길에서』, 서해문집, 2018 참조.

전 동경제대, 모로하시 테츠지諸橋轍次, 한학자 등이 여기에 결집하였다.[24]

한편 에도시대 유시마성당은 막신幕臣과 번사藩士의 교육과 막부의 문화 및 교육사업을 통괄하던 기관이었다. 그러나 메이지유신 이후 새로운 정부는 성당의 부지를 근대학문을 위한 공간으로 전용하였으며, 대성전에서 지내던 석전도 정지시켜버렸다. 유시마성당을 다시 부각시킨 집단이 바로 사문회였다. 사문회의 전신인 사문학회는 1907년 공자제전회孔子祭典會를 조직하고 대성전에서 제1회 제전을 거행하였다. 1918년 사문회가 결성되면서, 양 기구의 관계는 더욱 깊어졌다.[25]

1910년대 이후 공자제 혹은 석전을 통한 조선의 경학원과 일본의 사문회 및 유시마성당과의 교류는 더욱 빈번해지고 긴밀해졌다.[26] 그럼에도 조선과 일본의 의례가 가는 길은 서로 달랐다. 조선에서는 경학원과 지방 향교의 문묘를 모두 개방하였고, 석전이 있을 때에는 반드시 대중강연회를 개최하도록 하였다. 이른바 '문묘대중화 정책'인데, 이는 유교의 대중화를 위한 것이었다.[27] 이에 따라 조선의 석전 의례 역시 식민지기를 거치면서 많은 변화를 보이게 된다. 첫째 계성사啓聖祠와 동서양무東西兩廡의 제향이 재개되었고, 둘째, 6일무가 8일무로 바뀌었으며, 셋째, 음력 2월 8월에 지내던 것을 양력 4월 15일과 10월 15일로 변경하였다. 곧 왕조 시대 때의 국가 제례를 전부 허가하였으며, 의식을 더욱 성대하게 바꾼 것인데, 이는 행사로서의 효과를 극대화하기 위한 것이었다. 이제 조선의 석전은 조선지배를 위한 선전 도구로 변했으며, 조선을 알리는 관광란에 소개되었다.[28]

---

24 박영미, 「경학원에 보이는 근대 일본유학의 경향－동경사문회와의 관계를 중심으로」, 『일본학연구』 27집, 2009.

25 정욱재, 「1920년대 식민지 조선 유림과 일본의 湯島聖堂」, 『민족문화연구』 71호, 2016.

26 정세현, 「공자제를 통한 경학원과 사문회의 교류」, 『한문학보』 35집, 2016.

27 류미나, 「일본의 '공자묘 대중화 정책'과 조선 내 공자묘 인식의 변화」, 『인문논총』 64집, 2010.

28 김영희, 「일제강점기 경학원 釋奠의 변화양상 소고」, 『한국무용사학』 8호, 2008; 장진영, 「일제

반면, 유시마성당은 동아시아 유교의 성지로 차츰 변모해나갔다. 1922년 공자 추모 2400주년 기념제사孔子歿後二千四百年追遠記念祭에는 조선과 중국의 유교지식인들이 함께 참여하였다. 1923년 동경대진재 때 소실되었다가, 1935년 재건축된 유시마성당 재건 기념 유림대회에도 조선과 중국 그리고 만주국의 유교지식인들이 참가하였다.[29]

이처럼 유시마성당은 동경사문회의 근거지로 승격되어 성지로 활용된 반면, 경학원은 누구나 출입할 수 있는 자유로운 공간으로 하강하여 관광지로 이용되었다. 유시마성당의 공자제는 참배의 장소가 되었으나, 경학원의 석전은 대중들이 관람하는 곳으로 변했다.[30] 제국과 식민지의 유교의례는 이렇게 각기 다른 길로 나아가고 있었다.

한편 19세기 말부터 일본에서는 한문 교육을 목표로 각종 사숙이 많이 설립되었는데, 이 가운데 일부는 고등 교육기관으로 전환하기도 하였다. 유명한 양명학자이자 한학자인 미시마 츄슈三島中洲가 1877년 설립한 사숙私塾인 니쇼가쿠샤二松學舍도 그 가운데 하나였다.[31] 이 학교 설립 당시 한학은 군병학교軍兵學校나 법률학교 등 관립학교에 입학하기 위한 필수 교과목이었으므로, 고등교육을 받고 입신출세를 꿈꾸는 청년들에게 각종 한학숙은 매우 인기가 높았다. 특히 유명한 소설가 나쓰메 소세키夏目漱石가 이 사숙을 다닌 것으로 알려져 유명세를 타기도 했다.[32] 그러나 니쇼가쿠샤는 다른 많은 사숙들과 마찬가지로 기초 한학교육이 중심이었고, 고등과가 설치된 이후에도 유교교육보다는 한문학 교육에 중점을 두고 있었다.[33]

강점기 釋奠의 변질과 해방 후의 規正」, 『고전과 해석』 17집, 2014 참조.

29 정욱재, 「1920년대 식민지 조선 유림과 일본의 湯島聖堂」, 『민족문화연구』 71호, 2016.

30 류미나, 「조선의 '황도유학' 전개과정과 일본제국주의의 확장」, 『한일관계사연구』 63집, 2019.

31 二松學舍, 『二松學舍六十年史要』, 1937, pp.1~3.

32 오현수, 「나쓰메 소세키의 작가 이전에 관한 일고찰- 요세 출입에서 니쇼오학사 입학까지」, 『일본학보』 42권, 1999.

이런 분위기 속에서 '한학진흥'을 추진하기 위하여 1923년 일본에서 만들어진 유교 고등교육기관이 대동문화학원이다. 1923년 일본 의회에서 「한학진흥에 관한 건의안」이 통과되고, 이를 바탕으로 일본 정부 주도로 대동문화협회가 창설되었으며 그 산하에 재단법인 대동문화학원이 설치되었다. 대동문화학원은 '황도皇道 및 국체에 순화醇化한 유교'를 주지로, 동양문화에 관한 교육을 실시하는 것을 목표로 삼았다. 1924년 개교한 대동문화학원은 본과3년 및 고등과3년와 아울러 별도로 연구과를 설치하였다. 또 본과 졸업생에게는 한문과 중등교원 무시험 검정의 자격이 주어지고, 고등과 졸업생에게는 한문과 고등교원 무시험 검정 자격이 부여되었다.[34] 히라누마 기이치로平沼騏一郎가 초대 총장으로 그리고 이노우에 테츠지로井上哲次郎가 2대 총장으로 임명되었는데, 이들은 황실과 사문회 등과도 깊은 관계를 가진 유명인들이었다.[35]

3. 명륜학원과 유교교육

1) 각종학교 명륜학원의 설립

앞서 본 바와 같이, 경학원이 사회교육을 위해 도입한 핵심적인 장치 중 하나는 강연이었고, 조선사회를 유교적으로 교화하는 것이 강연의 가장 중요한 목표였다. 1920년대 들어 단기적인 목표에 적합한 강연이 아니라, 중장기적인 사회교화를 목표로 한 유교 교육기관의 설립이 또다른 목표로 설정되었다. 이리하여 유교적 사회교화사업을 위한 중심적인 기관으로 경학원 아래에 설치된

---

33 二松學舍, 『二松學舍六十年史要』, 1937, pp.3~97.

34 강해수, 「"皇道에 醇化·融合된 유교'로서의 '황도유학(교)' 담론」, 『한국학연구』 52집, 2019; 大同文化學院編, 『大同文化學院要覽』, 1933, pp.1~7 참조.

35 류미나, 「조선의 '황도유학' 전개과정과 일본제국주의의 확장」, 『한일관계사연구』 63호, 2019.

것이 바로 명륜학원이었다.

지금까지 1930년 명륜학원이 설치된 배경에 대해서는 대개 다음 두 가지 요인이 거론되어 왔다.[36] 첫째, 조선유림들의 지속적인 교육기관 설치 요구에 대한 총독부의 대응이라는 시각이다.[37] 둘째, 근대적 학문기구 속으로 유학을 포섭하기 위해 설립을 추진하였다는 입장인데, 이는 다시 둘로 나누어볼 수 있다. 하나는 사이토 마코토齋藤實 조선 총독의 유교학교 구상이 실현되었다는 시각이고,[38] 다른 하나는 경성제대 초대총장 핫토리 우노키치의 경성제대 내의 유교부 설치 구상과 관련이 있다는 입장이다.[39]

1920년대 초반부터 유교 고등교육기관 설치에 대한 '친일 유림'들의 요구가 이어지고 있었고 총독과 경성제대 총장 등도 이를 적극적으로 고려하고 있었음에도, 선뜻 설립에 나설 수 없었던 데에는 여러 이유가 있었을 것이다. 그 중에서 가장 두드러진 것 중의 하나는 바로 '근대적' 유교교육을 담당할 교수요원의 부재라는 문제였다. 전통 조선인 유학자들에게 유교교육을 맡길 수는 없었던 것이다. 아이러니하게도 경성제국대학이 설립되고 유교 연구가 활성화되면서 이런 문제는 곧 해결되었다. 두 사람의 경성제대 교수 곧 다카하시 도루高橋亨와 후지츠카 치카시藤塚鄰가 조선 유교 연구의 쌍벽으로 부상하였다.[40] 이들은 명륜학원의 설립 및 운영에 깊숙이 개입하였다. 명륜학원이 전문학교 수준에 미달하는 각종학교 수준에서 설립되었던 데에는 이런 사정도 작용하고 있었다.

이런 배경 아래서 명륜학원은 유학의 보급과 유교 인재의 양성이라는 두 가

36 위의 분류는 이용범의 시도한 것이다. 이용범, 「김태준의 사상자원과 학술실천」, 성균관대 박사논문, 2019.

37 성균관대학교, 『성균관대학교육백년사(천)』, 성균관대 출판부, 1998; 류미나, 「식민지기 조선의 명륜학원-조선총독부의 유교지식인 정책과 조선인의 대응」, 『교육사학연구』 제17집 제1호, 2007.

38 李曉辰, 『京城帝國大學の韓國儒教研究－近代知の形成と展開』, 勉誠出版, 2016.

39 박영미, 앞의 글.

40 李曉辰, 앞의 책, 50~104면 참조.

지 목표를 설정하고 출범하게 되었다. 먼저 유학의 보급이라는 목표에 대해 구체적으로 살펴보자. 사이토 총독은 명륜학원 설립을 "동양도덕의 근원인 유도의 진흥을 도모함으로써 사회교화의 성과를 올리고자 하는 취지"라는 점을 강조하고 있다.[41] 명륜학원 규정 제1조에는 "명륜학원은 유학에 관한 교수를 하고, 아울러 인격을 도야함을 목적함"이라고 명기되어 있다.[42] 이 규정은 1936년 "명륜학원은 유학을 강구하고 국민도덕의 본의를 천명하고, 아울러 인격을 도야함을 목적"으로 한다고 좀 더 구체화되었다.[43] 대동문화학원 설립 때 내걸었던 '황도 및 국체에 순화한 유학'에까지 이르지는 않았으나, 점차 유교가 국민도덕 수립에 기여해야 한다는 점을 명확히 하고 있었다.

명륜학원 설립 당시 『동아일보』 보도는 설립 취지를 좀 더 구체적으로 드러내고 있다. "유도를 강설하고 풍교를 진작하여 동양도덕을 발양"[44]하는 것을 명륜학원의 설립 취지로 특정하고 있는바, 유학 보급의 목표가 풍교진작과 동양도덕의 발양 즉 사회교화의 일환이라는 것을 구체적으로 보여주고 있다. 설립 이후 학원 내에서 사회교화를 위한 강연을 계속 진행하였던 것도 이와 무관하지 않았다.[45]

여기에는 이른바 '36만 명의 유림'이라고 통칭되는 거대한 지방유림의 존재가 가로놓여 있었다. 조선총독부는 "조선에는 일찍부터 유교가 발달하여 연면한 학통을 가지고 있고, 중앙의 경학원과 지방 330여 개의 향교를 중심으로 36만 명의 유림이 있다."는 사실을 깊이 의식하고 있었다. 명륜학원은 이들 유

41 「1930년 9월 25일 제10회 중추원회의에서 齋藤實 총독의 훈시」, 『제10~13回 中樞院會議參議議事錄』, 1930~1933, 국편 마이크로필름.
42 「명륜학원 규정」(1930.2.26, 조선총독부령 제13호), 성균관대학교사편찬위원회, 『成均館大學校史 1398~1978』, 성균관대 출판부, 1978, 150~159면.
43 「명륜학원 규정 개정」(1936.3.4, 조선총독부령 제15호), 위의 책, 성균관대학교사편찬위원회, 150~159면.
44 「명륜학원 규정－조선총독부령으로 발표」, 『동아일보』, 1930.2.27.
45 「명륜학원 주최의 동양사상 강연」, 『매일신보』, 1931.3.24.

림의 강설講說과 풍송諷誦을 원조하고 유도의 보급을 권장하여 유교의 진수를 회득會得시키는 것을 사명으로 삼았던 것이다.[46]

이와 관련하여 두 번째 설립 목적인 유교인재의 양성이란 무엇을 의미하는 것인가를 살펴보자. 유림을 통한 유도의 보급은 시세에 순응하는 인재의 양성과 깊은 관련을 갖고 있었다.[47] 이와 관련해서는 설립 당시의 한 신문보도가 많은 것을 시사하고 있다. "1929년 광주학생운동이 발발한 이후 조선사회에 사상선도의 필요성이 강력하게 대두하였고, 사상선도 사업의 일환으로서 유도진흥을 목표로 한 명륜학원을 설립할 계획"이 있다는 보도이다. 또 이를 위해서는 명륜학원 졸업자에게 보통학교 한문과 조선어 교원자격을 주거나, '사상선도교화사思想善導敎化師' 자격을 주어 지방 관청에서 채용할 필요가 있다는 것이다.[48] 이처럼 유교인재의 양성이란 악화되어 가는 조선의 사상을 선도하거나 사회사상을 교화하는 담당자를 양성하는 것을 의미하는 것이었다. 그를 위해서는 교화사라는 특정 자격을 부여하거나, 보통학교 교원자격을 부여할 필요가 있었다. 이와 관련하여 일본의 대동문화학원 설립이 끼친 영향도 무시할 수 없을 것이다. 대동문화학원 설립 소식은 조선에도 자세하게 전해지고 있었다.[49]

유교인재를 양성하기 위해서는 적당한 자격을 가진 학생들이 입학할 필요가 있었다. 학교 설립 당시 입학자격의 학력 조항에는 두 가지 조건이 붙어 있었다. 첫째 한학의 소양을 가지고 특히 경전에 조예 있는 자, 둘째 일어를 이해하고 강의 청취와 일어 응대에 지장이 없는 자라는 것이었다. 한학과 일어 이해가 기본이었고, 이를 확인하기 위해 도지사는 한문 해석—주로 사서 및 기타 한문

---

46 「儒道의 강설과 風敎의 진작을 위하여－명륜학원 방문기」, 『每日申報』, 1935.9.15.
47 위의 글.
48 「'사상선도'의 일책으로, 명륜학원 신설 확정」, 『중외일보』, 1930.2.3.
49 「大東文化協會 文化學院 經營」, 『매일신보』, 1923.8.8; 「大同文化學院 신설 개교」, 『매일신보』, 1923.11.8.

상식에 관한 설문—과 한문 작문, 일어 작문 등 3과목의 시험을 보도록 규정하고 있었다. 여기에 구두시험을 통해 "성학聖學 연구에 굳은 신념을 가진 자인지, 장래에 유도진흥을 위해 헌신적 노력을 다할 자"인지를 확인하고 있었다.[50]

한 신문보도에 따르면, 명륜학원 제1회 입학생 30명의 학력은 다음과 같았다. 중등학교 졸업 9명고보 졸업 5명, 사범학교 졸업 1명, 농업학교 졸업 3명, 중등학교 중도 퇴학 9명, 보통학교 졸업 8명, 기타 4명으로, 조선어에 익숙치 못한 교수의 강의는 전부 조선어로 통역하여 교수할 것이라고 했다.[51] 중등학교 졸업자는 약 3분의 1, 퇴학자를 합치더라도 중등학교 경험자는 3분의 2에 미치지 못한다. 기타로 구분된 4명은 제도권 학교 경험을 하지 못한 사람으로, 일본어에 능숙하지 못했을 것으로 추정된다. 따라서 일본어 교수의 강의는 통역할 것이라고 보도되었던 것인데, 사실 관계는 확인하기 어렵다. 초기에 입한한 학생들의 연령은 20세 이상 35세 이하로, 대개는 사비생舍費生이 되어 10원 내지 15원의 학자 보조를 받았다. 기숙사가 있고 식비는 10원 정도, 나머지 회비는 잔용으로 사용 가능하였다고 한다.[52]

그렇다면 명륜학원은 어떤 범주의 학교로 보아야 할까? 앞서 본 바와 같이, 초기에는 입학자격에 한학과 일어 이해가 가능해야 한다는 조건만이 붙어 있었다. 이로 보면 '전문정도 관립각종학교' 혹은 그에 미달하는 수준의 학교였다. 1935년『매일신보』기사에 따르면 "(명륜학원의) 정도는 대체로 중학교 상급 내지 전문학교 정도"였다고 한다.[53] 고보 혹은 중학교를 졸업하였거나 전문학교 검정시험에 합격한 사람으로 입학자격을 제한한 것은 1936년 본과 설립 이후의

50 「1931년 입학생 心得」, 성균관대학교사편찬위원회, 『成均館大學校史 1398~1978』, 성균관대출판부, 1978, 150~159면.

51 「입학 유생 30명」, 『매일신보』, 1930.4.22.

52 이는 명륜학원 전임직 강사 김태준의 설명에 의한 것이다. 「儒道의 강설과 風敎의 진작을 위하여 – 명륜학원 방문기」, 『每日申報』, 1935.9.15.

53 「儒道의 강설과 風敎의 진작을 위하여 – 명륜학원 방문기」, 『每日申報』, 1935.9.15.

일이었다. 그 전에는 이처럼 입학 조건이 매우 느슨한 상태로 유지되고 있었다.

하지만 조선총독부에서 매년 발간하고 있던 『조선제학교일람朝鮮諸學校一覽』각년판에서는 명륜학원의 존재가 확인되지 않는다. 이 자료에는 각종학교 그 중에서도 '전문정도 각종학교'는 세밀하게 조사해서 기재하지 않았던 것으로 보인다. 반면 『조선제학교일람』에 중등정도 각종학교는 그 정밀함의 차이는 있으나 기재되어 있는 경우가 꽤 눈에 띈다. 경학원 부설 명륜학원은 이처럼 전문정도 관립 각종학교에 버금가거나 혹은 미달하는 모호한 정체성으로 자신의 이력을 출발하였다. 이는 왕조시대 성균관에 비하면 지극히 초라하고 볼품없는 것이었다.

2) 본과와 연구과 혹은 속俗과 성聖

(1) 교육내용

명륜학원의 성격을 이해하기 위해서는 교육과정과 교육내용을 먼저 파악할 필요가 있다. 1930년 개교 당시에는 2년 과정의 '정과正科'만이 개설되었으나, 1932년에는 '보습과補習科' 1년제, 30명가 추가로 설치되었다. 또 1933년에는 정과가 3년 과정으로 확대되고, 청강생 제도가 설치되었다. 그러나 1936년이 되면 교육과정에 커다란 변화가 이루어지는데, 정과를 '본과本科'로 바꾸고 '연구과研究科'를 추가로 설치하였다. 본과에는 고등보통학교 졸업자와 그와 동등 이상의 학력이 있는 자에게만 입학이 허가되었다. 3년 과정에 모집인원 90명의 본과를 마치면, 2년 내지 3년 과정의 연구과모집인원 20명에 진학할 수 있도록 하였다. 정과와 보습과로 이루어진 교육과정을 1930년부터 1935년까지 6년 동안 운영한 뒤에, 본과와 연구과로 구성되는 본격적인 유교 교육과정으로 확대해나갔던 것이다.

1930년에 정해진 교과목 편성은 이후 3번의 개정을 거쳤다. 1930년 개교 당시 정과의 교과목은 유학급유학사儒學及儒學史, 국어일본어, 동양철학, 한문학 및 공민과의 5개 교과목으로 편성되었다.[54] 1932년 개설된 보습과 역시 교과 편성은 동일하였다.[55] 1933년 3년과정으로 확대된 후 첫 번째 개정이 이루어지는데, 경학, 유학사, 동양철학, 한문학, 국어, 공민과 및 체육 등 7개 교과목으로 확대되었다.[56] 정과의 1930년 및 1933년의 학년별 교과과정과 1932년 보습과의 교과과정을 아래 3개의 표를 통하여 구체적으로 살펴보자.

〈표 1〉 명륜학원 정과의 학년별 교과과정(1930~1932)

교과목	1학년		2학년	
	시수	교과과정	시수	교과과정
유학급유학사(儒學及儒學史)	10	사서(四書), 시경(詩經), 서경(書經), 지나조선유학사(支那朝鮮儒學史)	10	예경(禮經), 춘추좌씨전(春秋左氏傳), 역경(易經), 지나조선유학사
동양철학(東洋哲學)	2	선진철학(先秦哲學)	2	한(漢) 이후의 철학(哲學)
한문학(漢文學)	8	장자(莊子), 순자(荀子), 사기(史記), 한서(漢書), 조선명가집(朝鮮名家集), 작시(作詩), 작문(作文)	8	노자(老子), 초사(楚辭), 문선당송시문선(文選唐宋詩文選), 조선문학개설(朝鮮文學概說), 작시, 작문
국어(國語)	5	보통(普通)의 독방(讀方), 서방(書方), 화방(話方), 철방(綴方)	5	보통(普通)의 독방, 서방, 화방, 철방
공민과(公民科)	1	사회적존재(社會的存在)로서의 개인(個人), 경제관계중(經濟關係中)에 재(在)한 개인	1	법제관계중(法制關係中)에 재(在)한 개인, 일반문화관계중(一般文化關係中)에 재(在)한 개인
계	26		26	

(자료) 『經學院雜誌』 31호, 1930.8

초기 정과의 교과과정에는 유학급유학사, 동양철학, 한문학, 국어 및 공민 등

54 「명륜학원 규정」(조선총독부령 제13호, 1930.2.26), 『朝鮮』 14-3, 1930.
55 「명륜학원 규정 개정」(조선총독부령 제35호, 1932.4.1), 『經學院雜誌』 31호, 1930.8.
56 「조선총독부령 제24호 명륜학원 규정 중 개정」, 『조선총독부관보』 1933.2.16.

〈표 2〉 명륜학원 보습과의 교과과정(1932~1935)

학과목	보습과(補習科)	
	시수	학과과정
유학급유학사	10	근사록(近思錄), 경설(經說), 일본유학사(日本儒學史)
동양철학	2	지나철학(支那哲學)
한문학	8	주자서(朱子書), 원명청문선(元明淸文選), 일본외사(日本外史), 작문(作文)
국어	5	강독(講讀), 문법(文法), 작문(作文)
공민과	1	실천윤리개설(實踐倫理槪說)
계	26	

(자료) 『經學院雜誌』 35호, 1932.12

5개 교과목, 총26시간이 배당되어 있었다. 이 가운데 전통적인 의미에서 경학에 해당하는 유학급유학사와 동양철학이 주당 12시간으로, 전체의 반 가까운 비중을 차지하고 있다. 유학급유학사는 4서 5경과 유학사 중심으로 편성되었다. 경학 중심의 교과목 편성이었다는 점에 특별히 주목할 필요가 있다. 한문학 교과목에는 역사 및 자집子集[57]과 아울러 조선문학이 포함되어 있다. 이밖에 일본어가 5시간으로 상당히 많은 시간을 차지하고 있다. 다음으로 보습과의 교과과정을 살펴보자.

교과목의 시간편성은 정과와 동일하지만, 근사록과 주자서 및 일본유학사와 일본외사 강의가 포함되어 있어 이채를 띤다. 주자학 기본서와 아울러 일본유학사 및 일본사를 중심으로 교과과정이 편성되어 있었다. 이처럼 보습과는 초보적인 수준의 주자학과 일본유학을 강의하는 과정이었다. 이 가운데 『일본외사』라는 책에 주목할 필요가 있다. 이 책은 19세기 초반 라이 산요賴山陽가 일본 무가武家의 가계를 열전형식으로 서술한 것으로서, 일본사 기초 교과서라고 할

57 자집(子集)은 경사자집(經史子集)의 전통분류 가운데 경과 사를 제외한 것으로서, 제자백가서 및 개인 문집 등을 포함하는 분류이다. 경(經)을 제외한 사자집(史子集)이 한문학으로 분류되고 있었던 셈이다.

수 있다. 메이지유신 이후 이른바 지사들이 이 책을 즐겨 읽었다고 하며, 이후 초등교육에 사용되면서 '국민필독서'라고 불릴 정도로 많이 읽히고 있었다.[58] 이어 1933년 재편된 정과의 교과과정을 살펴보자.

〈표 3〉 명륜학원 정과의 학년별 교과과정(1933~1936)

교과목	1학년		2학년		3학년	
	시수	학과과정	시수	학과과정	시수	학과과정
경학(經學)	8	사서(四書), 효경(孝經), 소학(小學)	8	시경(詩經), 춘추좌전(春秋左傳), 예기(禮記), 근사록(近思錄)	8	서경(書經), 역경(易經), 송원명학안(宋元明學案), 경설(經說)
유학사(儒學史)	2	지나유학사(支那儒學史)	2	조선유학사(朝鮮儒學史)	2	일본유학사(日本儒學史)
지나철학(支那哲學)	2	선진철학(先秦哲學)	2	중세철학(中世哲學)	2	근세철학(近世哲學)
한문학(漢文學)	7	사기(史記), 선진제자서(先秦諸子書), 조선명가집(朝鮮名家集), 작시문(作詩文)	7	선진제자서(先秦諸子書), 당송문(唐宋文), 조선명가집(朝鮮名家集), 작시문(作詩文)	7	문선(文選), 주자문집(朱子文集), 원명청문(元明清文), 작시문(作詩文)
국어(國語)	6	강독(講讀), 회화(會話), 작문(作文)	6	상동(上同)	6	상동(上同), 어법급문법(語法及文法)
공민(公民)	1	공민과일반(公民科一般)	1	상동(上同)	1	상동(上同)
체조(體操)	2		2		2	
계	28		28		28	

(자료) 『經學院雜誌』 36호, 1933.12

2년 과정이 3년으로 확대되면서 교과목이 7개로 늘어났으나, 이전의 유학급 유학사 과목이 경학과 유학사로 나뉜 것을 감안하면 실제로는 체조 한 과목이

58 사이토 마레시(齋藤希史), 허지향 역, 『한자권의 성립』, 글항아리, 2018, 168~171면.

추가된 데에 지나지 않는다. 주 2시간의 체조를 제외하면, 주당 시수도 26시간으로 동일하다. 교과목 변화를 좀더 구체적으로 살펴보자. 유학급유학사가 경학과 유학사로 나뉘면서, 사용되는 교과서도 추가되었다. 1학년에 효경과 소학, 2학년에 근사록, 3학년에 송원명학안과 경설이 더해진 것인데, 4서 5경을 중심으로 하되 시대별 교과서가 약간 더해진 것으로 볼 수 있겠다. 한문학의 경우에도 큰 변화는 없었던 것으로 보인다. 단 3학년 유학사 교과목에 일본유학사가 추가된 것은 특기해둘 필요가 있겠다.

전체적으로 조선 전래의 전통적인 경학 학습의 틀을 유지하되, 조선유학사와 조선문학사가 추가된 정도로 명륜학원 초기 교과목 편성의 특징을 요약할 수 있을 듯싶다. 이제 이를 니쇼가쿠샤와 대동문화학원大東文化學院의 교육과정과 비교해보자. 니쇼가쿠샤의 학과는 고등부와 심상부의 2부로 나뉘어 있었는데, 심상부는 고등부를 예비하는 과정이었고 고등부는 '고상한 문학'을 교육하는 것을 목표로 삼고 있었다.[59] 아래 표를 통해 고등부의 교과편성을 살펴보자.

〈표 4〉 이송학사(二松學舍) 고등부의 학년별 교과과정(1896~)

구분	제1년		제2년		제3년	
	제1기	제2기	제1기	제2기	제1기	제2기
경서(經書)	논어(論語)	대학(大學), 좌전(左傳)	중용(中庸), 좌전(左傳)	시경(詩經)	서경(書經)	주역(周易)
역사(歷史)	대일본사(大日本史)	동상	자치통감(資治通鑑)	동상	송원통감(宋元通鑑)	동상
자집(子集)	당송팔가문(唐宋八家文)	동상	한비자(韓非子), 손자(孫子), 오자(吳子)	근사록(近思錄), 순자(荀子)	장자(莊子) 관자(管子)	전습록(傳習錄), 노자(老子)
문법(文法)	경서급자집(經書及子集)	동상	동상	동상	동상	동상

59 二松學舍, 『二松學舍六十年史要』, 1937, pp.21~22.

구분	제1년		제2년		제3년	
	제1기	제2기	제1기	제2기	제1기	제2기
문장(文章)	한문(漢文), 서독(書牘), 서기(序記)	동상	한문(漢文), 논설(論說)	동상	한문(漢文), 책론(策論), 표상(表狀)	동상
시부(詩賦)			오칠언절구(五七言絶句)	동상	율시(律詩)	고시(古詩)
고전(古典)			제도통(制度通)	문헌통고일반(文獻通考一斑)	당륙전(唐六典)	주관(周官)

(자료) 二松學舍, 『二松學舍六十年史要』, 1937, pp.21~22.

1896년 이후 니쇼가쿠샤 고등부에서 사용한 교과과정으로, 주별 시수는 확인할 수 없다. 단 교과목 편성의 전체적인 상황은 드러나는데, 경학은 전체 한학 관련 교과목 7개 가운데 하나일 뿐이다. 역사와 자집 그리고 문장과 시부를 포함한 문학 과목이 큰 부분을 차지하고 있다. 이는 앞서 본 명륜학원의 교과과정과 크게 대비되는 부분이다. 일본의 유학교육은 전통적으로 경학을 그다지 중시하지 않았다는 점을 감안하면, 특별한 것은 아니라고 할 것이다. 또 중국 역대 관료제를 특정해서 교육하는 '고전'이라는 교과목이 편성되어 있는 점은 주목을 요한다. 니쇼가쿠샤는 대학에 진학하는 관료예비군을 교육하려는 의도를 갖고 있었다. 다음으로 대동문화학원 본과의 교과과정과 비교해보자.

〈표 5〉 대동문화학원(大東文化學院) 고등과 학년별 교과과정(1924~)

구분		제1학년	1주 시수	제2학년	1주 시수	제3학년	1주 시수
정과목(正科目)	황학(皇學)		4		4		2
	경학(經學), 자학(子學)		11		11		12
	지나철학사(支那哲學史)		–		–		2
	동양정치학(東洋政治學)		–		–		2

구분		제1학년	1주 시수	제2학년	1주 시수	제3학년	1주 시수
	사학(史學)		2		2		–
	문학(文學)		3		3		4
	작시(作詩) 작문(作文)		1		1		1
	지나어(支那語), 시문(時文)		2		3		3
참고과목(參考科目)		유학사(儒學史) 서양사상사(西洋思想史, 외국서(外國書))	4	서양사상사(西洋思想史), 정치학(政治學), 교수법(敎授法, 외국서(外國書))	4	동서사상비교(東西思想比較)	2
무과(武科)		교련(敎鍊), 검도(劍道) 유도(柔道) 궁도(弓道) 내 1과	2 1	교련(敎鍊), 검도(劍道) 유도(柔道) 궁도(弓道) 내 1과	2 1	교련(敎鍊), 검도(劍道) 유도(柔道) 궁도(弓道) 내 1과	2 1
과외(科外)		음운학(音韻學)	1	동양미술사(東洋美術史)	1	금석학(金石學)	1
총시수(總時數)			32		32		32
비고	작시 작문 연습은 과외로 하고, 매주 1회 부과한다.						

大東文化學院 編, 『大同文化學院要覽』, 1933, pp.12~26.

먼저 눈에 띄는 부분은 '황도 및 국체에 순화한 유교' 교육을 목표로 삼은 대동문화학원 특유의 교과목이 존재한다는 점이다. 황학皇學과 무과武科 교과목이 그것인데, 각각 주 4시간과 3시간으로 양자를 합치면 모두 7시간으로 총시수 32시간의 약 2할을 차지한다. 황학은 일본의 국체 교육을 가리키는 것일 터이고, 교련과 무술로 이루어진 무과 과목은 체육을 대신하는 것이었다. 양자는 모두 군국주의로의 이행을 가리키는 지표처럼 읽히기도 한다. 이어 정과목 가운데서 가장 많은 시간을 차지하는 것은 경학經學과 자학子學인데, 전체 시수의 약 3분의 1을 차지하고 있다. 구체적인 내부 구성을 확인할 수는 없지만, 경학 교육의 비중이 높았다고 할 수는 없다. 명륜학원에서 경학교육이 약 반 정도의 비중을 갖고 있었던 데 비하면 더욱 그러한데, 이는 니쇼가쿠샤의 경우와 동일한 것이다. 유학사가 서양사상사나 정치학과 더불어 참고과목으로 편성된 것을 보면, 이 학교에서 유학교육이 차지하는 위상을 짐작할 수 있을 것이다. 과외 교과목으로 음운학이나 동양미술사, 금석학 등이 포함되어 있는 것으로 보아, 대학의 교양교육을 모방한 교과목 편성도 이루어지고 있었다고 할 것이다.

이제 명륜학원의 두 번째 교과목 개정과정을 살펴볼 차례이다. 1936년 정과가 본과로 바뀌고 새로 연구과가 설치되면서, 본과의 학과목 역시 변경되었다. 경학, 유학사, 지나철학, 국어, 한문, 국사, 교육학, 공민과 및 체조 등 9개 교과목으로 편성되었는데, 원래보다 국사와 교육학 두 과목이 늘어나게 되었다. 또 연구과의 연구과목으로는 경학, 자학, 지나철학, 지나문학, 지나사학, 시작문 등 6개 과목이 편성되었는데, 이는 전통적인 유교 교과목 편성에 기반을 둔 것이었다.[60] 양쪽 모두 구체적인 교과과정 편성에 대해서는 확인할 수 없다. 단, 경학이나 문학 교과목의 변화가 없는 것으로 보아 크게 달라지지는 않았을 것으로 추정된다.

정과를 본과제도로 바꾼 데에는 입학생의 자격을 강화하기 위한 의도가 놓여 있었다. 종래의 입학자격은 한학의 소양과 일어 이해라는 두 가지 조건뿐이었다. 그러나 본과제도 도입 이후에는 고등보통학교 졸업자와 동등 이상의 학력이 있는 자에게만 입학을 허용하였다. 또 연구과에는 본과 졸업자와 아울러 한학에 특별한 실력이 있는 자에게 문호를 개방하였다.[61] 연구과 제도는 유교교육聖의 전문성을 강화하기 위해 도입한 것이었으므로, 입학자격에 유연성을 둘 필요가 있었다. 그런데 연구과 설치의 배경에는 지방유림들의 불만이 깔려 있었다. "명륜학원은 그동안 매년 향교재산에서 약 2만 원의 기부를 받고 총독부로부터 보조"가 있었음에도, 유교의 후계자를 양성함에는 너무나 빈약한 느

60 「명륜학원 규정 중 개정」(조선총독부령 제15호), 『조선총독부관보』, 1936.3.4.
61 「모던화한 명륜학원, 학측을 개정」, 『毎日申報』, 1936.3.5.

낌이 없지 않았다는 불평이 많았던 것이다.[62]

마지막 세 번째 교과목 편성의 개정은 1939년 명륜전문학원으로의 교명 변경과 함께 이루어졌다. 본과의 학과목은 국민도덕, 경학, 유학사, 지나철학, 지나문학, 국어, 국사, 사회교육, 체조, 교련 및 지나어 등 11개로 다시 확대되었으며, 연구과 연구과목의 변화는 없었다.[63] 본과의 교과목 중 한문이 지나문학으로, 교육학이 사회교육으로, 공민이 국민도덕으로 각각 변경되었다. 교과목 명칭의 변경과 함께 교과목 개정의 이유도 어느 정도 드러나는데, 한문을 지나문학으로 축소한 것은 조선 한문학을 교육과정에서 배제하기 위한 것이겠다. 사회교육과 국민도덕으로 교육학과 공민의 명칭이 달라진 것 역시, 전시체제 구축에 따라 '사회교화'를 강화하고 새로운 '국민도덕'을 구축하기 위한 필요성 때문이었을 것이다. 또 새로 교련과 지나어 두 과목이 추가되었는데, 이 역시 전시체제 구축과 깊은 관련을 가진 것이었다. 1939년 명륜전문학원으로 교명이 변경되면서, 명륜학원 역시 본격적으로 전시체제의 일부로 녹아들고 있었던 것이다.

(2) 교직원의 구성

이제 명륜학원의 교직원 구성에 대해서 살펴볼 차례이다. 먼저 직원인데, 총재, 학감, 간사, 서기 등으로 나누어 알아보자. 명륜학원의 총재는 경학원의 대제학이 겸임하게 되어 있었다. 정만조鄭萬朝, 1930~1935, 정봉시鄭鳳時, 1936~1937, 유정수柳正秀, 1938.1~1938.4, 윤덕영尹德榮, 1938~1939, 박상준朴相駿, 1938~1944 등이 경학원 대제학의 자격으로 명륜학원의 총재 혹은 명륜전문학교의 교장을 거친 사람들이다.[64] 대부분 일제에 협력했던 것으로 지탄을 받았으며, 정만조와 정봉

62 「일반의 요망을 채택 명륜학원 대개혁」, 『매일신보』, 1935.12.19.

63 「명륜전문학원 규정」(조선총독부령 제13호), 『조선총독부관보』, 1939.2.18.

시는 명륜학원의 강의에도 참여하고 있었다.

학감은 학교의 서무를 책임지는 사람인데, 조선총독부 학무국 학무과장 혹은 사회과장이 겸임하였다. 가미오神尾弌春, 학무과장, 1930~1931, 현헌玄櫶, 시학관, 1931.9~1931.12, 다카기高木善人, 시학관, 1931.12~1932.4, 유만겸兪萬兼, 사회과장, 1932~1933, 엄창섭嚴昌燮, 사회과장, 1934~1935, 김대우金大羽, 사회과 사무관, 1936~1938, 이원보李源甫, 사회교육과장, 1939 등이 학감사무취급으로 이 자리를 거쳤다.[65] 명륜학원의 학교 사무는 조선총독부 학무국에서 직접 관장하고 있었던 것이다. 이어 간사는 모두 경학원의 사성司成이 겸임하였으며, 서기는 경학원의 직원直員이 겸직하였다. 또 예외적으로 전임직 서기가 두 명 정도 고용되기도 하였다. 이처럼 명륜학원은 경학원의 행정직원이 학교 사무를 담당하고, 조선총독부 학무국의 담당 과장이 이를 관리·감독하는 체계로 구성되어 있었다. 가히 경학원 부설 유교 교육기관다운 모습이라 할 것이다. 명륜학원의 총재, 학감, 간사, 서기의 자세한 연도별 임용상황은 말미의 〈부록〉 참조

다음으로 강사에 대해 살펴보자. 개교 첫 해에 총재 이하 13명의 강사로 강의를 시작하였다는 보도가 있었다.[66] 하지만 『조선총독부급소속관서직원록』에서는 9명만이 확인된다. 한편 이 자료를 분석해보면 전임직 강사는 1939년까지 모두 6명이 근무한 것으로 나타난다. 안인식安寅植, 1930~1939, 김태준金台俊, 1931~1939, 김승렬金承烈, 1933~1939, 김영의金永毅, 1936~1939, 다나카 사부로田中三郎, 1937~1939, 주병건朱柄乾, 1939의 6명이다. 개교 당시 1명으로 출발한 강사전임은 1935년까

64 성균관대학교, 『성균관대학교육백년사(천)』, 성균관대 출판부, 1998, 299~304면.

65 『조선총독부급소속관서직원록』 각년판; 국사편찬위원회 한국사데이터베이스 http://db.history.go.kr/item/ 를 통해 작성. 명륜학원 직원은 1939년까지만 기재되어 있어 1940년 이후 직원 상황은 확인할 수 없다.

66 「儒道의 강설과 風教의 진작을 위하여－명륜학원 방문기」, 『每日申報』, 1935.9.15.

지 3명뿐이었으나, 1939년이 되면 6명으로 늘어난다. 그 가운데 안인식은 경학원의 사성으로서 명륜학원의 간사 및 강사를 겸임하였으며, 김태준은 직원 그리고 다나카 사부로는 촉탁을 겸임하였다.[67] 안인식은 학교 설립 초기부터 계속해서 학교 운영의 핵심역할을 담당하고 있었다.[68]

6명의 전임직 강사 가운데 안인식과 주병건은 대동문화학원 고등과 출신이다. 안인식은 고등과 3기 졸업생1929년 3월 졸업이고, 주병건은 고등과 5기 졸업생1931년 3월 졸업이다.[69] 안인식과 주병건은 모두 경성고등보통학교 임시교원양성소를 졸업하였다. 안인식은 그 후 조선총독부의 시학視學과 고등보통학교 등에서 교유를 하다가, 그리고 주병건은 대동문화학원의 보통과를 졸업한 후, 고등과로 진학하였다.[70] 안인식은 1929년 졸업한 후, 명륜학원의 창설에 참여하고 있었다. 명륜학원과 대동문화학원은 이처럼 깊은 관련을 갖고 있었다. 조금 후의 일이지만, 명륜학원에서 강사를 하던 경성제대 후지츠카 치카시藤塚隣는 1940년 퇴임한 뒤 대동문화학원의 교수로 전임하였다가, 패전 후 총장까지 지내게 된다.[71] 단, 나머지 3명의 전임직 강사 곧 김승렬, 김영의, 다나카 사부로의 인적사항은 아직 확인되지 않는다.

전임직 강사 외에 강의를 담당한 것은 비전임 강사들이었는데, 이들은 세 부류로 나누어 살펴볼 수 있다. 첫 번째는 경성제국대학에서 유교 관련 강의를 담당하던 교수 혹은 조교로, 다카하시 도루경성제대 법문학부 조선문학 강좌 담당와 후지츠카 치카시경성제대 법문학부 지나철학 강좌 담당, 가마츠카鎌塚扶, 경성제대 법문학부 조교 등이다.

67 『조선총독부급소속관서직원록』 1930; 국사편찬위원회 한국사데이터베이스 http://db.history.go.kr/item/

68 안인식에 대해서는 정욱재, 「조선유도연합회의 결성과 '황도유학'」, 『한국독립운동사연구』 33집, 2009; 강해수, 「"皇道에 醇化·融合된 유교'로서의 '황도유학(교)' 담론」, 『한국학연구』 52집, 2019 참조.

69 「卒業生氏名」, 大東文化學院, 『大東文化學院要覽』, 1933, pp.116~154.

70 위의 글.

71 李曉辰, 『京城帝國大學の韓國儒教研究－近代知の形成と展開』, 勉誠出版, 2016, pp.50~105 참조.

경성제대에서 유교 강의를 담당하던 교수 두 사람은 1939년까지 매년 빠짐없이 강의를 진행하였고, 조교로 근무하던 가마츠카는 초기에만 강의하였다 1931~1934.

두 번째 부류는 경학원 혹은 중추원 등에서 근무하던 조선인 한학자들이었다. 정만조경학원 대제학, 명륜학원 총재, 1930, 1932~1935, 정봉시경학원 부제학, 대제학, 총재, 1930~1931 · 1933~1937, 이대영李大榮, 경학원 부제학, 1936~1939,[72] 유진찬兪鎭贊, 경학원 부제학, 1938~1939, 어윤적魚允迪, 중추원 참의, 1930~1933, 현헌중추원 참의, 1930~1931, 권순구權純九, 경학원 경기지역 강사, 1935 등이 그들이다. 경학원의 대제학이나 부제학을 맡았던 사람을 포함하여 한학이나 시문으로 이름이 높았던 협력자들이 강의를 맡았다.

강의를 했던 마지막 부류는 조선총독부의 편수관, 시학관 혹은 관련 분야 관료들이다. 후쿠시마福島耀三, 총독부 편수관, 1930~1931, 후지타니藤谷宗順, 시학관, 1933, 박영빈朴永斌, 총독부 사무관, 1933~1935, 야히로八尋生男, 촉탁, 1935~1939 등으로 모두 20명을 상회하는데, 일본인과 조선인이 약 반반 정도를 차지하고 있다.강사의 자세한 연도별 임용상황은 첨부하는 〈부록〉 참조 이들은 주로 일본어 혹은 일본사, 체조, 공민혹은 국민도덕, 그리고 교육학혹은 사회교육 혹은 교련 등의 과목을 담당하였을 것이다. 이 교과목들은 국체를 강조하거나 전시체제로의 이행을 주문하는 정책적 성격을 갖고 있었으므로, 총독부의 관료들이 맡기에 적합했던 것으로 보인다.

강사진은 이처럼 전임직인 강사전임과 비전임직 강사로 구성되어 있었다. 또 비전임직 강사는 경성제대 교수 혹은 조교, 경학원과 중추원의 고위직에 근무하는 조선인 한학자 그리고 총독부의 관련 분야 직원 등 크게 세 부류로 나누어 살펴볼 수 있다.

---

72 이대영은 1911년 경학원의 말단인 直員에서 시작하여 부제학까지 오른 인물이다. 정욱재, 「20세기 초 일제 협력유림의 경학원 활동－이대영(1874~1950)을 중심으로」, 『한국사학보』 56호, 2014, 249~278면.

현재로서는 강사별 담당과목 등의 구체적인 교육내용은 확인하기 어렵다. 하지만 다카하시 도루나 후지츠카 치카시가 경성제대에서 진행했던 강의의 대체적인 윤곽은 어느 정도 드러나 있다. 이들은 경성제대에서 조선문학과 지나철학 강좌를 각기 담당하고 있었지만, 둘 다 조선 유교와 관련한 강의 혹은 연구에 깊이 관련되어 있었다. 그리고 이런 연유로 명륜학원의 강의와 운영에 깊숙이 개입하고 있었다. 이들은 명륜학원의 강의과목과 내용을 실질적으로 통제하는 역할을 맡고 있었을 것이다.

다카하시는 경성제대에서 1920년대 후반에는 조선 유교 강의를 주로 하였으며, 1931년부터는 한문학과 조선시가 관련 강의를 많이 하였다.[73] 명륜학원에서도 조선유교와 한문학, 조선문학사 관련 강의를 진행했을 가능성이 크다. 다카하시는 경성제국대학 조선문학과 학생들과 함께 조선민요 수집작업을 진행하였는데, 명륜학원의 학생들도 이 작업에 참여하고 있었다. 다카하시가 남긴 자료 가운데 명륜학원 졸업생 윤재구尹在九가 전라남도의 민요를 채집한 보고서가 남아 있다.[74] 또 후지츠카 치카시는 경성제대에서 지나철학 강의를 담당하면서, 추사 김정희를 중심으로 조청朝清 간의 문화교류에 관한 연구를 진행하고 있다. 또 1940년 퇴임 이후에는 손자孫子와 논어 관련 저작을 다수 출간하고 있다.[75] 이로 보아 명륜학원에서도 후지츠카는 경학을 중심으로 자학과 조선유학 관련 강의를 진행했을 가능성이 높다.

전임직 강사 가운데 핵심인물인 안인식이 어떤 교과목을 강의했는지에 대해 알 수 있는 단서는 남아 있지 않다. 한학을 공부하고 대동문화학원을 졸업한 그의 이력을 감안하면, 경학을 중심으로 한 한학 관련 강의를 했을 가능성이

73 이윤석, 「다카하시 토오루(高橋亨)의 경성제국대학 강의노트 내용과 의의」, 『동방학지』 제177집, 2016, 67~123면; 李曉辰, Ibid., pp.1~223 참조.

74 이윤석, 위의 글 참조.

75 李曉辰, 앞의 책, pp.1~223.

높다. 두 번째 전임직 강사였던 김태준은, 경성제대를 졸업하자마자1931년 3월 9일 곧바로 전임강사에 임명되었다1931년 4월 10일. 경학원의 직원直員을 겸무하였으며1931년 8월 31일, 1941년 '의원면직'하기까지 10년간 전임강사와 직원의 신분을 유지하였다. 김태준은 경성제대를 다니면서 다카하시 도루 및 정만조 등과 맺은 인연으로 명륜학원의 전임직 강사로 임명된 것으로 알려져 있다. 명륜학원 2회 졸업생 한 사람은 김태준이 『순자荀子』와 『국어國語』를 가르쳤다고 증언한다.[76] 순자와 국어는 선진제자서에 포함되며 교과목으로는 한문학에 해당하는 것이었다. 이처럼 김태준은 사학과 자학에 해당하는 한문학 교과목을 주로 강의하였던 것으로 보인다.

또 경학원 대제학과 중추원 참의로 있던 정만조와 어윤적은, 다카하시와의 인연으로 경성제국대학에서 한문학 관련 과목을 강의하고 있었다. 정만조는 경성제대에서 1926년부터 1934년까지 「조선시문변천」, 「조선근대문장가약서」, 「조선역대시선」, 「조선시문」 등 주로 조선 시문을 중심으로 한 한문학 관련 과목을 강의하였다.[77] 어윤적은 1931년부터 1933년 사이에 「조선예속사朝鮮禮俗史」, 「사례편람四禮便覽 / 조선식한문강독朝鮮式漢文講讀」, 「선식한문가아독鮮式漢文講讀」 등을 강의하였다.[78] 이로 보아 명륜학원에서도 정만조는 주로 조선문학 관련 강의를, 그리고 어윤적은 예학 혹은 조선식 한문 강의를 맡았을 것으로 보인다. 또 1936년 권순구가 경성제대에서 '조선역대시문선', '경서언해'라는 두 강의를 맡았는데,[79] 명륜학원에서도 이와 관련한 강의를 진행했을 가능성이 있다.

이렇게 본다면 전임직 강사인 안인식과 김태준, 그리고 다카하시와 후지츠카의 경성제대 교수 두 사람 그리고 경학원과 중추원의 조선인 한학자 등의 부

76 이용범, 앞의 글, 28~35면.
77 정은진, 「무정 정만조의 「朝鮮近代文章家略敍」 연구」, 『한문학논집』 36집, 2013.
78 이윤석, 앞의 글, 67~123면 참조.
79 위의 글.

류가 경학과 유학 그리고 한문학 관련 강의를 주로 담당하였던 것으로 추정할 수 있다. 그밖에 일본어나 체조, 공민 등의 교과목은 주로 조선총독부의 일본인, 조선인 관료들이 담당하였을 것이다.

또 "글방에서 하던 것과 같이 명륜학원의 학생들은 단좌端坐하여 소리를 크게 내어 글을 읽고 짓"[80]는다는 보고나, "반촌泮村에는 경전 읽는 소리가 울려퍼졌다"[81]고 하는 증언으로 보건대, 대개 한문 경전의 암송을 중심으로 하는 전통적인 학습법이 유지되고 있었던 것으로 보인다. 생도들이 거의 모두 성인이므로 교풍은 매우 점잖다는 증언도[82] 이와 무관하지 않을 것이다.

3) 학교재정과 졸업생

(1) 학교재정

학교재정과 관련한 자료가 전혀 전해지지 않아, 구체적인 예산 관련 사항에 대해서는 알기 어렵다. 단 재정과 관련해서는 경학원규정 제11조에 다음과 같은 조항이 있었다. 경학원의 경비 중 명륜학원의 경비는 특별회계로 하고, 보조금과 기부금 그리고 기타 수입으로 이를 충당한다는 것이다.[83] 신문의 관련 보도기사로 보건대, 명륜학원 예산은 1930년대 후반까지 연 2만 원을 약간 상회하는 선에서 유지되고 있었다.[84] 개교 초년도에 경상부 경비가 2만 5천 원이었고, 임시부 경비가 7천 원이었다는 보도가 있다. 임시부 예산은 경학원 내에 강당을 수축하는 경비였다고 한다.[85] 예산 규모를 짐작하는 데에, 1938년 『동

---

80 李馬銅, 「서울 풍경 13-경학원 안에서」, 『동아일보』, 1935.7.21.
81 安寅植, 『嵋山文稿』, 文潮社, 1973.
82 「儒道의 강설과 風敎의 진작을 위하여-명륜학원 방문기」, 『每日申報』, 1935.9.15.
83 「명륜학원 규정」(조선총독부령 제13호, 1930.2.26), 『朝鮮』 14권 3호, 1930.3.
84 「향교의 재산을 활용, 명륜학원 혁신요망-非僧非俗의 미온적 제도에서 유교 최고학부가 되라」, 『매일신보』, 1935.11.4.
85 「명륜학원 규정-조선총독부령으로 발표」, 『동아일보』 1930.2.27.

아일보』의 보도가 도움이 된다. "(향교)재산은 각 군수의 관리로 향교 장의掌議의 평의評議를 거쳐 처분되는데, 현재 문묘의 제향비, 향교 수리비, 직원의 수당 등에 전 수입의 약 3, 4할이 소용되고 명륜학원에 2만 5백 원을 부담하고는 나머지는 사회교화비라는 명목으로 일정한 지목 없이 지출"[86] 된다고 하고 있다. 이처럼 명륜학원의 경상부 경비는 대체로 지방 향교재산의 기부금으로 충당되고 있었다.

충남지역의 사례를 통해 좀 더 구체적인 정황을 들여다보자. 1931년 충남지역의 향교에서는 명륜학원 경비에 사용할 기부금으로 1,545원, 학자 급여금으로 720원을 납부하고 있다. 학자급여금이란 각도에서 추천하는 명륜학원 입학생에게 지급하는 장학금 성격의 비용이었다.[87] 아래 표는 군 향교별 급여금과 기부금의 내역을 표시한 것이다. 향교의 규모에 따라 차이가 있으나 학자급여금은 향교별 평균 51원, 경비기부금은 110원 정도를 납부하고 있었다. 또 명륜학원 전체 경상비 규모를 연 2만 원 정도로 본다면, 충남지역 향교에서는 전국 13도를 산술평균한 수준의 기부금을 지출하고 있었던 셈이 된다.

이처럼 명륜학원의 예산은 전국의 향교에서 내는 기부금이 기본을 이루고 있었다. 따라서 각도별 향교의 기부금과 급여금을 충당하고 관리하는 것은, 학교의 재정 운영에서 핵심적인 역할을 차지하게 되었다. 이런 역할을 담당하던 기구가 바로 평의원회였다. 명륜학원의 평의원회는 중앙과 지방에서 선임되는 평의원으로 구성되었다. 경성지역에서는 4~5명 그리고 각도별로 한 명의 평의원이 매년 선임되었다. 경성지역 평의원으로는 경학원 부제학 2명과 경성제대 교수 다카하시 도루와 후지츠카 치카시 등이 선임되었고, 여기에 중추원 참의가 추가되기도 하였다. 또 이 두 명의 경성제대 교수는 매년 강의에서 빠지

86 「유림의 기구를 혁신 사회교화운동의 제일선에」, 『동아일보』, 1938.8.23.
87 「명륜학원 유학비 충남 각군 향교가 담당, 유도진흥의 중심인물 양성」, 『매일신보』, 1931.3.20.

〈표 6〉 충남지역 군별 향교 급여금과 기부금 현황(1931)

군명	학자 급여금	경비 기부금	군명	학자 급여금	경비 기부금
공주	115	247	청양	29	65
연기	28	61	홍성	43	92
대전	14	31	예산	93	201
논산	31	61	서산	72	154
부여	68	150	당진	30	62
서천	64	140	아산	36	83
보령	29	70	천안	50	130
			합계	720	1,545

(자료) 「명륜학원 유학비 충남 각군 향교가 담당, 유도진흥의 중심인물 양성」, 『매일신보』 1931.3.20

지 않았을 뿐만 아니라, 평의원으로도 참여하고 있었다. 강의와 예산운영에서 차지하는 그들의 비중을 짐작하기에 어렵지 않다. 각도별 평의원은 학교 예산의 원활한 운영을 위해서 지방향교의 기부금을 적절하게 배당하는 역할을 담당하였을 것이다. 평의원회의 구체적인 운영상황을 알려주는 자료는 아직 발굴되지 않았다.평의원의 연도별 임용상황은 첨부하는 〈부록〉 참조

(2) 졸업생의 진로

각군의 향교에서는 명륜학원의 경비기부금과 학자급여금을 부담하는 대신에, 명륜학원 입학을 원하는 학생을 추천하는 권한을 가지고 있었다. 군에서 추천된 후보자를 도에서 시험을 실시하여 선발한 뒤, 도에서 다시 명륜학원에 입학생으로 추천하였던 것으로 보인다.[88]

명륜학원 입학을 원하는 사람들은 대개 중등교원이나, 면서기 혹은 군의 교화주사 등으로 취직하기를 원하고 있었다. "지금까지 60여 명의 심전개발의 제일선에 선 투사를 낳았다"는 기사로 이런 정황을 추정할 수 있다.[89] '심전개

88 「명륜학원생 선발시험」, 『매일신보』, 1932.3.25; 「명륜학원 추천생」, 『매일신보』 1933.4.17 참조.
89 「儒道의 강설과 風敎의 진작을 위하여－명륜학원 방문기」, 『每日申報』, 1935.9.15.

발의 투사'라는 표현은 군의 교화주사 혹은 면의 서기로 취직한 상황을 가리키는 것이다. 하지만 이 기사에 드러나는 1935년까지의 졸업생 숫자는 조금 과장된 것으로 보인다. 조선총독부에서 1937년까지의 명륜학원 졸업생 취업상황을 조사한 다음 표를 살펴보자.

〈표 7〉 명륜학원 졸업생 취직상황 조사

회별	졸업자 수	취직별 인원										사망자 수	가업 종사자수
		총독부	도	군	면	본원	공립학교	사립학교	도서관	기타	계		
1회	26	1	–	7	4	1	1	–	–	2	16	1	9
2회	28	–	1	7	4	–	2	2	–	–	16	3	9
3회	23	–	–	5	3	–	2	3	–	–	13	–	10
4회	19	–	1	9	1	–	–	1	1	–	13	–	6
5회	17	–	1	2	–	–	–	1	–	1	5	–	12
계	113	1	3	30	12	1	5	7	1	3	63	4	46

(자료) 朝鮮總督府學務局社會教育科, 『朝鮮社會教化要覽』, 1938, 112~114면
(비고) 1. 회별 졸업연도는 다음과 같다.
1회=1932년, 2회=1933년, 3회=1935년, 4회=1936년, 5회=1937년.
2. 이 표는 1937년 7월 7일 현재 상황을 나타낸 것이다.

1933년 수업연한이 3년으로 늘어나는 바람에 1934년 졸업생은 없다. 5년 동안 112명의 졸업자를 내었으니 연 평균 22명 정도에 지나지 않는다. 전체 졸업자 113명 가운데 63명만이 취업하였으므로, 5년 동안의 취업비율은 약 56% 정도에 지나지 않는다.

취업자 내역을 보면, 군에 30명, 면에 12명이 취직하여 군과 면의 주사 혹은 서기로 취직한 사람이 가장 많다. 양자를 합치면 42명으로, 전체 취업자의 67%, 전체 졸업자의 37% 정도를 차지한다. 군에 취업한 30명은 대개 교화주사가 되었을 가능성이 높다. 이들이야말로 심전개발의 제일선에 선 투사라 해도 좋을 것이다. 명륜학원 졸업생들에게 '사상선도교화사' 자격을 주어 채용하려 했던 조선총독부의 학교 창설 의도를 가장 잘 충족시키는 사례였다. 공사립학교의 교원이 전체 12명으로 그 다음을 잇는다. 군과 면의 서기 그리고 공사립학

교의 교원을 합치면 54명으로 취업자의 86%, 졸업생의 48%를 차지한다. 요컨대 1937년까지 명륜학원을 졸업한 사람은 군과 면의 서기가 될 확률이 가장 높았으며, 다음으로 공사립학교의 교원이 되었다.

그런데 여기에서 "3년을 마치면 각자 이전의 학력에 따라 취직하는데, 중등 교원부터 면서기까지 널리 채용, 제일 많이 가는 곳이 군의 교화주사敎化主事이다"[90]라는 앞의 기사에 다시 한번 주목할 필요가 있다. 이들의 취업을 결정한 것은 명륜학원 졸업 그 자체라기보다는 입학 이전의 학력이었다는 점이 중요하다. 고등보통학교나 중학교 졸업 학력이 없으면 명륜학원 졸업장만으로는 취업하기가 용이하지 않았다. 물론 1920년대 중반부터 1930년대 중반까지 전문학교 학생은 '고등유민'이라고 불릴 정도로, 전문학교 졸업생의 '취직난'은 심각한 상태였다. 1930년대 초반 전문학교 이상 학력자의 취직률은 약 3할 정도에 지나지 않았다.[91] 문제는 명륜학원의 졸업생에게는 취직을 위한 어떤 '프리미엄'도 붙지 않았다는 점이다. 명륜학원을 졸업하지 않아도 갈 수 있는 직장밖에 주어지지 않는다면, 굳이 명륜학원에 진학할 필요를 느끼지 못할 것이다.

졸업생의 취업상황과 관련하여, 명륜학원의 입학생 수와 평균연령을 추계한 아래 표를 함께 살펴볼 필요가 있다. 두 개의 표는 실제 입학생과 졸업생 수가 계속하여 줄고 있었음을 알려주고 있다. 1937년 졸업한 학생이 17명인데, 1935년에 입학하여 1938년에 졸업한 학생은 19명이었다. 그러나 1936년 입학생 11명, 1937년 입학생 8명, 1938년 입학생 8명으로 계속하여 학생이 줄어들고 있었다.[92]

---

90 위의 글.

91 정선이, 「일제강점기 고등교육 졸업자의 사회적 진출 양상과 특성」, 『사회와 역사』 77집, 2008. 의학계열이나 공학계열 졸업생은 취업난을 겪지 않았고, 1935년을 전후하여 전시기로 돌입하면서 취업난은 점차 해소되어 갔다.

92 성균관대학교, 『성균관대학교육백년사(천)』, 성균관대 출판부, 1998, 299~304면.

〈표 8〉 명륜학원 입학생 수와 평균연령 추계

구분	입학년도	졸업연도	학생수	평균연령(입학시)	30세 이상	비고
1회	1930	1932	26(졸업생)	24	3	
2회	1931	1933	28(졸업생)	28	11	
3회	1932	1934	25(졸업생)	25	4	
4회	1933	1936	19(졸업생)	28	7	
5회	1934	1937	17(졸업생)	29	6	
6회	1935	1938	19(졸업생)	25	3	
7회	1936		11(입학허가자)	26	3	
8회	1937		8(입학허가자)	22	-	
9회	1938		8(입학허가자)	23	-	

(자료) 성균관대학교, 『성균관대학교육백년사(천)』, 성균관대 출판부, 1998, 299~304면.
(비고) 졸업생만 확인할 수 있는 1~6회에 대해서는 입학시의 평균연령을 추정하였다.

1936년 본과 설치와 아울러 고보 졸업자와 그와 동등 이상의 학력을 가진 사람으로 입학생의 자격을 제한하였다. 그 때문이겠는데, 1936년 입학생까지는 평균연령이 25세 이상 29세에 이르렀고, 30세 이상의 나이에 입학하는 학생도 상당히 많았다. 그러나 1937년 이후 입학생의 나이는 22~23세로 낮아졌고, 30세 이상 입학생은 없었다. 입학생의 자격을 제한하자 입학생이 줄어든 것은 명륜학원이 고등보통학교 혹은 중학교 졸업 자격을 가진 사람에게 매력을 가진 학교가 아니었다는 점을 입증한다. 학제 개편 이전부터 이미 학생들 사이에서는 명륜학원을 졸업하면 취업이 어렵다는 소문이 퍼졌던 것으로 보인다.

명륜학원과 명륜전문학교의 운영과 강의에서 핵심 역할을 차지하고 있던 안인식의 회고가 이와 관련된 흥미로운 사실을 전한다. 1회부터 7회 곧 1936년까지는 입학허가자로 4서 5경에 능통한 한문 실력자를 선정하였으나, 졸업생들이 관청 등에 취직할 때 학력의 기준이 문제가 되어 곤란하게 되었다는 것이다. 이에 1937년 이후에는 중학 졸업자를 대상으로 시험을 보게 하였으나, 이번에는 한문실력이 떨어져 문제가 되었다고 술회하고 있다.[93]

이처럼 졸업생들은 취업에 어려움을 겪고 있었고, 그와 관련하여 입학생의 수는 계속하여 줄고 있었다. 앞 〈표 7〉에 따르면 1937년까지의 졸업생이 모두 113명이었고, 1942년까지의 전체 졸업생 수는 160여 명이었다.[94] 1938년부터 1942년까지의 졸업생 수가 47명 정도로서, 1938년 이후에는 연 평균 9명 내외의 졸업생만을 배출하고 있을 따름이다.

이런 상황에서 명륜학원은 학교의 성격을 명확히 결정해줄 것을 요구하는 사회의 압력에 직면해 있었다. 명륜학원에 대한 지방유림들과 일반대중들의 기대는 다음과 같은 것이었다. "취직을 목적으로 한다면 좀 더 실사회에 효과가 많은 학문을 배울 바이며, 취직을 도외시하는 특수연구가를 양성한다면 좀 더 학문적 연구가 필요할 것이다. 이것이 일반민중이 기대하는 사실일뿐더러 학원 간부나 평의원, 지방유림단체 등의 여론이 되었다. 차라리 연한을 더 연장하여 유교연구에 대한 대학이요 전날의 성균관 정도로 승격시켜 조선의 유교연구의 최고기관을 만들도록 (하라는) 절규"가 있으므로 총독부에서도 연구중[95]이라고 신문의 보도는 전하고 있다. 요컨대 명륜학원은 승도 속도 아닌 비승비속非僧非俗이라는 비판인 것이다. 1930년대 후반 명륜학원은 성인가 속인가를 선택하기를 강요당하고 있었다.

4. 황도유학과 전문학교로의 도약

1936년 도입된 연구과로는 만족할 수 없는 유교연구 전문의 고등교육기관에

---

93 安寅植, 「自敍傳」, 『嵋山文稿』, 文潮社, 1973, 376면.

94 「明倫專門學校記事」, 『經學院雜誌』 47호, 1943, 52면.

95 「향교의 재산을 활용, 명륜학원 혁신요망-非僧非俗의 미온적 제도에서 유교 최고학부가 되라」, 『매일신보』, 1935.11.4.

대한 요구는 차츰 높아지고 있었던 것인데, 그런 움직임에 가속을 붙인 것은 조선유도연합회의 결성이었다. 조선유도연합회 결성의 전조는 이미 1935년 경부터 나타나고 있었다. 1935년 11월 평양의 명륜당에서 개최된 조선유림대회에서 경성에 유림총연합회를 설치하고 그 하부에 도 단위의 유림연합회, 군 단위의 유림회를 설치하자는 결정사항이 통과되었다.[96] 이런 움직임을 바탕으로 1939년 10월 '전선유림대회'가 개최되고 여기에서 조선유도연합회가 결성되었다. 이 단체는 경학원을 바탕으로 전조선 유림의 통합을 목적으로 결성한 것으로서, 먼저 중앙에 본부가 만들어진 후 지방에 지부가 결성되어 나갔다.[97]

유도연합회가 설립되면서 조선에서도 황도유학이 사회의 전면으로 부상하게 되었다. 다카하시 도루가 「왕도유학에서 황도유학으로」라는 글을 1939년에 발표한 것이[98] 조선에서 황도유학이 대두하는 계기로 작용하였다. 다카하시는 중국 유학과 일본유학의 차이가 역성혁명易姓革命의 인정 여부에 있다고 주장하였다. '만세일계'의 국체에 바탕을 두고 천황제가 유지되고 있는 일본에서는 역성혁명이 있을 수 없는 것으로서, 이로 인하여 일본에서는 『맹자』를 교과서로 채택하지 않았다고 강변하였다.

또 일본의 고대인 '신국일세神國一世'는 일본 신도의 바탕이 되며, 이는 일본 정치의 이상이 된다고 강조한다. 따라서 유학적 '왕도'의 이상이 아니라, 일본 신도적 '황도'가 일본 정치의 바탕이어야 한다는 것이다. 이처럼 다카하시가 주창한 '황도유학'은 일본의 신도와 유교가 결합하여 만들어진 것으로서, 천황제를 지지하는 이데올로기로 기능하고 있었다.[99] 또 조선에서는 황도유학의 이념이 '황국신민화 정책'의 이데올로기로 기능할 것이 기대되었다.

96 정욱재, 「조선유도연합회 결성과 '皇道儒學'」, 『한국독립운동사연구』 33집, 2009.
97 류미나, 「전시체제기 조선총독부의 유림정책」, 『역사와 현실』 63집, 2007.
98 高橋亨, 「王道儒學より皇道儒學へ」, 『朝鮮』 295호, 1939.
99 정욱재, 「조선유도연합회 결성과 '皇道儒學'」, 『한국독립운동사연구』 33집, 2009.

그러나 일본 본국에서는 1930년대 초반부터 이런 움직임이 활성화되고 있었다. 1923년 대동문화학원이 설립될 때에 '황도 및 국체에 순화된 유교'라는 담론이 제기된 바 있고, 1934년에는 이런 논의의 연장선 위에서 '황도유교'라는 용어가 등장하고 있었다. 게다가 1930년대 황도유학이 '동양도덕'이라는 이름으로 조선과 대만 그리고 만주 등지로 확산되어 갔다.[100] 황도유학의 확산은 지역간의 철저한 차별과 위계화의 과정이기도 하였다.[101] 이리하여 일본 '내지'발 황도유학은 조선유도연합회와 함께 발전해나가게 되었다.

한편 전선유림대회에서는 「유도진흥에 관한 시설안」이 결의되었는데, 명륜학원과 관련해서는 다음과 같은 건의안이 채택되었다. 명륜전문학원 정과 졸업자에게는 '경학원 진사'라는 칭호를 부여하고, 또 연구과 졸업자는 각 지역 향교의 진사로 임명하여 교화사업을 담당하게 하자는 것이다.[102] 이 건의안은 전시체제의 구축과 함께 대두하고 있던 '황도유학' 그리고 그것의 전파를 통한 사회교화와 깊은 관련을 가진 것이었다. 명륜학원의 전문학교로의 승격은 이런 맥락 위에서 착착 진행되고 있었다.

1939년 명륜학원은 명륜전문학원으로 교명을 변경하고, 설립목적을 시세에 맞추어 고쳤다. "명륜전문학원은 황국정신에 기초하여 유학을 연찬하고, 국민도덕의 본의를 천명하며, 충량유위의 황국신민을 양성함을 목적"으로 한다는 것이다.[103] 유교 보급과 유교인재 양성이라는 설립 당시의 목표를 황국신민화 정책에 종속시켰다고 할 것이다. 이와 아울러 입학규정을 더욱 유연하게 고쳤다. 본과생 30명과 연구과생 약간명을 선발하되, 본과는 급비생 20명과 자비

---

100 강해수, 「'황도유학'과 도의 담론, 그리고 식민지조선」, 『한국학연구』 28집, 2012; 강해수, 「"皇道에 醇化·融合된 유교"로서의 '황도유학(교)' 담론」, 『한국학연구』 52집, 2019.

101 류미나, 「조선의 '황도유학' 전개과정과 일본제국주의의 확장」, 『한일관계사연구』 63집, 2019.

102 『經學院雜誌』 45호, 1940.12, 16면; 류미나, 「전시체제기 조선총독부의 유림정책」, 『역사와 현실』 63호, 2007 재인용.

103 「명륜전문학원 규정」(조선총독부령 제13호, 1939.2.18), 『조선총독부관보』, 1939.2.18.

생 10명, 연구과는 명륜학원 본과 졸업생으로서 급비생 10명과 자비생 약간명을 선발하도록 했다. 또 "널리 인재를 구하기 위해, 종래 유림의 추천이 있어야 입학하던 제도"는 폐지하였다.[104]

한편 1941년 들어 전문학교 설립을 위한 학교 내부의 준비도 본격화된 것으로 보인다. 먼저 1941년 9월 신학기부터는 교수 용어를 전부 일본어로 고치고, 일본정신을 기초로 하는 일본학도 본격적으로 가르쳐 국체관념을 철저히 하려 하였다. 또 헌법, 민법, 형법, 상법, 행정학, 경제원론, 재정학, 사회학 등 현대적인 정치, 경제, 사회의 일반지식을 가르쳐 명실상부한 전문학교를 만들려고 하고 있었다.[105]

명륜전문학교 설립을 추동하는 힘은 크게 두 가지였다고 할 수 있다. 하나는 황도유학을 교육하는 유교대학을 설립해야 한다는 사회적 논의가 계속해서 제출되고 있었다는 점이고, 다른 하나는 명륜학원 졸업생의 취업상황을 개선해야 한다는 담당기구의 합의가 있었다는 사실이다. 유교대학 설립과 졸업생의 취업상황 개선은 명확히 서로 배치되는 측면이 있음에도, 황도유학이라는 매개를 통해 상호 용납할 수 있는 요구인 것처럼 언명되고 있다. 이런 측면에서 보더라도 명륜전문학교의 설립이 얼마나 총독부의 정책적 요구에 귀속되고 있었는지를 확인할 수 있을 것이다.

우선 유교대학 설립에 대한 논의를 살펴보자. 명륜전문학교로의 승격을 통해서 명실상부한 유교대학으로 발전하기를 바란다는 언론의 보도가 지속되고 있었다. 대표적으로 유도연합회 부회장 유만겸은 서양의 르네상스에 비견되는 동양의 유도 부흥이 절실한 상황임을 강조하면서, 유교대학 설립을 통해 유도를 전문적으로 고구考究하고 현실적으로 실천, 궁행하는 활동적 인물을 배출하

104 「명륜전문학원 입학규정 발표」, 『매일신보』, 1939.2.25.
105 「명륜학원 면목 일신-완전한 전문학교로서 새출발」, 『매일신보』, 1941.7.26.

기를 기대한다고 주장하고 있다.[106] 또 1941년에는 총독부에서도 "황도유학의 확립을 위해서 또 황국신민의 지도자가 될 만한 유위의 인재를 양성하기 위해서" 명륜학원의 전문학교로의 승격은 시급히 해결해야 할 과제임을 강조하고 있다.[107] '시국이 요구하는 인재' 양성을 위해, 황도유학을 근본으로 흥아건설에 필요한 학과를 만드는 것이 필요하다는 데에 합의하고 있었던 것이다.

두 번째, 졸업생의 취업 상황을 개선해야 한다는 일정한 합의가 이루어져 있었다는 점을 지적할 수 있다. 명륜전문학원이 "전문학교령에 의한 전문학교가 아니므로 졸업생은 다른 전문학교 졸업자와 같이 동일한 자격을 받지 못하고 이 때문에 입학희망자가 점점 줄어가는 터로, 승격문제는 시급한 문제"라는 것이 유림계의 일반적인 진단이었다.[108] 이에 총독부에서는 '시국이 요구하는 인재'를 양성해내기 위해 명륜학원의 조직을 대대적으로 혁신하고, 이를 통하여 이 학교출신들이 취업을 원활하게 하게 되기를 기대하고 있었다. 요컨대 전문학교로 승격시켜 새로운 내용을 통한 일반학과 교육을 시행하고, 이를 통해 졸업한 후에 일반 전문학교 출신과 같이 은행, 회사, 관청 등에 봉직할 수 있게 할 것이라는 총독부의 결정이 보도되고 있었다.[109]

드디어 재단법인 명륜전문학교의 설립이, 1942년 3월 17일부로 인가되었다. 인가된 사항은 수업연한은 3개년이고, 생도 정원은 150인1학년 50인씩이었다.[110] 이로써 관립 각종학교의 지위를 갖고 있던 명륜전문학원은 사립전문학교로 변경되었다.[111] 1942년 4월 15일 법인 등기가 완료되었다. 법인 설립의

---

106 兪萬謙, 「儒道の復興」, 『經學院雜誌』 48호, 1943.1; 류미나, 「전시체제기 조선총독부의 유림정책」, 『역사와 현실』 63호, 2007 재인용.

107 「명륜전문학원의 승격」, 『매일신보』, 1941.10.22.

108 「유학의 지도자 鍊成-명륜전문학원 승격을 목표로 맹운동」, 『매일신보』, 1941.10.21.

109 「명륜학원 면목 일신-완전한 전문학교로서 새출발」, 『매일신보』, 1941.7.26.

110 「조선총독부 고시 397호」, 『조선총독부관보』, 1942.3.17.

111 1940년 이후 명륜전문학원의 직원명부가 『朝鮮總督府及所屬官署職員錄』에 등재되지 않게 된 것은 학교성격의 변화와 관련이 있을 것이다.

목적은 "황도유학을 강구하여 국민도덕의 본의를 천명함과 아울러 사회의 지도자에게 필요한 교육을 실시"하는 것이며, 자산총액은 53만 224원 56전, 출자방법은 향교재산의 기부 및 일반기부에 의한다고 기재되어 있다.[112] 재단 설립과 관련해서는 지금까지 두 가지의 설명이 전하고 있었다. 먼저 신문과 잡지의 보도인데, 1941년 조선유도연합회의 간부들이 중심이 되어 명륜전문학교 창립준비위원회를 조직하여 향교재산 백만 원가량의 기부를 얻고 이를 토대로 재단이 확립되었다는 것이다.[113] 다른 하나는 성균관대학교 교사의 기술인데, 조선인 유림 약 700명이 참석한 전선유림대회를 개최하여 여기에서 1인당 100원씩을 거두어 기금을 조성하여 재단을 설립하였다는 것이다.[114] 재단설립 등기와 관련한 기사로 보건대, 위의 두 가지 내용이 모두 사실에 부합할 수 있을 것으로 보인다. 단, 출범 당시의 자산총액은 53만여 원으로, 신문에 보도된 내용보다는 훨씬 적은 금액이었다.

설립 당시의 재단 이사는 마사키 나가토시眞崎長年, 계광순桂珖淳, 박택상준朴澤相駿, 박상준의 창씨명, 혼다 다케오本多武夫, 와타나베 토요히코渡邊豊日子, 하야시 시게키林茂樹, 유만겸으로, 모두 7명이었다. 마사키 나가토시는 일본의 사가佐賀현 지사를 지내다가 1941년 조선총독부 학무국장으로 부임한 사람이었고, 계광순과 혼타는 학무국의 사무관을 지내고 있던 전문관료였다. 박상준은 경학원 대제학과 중추원 참의를 겸임하며, 명륜전문학교 교장으로 취임한 사람이고, 와타나베는 1920년에 조선총독부에 부임한 관료로 당시에는 경학원의 고문을 지내고 있었다. 하야시는 1911년 경시로 총독부에 부임하여 조선사편수회 위원

112 「재단법인 설립」, 『조선총독부관보』, 1942.5.30.

113 「명륜학원의 비약–신학기부터 3년제 전문교로 승격」, 『매일신보』, 1942.3.19; 「明倫專門學校記事」, 『經學院雜誌』 47호, 1943, 52면.

114 성균관대학교사편찬위원회, 『成均館大學校史 1398~1978』, 성균관대 출판부, 1978, 159~160면. 재단 설립 관련 내용은 계광순 씨의 증언에 의한 것이라고 하였다.

을 지낸 관료이며, 유만겸 역시 1919년부터 총독부의 속으로 근무를 시작하여 충북지사를 거쳐 중추원 참의를 하던 사람이다.[115] 이렇게 본다면 총독부 학무국장을 포함하여 학무국의 관료 3명, 경학원의 고위직으로 근무하던 사람 2명, 그리고 조선사편수회와 중추원 참의 등으로 이사진이 구성되어 있었다. 독립 재단법인의 형식을 띠었지만, 학무국과 경학원 그리고 중추원 등의 강한 영향력 아래 놓여 있었다고 할 수 있다.

1942년 10월 두 명의 이사가 교체되는데, 마사키 대신에 오노 겐이치大野謙一가 그리고 계광순 대신에 다케우치 슌페이竹內俊平가 취임하였다.[116] 오노 겐이치는 학무국장으로, 다케우치 슌페이는 학무국의 서기관으로 각기 전임하였다. 또 1944년 8월 17일, 오노가 이사직을 사임하고 다케나가武永憲樹가 취임하였다.[117] 오노를 대신하여 다케나가가 학무국장이 되었던 것이다.[118] 학무국장과 학무국 사무관 혹은 서기관은 당연직 이사로 할당되어 있었을 것이다.

아직 명륜전문학교 재단의 정관이 발견되지 않아 명확한 것은 알 수 없지만, 모두 7명의 이사 가운데서 학무국과 경학원이 각기 3명과 2명 등 합쳐 5명의 이사를 파견하였던 것으로 보인다. 학교 운영에 학무국과 경학원이 깊이 개입하고 있다는 점에서, 전문학교 설립 이전 명륜학원 시절과 크게 달라졌다고 보기 어렵다. 설사 유도연합회가 학교 운영에 개입하고 있었다고 하더라도,[119] 주도권을 쥐고 있었던 것은 역시 학무국과 경학원이라고 해야 할 것이다. 그렇다면 독립 재단법인으로 설립된 명륜전문학교를 '사립'으로 분류하는 것이 정당한가 하는 의문을 지울 수 없다. 이 문제는 앞으로 깊이 궁구될 필요가 있을 것이다.

115 『조선총독부직원록』 각년판, 국사편찬위원회 한국사데이터베이스 db.history.go.kr.
116 「재단법인 명륜전문학교 변경」, 『조선총독부관보』, 1943.1.22.
117 「재단법인 명륜전문학원 변경」, 『조선총독부관보』, 1944.10.16.
118 「敍任及辭令」, 『조선총독부관보』, 1944.11.1.
119 林茂樹와 兪萬兼이 유도연합회 간부 자격으로 참여했을 가능성이 있다. 두 사람은 당시 간부를 지내고 있었다.

학교의 교육내용과 관련해서는 3년제이고, 교수과목은 유학과 법률, 경제의 세 가지 고등학과로 편성된다는 『매일신보』의 기사가 전한다.[120] 현재 이 기사 이상으로 구체적인 교과목이나 편성에 대해서 알려주는 자료는 발굴되지 않았다. 유학, 법률, 경제 등 3개의 고등학과로 편성한다는 결정은, 유교대학 설립 요구와 졸업생 취업상황 개선이라는 전문학교 설립과 관련한 두 가지 요구를 절충한 것이었다. 유학 관련 고등교육을 실시하되 취업이 용이한 일반학과 교육을 병행함으로써, 양자를 모두 충족시키려 했던 것이다.

1학년 생도 50명은 중학 졸업생을 상대로 입학시험을 보아 선발할 것이고, 명륜전문학원 재학생에게 시험자격을 주기로 하였다.[121] 입학지원 자격자로는 "1. 중학교원 고보 포함 졸업자, 2. 전문학교 입학 검정규정에 의한 시험검정에 합격한 자, 3. 전문학교 입학자 검정규정에 의해 일반전문학교의 입학에 관한 무시험검정에 지정된 자"로 규정되었다. 시험과목은 국어, 한문, 국사, 수학 등 4과목이었고, 구두시험과 체격검사를 실시하도록 하였다.[122] 전문학교 입학에 필요한 일반적인 자격을 요구하고 있었다. 1942년에 55명그중 1명 일본인이 입학하였고 1943년에 56명그중 1명 일본인이 입학하였으나, 1943년에는 2학년으로 진급한 사람은 45명뿐이었다. 55명 가운데 10명이 탈락하였으니, 탈락률이 매우 높았던 셈이다.[123]

명륜전문학교의 초대 교장은 경학원 대제학으로 있던 박택상준朴澤相駿, 초년도에는 교수 5명과 조교수 2명을 두기로 하였다.[124] 또 이사장은 학무국장이 취임하기로 하였다.[125] 안인식은 계속 교수로 근무하였고 김태준은 이미 퇴직하

120 「명륜학원의 비약-신학기부터 3년제 전문교로 승격」, 『매일신보』, 1942.3.19.
121 위의 글.
122 「광고 생도모집」, 『조선총독부관보』, 1943.1.28.
123 조선총독부 학무국, 『朝鮮諸學校一覽』, 1942·1943년판.
124 「명륜학원의 비약-신학기부터 3년제 전문교로 승격」, 『매일신보』, 1942.3.19. 교직원의 자세한 구성을 확인할 수 있는 자료는 아직 발굴되지 않았다.

였으나, 나머지 전임직 강사들의 동향은 확인할 수 없다. 『제학교일람』에 의하면, 1942년에는 직원수 10명일본인 2명 기타 2명으로 전체 12명이었으나, 1943년에는 직원수 6명일본인 1명 기타 1명으로 전체 8명으로 줄어들었다. 현재로서는 구체적인 인명은 확인할 수 없다. 새로 임명된 교원으로 현재 확인되는 사람은 1941년 4월경에 강사전임직로 임용된 신진균 한사람이다.[126] 신진균은 도쿄제국대학에서 사회학을 전공하였는데, 이처럼 법률과 경제를 담당하는 또다른 교수요원이 필요했을 것이다.

학교 경비를 보면, 1942년에는 392,341원경상비 39,341원, 임시비 353,000원이었고, 1943년에는 385,464원경상비 72,725원, 임시비 312,734원이었다. 이를 학생 1인당 경비로 산출하면 715원1942년과 720원1943년이 된다. 당시 다른 사립전문학교의 1인당 경비에 비하면 상당히 많은 금액이었다. 임시비가 많은 것으로 보아, 유도연합회 등에서 지원이 있었던 것으로 보인다.

전쟁의 그림자가 짙어지면서, 조선총독부는 1944년 3월 사립전문학교의 신학기 생도모집을 중지시켰다. 이는 1943년 10월 조선총독부가 발표한 「교육에 관한 전시비상조치 방책」에 따른 조치였다. 이과계 전문인력 양성을 더욱 강화하기 위해, 문과계 사립전문학교를 이과계 전문학교로 전환하거나 적당히 정리·통합한다는 것이었다.[127] 보성전문학교과 연희전문학교는 교명을 바꾸어 유지시켰으나, 혜화전문학교와 명륜전문학교에 대해서는 별도의 인재양성기관을 설립할 것을 고려한다고 공포했다.[128] 이로써 명륜전문학교는 역사 속

---

125 「황도유학을 확립－眞崎 국장 담」, 『매일신보』, 1942.3.19.

126 김필동, 「일제 말기 한 젊은 사회학자의 초상－신진균론(1)」, 『한국사회학』 51-1, 2017; 이동진, 「식민지시기 일본유학생과 한국사회학－이상백, 김두헌, 신진균을 사례로」, 『사회와 이론』 33집, 2018 참조.

127 김자중, 「전시체제기(1937~1945) 조선총독부의 전문학교정책의 성격 규명」, 『교육문제연구』 72집, 2019.

128 大野謙一, 「戰時敎育非常措置に依る專門學校及中等學校の轉換整備に就いて」, 『文教の朝鮮』, 1944.3.

으로 사라졌다.

대신 "1944년 10월 14일 명칭을 재단법인 조선명륜연성소로 변경하고, 목적을 황도유학을 강구하고 국민도덕의 본의를 천명함과 아울러 사회지도자에게 필요한 교육을 실시하기 위하여 조선명륜연성소를 설립"하게 되었다.[129] 명륜연성소에는 명륜전문학교의 재단과 시설을 이용하여 연성부와 연구부를 설치하도록 했다. 연성부는 지방 부·군의 유도회 간부와 문묘직원 및 일반 유림을 대상으로, 한번에 백 명씩 10일 동안 합숙하여 연 30회, 연인원 3천 명을 수용하는 계획을 세웠다. 연구부는 유학에 학식이 있는 자 20명을 수용하여 황도유학을 연성하도록 하되, 「국체본의國體本義」, 「신사급제식神社及祭式」, 「황도유학연구皇道儒學研究」, 「결전신민도決戰臣民道」, 「국민예법國民禮法」 등 신도臣道를 실천하고 전의를 앙양할 수 있는 과목을 설치하도록 했다. 이처럼 명륜연성소는 "2백만 유림의 결전적 태세를 갖추는 중심적 제도이자 기관"을 목표로 설치되었으나,[130] 실제 활동여부에 대해 확인할 수 있는 자료는 아직 발굴되지 않았다. 명륜연성소 연구부가 실제로 설치되었다면, 명륜전문학교 교수 혹은 학생들과 긴밀한 관련을 갖고 운영되었을 수도 있을 것이다. 황도유학 연성이라는 측면에서 동일성을 갖고 있었기 때문이다.

명륜전문학교는 1943년까지 2년 동안 신입생을 선발하였을 뿐이다. 따라서 식민지기에 졸업생은 배출하지 못한 채, 폐교되고 말았다.[131] 1944년 3월 「학도동원 비상조치 실시요강」이 발표되어, 중등학교 이상의 학생들에 대한 통년通年 동원이 가능하게 되었다.[132] 1944년 1학기부터는 조선 내 중등학교에서 정상적인 수업은 전혀 진행되지 못했다.[133]

---

129 「法人組合登記」(1944년 10월 14일), 『조선총독부관보』, 1944.12.2.
130 「유림들 總立－매년 3천 명 수용 연성」, 『매일신보』, 1944.10.5.
131 安寅植, 앞의 책, 376면.
132 「공장은 승리의 교실, 학도에 동원령」, 『매일신보』, 1944.4.28.

5. 나가며

1920년대 들어 경학원이 담당하던 석전 의례는 조선 지배를 위한 선전도구로 전락해가고 있었고, 지방의 향교에서는 부족한 재정과 교육내용을 둘러싼 갈등으로 인하여 근대적 유교교육 기관을 설치할 여력을 갖지 못했다. 이에 반해 일본에서는 사문회를 중심으로 유시마성당의 석전 의례를 부활하고 새로 유교 고등교육기관인 대동문화학원을 설립하는 등, 유교 부흥의 움직임이 확산되고 있었다. 이런 상황에서 유학 보급과 유교인재 양성을 목적으로 하는 명륜학원이 설립되었다. 1930년 '전문정도 관립 각종학교' 수준으로 설립된 명륜학원은 조선에서 처음으로 설립된 전문적인 유교 교육기관이었다.

설립 초기에는 정과2년와 보습과1년로 구성되었으나, 1936년 본과3년와 연구과 체제로 개편되었다. 한문학이 교육내용의 중심을 이루었던 니쇼가쿠샤二松學舍나 대동문화학원 등 일본의 유교 교육기관과 달리, 명륜학원은 경학 곧 유학이 교육의 핵심을 차지하고 있었다. 1939년 명륜전문학원으로 교명이 변경되면서, 국민도덕과 교련 등의 전시체제에 걸맞는 교과목이 추가되었다. 학교행정과 관련해서는, 경학원의 행정직원이 학교 사무를 담당하였고 조선총독부의 담당과장이 이를 감독하였다. 강사는 전임직과 비전임직으로 나뉘는데, 전임직 강사는 모두 6명의 명단이 확인된다. 그 중 두 명은 대동문화학원 출신이고, 한 명은 경성제대 출신이었다. 비전임직 강사는 3부류로 나뉘는데, 경성제대 교수 혹은 조교, 경학원 혹은 중추원에서 근무하던 조선인 한학자, 편수관이나 시학관 등 조선총독부 관료 등이었다. 그런데 강의를 전체적으로 이끌어간 사람은 두 명의 경성제대 교수들이었다.

학교의 경상 비용은 거의 대부분 지방 향교의 기부금으로 충당하였고, 향교

133 리영희, 임헌영 대담, 『대화』, 한길사, 2005, 59면.

에서는 명륜학원 입학생을 추천할 수 있었다. 초기의 입학생은 중등학교 졸업자가 반 정도에 지나지 않았으므로, 대체로 학생들의 연령이 많고 졸업 후 취업에 어려움이 있었다. 면서기나 군의 주사로 취업할 수 있었지만, 그것은 주로 중등학교를 거친 졸업자에게만 주어지는 특전이었다. 1936년 입학자격을 중등학교 졸업자로 높였지만, 취업문제가 근본적으로 해결되지는 않았다.

이런 상황에서 유교 전문 고등교육기관 설치에 대한 요구가 높아지고 있었는데, 이런 움직임에 불을 붙인 것은 황도유학의 대두와 전시체제 구축이라는 체제적 요구였다. 1942년 승격된 명륜전문학교는 유학, 법률, 경제의 3개 고등학과3년제로 편성되었다. 구체적인 교육과정이나 교직원 구성 등은 아직 미상이다. 하지만 전쟁이 깊어감에 따라 1944년 학교는 폐교되었고 새로 명륜연성소가 설치되었다. 이로써 졸업생 한 명 내지 못한 채 식민지의 유교 전문학교는 짧은 운명을 마감하고 말았다. 이상이 이 글에서 밝힌 식민지기 명륜학원-명륜전문학교에 대한 대강의 내용이다.

한편 1946년 봄 개최된 전국유림대회에서 김창숙金昌淑이 유도회총본부 위원장으로 선출되었는데, 그는 성균관장을 겸임하였다. 김창숙은 1946년 6월 유도회총본부를 중심으로 성균관대학기성회를 결성하여 대학 설립을 적극적으로 추진하였다. 종전의 재단법인 명륜전문학교에 더하여 이석구李錫九의 재단법인 학린사學隣舍를 희사받고, 또 다른 재단법인 선린회善隣會 등의 기부를 더하여 학교법인이 성립되었다. 이석구가 희사한 재산은 주로 충남 일대 농지로서, 추수 1천 석에 달하는 막대한 것이었다. 초기 성균관대학교는 삼남지방에 소재하는 토지재산을 바탕으로 반석에 서게 되었다. 재단 설립에 성공한 후, 1946년 9월 25일 대학 설립이 인가되었고, 초대 총장에 김창숙, 초대 이사장에는 조동식이 선임되었다.[134] 이상이 해방 직후 성균관대학교 설립과 관련한 학교사 기술의 대강이다.

---

134 성균관대학교사편찬위원회, 『成均館大學校史 1398~1978』, 성균관대 출판부, 1978, 169~178면.

하지만 9월 대학 설립이 인가될 때까지는 이전 전문학교 시기의 학생과 동문, 교직원 등으로 구성된 자치회가 명륜전문학교라는 이름 아래 모여 교육시설을 접수하고 실질적인 수업을 진행한 수준에 지나지 않았던 것으로 보인다. 문교부에 법인으로 등록하기 이전 명륜전문학교의 이런 모습은, 해방 이후 대부분의 학교가 처해 있던 일반적인 상황과 크게 다르지 않은 것이었다.[135]

그러나 그 이전에 더 많은 스토리가 쌓이고 있었다. 해방 직후인 1945년 8월 16일 명륜학원 출신의 청년들이 중심이 된 대동회가 명륜전문학교를 접수하였다. 대동회를 중심으로 한 세력은 1945년 10월 학교를 임의로 개학하고, 김현준[136]을 교장으로 선임하였다. 이어 1946년 초에는 변영만을 2대 교장으로 선임하였으나, 그는 학교 운영에 전혀 관심이 없었다.[137] 1946년 6월 성균관대학기성회가 결성되기까지는 좌파의 명륜전문재건기성회가 활동하고 있었고, 거기에는 대동회라는 단체가 중심적인 역할을 수행하고 있었다. 대동회의 조직과 활동에 대해 구체적으로 살펴볼 필요가 있겠다.

대동회의 토대가 된 조직은 유용상, 박영신, 양대연 등이 중심이 된 명륜학원 내 비밀독서회 조직인 대동사大同社였다. 그들은 강사 안인식으로부터 청말 강유위康有爲, 양계초梁啓超 등의 개신유학을 교육받았으며, 또 김태준의 영향을 받아 좌경화된 것으로 알려져 있다. 해방 후 그들은 김성규를 위원장으로 추대하여 대동회를 결성하였는데, 대동회에는 경학원과 명륜학원 그리고 중추원 등에서 활동하던 인물들이 많이 참여하였다. 요컨대 명륜학원 출신의 대동사 멤버들이

---

135 강명숙, 「해방 직후 심산 김창숙의 성균관대학교 설립 운영 활동과 그에 나타난 교육관」, 『교육사상연구』 제29권 제3호, 2015.

136 김현준은 1920년대 일본 東洋大學을 졸업하고, 독일 라이프치히대학에서 신문학 박사학위를 취득하였다. 귀국한 뒤 보성전문과 혜화전문에서 강사를 역임하였다. 그는 한국 사회학의 개척자 가운데 한 사람으로 알려져 있다. 김필동·최태관, 「한국사회학의 개척자 김현준의 재발견」, 『사회와 역사』 122집, 2019 참조.

137 이황직, 「해방 이후 유교 근대화 시도에 대한 분석과 평가—1947~1950년 유도회활동을 중심으로」, 『사회이론』 50집, 2016.

핵심그룹이었고, 경학원과 명륜학원 등에서 일제에 협력한 경험을 가진 세력이 대동회의 외곽을 형성하고 있었다. 여기에 다양한 성향의 민족주의 세력의 일부도 참여하고 있었다. 그러나 유교계의 흐름이 유도회총본부의 삼남 정통유림으로 옮겨가면서, 이들은 이 흐름에서 탈락하였다. 게다가 대동회에 참여하고 있던 일제 협력유림 역시 체계적으로 유교계 통합에서 배제되고 있었다.[138]

1946년 3월 유교계의 통합조직으로 출범한 유도회총본부는 김창숙의 지도로 유교의 복원과 부흥을 목표로 한 유교 근대화작업에 착수하였다. 그러나 이 유교 근대화를 위한 프로젝트는 곧바로 커다란 장벽에 부딪치게 되었다. 식민지기 경학원과 명륜전문학교 그리고 향교가 안고 있던 고질적인 문제를 소환할 수밖에 없었기 때문이다. 이 과정에서 유림세력의 분리는 가속화되었다. 첫째, 문묘에 부치한 중국유현 위패를 매안埋安하는 조치는 유교 민족화를 위한 상징성을 갖고 있었다. 그러나 김창숙이 이를 강행하는 과정에서 광범한 보수유림이 유도회총본부로부터 이탈하였다. 둘째, 유교대학으로서의 정체성을 확보하는 것은 명륜전문학교 설립의 가장 중요한 명분이었다. 그럼에도 성균관대학교 설립과정에서 유교대학 설치는 다시 논란의 대상이 되었고, 이는 좌파유림이 대거 이탈하는 명분이 되었다. 셋째, 식민지기 내내 학교의 경상경비는 향교재산의 기부금에서 충당되고 있었다. 신설되는 성균관대학교의 재정은 향교재산 관리의 합리화 여부에 달려있었다고 할 터인데, 이를 둘러싼 논의과정에서 다시 지역 유림과의 갈등이 야기되었다.

이처럼 경학원-성균관의 의례문제, 명륜전문학교-성균관대학교의 학교 성격문제, 명륜전문학교-성균관대학교의 재정과 향교재산 관리문제 등을 둘러싸고, 각기 보수 유림과 좌파 유림 그리고 지역유림과의 갈등이 야기되고 그들은 유도회총본부로부터 이탈하게 되었다. 이는 유도회총본부의 대표성과 조직

138 이황직, 「해방정국의 청년 유교단체 '대동회' 연구」, 『사회이론』 45집, 2015.

장악력을 크게 약화시켰는데, 이 공백을 메우기 위해 임정봉대운동을 추진하던 해외 독립운동가들과 아나키스트들이 대거 영입되었다. 이들은 이때부터 김창숙과 함께 유교계 협력자 청산과 유교의 민족화에 적극적으로 나서게 되었다.[139] 식민지를 거치면서 한국유교와 유교 교육기관이 짊어지게 된 어두운 짐을 모두 해결하지는 못했지만, 공식적으로 출범하는 성균관대학교에게 거는 한국사회의 기대가 결코 가벼웠다고 할 수는 없을 것이다.

139 이황직, 「해방 이후 유교 근대화 시도에 대한 분석과 평가—1947~1950년 유도회활동을 중심으로」, 『사회이론』 50집, 2016.

참고문헌

『동아일보』, 『매일신보』, 『중외일보』

『經學院雜誌』, 『朝鮮』, 『文教の朝鮮』

『朝鮮總督府官報』, 『朝鮮總督府及所屬官署職員錄』

(국사편찬위원회 한국사데이터베이스 http://db.history.go.kr/item/)

『제10~13回 中樞院會議參議議事錄』, 1930~1933, 국편 마이크로필름.

성균관대학교사편찬위원회, 『成均館大學校史 1398~1978』, 성균관대 출판부, 1978.

성균관대학교, 『성균관대학교육백년사(천)』, 성균관대 출판부, 1998.

安寅植, 『嵋山文稿』, 文潮社, 1973.

大同文化學院編, 『大同文化學院要覽』, 1933.

二松學舍, 『二松學舍六十年史要』, 1937.

강명숙, 「해방 직후 심산 김창숙의 성균관대학교 설립 운영 활동과 그에 나타난 교육관」, 『교육사상연구』 제29권 제3호, 한국교육사상학회, 2015.

강인철, 『종속과 자율－대한민국의 형성과 종교정치』, 한신대 출판부, 2013.

강해수, 「'황도유학'과 도의 담론, 그리고 식민지조선」, 『한국학연구』 28집, 인하대 한국학연구소, 2012.

______, 「'皇道에 醇化·融合된 유교'로서의 '황도유학(교)' 담론」, 『한국학연구』 52집, 인하대 한국학연구소, 2019.

김명우, 「일제 식민지시기 향교 연구」, 중앙대 박사논문, 2007.

김순석, 「일제강점기 「향교재산관리규칙」 연구」, 『태동고전연구』 33집, 한림대 태동고전연구소, 2014.

김영희, 「일제강점기 경학원 釋奠의 변화양상 소고」, 『한국무용사학』 8호, 무용역사기록학회, 2008.

김자중, 「전시체제기(1937~1945) 조선총독부의 전문학교정책의 성격 규명」, 『교육문제연구』 72집, 고려대학교 교육문제연구소, 2019.

김정인, 「일제강점기 향교의 변동 추이」, 『한국민족운동사연구』 47집, 한국민족운동사학회, 2006.

김필동, 「일제 말기 한 젊은 사회학자의 초상－신진균론(1)」, 『한국사회학』 51-1, 한국사회학회, 2017.

______·최태관, 「한국사회학의 개척자 김현준의 재발견」, 『사회와역사』 122집, 한국사회사학

회, 2019.
류미나, 「식민지권력에의 '협력'과 좌절－經學院과 향교 및 문묘와의 관계를 중심으로」, 『한국문화』 36, 서울대 규장각한국학연구원, 2005.
______, 「식민지기 조선의 명륜학원－조선총독부의 유교지식인 정책과 조선인의 대응」, 『교육사학연구』 제17집 제1호, 교육사학회, 2007.
______, 「일본의 '공자묘 대중화 정책'과 조선 내 공자묘 인식의 변화」, 『인문논총』 64집, 서울대 인문학연구원, 2010.
______, 「조선의 '황도유학' 전개과정과 일본제국주의의 확장」, 『한일관계사연구』 63집, 한일관계사학회, 2019.
리영희, 대담 임헌영, 『대화』, 한길사, 2005.
박영미, 「경학원에 보이는 근대 일본유학의 경향－동경사문회와의 관계를 중심으로」, 『일본학연구』 27집, 단국대 일본연구소, 2009.
______, 「일제강점기 한문고등교육기관 설립에 관한 소고」, 『한국한문학연구』 제59집, 2015.
사이토 마레시(齋藤希史), 허지향 역, 『한자권의 성립』, 글항아리, 2018.
송찬섭, 『서당, 전통과 근대의 갈림길에서』, 서해문집, 2018.
오현수, 「나쓰메 소세키의 작가 이전에 관한 일고찰－요세 출입에서 니쇼오학사 입학까지」, 『일본학보』 42권, 1999.
윤해동, 「한국 근대 고등교육의 기원과 '식민지대학 체제'의 형성」, 윤해동·정준영 편, 『경성제국대학과 동양학 연구』, 선인, 2018.
이동진, 「식민지시기 일본유학생과 한국사회학－이상백, 김두헌, 신진균을 사례로」, 『사회와 이론』 33집, 2018.
이용범, 「김태준의 사상자원과 학술실천」, 성균관대 박사논문, 2019.
이윤석, 「다카하시 토오루(高橋亨)의 경성제국대학 강의노트 내용과 의의」, 『동방학지』 177집, 연세대학교 국학연구원, 2016.
이황직, 「해방정국의 청년 유교단체 '대동회' 연구」, 『사회이론』 45집, 2015.
______, 「해방 이후 유교 근대화 시도에 대한 분석과 평가－1947~1950년 유도회활동을 중심으로」, 『사회이론』 50집, 2016.
장진영, 「일제강점기 釋奠의 변질과 해방 후의 規正」, 『고전과 해석』 17집, 2014.
정선이, 「일제강점기 고등교육 졸업자의 사회적 진출 양상과 특성」, 『사회와 역사』 77집, 2008.
정세현, 「공자제를 통한 경학원과 사문회의 교류」, 『한문학보』 35집, 2016.
정욱재, 「일제 협력 유림의 유교인식」, 『한국사학사학보』 16호, 2007.

______, 「1910~1920년대 경학원의 인적 구성과 역할－사성과 구사를 중심으로」, 『정신문화연구』 제30권 제1호, 2007.

______, 「조선유도연합회의 결성과 '황도유학'」, 『한국독립운동사연구』 33집, 2009.

______, 「20세기 초 일제 협력유림의 경학원 활동－이대영(1874~1950)을 중심으로」, 『한국사학보』 56호, 2014.

______, 「1920년대 식민지 조선 유림과 일본의 湯島聖堂」, 『민족문화연구』 71호, 2016.

정은진, 「무정 정만조의 「朝鮮近代文章家略敍」 연구」, 『한문학논집』 36집, 2013.

정일균, 「일제의 무단통치와 경학원」, 『사회와역사』 76호, 2007.

조남욱·조윤래, 「일제시대의 한국유교와 유교교육」, 『한국민족문화』 16집, 2000.

李曉辰, 『京城帝國大學の韓國儒教研究－近代知の形成と展開』, 勉誠出版, 2016.

총재												
鄭萬朝	1930	1931	1932	1933	1934	1935						
鄭鳳時							1936	1937				
柳正秀									1938			
尹德榮									1939	1939		
朴相駿											1940	1942

부교장												
白神壽吉												1942

학감사무취급												
神尾弌春 (학무국 학무과장)	1930 학감사무 취급											
玄櫶 (시학관)		1931.9										
高木善人 (시학관)		1931.1										
兪萬兼 (사회과장)			1932.4	1933 학감사무 취급								
嚴昌燮 (사회과장)					1934 학감사무 취급	1935						
金大羽 (사회과 사무관)							1936	1937	1938			
李源甫 (사회교육과장)										1939		

강사												
魚允迪 (중추원 참의)	1930	1931	1932	1933								
高橋亨	1930	1931	1932	1933	1934	1935	1936	1937	1938	1939		
安寅植 (강사전임)	1930 (월수당 100)	1931	1932	1933	1934 (월수당 110)	1935	1936 (월수당 120)	1937 (월수당 120)	1938 (월수당 130)	1939		1942 교수
福島輝三 (총독부 편수관)	1930	1931										
玄櫶(일본어)	1930	1931										
鄭萬朝	1930		1932	1933	1934	1935						
鎌塚扶 (경성제대 조교)	1930	1931	1932	1933	1934							

강사												
藤塚鄰	1930		1932	1933	1934	1935	1936	1937	1938	1939		
鄭鳳時	1930	1931		1933	1934	1935	1936	1937				
金台俊 (강사전임)		1931 (월수당 85)	1932	1933	1934 (월90)	1935	1936	1937 (월95)	1938	1939		
姜驥善		1931	1932									
崔崙熙				1933 (강사심득, 월45)	1934 (월55)							
金承烈 (강사전임)				1933 (월수당 80)	1934 (월85)	1935	1936	1937 (월90)	1938	1939 (월95)		
須藤松雄				1933	1934	1935						
沈鍾舜				1933								
朴永斌 (총독부)				1933	1934	1935						
木藤重德 (총독부)				1933								
藤谷宗順 (시학관)				1933								
向井虎吉					1934	1935	1936	1937	1938	1939		
平山正					1934 (월50)	1935	1936 (정4훈3)	1937	1938			
八尋生男						1935	1936	1937	1938	1939		
竹內清一						1935	1936 (정8)	1937	1938	1939		
柳熙晋						1935 (월32)	1936	1937	1938	1939		
金誠鎮						1935 (월32)	1936	1937	1938	1939		
權純九						1935 (월32)						
奧山仙三						1935	1936 (정6훈6)	1937	1938	1939		
李大榮							1936	1937	1938	1939		
咸秉業							1936					
李昇圭							1936	1937	1938	1939		
鄭寅書							1936	1937	1938	1939		
金永毅 (강사전임)							1936 (월80)	1937	1938 (월85)	1939		
田中三郎 (강사전임)								1937 (월90)	1938 (월90)	1939 (월95)		
岩村俊雄									1938	1939		
兪鎭贊									1938	1939		
朱柄乾										1939		

(강사전임)										(월100)		
董長志										1939		
金秉旭										1939		

간사 *1934 서기통합												
安寅植	1930	1931	1932	1933	1934	1935	1936	1937	1938	1939		
李大榮	1930	1931	1932	1933	1934	1935	1936					
金完鎭	1930	1931	1932	1933	1934	1935	1936	1937	1938			
羅一鳳								1937	1938			
李敬植									1938	1939		
尹炳晧										1939		

서기												
鄭鎭九	1930 (월40)											
朴初陽 (직원)	1930	1931	1932	1933	1934	1935	1936	1937				
朴時陽 (직원)	1930	1931	1932									
和久正志 (총독부속)	1930	1931										
鄭喆永 (직원)	1930	1931	1932	1933	1934	1935	1936	1937	1938			
李重憲					1934 (월32)	1935 (월35)	1936 (월38)	1937	1938 (월43)			
兪夏濬						1935	1936	1937	1938			
金璜鎭							1936 (월40)	1937	1938 (월43)	1939 (월45)		
朴大榮									1938			
趙泰植										1939		
禹顯誠										1939		
李燈										1939		
李璉燮										1939 (월40)		

촉탁												
可知淸次郎										1939		

평의원												
魚允迪(경성)		1931	1932	1933	1934							
玄櫶(경성)		1931										
兪鎭贊(경성)		1931	1932	1933	1934	1935	1936	1937	1938	1939		
鄭鳳時(경성)		1931	1932	1933	1934	1935						

평의원												
李大榮(경성)								1937	1938	1939		
藤塚鄰(경성)									1938	1939		
高橋亨(경성)		1931	1932	1933	1934	1935	1936	1937	1938	1939		
兪鎭贊(경성)		1931	1932	1933	1934	1935	1936	1937	1938	1939		
孔聖學(경기)		1931	1932	1933	1934	1935	1936	1937	1938	1939		
成樂賢(충남)		1931	1932	1933	1934	1935						
韓昌東(충남)							1936	1937	1938	1939		
申昌休(충북)		1931	1932									
閔泳殷(충북)					1934	1935	1936	1937	1938	1939		
尹相浩(전남)		1931	1932	1933	1934	1935	1936	1937	1938	1939		
李康元(전북)		1931	1932	1933	1934	1935	1936	1937	1938	1939		
鄭泰均(경남)		1931	1932	1933	1934	1935	1936	1937	1938	1939		
黃芝善(경북)		1931	1932	1933	1934	1935	1936	1937	1938	1939		
鄭鎬鳳(강원)		1931	1932	1933								
嚴達煥(강원)					1934	1935	1936	1937		1939		
黃錫龍(평남)		1931	1932	1933	1934	1935			1938			
黃錫煥(평남)								1937		1939		
金熙綽(평북)		1931	1932									
金聖烈(평북)					1934	1935	1936	1937		1939		
金勛卿(함남)		1931	1932	1933	1934	1935	1936	1937				
金炳奎(함북)		1931	1932	1933	1934	1935	1936	1937	1938			
趙天植(황해)		1931	1932									
吳鳳泳(황해)					1934	1935	1936	1937	1938	1939		
方洛先										1939		
崔達斌										1939		

전문학교 교수, 식민지 지식인들의 거처*

숭실전문학교의 사례

이경숙

1. 식민지 지식인들의 거처에 대하여

식민지인은 식민지 제국대학에서 학생이 될 수는 있어도 교수가 될 순 없었다. 해방 직전 한 명의 이공학부 교수만 예외였다.[1] 가르침이 가르치는 자의 지식과 세계관을 온전히 공적 무대에 올리는 행위라고 한다면, 식민지 지식인들은 그들의 지식과 세계관을 대학이라는 공적 무대에 꺼내서 논의하고 전승하는 지식인으로서의 행위가 금지당한 존재들이었다. 그들의 학력이 일본제국이 규정한 대로 가르칠만한 '학력에 상응'하건 '일본어에 통달'했건 또는 탁월한 학문적 역량을 갖췄건 식민지인으로 태어난 이상은, 극소수의 이과계열 교수를 제외하고 일본의 제국대학은 물론이고 식민지 조선에 유일하게 허용된 대

* 이 글은 2019년 대한민국 교육부와 한국연구재단의 지원을 받아 수행된 연구임(NRF-2019S1A5A2A03055704). 『사회와 역사』 제130집에 「일제강점기 숭실전문학교 교수진의 구성과 네트워크」라는 제목으로 게재된 논문을 일부 수정함.

1 단 한 명의 예외가 있었다. 경성제국대학 이공학부 교수였던 김종원(1900년 김천군 출신, 1916년 대구고보 입학–1919년 삼일운동으로 중퇴 일본유학–1928년 도쿄제대 이학부 지질학과 입학하여 1931년 졸업)은 1944년에 경성제국대학 강사가 되었고, 1945년 해방 직전에 교수가 되었다.

학에서도 교수가 될 수는 없었다. 유진오처럼 극히 드물게 경성제국대학 강사가 된 경우가 있긴 해도 문과계열의 교수가 된 이는 아무도 없었다.[2] 식민지인이라는 존재 자체가 '학술의 이론과 응용을 교수하고 그 온오蘊奧를 공구攻究하며 인격의 도야 및 국가사상의 함양'「일본대학령」 제1조을 꾀하는 대학의 목적을 구현하는데 부적합한 존재였던 셈이다. 이른바 교수와 연구에 적합한 실력을 너끈히 갖춘 식민지인들이 교수가 될 수 없었다면, 제도적 이유로는 '인격도야나 국가사상의 함양'을 고취시킬 주체로서 부적당한 존재였기 때문일 것이다.

식민지 지식인들의 거처는 사립전문학교와 중등학교, 신문사 혹은 언제 감시에 노출될지 모를 다양한 형태의 사회단체 그 사이 어디였다. 그들은 어느 한 곳에만 정주한다기보다 그 어디나 있었다. 특히 식민권력이 정해준 전문학교 교수의 일이란 고등한 학술기예를 '교수'[3]하는 데 그치지만 식민지 전문학교의 교수들은 박치우[4]의 표현대로 '아카데믹'에 머물지 않고 '오늘' '이 땅에서' 새로운 지식의 장을 만들어 공적 연구활동을 부지런히 모색하였다. 대학령에나 있던 '온오를 공구'하는, 식민지에서라면 자칫 불온으로 낙인찍힐 수도 있는 연구행위를 시도했다. 신문이나 잡지에 자신의 의견을 펼치고, 과학지식보급회니 농촌강습회 같은 대중계몽조직이나 수양동우회 같은 단체를 통해 식민지 조선의 계발을 위한 사회활동도 열심히 펼쳤다. 학교 안팎을 가로지르는 사회적 행위에 나섰던 식민지 지식인들은 비록 제국의 지식을 교육받고 제국의 권력과 가까워지기 쉬운 집단이긴 해도, 식민지인으로서 제국과 불화의 지점들이 발생하기 마련이었다. 그 위기는 1930년대 후반 전쟁의 기운이 고조될수록 위압적인 탄압으로 다가왔다. 가령 수양동우회 사건1937년과 숭실학교 폐

2 일본의 제국대학 교수가 된 예외적 인물은 교토제국대학 응용화학과 이승기와 화학과 이태규이다. 정종현, 『제국대학의 조센징』, 휴머니스트, 2019, 162~163면.

3 「전문학교령」 제1조(1905); 「조선교육령」 제15조(1911).

4 박치우, 윤대석·윤미란 편, 『박치우 전집 – 사상과 현실』, 인하대 출판부, 2010.

교사건1938년은 식민지 지식인들 입장에서 보면 통치자의 지식인 탄압행위이고 교육권 억압사태였다.

이 글은 식민지 지식인들이 주로 모여 있는 사립전문학교, 그 중에서 숭실전문학교를 사례로 하여 일제강점기 사립전문학교 교수진에 대해 탐구하고자 한다. 숭실전문학교는 1912년에 "숭실대학이란 이름으로 뻐젓이 총독부의 인가"를 받은 조선 "최초의 대학"이었다.[5] 진작부터 '유니버스티university'로서 지향은 품었지만[6] 사립각종학교로 머물다가 1925년에 문과만 인가받은 '전문학교'가 되고 1931년에 농과도 인가받았다. 평양에 설립된 숭실전문학교는 경성 이외의 지역에서 유일하게 인가받은 사립전문학교였다. 이런 숭실전문학교의 교원을 살펴보는 까닭은 먼저 미션스쿨 중 하나이기 때문이다. 식민지기에 설립된 사립전문학교의 중요한 축을 형성하는 학교가 연희전문, 이화전문, 세브란스연합의전 같은 미션스쿨들이었다. 숭실전문학교 연구는 미션스쿨 중 하나로서 의미가 있다. 동시에, 사립전문학교들이 경성에 설립된 것에 반해 평양에 설립된 북장로교 중심의 연합 미션스쿨로서의 특성도 찾아볼 수 있을 것이다. 숭실전문학교 교원을 추적하면, 평양에 설립된 전문학교가 지역의 지식인들을 어떻게 유입하고 그 지식인들은 어떻게 네트워크를 맺고 있었는지 알 수 있기 때문이다.

이전까지 경성제국대학에 쏠려있던 관심이 최근 사립전문학교로까지 확장되고 있지만, 여전히 사립전문학교 교수들을 교수진이라는 차원에서 살펴본

5 1912년 총독부의 인가를 받은 '숭실대학'은 「대학령」에 의거한 고등교육기관이 아니라 사립각종학교로 분류되는 학교였다. 그러므로 대학이 갖춰야 할 제도적 기반을 충족하지 못했으며 더불어 졸업생들은 학사학위나 각종 자격 같은 혜택을 누릴 수 없었다. 숭실'대학'에서 대학이란 그저 학교이름을 나타내는 고유명사였다. 총독부가 대학으로 인정하지 않았다고 '숭실대학'이 대학으로의 지향이나 정체성이 없었던 것은 아니다. 숭실대학은 중등수준 학교 졸업생에게 입학자격을 주어 교육했으며, 'unversity로 승인받은 college'라는 점을 강조했다. 언론도 '조선 최초의 대학'으로 불렀다. 이런 사실들을 비춰볼 때, 총독부의 인가와 무관하게 조선인들의 고등교육에 대한 열망을 담은 학교라 할 수 있다. 김용진 역, 『평양숭실대학 역사자료집 IV 선교자료 I』, 숭실대 한국기독교박물관, 2018, 374면(이하 『선교자료』 I로 표기); 『동아일보』, 1936.6.3.

6 『동아일보』, 1936.1.20; 『선교자료』 I, 142·374면.

연구는 없다. 대체로 각 대학이 주기적으로 발행하는 학교사 책자들에서 유명하거나 특기할 교원을 다루는 경우가 있으나 그 기록에는 빈 구석이나 오류가 많다. 숭실전문학교라고 다르지 않다. 숭실학교가 폐교할 때 발행한 「숭실교우회 회원명부」이하 「교우회명부」,[7] 매년도 선교본부에 보고된 숭실대학 보고서들, 그리고 『숭실대학교 100년사-평양숭실편』이하 『숭실100년사』[8] 사이에도 일치하지 않는 기록들이 여럿 있다. 존재 자체가 망각되거나 이름조차 잘못 알려지는 식의 오류가 반복되는 교원들도 있다. 인물을 추적하는 연구들은 선행연구들의 토대 위에서 과거의 오류를 수정하고 보완해가는 수밖에 없다. 그런 까닭에 언제나 일정한 한계 속에서 연구가 진행되며 이 글 또한 마찬가지이다. 선행연구들을 길잡이로 하되 이 글 역시 사료접근의 현재적 한계 속에서 연구를 진행할 수밖에 없음을 미리 밝혀둔다. 이 글에서는 확인가능한 오류들을 최대한 수정하고 역사 속에서 망각된 지식인들을 찾아내 기록하고자 한다. 최근에 가장 주목할 연구는 김근배[9]의 「숭실전문의 과학기술자들」이다. 숭실전문학교가 '문과 중심의 리버럴아츠칼리지'라는 인식은 오해이며, 사실은 문과와 이과의 균형잡힌 교육을 해왔다는 주장이 핵심이다. 이를 입증하기 위해 이과 교육을 맡은 교수진과 이과계통에서 활약한 졸업생들을 추적해 밝혀냈다. 숭실대학 스스로 유포한 통념을 비판하며 숭실학교의 이과 교수진이 어떻게 구성되어 있었고 무엇을 교육했는지 실증했다는 점에서 매우 의미 있다.

숭실전문학교 교원 전체를 하나의 교수진으로 보았을 때, 그들의 학문적 교육적 역량이 어떻게 축적되었는지 더 잘 알 수 있다. 학문 혹은 교육이란 개인

7 「숭실교우회 회원명부」(1938), 『평양숭실대학 역사자료집 Ⅵ 숭실교우회 회원명부』, 숭실대 한국기독교박물관, 2017(이하 「교우회명부」).

8 숭실대학교100년사편찬위원회, 『숭실대학교100년사』, 숭실대 출판부, 1999(이하 『숭실100년사』).

9 김근배, 「숭실전문의 과학기술자들-이학과와 농학과 개설, 졸업생들의 대학 진학」, 『한국근현대사연구』 94, 2020, 101~131면.

의 탁월성에 기대는 것 이상으로 일반적으로 그 세계에 속한 구성원들의 관계 속에서 문제의식이 발생하고 성과가 축적되므로, 개인에 대한 주목 이상으로 집단으로서 교수들을 살펴볼 필요가 있다. 어떤 사람들로 교수진을 구성하느냐가 학생들에게 어떤 교육기회를 제공할 것인가의 문제이면서 교수들끼리 어떤 학문공동체를 구성하느냐의 문제이기도 하기 때문이다. 이런 문제의식에서 숭실전문학교의 조선인 교수진을 분석하려는 것이다. 교수진이라면, 선교사와 일본인 교수까지도 포함해야겠지만, 이 글에서는 조선인 교수로만 한정하고 전체 교수진 연구는 추후 과제로 남겨두고자 한다. 여기서 숭실전문학교는 학교명칭의 변경에 따라 숭실대학1912~1925.3 혹은 숭실전문학교1925.4~1938.3라 부르고, 숭실중학을 포함할 때는 숭실학교라고 할 것이다. 그리고 숭실전문학교의 교원이란 교수와 강사를 말하며 이 글에서 교수와 강사의 직위는 구분하지만 교육하는 사람이라는 의미에서 통칭할 때는 교수라고 쓰고자 한다.

2. 사립전문학교 교원 규정과 현실

1911년 발표된 제1차 「조선교육령」은 전문학교에 관한 조항제15~18조을 포함하고 있었지만, 실제로 식민지 조선에서 전문학교 설치가 가능해진 시기는 1915년 「전문학교규칙」[10]이 발표된 후부터였다. 을사늑약으로부터 10년, 그리고 강제병합으로부터 5년이 지난 시점, 일제로서는 식민통치도 안정화 되어가고 제1차 세계대전 참전으로 강대국 지위까지도 강화해가던 시점이었다. 일제는 조선의 각종 규정을 새로이 정비하였다. 교육분야에서도 제도적 정비를 내세운 규정들이 발표되었다. 이 때 조선총독부는 조선도 이제 전문교육을 실

10 조선총독부령 제26호, 『관보』, 1915.3.24.

시해도 될 만큼 민도가 높아졌다면서 사립전문학교를 설립할 수 있는 길을 열었다. 「전문학교규칙」 발표로 조선에서도 사립전문학교 설립의 길이 열렸지만, 이는 역설적으로 식민지에서 사립대학 설립의 불가능성을 시사하는 실제적인 차별의도이기도 했다. 대학설립을 염두에 뒀던 학교들이 전문학교로 길을 바꿔야 했다. 1912년 '대학'이라는 이름으로 인가를 받았던 숭실대학도 대학으로의 전환이 가로막혀서 1925년 초까지는 사립각종학교로 남아 있었다.

1915년에 개정 「사립학교규칙」과 「전문학교규칙」을 발표할 때, 조선총독은 교원의 중요성을 유독 강조했다.

> 교원은 교육의 중심으로서 교육실적教育實績의 여부與否는 일一에 계繫하기 기其 인격 및 학식 여하에 재在하니 의依하여 금회今回 사립학교 교원의 자격에 관한 규정을 설設하여써 학교설립자로 하여금 유능有能을 선발하며 교육의 실효를 거擧코자 함이오 수殊히 국어는 단單히 처세상 필수할 뿐 아니라 조선교육의 본의本義되는 충량忠良한 신민臣民을 육성치 못할 자者인 고로 교원된 자者 특수한 경우를 제除한 외外는 모두 이를 통달通達함을 요要함.[11]

1915년 이전까지는 「사립학교령」에 교원 부적격자를 명시하기는 했어도, 교원의 자격을 따로 설정하지는 않았다. 교원의 중요성을 강조한 1915년부터 사립학교 교원들에게도 '해당 학교의 정도에 상응하는 학력'과 '국어일어 통달' 능력을 겸비할 것을 요구했다. 행정당국은 무엇보다 '충량한 신민 육성'을 위해 일어능력의 중요성을 부각시켰다. 이로 인해 사립학교들마다 당장 '국어에 통달'한 교원을 구하는 일이 근심거리였다.

전문학교 인가를 준비하는 학교이든 아니든 일본인 교사를 구해야 한다는

11 『관보』, 1915.3.24.

압박감이 컸다. 대학설립을 준비하던 언더우드가 일본당국에게서 신뢰받는 제국대학 출신 일본인 교사가 "우리들이 이 도시에서 끝까지 생존할 수 있게 해줄 자들"[12]이라고 생각한 것처럼 일본인 교수채용은 학교마다 사활이 걸린 사안이었다. 전문학교 인가와 무관하던 숭실학교의 베어드 교장도 일본인 교사 채용을 위해 직접 일본으로 건너갔다.[13] 베어드 후임 라이너 교장도 1917년 3월 도지사에게 불려갈 일이 있었는데, 이 자리에서 총독부 입장을 전달받았다. 장차 일본인 교장을 임명하고 더 많은 일본인 교사를 고용하라면서 한문, 조선어, 영어를 제외한 과목은 일본어로 수업해야 한다는 것이었다. 만약 이에 응하지 않으면 부득불 학교를 폐교하겠다고 압박했다.[14] 미션스쿨에서 일본어로 수업해야 한다는 의미는 두 가지였다. 하나는 더 많은 일본인 교수의 채용이고, 또 하나는 조선어로 학생들과 소통하던 선교사들이 정식 교수가 되기 어렵다는 뜻이었다. 선교사들의 일본어 사용이 장차 일본제국에서의 선교나 교육활동에 더 효율적일 것이라는 일본 측의 유도도 있었고, 도쿄주재 재일미국대사조차도 선교사들의 일어 학습을 본국에 제안한 적이 있었다.[15] 선교사들이 일어를 배워야 한다는 사실은 의미심장하다. 일본의 입장에서 보면, 일어 선교는 선교사들이 조선 민중들을 직접 접촉할 기회를 대폭 줄이는 것이면서, 또 그들의 체제 속으로 선교사들을 보다 쉽게 끌어들이는 방책이기도 하다. 물론 선교사들은 일본의 충고와 달리 일본의 '적국'이 되어 추방될 때까지 조선어로 선교활동을 펼쳤다. 더불어 「전문학교규칙」에는 학교가 교원의 담당과목과 이력서를 구비하고, 교원 변경시에는 조선총독의 인가를 받도록 했다. 교원의 인

12 이만열·옥성득 편역, 『언더우드 자료집』 5권, 연세대 국학연구원, 연세대 출판부, 2010, 120면.
13 『선교자료』 I, 76면.
14 위의 책, 103면.
15 「재한선교사보고문건－도쿄미국대사관에서 워싱턴 국무장관에게 보낸 편지」, 1915.10.21, 한국독립운동정보시스템에서 인출.

원수는 학급당 1인 이상의 전임 교수를 두게 했다.

〈표 1〉 사립전문학교 관련 규정

<table>
<tr><th>1911~1922.3</th><th>1922.4~1938.3</th></tr>
<tr><td>「조선교육령」 1911.9.1. 칙령 제229호</td><td>「조선교육령」 1922.2.6. 칙령 제19호</td></tr>
<tr><td>제25조 전문학교는 고등한 학술기예를 교수
제26-28조. 수업연한, 입학자격, 전문학교의 설치와 폐지 관련 내용</td><td>제12조. 전문학교는 전문학교령에 의함. 단 문부대신의 직무는 조선총독이 행함
부칙32조. 舊令에 의한 사립전문학교 당분간 유지</td></tr>
<tr><td></td><td>일본 「전문학교령」 (1903년, 칙령 제 61호)에 의거함</td></tr>
<tr><td>* 일본과는 차별적인 전문학교 제도 운영
일본과 입학자격, 졸업 후 학위 및 자격 다름</td><td>일본과 동등한 전문학교급</td></tr>
<tr><td>「사립학교규칙」 1911년 제정, 1915년 개정</td><td>「사립학교규칙」 1920,1922,1930,1932년 개정</td></tr>
<tr><td colspan="2">* 사립전문학교의 설립, 학교장·교원 채용·변경·해직 등 인가, 교원 부적격자 등
* 인가주체 및 부적격자 조항은 〈부록 1〉, 〈부록 2〉 참조</td></tr>
<tr><td>「전문학교규칙」 1915.3.24. 부령 제26호</td><td>「공립사립전문학교규정」
1922.3.27. 부령 제21호</td></tr>
<tr><td colspan="2">학교 인가, 학칙, 학생징계, 학교비치서류항목 등</td></tr>
<tr><td>적용대상 : "조선인을 교육하는 전문학교"
교과과정 및 교수시간 적시</td><td>적용대상 : 공립사립 전문학교
교과과정 및 교수시간 삭제
교원 자격 구체화(일본의 「전문학교령」에 의거)</td></tr>
</table>

출처 : 해당일자 관보 : 1938년 이후에 전문학교 관련 규정은 큰 변화가 없다. 다만 1940년 「공립사립전문학교규정」 제1조를 새로 신설하여 '황국의 도, 국체관념의 함양, 인격도야에 힘써 황국신민 연성'을 위해 노력한다는 목적이 추가되었을 뿐이다.

1919년 전 민족적 차원의 3·1운동이 터져 나오면서 조선총독부는 1920년부터 일부 교육규정들을 손보고 1922년에 교육체계 전반을 바꾸는 제2차 「조선교육령」을 발표했다. 제2차 조선교육령은 조선의 전문학교도 일본의 「전문학교령」에 의거하되,[16] 문부대신의 직무는 조선총독이 대신하도록 했다. 그래서 조선총독의 직무를 처리하기 위해, 기존 「전문학교규칙」을 폐지하고 「공립사립전문학교규정」부령 제21호을 새로 공포하였다. 이 규정에서는 「전문학교규칙」에는 없던 교원자격을 다음과 같이 명시하였다.[17]

16 「조선교육령」 제12조, 『관보』 1922.2.6.

17 1915년 「사립학교규칙」은 사립학교의 교사자격으로 '상응하는 학력'과 일어능력만 거론했지만

1. 학위를 취득한 자, 2. 대학졸업자, 대학에서의 시험에 합격하여 학사자격을 취득한 자 또는 관립학교 졸업자로 학사학위를 취득한 자, 3. 조선총독이 지정한 자, 4. 조선총독이 인가한 자

'해당학교의 정도에 상응하는 학력'을 전문학교규정에서 위와 같이 구체화한 것이었다. 이때 '조선총독이 인가한 자'란 '전문학교를 졸업한 자로서 상당한 경험을 가진 자'로 정하였다.[18] 만약 위의 네 가지 기준에 해당하는 교원을 구하기 어려우면 '일시적으로 교원을 대용'할 수 있게 하고, 다만 대용 교원이라도 조선총독의 인가를 받도록 했다.[19]

학교장과 교수의 채용, 변경 및 해직 권한은 각 도나 조선총독부에서 전적으로 행사했다.〈부록 1〉 참조 학교가 어렵게 채용한 교수의 승인은 때로 난항에 부딪혔다. 메이지대학 법학부를 졸업한 조만식은 숭실대학에서 1921년부터 강의를 시작했으나 교수승인을 끝내 해주지 않아 1923년 사직했다.[20] 오산학교 교장을 역임하고 3·1운동 직후 보안법 위반으로 징역형을 살고 나와 평양 YMCA 총무, 조선물산장려회 회장까지 지내며 평양사회에서 영향력을 행사하던 시절이었다.[21] 학력과 일어능력으로 봤을 때 그가 교수 승인을 받지 못할 이

1922년 이후에는 교사자격을 각급학교에 따라 구체화했다. 전문학교의 교사자격은 「公立私立專門學校規定」에, 초중등사립학교의 교사자격은 「私立學校教員ノ資格及員數ニ關スル規定」(부령 제28호, 『관보』, 1922.3.28)에 명시하였다.

18 「公立私立專門學校教員認可ニ關スル件」, 1922.

19 행정당국이 미국대학의 학위를 어느 정도 인정했는지에 대해 향후 검토가 필요하다. 김근배에 따르면 미국과 일본의 대학교육과정이 달라 문제가 된 교수들(김호연, 이용규, 모의리)이 있었고, 또 미국 석사학위자(M.A)였던 라이너 선교사도 일본 행정당국이 상급학위를 요구한다고 선교부에 호소한 내용이 있는 것으로 보아 학위인정을 둘러싸고 선교사들과 행정당국 사이에 이견이 있었던 것 같다. 김근배, 앞의 글; 김선욱·박신순, 『마포삼열』, 숭실대 출판부, 2017, 298~300면.

20 숭실대학교120년사편찬위원회 편, 『사진과 연표로 보는 평양 숭실대학』, 숭실대 한국기독교박물관, 2017, 76·93면.

21 觀相者, 「平壤人物百態」, 『개벽』 51, 1924.9, 69면.

유가 없었다. 사립학교의 교원 부적격자에 대한 규정의 내용은 일제강점기 내내 대체로 비슷했는데, 〈부록 2〉 참조 그 규정에 따르면 금고 이상의 형을 받았거나 '성행불량'하다고 인정되는 경우에 교원이 될 수 없었다. 조만식의 경우 금고 이상의 형을 받은 '성행불량자'라는 점 때문에 결국 인가받지 못했을 것이다. 이렇게 한 번 해직당하거나 인가를 받지 못한 경우에는 2년 동안 교원이 될 수도 없었다.[22]

또한 농과 설치를 준비하던 무렵인 1928년 3월에 교토제대 농과를 막 졸업한 송을수를 농과 교수로 확정하였으나[23] 채용하지는 못했다. 짐작할 수 있는 단서는 경성지방법원 검사국 문서 「사상문제에 관한 조사서류」이다. 이 서류뭉치에 1927년 11월 1일 자 「교토신간회지회 항의문 발송자에 관한 건」이 남아 있는데, 교토신간회지회 간부였던 송을수가 신간회 명의로 공산당재판에 대한 항의문을 발송한 일에 관여했다는 내부 조사 결과물이다.[24] 교수로 부임하지 못한 이유를 단정하기는 어렵지만, 농과 인가를 준비하던 숭실전문학교가 교토제대 출신자를 교수로 내정했다가 반려했을 때는 그만한 사정이 있을 터인데, 이 무렵 이런 내부조사가 있었다는 사실은 무시하기 어려운 정황증거이다.

1922년 이후 해직 권한도 전문학교를 감독하는 조선총독에게 있었다. 조선총독이 "부적당하다고 인정할 시" 학교장과 교원의 해직을 명할 수 있었다. 1922년 「사립학교규칙」 제14조 총독부에서 "부적당"하다고 인정한 대표적 인물이 맥큔 교장이었다. 신사참배 거부의사를 밝힌 맥큔 교장을 1936년 초에 조선총독부는 '파면'했다. 먼저는 평남도지사가 맥큔을 숭실중학교장직에서 파면했다. 그리고 와타나베渡邊 조선총독부 학무국장이 "숭실전문학교는 조선교육령 및 전문

22 「사립학교규칙」 제12조(1922).
23 『동아일보』, 1928.3.8.
24 「京都新幹會支會抗議文發送者ニ關スル件」, 1927.

학교령에 의해 설립된 학교로, 조선교육령 및 전문학교령에 의하면 국체관념의 함양은 그 교육상 가장 중시하는 바"이므로 맥큔을 숭실전문학교 교장직에서도 파면한다고 통지했다.[25] 맥큔만 아니라 1927년 가을학기부터 재직했던 정수영 또한 공식적인 해직사유가 남아있지 않지만 사유를 짐작해 볼만한 정황이 있다. 계급적 민족의식을 지향했던 그는 "종교학교에 교편든 몸으로서 논전論戰의 정면에 스기를 회피"[26]할 정도로 몸가짐을 조심했지만, 부임 이듬해 초에 터진 "노풍蘆風필화사건"으로 학교를 사직하게 되었기 때문이다.[27] 미국에서 신학박사와 철학박사 두 개의 학위를 받고 귀국해서 숭실전문에서 교목으로서 기독교윤리와 신약을 가르쳤던 김성락의 경우, 양은식이 "이렇다할 아무런 사유없이 교수자격증을 박탈당했다"고 비판했는데[28] 실제로 아무런 사유가 없지는 않았을 것이다. 양은식은 미국유학 출신이자 민족주의적 인물에 대한 탄압이었다고 짐작하고 있지만, 그 가시적 이유를 찾기란 쉽지 않다. 김성락은 미국유학 당시 흥사단원이었고[29] 사직 후에도 국내와 미국에서 민족주의적 행보를 이어갔다. 그리고 숭실대학 측 자료로는 '사직'이라 했지만, 어쩌면 조만식처럼 교수 승인을 받지 못해 사직한 것인지 아니면 해직된 것인지도 불분명

25 渡邊豊日子, 「崇實專門學校長罷免に就て」, 朝鮮社會事業協會, 1938, 서울대 도서관 고문헌(디지털콘텐츠)에서 인출; 『매일신보』, 1936.1.21.

26 『동아일보』, 1930.1.11.

27 1920~30년대에 활약한 문학평론가 鄭蘆風을 연구한 박경수는 '정로풍'의 본명이 정철(鄭哲)이고, 교토제대 사회과학을 전공하고 1927년 귀국하여 기독교 계통의 종교학교에서 교편을 잡았다가 1928년 이른바 '蘆風筆禍事件'으로 사직했다고 밝혀냈다. 이 연구를 이어 김동희는 정철과 정수영이 동일인물이며, '정노풍'의 본명이 정철이 아니라 정수영(鄭壽榮)이며, 숭실전문학교에 근무했음을 밝혔다. 한편 박경수는 "로풍필화사건"이란 『중외일보』(1928.3.25)에서 전문이 삭제된 시 「오오 새로운 민중의 애인아」와 관련된 일이라고 추정했다. 『숭실100년사』 명단에 나오는 정수영이 1928년 4월에 사직한 것으로 미루어보아 박경수의 추정이 타당해 보인다. 박경수, 「鄭蘆風의 階級的 民族意識의 文學論」, 『한국문학논총』 11, 1990, 261~281면; 김동희, 「정노풍의 삶과 작품활동에 관한 소고」, 『한국문학논총』 86, 2020, 87~111면.

28 양은식, 「민족의 목회자 김성락」, 『인물로 본 숭실100년』 제1권, 숭실대 출판부, 1995, 103~104면.

29 제267단우 金聖樂, 1932.

하다. 이처럼 조선총독부는 사립전문학교라 해도 자율성을 인정하지 않고, 교원 한 명 한 명까지 일일이 통제하에 두고 강압적인 해직을 결정하였다.[30]

숭실전문학교도 교원에 관한 자체 규정을 두고 있었다. 숭실전문학교 정관에 따르면,[31] 교장은 임기 3년으로 재단이사회에서 선출하고, 교감과 교수는 1년마다 재단이사회의 승인을 받도록 정하고 있었다. 교장은 학교 운영에 대한 책임을 지는 것과 함께 교수의 임용과 해직에 관해 집행위원회 및 재단이사회에 추천할 수 있는 권한이 있었다. 교장 임기는 3년이었지만, 모펫은 10년, 맥큔은 7년 이상을 교장으로 있었다. 1938년 폐교 때까지 숭실전문학교에 조선인 교장은 없었다.

학교정관에 따라 숭실전문학교의 "정규 전임교수 전원은 훌륭한 자질을 갖춘 진실한 기독교인"으로 채워졌다. 이사회는 '교수가 결국 학교의 생사를 결정한다'는 인식을 갖고[32] "진실한 기독교인"을 교수로 선발하려고 노력하였다. 학교는 일본인까지도 기독교인을 선발하기 위해 애썼다. 1917년 일본인 교사 채용이 다급했던 시점에도 프린스턴신학교를 졸업한 일본 루터신학교 교수와 미션스쿨인 도시샤대학 교수를 초빙했고,[33] 이후로도 일본인 목사나 일본인 교회에 시무하는 이를 교수로 고용했다.

당연히 조선인 교원채용에도 신실한 기독교인의 태도가 중요했다. 특히 숭실전문학교를 설립 운영하는 주세력인 장로교는 예배와 함께 금주, 금연 같은 일상규율을 철저히 준수하는 편이었다. 양주동의 채용 과정은 이를 잘 보여준

---

30 이종희, 김호연, 이용규가 학교에서 물러간 데도 그들의 민족의식과 미국에서의 독립운동 경력이 어떤 영향을 미쳤는지 정확히 알 수 없다. 당시 학교가 실험실을 갖춘 웅장한 과학관을 새로 짓고 기계설비를 도입하고 이과 교육을 위해 김호연을 미국으로 파견까지 보내는 막대한 투자를 했음에도 이과가 인가를 받지 못한 배경에는 총독부가 말하듯이 "설비가 불충분"해서일 수도 있지만, 그것만이 이유의 전부가 아니었을지 모른다는 의심이 든다.

31 『숭실100년사』, 322~327면.

32 『선교자료』 I, 184~185면.

33 『선교자료』 I, 76면.

다. 애주가로 명성이 자자했던 양주동이 와세다대학 졸업 반년 전 숭실전문학교 교수로 내정될 때 '좋은 교인'이 될 것과 금주를 약속했다. 그런데 교수가 되기도 전에 일본 내에서 술판을 벌인다는 소문이 평양에 들어가자, 숭실전문 맥큔 교장은 양주동에게 편지를 보냈다. "귀하가 시·문詩·文을 잘 한다는 기능과 지식보다 금후 술과 담배를 끊고 진실한 교우가 되겠다는 천거자의 엄중한 약속"을 믿고 교수 내정을 하였건만 술주정 소식이 평양에까지 들리니 재단이사회에서 최종 초빙여부를 결정하기 전에 회신을 바란다는 내용이었다.[34] 이처럼 숭실전문학교에서는 채용 때부터 기독교인으로서의 생활태도를 중시했다. 그러나 신앙의 독실함이야 제각기 다르고 표준으로 잴 수 있는 것도 아니었다. 폐교 직전에 신사참배냐 학교유지냐를 신앙의 독실함이나 친일여부냐로 해석하려는 시선도 있어서, 서로를 향해 겉으로만 믿는 척 하는 사람이라는 비난도 떠돌았다. 그래도 숭실전문학교 교수진은 "학생들을 신앙적으로, 정신적으로, 그리고 육체적으로 이끌 때 절실히 필요한 진실된 기독교 신자 집단"이라고 한 1931년 보고서처럼,[35] 대개는 돈독한 기독교 신자들이었다.

3. 교수채용의 경로와 지식인 네트워크

교수진은 매우 광범위한 학문적 교육과 경험의 표본이 되고 있습니다. 학문적 교육과 가르치는 능력을 겸비하고 있으며, 동시에 주님과 교회에 대한 충성심이 삶에 대한 태도에 묻어나는 교사를 찾기 위해 우리들은 노력하고 있습니다. 최후의 수단으로 교수진이야말로 대학을 되게 할 수도 있고 안 되게 할 수도 있는데, 우리 교수

34 양주동, 「숭실부임기」(1960), 『평양숭실 회고록』, 숭실대 한국기독교박물관, 2017, 119~138면.
35 『선교자료』 I, 177면.

진이 진실된 기독교인들이라는 점에서 대학의 기독교적 특성을 보장해주고 있다는 것을 보고 드리게 되어 기쁩니다.[36]

1932년 숭실전문학교 이사회에서는 연합선교부와 선교본부에 이렇게 보고했다. 학교로서는 교수진이야말로 대학의 명운을 결정하는 이들이라 여기고, '진실한 기독교인'이면서 학문적 교육적 역량을 겸비한 이들을 물색했다. 숭실대학 교수진의 구성은 1920년을 전후하여 먼저 크게 달라졌다. 1907년 숭실학당 정관[37]에는 아예 외국인 선교사를 정교원으로 둔다고 못 박고 있었으며, 대학 교원이 될 만한 학력을 갖춘 조선인도 드물었다. 1915년부터는 일제의 강압에 의해 일본인 교원을 채용해야 했고, 1920년 들어서는 조선인 교원도 정규교원으로 채용하기 시작해 1925년 전문학교로 인가를 받았다. 그리고 맥큔 교장이 부임한 시기이자 공과와 농과 설치를 계획했던 1928년을 전후하여 교수들의 변동이 컸다. 1927년에 이과 교수였던 이용규와 경제학을 가르치던 우제순이 사직했다. 미국으로 파견을 갔던 김호연도 1928년 초에, 그리고 화학과 음악을 가르치던 박윤근도 1929년 초에 사직했다. 대신 1927년 이후부터 1930년 사이 우호익과 양주동, 정재윤, 박형룡이 문과에 새로 들어왔고, 이과계열에는 김응룡, 명재억, 김호식, 강영환이 채용되었다. 오정수와 정수영은 1927년 숭실로 왔으나 1928년 초에 사직했다. 이때를 즈음해서 교수 숫자도 증가하고 교수들의 민족별 구성도 완전히 달라졌다.

여기에는 여러 가지 요인이 작용했다. 첫째는 일제가 교원에게 일본어 통달을 요구했다는 점이다. 그러니 일본인 교원과 일어를 잘 하는 교원을 채용했다. 둘째로 숭실대학이 사립각종학교에서 벗어나 전문학교 인가를 준비하던

36 『선교자료』 I, 184~185면.

37 "Minutes and Reports of the Annual Meeting of the Korea Mission", 1907, p.34.

〈표 2〉 1931년 사립전문학교 교직원

학교명	개설과	교직원	학생수	학교명	개설과	교직원	학생수
숭실전문	문, 농	26	138	연희전문	문, 상, 수	59	250
보성전문	법, 상	8 / 겸23	279	이화여전	문, 음, 가	26 / 겸13	185
세브란스의전		21 / 겸5	154	중앙불전		20 / 겸14	64

(출처) 1931년 조선제학교일람

때로 학력을 갖춘 교원이 필요했다. 셋째 미국과 일본으로 떠났던 유학생들이 속속 귀국하던 시점이었다. 1920년부터 일본 메이지대학, 미국의 헤이스팅스 대학과 노스웨스턴대학을 각각 졸업한 이경준, 이종희, 김호연이 교원으로 결합하기 시작했고, 1925년 이후에는 일본유학 출신자인 우제순, 우호익, 양주동, 정재윤과 농과교수들도 합세했다. 이 시기 숭실전문학교 정관 역시 변경되었다.[38] 외국인 선교사만 정규교원이 될 수 있던 기존 조항이 삭제되고, 대신 "훌륭한 자질을 갖춘 진실한 기독교인"이면 정규교원 자격이 있었다. 조사기관이나 조사 시기에 따라 교원숫자가 들쑥날쑥하지만 농과를 인가받은 후 교직원수는 서른 여명으로 증가했다. 농과 인가 직전이었던 1930년에 15명이던 교원이 인가받은 후인 1931년에 26명, 1932년에는 32명겸임 1명 포함으로 증가한다. 이 수치는 경성의 사립전문학교들과 비교하여 적은 수치가 아니었다. 신사참배 문제로 폐교가 결정된 후 선교사들이 철수하고 몇몇 교수들이 떠나면서 1937년에는 교원이 감소했다.[39]

숭실전문학교의 교수가 되는 경로는 다음과 같이 요약해볼 수 있다.〈부록 3〉 참조

첫째, 교수양성을 위해 선교부에서 뛰어난 숭실 학생을 발탁해 유학을 지원하고 그들이 귀국해 숭실학교 교수가 되는 경로가 있었다. 박윤근, 우호익, 강

38 『숭실100년사』, 322면.

39 매년도 「조선제학교일람」; 나송덕, 「학교순례 그 일」, 『大平壤』 1, 1934.11, 33면; 『숭실100년사』, 333면.

영환이 그 사례이고, 숭실전문 교수가 되진 못했지만 김헌규 역시 이에 해당한다.[40] 박윤근은 재학시절 음악에 소질을 보이자 모의리 선교사가 눈여겨 보았다가 미국유학을 권유했다. 선교부의 후원을 받아 공부하고 돌아와 교수로 복무하라는 권유였다. 유학가기 전에 당시 교장이었던 라이너 선교사와 계약서를 썼다. 계약내용은 미국에서 음악공부를 하고 돌아와 5년 동안 학교에 봉사한다는 약조와 교수 월급이었다.[41] 우호익은 선교회 측이 지원하는 유학경로의 변경을 보여주는 사례이다. 그가 목포 영흥학교 교사로 재직하던 중, 숭실학교 측으로부터 일본유학을 다녀오라는 연락을 받았다. 기존에는 미국유학 출신자들이 다수였지만, 세태의 변화로 일본유학 출신자들이 필요하다는 판단을 하고 선교회 측에서 처음으로 숭실 출신자에게 일본유학을 후원했던 것이다. 그는 와세다대학 유학을 마치고 교수로 부임했다.[42] 홋카이도제국대학으로 유학간 김헌규 역시도 교수부족에 시달리는 학교를 위해 일본유학부터 다녀오라는 맥큔 교장의 권유가 있었다. 그는 맥큔 교장에게서 "교수양성 장학금"을 받았다.[43]

둘째, 유명한 교수들을 학교 측에서 초빙하여 교수가 되는 경로이다. 부족한 교수들을 영입하기 위해서는 선교세력들 간의 일정한 알력도 감내하면서 학교는 교수들을 초빙했다. 김호연, 이훈구의 경우가 그렇다. 숭실대학은 전문학교 인가를 받을 당시 문과와 함께 이과 인가도 준비하고 있었고, 상공업이 발달한 평양이었기에 이과理科 특히 화학분야에 관심을 기울이고 있었다. 그래서 미국

40 김근배, 앞의 글, 109면.
41 평양숭실동문초청좌담회(1975), 『평양숭실 회고록』, 숭실대 한국기독교박물관, 2017, 207~359면.
42 우호익, 「숭실의 금석감(今昔感)」(1955), 『평양숭실 회고록』, 숭실대 한국기독교박물관, 2017, 142~159면; 임병태, 「숭실에 일생을 바친 우호익」, 『인물로 본 숭실100년』 제1권, 숭실대 출판부, 1995, 71~82면.
43 이정우, 「곤충학자로 외길을 산 김헌규」, 『인물로 본 숭실100년』 제1권, 숭실대 출판부, 1995, 287~303면.

노스웨스턴대학에서 응용화학을 전공하고, 미국 내 화학회사 근무경력과 시카고대학 재직경력이 있는 김호연 교수가 귀국한 1920년에 숭실대학은 그를 바로 채용했다. 그런데 1921년 연희전문학교에서 김호연을 스카우트하려고 하자 학생들이 김호연의 사직을 만류했고 학교에서도 월급을 올려주고 집세를 대납할 만큼 많은 공을 들였다.[44] 숭실전문학교는 연희전문학교 설립 이후 일부 선교사들이 연희전문으로 옮겨가면서 이과 교수 부족에 시달리고 있었고 새로 고용한 일본인 교원도 몇 년째 불만스러웠던지라,[45] 김호연은 놓칠 수 없는 인재였다. 더구나 숭실전문학교는 평양에 있었기 때문에 지식인들이 집중된 경성보다는 상대적으로 교수 초빙이 어려운 환경이었다.[46]

농과 인가를 받을 무렵에는 당연히 농과 교수를 초빙해야 했다. 이때 이훈구는 중국의 미션스쿨인 남경 금릉대학[47]에서 교편을 잡고 있었다. 도쿄제대 "졸업",[48] 캔자스농대 수학, 위스콘신대학 박사학위취득, 이 화려한 학력을 품고

44 1920년 교수들의 봉급을 보면 김호연에게 많은 공을 들였음을 확인할 수 있다. 일본의 사립신학원을 졸업한 교수 요시타케(吉武五右衙門)가 120엔(円), 20년간 한문을 가르쳤던 조설(趙偰)이 50엔, 일본 메이지대학 법과를 졸업한 이경준(李景俊)이 60엔, 성경을 가르치던 주공삼은 30엔, 그리고 1920년 김호연과 마찬가지로 미국대학 유학을 마친 이종희가 100엔을 받았는데 김호연은 이해에 125엔을 받았다. 게다가 연희전문학교 스카우트 제안을 받은 김호연을 학교에 남게 하려고 1921년 봉급을 150엔으로 올려주었다고 보고했다. 『평양숭실대학 역사자료집 I 학사 일반』, 숭실대 한국기독교박물관, 2017, 21면(이하 『학사일반』); 『선교자료』 I, 124~125면.

45 『선교자료』 I, 74~76·116~117; 김용진 역, 『평양숭실대학 역사자료집 V 선교자료 II』(이하 『선교자료』 II), 숭실대 한국기독교박물관, 2018, 92~93면.

46 경성의 전문학교들은 겸임교수, 즉 강사를 비교적 많이 두고 있었다. 1933년에 보성전문이 20명, 연희전문이 38명, 이화전문이 5명을 두고 있었는데, 이는 정규교수 외에도 학교로 유입할 수 있는 인적 자원이 지역 내에 풍부하다는 의미이다. 1933년만 아니라 경성의 전문학교들은 계속해서 많은 겸임교수들을 두고 있었다. 매년도 「조선제학교일람」.

47 기독교학교인 금릉대학(金陵大學, '진링대학'. 1952년 南京大學에 합병됨)은 기독교인들이 미국유학을 위한 중간기착지로 삼는 경우들이 있었다. 이 학교에서 영어를 공부하며 유학을 준비하는 것인데, 숭실전문학교 출신 가운데서 박형룡, 최능진이 금릉대학을 거쳐 미국유학을 간 경우이다. 두 사람 이외에도 숭실학교 출신들 중 금릉대학을 거쳐 미국유학에 오른 이들이 있었다.

48 『숭실100년사』(295면)에서는 이훈구가 도쿄제대 3년을 '수료'했다고 하나 이훈구 본인은 동경제대를 "졸업"했다고 밝히고 있다. 이훈구, 「평양숭실전문폐교전야」(1960), 『평양숭실 회고록』, 숭실대 한국기독교박물관, 2017, 160~168면.

1930년 귀국하였으나 일제의 감시 때문에 견디지 못하고 중국으로 건너갔던 것이다. 그런 그에게 "숭실전문학교에서 교편을 잡아 주었으면 좋겠다"는 맥큔 교장의 연락이 왔고 그는 기꺼이 숭실을 택했다.[49]

그리고 자천타천으로도 교수가 되었다. 가령 이용규와 양주동, 오정수 등이 그런 사례이다. 선교회 보고기록에 따르면 김호연의 초빙을 전후하여 이종희와 이용규가 대학을 찾아와서 대학이 그들을 고용했고, 양주동은 숭전 출신의 "선배 O 씨[50]의 소개와 천거" 덕분에 취직했다.[51] '일 년 반 동안 룸펜생활'을 하다가 교수에게 청탁해 겨우 S전문학교 강사가 된 김만필은 「김강사와 T교수」에 나오는 가공의 인물만은 아니었다. 소설의 작가 유진오 역시 강사로서 전문학교 교수직도 쉽사리 넘볼 수 없는 자리라는 걸 알고 있었다. 오정수도 MIT를 졸업하고 금의환향했지만 꿈을 실현하기란 요원했고, 오정수보다 앞서 미국의 유수한 대학을 마치고 귀국한 친척들도 직장 없이 허송세월하던 때였다. 그런 때 오정수가 연희전문을 찾아갔으니 취직에 실패. 그래서 오정수는 미국유학 시절 만난 하버드대학 김희곤이 숭실전문학교 모의리 대리교장을 찾아가 보라며 써준 소개장을 들고 숭실전문으로 찾아가서야 취직에 성공할 수 있었다.[52] 식민지 지식인들도 우선은 '호구'를 위해 그리고는 또 다른 다양한 연유로 숭실에 모여들었을 것이다. 미션스쿨이니 당연히 종교적인 이유도 한몫 차지하고, 지역적 연고와 학맥도 숭실을 찾는 중요한 배경이었다.

교수 한 명 한 명이 어떻게 숭전 교수가 되었는지 일일이 확인하기란 매우 어렵기도 하지만, 교수진 구성을 개인의 취직문제가 아니라 대학의 핵심적인 교육인력배치의 문제라고 본다면 숭실전문학교에서 교수진을 꾸리는데 어떤

49 위의 글.
50 숭실 출신의 '선배 O 씨'는 와세다대학 1년 선배이자 숭실 출신인 우호익이라 추정된다.
51 양주동, 앞의 글; 『선교자료』 I, 124~125면.
52 고춘섭 편저, 『정상을 향하여 추공 오정수 입지전』, 샘터, 1984, 123~127면.

네트워크가 작용했는지를 살펴보는 게 더욱 의미가 있을 것이다. 『숭실100년사』 교원명단[53]에서 1년 미만 재직자들을 제외한 조선인 교수 24명, 조선인 강사 11명[54] 사이에 어떤 인적 네트워크가 작동했는지 보자.

〈『숭실100년사』 교수명단 수록자 중 1년 이상 재직자〉

교수 : 채필근, 우제순, 우호익, 양주동, 정재윤, 박형룡, 최윤호, 박치우, 정현규, 김선명, 이효석, 주중남, 이용규, 김호연, 박윤근, 이훈구, 김응룡, 명재억, 이구화, 김호식, 정두현, 강영환, 이근태, 이기인

강사 : 조설, 이성휘, 김성락, 이경일, 최성곤, 박태준, 차재일, 조영하, 최응천, 최능진, 박영철

〈『숭실100년사』 교수명단 수록자 중 1년 미만 재직자〉

교수 : 위상린

강사 : 정창대, 정수영, 정광현, 한양춘

가장 먼저 눈에 띄는 특징은 숭실중학이나 숭실대학, 숭실전문학교를 입학

---

53 이 명단에는 전체 교수 39명(교장을 포함한 선교사 12명, 조선인 25명, 일본인 2명), 강사 20명(선교사1, 조선인 15, 일본인 4)이 포함되어 있다. 그런데 명단에는 이름과 근무시기 등에 오류가 여럿 있다. 『학사일반』에 실린 『숭실』, 숭실전문학교 졸업앨범, 당시의 언론과 잡지들, 『교우회명부』, 개인 회고록 등을 비교하면 오류들을 확인할 수 있다. 가령 『숭실』에는 나오지만 『숭실100년사』 명단에는 김건, 박병곤, 김상근 등이 누락되어 있거나 교수이름이 잘못 기재되어 있기도 하다. 이런 문제에도 불구하고 숭실대학 측이 파악한 기초자료라는 점에서 『숭실100년사』 명단을 활용하려고 한다. 정정가능한 오류는 이 글에서 수정한다.

54 『숭실100년사』 명단(296~298면)에 따르면 박윤근의 숭실전문학교 재직기간이 1년 미만이지만, 숭실대학(16회, 1925년) 졸업앨범을 보면 1년 이상 재직했다고 보이므로 1년 이상 근무한 교원에 포함한다. 강사 중 체육을 맡았던 최응천과 최능진의 재직기간도 1년이 못 미치는 것으로 나오지만 실상은 그보다 훨씬 오랫동안 숭실전문학교 코치로 근무하였고 이는 두 사람의 활약상을 보도한 당시 신문들에서 확인할 수 있다. 그러므로 두 사람도 1년 이상 재직자에 포함한다.

이나 졸업 한 숭실 연고자들이 많다는 점이다. 조선인 교수 24명 가운데 13명, 강사 9명 가운데 7명[55]이 숭실 연고자들이었다.[56] 『숭실100년사』 명단에는 없으나 부임 당시 생산된 숭실학교 자료들에 따르면 재직했다는 기록이 있는 김건, 박병곤, 김상근 역시 숭실 출신들이다. 1938년 3월 폐교당시의 졸업앨범에 실린 교수와 강사 24명[57] 중에는 12명이 숭실 출신이었다. 즉 숭실전문의 교수와 강사로 돌아온 숭실 연고자가 절반이 넘었다. 숭실 연고가 있다고 하여 숭실학교만 다닌 게 아니다. 숭실학교나 숭실전문학교가 최종학력인 이들은 소수이고, 대부분은 미국과 일본에서 유학생활을 했다. 그들은 평양을 떠나 서구적 혹은 제국주의적 문명을 길게는 십여 년 짧게는 삼사 년씩 한창 젊은 청년기에 체험한 근대적 지식인들이었다.

지역적 연고로 보면 서북지역 출신이 절대 다수이다. 특히 우제순, 박윤근, 주중남, 명재억, 이구화,[58] 정두현, 이성휘, 김성락, 차재일, 박영철은 모두 평양 출신이다. 평양 인근 지역 출신이 채필근중화, 우호익, 최능진이상 강서, 정재윤, 이근태, 최윤호,[59] 한양춘이상 평원, 김응룡대동, 이경일용강, 김선명순천이며, 평안북도

55 조영하와 최응천이 어느 중등학교를 입학 또는 졸업했는지 파악하지 못하였다. 숭실학교 「교우회명부」에 두 사람 이름이 없는 것으로 보아 숭실학교 졸업생들이 아닌 것은 분명하지만 숭실학교 입학 여부는 알 수 없다. 조설은 한문을 수학했고, 이경일은 의명학교를 졸업했다. 나머지 7명은 숭실 연고자이다.

56 숭실과 연고가 있는 교수와 강사는 다음과 같다.
박형룡, 채필근, 우호익, 정재윤, 정현규, 김선명, 주중남, 박윤근, 이구화, 김응룡, 정두현, 강영환, 이근태, 이성휘, 김성락, 최성곤, 박태준, 차재일, 최능진, 박영철.

57 1938년 3월 숭실전문학교 농과 졸업앨범(숭실대학교 미디어자료실 소장)을 기준으로 했다. 그런데 24명에 포함되어 있는 이훈구는 1937년에 사직했고, 최윤호는 동우회사건으로 구금된 상태였다.

58 李龜化를 숭실대학 측 자료들은 '이구화', 김근배는 '이귀화'로 표기하고 있다. 이 글에서는 숭실대학 측 자료를 따르고자 한다. 그리고 1925년 졸업앨범에서는 이구화의 출생지와 원적지가 평남 대동군이라 하고, 1938년 「교우회명부」에서는 평양부 당상리로 표기하고 있다. 둘 중 1925년 졸업앨범 자료가 더 정확할 수 있지만 그가 출생한 1900년에는 대동군이 평양부에 속했으므로 평양 출신으로 보고자 한다.

59 「홍사단입단이력서」, 「수양동우회 검거의 건」, 언론 등에 따르면, 최윤호의 고향은 평안남도 평원군이며, 「최윤호 결정문」과 「일제감시카드」에 따르면 본적지가 황해도 봉산이다. 최윤호의

출신이 박형룡, 정현규, 최성곤이다. 주로 서북지역 출신이 많았다. 1910년 7월 현재 종교계 사립학교의 69%, 전체 사립학교의 50%가 평안도와 황해도에 집중되어 있었던 현실[60]을 고려하면 그만큼 서북지역 출신들이 일찍 근대적 학교에 접근할 기회가 많았고, 서북지역에서 배출된 많은 이들이 숭실전문학교에 모였던 것으로 보인다. 더 넓혀서 이북지역 출신이 아닌 사람은 충청도 서천 출신인 이훈구와 이기인, 강원도 평창 출생의 이효석, 경기도 용인 출신의 김호식, 대구 출생의 박태준 정도에 불과하다.[61] 이처럼 평양을 비롯한 북부지역 지식인들이 활동하는 주무대가 숭실전문학교였던 셈이다. 도쿄제대를 졸업하고 숭실전문에 재직 중이던 정광현[62]과 딸을 결혼시킨 윤치호가 결혼식날 일기 1929.3.12에 "저명한 서울 가문에서 평양 출신 남자를 사위로 맞는 것은 우리 가문이 처음이다. 나는 조롱과 비난, 심지어는 욕을 듣게 되리라"라고 적을 만큼 서북지역 차별이 심하던 때였다. 경성만 아니라 다른 지역에서도 평양인에 대한 반발심이 있었다. 이 점은 다른 지역보다 일찍 학교교육을 접했던 서북출신 지식인들이 경성에 진출하기 어렵게 만드는 장애요인이 되기도 했을 것이다. 그럼에도 기독교세력과 학교인맥을 통해 서북출신들은 전국적으로 그 세력을 확장했고,[63] 또한 지리적으로 가까운 만주로도 뻗어갔다. 숭실 연고와 이북 출신, 이 두 가지 인맥을 결합하면 해당하지 않을 사람이 거의 없을 정도로 숭실

고향이 평원인 것은, 그가 귀국하자마자 부인과 함께 바로 고향 평원으로 간다는 언론보도 등 여러 사료에서 확인된다. 한편 황해도 봉산은 아내 이선행 일가의 고향이자 거주지로 최윤호가 숭실전문학교 교수가 되기 전까지 주로 활동한 지역이다. 이런 상황을 고려하여, 이 글에서는 그의 출신을 평안남도 평원으로 본다.

60 『숭실100년사』, 25~26면.

61 조영하의 출신지는 파악하지 못했다.

62 정광현은 정두현 교수의 동생이다. 그는 1928년 가을에 임용되었으나 1929년 윤치호의 딸과 결혼하면서 숭실전문학교를 사직하고(1928.9.1~1929.5.1. 재직기간 1년 미만) 1930년에 연희전문학교 교수가 되었다.

63 이경숙, 「1910년대 식민지 미션스쿨의 교사진 구성 – 대구 계성학교를 중심으로」, 『교육철학』 78, 2021, 57~90면.

과 지역이라는 두 가지 인맥이 숭실전문학교 교수진의 구성을 결정했다.

그리고 학맥도 중요한 연결고리였다. 잠시 선교사들의 학맥을 살펴보면, 숭실학교 초기선교사들이 맥코믹신학교 출신이 많았다면, 숭실전문학교 인가 이후 선교사들의 출신학교는 좀 더 다양해졌다. 우스터대학 출신으로 모의리와 해밀턴이 있었고, 파크대학 졸업자로 맥큔과 그의 아내 헬렌 맥큔이 있었다. 무엇보다 숭실전문에는 프린스턴신학교 졸업생들이 많아졌다. 모펫, 해밀턴, 킨슬러가 이 대학 출신이었다. 북장로교 선교사들이 네비우스 선교법에 많은 영향을 받았고 직접 실천했다는 점에서, 네비우스가 프린스턴신학교 대학원을 졸업했다는 사실과 관련이 있을 것으로 추정된다. 또한 프린스턴신학교가 선교활동에 적극적이었으므로 선교사 중에는 프린스턴신학교 출신이 증가했을 것이다.[64] 선교사들의 이런 학력 배경은 조선인 학생들이 유학 갈 때 중요한 인적 네트워크가 되었다. 모의리는 박윤근을 자신의 모교 우스터대학으로 보냈고, 박형룡, 이성휘, 김성락은 프린스턴신학교로 발길을 옮겼다.

숭실 교수진 중 1920년대 초 조선인 교수 4명, 즉 이종희, 김호연, 이용규, 박윤근은 모두 미국유학 출신자들이다. 이는 초기 미국유학생들의 상당수가 평안도 출신이라는 사실과도 관계가 깊다. 미국유학생들의 잡지였던 『우라키』에 따르면 1924년 미국유학생 159명의 출신지역을 분석한 결과 평안도 출신이 46%99명, 경기도가 26%41명로 두 지역 출신 유학생이 전체의 72%였다.[65] 이 중에서도 평안남도 출신이 유독 많아 전체의 36.5%58명를 차지했다. 숭실학당 교장 베어드도 1900년대 초 숭실학당에 불어닥친 "미국열풍American craze"을 염려한 바 있다.[66] 미국으로 갔던 많은 평안도 출신 유학생들이 빠르게는

64 윤정란에 따르면, 맥코믹신학교가 19C 후반 복음주의 부흥운동의 일환인 선교활동에 적극적이었다가 현대신학을 수용하면서 "선교열정을 상실"했고 그 자리를 프린스턴신학교가 대신했다고 한다. 윤정란, 「숭실전문학교 조선인 교수의 구성과 네트워크에 대한 토론문」, 2022.11.10.

65 장규식, 「일제하 미국유학생의 서구 근대체험과 미국문명 인식」, 『한국사연구』 133, 2006, 159면.

1910년대, 주로 1920년대 초부터 귀국하면서 이들은 대부분 고향 인근에 정착했고 그들이 배운 지식을 활용할 수 있는 교육기관과 실업계로 진출했다. 평양은 북부지역의 대표적인 상공업도시이자 교육도시이면서 동시에 종교적으로는 개신교의 도시였다. '조선의 예루살렘'이라 불렸던 평양지역에는 경성이 부럽지 않을 만큼 많은 공사립 교육기관들이 있었다. 때문에 지식인들이 대도시 평양에 모여들었고, 그 중 일부가 숭실전문학교로 흡수되었다. 설령 학교에 들어가지 못하거나 사직하더라도 상공업이 발달한 대도시 평양은 지식인들이 머무르며 뭔가를 도모할 수 있는 진지였다.

미국유학 출신자들은 유학시절부터 긴밀한 관계를 맺고 있는 경우가 많았다. 대표적으로 "미국에서 교육을 받은 한국인 교수 삼총사"[67] 이종희, 김호연, 이용규[68]는 비슷한 시기에 미국 네브래스카에서 지냈다. 게다가 네브래스카에서 박용만과 박처우가 주도해 설립한 한인소년병학교와도 깊이 연결되어 있었다. 이종희는 한인소년병학교 설립을 위해 물적 지원을 아끼지 않은 헤이스팅스대

66 윌리엄 베어드, 김용진 역, 『윌리엄 베어드의 선교 리포트』 I, 숭실대 한국기독교박물관, 2016, 144~145면.

67 『선교자료』 II, 92~93면.

68 김근배(앞의 글, 107·120면)는 네브래스카대학을 졸업한 숭실전문학교 교수 이용규(李容圭)(편의상 '이용규A')를 1912년 숭실중학교 졸업생 이용규(李容奎, 이용규B)와 동일인물로 보았다. 「교우회명부」(57면)에 나오는 이용규(李容奎)를 숭전교수 이용규(李容圭)와 같은 사람으로 본 것으로 추정된다. 그러나 이는 오류이다. 네브래스카대학 졸업생 숭전교수 이용규A와 숭실중학교 졸업생 이용규B가 동명이인이라는 중요한 근거들이 있다. 우선 미국체류기간을 보자. 이용규를 채용하고 채용사실을 보고했던 선교회의 1921년 보고자료(『선교자료』 I, 124면)에 따르면, 숭전교수 이용규A는 미국에서 17년 동안 있었고 네브래스카대학 문학석사학위를 받고 귀국했다. 만약 숭전교수 이용규가 1912년 숭실중학교 졸업생 이용규B라고 한다면, 1912년 졸업과 동시에 미국유학을 떠났다고 해도 1921년에 교수로 재직 중이던 그가 미국에서 17년 동안 체류할 수 없다. 둘째, 고향문제이다. 평안도 출신 학생이었던 한경직(2010)은 '함경북도 출신'인 이용규 교수의 사투리를 때로 알아듣기 어려웠다고 기억했다. 그런데 이용규B의 본적은 황해도 신천군(「교우회명부」)이고 이용규A의 고향은 함경남도 함흥이다(신한민보 1917.11.1). 한경직의 기억과 좀 더 부합하는 사람은 이용규A이다. 세 번째로 이용규A의 학력에는 숭실중학교 이력이 없다. 그는 1904년 미국으로 건너가 초등학교를 겨우 마치고 바로 대학을 찾아가 진학했다고 한다(『신한민보』, 1917.9.20·10.4).

학 출신이면서 한인소년병학교의 교관을 지냈고, 이용규도 한인소년병학교 교사로 학생들에게 식물, 동물, 물리, 화학 등의 과목을 가르쳤다.[69] 김호연 역시 네브래스카에 있으면서 두 사람처럼 한인소년병학교에 학생으로 들어갔고 한인소년병학교 유지단 결성에도 참여하였다.[70] 세 사람의 특별한 인연은 숭실대학에서도 그대로 이어졌다. 특히 이용규와 김호연은 네브래스카 인연만 아니라 너무나도 흡사한 경력을 지녔다. 둘 다 함흥 출신으로 하와이 이주노동을 가 17년만에 귀국하였으며, 대학에서 화학을 전공했다. 재직기간동안 김호연이 1922년에 '대동강' 잉크를, 이용규가 1923년에 고학생들을 돕고 조선물산운동을 위해 '모란잉크'를 개발했다.[71]

미국유학 출신으로는 우스터대학에서 화학을 전공하면서 음악을 공부한 박윤근, 메사추세츠 공과대학을 졸업한 오정수, 먼저 일본에서 농업 관련 공부를 한 다음 미국으로 건너 간 위스콘신대학 졸업생 이훈구와 콜로라도대학 졸업생 명재억,[72] 그리고 보스턴대학과 인디애나주립대학에서 교육학 석박사학위를 받은 최윤호, 서던캘리포니아대학에서 교육학 석사학위를 받은 주중남, 웨스트민스트합창대학을 졸업한 박태준이 있었다. 또 박형룡, 이성휘, 김성락은 모두

69 안형주, 『박용만과 한인소년병학교』, 지식산업사, 2008, 172면; 이상묵, 「박용만과 그의 시대 35. 소년병학교에서 강조한 것은 '인내심'이었다」, 『오마이뉴스』, 2010.

70 『국민보』, 1914.2.21; 안형주, 위의 책, 161면.

71 『신한민보』, 1917.9.13; 『조선일보』, 1920.6.28; 『동아일보』 1922.7.12·1923.6.17·8.29; 『선교자료』 I, 124~125면; 안형주, 위의 책, 344~345면.

72 명재억의 경력을 가장 상세히 기록한 자료는 『행정간부전모』(1960)인데, 이 자료에서는 명재억이 "단기 4290년 콜로라도 농과대학 농학과(를) 졸업"했다고 한다. 하지만 1957년에 졸업했는지 의심스럽다. 그는 해방 이후에 계속 농업관련 행정관료로 일을 하고 있었다. 1957년 전후해서도 충북농사기술원장, 충북농사원장 등을 지내고 있었기 때문에 이 무렵에 콜로라도에 가서 교육과정을 이수하고 학위를 받기란 어려웠을 것이다. 그가 콜로라도에 간 시점은 신한민보(1927.8.25)에 따르면 1927년 8월이다. 이때 "콜로라도관립농과대학" 입학증명서를 받아가지고 미국에 갔다. 1930년 6월에 간행된 『숭실』에서는 신임교수 명재억의 학력을 '콜로라도관립농과대학 졸업'이라고 밝히고 있다. 이로 보건대, 명재억이 숭실전문학교에 부임했을 때는 콜로라도 농과대학을 최소한 수료했거나 졸업했을 것이라 추정된다.

프린스턴신학교를 나온 다음, 박형룡은 남침례교신학교에서 박사학위를 받았고 김성락은 예일대학과 달라스신학교 등을 다니고 박사학위를 받았다. 최능진은 숭실학교를 자퇴하고 금릉대학 어학과를 거쳐 메사추세츠에 소재한 국제 YMCA대학 체조과를 졸업했다. 미국유학 출신 중에서 김호연, 이용규 같은 초기 유학생들은 초기 미국이민자들이 그랬던 것처럼 일단 이민을 가 오랜 기간 미국에 머물면서 그 곳에서 학교교육을 접하기 시작했고 민족독립을 위해 왕성한 활동을 펼친 이들이었다. 반면 박윤근, 이훈구, 명재억 같은 1910년대 이후 유학생들은 조선에서 일정 정도의 학교교육을 받고 유학 자체를 목적으로 떠난 세대이므로 초기 유학생들보다 단기간 내에 각자 다양한 전공분야를 공부하고 돌아왔다. 덕분에 대학은 전공분야에 적합한 교수진을 꾸릴 수 있었다.

미국유학 출신자들 중 김호연, 이용규, 오정수, 최윤호, 김성락, 최능진, 주중남은 모두 미국 내에서 흥사단이나 국민회 같은 민족단체에 가입했거나 귀국 후 신간회나 동우회에 가담했던 것으로 보아 이들의 유학경험은 민족의식을 고양시키는 데 기여했던 것 같다. 귀국 후에도 유학생회를 결성하여 모이고 미국유학생 귀국환영회를 하면서 공동체의식을 강화했고, 학교 안에서는 물론이고 학교를 중심으로 걸어다니는 반경 내에 모여 살았던 당시의 여건상 그들은 학교 안팎에서 많은 일상과 의식을 공유했을 가능성이 크다. 이들 중 오정수, 최능진, 최윤호는 '수양동우회' 사건으로 모두 투옥되었다.

미션스쿨인 숭실전문학교가 조선인 교수를 뽑던 초창기에는 미국유학 출신들을 선호했다. 미국에서 학위를 받았다는 사실이 지닌 의미 중 하나는 기독교적 분위기 속에서 생활한다는 것이다. 신학전공자들이 모두 미국유학파인 것은 두말할 필요 없이 당연하다. 그리고 또 다른 중요한 의미는 제국의 심장부이자 근대문명의 본토에서 근대적 학문체계를 영어로 학습하고 그 결과물을 생산하며 미국식 사고에 단련된다는 점이다. 유학생들은 공부를 하고 논문을 작성하는 과정에서 조선을 객관적인 연구대상으로 삼을 기회가 주어졌다. 검열에 대한 두려움 없이 서양제국의 심장부에서 일본제국의 식민지 조국을 객관적으로 탐구하고 자신의 생각을 개진할 수 있었다. 흔히 이과계통의 논문이 과학적 보편성을 지향한다면, 인간과 사회를 다루는 학문분야 전공자들은 조선의 현실을 객관적인 연구대상으로 삼았다. 이훈구의 박사논문 「조선토지법 및 정책사」, 최윤호의 석박사논문이 그런 사례이다. 특히 최윤호[73]는 박사논문에서 식민지 조선의 부족한 교육기회를 비판하고 황해도를 사례로 새로운 교육제도를 구상하여 제시하였다. 그는 해방이 되면 자신의 구상을 실현하고 싶다는 소망을 논문에 담았다.

1925년 숭실전문학교 인가 이후에는 확실히 일본유학 출신자들이 대거 교수로 들어왔다. 식민권력과의 관계나 교수자격 같은 제도적 문제를 해결하기 위해서는 일본유학 출신자들이 필요했다. 숭실 측에서도 일본 천하의 세상에서 안정적인 교수 확보를 위해 의도적으로 졸업생들을 일본유학의 길에 오르도록 했다. 도쿄제대를 졸업한 채필근과 정광현, 교토제대 졸업생 정수영, 규슈제대와 도호쿠제대를 각각 졸업한 정현규와 정재윤, 주오대학 졸업생 우제순, 와세다대학을 졸업한 우호익과 양주동이 모두 문과 담당 교수라면, 농과 인가를 전후하여서는 주로 일본에서 공부한 농과 교수들이 채용되었다. 도쿄농업대학을 졸업한 김응룡,[74] 도쿄제대 농학부를 졸업한 이훈구농학과와 도쿄제

---

73 Yoon Ho Choy, "Reorganization of private education in Korea with special emphasis upon the rural secondary phase", Indiana University, 1930.

74 『동아일보』(1931.3.7)와 『숭실100년사』(295면)에서 김응룡은 교토제대 출신이라고 적시하고 있으나, 김응룡이 졸업하던 1928년에 발행된 신문을 보면 그는 '동경농업대학'(『동아일보』, 1928.2.28; 『조선일보』, 1928.3.4)을 나왔다. 숭실대학에서 발간한 『숭실』 6호(1928)에서는 김응룡이 '동경농과대학'을 졸업했다고 한다. 『숭실』에서 도쿄'농과대학' 졸업이라고 했기 때문에 혼동을 불러일으키지만, 당시 언론을 보건대 김응룡은 도쿄농업대학을 졸업한 것으로 추정된다. 흔히 사립대학인 도쿄농업대학을 도쿄제대 농과대학 혹은 도쿄제대 농학부와 혼동하여 기사화하거나 기록하는 경우들이 있다.

대 농과대학 혹은 농학부[75]의 농학실과를 졸업한 정두현, 이경일,[76] 명재억,[77] 그리고 도호쿠제대 졸업생 이구화, 정두현,[78] 강영환, 규슈제대 졸업생 김호식, 이기인, 홋카이도제대 졸업생 이근태가 농과 교육을 담당했다. 도호쿠제대 출신으로는 일본인 무라카미, 법문학부를 졸업한 정재윤까지 포함하면 5명이나 된다. 도호쿠제대가 제국대학 중 최초로 여학생 입학을 허용했고 도쿄제대보다 입학이 상대적으로 수월했다는 이유도 작용했을 것으로 추론된다. 그리고 체육을 담당했던 조영하, 최응천, 박영철은 모두 일본체육회체조학교이하 일본체조학교를 졸업했다.

한편 유학을 다녀오지 않았던 국내파는 오히려 소수였다. 24명[79]의 조선인

---

75 도쿄제대 '농과대학'(1890~1918)이라 불리던 시기와 '농학부'(1919년 이후)라 불린 시기가 구분된다. https://www.a.u-tokyo.ac.jp/history

76 이훈구, 정두현, 이경일, 명재억 역시 숭실대학 측 자료와 언론 등에서는 도쿄제대 농업과를 졸업했다고 하지만, 정종현의 『제국대학의 조센징』에 실린 「도쿄제국대학 조선인 졸업생·동창생 명부」에는 세 사람의 이름이 없다. 대신 박규환은 이훈구가 1921년 4월에 도쿄제대 농학부 농학과 제2부(농업경제학 전공)에 선과생으로 입학해 1924년에 졸업했다고 밝혔다. 정두현의 학력 정보는 1918년 사립광성학교가 고등보통학교 인가신청을 위해 제출한 서류(「私立高等普通學校設置認可ノ件」) 안에 포함된 그의 이력서를 보면 알 수 있다. 그의 이력서를 보면 '도쿄제대 농과대학 농학실과'를 1911년 9월에 입학해 1914년에 졸업했다. 김근배 역시 『정두현 자서전』과 『동경제국대학일람』을 근거로 도쿄제대 농과대학 농학실과를 마쳤다고 밝혔다. 그리고 1922년 『의명학교학우회보』에 따르면, 이경일 역시 1922년에 도쿄제대 '농학부 농학실과에 재학 중'이었던 것으로 보아 도쿄제대 농학부 농학실과를 졸업했을 것이라 추정된다. 도쿄제대 농학실과는 도쿄제대 농과대학 / 농학부의 타과와 달리 3년제 전문학교 과정이었다. 정종현, 앞의 책; 박규환, 「식민지 지식인의 굴절, 그 뜻과 결–일제강점기 이훈구의 농촌운동과 '숭실'」, 『한국기독교와 역사』 46, 2017, 73면; 「私立高等普通學校設置認可ノ件」; 김근배, 앞의 글, 116면.

77 명재억이 졸업할 당시 『조선일보』(1926.3.16)는 그가 도쿄에서 '농과대학 농학'을 졸업했다고 보도했다. 그런데 이 때 '농과대학'이 도쿄'농업'대학이라면 대학명이 틀렸고, 도쿄제대 농과대학이라 해도 이미 이 당시에는 도쿄제대 농학부였기 때문에 바른 표기가 아니다. 하지만 졸업 이후 『동아일보』(1931.3.7), 『신한민보』(1927.8.25), 『숭실100년사』(295면)에서 한결같이 그가 '제국대학' 또는 '도쿄제대' 출신이라고 밝히고 있다. 또 대한민국국회에서 고위행정간부들의 경력을 밝힌 『행정간부전모』(175면)에서도 '도쿄제대 농학부 농학실과'를 졸업했다고 밝히고 있다.

78 정두현의 학력은 매우 화려하다. 그의 상세한 학력을 알려면, 1918년 사립광성학교인가서류 중에 포함된 그의 이력서(국가기록원 제공)와 『제국대학의 조센징』(275~276면)을 참조하면 된다.

79 『숭실100년사』 명단에 나오는 전체 조선인 교수(296~297면)는 25명이다. 이 중에서 1927년 숭실전문학교 문과를 졸업한 김선명은 유학 여부를 확인할 수 없었다. 1927년에 졸업했지만 교수로 근무를 시작한 때는 1935년이라 중간에 긴 공백기가 있는데 이 기간동안 경력을 찾지 못했

교수 중 경성제대를 졸업한 이효석과 박치우만 국내파이고 나머지 22명은 모두 유학파였다. 강사 13명[80] 중에는 20여 년간 한문을 가르친 조설, 숭실대학을 졸업하고 체육을 가르치던 박영철 정도가 유학파가 아니었다. 이처럼 국내파가 소수일 정도로 숭실전문학교에는 근대적인 제국 경험이 체화된 지식인들이 절대 다수였다.

4. 전공별 교수진의 구성과 역량

1931년 숭실전문학교에서 선교본부에 보낸 보고서에 따르면 교수 28명 중 4명이 박사학위, 20명이 석사학위를 가지고 있었다.[81] 그 이듬해도 교장을 포함한 교수진 총 37명 중 외국인 10명, 조선인 25명, 일본인 2명으로 "이들은 모두 충분한 자격을 갖추고 있으며 석사학위와 박사학위를 소지"했다고 보고하였다.[82] 선교사업이 잘 이뤄지고 있다는 걸 과시하는 업적보고용이기도 했지만, 숭실전문학교 교수의 학력을 짐작케 하는 자료이기도 하다. 전공별 교수진에 관해 쓰기 전에 미리 밝혀둘 점은 이 글에서 언급하는 교수나 강사들이 전부 동일한 시기에 함께 재직한 것은 아니라는 사실이다. 교육학을 공부한 교수 같은 경우 교장인 맥큔이 재직 중인 상태에서, 라이너가 근무했고, 라이너의 안식년이었던 1930년에서 1931년 사이에 평양신학교의 클라크가 수업을 대신 맡았다. 다시 라이너가 숭실로 돌아온 후 먼저 최윤호가 나중에 주중남이

다. 그래서 김선명을 교수 숫자 중에서 제외하고 24명으로 계산하였다.

80 『숭실100년사』 명단에 나오는 전체 조선인 강사(297~298면)는 15명이다. 이 중에서 학력사항을 파악하지 못한 전창대, 숭실전문학교 문과를 졸업한 후 학력을 파악하지 못한 최성곤 목사를 제외한 숫자는 13명이다.

81 『선교자료』 II, 115면.

82 『선교자료』 I, 184~185면.

〈표 3〉 숭실전문학교 교원수

	과별	수업연한	학급수	생도수	교원			
					일본	조선인	외국인	계
1926.5	문과	4년	5	90	3	8	5	16
1931.5	문과	4년	4	104	1	6	9	16
	농과	3년	1	34	1	4	2	7
1937.5	문과	4년	4	32	1	9	4	14
	농과	3년	3	39	1	5	1	7

(출처) 「대정 15년 조선제학교일람」; 조선총독부 학무국, 「平安南道の敎育と宗敎」, 1932(『학사일반』, 37~38면); 조선총독부 학무국, 「平安道の宗敎と敎育」, 1937(『학사일반』, 44~45면).

〈표 4〉 숭실전문학교 교수진

	문과 교수진	이과 및 농과 교수진
1931.3 교장 윤산온 (G.S. McCune)	교수 : 우호익, 양주동, 정재윤 강사 : 이성휘, 박형룡, 조영하, 최능진, 박원규	교수 : 정두현, 이근태, 강사 : 명재억, 김응룡, 김호식, 김상근, 강영환
	교수 : 나도래(R.O.Reiner), 함일돈(F.E.Hamilton), 니카니 시미로(中西三郞) 강사 : 곽안련(C.A.Clark), 권세열(F.Kinsler), 윤혜련(H.M.MuCune)	강사 : 유소(D.N.Lutz)
1938.3 교장 모의리 (E.M.Mowry)	교수 : 우호익(문과과장), 양주동, 이효석, 박치우, 채필근, 정현규, 주중남, 김선명, 최윤호 강사 : 박영철, 박태준	교수 : 이훈구(부교장), 이근태, 명재억, 이구화, 이기인, 강영환, 이경일, 정두현, 김호식
	교수 : 나도래, 무라카미 히로유키(村上廣之)	교수 : 후나사카 준키치(船坂順吉)

(출처) 1931 · 1938년 숭실전문학교 졸업앨범(숭실대학교 미디어자료실 제공) : 교원의 직위와 이름표기는 졸업앨범에 따른다.

합류했다. 이처럼 계열별 교수들도 여기서 일일이 다 밝히지는 못하지만 재직 시기에 시차가 있었음을 염두에 두어야 한다.

1) 문과계열 교수진

문과에서 가르치는 주요 과목들은 성경을 비롯해 역사, 철학, 사회학, 정치학, 경제학, 영문학, 미국문화, 교육학, 음악과 체조 같은 교양과목들이었다.[83]

83 羅頌德, 앞의 글.

이 과목들을 가르치는 교수진을 보면, 신학에 박형룡, 이성휘, 김성락, 철학과 역사 과목은 채필근, 박치우와 우호익, 정현규, 경제사회에 정재윤, 그리고 문학과 영어에 양주동, 이효석이 포진해 있었다. 대표적인 보수주의 신학자 박형룡은 1927년 귀국한 후 평양신학교와 숭실전문학교의 교수를 겸임했다. 스스로 경건한 삶을 살았고 기독교의 정통성을 강조했던 그는 재직시절 왕성한 학술활동을 펼쳤다. 이 시기동안 『신학지남』에 60여 편의 원고를 싣고 박사논문 1933년과 『기독교 근대신학난제선평』 같은 대작1935년을 출간했다.[84] 박형룡 외에도 이성휘와 김성락도 신학계에서 유명인사들이었다.

평소 지식인의 임무에 대한 고민이 깊었던 박치우는 경성제대 연구실을 떠나 숭실전문 교수로 취임하고 난 후 「아카데믹 철학을 나오며」를 비롯하여 많은 글을 발표한 철학자이다. 규슈제대 문학부에서 서양사를 전공한 정현규[85]는 서양사를 가르치며, '독일유태인배척', '역사과학방법론', '현대역사철학' 등 서양사분야 원고를 발표하였다. 양주동과 이효석은 교수 재직 이전부터 이미 조선에서 명성이 높았다. 재직하는 동안에 양주동은 시집 『조선의 맥박』과 향가해석에 관한 연구물을, 이효석은 「메밀꽃 필 무렵」 등 여러 작품을 발표하였다. 그리고 '논단을 뒤흔드는 숭전 교수 양주동'은 학내에 조선어학연구실을 두어 조선어학고본 도서전람회를 주도하고 '조선문학의 재인식'에 관해 대중강의도 개최하며 신라향가 권위자로서 조선어에 관한 관심을 높여 나갔다.[86]

다른 미션스쿨처럼 숭실학교의 음악과 체육 활동도 자주 언론에 회자되었는데, 여기에는 교수들의 역할이 컸다. 숭실학교 설립 초창기에는 모의리 선교사

84 이상웅, 「죽산 박형룡의 경건한 생애와 경건 이해」, 『한국개혁신학』 65, 2020, 148~184면.
85 김근배(앞의 글, 115~116면)는 정현규를 규슈제대 농과를 졸업하고 숭실전문학교 농과교수로 재직하였다고 하나, 이는 오류이다. 정현규는 규슈제대 서양사를 전공했고 숭실전문학교에서 서양사를 가르친 문과교수였다.
86 『조선중앙일보』, 1935.4.16; 『동아일보』, 1935.4.17; 『학사일반』, 197면.

가 학생들의 음악활동을 지도했고 1929년 연말부터는 말스베리 선교사가 부임하여 음악교육을 맡았다. 조선인 교수로는 출중한 악기연주실력과 미국유학 시절 배운 음악이론을 두루 갖춘 박윤근, 체육코치이면서 '모란봉' 레코드까지 취입하고 조선의 2대 성악가로 불렸던 차재일, 미국에서 음악대학을 졸업하고 많은 곡들을 발표한 박태준이 연이어 음악활동을 담당했다. 학교 밴드부 활동과 지역순회 음악공연은 교수와 학생들을 음악세계로 이끌어주었다. 체육 담당자들은 모두 직위가 강사였지만, 실력이 탁월했다. "전국 제일의 명코치요, 세계적으로도 손색없는 명코치", 일본의 축구전문비평가들까지도 그를 '명코-취'라고 존경했다는 차재일박형렬, 1955; 『삼천리』, 1932 : 20을 위시하여 뛰어난 실력자들을 차례로 영입했다. 최응천, 최능진, 조영하, 박영철이 그들이다. 이들이 동시에 근무한 것은 아니었다. 그러나 이들 모두 재학이나 재직시절 때 육상선수나 축구선수로 전국에서 이름을 날리던 체육인들이었다. 조영하, 최응천, 박영철, 그리고 짧은 기간 숭실에 머물렀던 한양춘 이 넷은 모두 일본체조학교에서 공부를 했고, 최능진은 1917년 캘리포니아로 유학을 떠나 국제YMCA대학 체조과를 졸업하고 13년 만에 귀국하였다. 덴마크식 개량체조법 도입과 건강관리법을 신문과 잡지에 소개하였다. 하지만 독립운동으로 파란만장한 삶을 살았던 형제들처럼 그도 역사의 비극을 피하지 못하고 해방 후 정치의 소용돌이 속에서 사형 당했다.

교육학을 전공한 교수는 1934년에 부임한 최윤호와 1936년에 채용된 주중남이다. 둘 모두 미국에서 교육학을 공부하며 진보주의 교육학을 접했고 실업교육의 중요성을 강조했다. 특히 최윤호는 독립운동이력으로 보나 일제강점기 교육학사에서 보나 매우 주목할 만한 교육학자이자 실천가이다. 인디애나주립대학에서 교육학으로 박사학위를 받고 교육관련 많은 글들을 신문과 잡지에 발표하고 활동했음에도 지금껏 숭실대학사나 교육학계 어디에서도 그 존재가 드러나지 않았다. 그 이유 두 가지를 찾자면, 하나는 최윤호가 1937년 동우회 사건으로 잡혀갔다가 혹독한 고문을 이기지 못하고 병보석 상태에서 1939년 2월에 사망했기 때문이다. 결혼은 했지만 자식이 없었고 북에서 주로 활동하다 해방 전에 사망한 그를 분단국가에서 기릴 이들이 없었다. 또 하나는 잘못된 정보가 재생산되면서 최윤호에 대한 접근을 방해한 까닭이다. 숭실대학사를 비롯하여 숭실대학에서 펴낸 여러 자료에서는 지금껏 그를 농학박사이면서 교육학을 가르친 사람으로 간단히 처리해 두었다.[87] 최윤호의 박사논문“Reorganization of private education in Korea with special emphasis upon the rural secondary phase”은 조선의 사립중등학교에 관한 연구이고[88] 석사논문“Social significance of Christianity in Korea”도 조선의 미션스쿨을 주요하게 다룬 것이다.

최윤호는 과학주의에 바탕한 진보주의 교육학이 크게 발달하고 있던 미국 당대의 영향을 받았다. 교수학과 유전학이 성장세였던 미국에서 최윤호도 그 최첨단 교육학을 공부한 셈이다. 인디애나주립대학에 들어가기 전, 그는 한 해동안 캘리포니아대학에 있었는데 이때 '심리교육과장心理教育科長 라취' 씨를 도와 옥클랜드중학교 학생들의 지능검사를 한 적도 있었고[89] 유전과 교육의 관계, 직업교육, 농촌교육의 중요성에 관해 상당히 의미 있는 많은 글들을 발표했다.

---

87 『숭실』 16호(『학사일반』, 255)에서는 최윤호를 '미국 인디아나주립대학 연구과 졸업 철학박사'라고 명시하고 있다. 그 외 숭실대학 측 자료에서는 그를 인디아니주립대학 농학박사로 소개해 왔다.

88 그의 박사논문에는 "the School of Education Indiana University"에서 철학박사학위를 받기 위한 것이라고 적시하고 있다. 『신한민보』(1930.6.26)는 최윤호의 박사논문 논제가 「한국의 사립교육제도를 개조하되 특별히 농촌의 중학제를 중대시」하는 것으로 황해도 지역을 연구대상으로 했다고 소개하고 있다. 『동아일보』(1932.8.9)에서는 그가 평양대성학교, 프랭클린대학(AB학위), 보스턴대학(MA학위)을 거쳐 인디애나주립대학에서 교육학박사학위를 받고 17년만에 귀국한다고 알리고 있다. 이 외에도 『신한민보』나 『우라키』는 그가 교육학을 공부했다고 여러 번 밝혔다.

89 최윤호, 「教育學上 立場에서 朝鮮人의 將來性을 論함」, 1930, 『우라키』 2, 한림대학교 아시아문화연구소 영인본, 1999, 101~106면.

미국유학생들도 진보주의 교육학의 분위기 속에 있었다. 존 듀이가 미국유학생 소식지에 글을 직접 쓰기도 하고, 킬 패트릭이 유학생들의 뜨거운 호응을 받으며 초청강연을 펼치기도 하던 때, 최윤호는 킬 패트릭에 이어 다음 날 강단에 올라 '일인일능一人一能, 1인 1기능'을 강조하였었다. 신교육의 필요성을 주장하기도 했고, 자신의 글에서 존 듀이를 언급하고 달톤플랜에 대해 연재기사를 쓰고, 직업교육의 방법으로서 프로젝트 학습법도 소개하였다.[90] 유전과 교육의 관계 논의가 첨예했던 당시 상황에서 최윤호는 지능검사 결과를 인종주의적으로 해석하는 것에 대해 비판적 자세를 견지했다. 그는 근본적으로 지능에 대한 과학적 예견이 필요하다는 입장이었지만, 지능은 인종이 아니라 개인의 문제이며 조선인의 지능은 나쁘지 않고 교육을 통해 교양을 쌓을 수 있다는 생각을 피력했다. 그도 과학주의 전통 속에 있었으나 식민지인으로서 인종주의에 완전히 침몰당하지는 않았다.

2) 이과 및 농과 교수진

1931년 농과를 인가받기까지는 순탄치 않았다. 1925년 문과와 함께 인가를 준비했던 이과science department는 인가를 받지 못했다. 1925년 이후에도 몇 년 동안 이과의 인가를 받기 위해 학교는 노력을 계속 했다. 실험실과 암실, 연구실 등을 갖춘 과학관 건물을 완공하고 재정을 확보하여 기자재를 도입하는 동시에 총독부와도 협상을 지속했다.[91] 무엇보다 숭실대학이 확보한 교수진을 보면 화학분야에 매우 관심이 높았음을 알 수 있다. 1926년 모의리 선교사가 쓴 숭실대학 보고서를 보면, 이과란 공업과 화학 과정을 의미했고[92] 교수로는 미

---

90 김욱동, 『아메리카로 떠난 조선의 지식인들』, 이숲, 2020; 『신한민보』, 1926.7.8; 『동아일보』, 1933.5.3~10.

91 『선교자료』 I, 154~156면.

92 위의 책, 159면.

국에서 화학을 전공한 김호연, 이용규, 박윤근을 채용했다. 1926년에는 이과 부장 김호연을 1년 4개월 과정으로 미국에 파견 보냈다. 향후 고무, 제지, 제혁 등을 다룰 수 있는 공업·화학분야 기술자 양성과정을 개설하기 위한 준비작업이었다.[93] 당시 평양에는 고무공장, 제지공장, 화학공장 등 공장노동자만 해도 6천 7백여 명에 이르던 때[94]로 숭실전문학교에서의 화학연구는 지역산업을 위해서도 필요했다. 물리학, 무기화학, 유기화학을 맡은 김호연, 정성분석, 정량분석, 그리고 실험실 교육을 담당한 이용규, 둘 다 학생들에게도 인기가 많았고[95] 선교부에서도 만족스러워 했다. 화학보다 음악을 가르친 걸로 더 유명했던 박윤근 역시 화학과목을 담당했다. 김호연이 미국에 파견돼 이과를 살리려고 분투했지만, 끝내 인가는 실패했다. 이과 담당 교수 중 김호연과 이용규는 현재까지 별로 알려진 바가 없지만 이력이 매우 흥미롭다. 앞으로 좀 더 많은 연구가 필요해 보인다.

이과 인가에 난항을 겪던 학교당국은 1928년에 평양 내 유력인사들과 논의를 거쳐 이과 대신에 공과와 농과를 설치하기로 결정하였다. 그래서 장차 두 과를 전문과로 인가받기 위해 전문학교 교원자격이 있는 교원을 초빙할 계획을 세웠다. 이에 따라 농과 교수에 교토제대 농과 졸업생 송을수를 확정하였으나 도쿄농업대학 졸업생 김응룡이 최종적으로 부임했다.[96] 사실 숭실학교의 농사강습소나 고등농사학원을 비롯한 농업적 기여를 얘기할 때 선교사 루츠를 빠뜨릴 수는 없다. 그가 중심이 되어 실용적인 농업기술을 가르치는 농사강습소를 운영하면서 농과 인가 준비를 해 나갔다. 공과 교수로는 메사추세츠 공대MIT 졸

93 『시대일보』, 1926.6.18.

94 『조선일보』, 1927.7.7.

95 한경직, 「잊을 수 없는 숭실의 교수님들」(2010), 『평양숭실 회고록』, 숭실대 한국기독교박물관, 2017, 190~193면.

96 『동아일보』, 1928.3.8; 『학사일반』, 219면.

업생 오정수를 채용하였으나 공과 설치가 좌절되자 이듬해 초 사직했다.[97] 유학을 마치고 귀국하면 언론에서는 '금의환향'이라 반겼지만, 식민지에서 이공대 출신들이 할 수 있는 일이 별로 없었다. 인디애나주립대학에서 「삼극진공관」에 관한 논문으로 박사학위를 받고 평양에 돌아온 조응천이 기독교청년운동과 『농민생활』 발간으로 식민지 시기를 보냈듯이, 오정수 역시 사직 후 대동고무공업사나 조선곡물공업사, 만주곡물공업사 같은 상공업 분야에서 주로 일을 했다.

한편 농과 인가는 성공했다. 총독부가 이과나 공과 인가에는 난색을 표했지만, 농과는 인가했다. 오정수의 전기『정상을 향하여 추공 오정수 입지전』를 쓴 고춘섭은 조선을 농업생산지로 묶어두려 한 일제의 속셈 때문이었다고 보았다. 고춘섭의 주장이 사실인지 아닌지 일제의 속셈을 확인하기는 어렵지만, 절대다수 조선인 농민을 위해서라도 실용적인 농업교육은 꼭 필요했었다.[98] 농과에서 학생들에게 실제로 가르친 교과목들을 보면 다음과 같다. 이 교과목들은 관립인 수원고등농림학교의 교육과정[99]과 큰 차이가 없었다.

이 과목들을 가르치는 교수로는 농과과장으로 농업경제학을 가르친 이훈구, 원예작물학과 농장실습을 가르친 명재억, "수리數理방면에 놀라운 재능"을 가졌

〈표 5〉 1936년 농과 3회 졸업생의 수강과목

학년	교양과목	기초과목	전공과목
1학년	수신, 성경, 일본어, 영어, 체조	수학, 물리학, 기상학, 무기화학, 유기화학, 지질학, 식물학, 동물학	작물학, 세균학, 농업경제학, 농구학
2학년	수신, 성경, 일본어, 영어, 체조	유기화학, 토양학, 곤충학	작물학, 비료학, 양잠학, 축산학, 농업경제학, 유전학, 소채학
3학년	수신, 성경, 체조	생리화학	작물학, 축산학, 가축사양학, 농산제조학, 수의학, 낙농학, 농업 경영학, 농정학, 농업토목학, 과수학

(출처) 이 표는 농과 졸업생 최성진의 성적증명서에 나오는 학년별 수강과목들(『숭실100년사』, 1997 : 293)을 김근배의 교과목 분류에 따라 나눈 것이다.

97 고춘섭, 앞의 책.
98 평양숭실동문초청좌담회, 앞의 글.
99 수원고등농림학교, 「수원고등농림학교일람」, 1923, 22~28면.

다는 이구화,[100] 수원고농과 규슈제대 농예화학과를 마치고 유기화학과 생화학을 가르친 김호식, 도쿄제대 농학부 농학실과와 도호쿠제대 이학부 생물과를 졸업해서 생물학을 강의한 정두현, 물리학을 가르친 강영환, 히로시마고등사범학교를 졸업한 후 홋카이도제대 축산학을 전공하고 축산학을 가르친 이근태, 일본에서 고등학교와 대학을 마친 후 중국 국립중앙대학에서 교편을 잡고 있다가 숭실로 옮겨와 양잠을 가르친 이기인이 포진해 있었다. 도쿄농업대학을 졸업한 위상린도 폐교 직전 잠시 근무했다. 즉 이과 교수들이 미국 기반이었다면 농과 교수들 전원은 일본에 학문적 기반을 둔 이들이었다. 이훈구와 명재억은 일본유학 후 미국유학까지 마쳤기 때문에 이 둘은 미국 쪽 학문기반이 더 강하다고 봐야겠지만, 그렇다고 해도 농과 교수 전원을 일본유학 경험이 있는 이들로 채웠다는 사실은 당국과의 관계를 염두에 둔 행보로 보인다.

이들의 근무시기에 대해서는 기록이나 연구에 따라 조금씩 차이가 있다. 이런 문제를 해소하기 위해 김근배는 이과 교수들의 재직기간을 『숭실100년사』 명단 중심이 아니라 해당 시기에 생산된 자료에 근거해 다시 조정하였다. 『숭실』에 따르면, 1929년 봄부터 1930년 1월 사이에 김호식, 강영환, 1930년 봄에 명재억, 이구화[101]가 먼저 채용되고 나서 이훈구가 농과과장으로 부임했다. 1931년에는 정두현을 채용하고 1934년 이후 이근태와 이기인이, 그리고 폐교 직전에 위상린이 교수로 채용되었다. 농과 교수진은 큰 변동없이 폐교 때까지 교수직을 유지했다.[102]

농과 교수 이훈구는 숭실이나 서북지역 연고자가 아님에도 농과과장을 맡았다. 그가 농과 책임자가 된 가장 큰 이유는 농업계통을 전공한 유일한 박사학

100 「五大學府 出의 人材 언파렛드」, 『삼천리』 4(2), 1932.2.1, 20면.
101 『학사일반』, 226~228면.
102 『숭실100년사』 명단에 강영환은 1936년에 사직했다고 나오지만 1938년 졸업앨범에는 그가 교직원으로 사진이 게시되어 있다.

위자이면서, 일본유학과 미국유학을 모두 마친 농학자라는 점이 작용했을 것이다. 맥큔 교장이 직접 농과과장으로 초빙한 그는 더 이상 상론할 필요가 없을 만큼 유명한 인물이다.방기중, 1996; 박규환, 2017 그럼에도 학자로서 학술적 역량에 대해 한마디 보탠다면 미국지리협회에서 위탁받아 수행한 만주지역 연구와 그 결과물 『만주와 조선인』1932, 태평양문제연구회IPR의 지원 아래 1931년에 실시한 「토지이용조사」와 그 결과물 『조선농업론』1935을 언급하지 않을 수 없다.[103] 그중 '평양숭실전문학교경제학연구실'에서 발행한 『만주와 조선인』에 대해서 잡지 『동광』은 조선의 식자라면 읽어봐야 할 책으로 추천하였다. "조선인의 손으로 조선글로 된 순전한 학구적 논문"으로 "효성曉星과 같이 드문 것"이라는 칭송도 빼놓지 않았다.[104] 그 외에도 『농민생활』과 언론 등에 발표한 많은 글들 중에는 농촌문제와 교육문제에 관한 연재물도 있다.

농과 교수들을 연구할 때 개인에 대한 파악 이상으로 중요한 점은 그들이 농업에 지대한 관심을 갖고 공동으로 활약한 교수진이라는 측면이다. 농과 개설 전에는 농사강습소, 개설 후에는 고등농사학원을 숭실전문학교 산하에 창립해 교수들이 업무를 함께 했다.[105] 교수들은 학내에만 머물지 않고 식물학과 동물학을 비롯하여 과학적 농사법을 전파하기 위해 지역 곳곳으로 순회강연을 나섰다.[106] 그리고 "조선유일의 농민잡지로 정말로 농민을 위하여 봉사"한다는 구호를 내건 월간잡지 『농민생활』[107]을 1929년 창간발행인 맥큔하자 교수들이 기고자로 참여했다. 이 잡지에 선교사인 맥큔, 루츠, 문과 교수인 채필근, 정재윤, 최성곤도 글을 썼고 농과에서는 주로 이훈구가 많은 글농가부채, 곡물가와 농민생활, 조선

103 김인수, 「일제하 이훈구의 토지이용조사의 정치적 의미」, 『사회와 역사』 107, 2015, 181~215면; 김진영, 「일제 식민지 시기 이훈구의 현실 참여와 사회개혁론 연구」, 서울대 대학원. 2020.

104 「讀者室-『滿洲와 朝鮮人』 李勳求 著」, 『동광』 38, 1932,10.1, 116면.

105 『학사일반』, 154~155면.

106 『학사일반』, 158면.

107 『고려시보』, 1933.7.1.

농지령, 고등농사학원 운영 등을 게재했으며 다른 교수들도 농촌실정에 필요한 지식을 풀어놓았다. 예컨대 『농민생활』 2권 5·6호1930.5·6월호를 보면, 김응룡「농작물병충해와 그 약」, 「조선농촌에 대한 나의 기대」, 김상근「토지의 경제적 사용」, 「농사강습회를 마치고」, 명재억「작물재배의 기원 및 발달」, 「좋은 종자를 택하라」이 농민에게 필요한 실용적 문제를 다루었다. 이후로도 이근태는 축산, 이경일은 농촌각성 및 인격수양에 관해 여러 편의 글을 기고했다. 이처럼 농과 교수들은 학내에서 교수활동은 물론 순회강연이나 『농민생활』 기고를 통한 계몽운동과 고등농사학원 운영에 정력적이었다. 즉 과학기술분야 지식인으로서 사회적 역할을 기꺼이 도맡았던 것이다.

교육학자 최윤호처럼 숭실전문학교 역사에서 잃어버린 또 한 명의 지식인이 있다면 단연 이기인李起仁 교수를 꼽을 수 있다. 숭실대학 측에서 발간한 여러 자료들에 그를 '이인기'로 잘못 기입하면서 오랫동안 그는 찾을 수 없는 사람이 되어버렸다. 1930년대 후반 졸업앨범에는 '이기인'이라는 이름이 또렷이 적혀있고, 또 1975년 동문좌담회에서도 농과 졸업생이 '이기인 씨는 양잠을 가르쳤죠'라고 말했는데도 숭실대학교 측에서는 이 말에 각주를 달아 '이인기'로 수정할 정도로 오류가 고질화돼 왔다.[108] 그나마 다행은 김근배의 연구에서는 드디어 이기인이라는 제 이름을 찾았다는 사실이다.

이기인은 생물학사만 아니라 국어학사에서도 중요한 학자이다. 이훈구와 마찬가지로 서천 출생이고 중국의 국립중앙대학에서 교수생활을 하다가 숭실전문으로 옮겨왔다. 이기인의 숭실 재직 시절 행적은 그리 많이 남아있지 않지만 해방 후 활동은 돋보인다. 열정적인 조선식물 연구자였던 장형두와 숭전제자였던 김준민과 함께 해방 후 서울대 사범대 생물교육과 교수생활을 했다. 그는 서울대 재직 중에 『새 사리갈말 말광』이라는 사전을 편찬했다. '동물'은 움직이며 사는 생물이라고 '옮사리', '식물'은 묻혀 사는 생물이라고 '묻사리'라고

108 숭실대학교120년사편찬위원회, 『평양숭실 회고록』, 숭실대 한국기독교박물관, 2017, 274면.

하는 식으로 생물학술용어를 순우리말로 가다듬어 편찬한 '말광' 즉 사전이다. 식물에 관한 학문적 관심과 순한글식 이름 찾기운동은 장형두를 포함해 많은 조선인 연구자들이 결성한 조선박물연구회에서부터 시작되었다. 그리고 해방 공간에서 동식물의 한글이름 찾기운동은 다시금 부활했다. 이기인이 편찬한 『새 사리갈말 말광』은 서울대 동료 장형두의 『학생식물도보』1949, 김준민의 『(일반과학) 묻사리』1948와 공동의 문제의식에 기초해 만들어진 성과였다.[109] 뿐만 아니라 그는 모든 사람의 배울 권리를 강조하며 민주주의 교육을 주장하였고, 인류평화와 민주주의의 실현이라는 측면에서 에스페란토어에도 깊은 관심을 표명하고 에스페란토어 사용운동에 참여했다.[110] 그가 역사에서 사라진 것은 아마 전쟁 당시 '납북'된 탓이 아닐까 한다. 주목할 또 다른 인물도 있다. 언론에서 '교수'라 불렀지만 학내 직위를 보면 '조수'였던 김병하 역시 놀라운 인물이다. 그는 가히 르네상스적 인물이라는 말이 무색치 않을 만큼 전방위적 능력을 발휘했던 동식물학자이자 발명가였다. 농촌을 위한 실용적인 곤충연구와 조선농민사전 작업뿐만 아니라 '과학만담회'로 과학대중화를 이끌었던 그의 탁월한 행적을 이 글에서는 다루지 못하지만 새로이 조명해야 할 인물이다.

5. 나가며

숭실전문학교의 폐교는 식민지 지식인들에게 또 다른 좌절이었다. 학교교육보다 선교본부는 종교적 신념을, 일본제국은 제국논리를 절대시했다. 제국대

109 화두, 「묻사리를 아십니까?」, 2019, http://www.indica.or.kr/xe/flower_story/9326079에서 인출.

110 『연합신문』, 1950.4.13.

학은 아니어도 사립전문학교라는 울타리가 식민지 지식인들에게 지식을 가르치고 생산하는 행위를 지속할 권위를 주고 그들의 사상과 행위를 정당화하는 측면이 있었지만, 학교가 사라진 곳에서 지식인들은 다시 광야에 놓이게 되었다. 식민지 제도권 안에서 꿈꿀 수 있는 모든 희망들, 제도권 내에서의 그러니까 식민지 안에서의 학문이나 더 나은 삶조차도 선불리 말하기 어려운 처지가 되었다.

폐교 이후 숭실전문학교 교수들의 행적을 따라가 보면, 제2차 세계대전으로 일제의 '적국'이 돼버린 미국 출신 선교사들은 귀국했고, 제국의 국민 일본인들은 그들의 식민지에 그대로 머물렀다. 일본인 교수들 대부분은 공립학교로 이전했다. 신사참배를 하기보다 차라리 폐교를 택했던 선교사들과 기독교 지도자들의 입장에선 어떻게든 학교를 유지하려는 노력들이 친일이나 배교처럼 해석될 여지가 있었지만, 숭실전문 교직원들은 학교 유지를 위해 선교본부에 학교 승계를 지지해달라는 청원서를 보냈다. 결론은 누구나 알다시피 폐교였다. 선교본부는 종교적 목적을 위해, 일제는 제국주의적 목적을 위해 학교 승계를 인정하지 않았다. 숭실전문에 몸 담았던 조선의 지식인들은 뿔뿔이 흩어졌다.

대동공전이효석, 박영철과 평양신학교채필근, 이성휘 그리고 전국의 중등학교를 찾아 떠난 이들광성중학 명재억과 이구화, 함흥영생고여 강영환, 계성학교 박태준, 경신학교 양주동, 의명학교 이경일, 한성상업학교 이기인은 그나마 교육계에 머무를 수 있었다. 정두현臺北帝大(대북제대) 의학교이나 박치우경성제대 대학원는 대학으로 돌아가 공부를 이어갔다. 전문학교 교수 지위는 상실했지만 대부분 학교로 갔다. 그 길이 가장 잘 할 수 있는 일이고 쉽게 할 수 있는 일이었다.

고등문관시험에 합격해 평양에서 변호사 개업을 한 이정재윤도 있었고, 서북지역에 지역 기반을 둔 조선일보로 들어갔다가 그마저 폐간돼 흩어진 이들우호익, 박치우, 이훈구, 조선을 떠나 대만정두현이나 만주박형룡, 김선명, 이근태로 간 이들도 있었다. 김응룡이나 이훈구처럼 귀향한 이들도 있고 고향이나 근거지가 평양이라 평양에 머물렀던 이들도 있지만, 만주로 떠난 이들도 있었던 것이다. 숭실대학 시절부터 학교 차원에서 전도대나 수학여행팀이 만주로 갈 만큼 평양의 숭실인들은 쉽사리 만주를 드나들었다. 이는 평양이 한반도 내부로의 이동만큼이나 대륙으로의 이동 또한 쉬웠던 심리적 지리적 환경에 있었기 때문이다. 해방도 되기 전에 젊은 나이에 세상을 떠난 이도 있었다. 동우회사건으로 최윤호는 1939년 2월에, 대동공전으로 갔던 이효석은 1942년에, 동우회사건이 터지자 많은 동료들의 변호사가 된 정재윤은 1943년에 이 세상을 하직했다.

숭실전문학교 조선인 교수진은 숭실학교 연고자들이 절반 즈음 되고, 평양을 중심으로 한 서북지역 넓게는 북부지역 출신이 대부분이었다. 그리고 신학과 교육학을 전공한 문과 교수들, 화학과 공학을 전공한 이과 교수들은 모두 미국유학 출신이었다. 전문학교 인가를 받던 시점부터는 채용교수 대부분이 일본유학 경력자들로 바뀌었다. 전문학교 인가제도는 확실히 기독교인들마저 미국이 아닌 일본으로 유학길을 떠나게 만들었다. 숭실, 서북, 유학. 이 세 가지 연결망이 숭실전문 교수진을 구성하는 핵심적인 네트워크였다. 물론 미션스쿨로서 기독교적 기반은 당연했다. 기독교인이면서 숭실 혹은 서북 혹은 유학, 아니면 기독교인이면서 숭실이자 서북이자 유학 출신. 그 어느 쪽이든 숭실전문 교수진 망에 대부분 걸려든다. 그들의 네트워크가 그렇게 작동하면서 서로가 낱낱의 교수가 아니라 숭실의 교수진이 되게끔 했다. 초기 교수진은 민족적 성향이 강했으나 갈수록 종교적 과학기술적 역량이 강한 특성을 보였다. 숭실전문의 이런 교수진은 학생들에게는 그들이 배우고 성장할 수 있는 기회를 제공하는 중요한 토대였다. 또한 평양을 중심으로 한 북부지역의 두터운 사회문화적 기반으로 작용했다.

숭실의 교수진으로 있을 때 교수들은 함께 잡지를 발간하고 지역순회강연을 마다하지 않고 사회계몽활동에 나섰다. 신학교와 겸직하거나 교사양성과정에 합세하거나 고등농사학원과 겸직하였다. 또 기독교인으로서 종교활동에도 활발하게 참여했고, 전현직 교수들이 평양의 지식인들, 실업인들과 동우회를 결성하고 자택을 기꺼이 회의장소로도 제공했다. 이는 교수들이 걸어서 학교 안팎을 드나드는 물리적 거리에 모여 있었고 북부지역 중심도시인 평양에 있었기에 가능했다. 낮과 밤, 학교 안과 밖, 사직 이전과 이후 가릴 것 없이 그들은 만날 수 있었다. 몇 번을 어디서 누구와 만났는지 하는 실증적 분석보다는 그들이 그런 가능성이 있는 공간에서 살았다는 사실이 중요하다. 그러나 흩어져 버린 지식인들의 목소리와 활동은 허약했다. 일부 교수들의 친일 행적은 이 무렵 일이었다. 폐교와 동우회사건, 두 사건은 평양의 사립전문학교에 속했던 식민지 지식인들이 어느 지점에 서 있는지를 보여주는 지표였다. 전문학교 안의 교수조차 제국의 필요에 의해 언제든 탄압대상이 될 수 있는 식민지인임을 증명한 사건이었다.

숭실전문학교 교수를 추적하는 작업은 끊임없이 분단과 대면하는 일이었다. 폐교, 해방, 전쟁 그 어느 때이든 남한으로 내려오거나 어떤 형태로든 남한에 연고가 있지 않다면, 북에서 살던 교수들에 대한 정보를 찾기란 몹시 어려웠다. 최윤호, 이기인, 김병하 그 외 여러 지식인들이 역사 속에서 사라진 까닭도 식민지에 이은 분단 때문이었다. 굴곡진 역사 속에서 지식인들이 온전히 학문만 할 수 없었고, 선택의 갈피마다 그들은 역사적 무게를 짊어져야 했다. 누군가는 친일파로, 누군가는 배교자로, 누군가는 망각당한 존재로 남았다. 식민지와 분단이라는 역사가 대한민국이 식민지 조선의 역사를 절반 즈음만 간직하게 된 연유이다.

참고문헌

조선총독부 관보 해당일자

조선총독부 학무국, 『조선제학교일람』, 매년도.

『고려시보』, 『국민보』, 『매일신보』, 『동아일보』, 『시대일보』, 『신한민보』, 『연합뉴스』, 『조선일보』, 『조선중앙일보』, 『중외일보』 해당일자.

수원고등농림학교, 『수원고등농림학교일람』, 1923.

이만열·옥성득 편역, 『언더우드 자료집』 5권, 연세대학교 국학연구원, 연세대 출판부. 2010.

「京都新幹會支會抗議文發送者二關スル件」, 발신자 경성종로경찰서장, 수신자 경성지방법원 검사정, 한국사데이테베이스에서 인출, 1927.11.1.

「公立私立專門學校敎員認可二關スル件」, 수신 학무국장, 발신 각도지사, 1922.4.18·5.9.

「재한선교사보고문건-도쿄미국대사관에서 워싱턴 국무장관에게 보낸 편지」, 한국독립운동 정보시스템에서 인출, 1915.10.21.

渡邊豊日子, 「崇實專門學校長罷免に就て」, 朝鮮社會事業協會, 서울대학교 도서관 고문헌(디지털콘텐츠)에서 인출, 1938.

觀相者, 「平壤人物百態」, 『개벽』 51, 1924.9.

나송덕, 「학교순례 그 일」, 『大平壤』 1, 1934.11.

「讀者室-『滿洲와 朝鮮人』 李勳求 著」, 『동광』 38, 1932,10.1.

박치우, 「아카데믹 철학을 나오며」(1936), 『사상과 현실』, 인하대 출판부, 2010.

「五大學府 出의 人材 언파렛드」, 『삼천리』 4(2), 1932.2.1.

최윤호, 「敎育學上 立場에서 朝鮮人의 將來性을 論함」(1930), 『우라키』 2, 한림대학교 아시아문화연구소 영인본, 1999.

"Minutes and Reports of the Annual Meeting of the Korea Mission", 1907.

Yoon Ho Choy, "Social significance of Christianity in Korea", Boston University, 1925.

____________, "Reorganization of private education in Korea with special emphasis upon the rural secondary phase", Indiana University, 1930.

『농민생활』 해당권호, 농민생활사 : 국가전자도서관 및 숭실대학교 인문한국플러스사업단 인터넷제공본.

숭실대학교 인문한국플러스사업단 디지털 아카이브, https://hkplus.ssu.ac.kr/#/search/in

tro?all=0&max=10.
한국근대학력엘리트DB, http://waks.aks.ac.kr/rsh/?rshID=AKS-2016-KFR-1230002.
화두, 「묻사리를 아십니까?」, 2019, http://www.indica.or.kr/xe/flower_story/9326079에서 인출.
九州大學研究センタ, 『朝鮮半島から九州大學に学ぶ-留學生調査(1次)報告書 1911~1965』, 九州大學, 2002.

숭실대학교 자료

1925·1929·1931·1934·1935·1938년 「숭실전문학교 졸업앨범」: 숭실대학교 미디어자료실 제공.
「숭실교우회 회원명부」(1938), 『평양숭실대학 역사자료집 VI 숭실교우회 회원명부』, 숭실대 한국기독교박물관, 2017.
숭실대학교100년사편찬위원회, 『숭실대학교100년사』, 숭실대 출판부, 1999.
숭실대학교120년사편찬위원회, 『평양숭실 회고록』, 숭실대 한국기독교박물관, 2017.
숭실대학교120년사편찬위원회 편, 『사진과 연표로 보는 평양 숭실대학』, 숭실대 한국기독교박물관, 2017.
윌리엄 베어드, 김용진 역, 『윌리엄 베어드의 선교 리포트』 I, 숭실대 한국기독교박물관, 2016.
숭실인물사 편찬위원회, 『인물로 본 숭실100년』 제1권, 숭실대 출판부, 1995.
『평양숭실대학 역사자료집 I 학사 일반』, 숭실대 한국기독교박물관, 2017.
김용진 역, 『평양숭실대학 역사자료집 IV 선교자료 I』, 숭실대 한국기독교박물관, 2018.
______ 역, 『평양숭실대학 역사자료집 V 선교자료 II』, 숭실대 한국기독교박물관, 2018.
김광수, 「전자공학계의 태두 조응천 박사」, 『인물로 본 숭실100년』 제1권, 숭실대 출판부, 1995.
김선욱·박신순, 『마포삼열』, 숭실대 출판부, 2017.
박형렬, 「숭실과 체육」, 1955, 『평양숭실 회고록』, 숭실대 한국기독교박물관, 2017.
양은식, 「민족의 목회자 김성락」, 『인물로 본 숭실100년』 제1권, 숭실대 출판부, 1995.
양주동, 「숭실부임기」, 1960, 『평양숭실 회고록』, 숭실대 한국기독교박물관, 2017.
우호익, 「숭실의 금석감(今昔感)」(1955), 『평양숭실 회고록』, 숭실대 한국기독교박물관, 2017.
이정우, 「곤충학자로 외길을 산 김헌규」, 『인물로 본 숭실100년』 제1권, 숭실대 출판부, 1995.
이훈구, 「평양숭실전문폐교전야」(1960), 『평양숭실 회고록』, 숭실대 한국기독교박물관, 2017.
임병태, 「숭실에 일생을 바친 우호익」, 『인물로 본 숭실100년』 제1권, 숭실대 출판부, 1995.
평양숭실동문초청좌담회(1975), 『평양숭실 회고록』, 숭실대 한국기독교박물관, 2017.

한경직, 「잊을 수 없는 숭실의 교수님들」(2010), 『평양숭실 회고록』, 숭실대 한국기독교박물관, 2017.
Charles Allen Clark, 「곽안련 선교사 60년 회고록」, 『신학지남』 60(4), 1954.

연구물

강명숙, 「일제강점기 연희전문학교의 학칙을 통해 본 교육운영」, 『교육사학연구』 28(2), 교육사학회, 2018.
고춘섭 편저, 『정상을 향하여 추공 오정수 입지전』, 샘터, 1984.
김근배, 「숭실전문의 과학기술자들－이학과와 농학과 개설, 졸업생들의 대학 진학」, 『한국근현대사연구』 94, 한국근현대사학회, 2020.
김동희, 「정노풍의 삶과 작품활동에 관한 소고」, 『한국문학논총』 86, 한국문학회, 2020.
김욱동, 『아메리카로 떠난 조선의 지식인들』, 2020, 이숲.
김인수, 「일제하 이훈구의 토지이용조사의 정치적 의미」, 『사회와 역사』 107, 한국사회사학회, 2015.
김일환, 「1920~30년대 보성전문학교의 운영과 공공성 문제」, 『역사문제연구』 25(1), 역사문제연구소, 2021.
김진영, 「일제 식민지 시기 이훈구의 현실 참여와 사회개혁론 연구」, 서울대 대학원. 2020.
박경수, 「鄭蘆風의 階級的 民族意識의 文學論」, 『한국문학논총』 11, 한국문학회, 1990.
박규환, 「식민지 지식인의 굴절, 그 뜻과 결－일제강점기 이훈구의 농촌운동과 '숭실'」, 『한국기독교와 역사』 46, 한국기독교역사학회, 2017.
방기중, 「일제하 이훈구의 농업론과 경제자립사상」, 『역사문제연구』 1, 한국기독교역사학회, 1996.
안형주, 『박용만과 한인소년병학교』, 지식산업사, 2018.
우인기, 『행정간부전모』, 국회공론사, 1960.
우형주, 『평양과 서울－흰돌 우형주 회고록』, 정문, 1994.
박치우, 윤대석·윤미란 편, 『박치우 전집－사상과 현실』, 인하대 출판부. 2010.
윤용혁, 「경부자은의 백제고분 조사와 유물」, 『한국사학보』 25, 고려사학회, 2006.
______, 『가루베 지온의 백제연구』, 서경문화사, 2010.
윤해동, 「식민지기 유교 고등교육과 명륜전문학교」, 『한국민족사연구』 102, 한국민족운동사학회, 2020.
이경숙, 「1910년대 식민지 미션스쿨의 교사진 구성－대구 계성학교를 중심으로」, 『교육철학』 78, 한국교육철학회, 2021.

이상묵, 「박용만과 그의 시대 35. 소년병학교에서 강조한 것은 '인내심'이었다」, 오마이뉴스, 2010.
이상웅, 「죽산 박형룡의 경건한 생애와 경건 이해」, 『한국개혁신학』 65, 한국개혁신학회, 2020.
장규식, 「일제하 미국유학생의 서구 근대체험과 미국문명 인식」, 『한국사연구』 133, 한국사연구회, 2006.
정종현, 『제국대학의 조센징』, 휴머니스트, 2019.
정준영, 「식민지관학과 '민족사학'의 사이」, 『사회와 역사』 128, 한국사회사학회, 2020.

〈부록 1〉「사립학교규칙」에 명시된 사립전문학교 학교장과 교원 채용, 변경 및 해직의 권한주체

연도	채용 및 변경 권한	해직 권한
1911 제3·12조	– 학교장의 변경은 조선총독이 인가 – 교원변경은 조선총독에게 신고	– 설립자가 교원 부적격자일 때 조선총독이 인가취소 – 학교장 또는 교원이 교원부적격자일 때는 설립자에게 해고를 명할 수 있다.
1915 제3·12조	– 설립자 변경은 조선총독이 인가 – 학교장 또는 교원의 변경은 도장관이 인가	– 1911년과 동일
1920 제13·14조	– 학교장 또는 교원 채용은 도지사의 허가	* 학교장 또는 교원의 해직은 도지사에게 신고 ** 학교장 또는 교원이 부적당하다고 인정할 시 도지사가 해직을 명하고 인가를 취소
1922 제13·14조	– 설립자가 학교장 또는 교원을 채용할 때 조선총독이 인가	* 설립자가 학교장 또는 교원을 해직할 때 조선총독에게 신고 ** 1920년과 동일
1930 제13·14조	– 1922년과 동일	* 학교장 또는 교원의 해직은 조선총독이 인가, 해직 사유를 기재한 서류첨부할 것 ** 1922년과 동일
1932 제13·14조	– 1930년과 동일	* 학교장 또는 교원의 해직은 조선총독이 인가 ** 1930년과 동일

* 이후 「사립학교규칙」 관련 조항 변경없음 : 위 내용에 관한 동일 조항 안에 사립전문학교만 아니라 사립초중등학교에 관한 내용도 포함되어 있지만 여기서는 생략한다.

〈부록 2〉 사립학교 교원 부적격자 규정

1908년 사립학교령 제8조	다음 각호의 하나에 해당하는 자는 사립학교의 설립자, 학교장, 또는 교원이 될 수 없다. 1. 금옥(禁獄) 이상의 형을 받은 자. 단 특사, 복권된 자는 이에 해당하지 않음 2. 징계처분으로 면직되고 2개년을 경과치 아니한 자. 단 징계를 면한 자는 이에 해당하지 않음 3. 교원면허장 환수 처분을 받고 2개년을 경과치 아니한 자 4. 성행불량(性行不良)으로 인정되는 자
1911년 사립학교규칙 제 11조	〈개정내용〉 1. 금옥 또는 금고(禁錮) 이상의 형을 받은 자. 단 특사, 복권된 자는 이에 해당하지 않음 2. (신설) 파산 또는 가산분산의 선고를 받고 복권되지 않은 자 또는 신대한(身代限り)의 처분을 받고을 받고 책무변상을 끝내지 않은 자 * 1908년 제8조의 2~4항까지를 하나씩 순연하여 3~5항이 됨.
1915년 사립학교규칙 제11조	* 개정없이 1911년과 동일
1920년 사립학교규칙 제11조	〈개정내용〉 * 2~5항 개정없이 동일함 1. 금고 이상의 형을 받은 자. 단 특사, 복권된 자는 이에 해당하지 않음
1922년 사립학교규칙 제12조	〈개정내용〉 * 1~3항, 5항 개정없이 동일함 4. 교원면허증 환수 처분을 받거나 또는 제14조 규정에 의해 해직의 명을 당하거나 혹은 인가가 취소되어 2년 경과치 아니한 자
* 이하 변동없음	

〈부록 3〉 숭실전문학교 조선인 교수진

1. 이 명단에 나오는 사람들은 『숭실100년사』 교원명단296~298면을 기초로 한다. 『숭실100년사』 명단에 오정수와 박병곤만 추가하였다. 숭실학교의 잡지 『숭실』이나 졸업앨범을 참조하면 추가해야 할 교수와 강사가 더 있으나 이 명단에서는 생략한다. 교수의 직분인 '교수', '강사'도 『숭실100년사』 명단을 따랐지만, 졸업앨범 등을 보면 직분이 다른 경우도 있다.
2. 교원의 '재직기간' 역시 『숭실100년사』를 기초로 한다. 『숭실』, 졸업앨범, 선교자료들, 그리고 당시 언론보도들과 비교했을 때 재직기간이 『숭실100년사』와 다른 경우들이 여럿 있다. 본 자료에서는 『숭실100년사』에서 밝힌 재직기간(예 : 1926.5.3~27.6.30)과 그와 다른 시기에 재직한 흔적이 있는 것을 **표로 구분하여 표시해둔다.

연번	이름, 생몰연도 본적-출생지	학력 (졸업을 기준연도로 표시)	담당과목 및 재직기간 (** 재직 중)	기타
숭실전문학교 조선인 교수－문과(1925년 인가)				
1	채필근(교수) 1885~1973 평남 중화	숭실대학 3학년 중퇴 1913. 평양신학교 입학 1925. 東京帝大 철학과	철학, 역사 1927. 서양사, 철학, 사회학, 윤리, 심리 1926.5.3~38.3.3 문과과장	1940. 평양신학교 설립 1938. 조선임전보국단 발기인 － 해방 후 남한, 목회자
2	우제순(교수) 1896~1958.1 평남 평양	1918. 배재학당 본과 졸업 1925. 일본 中央大學	경제학 1926.5.3~27.6.30 ** 1925년 재직 ** 1929.3. 졸업앨범에 있음	－ 西京商工, 조선광업 등 － 신간회 1950.11.7 유엔한국위원단 평양방문
3	우호익(교수) 1897~1983 평남 강서	1917. 숭실중학 1921. 숭실대학 1924~27. 早稻田大學 문학부 사학과	역사(1927년 동양사) 1927.7.25~38.3.31 ** 1927. 평양중학과 겸임	1921~23.2. 목포 영흥학교 1938.5.『조선일보』 1941~46. 인정도서관 관장 － 해방 후 숭실대 교수
4	정수영(강사) 1903~1968 평양(혹은 군산)	1923~27. 東京帝大 경제학부 출생지 : 평양(박경수,1990) / 군산 혹은 평양(김동희, 2020)	법제, 경제, 정치 1927.9.20~28.4.17	1936. 군산미곡취인소 1939~41. 평양칠성양조주식회사
5	양주동(교수) 1903~1977 경기도 개성 출생 황해도에서 자람	1919. 평양고보 중퇴 1921. 중동학교 1928. 早稻田大學 영문학	영문학, 한문, 조선문학 1928.4.30~37.12.14 ** 1938.3. 졸업앨범	1940. 경신학교 교원 1947. 동국대 교수
6	정광현(강사) 1902~1980 평남 평양	明治学院 중학부 第6高校 1925~28. 東京帝大 법학부	1928.9.17~29.5.1	－ 정두현의 동생, 윤치호의 사위 1930. 연희전문학교 교수 1950~62. 서울대 법대 교수
7	정재윤(교수) 1903~1943 평남 평원	1916~20. 숭실중학 1924. 숭실대학 1926~29. 東北帝大 법문학부 (정치경제 전공)	법학 1929.5.6~38.3.31 ** 1935.4 학교 파견으로 京都帝大 대학원 연수 중	－ 조만식의 사위 － 숭실대학 졸업 후 목포 계명중학 근무 1936.11. 고문합격 1938. 동우회 사건 변호사
8	최윤호(교수) 1894~1939 평남 평원 (*황해도 봉산)	평양 대성학교 1925. Boston U. 석사 1930. Indiana U. 교육학 박사	교육학 1934.9.1~38.1.21 ** 1938.3 졸업앨범	1920. 켄터키무관학교 수학 1933. 황해도 농사학원장 1937. 수양동우회 사건으로 체포
9	박치우(교수) 1909~1949 함북 성진 (*본적 : 함북 경성)	1930. 함북 경성고보 1933. 경성제대 철학과 1933~34. 경성제대 미야모토교수 연구실	철학 1934.9.12~38.3.31	1939.4.1.『조선일보』기자 1940.6. 경성제대 대학원 1949. 북한에서 빨치산으로 내려와 사살당함
10	정현규(교수) 평북 신의주	1932. 숭실전문 문과 1932~35. 九州帝大 문학부 서양사	서양사 1935.6.11~38.3.31	1938. 평남 안주공립중학교 － 해방 후 북한
11	김선명(교수) 평남 순천	– 1927. 숭실전문 문과	1935.10.13~38.3.31	1938. 안동성공서서무과 관리
12	이효석(교수) 1907~1942 강원도 평창	1925. 경성제일고보 1930. 경성제대 법문학부 영문학	조선문학 1936.5.21~38.3.31.	1933~36.3 경성(鏡城)농업학교 교사 1938. 대동공전 교수

연번	이름, 생몰연도 본적-출생지	학력 (졸업을 기준연도로 표시)	담당과목 및 재직기간 (** 재직 중)	기타
13	주중남(교수) 평남 평양	숭덕보통과 1921. 숭실중학 1927. 숭실전문 문과 1930. U. of Dubuque 1933. Southern California U. 교육학 석사	1936.6.29~38.3.31 **1938.3. 졸업앨범	1938. 평양에서 교원
14	조설(강사) 1939.1.12 사망(75세) 평양(?)	1874. 평양부 외천면 창남재에서 한학	1918.4.1~27.5.31 **1905년 이후 숭실학교 재직 **1910년 보조교수	1904년부터 2년간 수안군기독교학교 교원
15	전창대(全昌大, 강사)		1925.2.5~25.6.24	
신학 담당				
16	박형룡(교수) 1879~1978 평북 벽동	1913~16. 신성학교 1920. 숭실대학 1921~23. 중국 金陵大學 문학사(영문) 졸업 1923~26. Princeton Theological Seminary 석사(Th.B, Th.M) 1926~27. Southern Baptist Seminary 박사과정 1933. 철학박사학위	신학 1929.10.1~36.5.21 **1930.9. 평양신학교 겸임교수 **1931.4. 평양신학교 전임교수	1942. 만주봉천신학교 교장 1948. 남산장로회신학교 교장 1953. 장로회총회신학교 교장 1972. 총신대학교 은퇴
17	이성휘(강사) 1889~1950.10 평남 평양(교) / 평북 철산	1908. 숭실중학 1913. 숭실대학 S.T.D 졸업 Princeton Theological Seminary 신학석사(TH.M)	성서 1926.5.3~37.3.31 **1924. 숭실중학	1938. 평양신학교 교수
18	김성락(강사) 1904~1989 / 1903.4.26생 *1933년 29세 *평남 평양(원적) / 대동(출생)	1920. 숭실중학 1924. 숭실대학 1927. 평양신학교 1929. Princeton Theological Seminary 신학사 1931. Dallas Theological Seminary 신학박사 1932. Louisville Theological Seminary 철학박사	성경, 기독교윤리, 신약 1933.10.1~36.5.16. 학교교목 **사직(숭실16호,1935.4) **1924.3. 졸업앨범	-흥사단원 1937. 미국 LA 1945~46. 귀국 1958. 숭실대 학장
19	최성곤(강사) 1928년, 현재 29세 평북 선천	1928. 숭실전문 문과	1936.5.21~37.6.16	1938. 안주 중앙교회 목사 1960년대 미국으로 감
음악, 체육 담당				
20	박태준(강사) 1900~1986 대구부 남성정	1916. 계성학교 1921. 숭실대학 1932~36. Tusculum College Westminster Choir C. 석사	음악 1936.12.17~38.3.31	1921~22. 숭실중학 재직 1925~31. 계성학교 재직 1938. 계성학교 재직 1948. 연세대학교 교수
21	차재일(강사) 평남 평양	1914. 숭덕학교 1918. 숭실중학 1922. 숭실대학	체육(축구 코치) 1925.4.1~28.3.3.1.	-성악가로 유명

연번	이름, 생몰연도 본적-출생지	학력 (졸업을 기준연도로 표시)	담당과목 및 재직기간 (** 재직 중)	기타
22	한양춘(강사) 평남 평원	1925. 광성고보 1927. 日本體操學校	1928.9.17~29.3.31	1927. 선천체육회 위원 1935. 선천체육회 회장 1935·1937. 선천 신성학교
23	조영하(강사)	1928. 日本體操學校	체조 1929.4.18~31.4.23 **"금춘 사임" (숭실12호, 1931.12)	1932.정신여학교 1938. 보성고보
24	최응천 (강사) (평양 혹은 선천 ?)	1928. 日本體操學校	체조강사, 축구부코치 1932.4.22~33.3.31 **사직(숭실16호, 1935.4)	-체육계 활동 1931. 동우회 활동
25	최능진(강사) 1899~1951 평남 강서	1915. 숭실중학 중퇴 1915~17. 金陵大學 어학과 1917.8. 도미, 소학교 1920.12. 중학 입학 1923. 대학입학 1927.9~1929. International YMCA C. 체조과	체육코치 1932.4.22~33.3.31 **"금춘 이래에 신임" (숭실9호, 1930.1) **1929.10. 체육부주임 **1931, 1932. 숭전 코치 **1931.3 졸업앨범 **1932. 사직 **1933.10.28	1918. 흥사단 1919. 3·1운동 당시 사천사건으로 형 최능현, 최능찬 사형선고 받음 1917~29 미국-귀국 1933. 상업종사 1937. (수양)동우회사건 구속 1951. 내란음모 사형
26	박영철(강사) 평남 평양	1927. 숭실중학 1932. 숭실전문 문과 1934. 日本體操學校	체육 1934.5.22.~38.3.31. **1934. 숭실중학 취직 ** 1935.4. 신임(숭실16호, 1935.4)	폐교 후 평양 제3중학교 촉탁교원 1938. 대동공전
숭실전문학교 조선인 교수-이과(인가받지 못하고 1928년부터 폐지됨)				
1	이용규(교수) 1906년 현재26세 함경도 함흥	- 미국, 초등학교 약식 1917. 논문 「大豆의 연구」 / 1917. U of Nebraska 화학학사(B.S)	화학, 광물, 정량·정성분석, 실험실 교육 1921.1.17~27.4.1	1904. 하와이 이주노동 1906. 덴버로 이동 1923. '모란'잉크제조 1930년대 광산업
2	김호연(교수) 함경도 함흥	1913. 하와이 Hilo 고등학교 졸업 - 미국에서 초중등학교 다님 1917. Northwestern U. 응용화학(B.S)	물리, 무기화학, 유기화학 1920.10.5~28.1.1 이과부장 **1926.7 미국파견 -귀국 후 사직	1904. 하와이 수수밭 노동 1920. 17년 만에 미국에서 귀국 1922. '대동강' 잉크제조 1928년 후 평양에서 화학연구소 운영
3	오정수(강사) 1899~1988.8 평남 강서	- 평양 광성학교 - 서울 경신학교 - 미국에서 초중등학교 졸업 - Boston U. 1927. M.I.T.	1928.4~29.1 **1929.3. 졸업앨범	- 흥사단 입단 - 동우회 사건으로 투옥 - 만주곡물공업사 창업 - 미군정청 상공부장 1951. 대한무역진흥주식회사 사장 1960.5~7. 체신부, 상공부 장관
4	박윤근(교수) 1891~1989 평남 평양	1910. 숭실중학 1914. 숭실대학 1920. Wooster C. 화학전공(B.A.)	음악, 화학 1928.4.17~29.3.31 **1923.11.14. 숭실교수 **1925, 1929.3. 졸업앨범 **1924.4~27.7. 숭실중학	1915. 숭실중학 교사 1923. 숭실학교 大石環사건으로 조사 1938. 상업

연번	이름, 생몰연도 본적-출생지	학력 (졸업을 기준연도로 표시)	담당과목 및 재직기간 (** 재직 중)	기타
숭실전문학교 조선인 교수-농과(1931년 인가)				
5	이훈구(교수) 1896~1961 충남 서천	1917~20. 수원농림전문학교 1921~24. 東京帝大 농학부 농학과 제2부(농업경제학전공)에 선과생으로 입학, 졸업 1926~27. Kansas Agricultural C. 석사 1929. U. of Wisconsin 농업경제학 박사	농업경제학 1931.5.22~37.6.17 **1931.3.7. 농과과장 초빙 **1937. 부교장	- 도쿄제대 졸업 후 공주 영명학교 교원 1930. 金陵大學 교수 1938. 『조선일보』 1940. 고향 - 해방 후 정치
6	명재억(교수) 1905~? 평남 평양	정주 오산중학교 1926. 東京帝大 농학부 농학실과 1927.8.도미 : Colorado A. C. 농학과 / 축산학	원예작물학, 농장실습 1931.3.27~38.3.31 **"금춘에 신임" (숭실10호, 1930.6)	1952~54.9.1 중앙축산기술원장 1958. 충북농사원장 1963. 농림부기감
7	이구화(李龜化, 교수) 1900~? 평남대동 / 평양	1919. 숭실중학 1925. 숭실대학 이과 1927~30. 東北帝大 이학부 화학	무기화학 1931.3.27~38.3.31 **1930~38.(김근배)	1938. 광성중학 교원
8	김응룡(교수) 평남 대동	1923. 숭실중학 1928. 東京農業大學	원예학 1931.3.27~34.12.31 **1928. "금년도 부임" (숭실6호, 1928.6) **1929.3. 졸업앨범 **1928~34.(김근배)	1938. 고향-농업 1955. 서울시립농업대 1961.9.15. 서울시립대 퇴임
9	김호식(교수) 1905~1968.12 경기도 용인	보성고보 1922.3. 수원고등농림학교 1924.1. 전문학교입학자검정시험합격 1926~29. 九州帝大 농학부 농예화학	유기화학, 생화학 1931.3.27~38.3.31 **"금춘 이래에 신임" (숭실9호,1930.1) **1930~38.(김근배)	- 폐교 후 경성여자의학전문학교 1951. 서울대 농대 교수 1965. 서울대 농대 학장
10	강영환(교수) 1901~? 함북 청진(원적) / 함남 안변 출생	- 간도 명동중학교 졸업 1924. 숭실대학 이과 1929. 東北帝大 이학부 물리학	물리학 1932.1.19~36.5.14 **"금춘 이래에 신임" (숭실9호, 1930.1) **1924 · 1931 · 1938.3. 졸업앨범 **1924~36.(김근배)	1938. 함흥영생고녀 교원 - 북한
11	박병곤 황해도 안악	- 안악 안신학교 1919. 숭실중학 1924. 숭실대학 1930. 京都帝大 수학	"금춘 이래에 신임" (숭실9호, 1930.1) ** 1930~?(김근배)	1927. 양악학생친목회 1928. 안악학우회 활동 1938. 일본곡산회사 사원(평양거주) - 해방후 군산제지주식회사 사장
12	정두현(교수) 1888~? 평남 평양	1898~1903. 숭실중학 1906. 평양일어학교 1907~10. 東京數學院, 正則學校, 明治學院 중학부 등 1910~14. 東京帝大 농과대학 농학실과 1927~30. 東北帝大 이학부 생물학 1938.4-41.12 대만 臺北帝大 의학부	생물학 1931.5.7~38.3.31 **1936~38.3.31. 숭실중학 교장 겸임	- 정광현의 형 1918.4. 사립광성고보 교원 1919.3. 숭덕학교 교감 1923~27. 숭인학교 교장 1931. 인정도서관 초대관장 1945.10. 평양의학전문학교 - 북한

연번	이름, 생몰연도 본적-출생지	학력 (졸업을 기준연도로 표시)	담당과목 및 재직기간 (** 재직 중)	기타
13	이근태(교수) 1901~1965 평남 평원	1920. 숭실중학 1928. 広島高等師範学校 1930~34.3. 北海道帝大 축산학(선과생)	축산학 1934.5.10~38.3.31	1938. 만주봉황성국민고등학교 교수 1954~55. 중앙축산기술원장 – 서울대 농대 축산학과 교수
14	이기인(李起仁, 교수) 충남 서천	1928. 휘문고보 1928~31. 高知高等學校 1931~34. 九州帝大 농학부 농학과(양잠)	양잠학 1936.6.18~38.1.24 **1938.3. 졸업앨범	1936.1. 중국 國立中央大學 1942. 양정중학교 교원 1943.11. 한성상업학교 교원 – 해방 후 남한에서 양잠관련 1948.9~1950. 서울대 사대 교수 1950. '납북'
15	이경일(강사) 1916년 현재 31세 평남 용강	1916. 평안도 의명학교 1922. 東京帝大 농학부 농학실과 재학중	농학 1936.5.21~37.3.31 **1938.3. 졸업앨범	東京帝大 졸업 후 의명학교 10여년 재직(1925~26. 의명학교 재직중) 1937.9.1. 의명학교장 인가
16	위상린(교수) 평남	1935. 東京農業大學	1938.1.21~38.3.31 **1938.3. 졸업앨범에 없음	

(출처) 「숭실교우회 회원명부」(1938); 『숭실대학교 100년사』(1999 : 296~298); 『학사 일반』(2017); 『선교자료』 I·II(2018);
숭실인물사 편찬위원회(1995); 숭실대학교120년사편찬위원회(2017); 숭실대학교120년사편찬위원회 편(2017);
『우라키』 1·2(1999); 사립광성고등보통학교인가 관련서류 「私立高等普通學校設置認可ノ件」(1918.4); 우인기(1960);
九州大學硏究センタ(2002); 『대한연감』(4288); 정종현(2019); 김근배(2020);
숭실전문교원과 관련된 『동아일보』, 『조선일보』, 『신한민보』, 『매일신보』, 『동광』 등 신문 및 잡지 해당일자;
숭실전문학교 교원 관련 자서전, 평전, 연구서, 연구논문들;
한국근대학력엘리트(http://waks.aks.ac.kr); 한국사데이터베이스 – 한국근현대인물자료 등

제3부

전문학교에서 배운다는 것

식민지 현실과 길항하는 전문지專門知

숭실전문학교의 과학기술자들*

이학과, 농학과, 그리고 졸업생들

김근배

1. 잊힌 숭실전문의 반쪽 역사

한국 근현대 과학기술사에서 숭실전문학교약칭 숭실전문[1]는 꽤 중요한 곳이었음에도 별다른 주목을 받지 못했다. 일제강점기 과학기술 고등교육을 논할 때는 총독부 관립의 제국대학과 공업·농림·의학계 전문학교들, 기독교계 사립의 연희전문학교와 세브란스의학전문학교, 드물게는 조선인 사립의 대동공업전문학교만이 다루어져 왔다. 숭실전문은 실제와는 달리 문과계로 여겨져 논의 대상에서조차 완전히 배제되었던 것이 사실이다.

이는 일차적으로 숭실전문을 이어받은 숭실대학교의 학교사學校史에서 비롯되었다고 보인다. 문과계 중심으로 학교의 역사가 서술되어 있다 보니 이과계에 대한 내용이 크게 부실했다. 당시 관계자들의 증언도 이와 별로 다르지 않았다.[2]

---

* 이 글은 김근배, 「숭실전문의 과학기술자들－이학과와 농학과 개설, 졸업생들의 대학 진학」, 『한국근현대사연구』 94, 2020, 99~129면에 실린 논문을 수정, 보완한 것이다.

1 시기에 따라 이 학교의 명칭은 바뀌었다. 1906~25년까지는 숭실대학, 1925~38년까지는 숭실전문학교로 불렸으며 그 영어 명칭은 Union Christian College였다. 여기서 명칭은 시기별로 사용된 그대로 표기하되 통칭할 때는 당시 학제를 고려해 숭실전문학교로 부르고자 한다.

2 숭실대학교120년사편찬위원회 편, 『민족과 함께한 숭실 120년』, 숭실대 한국기독교박물관,

또한 연세대학교의 전신인 연희전문학교에 대한 연구가 경쟁 상대였던 숭실전문과의 차이를 강조하며 이과를 주되게 내세웠던 점도 영향을 미쳤다. 즉, 연희전문은 숭실전문과 달리 이과를 중요하게 여겨 그 일부로 포괄했다는 것이다.[3]

일제강점기는 과학기술 고등교육의 진전이 어려움을 겪은 시기였다. 무엇보다 근대 과학에 대한 대중들의 이해와 경험이 낮은 상황에서 다른 나라들과 달리 국가차원에서 그 진흥을 위한 노력을 기울일 수 없었기 때문이다. 국내에 과학기술 전공을 갖춘 대학이 사실상 없었다고 말할 수 있고 해외로의 유학도 억제되었다. 특히 대학 진학의 징검다리라 할 고등학교가 국내에 설치되지 않은 점은 가장 결정적인 저해 요인이었다. 이러한 제도적 제약을 미흡하나마 보완하는 기능을 수행한 곳이 다름 아닌 전문학교들이었다.

당시 조선에는 대학과 달리 전문수준의 학교들은 연이어 세워졌다. 이들 중에서 조선인 학생들이 중심을 이룬 곳은 조선인 및 선교사들이 설립한 사립전문학교들이었다. 조선총독부 인가를 받았거나10개 그렇지 못해 각종학교로 있던15개 전문수준의 조선인 및 선교사 사립 학교들은 모두 25개 정도였다.[4] 그런데 그 대다수는 재원이 많이 소요되는 과학기술 전공 학과를 포함하고 있지 않았다. 이들 가운데 과학기술과 관련이 있는 곳은 이공학 및 농학계의 연희전문학교와 숭실전문학교, 대동공업전문학교, 동아고등공업학원, 의학계의 세브란스의학전문학교와 경성여자의학전문학교 정도였다.

그러므로 이 시기에 숭실전문이 과학기술에서 행한 역할은 결코 작지 않았

2017, 79~227면; 『평양숭실 회고록』, 숭실대 한국기독교박물관, 2017.

3 민경배, 「선교정책 결정과정에서의 선교본부 영향력의 문제 – 연희전문학교 설립을 중심으로」, 『동방학지』 46-48, 1985, 555~584면; 김근배, 『한국 근대 과학기술인력의 출현』, 문학과지성사, 2005, 215~238면; 나일성 편저, 『서양과학의 도입과 연희전문학교』, 연세대 출판부, 2004, 91~114면; 전찬미, 「식민지시기 연희전문학교 수물과의 설립과 과학 교육」, 『한국과학사학회지』 32-1, 2010, 43~68면.

4 김자중, 「1920~1945년간 식민지 조선의 '전문정도' 사립각종학교에 관한 연구 – 설립의 배경, 현황, 역사적 의의를 중심으로」, 『교육사학연구』 26-2, 2016, 55~89면.

다. 학과로 이학과와 농학과가 설치 운영된 덕분에 과학기술을 전공한 조선인 졸업생이 다수 배출되었다. 또한 고등교육을 받은 조선인 과학기술자들이 갈 만한 곳이 마땅치 않은 상황에서 이들 상당수에게 교육연구 기회가 주어졌다. 이들 중에는 두드러진 과학기술자로 성장한 사람들도 여럿 있었다. 이렇게 숭실전문은 문학계 분야 못지않게 이학계 분야도 소중한 역사적 자산이었다.

이 연구는 그간 드러나지 않은 숭실전문에서 행한 과학기술계 학과 설치와 운영을 위한 노력을 우선 주목하고자 한다. 당시 사립 고등교육기관에서 이를 개설하는 것이 간단하지 않았음에도 숭실전문은 지속적으로 힘썼다. 이와 동시에 숭실전문에서 이루어진 우수한 조선인 과학기술계 교수들의 유치도 비중 있게 다루려고 한다. 다음으로 과학기술계 전공을 익힌 조선인 졸업생들 중에서 특히 대학 진학자들을 중점적으로 조사할 것이다. 이들은 국내에 과학기술 대학이 없었기 때문에 힘들게 일본이나 미국으로 유학을 가서 선진학문을 익혔다. 이 과정을 통해 숭실전문이 과학기술 역사에서 차지하는 역할과 의미를 시대적 맥락 속에서 새롭게 조명하게 된다.

2. 숭실전문의 학과 운영

1) 숭실대학 이학과

숭실학교에 대학부가 설치되어 운영된 것은 1906년부터였다. 미국 북장로교와 북감리교 선교부의 교파 연합[5]으로 세워진 이 숭실대학崇實大學, Union Christian College은 4년제로 운영된 우리나라 최초의 대학이었다.[6] 설립 책임자는 북장로

5 추가로 1912년부터는 미국 남장로교와 호주 장로교 선교부, 나중에는 캐나다 선교부도 연합 경영에 참여했다.

교 선교사 베어드William M. Baird, 裵緯良, 1862~1931와 북감리교 선교사 벡커Arthur L. Becker, 白雅悳, 1879~1979로 그 형태는 미국식 리버럴아츠liberal arts칼리지였다.[7]

리버럴아츠칼리지는 19세기 중후반에 미국에 유행처럼 세워진 독특한 형태의 대학이다. 베어드는 그 자신이 인디애나 주에 소재한 장로교계 리버럴아츠인 하노버대학Hanover College 출신이었다. 이 대학을 마치고 매코믹신학교McCormic Theological Seminary를 졸업해 목회자가 되었다.[8] 벡커 또한 미시간 주에 있는 감리교계 리버럴아츠인 앨비온대학Albion College에서 학사와 석사과정을 마쳤다.[9] 다른 선교사들도 그 상당수가 이들처럼 리버럴아츠칼리지를 거쳤다. 특히 숭실대학 운영에 참고가 된 것으로 알려져 있는 미주리 주의 파크대학Park College은 '일하면서 공부하는' 리버럴아츠칼리지였다.[10]

그런데 여기서 중요한 점의 하나는 리버럴아츠칼리지가 결코 인문 중심이 아니라는 사실이다. 우리나라에서는 이 리버럴아츠칼리지를 "인문 중심의 자유교양대학"으로 이해해오고 있다. 숭실대학교 학교사에서도 그렇게 부르면서 "종교교육과 교양교육의 조화를 지향"하며 "인문 중심의 '문과' 체제로 교육을 실시"했다고 말하고 있다.[11] 이는 리버럴아츠칼리지의 성격에 대해 완전히 잘못 이해하고 있는 것이다. 아츠Arts는 좁은 범위의 인문이나 교양이 아니라 학

---

6 물론 당시 한국의 학제는 소학교 3~6년, 중학교 5년, 대학 4년이었고, 일본의 학제는 소학교 6년, 중학교 5년, 고등학교와 전문학교 3~4년, 대학 3~4년으로 서로 간에는 차이가 있었다. 한국에는 아직 고등학교나 전문학교가 없을 때였다.

7 "Pyengyang Union Christian College"(1926), 『평양숭실대학 역사자료집 V 선교자료』 II, 숭실대 한국기독교박물관, 2018, 383면. 공식 보고서와 대학 소개 자료는 이 책에 영인되어 있는 것들을 참조했다.

8 리처드 베어드, 숭실대학교 뿌리찾기위원회 역, 『윌리엄 베어드』, 숭실대 출판부, 2016, 16~30면.

9 이덕부, 『백아덕과 평양 숭실』, 숭실대, 2017, 16~30면.

10 숭실대학교120년사편찬위원회 편, 『평양숭실 회고록』, 350면; Horace H. Underwood, *Modern Education in Korea*, New York : International Press, 1926, p.127; 안종철, 「윤산온의 교육선교 활동과 신사참배문제」, 『한국기독교와 역사』 23, 2005, 76면. 미국 파크대학은 숭실대학에 참여하고 있던 선교사 맥큔(George S. McCune)이 다닌 대학이자 그의 장인이 세운 대학이기도 했다.

11 숭실대학교120년사편찬위원회 편, 『민족과 함께한 숭실 120년』, 96면.

문 전체를 통칭하는 것으로서 리버럴아츠칼리지는 문과와 이과 분야를 모두 망라하고 있는 대학이다.

〈표 1〉 1909~10년 숭실대학 교과과정

과목	1학년	2학년	3학년	4학년
성경 / 윤리학	신약사 1 갈리디아서 에베소서 2 시편 2	소예언서 (이사야서) 3 로마서 2	레위기 3 히브리서 2	다니엘서 2 요한계시록 3
수학	대학 대수 4	삼각법 2 입체기하 2	측량술 3 분석기하 2	미적분 3
물리과학	열(1학기) 광(2학기) 3	자기학, 전기와 X선 3	정성화학 3	정량화학 3
자연과학	비교동물학 3	발생학과 생물학 3	천문학 3	지질학 3
역사학	미국사 3	영국사 3	20세기사 2	인물전기 2
도덕정신과학	윤리학 혹은 도덕철학 3	정치경제학 혹은 교육학 3	논리학 3	심리학 3
어학	영어 3	영어 3	영어 3	영어 3
웅변·음악	음악 1	웅변 1	연설 1	

(출처) *Pyeng Yang Union Christian College*, 1910, pp.419~420;
숭실대학교120년사편찬위원회 편, 『민족과 함께한 숭실 120년』, 숭실대 한국기독교박물관, 2017, 102면.
(비고) 일부 교과목 이름과 시수를 정정했으며 자연과학의 지질학은 교과과정표에는 빠져있으나 과목을 설명하는 글에는 있으므로 포함함.

실제로 1909~10년 숭실대학의 교과과정을 보면 이과 교과목들이 중요하게 포함되어 있는 것을 볼 수 있다. 주요 영역은 성경과 함께 이과의 수학, 물리과학, 자연과학, 문과의 역사학, 도덕정신과학, 어학으로 구성되었다. 전체 과목 및 시수에서 이과가 문과에 비해 결코 뒤지지 않고 완전히 대등한 구성을 보여주고 있다. 과학 과목을 보면 물리학, 화학, 생물학, 천문학, 지질학을 전부 포괄했다.[12] 말하자면, 숭실대학은 문과와 이과를 골고루 포함한 문리대文理大 형태의 학

12 *Pyeng Yang Union Christian College*, 1910, pp.410~420. 생물학의 경우 교재로는 선교사 애니 베어드(Annie L. A. Baird)가 순한글로 번역한 『식물학』이 사용되었음을 윤정란, 「근대전환기 서구 근대 식물학의 도입과 확산의 토대 구축」, 『한국민족독립운동사연구』 102, 2020, 237면을

교로서, 기독교 정신에 기반한 전인적 고등교육에 중점을 두고 있었던 것이다.

이를 위해 이과 교수진 충원에도 힘썼다. 당시 숭실대학 운영에서 가장 큰 어려움은 재원과 교수인력의 부족이었다. 이과 전문인력은 상대적으로 적어 그 확보가 쉽지 않았다. 더구나 숭실대학에서는 대학 출신의 기독교도를 교수인력으로 선발하려고 했기 때문에 그 곤란함은 배가되었다. 아울러 선교사들은 선교부에서 인건비가 지급되나 다른 교수인력은 소요되는 예산을 자체적으로 확보해야만 했다. 그나마 숭실대학이 장로교와 감리교 연합으로 운영되다 보니 다행히 기존 인력에 새로운 인력이 추가될 수 있었다. 1913년 교수진은 외국인 선교사들로 이루어졌으며, 전체 9명 중에서 4명이 과학기술 전공자들이었다.[13]

〈표 2〉 1906~27 숭실전문 이과계 교수진

이름	재직 기간	출신 학교	최종 학력	비고
Arthur L. Becker	1906~14	Albion College	Univ. of Michigan 물리학박사21	연희전문
Will Carl Rufus	1907~11	Albion College	Univ. of Michigan 천문학박사15	연희전문
Eli Miller Mowry	1909~38	College of Wooster	College of Wooster 생물학 / 지질학석사18	학감 교장
Robert M. McMurtrie	1908~33	위스콘신 주 중학교	미국 공업학교 토목기술	기계창
William P. Parker	1914~38	Davidson College	Davidson College 수학석사 / 박사28	
김호연	1920~28	하와이 Hilo중학	Northwestern Univ. 화학18	
이용규 (이봉구)	1921~27	덴버대학 예과	Univ. of Nebraska 화학석사17	북한

통해 알 수 있다.

13 *Catalogue of the Union Christian College and Academy*, 1913, p.424; "Report of W. M. Baird, President of the Union Christian College and Academy to the Board of Control for the Year 1910~1911", 숭실대 한국기독교박물관, 『평양숭실대학 역사자료집 IV 선교자료 I－PCUSA 자료를 중심으로』, 2018, 250~254면. 당시 편지 및 보고서는 이 책에 영인되어 있는 것들을 참조했다.

14 주요 인물들의 특히 재직 기간은 부정확한 경우가 다수 존재한다. 일차적으로는 숭실교우회,

이름	재직 기간	출신 학교	최종 학력	비고
David L. Soltau	1923~25	Northwestern Univ.	Univ. of Washington 물리학박사35	미국
강영환	1924~25	숭실대학24	숭실대학 이학과24	북한

(출처) *Catalogue of the Union Christian College and Academy*, 1913, p.424; 사립숭실학교, 『평양사립숭실대학일람표』, 광문사, 1919; 북미조선유학생총회, 『우라키』 1~7, 1925~1937; "Minutes and Reports of the Annual Meeting of the Chosen Mission of the Presbyterian Church in the U.S.A.", 1920~25; 숭실교우회, 『회원명부』, 1938, 숭실대 한국기독교박물관 영인본; 숭실대학교120년사편찬위원회 편, 『평양숭실 회고록』, 숭실대 한국기독교박물관, 2017, 190~193면; 김근배, 『한국 근대 과학기술인력의 출현』, 문학과지성사, 2005, 217~219 · 236~237면; 나일성 편저, 『서양과학의 도입과 연희전문학교』, 연세대 출판부, 2004, 106 · 206~218면; 박성래 외, 「한국 과학기술자의 형성 연구 2－미국유학 편」, 한국과학재단, 1998.

구체적으로, 주요 이과 교수진으로 루퍼스Will Carl Rufus 劉英秀, 1876~1946는 수학과 천문학, 벡커는 물리학과 화학, 모우리Eli Miller Mowry 牟義理, 1881~1971[15]는 생물학, 맥머트리Robert M. McMurtrie 孟老法, 1863~1946[16]는 공작 및 제도를 담당했다. 루퍼스와 벡커는 미국 앨비온대학Albion College 석사, 모우리는 우스터대학College of Wooster 학사로 리버럴아츠칼리지 출신의 선교사들이었다. 이들에 의해 교과과정에 있는 모든 이과 교과목들이 개설되어 운영될 수 있었다. 이때만 해도 조선인 중에서 과학기술을 전공한 대학 졸업자는 거의 없을 때였다.

그동안 잘 알려지지 않은 사실로, 숭실대학에 이학과를 설치하려는 움직임은 벡커가 미국에서 안식년을 마치고 다시 돌아온 1913년 무렵에 있었던 것으로 보인다.[17] 당시 이과 교과목을 가르칠 교수진이 비교적 잘 갖추어져 있었고 졸업 후 진로도 학교 이과 교원처럼 그 수요가 적지 않았다. 그러다가 숭실대학은 1916년 조선총독부에 문학과와 더불어 이학과의 승인도 요청했다. 이학과는 적어도 이때부터 실질적으로 운영되었던 것으로 보이며 1919년에는 이학

『회원명부』, 1938, 숭실대 한국기독교박물관 영인본에 크게 의존했으나 이 수치도 정확하지 않다. 당시의 상황을 잘 보여주는 오래된 자료가 있을 경우에는 그것에 더 의존했다.

15 「私立崇實學校狀況調査書」, 1927, 국가기록원 소장.

16 맥머트리는 미국 위스콘신주의 공업학교를 졸업한 후 지방관청 토목과에서 12년 근무했다. 「私立崇實學校狀況調査書」, 1927; 「私立崇實學校指定ニ關スル件」, 1927, 국가기록원 소장; 이원, 『맹로법과 기계창』, 숭실대, 2018, 12~34면.

17 "Minutes and Reports of the Twenty Ninth Annual Meeting of the Chosen Mission of the Presbyterian Church in the U.S.A., 1913", *Annual Report*, 1986, p.40.(한국기독교사연구회 영인본)

과 교과과정이 개설되어 있었고 1921년에는 3명의 이학과 졸업생이 배출되었으며, 이후로는 그 인원이 꾸준히 늘어났다.[18] 이러한 사실은 한국 근현대 과학기술사에서 숭실대학이 가지는 의미를 다르게 평가해야 한다는 점을 시사한다.

초기에 이학과의 운영이 안정적으로 이루어지지는 못했다. 무엇보다 기독교계 고등교육기관 설치 지역을 둘러싸고 벌어진 논란으로 1914년 감리교가 교파 연합에서 탈퇴하고 소속 선교사들인 벡커와 루퍼스가 서울로 옮겨감으로써 그 타격이 컸다. 이학과 소속을 포함한 일부 학생들은 교수들을 따라 이동하기도 했다. 뿐만 아니라 감리교에서 세운 과학관도 사용할 수 없게 되었다.[19] 이때부터 숭실대학 이학과의 책임자는 모우리 선교사가 맡았을 것이다. 이에 숭실대학에서는 수학을 담당할 파커William P. Parker, 朴源林를 새로이 충원하고[20] 다른 교수들이 부족한 과목들을 나눠 맡는 방식으로 대처했으나 버거웠다.

숭실대학은 일찍부터 조선인 학생들을 교수요원으로 육성하는 데도 관심을 기울였다. 학교 차원에서 졸업생들 가운데 일부를 선발하여 해외로 꾸준히 유학을 보냈던 것으로 보인다. 이때 소요되는 경비는 학교가 직접 혹은 후원자를 물색해서 지원을 했다. 지금까지 알려진 사례만도 1910년대의 박윤근우스터대학, 1920년대의 강영환동북제대, 1930년대의 김헌규북해도제대 등을 들 수 있다. 김헌

18 "R. O. Reiner's letter", Dec. 19th, 1916, p.319; 사립숭실학교, 『평양사립숭실대학일람표』, 광문사, 1919, 5~18면; 숭실대학교120년사편찬위원회 편, 『민족과 함께한 숭실 120년』, 97면. 연희전문학교 수물과에서 1회 졸업생은 1919년에 배출되나 그 운영이 안정적으로 이루어진 것은 1920년 이후, 특히 1924년부터였다.

19 "Pyengyang Station Report (of Annual Report)", 1915, p.283; 안종철, 「아더 베커(Arthur L. Becker)의 교육선교활동과 '연합기독교대학' 설립」, 『한국기독교와 역사』 34, 2011, 240~275면. 연희전문학교 수물과 1회 졸업생(1919) 4명 중 두 명, 즉 임용필과 장세운은 숭실대학을 다니다가 옮겨간 사람들이었다.

20 "Report of W. M. Baird, President of the Union Christian College and Academy to the Board of Control for the Year 1913~1914", pp.292~293; "Report of W. M. Baird, President of the Union Christian College and Academy to the Board of Control for the Year 1914~1915", pp.311~312.

규의 경우 "교수가 부족한 숭실에 (…중략…) 윤 교장의 뜻을 따라 일본유학부터 결심하게" 되었고 "윤 교장이 교수 양성 장학금 30원을 매달 보내주"었다고 한다.[21]

이 시기 숭실대학이 직면한 또 다른 과제의 하나는 조선총독부로부터 공식 승인을 받느냐의 문제였다. 조선총독부는 1915년 '전문학교규칙'과 '개정 사립학교규칙'을 공표했다. 그 주요 내용을 보면, 대학령이 없는 관계로 대학이 아닌 전문학교만 설립이 허용되었다. 전문학교는 상당한 재원을 가진 재단법인 형태로 운영되어야 하고 성경과 조선어는 배제하되 수신과 일본어를 교과과정에 반드시 포함해야 했다. 또한 일본어에 능숙한, 기본적으로 대학 졸업일본 학제 기준의 전임교원을 1학급에 1명 이상 확보해야 하고 전공과목을 매주 25시간 이상 교육하고 교육에 충분한 설비를 갖추어야 했다.[22] 3·1운동의 여파로 1920년 사립학교규칙은 다시 개정돼 일부 내용이 다소 완화되긴 했다.

당시 선교부와 선교사들은 종교교육의 중단 문제로 인가 신청에 대해 반대 의견을, 그에 반해 학부형과 학생들은 졸업생들에 주어지는 불이익으로 대개 찬성 의견을 나타낸 것에서 보듯 서로의 입장이 크게 갈렸다. 결국 숭실대학은 선교부와 선교사들의 뜻에 따라 조선총독부의 승인을 받지 않음으로써 학력을 인정받지 못하는 각종학교로 남게 되었다. 반면에 경쟁 상대라 할 경성에 세워진 또 다른 기독교계 고등교육기관은 1917년 조선총독부로부터 설립인가를 받고 연희전문학교로 출범했다.

숭실대학에서 이학과 재건에 관심을 기울인 것은 3·1운동 이후 교육열이 뜨거워진 1920년 무렵부터였다. 이 무렵 숭실대학은 조선총독부로부터 "다수의

21 숭실대학교120년사편찬위원회 편, 『평양숭실 회고록』, 239~243면; 「강영환 자서전」, 평양공업대학, 『리력서』, 1948, 미국 국립문서보관소 소장; 숭실인물사편찬위원회, 「곤충학자로 외길을 산 김헌규」, 『인물로 본 숭실 100년』, 숭실대 출판부, 1992, 289~303면.

22 「私立學校規則」; 「專門學校規則, 『朝鮮總督府官報』, 1915.3.24.

교원은 교육에 관한 해박한 지식과 충분한 기능을 가진 자로 거의 볼 수 없고", "교수용 기구기계의 설비는 대학 및 중학교 설비로서 빈약"하다는 등의 지적을 받고 있었다. 그 중에서도 이화학 설비가 부족하다는 점은 이학과와 직결되는 사안이었다.[23] 이러한 문제를 해소하기 위해 학교에서는 전임교원과 실험설비 확보에 특별히 힘썼다. 교수진으로는 부족하다고 여긴 이학과를 위해 화학의 김호연노스웨스턴대학과 이용규네브래스카대학 석사, 물리학의 솔토우David L. Soltau 蘇逸道, 노스웨스턴대학와 강영환숭실대학 등을 충원했다.[24] 여전히 일본에서 대학을 마친 사람이 없을 때라서 미국에서 유학한 조선인 이과 전공자들을 충원했다. 이과 설비를 개선하기 위해서는 새로운 과학관 건립 비용을 모금하고 기계창 시설도 재원을 들여 개선하고자 했다.[25] 1924년에는 이학과를 중점 학과의 하나로 육성하기로 결정하고 기존 기숙사를 응용화학 건물로 변경하는 조치도 취했다.[26]

마침내 숭실대학은 조선총독부에 전문학교 인가 신청서를 제출해 1925년 공식 승인을 받았다. 학교의 명칭도 숭실대학에서 숭실전문학교로 바뀌었다. 그런데 이때 인가를 받은 학과는 문학과 뿐이었고 이학과는 "설비가 불충분"하다는 이유로 반려되었다. 조선총독부가 제시한 이학과 개설을 위한 까다로운 요구 조건을 채우지 못하고 있다는 점을 주된 문제로 삼았다. 당시 조선총독부에서는 이론적이고 학문적인 분야보다 실제적이고 직업적인 분야를 강조하고 있기도 했다. 이때 인가 신청을 낸 이학과의 분야는 화학 전공 교수들을 주축

23 朝鮮總督府學務局, 『朝鮮人敎育私立各種學校狀況』, 1920, pp.47~55. 이 자료는 조선총독부가 숭실학교를 포함한 사립 각종학교의 실태를 조사하여 정리한 것이다.

24 "Report of the Union Christian College to the Co-Operation Missions for 1920~1921", pp.302~303; 이지하, 『소일도·소열도』, 숭실대학교, 2018, 11~12·35~36면. 이밖에 1917년 이래로 John Bolling Reynolds(이보린, 물리학), A. W. Gillis(고리서, 농학), 나라하시(楢橋友直, 화학), 옥종경(오하이오주립대학 수학), 박윤근(우스터대학 화학) 등이 잠시 이과 교과목을 맡기도 했다.

25 숭실대학교120년사편찬위원회 편, 『민족과 함께한 숭실 120년』, 112~113면.

26 "Minutes and Reports of the Fortieth Annual Meeting of the Chosen Mission of the Presbyterian Church in the U.S.A., 1924", pp.55~56.

으로 한 응용화학Industrial Chemistry 과정이었다.[27] 이때 재학 중인 학생들은 문학과 76명, 이학과 25명이었다.[28]

이학과 승인에 실패한 후 교수진의 일부도 그만두게 되었다. 1925~28년 사이에 조선인 교수들을 중심으로 4명이 물러났다. 일제가 내세운 전임교원 자격을 갖추지 못한 점을 일차적으로 들 수 있다. 이들은 일본어에 미숙하거나 일본 대학을 기준으로 삼은 학력 기준에 미치지 못했던 것으로 보인다. 당시 일본과 미국의 학제를 비교했을 때 일본의 대학 졸업 학력은 미국의 석사과정 이수와 비슷했다. 그러므로 미국 대학 졸업만으로는 전문학교 교원에 요구되는 학력 기준을 충족시킬 수 없다고 볼 수 있다. 모우리가 다시 석사과정을 이수한 것도 이와 무관하지 않았던 것으로 보인다. 그 다음으로는 숭실전문에서 이학과 대신에 농학과를 개설하는 방향으로 기울어 이과 교수들의 수요가 줄어든 점도 또 다른 요인으로 꼽을 수 있을 것이다.

이에 따라 이학과는 심각한 난관에 직면하게 되었다. 문학과 교과과정에서 이과 과목의 내용과 비중은 대폭 줄어들었고[29] 결과적으로 이학과의 실질적인 존속이 어려워졌다. 조선총독부의 공식 승인으로 문학과의 지위는 높아졌으나 그렇지 못한 이학과는 급격히 위축되는 사태를 맞았다. 이로써 숭실대학의 두 중심축이라 할 문학과와 이학과의 운명은 뜻하지 않게 완전히 갈리게 되었다.

---

27 "The Union Christian College at Pyeng Yang, Korea 1926", pp.393~394; 「평양 숭실대학 문학부 전문 승격」, 『매일신보』, 1925.5.29; "Minutes and Reports of the Fortieth Annual Meeting of the Chosen Mission of the Presbyterian Church in the U.S.A., 1925", p.85. 여기서 인용한 대부분의 신문기사는 숭실대 한국기독교박물관, 『평양숭실대학 역사자료집 I 학사 일반』, 2017에 영인되어 있는 것을 참조했다.

28 「승격된 숭실대학」, 『조선일보』, 1925.5.29.

29 1926년 당시 숭실전문학교 문학과 교과과정에는 생물학과 천문학 교과목만 들어 있었다. 朝鮮總督府學務局, 『朝鮮教育要覽』, 1926의 내용을 숭실대 한국기독교박물관, 『평양숭실대학 역사자료집 I 학사 일반』, 25면에서 재인용.

2) 숭실전문학교 농학과

숭실전문에서는 이학과를 인가받기 위해 추가적인 노력을 기울였다. 무엇보다 부족한 설비를 대대적으로 확충하려고 애썼다. 8만여 원의 거액을 들여 1926년 모우리의 노력으로 과학관444평을 새로이 건립하고 현미경을 비롯한 실험설비도 늘려 갖추었다. 비록 승인을 받지는 못했더라도 자체적으로는 이학과도 계속 유지해 학생을 모집하여 운영했다.[30]

그런데 이러한 움직임은 1928년 맥큔G. S. McCune 尹山溫, 1872~1941이 신임 교장으로 부임해 오면서부터 크게 바뀌게 되었다. 이때 학교 당국이 지역의 유지들을 초대해 논의한 결과, 그동안 추진해온 이과가 아니라 공과와 농과를 개설하는 것으로 의견이 모아졌다. 그 중에서도 특히 농과에 대한 관심이 높았다고 한다. 이로써 이를 위한 예비과정으로 공과강습소와 농과강습소가 서둘러 만들어졌다.[31]

이는 새로운 교수 충원에서도 노력의 단면을 뚜렷이 엿볼 수 있다. 1928년 대학에서 농학을 전공한 루츠Dexter N. Lutz 柳昭, 오하이오주립대학 농학석사[32]와 김응룡동경농업대학을, 공학을 전공한 오정수MIT 공업관리학를 신임 교원으로 초빙했다.[33] 특히 루츠는 새로이 설치될 농학과를 이끌어갈 선교사로서 여러 해 전부터 조선

30 "The Union Christian College", 1928, p.321;「순회탐방 4천년 구도 평양의 위관(2) 그의 발달된 영적」,『동아일보』, 1926.9.8;「숭실전문학교에 농과 설치 계획?」,『중외일보』, 1928.2.4; 숭실대학교120년사편찬위원회 편,『민족과 함께한 숭실 120년』, 144~145 · 155~156면. 1926년까지는 이학과 신입생 30명을 선발하기 위해 모집 광고를 신문에 내기도 했다(『동아일보』, 1926.2.27).

31 숭실대학교120년사편찬위원회 편,『민족과 함께한 숭실 120년』, 145~146면;「숭실전문교에 농과 설치 계획?」,『중외일보』, 1928.2.4.

32 "Joyce's Genealogy Puzzle Page : 97. Dexter Nathaniel LUTZ" (http://sites.rootsweb.com/~joygod/pafn07.html 2019.2.21 접속).

33 『숭실』 6, 1928의 기사를 숭실대 한국기독교박물관,『학사 일반』, 219면에서 재인용. 공학의 솔토우(노스웨스턴대학)와 농학의 송을수(경도제국대학 농학)도 초빙하려고 했으나(『동아일보』, 1928.3.8) 그렇지 못했던 것으로 보인다. 한편, 공과의 설치 승인이 이루어지지 못해 오정수의 재직 기간은 1928년 4월부터 1929년 1월까지로 짧았음은 고춘섭,『정상을 위하여-추공 오정수 입지전』, 샘터, 1995, 124~127면을 통해 알 수 있다.

농업에 대해 관심을 가지고 숭실전문에서 강의를 하며 다양한 활동을 해오던 터였다. 1930년에는 대학에서 기초과학과 농학을 전공한 사람들을 교수인력으로 집중적으로 선발했다. 기초과학 3명, 농학 2명으로 모두 조선인들이었으며, 농학의 경우는 농예화학을 전공한 김호식구주제대과 축산학을 전공한 명재억콜로라도농업대학이었다.[34] 또한 농학과에 필요한 시설로 1만 평의 실습농장을 갖추고 목축장도 새로이 마련했다.

이로써 숭실전문은 1931년에 경상비 1만 6천 원에다가 거액의 임시비 4만 원을 계상하여 조선총독부에 농학과의 인가 신청을 제출해 승인을 받았다. 4년제 문학과와는 달리 농학과는 3년제로 입학생 정원 30명이었다. 당시 조선에는 관립의 수원고등농림학교가 유일한 농과계 고등교육기관으로 운영되어 오고 있었다. 수원고농은 다분히 전문지식을 습득한 기술관리의 양성에 초점을 두었다면 숭실전문 농학과는 실무 경험이 풍부한 조선 "농촌의 실제 지도자"의 배출을 목표로 삼았다.[35] 말하자면, 일제의 관립농림전문학교에 맞서는 조선인 전문학교 농학과가 세워지게 된 것이었다.

〈표 3〉 1930년대 숭실전문 농학과 교과과정

구분	교양과목	기초과목	전공과목
교과목	수신, 성경, 국어(일본어), 영어, 체조	수학, 물리학 및 기상학, 화학, 지질학 및 토양학, 식물학 및 식물병리학, 동물학, 곤충학, 유전학, 생리화학, 세균학	작물학, 육종학, 비료학, 원예학, 양잠학, 축산학, 가축사양학, 과수학, 농산제조학, 수의학, 낙농학, 농업경영학, 농업경제학, 농정학, 농구학, 농업토목학

출처: 『대평양』 1, 1934의 기사를 숭실대 한국기독교박물관, 『학사 일반』, 2017, 41면에서 재인용; 농학과 3회 졸업생 최성진의 「학적부」, 1936을 숭실대학교120년사편찬위원회 편, 『평양 숭실 회고록』, 273면에서 재인용.

34 『숭실』 9-10, 1930의 기사를 숭실대 한국기독교박물관, 『평양숭실대학 역사자료집 I 학사 일반』, 226~228면에서 재인용. 명재억의 이력은 『대한연감 4288년판』, 1955에 간단히 소개되어 있다.

35 「신춘 평양학계의 희소식 숭실전문교의 농과가 새로 승격」, 『조선일보』, 1931.3.7. 숭실전문 농학과 설립에 대한 시대적 배경 및 간략한 서술은 숭실대학교120년사편찬위원회 편, 『민족과 함께한 숭실 120년』, 143~152면; 한규무, 『일제하 한국 기독교 농촌운동-1925~1937』, 한국기독교역사연구소, 1997, 185~193면; 윤정란, 「근대전환기 서구 근대 식물학의 도입과 확산의 토

〈표 4〉 1930년대 숭실전문 농학과 교수진

이름	재직 기간	출신 학교	최종 학력	비고
Eli Miller Mowry	1909~38	College of Wooster	College of Wooster 생물학 / 지질학석사18	
William P. Parker	1914~38	Davidson College	Davidson College 수학석사 / 박사28	
Dexter N. Lutz	1928~38	Ohio State Univ.	Ohio State Univ. 농학석사20	실습농장 장장
김응룡	1928~34	숭실중23	동경농업대학(東京農業大學) 농학28	병리곤충부주임
김호식	1930~38	수원고농26	구주제대(九州帝大) 농예화학29	서울대
강영환	1930~36	숭실대학24	동북제대(東北帝大) 물리학29	북한
박병곤	1930~?	숭실대학24	경도제대(京都帝大) 수학30	
명재억	1930~38	오산고보 동경제대(東京帝大) 농학실과26	Colorado Agricultural College 축산학	월남 (농림상)
이귀화	1930~38	숭실대학25	동북제대(東北帝大) 화학30	북한
정두현	1931~38	숭실중 중퇴 동경제대(東京帝大) 농학실과14	동북제대(東北帝大) 생물학30	숭실중교장 / 북한
이훈구	1931~37	수원고농20 동경제대 (東京帝大)24	Univ. of Wisconsin 농업경제학박사29	학과장 부교장
최윤호	1934~38	대성학교 보스턴대학	Indiana Univ. 교육학박사30	
이근태	1934~38	숭실중20 광도고등사범 (廣島高等師範)28	북해도제대(北海道帝大) 축산학34	축산부 주임
이기인	1936~38	고지고(高知高)31	구주제대(九州帝大) 농학34(양잠)	중국국립중앙대학

(출처) 평양숭실전문학교 학생기독교청년회, 『회원명부』, 1933; 『대평양』 1, 1934의 기사를 숭실대 한국기독교박물관. 『평양숭실대학 역사자료집 I 학사 일반』, 41면에서 재인용; 숭실전문학교, 『숭실전문학교실습농장요람』, 1932; 숭실교우회, 『회원명부』, 1938, 숭실대 한국기독교박물관 영인본; 許・晨, 「札幌學校・東北帝國大學農科大學・北海道帝國大學留學生一覧」, 『北海道大學文書館年報』 6, 2011, pp. 120~127; 九州大学農学部同窓會, 『會員名簿, 昭和 61年』, 1986; 숭실대학교120년사편찬위원회 편, 『평양 숭실 회고록』, 숭실대 한국기독교박물관, 2017, 274~275면; 박성래 외, 「한국 과학기술자의 형성 연구」, 한국과학재단, 1995; 박성래 외, 「한국 과학기술자의 형성 연구 2－미국유학 편」, 한국과학재단, 1998.[38]
(비고) 이외에 일본인 교수 1명이 농학과에 소속되어 있었음.

대 구축」, 239~243면에 나와 있다.

전반적으로 볼 때 농학과의 교과과정은 기초과목과 더불어 전공과목이 다양하게 갖추어져 있는 것을 알 수 있다. 기초과목으로는 수학, 물리학, 화학, 지질학, 식물학, 동물학, 유전학 등이 빠짐없이 포함되었다. 전공과목으로는 농학과 관련한 많은 교과목들이 망라되어 있었는데, 그 중에서도 작물학, 육종학, 원예학, 축산학, 과수학, 농산제조학, 낙농학, 농업경제학 등은 핵심 교과목들이었다. 아울러 실습이 필수적이고 중요하게 부과되었다.[36] 이전의 이학과에 비해, 편성된 전공과목들이 훨씬 세분화되고 심화되어 있는 것을 엿볼 수 있다.

1930년대 중반 숭실전문 농학과에는 많은 전임교원들이 충원되어 있었다. 거의 매년 꾸준히 그 인원을 확보하여 기초분야 6명, 전공분야 8명으로 총14명에 달했다. 세부 전공 분야별로는 농학, 농예화학, 축산학, 양잠학, 농업경제학, 농업교육 등을 포괄하고 있었다. 이들의 대다수는 조선인들로 일본에서 공부한 경험을 가진 사람들이었다. 비록 미국에서 학위를 받았더라도 이전에 일본유학을 거치기도 했다. 이중에 절반 가까운 7명은 모교 숭실중학 및 숭실대학을 나온 사람들이었다. 관립의 수원고농1934년 농학과와 임학과에 교수 20명 중 조선인 2명[37]과 비교하더라도 이곳의 교수진은 그 인원이나 수준에서 결코 뒤지지 않았다. 무엇보다 10여 명의 조선인 농학 전문가들이 고등교육기관에서 그들의 역량을 발휘할 새로운 기회를 가지게 되었다는 점은 특기할 만하다.

이들 중에서 새로이 충원된 이훈구, 최윤호, 정두현은 매우 돋보이는 인물들이었다. 이훈구1896~1961는 수원고등농림학교와 동경제국대학에서 농학선과을

36 숭실전문학교, 『숭실전문학교 실습농장 요람』, 1932; 『대평양』 1, 1934의 기사를 숭실대 한국기독교박물관, 『평양숭실대학 역사자료집 I 학사 일반』, 2017, 41면에서 재인용; 농학과 3회 졸업생 최성진의 「학적부」, 1936을 숭실대학교120년사편찬위원회 편, 『평양 숭실 회고록』, 273면에서 재인용.

37 水原高等農林學校, 『朝鮮總督府水原高等農林學校一覽』, 1934, pp.114~115.

38 평양숭실전문학교 학생기독교청년회, 『회원명부』, 1933에 따르면 일본인 교수는 船坂順吉로 그는 1919년 조선으로 와서 실업학교 교원으로 근무했다(『朝鮮總督府官報』, 1919.10.25).

공부하고 다시 미국으로 건너가 위스콘신대학에서 농업경제학으로 박사학위를 받았다. 그는 숭실전문 농학과 과장으로 임명되었고 조선의 농업에 대한 중요한 연구성과를 남기기도 했다.[39] 최윤호는 미국의 보스턴대학을 거쳐 인디애나대학에서 교육학으로 박사학위를 취득했다. 그는 농민들의 교육문제와 처우개선에 남다른 열정을 지니며 활발한 활동을 벌였다.[40] 정두현1888~?은 동경제국대학 농학실과에서 농학을, 동북제국대학에서 생물학을, 이후에는 대북제국대학에서 의학을 공부했다.[41] 고등 수준의 이학, 농학, 의학을 섭렵하고 연구경력까지 쌓은 사람은 그가 처음이자 유일할 것이다. 이처럼 당시 숭실전문 농학과에는 조선을 대표하는 과학자이자 농학자들이 모여 있었던 것이다.

주요 시설로는 여러 개의 부속농장이 갖추어졌다. 본장과 4개의 분장서장대, 사동, 동대원, 용반으로 구성되었는데, 저마다 채소, 작물, 과수원, 목장, 일반농사로 특화되어 운영되었다. 그 전체 면적은 30만 평이 넘었다. 나아가 평원군에는 서해 해안을 간척한 미간지 112만 평을 확보하고 이를 경제농장經濟農場이라 불렀다. 실습농장은 종예부, 원예부, 축산부, 농산물가공부, 병리곤충부, 화학부 등으로 구성되었다. 그리고 1931년 농장실습관102평을 세워 농산물 저장과 통조림 제조, 훈제 작업 등이 본격적으로 이루어졌다. 여기서 생산하는 다양한

39 방기중, 「일제하 이훈구의 농업론과 경제자립사상」, 『역사문제연구』 1, 1996, 113~162면; 박규환, 「식민지 지식인의 굴절, 그 뜻과 결 – 일제강점기 이훈구의 농촌운동과 '숭실'」, 『한국기독교와 역사』 46, 2017, 69~96면. 그가 남긴 주요 저작으로는 『만주와 조선인』, 숭실전문학교 경제학연구실, 1932와 『조선농업론』, 한성도서, 1935와 *Land Utilization and Rural Economy in Korea*, Chicago University Press, 1936이 있다.

40 「형설공 17년 최박사 귀국」, 『동아일보』, 1932.8.9; 『우라키』 4, 1930, 199면; 박성래 외, 「한국과학기술자의 형성 연구 2 – 미국유학 편」, 한국과학재단, 1998, 121면; 이경숙, 「일제강점기 숭실전문학교 교수진의 구성과 네트워크」, 『사회와 역사』 130, 2021, 109~110면.

41 「정두현 자서전」, 평양의학대학, 『리력서』, 1948, 미국 국립문서보관소 소장; 정종현, 「식민과 분단으로 서로를 지운 '평양'의 형제 – 정두현과 정광현」, 『특별한 형제들』, 휴머니스트출판그룹, 2021, 13~31면. 참고로 그는 명치학원중학부를 거쳤고 당시 『東京帝國大學一覽』을 보면 동경제국대학 농학부 농학실과(전문학교 과정)를 마쳤던 것을 알 수 있다.

과일 통조림 제품은 숭실의 명물로 국내는 물론 중국, 일본, 미국으로까지 수출되며 연간 4천 원의 매출을 올리기도 했다고 한다.[42]

숭실전문 농학과에서는 졸업생들 중 임명된 다수의 조수助手가 교수들의 활동을 지원하며 학생들의 실습이나 농민 교육 등을 맡았다. 마치 대학에서처럼 교육연구를 원활히 수행하기 위해 학과 및 농장 소속의 조수를 두었던 것이다. 주요 인물로는 이학과1924의 김상근,[43] 농학과 1회의 김진세, 김준도, 김혜택, 조두서, 2회의 전인환, 박영훈, 원병휘, 그리고 다른 학교 출신인 김병하 등이 있었다.[44] 이들 중 다수는 이후 대학에 진학하거나 연구경력을 쌓아 농업 전문가로 성장했다.

숭실전문 농학과의 사람들은 1932년부터 장로회 총회 농촌부가 주재하는 고등농사학원[45]도 실질적으로 주도했다. 이는 "새조선의 건설은 농촌에서부터"라는 슬로건 아래 북유럽 농업국 덴마크 부흥의 원동력이 된 국민고등학원을 모델로 삼은 농촌 지도자 양성 프로그램이었다. 일례로, 이듬해 강습에는 약 2개월에 걸쳐 농촌운동에 뜻을 둔 63명의 참여 속에 숭실전문 농학과에서 성황리에 열렸다. 이때 강사진으로는 숭실전문 농학과의 이훈구를 비롯한 김호식, 명재억, 김응룡 교수와 함께 조수 및 재학생 10명이 참여했다. 나아가 1936년에는 이 고등농사학원을 완전히 인계받아 새롭게 이끌었다. 입학 자격은 보통학교 이상 졸업의 기독교 신자로 매년 여름에 60명을 선발해 1개월 반 동안 실제 현장에 도움이 될 농업강습을 시켰다. 주요 교과 내용은 성경, 작물학, 과수

---

42 숭실전문학교, 『숭실전문학교실습농장요람』, 1932; 숭실대학교120년사편찬위원회 편, 『민족과 함께한 숭실 120년』, 149~151면; 숭실대학교120년사편찬위원회 편, 『평양숭실 회고록』, 266~269면.

43 김상근은 숭실전문 실습농장 주임으로 그 관리를 실질적으로 맡으며 이끌었다. 평양숭실전문학교 학생기독교청년회, 『회원명부』, 19면.

44 숭실교우회, 『회원명부』, 1938, 숭실대 한국기독교박물관 영인본, 21~23면.

45 고등농사원 전반에 대해서는 한규무, 『일제하 한국 기독교 농촌운동–1925~1937』, 198~205면에 잘 서술되어 있다.

학, 채소학, 축산학, 비료학, 식물병리 및 약제학, 농업경제학, 음악, 체육과 실습 및 견학매일 등으로 이루어졌다.[46] 말하자면, 이 과정은 숭실전문 농학과의 하급반이었다. 이와 함께 장로회 총회 농촌부가 1929년부터 매달 펴낸 『농민생활』도 숭실전문 농학과가 실질적으로 운영했고 1934년부터는 그 발행을 인계받았다. 이는 연간 10만 부 이상 발행되는 조선 최고의 농업잡지로서 15년 넘게 발간되었다.[47]

하지만 숭실전문학교는 신사참배 거부문제로 1938년에 폐교되었다. 늦게 출범한 농학과는 5회 졸업생을 배출하고 비교적 단명하고 말았다. 그럴지라도 그 배출 인원은 187명으로 장기간 운영된 수원고농 조선인 졸업생 357명에 비해서도 적지만은 않았다. 문을 닫게 된 숭실전문을 이어 광산가 이종만의 기부로 대동공업전문학교가 탄생했다. 그것의 주체 및 성격은 완전히 다르나 이 새로 설립된 대동공전은 숭실전문의 캠퍼스와 건물, 시설 등을 그대로 인계받았다. 숭실전문의 재학생들은 일정한 시험을 치른 후 연희전문으로 편입했는데[48] 그 일부는 대동공전으로도 옮겨간 것으로 보인다.[49]

---

46 「죠션예수교장로회총회 뎨22회 회록」, 1933.9.8의 내용을 숭실대학교120년사편찬위원회 편, 『평양숭실 회고록』, 155~156면에서 재인용; 방기중, 「일제하 이훈구의 농업론과 경제자립사상」, 136~139면; 숭실대학교120년사편찬위원회 편, 『민족과 함께한 숭실 120년』, 149~150면; 「고등농사학원」, 『동아일보』, 1936.5.28.

47 박태일, 「1930년대 평양 지역문학과 『농민생활』」, 『영주어문』 29, 2015, 275~277면; "Report of the Mission's Representative on the Board of Directors of Union Christian College of Korea", 1935, p.365.

48 숭실대학교120년사편찬위원회 편, 『민족과 함께한 숭실 120년』, 180면; 「숭전생은 전부해산 연전양과에 편입시험」, 『동아일보』, 1938.3.10.

49 숭실대학교120년사편찬위원회 편, 『평양숭실 회고록』, 290면에서 1938년 농학과 졸업생 이광연은 "[숭실전문 재학생들이] 다가지는 않았지만 학적부상으로는 대동공전이 (…중략…) 학생들을 흡수"했다고 증언하고 있다.

3. 졸업생들의 대학 진학

1) 이공계 전공자들

숭실대학 시기라 하더라도 당시 일본의 학제에 비춰보면 이 학교는 전문수준이었다. 중등학교 졸업 후 대학에 진학하려면 고등학교3년를 거쳐야 했는데 숭실대학은 전문학교처럼 그렇지 않았다. 그런데 당시 조선에서 전문학교는 기본적으로 현업에 종사할 실무자를 양성하기 위해 학술적이 아닌 실용적인 교육에 치중했다. 이로써 전문학교는 사회에 진출할 사람들을 위한 마지막 단계의 교육과정이라고 할 수 있다.

하지만 조선인들 중에는 대학이 없는 상황에서 불가피하게 전문학교로 진학한 사람들이 적지 않았다. 더러는 학업 도중에 학문에 뜻을 가지게 된 사람들도 생기게 되었다. 이들은 전문학교 졸업에 만족하지 않고 더 수준 높은 고등교육을 받기 위해 새로운 기회를 찾으려고 애썼다. 그 앞에는 학업 기간의 연장, 막대한 재정 부담, 입학 경쟁률의 심화, 취업의 지연 등 여러 문제가 가로놓여 있었다.

무엇보다 큰 어려움은 대학 진학을 위해서는 해외로 유학을 가야 한다는 점이었다. 1926년 세워진 경성제국대학에는 상당 기간 법문학부와 의학부만이 개설되어 있었다. 이마저 학생 정원이 적은 데다가 일본인 학생들 위주로 선발했으므로 조선인들이 들어가기란 결코 쉽지 않았다. 이러한 사정으로 많은 사람들이 해외로 유학을 떠나게 되었고 그 수는 시간이 갈수록 늘어났다.[50]

50 조선에는 고등학교가 없어 그에 준하는 경성제대 예과가 1924년에 설치되었으며, 새로운 학부로 이공학부가 뒤늦은 1941년에 추가되었다. 조선인 학생들의 이공계 분야 일본유학에 대해서는 김근배, 『한국 근대 과학기술인력의 출현』, 244~278면을 참조할 것.

51 초기에는 숭실대학을 졸업하지 않더라도 중퇴자로 여겨지는 사람들도 조사 대상에 포함시켰다.

〈표 5〉 숭실전문 출신 이공계 대학 졸업자들

이름	졸업[51]	출신 대학	전공 분야	주요 활동	비고
김득수	1908 (중학)	Columbia Univ.	석사	연희전문 / 광성학교	
임용필	1911 (중학)	Univ. of Detroit	전기공학		미국
장세운	1912 (중학)	Univ. of Chicago 38	수학박사		미국
박인준	1912 (중학)	Univ. of Minnesota 27	건축학	연희전문	
이병두	1913 중퇴	Ohio State Univ. 22	세라믹공학석사	American Tile	미국
박윤근	1914	College of Wooster 20	화학 / 음악	숭실전문	
조응천	1916	Indiana Univ. 28	물리학박사	기독교청년면려회 『농민생활』	차관
김태술	1921	MIT 29	전기공학	General Electric	미국
김필수	1922	Northwestern Univ. 32	수학석사		
강영환	1924	동북제대(東北帝大) 29	물리학	숭실전문	북한
박병곤	1924	경도제대(京都帝大) 30	수학	숭실전문 / 평양일본맥분주식회사	
김형남	1924 중퇴	Pratt Institute 28	화학공학	평양제혁	총장
이귀화	1925	동북제대(東北帝大) 30	화학	숭실전문	북한
한경직	1925	Univ. of Emporia 26	화학?	숭인상업 / 신의주제2 / 교회	
김성호	1926	Northwestern Univ. 29	화학공학석사	평양곡산	석탄 공사
김준민	1937	동북제대(東北帝大) 40	생물학	송도고보	서울대
정병준	1938	북해도제대(北海道帝大) 41	지질광물학	동양척식	

(출처) 숭실교우회, 『회원명부』, 1938. 숭실대 한국기독교박물관 영인본; 북미조선유학생총회, 『우라키』 1~7, 1925~1937; Korean Student Federation of North America, *Korean Student Bulletin*, 1922~1941; 박성래 외, 「한국 과학기술자의 형성 연구」; 박성래 외, 「한국 과학기술자의 형성 연구 2: 미국유학 편」.

숭실대학 출신 중에서도 일찍이 대학을 진학하려는 사람들이 나타났다. 초기일수록 낯선 과학기술을 공부하려는 사람들은 아무래도 드물었다. 이과보다

숭실대학 운영이 불안정해 숭실중학 졸업 후 숭실대학을 다니는 도중에 그만둔 경우가 꽤 있었을 것이다.

는 문과나 신학 전공의 유학생들이 훨씬 많았다.[52] 그럴지라도 숭실대학의 교과과정에서 이과 교과목들이 중요하게 가르쳐졌으므로 대학에 들어가서 과학기술을 공부하려는 사람들도 등장했다.

이들이 주되게 선택한 나라는 뜻밖에도 아주 먼 미국이었다.〈표 5〉 그 첫째 요인은 선교사 교수들의 추천과 선교부의 후원이었다. 이들은 외국인 선교사들의 도움으로 미국 비자, 대학 진학, 학비 원조 등의 문제를 원만하게 해결할 수 있었다.[53] 둘째 요인은 가까운 일본의 대학에 곧바로 진학하는 것이 불가능했던 당시의 사정과 관련이 있다. 조선과 일본 사이의 학제 차이로 조선인 학생들은 예비과정을 거쳐야 했고 그렇게 해도 본과생으로 선발되는 경우는 드물었다. 이 때문에 숭실대학 출신 중 초기에 해외유학을 떠난 사람들은 거의 예외 없이 미국으로 가게 되었던 것이다.

미국으로 유학을 간 사람들이 애초에 들어간 곳은 선교사들의 주선으로 기독교계 소규모 사립 대학들이었다. 오하이오 웨슬리안대학Ohio Wesleyan University, 로렌스대학Lawrence College, 몬마우쓰대학Monmouth College, 우스터대학College of Wooster 등은 그 일부 예들이다. 그런데 이들 중에 적지 않은 사람들이 도중에 다른 대학으로 옮겼다. 그들이 선택한 대학은 규모가 큰 주립 및 사립 종합대학들이었다. 주립의 오하이오주립대학, 인디애나대학, 미네소타대학, 사립의 시카고대학, 노스웨스턴대학 등을 예로 들 수 있다.

숭실대학 출신들이 일본으로 유학을 가게 된 것은 1920년대 들어서였다. 무엇보다 3·1운동 여파로 제정된 제2차 조선교육령1922에 의해 일본과 조선의 학제가 동일해져 가장 큰 걸림돌이 표면적으로는 사라졌다. 아울러 숭실대학

52 숭실대 한국기독교박물관, 『평양숭실대학 역사자료집 I 학사 일반』과 숭실대학교120년사편찬위원회 편, 『평양숭실 회고록』에 소개되어 있는 일부 유학생들을 통해 그 경향을 엿볼 수 있다.
53 숭실대학교120년사편찬위원회 편, 『평양숭실 회고록』, 239~243면; 박성래 외, 「한국 과학기술자의 형성 연구 2-미국유학 편」, 66~68면.

에서 이학과가 보다 충실하게 운영되어 이공계 분야로 대학 진학을 준비하는 사람들이 본격적으로 나타났다.

하지만 전문학교 출신의 조선인 학생이 일본의 대학에 진학하는 것은 녹록치 않았다. 이공계 전공 분야는 입학 경쟁이 극심했던 제국대학에 주로 설치되어 있었기 때문이다.[54] 이 제국대학은 기본적으로 일본의 고등학교를 졸업한 학생을 받아들이는 곳으로서 전문학교 출신에게는 그 기회가 잘 주어지지 않았다. 더구나 숭실대학 졸업생은 전문학교 수준, 조선인이라는 불리한 점 외에 학력이 인정되지 않는 각종학교各種學校 출신이라는 삼중의 제약 조건을 안고 있었다.

실제로 숭실대학 이학과를 졸업한 사람들이 주되게 진학한 일본의 대학은 동북제대였다. 이 대학이 숭실대학 이학과 졸업생들에게 입학의 기회를 상대적으로 좀 더 주었다고 볼 수 있다. 그중에 2명은 숭실대학에서 이학과가 가장 활발히 운영되던 시기에 졸업했다. 이들은 제국대학에 진학하기 위해 고등학교 졸업검정시험을 보고 제국대학 입학시험을 치러야 했다.[55] 그 전체 인원은 5명으로 적었다. 그만큼 일본의 대학, 특히 제국대학에서는 숭실대학 졸업생들을 거의 받아주지 않았던 것이다.

전반적으로 이들이 대학에서 공부한 전공은 대다수가 이학이고 일부 공학도 있었다. 무엇보다 숭실대학에서 배운 교과과정이 이학에 중점을 두고 있었던 점이 크게 영향을 미쳤다. 일본유학의 경우는 동일 계열로 입학을 했으므로 모든 사람들이 이학 전공자들이었다. 그에 비해 미국유학의 경우는 당시 떠오르

54 1930년대에 이공계 전공이 개설되어 있던 대학으로는 관립의 동경제대, 경도제대, 동북제대, 구주제대, 북해도제대, 대판제대, 동경공업대, 동경문리대, 광도문리대, 사립의 와세다대, 일본대 등이 있었다.

55 동북제대 이학부에 가장 먼저 진학한 강영환의 사례를 보면 그는 숭실대학 이학과를 마친 후 일본으로 유학을 가 조도전제일고등학원에서 1년을 다닌 다음 고등학교 졸업검정시험과 제국대학 입학시험을 치르고 들어갔다. 「강영환 자서전」, 평양공업대학, 『리력서』, 1948.

고 있던 공학의 인기로 특히 화학공학과 전기공학을 택한 사람들도 있었다. 전반적으로 이들의 전공 분포는 화학계열과 물리학계열이 많았고 상대적으로 생물학과 지질학 분야는 적었다.

이들 중에 두드러진 인물로는 박사학위를 취득한 조응천인디애나대학 물리학과 장세운노스웨스턴대학 수학을 대표적으로 들 수 있다. 이들은 각각 한국인 최초의 물리학 박사이고 수학 박사였다. 이 시기에 이공계 분야에서 박사학위를 받은 조선인들이 10명 정도에 불과한데, 그 중에 2명이 숭실전문 출신이었던 것이다.[56] 그리고 이병두는 오하이오주립대학에서 세라믹공학으로 석사학위를 받고 기업의 기술자로 활동했다. 그는 한국인 과학기술자들 중 영문저널에 처음 논문을 발표했고 인공 치아 개발연구로 미국 특허도 여러 개 취득한 한국인 최초의 엔지니어로 부를만하다.[57] 김태술은 MIT에서 전기공학을 공부하고 제너럴일렉트릭General Electric 사에서 근무했던 것으로 알려져 있다.[58]

한편, 숭실대학 이학과 출신들 중에는 의학 전공을 택한 사람들도 일부 있었다. 의학은 사회적 지위와 경제적 수익이 높은 전문직으로서 많은 사람들이 선망하는 전공 분야였다. 숭실대학에서 이학과를 공부한 다음 이후 의학계 학교로 진학한 경우가 생겼다. 미국으로 유학을 간 이용설노스웨스턴대학 정형외과과 김명선노스웨스턴대학 생리학은 의학박사 학위까지 취득했다. 반면에 국내와 일본에서 의학을 공부한 사람들은 대학이 아닌 전문학교로 다시 들어갔다. 의학계 대학에서는 이들을 선발하지 않아 결국 전문학교로만 진학이 가능했으며, 그 전체 인원은 10명 정도였다.[59]

---

56 김근배, 『한국 근대 과학기술인력의 출현』, 275~277면; 박성래 외, 「한국 과학기술자의 형성 연구 2－미국유학 편」, 72~87면.

57 "P. William Lee," *The Korean Student Bulletin* Vol. 5 No. 4, 1927, p.5; 박성래 외, 「한국 과학기술자의 형성 연구 2－미국유학 편」, 56~58면.

58 *The Korean Student Bulletin* Vol. 7 No. 3, 1929, p.6; 박성래 외, 「한국 과학기술자의 형성 연구 2－미국유학 편」, 99~100면.

2) 농학계 전공자들

숭실전문 출신이 대학을 다수 진학한 또 다른 분야는 농학이었다. 이는 학교에 농학과가 설치되어 운영된 것과 관련이 깊다. 역시 조선에는 농학계 대학이 없었으므로 높은 수준의 교육을 받으려면 해외로 유학을 가야만 했다. 미국유학 출신에 대한 차별이 심해지고 점차 미국으로 건너가는 것이 어려워져 농학 전공자들은 거의 모든 사람들이 일본의 대학에서 공부를 했다.

일본에서는 농학 분야도 제국대학에 주되게 설치되어 있어 그 입학이 까다로웠다.[60] 물론 농학부는 조선인들에게 진학의 기회가 좀 더 열려 있었다. 일부 제국대학 농학부에서는 고등학교 졸업자들로 입학정원을 채우지 못할 경우 그 남는 여석을 전문학교 졸업자들로 충원하는 방계傍系 입학이 존재했다. 그 대상의 일부는 조선의 전문학교 졸업생들이었다. 1930년대 후반부터는 대학 정원의 확장으로 지역의 제국대학일수록 전문학교 졸업생들에게 문호를 더 개방하게 되었다.

1930년대 초부터 일본의 농학계 대학에 들어가는 사람들이 생겼으나 대다수는 그 후반부터였다. 일부 제국대학 농학부에서 방계 입학을 시행하고는 있었지만 조선인 전문학교 졸업생들에게는 여전히 기회가 적었다. 방계 입학이 대폭 확대되는 1930년대 후반이 되어서야 숭실전문 농학과 졸업생들도 일본의 제국대학으로 좀 더 활발히 입학할 수 있었다.

그 대상 대학은 구주제대와 북해도제대 두 곳이었다. 이 대학들만이 숭실전문 농학과 졸업생들에게 입학시험을 볼 기회를 주었던 것이다. 구주제대보다

---

59 지금까지 파악한 의학계 출신자들은 초기 숭실대학을 중퇴한 이용설, 김명선, 정원현(치의학), 이후 졸업한 양성하, 김태훈, 김정상, 최달형(치의학), 이겸호, 박재복, 윤병서 등이다. 숭실교우회, 『회원명부』와 박성래 외, 「한국 과학기술자의 형성 연구 2－미국유학 편」 등을 참조할 것.

60 일본의 대학에서 농학 분야는 관립의 동경제대, 경도제대, 구주제대, 북해도제대, 사립의 동경농대 등에 설치되어 있었다.

〈표 6〉 숭실전문 출신 농학계 대학 졸업자들

이름	졸업	출신 대학	전공 분야	주요 활동	비고
김인식	1928	북해도제대(北海道帝大) 32	농업경제학	북성농장	
김두혁	1932	동경농업대학(東京農業大學) 38중퇴	농학	송산고등농사학원	유공자
정현규	1932	구주제대(九州帝大) 35	농학	숭실전문 / 평남 안주중	
김진세	1934	구주제대(九州帝大) 41	농예화학	만주과학원	북한
김헌규	1934	북해도제대(北海道帝大) 37 Cornell Univ. 39	농생물학석사	이화여전	
김형택	1933 중퇴	북해도제대(北海道帝大) 37	농예화학		
김풍영	1935	북해도제대(北海道帝大) 41	축산학		북한(김대)
전인환	1935	구주제대(九州帝大) 41	농학(축산학)	영생고녀	북한(김대)
이춘성	1935	구주제대(九州帝大) 43	농학		
최응상	1937	구주제대(九州帝大) 40	농예화학	日本油脂研究所	청장
현옥원	1937	북해도제대(北海道帝大) 40	농생물학		북한
임종묵	1937	북해도제대(北海道帝大) 45	농학		
최재갑	1938	북해도제대(北海道帝大) 41	농학		서울대
김현규	1938	북해도제대(北海道帝大) 41	축산학		
노용하	1938	북해도제대(北海道帝大) 42	농학	평양 경창중	
박봉수	1938	구주제대(九州帝大) 42	농예화학		

(출처) 숭실교우회, 『회원명부』, 1938. 숭실대 한국기독교박물관 영인본;
許・晨, 「札幌學校・東北帝國大學農科大學・北海道帝國大學留學生一覽」, 『北海道大學文書館年報』 6, 2011, pp.120~127;
九州大学農学部同窓會, 『會員名簿, 昭和 61年』, 1986; 숭실대학교120년사편찬위원회 편, 『평양 숭실 회고록』, 276~282면.

는 방계 입학의 문호가 넓었던 북해도제대가 더 많은 숭실전문 졸업생들을 받아들였다. 당시 입학 경쟁률은 매우 치열했다. 그래서 적지 않은 사람들은 숭실전문 졸업 후 학비 마련과 동시에 입학시험을 준비하느라 진학 시기가 늦어지기도 했다. 일례로, 전인환은 "상급학교 진학열이 많았으나 학자 부족관계 (…중략…) 입학시험 준비도 하려고" 3년 후에나 구주제대에 진학했다.[61]

하지만 매년 꾸준히 제국대학 농학부에 진학하던 숭실전문 농학과 졸업생들은 1938년 학교가 폐교됨으로써 완전히 끊겼다. 조선인 농학계 대학 진학자들

61 「전인환 자서전」, 원산농업대학, 『리력서』, 1948, 미국 국립문서보관소 소장.

을 적지 않게 배출하던 두 중심축이라 할 수원고농과 숭실전문 중 하나가 무너지게 되었던 것이다. 뿐만 아니라 이들이 국내로 돌아와 활동할 주요 공간이 사라진 것이기도 했다. 대학 졸업 후 조선인들이 자신의 전공을 살릴 전문적인 직업을 얻기란 매우 힘든 상황이었다.

지금까지 조사한 바에 따르면, 숭실전문 출신의 농학계 대학 졸업자는 16명 정도로 추산된다. 5회 졸업생을 배출했으니 연간 평균 3명의 제국대학 농학부 졸업자들이 나온 것이었다. 이들의 전공 분포는 농학, 농예화학, 농생물학, 축산학 등으로 다양했다. 모두가 숭실전문 농학과에서 중요하게 가르쳤던 농학계 분야들이었다. 하지만 이곳에서 다루지 않았던 임학과 수의학은 전공자가 전혀 없었다. 이는 전공이 다른 계열의 대학으로 진학하는 것이 불가능했기 때문일 것이다.

이들 중에는 농학 관련 활동이 두드러진 인물도 있었다. 김헌규1910~1990는 북해도제대를 나온 후 미국으로 유학을 가 코넬대학에서 농생물학으로 석사학위까지 받았다. 국내로 돌아온 다음에는 이화여전에서 교수로 근무를 했다. 김진세는 구주제대에서 농예화학을 공부한 다음 보기 드물게 만주과학원에서 X선 육종연구를 했다. 최응상1913~?은 구주제대에서 농예화학을 전공하고 일본 유지연구소에서 활동했다. 한편 이들 중에는 해방 후 북한에서 농학계의 중심 인물이 된 경우도 있었다. 김일성종합대학 농학부 및 농업과학원에서 활동한 김진세, 김풍영, 전인환, 현옥원 등이 그 예이다.[62]

62 숭실대학교120년사편찬위원회 편, 『평양숭실 회고록』, 276~280면; 박성래 외, 「한국 과학기술자의 형성 연구 2－미국유학 편」, 118면; 『대한민국인물연감(제1편)』, 청운, 1967, 197면; 「전인환 자서전」, 원산농업대학, 『리력서』.

4. 한국과학사에서 숭실전문의 위치

숭실전문을 졸업했거나 그곳에 재직한 대학 졸업 수준의 과학기술자는 지금까지 파악한 바로 약 43명이었다. 학문별 분포는 이공학 22명, 농학 21명으로 비슷했다. 비록 그 인원은 많지 않으나 일제강점기에 과학기술계 대학을 졸업한 조선인들이 적다보니 그 의미는 생각보다 크다. 지금까지 추산된 조선과 그 인근지역에서 활동한 이공학과 농학계 대학 졸업 조선인들은 대략 4~5백 명으로 여겨지고 있다. 말하자면, 숭실전문의 과학기술자는 그 비율이 약 10%로 꽤 높은 편이다.

숭실전문의 과학기술자들은 교수 14명, 졸업생 33명으로 이루어져 있다(일부 중복). 상대적으로 교수들의 비율이 낮지 않다는 사실을 알 수 있다. 이는 숭실전문이 과학기술자들을 양성하는 곳임과 동시에 그 전공자들에게 교육연구 기회를 주는 공간이기도 했다는 점을 보여준다. 당시는 조선인 과학기술자들이 자신의 전공을 살려 근무할 취업처가 드물었으므로 숭실전문은 이 점에서도 주목할 만하다.

조선인 과학기술에서 숭실전문이 중요한 역할을 하게 된 것은 무엇보다 리버럴아츠칼리지로 출발했기 때문이다. 미국에서 새롭게 떠오르고 있던 리버럴아츠칼리지는 전인교육을 목표로 문과뿐만 아니라 이과 분야들도 중요하게 망라했다. 숭실전문 또한 그동안 알려져 있던 것과는 상반되게 실제로는 이과 교과목들을 비중 있게 가르쳤다. 수학과 물리학, 화학, 생물학 등은 그 대표적 분야들이다. 그러므로 숭실전문의 원형은 인문 교양대학이 아니라 문과와 이과가 균형을 이룬 문리대 형태였던 것이다.

이로 인해 숭실전문에는 과학기술계 전공이 생길 잠재력이 기본적으로 내재되어 있었다. 그동안 알려진 것과는 다르게 이학과는 이미 1910년대에 개설되었고 농학과는 1929년부터 운영되었다. 당시 일제의 고등교육 억제정책으로 특히 경비가 많이 소요되는 과학기술계 학과의 개설이 어려웠음에도 그 설치를 위해 끊임없이 노력했다. 물론 이학과는 조선총독부의 승인을 받지 못해 상당한 곤란을 겪었고 1931년 인가를 받은 농학과는 상대적으로 순조롭게 운영되었다. 우리가 여기서 특별히 주목할 점의 하나는 숭실전문의 전체 역사에서 과학기술계 교과과정이 부실했던 시기는 이학과 개설이 무산된 다음부터 농학과가 설치되기 직전까지의 1927~28년 두 해뿐이었다는 사실이다.

당시 숭실전문의 교수진은 조선인들이 주축을 이루었고 그들은 당대 최고의 전문가들이었다. 초기에는 주로 미국에서 유학한 사람들, 점차 일본에서 공부하고 돌아온 사람들로 충원했다. 이공학의 미국유학자 김호연노스웨스턴대학, 이용규네브래스카대학 석사, 오정수MIT, 일본유학자 정두현동북제대, 강영환동북제대, 이귀화동북제대 등을 대표적으로 들 수 있다. 농학의 미국유학자 이훈구위스콘신대학 박사, 최윤호인디애나대학 박사, 명재억콜로라도농업대학, 일본유학자 김호식구주제대, 이근태북해도제대, 이기인구주제대 등을 중요하게 꼽을 수 있다. 이들 중에는 당시로서는 매우 드문 박사학위자가 2명이나 포진해 있었다.

졸업생들 중에는 과학기술계 대학으로 진학한 사람들이 적지 않았다. 다양한 어려움에도 초기에는 일본유학이 막혀 있어 모든 이들이 미국으로 공부를 하러 갔다가 1920년대부터는 점차 일본으로 가는 사람들이 늘어났다. 주요 인물로는 이공학의 미국유학 출신 이병두오하이오주립대학 석사, 김성호노스웨스턴대학 석사, 김태술MIT, 장세운노스웨스턴대학 박사, 일본유학 출신 강영환동북제대, 박병곤동북제대, 이귀화동북제대, 김준민동북제대 등이 있었다. 농학에서는 미국과 일본유학 출신 김헌규북해도제대 / 코넬대학 석사, 일본유학 출신 김진세구주제대, 최응상구주제대, 최재갑북해도제대 등이 있었다. 이공계 박사 학위자 10명 가운데 2명이 숭실전문 출신이었다.

숭실전문은 1938년 신사참배 거부로 폐교가 되었으나 그 역사적 유산은 계속 이어졌다. 이를 계기로 이종만에 의해 대동공업전문학교가 같은 자리에 세워졌다. 숭실전문의 주요 건물과 시설도 인계되었다. 이는 해방 후 평양공업전문학교로 운영되다가 1946년 평양의학전문학교와 통합되며 김일성종합대학이 되었다. 김일성종합대학 공학부는 이후 평양공업대학으로, 다시 김책공업종합대학으로 바뀌어 현재에 이르고 있다.

이렇듯 숭실전문은 한국 근현대 과학기술사에서 매우 중요한 위치를 차지하고 있다. 그동안 문과 중심의 자유교양대학으로 여겨져 이과 분야가 실제로는 상당한 노력이 기울여졌음에도 그다지 주목을 받지 못했다. 또한 이과가 중요한 일부로 포함되어 있는 연희전문학교와의 비교 속에서 숭실전문의 이과계통은 취약했던 것으로 여겨져 왔다. 그러나 숭실전문은 이학과와 농학과를 독립적으로 개설한 가운데 그를 위한 진지한 노력을 오랫동안 기울여 왔다. 이로써 숭실전문은 지금까지 알려진 것보다 한국의 과학기술사에서 훨씬 더 중요한 위치를 차지했고 인적 및 제도적 연결고리를 통해 그 전통이 면면히 이어져 왔음을 알 수 있다.

참고문헌

고춘섭, 『정상을 위하여 – 추공 오정수 입지전』, 샘터, 1995.

김근배, 『한국 근대 과학기술인력의 출현』, 문학과지성사, 2005.

______, 「숭실전문의 과학기술자들 – 이학과와 농학과 개설, 졸업생들의 대학 진학」, 『한국근현대사연구』 94, 2020.

김자중, 「1920~1945년간 식민지 조선의 '전문정도' 사립각종학교에 관한 연구 – 설립의 배경, 현황, 역사적 의의를 중심으로」, 『교육사학연구』 26-2, 교육사학회 2016.

나일성 편저, 『서양과학의 도입과 연희전문학교』, 연세대 출판부, 2004.

리처드 베어드, 숭실대학교 뿌리찾기위원회 역, 『윌리엄 베어드』, 숭실대 출판부, 2016.

민경배, 「선교정책 결정과정에서의 선교본부 영향력의 문제 – 연희전문학교 설립을 중심으로」, 『동방학지』 46-48, 연세대학교 국학연구원, 1985.

박규환, 「식민지 지식인의 굴절, 그 뜻과 결 – 일제강점기 이훈구의 농촌운동과 '숭실'」, 『한국 기독교와 역사』 46, 한국기독교역사학회, 2017.

박성래 외, 「한국 과학기술자의 형성 연구」, 한국과학재단, 1995.

________, 「한국 과학기술자의 형성 연구 2 – 미국유학 편」, 한국과학재단, 1998.

박태일, 「1930년대 평양 지역문학과 『농민생활』」, 『영주어문』 29, 영주어문학회, 2015.

방기중, 「일제하 이훈구의 농업론과 경제자립사상」, 『역사문제연구』 1, 역사문제연구소, 1996.

북미조선유학생총회, 『우라키』 1~7, 1925~1937.

사립숭실학교, 『평양사립숭실대학일람표』, 광문사, 1919.

숭실교우회, 『회원명부』, 1938, 숭실대 한국기독교박물관 영인본.

숭실대학교120년사편찬위원회 편, 『민족과 함께한 숭실 120년』, 숭실대 한국기독교박물관, 2017.

______________________________, 『평양숭실 회고록』, 숭실대 한국기독교박물관, 2017.

숭실인물사편찬위원회, 『인물로 본 숭실 100년』, 숭실대 출판부, 1992.

숭실대 한국기독교박물관, 『평양숭실대학 역사자료집 I 학사 일반』, 2017.

______________________, 『평양숭실대학 역사자료집 IV 선교자료 I – PCUSA 자료를 중심으로』, 2018.

______________________, 『평양숭실대학 역사자료집 V 선교자료 II』, 2018.

숭실전문학교, 『숭실전문학교실습농장요람』, 1932.

아마노 이쿠오, 박광현·정종현 역, 『제국대학 – 근대 일본의 엘리트 육성 장치』, 산처럼, 2017.

안종철, 「아더 베커(Arthur L. Becker)의 교육선교활동과 '연합기독교대학' 설립」, 『한국기독교와 역사』 34, 한국기독교역사학회, 2011.
______, 「윤산온의 교육선교 활동과 신사참배문제」, 『한국기독교와 역사』 23, 한국기독교역사연구소, 2005.
원산농업대학, 『리력서』, 미국 국립문서보관소 소장, 1948.
윤정란, 「근대전환기 서구 근대 식물학의 도입과 확산의 토대 구축」, 『한국민족독립운동사연구』 102, 한국민족운동사연구, 2020.
이경숙, 「일제강점기 숭실전문학교 교수진의 구성과 네트워크」, 『사회와 역사』 130, 2021.
이덕부, 『백아덕과 평양 숭실』, 숭실대, 2017.
이　원, 『맹로법과 기계창』, 숭실대, 2018.
이지하, 『소일도·소열도』, 숭실대, 2018.
전찬미, 「식민지시기 연희전문학교 수물과의 설립과 과학 교육」, 『한국과학사학회지』 32-1, 한국과학사학회, 2010.
정종현, 「식민과 분단으로 서로를 지운 '평양'의 형제－정두현과 정광현」, 『특별한 형제들』, 휴머니스트출판그룹, 2021.
평양숭실전문학교 학생기독교청년회, 『회원명부』, 1933.
평양의학대학, 『리력서』, 미국 국립문서보관소 소장, 1948.
한규무, 『일제하 한국 기독교 농촌운동－1925~1937』, 한국기독교역사연구소, 1997.
九州大学農学部同窓會, 『會員名簿, 昭和 61年』, 1986.
「私立崇實學校狀況調査書」, 국가기록원 소장, 1927.
「私立崇實學校指定ニ關スル件」, 국가기록원 소장, 1927.
朝鮮總督府學務局, 『朝鮮教育要覽』, 1926.
______________, 『朝鮮人教育私立各種學校狀況』, 1920.
許·晨, 「札幌學校·東北帝國大學農科大學·北海道帝國大學留學生一覽」, 『北海道大學文書館年報』 6, 2011.
"Minutes and Reports of the Annual Meeting of the Chosen Mission of the Presbyterian Church in the U.S.A.", 1920~25.
Catalogue of the Union Christian College and Academy, 1913.
Horace H. Underwood, *Modern Education in Korea*, New York : International Press, 1926.
Korean Student Federation of North America, *The Korean Student Bulletin*, 1922~1941.
Pyeng Yang Union Christian College, 1910.

교사양성, 식민지 여성교육의 지향점

이화여자전문학교의 사례

김정인

1. 교사 양성을 위한 여성고등교육기관의 탄생

여성에게 근대가 갖는 의미는 무엇일까. 개인 차원에서는 남녀평등의 권리를 기반으로 참정권을 확보하고 국민의 일원으로서는 현모양처로서 가정을 책임지고 미래 국민인 자녀교육을 맡게 되면서 비로소 여성은 근대 주체로서 자리매김하게 된다고들 한다. 그런데 개인이로든 집단으로든 근대 들어 여성이 가장 직접적으로 경험한 격변은 사회로의 진출이 아닐까 한다. 인류의 역사에서는 일찍부터 이름을 남긴 여성들이 존재했지만 예외적인 존재들이었고 대부분 여성은 비정치적 존재인 것은 물론 비사회적 존재였다. 하지만 자본주의 체제와 함께 열린 근대의 문턱을 넘으면서 여성들은 노동자로 진출했고, 부르주아 여성들도 '인형의 집'을 나와 직업을 갖기 시작했다. 아직 공업화 사회로 진입하지 못했고 더욱이 식민지배를 받으면서 정치적 권리를 갖지 못한 식민지 조선에서 여성의 사회적 진출은 상대적으로 더 크게 다가온 변화였을 것이다.

한국에서는 1920년대에 이르러서야 여성의 사회적 진출이 사회적 관심사가 되었고 여성운동이 사회운동으로 자리잡았다. 그것은 3·1운동이라는 대사건이 가져온 변화였다. 1919년 3월 1일 경성 한복판에서 경성여자고등보통학교 학생들이 만세를 부르며 행진했다. 이화학당, 정신여학교 등 여학교 학생들도 만세시위에 동참했다. 그날 평양의 숭의여학교, 선천의 보성여학교 학생들도 거리시위에 나섰다. 개성의 호수돈여학교, 광주의 수피아여학교, 부산의 일신여학교 학생들은 개성, 광주, 부산의 첫 만세시위를 이끌었다. 중등학생이 곧 엘리트로 인식될 정도로 숫자가 적은 사회에서 더욱 드문 여학생들이 거리시위에 나선 모습은 낯설고도 충격적인 사건이었다. 이처럼 3·1운동이라는 정치적 사건을 매개로 여학생이 근대 주체로서의 여성의 존재를 각인시킴으로써 여성과 사회가 전격적으로 조우하는 격변이 일어났다. 여성 스스로 쟁취한 사회 주체화였던 것이다.

그런데 여성의 사회 진출의 중심 화두는 직업을 갖는 것이었다. 그것이 곧 여성의 경제적 자유·자립을 확보하는 기초라고 보았기 때문이었다. 당시 기독교계나 사회주의계 여성운동가들은 이구동성으로 여성의 자립의 기초로서 직업의 중요성을 역설했다. 기독교계 여성운동가인 유각경은 여성 스스로 경제상 해방과 인격상 평등을 말하며 권리를 회복하기 위해 분투노력해야 비로소 해방을 이룰 수 있으니 우선 "경제상 독립을 도모하기 위하여 반드시 직업적 생활을 면려"해야 함을 주장했다.[1] 사회주의 여성운동가인 허정숙은 취업을 통한 경제적 독립을 이뤄야 여성이 남성에게 종속되지 않고 한 인간으로서의 독립이 가능하다고 주장했다.

여자들도 지금 와서는 예전 시대의 모든 불완전한 제도를 부인하고 엄청나게 구속과 압박과 전제와 학대가 많던 그 속으로부터 해방되기를 요구하게 되었습니다. 여자에게도 같은 권리를 다오. 같은 기회를 다오 하며 자유연애와 자유결혼을 주창

1 유각경, 「여성해방과 경제 자유」, 『청년』, 1926.4월호, 6면.

하게 되며 모성보호를 부르짖게 되었습니다. (…중략…) 이 모든 주장의 부르짖음이 실현하도록 하는 데는 무엇보다도 경제적 독립 즉 생활의 독립을 도모치 않고는 안 될 것입니다. (…중략…) 첫째는 여자도 자기 손으로 일해야 할 것, 그리고 경제적 독립을 하여 놓아야 할 것입니다. 그러는 날이면 권리도 지위도 넉넉히 얻을 수 있을 것이요.[2]

그리고 직업 획득의 전제조건이 바로 여성교육이라고 보았다. 1920년에 조선여자교육회를 만든 기독교계 여성운동가인 차미리사는 "조선 여자의 교육! 이것이야말로 우리 사회에서 제일 큰 문제"라고 주장했다.[3] 차미리사가 근화여학교를 설립해 직접 학교경영에 뛰어들었듯이 기독교계 여성운동가 중에는 교사로 활동하거나 여학교 운영에 관여하는 이들이 적지 않았다. 대표적인 인물로 이화여자전문학교 교수였던 김활란은 여성이 중등교육을 받는 데 그치지 않고 고등교육을 받아야 함을 주장했다. 그는 '남성은 전문학교나 대학교까지 가서 고등수준의 지식을 받았지만 여성은 보통학교를 겨우 졸업하거나 고등보통학교를 진학하더라도 도중에 시집을 가게 되어 학업을 끝까지 유지할 수 없어 남성에 비해 천한 지위로 전락'함을 개탄했다.[4]

그런데 3·1운동 이후 조선교육령 개정 움직임이 현실화되는 가운데 사회운동가들은 민립대학 설립운동을 일으켰다. 이 무렵인 1922년 조선총독부 학무

2 허정숙, 「근우회 운동의 역사적 지위와 당면임무」, 『신여성』, 1925.4월호, 28~29면.
3 「천만의 여자에게 새 생명을 주고자 하노라」, 『동아일보』, 1921.2.21.
4 김활란, 「여권문제에서 살 길을 찾자」, 『동아일보』, 1926.10.16. 김필례, 유각경, 김활란 등의 기독교계 여성운동가들은 학교를 통한 여성교육을 주장함과 동시에 1923년에 결성한 조선여자기독교청년회연합회(YWCA)를 발판으로 1920년대 중반부터 농촌 여성운동의 초점을 문맹퇴치를 위한 교육에 두면서 농촌여성계몽운동에 본격적으로 뛰어들기도 했다. 김활란은 '80% 이상이 농민인 조선 사회에서 이들을 제외하고는 근본적인 문제가 해결되지 못한다. 향후 조선여성운동은 대중, 특히 농민 여성들을 대상으로 교양운동을 펼쳐야 한다'고 주장했다(김정인, 「근우회 여성운동가들의 교육계몽론」, 『교육철학연구』 41-4, 2019, 76면).

과장 나카라이半井淸가 조선에 일본여자전문학교의 분교를 설립한다는 풍문이 돌고 있는 바, 조선총독부에는 본국으로부터 어떤 통지도 받은 적은 없지만 실제로 추진된다면 '문화적 시설의 완비'라는 차원에서 지원한다는 방침을 밝혔다.[5] 조선민립대학기성준비회가 총회 준비로 한창이던 1923년 초 『동아일보』에는 이화학당에서 대학 설립을 준비한다는 소식에 여자대학이 필요하다는 사설을 실어 이를 지지하고 나섰다.

우리는 여자의 해방과 문명의 공헌은 그 교육으로부터 시작하여야 한다 하며 그 교육에 대한 기회를 충분히 제공함으로써 실현이 되리라 하노니… 교육 취중就中에도 고등교육 전문교육이 필요하니 보통교육 단單한 그 상식으로써 어찌 인생의 최고능력을 발전할 수가 있으리오. 이와 반대로 실로 무지가 무력무명無力無名인 것이 사실이라 하면 우리 조선여자에 대하여서도 충분히 교육의 기회를 제공하며 더욱이 고등전문의 교육을 제공하라. 이와 같이 하여 그 완전한 해방을 완성케 하라. 실로 이는 조선여자의 행복뿐 아니라 민족 전체의 향상이요 발전이로다.[6]

이처럼 여성 해방 혹은 여성 문명화의 일환으로 여성고등교육을 주장하는 흐름은 차츰 여성의 사회 진출에 고등교육이 필요하다는 논리로 전환되어 갔다. 1926년에 미국 북장로교파와 남장로교파가 장로파 여자대학을 설립하기로 결의했다는 소식이 전해지자 『조선일보』에는 중등학교를 졸업하는 여성의 수가 늘어나고 있고 여성이 가정을 나와 사회에서 활동하는 시대가 도래했으므로 여자대학이 필요하다는 주장이 실렸다.

---

5 「명년도의 제반 시설」, 『동아일보』, 1922.12.23.
6 「여자대학의 필요」, 『동아일보』 1923.2.25.

산업의 발달에 의한 근세문명은 여자를 가정으로부터 해방하는 경향을 가지게 하였으니 즉 여자가 가정에 있어서 할 일이 감소하게 되었다. 그러면 여자는 그 여력을 타처에 비용할 필요가 있다. 그리하여 여자도 자연히 가정에서 나와서 사회에서 활동하게 되는 고로 지식을 요구하게 되어 이것이 풍조를 만들게 되어 여자의 교육도 또한 의례 할 것으로 인정되게 된다. (…중략…) 사회적 필요에 의하여 출발된 사실은 쉽게 저해될 수 없는 것이니 여자교육이 조선에 있어서도 남자교육과 병행되어갈 것은 물론 이유 명백한 일이겠다. 조선에는 이미 다수한 중등여학교에 있어서 매년 다수한 졸업생을 내는 터인즉 그들을 대학으로 인도하여 전문적 지식을 받을 기회를 제공할 필요를 감득하게 되었다. 남자대학에 있어서 여자의 공학을 허락함도 한가지 방법이겠지만은 따로 여자만의 대학을 건설하여 그 특별히 경향에 주의하여 교육을 가하는 것도 필요한 일이겠으니[7]

이러한 여론의 지지에도 결국 장로파 여자대학 설립은 무산되었고 그 대신에 1930년 평양신학교에 여자부가 설치되었다. 이처럼, 여성에게 고등교육이 필요하고 그것이 여성의 사회 진출, 즉 직업을 갖는 데 중요하다는 여론이 자리를 잡아가는 가운데 1925년 이화여자전문학교가 탄생했다.

이 글에서는 먼저 교사 양성을 위한 고등교육기관으로서 이화여자전문학교의 면모를 살피고 보육과, 음악과, 가사과, 문과의 설립과 운영을 교사 양성의 측면에서 고찰하면서 특히 학과별로 보였던 차이에 주목하고자 한다. 지금까지 식민지기 여성고등교육에 대한 연구는 이화여자전문학교의 음악교육, 가사교육에 대한 연구가 거의 전부라 할 수 있다.[8] 식민지기 여성고등교육에 대한

7 「여자대학」, 『조선일보』 1926.5.26.

8 이지연·전상숙, 「식민지 시기 여성 고등교육과 가정학의 제도화－미션스쿨 이화여전의 가사과 형성과 미국유학생들을 중심으로」, 『지역과 역사』 36, 2015; 최승현, 「이화음악 1920년대－1930년대 음악교육」, 『음악연구』 15-1, 1997; 허지연, 「제국 속의 제국－일제강점기 한국의 고

인식과 그 경향성을 분석한 연구성과는 이제껏 거의 없었다. 이 글에서는 부족하나마 머리말과 맺음말에 사회사적 맥락의 논의를 배치하고 본문에서는 이화여전과 각과별 동향을 살핌으로써 여성사이자 고등교육사로서의 식민지 여성고등교육이라는 관점의 연구의 첫발을 내딛어보고자 한다.

2. 교사 양성을 위한 여성고등교육기관으로서의 이화여자전문학교

1886년 최초의 근대식 여성교육이 탄생했다. 미국에서 건너온 스크랜턴M. Scranton이 여성을 위한 학교를 열었다. 그는 미국 감리교 해외 선교회Woman's Foreign Missionary Society of Methodist Episcopal Church : W.F.M.S.의 주선으로 1886년 6월 조선에 들어왔다. 그는 선교 수단으로 의료와 교육에 주목하며 W.F.M.S.에 여학교와 진료소를 지을 부지매입 자금을 요청해 지원받았다. 교사 건축은 1886년 2월에 시작해 11월에 마무리되었다. 하지만 학교 수업을 시작한 것은 1886년 5월부터였다. '이화梨花'라는 교명은 1887년 2월 고종에게 받았다. 이화학당은 1895년 조선 정부의 중학교 관제 공포에 따라 학제를 정비하고 대한제국기인 1904년에 4년제 중학과를 설치했다. 1908년에는 4년제 초등과와 4년제 고등과를 설치했다.

1910년 대한제국이 멸망한 직후 이화학당에서는 대학과를 설치했고 1915년에는 유치원사범과를 설치했다. 대학과 설치를 주도한 것은 1907년에 부임한 프라이L.Frey 당장이었다. 프라이는 대학과 설치 직전에 발표한 글 「한국여성의 고등교육Higher Education for Women in Korea」에서 남녀평등의 사회와 국가 발전을 꾀하려면 여성에게 더 넓은 교육의 기회가 부여되어야 한다고 주장했다.

등음악교육과 미국의 해외선교」, 이화여대 박사논문, 2017.

한국여성들은 자신의 무지에 대해 만족한 상태에서 살아왔다. 그것은 자신을 위한 더 높은 수준의 삶이 있다는 사실을 미처 알지 못했기 때문이다. 그러나 이제 한국여성들은 자신의 지위를 상승시키기 시작했다. 그들은 한국 남성들과 어깨를 나란히 하여 정상에 도달할 때까지 만족하지 않을 것이다. (…중략…) 국가의 운명이 여성에 의해 좌우되는 세상이 되었다면 어떤 다른 문제보다도 여성들에게 교육적인 혜택을 충분히 줄 수 있도록 시간과 돈이 더 많이 확대·배분되어야 할 것이다.[9]

1914년에는 동일한 제목으로 발표한 「한국여성을 위한 고등교육」이란 글에서는 여성을 위한 고등교육은 우선 문명화된 개인으로서의 여성을 위해 필요하다고 주장했다.

누군가 말하기를 문명이 발달할수록 유년시대도 점점 더 길어진다고 하였다. 우리가 고등과정을 설치하려는 중요한 이유 중의 하나는 그렇게 함으로써 소녀들을 더 오래 학교에 머물게 해 보다 완전하게 정신적, 심적, 육체적으로 성숙케 하며 안정되게 하려는 것이다.[10]

프라이의 이러한 주장은 굳이 고등교육이 아니더라도 여성교육의 필요성을 주장하는 당대 지식인들의 논리와 크게 다르지 않다. 그런데 프라이는 이러한 일반론에 덧붙여 이화학당 대학과가 지향해야 하는 바를 두 가지 제시했다. 먼저 이화학당 대학과가 추구하는 여성고등교육의 성격은 선교사들에 의해 세워진 학교인 만큼 '기독교적인 고등교육'이어야 했다.

---

9 Christian Literature Society, *The Korean Mission Field* Vol.X, No.7, July, 1910, pp.178~181(이화100년사편찬위원회, 『이화100년사자료집』, 1994, 262면에서 재인용).

10 Christian Literature Society, *The Korean Mission Field* Vol.X, No.10, Oct., 1914, pp.307~309(위의 책, 264면에서 재인용).

우리가 한국여성을 위해 바라고 있는 것은 보다 정확히 말해서 "기독교적 고등교육"이라 할 수 있다. 어떤 종류의 교육이든 기독교적 가르침은 선보다는 해를 초래할 수도 있다는 모든 두려움을 배제시킨다. 그리고 동시에 기독교 교육이라도 한국 여성이 도달할 수 있는 가장 완전한 발전을 외면한 기독교 교육은 그 궁극적 목적과 가장 숭고한 봉사를 상실할 수밖에 없을 것이다.[11]

또한 프라이는 사회가 여성고등교육을 필요로 하는 이유로 교사 양성을 제시했다.

교사에 대한 절실한 요구가 대학 과정을 불가피하게 만든다. 보통 과정을 가르칠 만한 중등과정 졸업자가 필요하며 중등 과정을 가르칠 만한 사범과나 대학과의 졸업자가 필요하다. 교사가 학생들에게 가르쳐야 하는 것보다 훨씬 더 많은 것을 알아야 한다는 것은 누구나 인정한다. 기독교는 한국 여성에게 일찍이 배움에의 욕망을 일깨워 주었으니 그 큰 부분의 책임을 져야 한다.[12]

그는 대학과를 설치한 1910년에 발표한 글에서도 역시 이화학당 출신의 "많은 여학생들이 공사립학교에서 가르쳐왔고 또 가르치게 될 것이다. 교사들에 대한 절박한 필요성 때문에 최우수학생이 아니더라도 그들 학교는 기꺼이 우리 학생들을 채용하게 될 것이다"[13]라고 전망한 바 있었다.

조선 여성에게 배울 기회를 제공한 기독교가 마땅히 교사 양성도 책임져야 한다는 프라이의 논리는 시기상조론을 비롯한 반대 여론을 극복하고 이화학당

11 위의 책, 265면.
12 이화100년사편찬위원회, 『이화100년사』, 1994, 107면.
13 『이화100년사자료집』, 263면.

에 대학과 설치로 현실화되었다. 이러한 추진력은 여성 선교사들 역시 미국에서 여성 고등교육이 이뤄지면서 자신들이 그것의 수혜자라는 확신에서 나온 것이기도 했다.[14]

이처럼 이화학당에서 대학과를 설치한 실질적 이유는 이화학당에서 중등과 졸업생이 늘어나고 그들 중 상급학교 진학 의지를 가진 사람들이 많아지고 또한 중등과의 교육을 담당할 교사를 양성해야 하는 요구가 있었기 때문이었다. 즉, 여성고등교육은 중등교사 양성이라는 매우 현실적인 지향점을 갖고 출발했다.

그런데 이화학당에 대학과가 설치된 1910년 무렵 감리교와 장로교는 합동위원회를 설치하고 기독교연합대학 설립을 추진 중이었다.[15] 하지만 연합대학 설립 계획은 건립 장소를 경성으로 할지 평양으로 할지를 놓고 갈등하고 1912년에 재조감리교선교부가 경성에 대학을 설립하는 독자노선을 취하는 등의 혼선을 겪으며 결국 무산되었다.

1910년 9월 문을 연 이화학당 대학과에는 1909년 이화학당 중등과를 졸업한 학생들이 입학했다. 대학과 운영은 쉽지 않았다. 학생 수는 크게 늘지 않았고 독립된 대학과 건물도 없었다. 교수 확보도 쉽지 않았다. 그래도 1912년 5월 7일 조선총독부의 인가를 받았다. 이때 만들어진 「사립이화학당규칙」에 따르면 대학의 수업연한은 5년이었다. 단 유치원사범과는 2년이었다. 수업료는 1원으로 보통과 10전의 10배였다. 대학과 운영에서 가장 특징적인 것은 교비생 제도였다. 이것은 일종의 장학제도로 수업료를 면제받고 학교에 다닌 학생이 졸업 후 일정 기간, 즉 수학 기간의 2분의 1에 해당하는 기간에 이화학당에서 교사로 근무해 갚도록 하는 제도였다. 이는 이화학당 대학과가 프라이가 밝

14 강선미, 『한국의 근대초기 페미니즘 연구』, 푸른사상, 2005, 179면.
15 이성전, 『미국선교사와 한국근대교육』, 한국기독교역사연구소, 2007, 135면.

혔듯이 교사 양성을 주된 목적으로 운영되고 있었음을 상징하는 제도라 할 수 있다.

그런데 이화학당 대학과는 1915년에 공포된 「개정 사립학교 규칙」과 「전문학교 규칙」에 따라 일정한 자격을 지닌 교원과 일정한 설비를 갖추고 학교 설립과 유지에 충분한 재산을 소유한 재단법인을 조직할 때까지 각종학교에 속하게 되었다. 이는 조선총독부가 각종학교 졸업생의 자격을 인정하지 않겠다는 것, 즉 대학과 졸업생에게 교사 자격을 인정하지 않는다는 것을 의미했다. 이는 교사 양성이라는 대학과의 존립 목적을 흔드는 조치였다. 다행히 각종학교의 교사로 진출하는 길이 막히지는 않았다.

이처럼 출발부터 어려움을 겪을 수밖에 없었던 이화학당 대학과의 첫 졸업식은 1914년 4월 1일 거행되었고 김앨리스, 신마실라, 이화숙, 이렇게 3명이 졸업했다. 1915년에는 윤심성, 허애덕, 김메례, 최활란 등 4명이 졸업했다. 1916년부터 3년간은 졸업생이 1명씩 배출되면서[16] 이화학당 대학과는 1925년에 이화여자전문학교가 개교할 때까지 모두 29명의 졸업생을 배출했다. 이 중에서 신마실라, 이화숙, 김애식, 윤심성, 김메례, 허애덕, 박인덕, 신준려, 김활란, 임배세, 하복순, 유성덕, 김합라, 서은숙, 김폴린 등 15명이 이화학당의 교사로 재직했다.[17]

1917년 이화학당이 중학과를 4년제의 대학예과로 개편하면서 고등교육은 대학예과, 대학과, 유치원사범과를 통해 이뤄지게 되었다. 1920년 현재 대학예과, 대학과, 유치원사범과의 교과과정을 살펴보면 고등교육을 통한 교사 양성이라는 지향점이 분명하게 드러난다.

---

16 「이화학당 졸업식 대학과는 한 명」, 『매일신보』, 1918.3.28.

17 『이화100년사』, 129면.

〈표 1〉 1920년 이화학당 대학과, 대학예과, 유치원사범과 교육과정[18]

대학예과	성경, 영어, 한문, 영어(작문, 회화, 해석, 문학), 과학(지문, 화학, 물리학, 생리학), 수학(대수, 부기, 기하), 역사, 교육학, 유년학, 도화, 가사, 음악, 체조
대학과	성경, 국어(일어), 영어(수사학, 영문학), 이과(지리학, 천문학), 수학, 사기(상고, 중고, 미국사, 영국사, 근세사, 시사), 교육학, 교육학실습, 철학(윤리학, 심리학), 음악(합창), 체조
유치원 사범과	유년학, 교육사, 어머니유희, 유년학실습, 유희 · 유희학, 은물학 · 수공학, 음악 · 풍금 · 창가, 문학사, 유희 · 풍금 · 체조, 자연학, 체조

〈표 1〉에서 알 수 있듯이 우선 대학예과와 대학과는 전공 없이 교양교육을 실시하고 있었고 유치원사범과는 유치원 교사로서의 자질을 양성하는 데 초점을 맞춘 교과과정을 운영하고 있었다. 그리고 대학예과에 교육학과 유년학이 포함된 것은 대학예과를 졸업한 학생 중에 본과로 진학하지 않고 초등교육을 실시하는 각종학교 교사로 진출하는 경우를 고려한 조치였다. 대학과에서는 독특하게도 음악 특히 풍금 연주를 중시했는데 김활란의 회고에 따르면 그것은 프라이가 주도한 교사 양성을 위한 교육의 일환이었다.

> 풍금을 익혀야 하는 것은 그때만 해도 교사가 대폭 부족한 이화에서는 학생들이 졸업하기가 바쁘게 교편을 잡아야 했고, 배운 것을 후배들에게 털어놓지 않을 수 없었다. 그러자니 자연 백과사전 노릇을 아니할 수 없었다. 교편을 잡으면 체조도 가르쳐야 했고, 음악도 가르쳐야 했다. 그러노라면 여학생들의 정서를 돕는 음악을 절대로 소홀히 다룰 수 없었고 따라서 풍금 없이는 노래를 재미있게 할 수 없었기 때문이다.[19]

18 조선총독부 학무국, 『조선인교육 · 사립각종학교』, 1920, 23~25면(『이화100년사자료집』, 343~344면에서 재인용).

19 김활란, 『그 빛 속의 작은 생명 — 우월 김활란 자서전』, 이화여대 출판부, 1983, 52면.

한편, 3·1운동 직후인 1921년 이화학당은 이사회를 구성하고 여러 교파를 끌어들여 본격적인 여자대학 수립에 나섰다. 1922년에는 제2차 조선교육령이 반포되면서 대학 설치의 길이 열리자 이화학당은 예과 2년, 대학과 4년, 즉 6년제로 운영하는 여자대학 설립을 모색하기 시작했다. 그렇게 그해 다시 장로교와 감리교가 함께 기독교연합여자대학Union Christian College for Women / Union Woman's Christian College 설립에 나섰다. 그것은 새로운 여자대학을 세우는 것이 아니라 기존의 이화학당 대학과를 확대하는 방향으로 추진되었다.

> 이번 남대문 안 예배당에 열린 북장로회미순회美巡會를 기회로 하여 장로교회와 감리교회에서는 서로 연합하여 가지고 몇 해 전부터 숙제로 두고 연구하던 조선여자대학을 설립코자 한다는데 그 대학으로 말하면 조선 고래의 미풍을 토대로 삼고 그 위에 서양문명을 수입하여 시대와 같이 어깨를 걸고 나가려는 조선 여자에게 고등 정도의 학문을 배워 주고자 한다 하며 그 대학의 기지는 고양군 연희면 신촌리에 있는 연희전문학교 부근으로 임의 정하였다 하며 또 대학의 교사라든지 내용이라든지 어떤 것을 물론하고 할 수 있는 데까지는 완전히 하여 볼 작정이라는데[20]

이듬해인 1923년 9월에는 조선기독교총회에서 여성교육을 위해 대학을 건설하기로 결의하고 미국 동양 선교본부에 이를 허가해 줄 것을 요청했다. 이듬해 미국 동양 선교본부가 이를 허가하자 『조선일보』는 사설을 통해 축하의 뜻을 밝히면서 "우리는 부끄러운 말이나 우리의 손으로부터 된 여자의 대학이 없다. 여자대학을 기성하는 운동까지도 아직은 없다"고 자성했다.[21] 하지만 북장로교선교회가 북감리교선교회와의 연합대학 설립에는 참가하지 않고 장로교

20 「문제되는 교회학교」, 『동아일보』, 1922.6.30.
21 「여자대학 설치의 결정을 듣고」, 『조선일보』, 1924.6.16.

계통의 종합대학의 설립할 것을 결의하면서 기독교연합여자대학안은 또다시 무산되고 말았다. 그럼에도 이화학당 대학과에는 개신교파를 가리지 않고 다양한 학생들이 입학하고 있었다. 그런데 당시 선교사들 사이에서는 이화학당 대학과는 사실상의 기독교연합여자대학으로 인식되고 있었다. 이화학당 대학과 역시 졸업장 등 공식 문서에 '조선여자대학'이라는 명칭을 사용하고 있었다.

이처럼 기독교연합여자대학 설립은 무산되었지만 사회적으로는 고등보통학교를 졸업한 여학생이 유학 이외에 더 이상 진학할 길이 없는 문제를 해결해야 한다는 공감대가 형성되어가고 있었다. 천도교 지도자인 김기전은 "법전이니 의전이니 상전이니 농공전이니 하여 전문학생이 어떻든지 920여 인은 되는데 거기에 여자가 단 한사람이라도 섞이였느냐"며 교육에서의 남녀불평등을 비판하고 여자전문학교가 없어 여자고등보통학교를 졸업한 사람들이 갈 곳이 없다며 "여자만을 위한 전문학교를 세우는 것"은 당장에 해야 할 일이라고 주장했다.[22]

사회적으로 여성 고등교육에 대한 관심이 높아지는 가운데 1915년에 공포된 「개정 사립학교 규칙」에 따라 조선총독부가 기성의 각종학교에 재단법인 인가 준비를 위해 유예를 해준 기한인 1925년 3월이 점점 다가오고 있었다. 1912년에 대학과를 인가받은 이화학당으로서는 존립의 기로에 서게 되었다. 그런데 때마침 1924년 7월 미국인 그레이P. H. Gray의 기부로 신촌에 58,360여 평의 대지를 구입할 수 있었다. 그리고 마침내 1925년 3월 1일 이화학당 대학과와 대학예과는 미감리회 조선인 선교부 유지재단 이사인 홀A. B. Hall의 명의

22 김기전, 「조선의 절뚝발이 교육」, 『신여성』, 1924.3월호, 3~4면; 당시 일본의 대학령(1918)은 여자대학을 인정하지 않고 있었고, 일본여자대학, 동경여자대학 등 사립 여자대학이 있었지만 명칭만 대학이고 학제로는 전문학교에 해당했다. 식민지 조선에서도 이화여자전문학교는 여성 고등교육을 상징하는 '여자대학'의 위상을 가진 전문학교였다고 보아야 할 것이다(김광규, 「도쿄여자고등사범학교 조선인 유학생 연구」, 『한국교육사학』 43-1, 2021, 2면).

로 문과와 음악과를 갖춘 전문학교로의 개편 인가를 조선총독부에 신청했다. 조선총독부는 4월 23일에 인가를 내주었다.

1925년에 탄생한 이화여자전문학교이하, 이화여전는 예과 1년, 본과 4년의 문과, 예과 1년, 본과 3년의 음악과를 설치했다. 처음에 문과와 음악과를 설치한 이유는 기존의 이화학당에서 가르치던 교양교육의 연장선상에서 전문학교의 문을 열었기 때문이었다. 1925년 4월 현재 예과와 본과를 합쳐 70명이 재학하고 있었다. 이화여전의 탄생에 대해 초대 교장인 아펜젤러A. Appenzeller는 도쿄기독연합여자칼리지와 동급으로 승격된 것이라는 의미를 부여했다.[23] 이제 이화여전은 정식 인가가 이루어진 전문학교라는 점에서 종전의 이화학당 대학과와는 격이 달랐고 사회적 관심도는 더욱 커졌다.

이화여전은 1927년에 첫 졸업생들을 배출했다. 문과 8명, 음악과 3명이 졸업했다. 이 중 9명이 교사가 되었다. 1명은 세브란스병원의 간호사가 되었고, 1명은 유학을 갔다.[24] 이듬해인 1928년 2월 조선총독부는 문과와 음악과 졸업생에게 사립여자고등보통학교 교사 자격을 부여했다. 문과 졸업생에게는 영어 교사, 음악과 졸업생에게는 음악 교사 자격을 부여했다. 이에 대해 아펜젤러는 본래 전문학교 인가를 추진한 이유가 졸업생에게 교사 자격을 부여하기 위함이었고[25] 그것이 이화여전으로서는 얼마나 절박한 현실이었는지를 다음과 같이 토로했다.

> 새로운 정부의 인가로 영어와 음악을 전공한 졸업생에게 자격증이 수여된다. 이제 그들은 인가받은 상급학교에서 이 두 과목을 가르칠 수 있는 자격을 얻게 되었

23 허지연, 앞의 글, 36면.
24 『이화100년사』, 171면.
25 이화80년사편찬위원회, 『이화팔십년사』, 1967, 146면.

다. (…중략…) 교직 지원자가 아무리 훌륭한 실력을 갖추어도 자격증이 없이는 임용될 수 없는 나라에서 이는 중요한 변화이다. 우리 학교는 인가를 받지 않은 상태로는 단 1년도 버틸 수 없을 정도로 어려운 형편이었다. 긴 과정을 마친 학생들에게 실질적인 보상을 줄 수 없었기 때문이다.[26]

당시 중등교사는 고등교육을 받는 조선인이 진출할 수 있는 대표적인 직업이었다. 조선총독부는 처음에 일본에서 중등교사로 초빙했다. 1910년대에는 중등학교 수가 적어서 일본에서 교사를 초빙해도 문제가 없었다. 하지만 1920년대에 들어 중등학교의 수가 늘어나고 교사 수요도 늘어나자 교사 수급에 문제가 생겼다. 더욱이 일본에서도 제1차 세계대전 이후 급격한 경제성장으로 대학과 전문학교의 졸업자들이 기업으로 몰리면서 교사를 지원하는 숫자가 크게 줄어 교사 부족 현상을 겪기 시작했다. 결국 조선총독부는 여러 가지 대책을 내놓아야 했다. 먼저 1920년부터 중등교사 위탁생 제도를 도입해 일본인 교사를 유치했다. 일본 내 남녀 고등사범학교와 외국어학교 등 중등교사 양성기관에 다니는 재학생 중 위탁생을 선발해 장학금을 지급하고 졸업 후에 조선에서 일정 기간을 근무하도록 했다. 둘째 조선의 관립교육기관을 중등교사 양성기관으로 활용했다. 경성제국대학 졸업생에게는 중등교사 자격을 수여했다. 1927년부터는 관립전문학교에 중등교원양성소를 개설해 중등교사를 배출했다. 셋째 사립중등학교 교사는 1922년부터 '무시험검정에 의한 사립중등학교 교원자격지정 제도'를 만들어 선발했다. 이것은 조선총독부가 요구한 조건을 충족한 전문학교 졸업생에게 별도의 시험 없이 사립 중등교원자격을 부여하는 제도였다. 그해에 관립전문학교와 사립인 세브란스연합의학전문학교, 연희전

---

26 *Annual Report of the Korea Woman's Conference of the Methodist Episcopal Church*, 1925, 46(허지연, 앞의 글, 77면에서 재인용).

문학교가 '교원자격지정'을 받았다. 세브란스연합의학전문학교 졸업생에게는 '생리 및 위생' 교사 자격을, 연희전문학교 졸업생에게는 '농업', '상업', 그리고 '부기' 과목의 교사 자격을 부여했다. 1923년부터는 보성전문학교 졸업생에게 '법제 및 경제', '상업', '부기' 과목의 교사 자격을 부여했다. 1926년에는 연희전문학교 상과 졸업생에게 '영어' 교사 자격이 부여되었다. 그리고 1925년에 설립된 이화여전의 졸업생에게는 1928년부터 '영어'와 '음악' 교사 자격을 부여했다.[27]

조선총독부의 '무시험검정에 의한 사립중등학교 교원자격지정 제도'는 사립학교에 한해 부여하는 교사 자격이었지만, 중등학교를 운영하는 선교사들에게 큰 도움이 되었다. 이 제도를 통해 졸업생을 일본의 개신교계 전문학교에 유학을 보내지 않고도 교사로 채용할 수 있는 길이 열렸고 교직을 희망하는 학생들을 모집할 수 있는 법적 지위를 확보했기 때문이다. 하지만 남성에게는 경성제국대학, 관립전문학교, 사립전문학교에서 중등교사 자격을 얻을 수 있는 기회가 주어졌지만, 여성에게는 오직 이화여전 한 곳밖에 없었다. 이로 인해 일본 유학을 가지 않고 중등교사가 되고자 하는 여학생들은 이화여전에 입학했다.[28]

이화여전 안에는 문과와 음악과만 개설되었지만, 이화학당의 유치원사범과 역시 고등교육을 실시하고 있었다. 1928년 유치원사범과는 이화보육학교로 개편되었고 이화여전 교장이 이화보육학교 교장을 겸임했다. 1929년 2월에는 가사과 설립이 정식 인가를 받아 3월에 신입생 32명을 모집했다. 1930년에는 예과를 포함해 5년제였던 문과를 4년제로 개편해 3개 학과 모두 수업연한 4년제로 정착되었다. 앞서 1924년에 확보한 신촌 부지에는 1935년에 교사가 완공되었다. 동아일보는 1933년에 기공식 소식을 전하며 이화여전의 역할은 "일

27 위의 글, 58~59면.
28 위의 글, 77면.

반여자에 대한 경제지식을 함양하여 여성의 생활 독립 능력과 경제능력을 갖게"[29] 하는 데 있다고 주장했다. 문과와 음악과에 이어 가사과 졸업생에게 사립고등여학교 교사 자격이 부여된 것은 1938년 3월이었다. 1940년에는 이화보육학교가 문을 닫았고 이화여전에 보육과가 설치되었다. 그렇게 1940년 이화여전에는 문과, 음악과, 가사과, 보육과 4개의 학과가 전문교육을 실시하고 있었다.

1936년에 제정된 「이화여자전문학교 학칙」에 따르면 이화여전은 문학·음악 및 가사에 관한 전문교육을 실시하는 것으로 목적으로 하는 고등교육기관이었다.[30] 이화여전에서 고등교육을 받은 졸업생들의 상당수는 여자고등보통학교 교사로 진출했고, 기숙사 사감, 선교회 직원 등으로 취직했다. 주로 미감리교 여선교회가 운영하는 학교와 기관에 취직했으므로 다른 학교 출신이나 유학생에 비해 상대적으로 취업이 수월했다. 이화학당 대학과에 있던 교비생제도처럼 이화여전 입학 당시 모교의 장학금을 받고 진학하여 졸업한 경우에는 대부분 모교의 교사로 임용되었다. 당시 선교사들은 자신들이 운영하는 중등학교에서 장학생을 선발해 상급학교로 진학시키는 방식으로 예비교원을 양성했는데 장학생들은 장학금을 제공한 학교의 허가 없이 다른 곳에 취업할 수 없었다.

이화여전 졸업생의 사회적 진로를 살펴보면 교사가 늘 우위를 차지했다. 1934년에 이화여전에서는 문과, 음악과, 가사과, 보육학교를 합쳐 61명이 졸업했다. 이 중 문과 졸업생 10명이었는데 4명이 개신교 학교의 교사가 되었다. 음악과 졸업생 5명 중에는 4명이 개신교 학교 교사가 되었다. 가사과 졸업생 22명 중에는 8명이 교사가 되었다. 보육학교 졸업생 중에는 절반이 유치원에 취직했다.[31] 〈표 2〉에 드러나듯이 1927년부터 1937년까지 문과와 음악과에서

29 「이전 외관내용을 확장, 신촌에 신교사를 건축」, 『동아일보』, 1933.1.1.
30 『이화 100년사 자료집』, 27면.

11회, 가사과에서 5회에 걸쳐 배출한 졸업생은 모두 260명이었는데 이 중 88명이 1937년 현재 교사로 재직하고 있었다. 보육학교 졸업생 203명 중에는 82명이 현직 교사로 근무하고 있었다.[32]

〈표 2〉 1937년 현재 이화여자전문학교와 이화보육학교 졸업생 현황[33]

연도	출신학과	현황					
		교원	진학	가정	기타	사망	계
1927	문과	0	0	8	0	0	8
	음악과	3	0	0	0	0	3
1928	문과	2	0	6	0	0	8
	음악과	1	0	2	0	0	3
	보육학교	0	0	13	0	1	14
1929	문과	1	0	5	0	1	7
	음악과	1	1	0	0	0	2
	보육학교	5	2	8	0	2	17
1930	문과	5	3	1	0	1	10
	음악과	1	0	4	0	1	6
	보육학교	4	0	12	0	1	17
1931	문과	2	0	8	0	0	10
	음악과	3	1	3	0	0	7
	보육학교	7	0	10	0	1	18
1932	문과	2	0	5	2	0	9
	음악과	3	0	3	1	1	8
	보육학교	2	0	20	0	0	22
1933	문과	0	2	3	2	0	7
	음악과	3	0	7	0	0	10
	가사과	2	1	15	0	0	18

31 허지연, 앞의 글, 124면.

32 『이화100년사』, 246면; 그런데 이화여전 졸업생 중 가장 많은 수인 241명은 1937년 현재 결혼으로 가정생활을 하고 있었다. 이화여전을 졸업하고 교사가 되어도 공립학교의 여교사와 마찬가지로 결혼·임신과 함께 사직을 하는 경우가 많았던 것으로 보인다(김광규, 「일제강점기 초등 여교원의 양성과 인사」, 『한국교육사학』 38-1, 2016, 26면).

33 조선총독부 학무국, 『이화여자전문·보육학교일람』, 1937, 130~131면.

연도	출신학과	현황					
		교원	진학	가정	기타	사망	계
	보육학교	8	0	21	0	0	29
1934	문과	5	2	1	2	0	10
	음악과	4	0	0	0	1	5
	가사과	5	2	14	0	1	22
	보육학교	13	0	11	0	0	24
1935	문과	1	1	6	2	0	10
	음악과	7	0	2	0	0	9
	가사과	8	0	5	0	0	13
	보육학교	12	0	10	0	0	22
1936	문과	6	2	2	5	0	15
	음악과	6	0	0	0	0	6
	가사과	4	0	11	1	0	16
	보육학교	11	0	5	0	0	16
1937	문과	3	0	0	4	0	7
	음악과	6	0	3	0	0	9
	가사과	4	1	6	1	0	12
	보육학교	20	2	1	1	0	24
계	문과	27	10	55	17	2	111
	음악과	38	2	24	1	3	68
	가사과	23	4	51	2	1	81
	보육학교	82	4	111	1	5	203
총계		170	20	241	21	11	463

(자료) 조선총독부 학무국, 『이화여자전문 · 보육학교일람』, 1937, 130~131 · 147~148면.

이처럼 이화여전으로 상징되는 식민지기 여성 고등교육은 여성의 사회 진출에 있어 교사 양성이라는 책무를 짊어진 채 출발했다. 이화여전에 설치된 문과, 음악과, 가사과, 보육과 모두 졸업생들이 교사 자격을 얻는 것을 전제로 한 교육과정을 운영했다. 하지만 구체적인 실현에 있어서는 학과마다 차이를 보였다.

3. 학과별 교사 양성 교육의 양상

1) 보육과, 유일한 목적으로서의 교사 양성

1914년 이화학당에 유치원이 설립되었다. 이듬해인 1915년에는 한국 최초의 유치원 교사 양성기관인 유치원사범과가 설치되었다.[34] 이화학당에서는 일찍부터 유아교육의 일환으로 유치원 교육의 실시를 추진했다. 하지만 교사가 없어 실현에 이르지 못했다. 1912년 안식년 휴가차 미국으로 돌아간 프라이는 오하이오주의 신시내티보육학교를 방문했을 때 졸업을 앞둔 브라운리C. G. Brown-lee를 만나 조선에 들어와 유치원 교육을 돕겠다는 약속을 받았다. 브라운리는 약속대로 1913년 12월에 조선에 들어와 이듬해 1월에 16명의 유아를 데리고 유치원을 열었다.[35] 그리고 1915년에는 2년제인 유치원사범과를 설립했다. 유치원사범과는 여자고등보통학교와 고등여학교 졸업 이상의 학력을 가진 만 17세 이상의 여성에게 입학을 허락했다. 사실상의 고등교육을 실시한 셈이다. 유치원사범과 교과과정은 〈표 1〉에 살펴본 바와 같이 교양과목이 거의 없이 유치원 교사로서 필요한 직업교육에 충실하게 짜였다. 유치원사범과는 2년이라는 짧은 교육 기간과 함께 유치원 교사라는 전문직이 보장되므로 인기가 높았다. 1917년에는 2명, 1918년에는 8명이 졸업해 모두 유치원의 교사가 되었다.

유치원사범과는 1928년 이화보육학교로 개편되었다. 유치원사범과 역시 고등교육의 일환이지만 수업연한이 2년이라 전문학교의 학과로 설치할 수 없기 때문에 별도의 보육학교를 설치한 것이었다. 이로써 유치원 부설기관으로서의 사범과가 아니라 유치원이 보육학교에 부속하게 되었다. 그리고 보육학교 교

34 이상금, 『한국 근대 유치원 교육사』, 이화여대 출판부, 1987, 231면.

35 이화여자대학교 사범대학 부속 이화유치원, 『이화유치원 역사 이야기』, 이화여대 출판부, 2014, 13~14면.

장은 전문학교 교장이 겸임함은 물론 많은 교수들이 전문학교와 보육학교 강의를 겸했고 학교행사에도 함께 참여했다. 1940년에는 이화보육학교가 문을 닫았고 이화여전에 보육과가 설치되었다.

1928년 보육학교의 교과과정은 종전의 유치원사범과와 마찬가지로 유치원 교사로서 역량을 키우는 데 필요한 학과목으로 짜였다. 〈표 3〉에서 알 수 있듯이 수신, 성경, 교육학, 심리학, 보육학, 유희, 음악, 일어 및 한문, 영어, 자연과학, 도화, 수공, 동화, 실습 등의 과목이 있는데 실습의 비중이 가장 컸다. 보육학교 학생은 2년간 64학점을 획득해야 했는데 실습이 15학점에 달했다.[36] 이 교과과정의 틀은 1930년대까지 변동 없이 유지되었다.

〈표 3〉 이화보육학교 교과과정의 변천[37]

연도	교과목
1928	수신, 성경, 교육학, 심리학, 보육학, 유희, 음악, 국어(일어) 및 한문, 자연과학, 도화, 수공, 동화, 실습
1936	수신, 성경, 교육학, 심리학, 보육학, 유희, 음악, 국어(일어) 및 한문, 영어, 자연과학, 회화, 수공, 동화, 실습

이화보육학교 역시 2년 수업연한이 부모와 학생 모두에게 부담이 적었고 졸업 후의 진로가 확실하게 보장되었으므로 중등학교 여학생들에게는 선망의 대상이 되었다. 실제로 보육학교 졸업생들은 매년 거의 전원 취직을 했다. 1928년부터 1937년까지 10회에 걸쳐 배출한 졸업생은 203명이었는데 졸업과 동시에 대부분 유치원 교사로 취직했고 결혼으로 교사를 그만두는 경우가 많았음에도 1938년 당시 82명의 졸업생이 현직 유치원 교사로 활동하고 있었다.

이처럼 한국의 여성고등교육은 교사, 특히 유치원 교사를 양성하는 것으로 출발했다. 가정에서 유아 양육이 여성의 몫이었듯이, 근대식 교육 체제하의 유

36 『이화 100년사 자료집』, 345면.
37 위의 책.

아교육도 마땅히 여성이 맡아야 한다는 묵시적인 사회적 동의가 유치원 교사라는 직업을 통한 여성의 사회적 진출을 비교적 수월하게 용인했던 것이라 할 수 있다. 그 출발점에 이화학당 유치원사범과가 있었고 그것이 보육학교로, 보육과로 진화하며 여성들에게 사회 진출의 길을 마련해 주었다.

2) 음악과, 선교와 교육을 위한 교사 양성

1925년 이화여전 개교와 함께 예과 1년, 본과 3년의 4년제인 음악과가 생겨났다. 이화여전 음악과는 식민지기에 유일했던 음악전문교육기관이었다. 이화여전 음악과가 학생에게 요구하는 상은 아주 분명했다. 음악과는 개신교 학교에서 가르칠 교사와 교회의 성가대 지휘자와 반주자를 양성하고자 했다. 이화학당 대학과 시절부터 음악교육에 대한 선교사들의 보고에 이러한 현실이 잘 드러나 있었다.

> 하몬G. Hamon 선교사의 지도로 음악교육이 잘 진행되고 있다. 6명이 피아노를 배우고 있는데, 이들은 하몬 선교사를 도와 각자 5명에게 오르간을 가르치고 있다. 피츠버그의 킨니어Kinniear 부부가 기증한 피아노가 도착하면 보다 많은 음악 교사를 키울 것으로 기대한다.[38]

> 많은 교회에서 예배 시간에 연주하고 어린이들에게 노래를 가르칠 소녀들을 보내 줄 것을 요청하고 있다. 그 요구가 너무 절박하여 어떤 작은 교회에서는 한 손으로 연주할 수 있는 소녀라도 보내달라고 재촉했다. (…중략…) 악기와 악보가 부족하여 음악교육이 심각할 정도로 어려움을 겪고 있다.[39]

---

38 *Annual Report of the Korea Woman's Conference of the Methodist Episcopal Church*, 1914, p.75(허지연, 앞의 글, 103면에서 재인용).

이화여전 음악과에서도 학교교육과 선교에 필요한 인재 양성을 위한 실기 중심의 교과과정을 마련했다, 종전의 이화학당 대학과에는 피아노와 성악이 정규과목으로 있었다. 〈표 4〉에 나타난 1925년 음악과의 교과과정에 따르면 음악이론 및 작곡법, 화성학, 청음시창, 대위법, 음악감상법, 음악사, 독기법, 합창, 피아노 등의 교과목을 이수해야 했다. 교양과정으로 수신, 성경, 일어, 영어, 교육학, 미학 등을 이수하도록 했다. 여기서 교육학의 이수는 교사 양성이라는 이화여전의 지향점이 반영된 것이라 할 수 있다.[40] 그런데 당시 음악과 교육과정은 '미국의 교육과정을 많이 모방한 편'[41]으로 실기와 이론의 병행을 강조했다고 한다.

〈표 4〉 이화여자전문학교 음악과 교과과정의 변천[42]

연도	학과목
1925	수신, 성경, 국어(일어), 영어, 음악이론 및 작곡법, 화성학, 청음 및 시창법, 대위법, 음악감상법, 음악사, 독기법, 합창, 교육학, 미학, 피아노, 체조
1930	피아노(전공실기, 클래스피아노, 기법, 교수법, 시주(視奏), 관현합주), 성악(전공실기, 클래스보이스, 이태리어, GleeClub(합창단), 동양음악), 바이올린(전공실기), Concert(공개연주), 조선음악(기악), 이론(청음·시창, 화성악, 대위법, 음악분석, 일어, 작곡, 음악형식론), 역사(음악사, 음악감상, 찬송가 연혁 연구), 교육(심리학, 성악지도법, 교회반주자지도, 창법, 초등음악교육, 교육실습), 국어(일어, 문학), 영어(강독, 음악이야기, 작문회화, 영문법, 영문학-영시, 영문학-음악가의 생애), 국한문(문법, 작문), 종교(구약, 신약), 윤리(윤리학개론, 윤리학사, 현대생활윤리), 예술(미학, 가정학), 체육
1936	수신(윤리, 실천도덕), 성경, 국어(일어, 일문학 및 일문학사), 조선어 및 한문, 영어, 기악, 성악, 작곡, 음악이론 음악사 및 음악감상법, 교육, 가정학, 체조

1930년의 음악과 교과과정은 종전보다 확대되고 세분화되는 변화를 보였다. 전공 실기에는 피아노 전공 외에 바이올린과 성악 전공이 추가되었다. 성악 영

39 *Annual Report of the Korea Woman's Conference of the Methodist Episcopal Church*, 1916, 75면(허지연, 위의 글, 103면에서 재인용).

40 이화여대 출판부, 『이화80년사』, 1967, 151면.

41 김영희, 「나의 생애 나의 예술」, 『이화음악』 10, 1986, 102면(최승현, 「이화음악 1920년대~1930년대 음악교육」, 『음악연구』 15-1, 1997, 217면에서 재인용).

42 『이화 100년사 자료집』, 346~350면.

역에는 동양음악이 포함되었고, 조선의 기악음악도 과목에 들어갔다. 서양음악 일변도의 음악과 교육에 변화가 생겼음을 알 수 있다. 교육 영역에서는 성악지도법, 교회오르간 반주자 지도법, 합창지도법, 초등학교 음악지도법 등 음악 관련 지도법 교과목들이 신설되었다. 또한 1925년에는 3학년에 주당 3시간에 불과했던 교육 영역 수업이 1930년에는 1학년에 주당 2시간, 2학년에 2시간, 3학년에 교육실습을 포함해 주당 8시간으로 크게 증가했다. 1928년부터 음악과 졸업생에게 교사 자격증이 부여되면서 구체적인 음악 지도7를 위한 교과목들이 추가되고 시수가 늘어난 것이라 볼 수 있다.[43] 이와 같은 교과목은 미국에서 음악 교사 양성을 위해 마련한 공립학교음악public school music의 영향을 받아 개설된 것이었다. 음악과에서는 미국식 음악 사범과정을 도입하기 위해 이화학당 대학과 출신인 윤성덕을 음악교육으로 명망이 높은 노스웨스턴대학으로 유학을 보냈고 귀국 이후 그에게 교육 관련 수업을 맡겼다.[44] 그러므로 음악과에서도 교생실습이 중요했는데, 교생실습은 경성의 개신교 학교에서 이뤄졌다. 음악과에서는 보통학교 합창대회를 개최해 졸업반 학생들이 지도한 보통학교 학생들의 합창 실력을 겨뤘다.

음악과 수업은 선교사와 미국유학파 교수들이 담당했으므로 영어 음악 용어를 주로 사용했다.[45] 음악과에는 피아노를 전공하는 학생이 많았고 학과에서도 피아노 교육에 가장 중점을 두었다. 그것은 연주가보다는 피아노 교사와 교회 반주자를 양성하는 데 초점을 맞춘 피아노 교육이었다. 그래서 음악과에서는 미국 뉴잉글랜드 콘서바토리New England Conservatory의 피아노 교사 양성 과정의 교과목을 도입하고, 찬송가학과 음악목회와 교회반주법 등의 수업을 실시했

43 *Ewha College Catalogue*, Published by Ewha College, Séoul, Korea : April, 1930, p.47(최승현, 앞의 글, 219~220면에서 재인용).

44 허지연, 앞의 글, 108면.

45 위의 글, 108~109면.

다. 교회 반주자를 위한 강의로는 찬송가학과 음악목회, 교회반주법 등이 개설되기도 했다.

음악과는 1927년 첫 졸업생을 배출한 이후 1937년까지 졸업생 68명 중 절반이 넘는 38명이 교사가 되었다.[46] 음악과 1회 졸업생인 김사라, 김은실, 한만복은 졸업 후 모두 교사로 진출해 오래 근무했다.[47] 특히 음악과 학생들은 개신교 계통의 여자고등보통학교 교사로 취직하는 경우가 많았다. 이화여자대학교 음악대학 초대 학장을 지낸 김영의는 1929년에 졸업했는데 당시 "감리교회 계통 여자고등보통학교에 취직해서 음악선생으로 봉사하는 것을 무거운 사명 중에 하나로 생각했기 때문에 졸업하면 누구나 기독교 학교 계통에 취직했다"고 회고했다.[48]

이처럼 음악과 졸업생 중 사회로 진출한 경우는 대부분 개신교 학교의 교사로 취직했다. 그리고 선교 음악에 대한 전문교육을 바탕으로 일부는 개신교 선교 활동과 관련된 직업을 가졌다. 이처럼 음악과는 선교사들이 세운 이화여전에서 선교 활동과 가장 밀접한 네트워크를 가지고 교과과정을 운영해 교사를 양성했다.

3) 가사과, 이중적 선택지 중 하나로서의 교사 양성

1929년 이화여전에 가사과가 만들어졌다. 가사과는 생겨나면서부터 이화여전에서 가장 경쟁률이 높은 학과가 되었다. 19세기 말에 등장한 신생학문인 가정학은 여성들에게 큰 호응을 얻었다. 식민지기 일본으로 유학한 여학생 795명 중 가정학 관련 전공자가 247명, 즉 31.1%로 가장 많았다. 그 다음은 예체

---

46 조선총독부 학무국, 앞의 책, 130~131면.
47 허지연, 앞의 글, 78~79면.
48 김영의, 『이화를 빛낸 음악인들』, 한국심리검사연구소출판부, 1977, 29~30면.

능 225명29.8%, 인문계 153명19.1%순이었다.[49] 가정학의 인기는 여성들에게 여성고등교육이 가정생활에도 유익하고 필요하다는 정당성을 제공하는 동시에 사회 진출의 욕구를 채워 줄 수 있는 분야로 받아들여진 데 기인한 것이었다.[50]

1921년 미국 캔자스 대학에서 가정학을 전공하고 2년간 교사로 재직했던 모리스H. P. Morris가 이화학당 대학과에 부임해 가정학을 가르치기 시작했다. 모리스는 1923년 북중국유니온대학에 가사과를 설립한 미국 오레곤농과대학 가정학과 교수 마일럼A. B. Milam를 초청했다. 북중국유니온대학 가사과는 "보다 수준높은 가정을 만들 수 있는 여성들을 가르치고 가정학 교사, 그리고 학교, YWCA, 사회복지기관을 이끌어갈 여성 인재를 양성하고자" 설립되었다.[51] 마일럼은 조선에서 이화학당을 방문해 모리스 등과 함께 가정학과의 개설방안을 협의했다.

이듬해인 1924년 마일럼은 오레곤주립대학·가정학과에 외국인 학생에게 장학금을 지원하는 국제가정학장학금을 마련했다. 국제가정학장학금은 아시아와 비서구지역의 유망한 여학생을 선발해 미국에서 가정학 학위를 받게 한 후 자국으로 돌아가 현지 실정에 맞게 가정학을 가르치도록 하는 프로그램이었다. 이후 오레곤주립대학 가정학과는 이화여전 가사과 출신 유학생들이 가장 선호하는 곳이 되었다.[52] 1945년 해방까지 가사과에 재임한 조선인 교원 17명 중 미국유학 출신이 6명이었는데 그중 김합라, 김분옥, 김쾌대, 최이순 등 4명이 오레곤주립대학 출신이었다. 이들은 오레곤주립대학에서 유학한 후 모두 이화여전 가사과에서 근무했다. 이 중 김합라, 최이순, 김분옥이 국제가정학기금으로 유학을 했다.[53]

---

49 이지연·전상숙, 앞의 글, 253면.
50 위의 글, 253면.
51 박선미, 「가정학이라는 근대 지식의 획득」, 『여성학논집』 21-2, 2014, 90면.
52 이지연·전상숙, 앞의 글, 256면.

1925년 이화학당 대학과가 이화여전으로 승격되자 모리스는 가사과를 설립하기 위해 적극 나섰다. 먼저 교원 자격을 갖추기 위해 자신이 1927년 미국으로 돌아가 컬럼비아사범대학 대학원에서 석사학위를 취득하고 이듬해에 돌아왔다. 그리고 가사과 설립에 필요한 1만 원의 예산을 이화학당에서 1904년부터 1905년까지 당장 서리를 역임한 힐맨M. Hillman과 자신의 아버지로부터 기부 받아 마련했다.

1929년 가사과 설립 이후 첫 번째 가사과장은 김합라가 맡았다. 그가 오레곤주립대학에서 배운 교과과정이 이화여전 가사과 교과과정 구성의 기초가 되었다. 가사과 교과과정은 의류, 음식, 주택 등 가정생활 관련 과목과 함께 일반화학, 가정의학, 생리학, 세균학, 심리학 등의 과학 관련 과목, 정치학, 경제학, 사회학 등의 사회과학 관련 과목으로 편성되었다. 이와 같은 가사과의 교과과정에서는 오레곤주립대학을 통해 들어온 미국의 가정학 교육의 흔적이 보인다. 당시 미국의 가정학은 가사활동과 가정관리기술을 체득하는 것에 그치는 것이 아니라 인간의 활동과 물리적 환경에 대한 자연과학과 사회과학적 이해가 필요하다는 전제하에 4년제 대학의 교과과정이 기초부터 심화단계에 이르기까지 단계적으로 배치되어 있었다.[54] 하지만 이와 같은 미국식 가정학 교육의 영향은 점차 옅어진 듯하다. 가사과의 교과과정은 〈표 5〉에 드러나듯이 1936년 이후에는 오히려 가사 관련 과목이 강화되는 양상을 보였다.

그런데 가사과의 지향점은 보육과나 음악과와는 다소 차이를 보였다. 1914년 이화학당이 내놓은 보고서에 따르면 가정학 교육의 지향점은 "빨리 조선의 가정에 유용할 수 있는 참된 가사를 가르쳐 우리 학생들이 좋은 선생과 동시에 훌륭한 주부가 될 수 있도록 바라는" 것이었다.[55] 바로 이 지점, 가정학 공부가

53 위의 글, 260면.
54 위의 글, 270~271면.

〈표 5〉 이화여자전문학교 가사과 교육과정의 변천[56]

연도	학과목
1930	의류(섬유학, 아동복 재봉, 세탁법, 성인복 재봉, 식食(한국 요리, 외국 요리, 음식과 영양), 건강(공중위생, 가정간호, 육아법), 가내공업(가내공업), 주택(가구와 실내장식, 주택관리, 가사실습소), 과학(일반화학, 가정의학, 생리학, 식품화학, 세균학, 생물학), 사회(정치학, 경제학, 사회학), 교육(아동심리학, 교수법, 교생실습), 영어(작문과 회화), 영문법(영어독본), 국어(일어, 일본문학), 조선어(작문 · 문법), 윤리(윤리학개론, 윤리학사, 윤리와 현대생활), 종교(구약의 모세 5경과 역사, 시와 예언, 신약의 초대교회사, 종교교육), 음악(음악감상, 가정사회음악, 교회음악, 학교음악), 체육
1936	수신(윤리, 실천도덕), 성경, 국어(일어, 일문학 및 일문학사), 조선어 및 한문, 영어, 이과(가사물리, 가사화학, 생물학, 생리학, 위생학), 가사(섬유 및 직물, 재봉, 수예, 의류정리법, 식물 및 영양, 요리법, 주거론, 양로, 육아, 간호학, 가정관리, 가정부업), 교육(교육학), 심리학(심리학), 법제, 사회학, 음악, 체조
1941	수신(윤리학, 국민도덕), 성경, 국어(강독 · 작문 · 문학사), 일본학, 영어, 이과(가사물리, 가사화학, 생물학, 생리학, 위생학, 섬유 · 직물), 가사(재봉, 수예, 의류정리법, 식물 · 영양, 요리법, 주거론, 양로 · 육아, 간호학, 가정관리, 가정부업), 교육 · 심리학(교육학, 심리학), 법제, 사회학, 음악, 체조

좋은 선생인 동시에 훌륭한 주부가 되는 것을 가능하게 해 준다는 인식, 그것이 가사과를 여성들에게 가장 인기 있는 학과로 만든 이유이기도 했다. 1937년에 발간된 『이화여자전문 · 보육학교일람』의 부록에 실린 「가사과 강령」에 따르면, 가사과는 '일반가사에 관한 전문 지식과 기능을 익힘과 아울러 부덕婦德의 함양을 꾀함으로써 건전한 사회봉사자를 양성'함을 목표로 하고 있었다.

가사과는 1929년 첫해에 30명 모집정원에 42명이 응시해 32명이 합격했다. 문과생이 전 학년에 59명, 음악과생이 전 학년에 46명이었던 것에 비해 가사과는 신입생만 32명이었던 것이다. 이를 통해 유일의 여성 고등교육기관인 이화여전에 가사과가 설치된 것에 대해 사회 그리고 여성들의 호응이 얼마나 컸는지를 짐작할 수 있다. 가사과 졸업생들도 역시 사회 진출에 있어 교사가 단연 우위를 차지했다. 가사과는 1938년에야 사립고등여자보통학교 교사 자격을 얻었지만, 1937년 현재 5회에 이르는 졸업생 81명 중 23명이 이미 각종학교 교사로 재직하고 있었다.[57]

55 이화가정학50년사편찬위원회, 『이화가정학50년사』, 1979, 38면.
56 『이화 100년사 자료집』, 347~352면.

4) 문과, 서구적 교양 교육에 기반한 교사 양성

1925년 이화여전이 문을 열면서 음악과와 함께 문과가 설치되었다. 〈표 6〉에서 알 수 있듯이 문과의 교과과목은 이화학당 대학과가 갖고 있던 교양교육의 연장선상에서 개설되었다. 즉 수신·성경·일어·한문·영어작문·회화, 문법·해석, 영문학, 수학, 지문地文, 역사동양사, 일본사, 서양사, 법제경제, 지질 및 천문학, 미술학, 철학, 생물학, 심리학, 윤리학, 사회학, 교육학, 교육사, 교수법, 가정학, 위생학, 창가, 체조 등 근대 학문 전반을 아우르고 있었다. 이 중 영어 이수학점은 작문·회화12학점, 문법·해석7학점 영문학19학점 총38학점으로 예과 1년과 본과 3년에 이수해야 할 학점 150점 중 25%에 달했다.[58] 또한 교사로서의 자질 양성을 위해서는 교육학 3학점, 교육사 3학점, 교수법 2학점을 이수해야 했다. 1930년 문과 교과과정에서는 이수해야 할 총학점이 122학점으로 줄었으나 영어는 독본(5), 문학개론(2), 영문학(11), 연극(3), 영작영문법(3) 문법(2), 작문(6), 신문학(2), 회화(4), 언어학습의 심리학(2) 등 오히려 40학점으로 늘어나고 세분화되어 33%의 비중을 차지했다.[59] 1928년부터 졸업생들이 영어 교사 자격증을 획득하게 되었으므로 영어 교사로서의 역량을 키우기 위한 교과과정 개편이 이루어진 것이었다. 그런데 〈표 6〉에서 알 수 있는 것처럼 문과는 1940년대까지 교양 교육 중심의 교과과정 운영을 지속했다. 이를 통해 문과가 일관되게 서구식 교양을 갖춘 영어 교사를 양성하고자 하는 지향점을 갖고 있었음을 알 수 있다.

1937년에 발간된 『이화여자전문·보육학교일람』의 부록에 실린 「문과 강령」에 따르면 문과는 문학에 관한 특수교육을 실시하는 것을 목적으로 하고 있었

57 위의 책, 246면.
58 위의 책, 346면.
59 위의 책, 346~347면.

〈표 6〉 이화여자전문학교 문과 교과과정의 변천[60]

연도	학과목
1925	수신, 성경, 국어(일어), 한문(선택), 영어(작문 · 회화, 문법 · 해석, 영문학), 수학(입체기하), 지문, 역사(동양사, 일본사, 서양사), 법제 · 경제, 지질 및 천문학, 미술학, 철학, 생물학, 심리학, 윤리학, 사회학, 교육학, 교육사, 교수법, 가정학, 위생학, 창가, 체조
1930	생물(생물학), 교육(교육사, 교육학개론, 교육심리학, 영어교수법, 교생실습), 영어(독본, 문학개론, 영문학, 연극, 한국문학연구, 영작영문법, 문법, 작문, 신문학, 회화, 번역(일어와 조선어), 언어학습의 심리학), 윤리(윤리학개론, 윤리학사, 윤리와 현대생활), 가정학(위생과 가정간호, 가구와 실내장식, 가정관리와 육아), 국어(일어, 문학), 조선어 및 한문(조선어문법, 조선어 작문, 조선문학사, 한문(고전)), 수학(입체기하와 삼각법), 음악(음악감상, 가정사회음악, 교회음악, 학교음악), 철학 및 심리학(논리학, 철학, 심리학), 종교(구약, 신약, 종교교육), 사회과학(정치학, 경제학, 역사[문화사, 일본사, 동양사, 서양사]) 체육
1936	수신(윤리, 실천도의), 성경, 국어(일어, 일문학 및 일문학사), 조선어 및 한문, 영어(강독, 해설, 문법, 작문, 회화, 영문학 및 영문학사), 문학개론(문학평론 및 개론), 교육(교육학, 교육사, 교수법), 심리학, 논리학, 철학개론, 역사(일본사 및 동양사, 서양사), 미학 · 미술사, 법제, 경제, 사회학, 자연과학(자연연구, 생물학), 가정학, 음악, 체조
1941	수신(윤리학, 국민도덕), 성경, 국어(일어), 일어일문학(일어 · 일문학, 일문학사), 중국문학, 조선문학, 영어(강독 · 해석, · 문법, 작문 · 회화, 영문학 · 영문학사), 언어학개론, 문학개론, 교육(교육학개론, 교육사, 교수법), 심리학, 논리학, 철학개론, 역사(일본사, 동양사, 서양사), 미학 · 미술사, 법제, 경제, 사회학, 자연과학, 가정학, 음악, 체조

다. 그런데 실제 교과과정에는 영문학을 중심으로 일본문학, 중국문학, 조선문학 등을 포함하면서도 교양교육의 틀 역시 그대로 유지하고 있었다. 한편, 문과는 영문 학과명을 'English Literary Dept.'라고 표기하고 있었다. 그리고 서양인 교수들은 예과 수업부터 영어로 강의를 했다. 이로 인해 개신교 학교가 아닌 여학교를 우등으로 졸업했던 학생들조차도 수업을 따라가지 못해 중도 탈락하는 경우가 적지 않았다고 한다.[61] 이처럼 문과는 서양인 교수의 입김이 가장 센 학과로서 서구식 교양교육을 받은 영어 교사를 배출하고자 했다.

그럼에도 문과 졸업생들이 교사가 되는 비율은 다른 학과에 비해 상대적으로 낮았다. 1927년 첫 졸업생을 배출한 이후 1937년까지 졸업생 문과 졸업생 111명 중 27명이 1937년 현재 교사로 재직하고 있었다.[62] 반면 문과에서는 상

60 위의 책, 346~351면.
61 이화70년사편찬위원회, 『이화칠십년사』, 1956, 95~96면.
62 조선총독부 학무국, 앞의 책, 130~131면.

급학교로 진학한 졸업생이 10명으로 다른 과에 비해 상대적으로 많았다. 교사도 되지 않고 상급학교에도 진학하지 않는 '기타' 활동에 포함된 졸업생도 17명인 것으로 보아 문과는 다른 과들에 비해 졸업생의 사회 진출 양상이 비교적 다양했던 것으로 보인다.

4. 해방 후 여성고등교육의 토대를 놓다

근대 여성고등교육은 식민지기에 개신교 선교사들에 의해 시작되었다. 1910년부터 1937년까지 약 28년간 개신교계 학교인 이화학당 대학과와 이화여전에서 유일하게 여성고등교육이 이뤄져 왔다. 그만큼 이화여전의 위상은 독보적인 것이었다. 이화여전은 여학생들의 동경 대상이었다. 그들에게 이화여전은 '한국말로 한국사람을 위한 교육을 하는 곳이며, 특히 여자가 행세할 수 있는 유일한 기관'이었다.[63] 1928년에는 경성제국대학 일본인 교수와 세브란스병원의 오긍선 등이 사립으로 가정과, 음악과, 예술과를 갖춘 한국인과 일본인 공학의 조선여자대학을 설립하기 위해 발기회를 열었으나 결국 실현되지는 못했다.[64]

이화여전은 문과·음악과·가사과·보육과 등을 중심으로 미국식 교양교육과 전공교육을 실시했다. 이와 같은 여자고등교육은 현실적으로 개신교계 학교에서 가르칠 교사를 양성하는 데 주안점을 두었다. 이화여전은 여성에게 한정된 직업으로 인식된 유치원 교사, 학교는 물론 선교 활동을 위해 필요한 음악 교사, 여성의 가정 내 역할을 근대식으로 가르치는 가사 교사, 서구적 교양인으

63 민숙현·박해경, 『한가람 봄바람에 – 이화100년야사』, 지인사, 1981, 159면.
64 「조선서 처음으로 여자대학을 발기」, 『조선일보』, 1928.12.21.

로서의 영어 교사를 키워냈다. 이화여전이 배출한 졸업생들은 전국의 유치원과 사립여자고등보통학교 등에서 교사로 활약했다. 여성의 사회 진출이 극히 제한되었던 시절, 교사로 살아가던 이화여전 출신 졸업생들은 스스로를 여성 지식인으로 자부했고 사회도 그렇게 대우했다. 또한 여성고등교육의 실현과 졸업생의 교사로의 진출은 여성들이 사회 진출의 발판으로서 고등교육을 선택하게 만드는 계기로 확고히 자리를 잡아갔다. 1936년 현재 전문직에 종사하는 여성의 숫자를 살펴보면 교육에 1,059명, 의료에 975명, 기자, 예술가로 260명이 활약하고 있었다.[65] 또한 1938년 이화여전 66명, 경성보육학교 33명, 중앙보육학교 24명 등 123명의 졸업생 중에 100명이 취직을 희망했는데, 대부분이 교직을 희망했다고 한다.[66] 1939년 동아일보는 「상급학교 수험에 나타난 젊은 여성의 지향」이라는 제목의 분석 기사를 내보면서 교사 직업을 가장 선호하는 풍토에 대해 현실주의적이라고 평했다.

> 인생에 있어서 가장 중요한 시기인 20세 내외(자세히 말하면 18세부터 21, 22세까지)의 젊은 세대의 여성은 인생의 목표를 어디에 두는가? 여기까지는 몰라도 무엇을 보다 더 배우려고 하는가? (…중략…) 중등교를 졸업하고 조선 내의 상급학교를 지원한 20세 전후의 여자들은 무엇보다도 먼저 '졸업 후의 직업을 위한 학문'을 요구하는 것이 역력히 나타난 듯합니다. (…중략…) 조선 여성들이 "직업을 가진 여자"로서 사회에 나아가려는 그 뜻은 단지 가난이 무섭다는 이유에서 뿐일 것이겠습니까? 또는 '여자도 직업이 있어야 하고 경제적 속박을 벗어나서야만 여자의 자립이 있다'는 진리를 깨달았으므로 이런지요? 하여튼 현대의 젊은 세대는 보다 더 현실주의에로 나아가는 것만은 사실인 듯합니다.[67]

65 이배용, 「일제하 여성의 전문직 진출과 사회적 지위」, 『국사관논총』 83, 1999, 176면.
66 「졸업생 123명 중 100명의 취직 지망」, 『매일신보』, 1938.2.26.

1938년에는 숙명여자전문학교이하 숙명여전와 경성여자의학전문학교경성여의전가 개교를 했다. 두 학교는 지향점, 운영 주체, 학생 구성에서 이화여전과 차이를 보였다. 숙명여전은 가정생활에 관한 지식과 기술을 중심으로 중산층의 아내와 어머니로서 갖추어야 할 자질을 연마한다는 목표를 내세웠다. 경성여의전은 여성 의료 전문인 양성을 목표로 한 학교였다. 이화여전은 1940년에 선교사들이 미국으로 돌아가기 전까지 미국인들이 주도한 학교였지만 숙명여전과 경성여의전은 일본인이 학교 운영을 주도했다. 또한 이화여전은 조선인 학생이 주를 이뤘지만, 숙명여전과 경성여의전은 약 20~30%의 일본인 학생이 조선인 학생들과 함께 다녔다.

이와 같은 차이는 해방 이후 각 학교의 운명은 물론 여성계의 재편에도 영향을 미쳤다. 미군정이 들어오면서 개신교인으로서 학교를 다니면서 영어로 강의를 들었고 일찍이 교사로서 사회에 진출해 경험을 쌓은 이화여전 졸업생들의 위상과 활약은 압도적인 것이었다. 식민지기에도 이화여전 졸업생들을 중심으로 한 개신교 여성운동가들은 YWCA를 중심으로 활동하면서 근우회에 참여하거나 여성농촌계몽운동을 주도하면서 사회주의 여성운동가들과 함께 여성운동의 주류를 이뤘다. 그리고 해방에 이어 분단이 되면서 남한에서는 이화여전 출신들이 여성계에서 유일하고 독보적인 지위를 누렸다.

그런데 지금까지 해방 이후 여성고등교육의 전사에 해당하는 식민지기 여성고등교육에 대한 연구는 매우 미진했다. 이화여전의 후신인 이화여대 스스로도 식민지기의 교사校史에 대한 본격적인 연구에 나서지 않은 것은 김활란으로 표상되는 친일의 그림자를 의식해서 그런 것은 아닌지 짐작해 볼 뿐이다. 물론 실증적 자료의 양적 부족이라는 제한성도 연구 부진에 영향을 미쳤을 것으로 보인다. 고등교육사 연구의 일환으로서 또한 여성사의 일환으로서 식민지 여

67 「상급학교 수험에 나타난 젊은 여성의 지향」, 『동아일보』, 1939.4.6.

성고등교육의 지향점을 여성의 사회 진출이라는 사회사적 맥락과 연관지어 '교사 양성'으로 도출한 본 연구를 시작으로 앞으로 사료 발굴과 함께 다각도에서 식민지 여성고등교육을 살피는 후속 연구를 이어가고자 한다.

참고문헌

『동아일보』, 1921.2.21 · 1922.6.30 · 1922.12.23 · 1923.2.25 · 1933.1.1 · 1939.4.6.

『매일신보』, 1918.3.28 · 1938.2.26.

『신여성』, 1924.3 · 1925.4.

『조선일보』, 1924.6.16 · 1926.5.26 · 1928.12.21.

조선총독부 학무국, 『이화여자전문 · 보육학교일람』, 1937.

『청년』, 1926.4.

강선미, 『한국의 근대초기 페미니즘 연구』, 푸른사상, 2005.

김광규, 「일제강점기 초등 여교원의 양성과 인사」, 『한국교육사학』 38-1, 2016.

______, 「도쿄여자고등사범학교 조선인 유학생 연구」, 『한국교육사학』 43-1, 2021.

김영의, 『이화를 빛낸 음악인들』, 한국심리검사연구소출판부, 1977.

김정인, 「근우회 여성운동가들의 교육계몽론」, 『교육철학연구』 41-4, 2019.

김활란, 『그 빛 속의 작은 생명-우월 김활란 자서전』, 이대출판부, 1983.

민숙현 · 박해경, 『한가람 봄바람에-이화100년야사』, 지인사, 1981.

박선미, 「가정학이라는 근대 지식의 획득」, 『여성학논집』 21-2, 2014.

이배용, 「일제하 여성의 전문직 진출과 사회적 지위」, 『국사관논총』 83, 1999.

이상금, 『한국 근대 유치원 교육사』, 이화여대 출판부, 1987.

이성전, 『미국선교사와 한국근대교육』, 한국기독교역사연구소,2007.

이지연 · 전상숙, 「식민지 시기 여성 고등교육과 가정학의 제도화-미션스쿨 이화여전의 가사과 형성과 미국유학생들을 중심으로」, 『지역과 역사』 36, 2015.

이화100년사편찬위원회, 『이화100년사』, 1994.

이화70년사편찬위원회, 『이화칠십년사』, 1956.

이화80년사편찬위원회, 『이화팔십년사』, 1967.

이화가정학50년사편찬위원회, 『이화가정학50년사』, 1979.

이화여대 출판부, 『이화 80년사』, 1967.

이화여자대학교 사범대학 부속 이화유치원, 『이화유치원 역사 이야기』, 이화여대 출판부, 2014.

최승현, 「이화음악 1920년대-1930년대 음악교육」, 『음악연구』 15-1, 1997.

허지연, 「제국 속의 제국-일제강점기 한국의 고등음악교육과 미국의 해외선교」, 이화여대 박사논문, 2017.

일제강점기의 조선 여의사들*

도쿄여자의학전문학교 졸업부터 경성여자의학전문학교 창설까지

최은경

1. 들어가며

조선에서 최초의 여의사가 된 박에스더를 제외하면 유학 생활을 통해 여의사가 된 최초의 인물들은 도쿄여자의학전문학교東京女子医学専門学校, 이하 도쿄여의전를 통해 의사가 된 인물들이었다. 이 중 제일 먼저 도쿄여의전을 졸업한 이는 소설가 이광수李光洙의 처로 유명한 허영숙許英肅, 1917년 졸업이며, 이후 정자영鄭子英, 1918년 졸업, 현덕신玄德信, 1921년 졸업, 유영준劉英俊, 1923년 졸업, 길정희吉貞姬, 1923년 졸업 등이 따른다. 이외에도 도쿄여의전을 졸업한 여의사들이 있으며, 이들은 여의사로서 '당대의 명사'이자 '여류 인물'이란 평가를 받으며 세간의 주목을 받았다.

이들은 일찍 사망한 박에스더1910년 사망의 아쉬운 자리를 논외로 한다면 국내에서 말 그대로 최초의 여자 의사로서의 계보를 잇는 그룹이다. 국내 최초의 여자 의사로서는 총독부의원 부속의학강습소 청강생 출신으로 김해지金海志, 김영흥金英興, 안수경安壽敬이 1918년 총독부 의사 면허를 획득한 바 있으나 주로

* 이 글은 최은경, 「일제강점기 조선 여자 의사들의 활동– 도쿄여자의학전문학교 졸업 4인을 중심으로」, 『코기토』 80, 2016, 287~316면에 실린 논문을 수정, 보완한 것이다.

기독교 의료기관의업무를 담당했으며 대외활동의 측면에서는 다소 미약하다고 할 수 있다.[1] 반면 도쿄여의전 출신 의사들은 일본유학이란 배경과 신여성이라는 타이틀을 자산으로 하여 국내 여성 운동 안팎을 주도하면서 최초의 여자 의사'들'로서의 면모를 발휘하였다.

이들 여자 의사들은 이른바 신여성으로서 꽤 많은 주목을 받았으나 이들이 어떠한 여자 의사로서의 꿈을 꾸었는가, 어떠한 활동을 펼쳤는가, 이들이 어떠한 족적을 남겼는가 등은 많이 연구된 바 없다. 식민지 조선의 여자 의사 연구로서는 주로 개별 인물 연구가 선행되어 왔다. 예를 들어 박에스더에 관한 한 연구 같은 경우 주로 '최초' 여의사로서의 선구자적 생애에만 초점을 두고 있다.[2] 도쿄여의전 출신인 여의사에 관한 연구로서 허영숙에 관한 연구가 있으나 대외여성운동을 위해 헌신해 온 도쿄여의전 출신 후배 의사들의 면모를 그려내기에는 부족한 감이 없지 않았다.[3] 그 외 로제타 홀 여사의 조선여의사 양성에 관한 한 연구는 조선여의사의 역사에서 로제타 홀의 역할에 관해 주목하고 잘 정리하고 있으나 홀과 함께 활동을 펼친 도쿄여의전 출신 여의사들을 초점에 두고 있지 않다.[4]

도쿄여의전 출신 여의사들은 모두 의사이자 지식인으로서 당대의 '신여성'이었지만 그 행보는 같으면서도 사뭇 다르다고 볼 수 있다. 여의사로 화려한 주목을 받았으나 이후 여성운동과 사회주의운동에 헌신하기까지 이들의 삶은 한 가지 모습으로 정리되기 어려운 면모를 보인다. 본 논문은 최초의 여의사로 화려하게 주목받았던 이들 4인 — 정자영, 현덕신, 유영준, 길정희의 삶을 중심

1 물론 이러한 평가는 김해지, 김영흥, 안수경에 관하여 다소 그 동안 연구가 빈약했음을 반영하는 평가일 것이다. 최근 이들의 활동을 재조명한 연구로 이영아, 「최초의 '국내파' 여성의사 안수경(安壽敬), 김영흥(金英興), 김해지(金海志) 연구」, 『의사학』 30(1), 2021, 101~144면을 참조할 것.
2 이방원, 「박 에스더(1877~1910)의 생애와 의료선교활동」, 『의사학』 16(2), 2007, 193~213면.
3 신동원, 「일제강점기 여의사 허영숙의 삶과 의학」, 『의사학』 21(1), 2012, 25~65면.
4 김성은, 「로제타 홀의 조선여의사 양성」, 『한국기독교와 역사』 27, 2007. 5~43면.

으로 연구한다. 이들 4인에 주목한 까닭은 이들이 명망 있는 도쿄여의전 초기 졸업생들로서 초기 여의사의 위상과 그 변화를 잘 보여주는 삶을 살았기 때문이다. '여성'이자 '의사'로서 이들의 궤적을 조망함으로써 '여의사'라는 타이틀 속에서 당시 식민지 여성 지식인 행보를 그려보고자 한다.

2. 도쿄여자의학전문학교 입학

도쿄여의전은 어떠한 곳인가? 본격적으로 식민지 조선에서 여자의사가 되기 위해 유학 열풍이 시작된 것은 1910년대 말부터였다고 볼 수 있다. 여자 의사가 되기 위해 유학의 목표가 된 첫 학교는 도쿄여의전이었다. 도쿄여의전 이후에는 1925년 창립된 데이고쿠여자의학약학전문학교帝國女子醫學藥學專門學校, 1928년 설립된 오사카여자고등의학전문학교大阪女子高等醫學專門學校 등에 한국인 여성들이 진학하였다.

도쿄여의전은 일본에서는 최초로 여성만을 위한 의학교육기관이었다. 일본에서 여자로서 의사 자격을 얻은 최초의 인물 중 한 명인 요시오카 야오이吉岡彌生가 1900년 여성의 의학교육을 위해 설립한 도쿄여의학교東京女医学校를 전신으로 한다. 요시오카 야오이는 20대 말에 이 학교를 설립한 한편, 일본의 여성 선거권 운동을 펼친 입지전적 인물로 알려져 있다.[5] 도쿄여의전은 1912년 재단법인으로 설립인가를 받아 오늘날 도쿄여자의과대학에 이르고 있다. 1912년

5 요시오카 야오이는 1871년 한방의의 딸로 태어나서 1889년 현재 일본의과대학의 전신인 제생학사[済生学舎]에 입학, 1892년 내무성의술개업시험에 합격하여 여의사가 된 인물이다. 제생학사가 더 이상 여성의 입학을 거부하자 1900년 일본 최초의 여자 의사 양성기관으로 도쿄여의학교를 설립하였다. 태평양전쟁 중에는 부인국책위원 제1호를 맡는 등 전쟁 협력에 솔선수범하였고 전후 전쟁 협력 등의 문제로 1951년 도쿄여자의과대학 등의 공직에서 추방되었다.

까지는 도쿄여자의학교 졸업생들에게 면허 부여의 기회가 주어지지 않았지만 재단법인이 되면서 시험 응시 기회를 가질 수 있었다. 1910년대 여성이 일본 유학을 통해 의사가 될 수 있는 유일한 곳이었기 때문에, 한국에서는 여자 의사가 되기 위해 갈 수 있는 주요 유학처가 되었는데, 도쿄여의전이 인가된 지 2년 후 1914년 허영숙의 입학을 시작으로 약 59명이 졸업하였다.[6] 『도쿄여자의학전문학교일람』에 기재된 1917년부터 1924년까지 명단을 보면 다음과 같다.[7]

1917년 졸업, 허영숙

1918년 졸업, 정자영(1920년 졸업으로 다시 나옴)

박정朴貞(1922년 졸업으로 다시 나옴)

1921년 졸업, 현덕신

1922년 졸업, 송복신

1923년 졸업, 유영준, 한소제, 길정희吉貞石

1924년 졸업, 이덕요, 전혜덕

이중 정자영과 박정은 1918년 졸업 후 1920년 및 1922년 다시 졸업한 것으로 나오고 있다. 도쿄여의전은 1920년부터 문부성 지정 학교가 되어 졸업 즉시 문부성 면허 의사가 될 수 있었기 때문에 의사가 되기 위해 재차 졸업 절차를 거친 것이 아닐까 추측된다. 재차 졸업 절차를 거친 경우를 제외하면 허영숙이 첫 번째 졸업생, 정자영 및 박정은 두 번째 졸업생, 현덕신은 세 번째 졸업생, 송복신은 네 번째 졸업생, 유영준, 한소제韓少濟, 길정희는 다섯 번째 졸업생이다.

이들이 처음 유학을 결심하게 된 동기에는 진명여고나 정신학교 등 최초로

6 기창덕, 『韓國 近代 醫學 敎育史』, 아카데미아, 1995, 352면.
7 東京女子医学専門学校 編, 『東京女子医学専門学校一覧』, 東京女子医学専門学校, 昭和3年.

근대교육을 실시한 각 학교에서 교육받은 영향이 컸을 것으로 짐작된다. 정자영1896년 출생은 허영숙의 진명학교 1년 후배로서 1912년 나이 16세 때 졸업하여 2회 졸업생이었다. 진명학교를 졸업하고는 바로 집안의 중매를 거쳐 1915년 3세 연하인 문목규文穆圭와 결혼하였는데, 당시 문목규에게 고질병이 있어 남편의 병을 고치고자 일본유학 결심한 것으로 알려져 있다.[8] 1915년 도쿄여의전에 입학했는데, 중간에 어떤 고등교육을 거쳤는지는 알려져 있지 않다.

현덕신은 황해도 해주에서 1남2녀 중 막내로 태어났다. 현덕신의 아버지는 선교사였고 사촌오빠 현석칠은 목회자로서 임시정부활동을 한 독실한 기독교 가정이었다.[9] 현덕신은 이화학당 중등과를 졸업하였다. 현덕신의 도쿄여의전 졸업을 알리는 기사를 보면 1921년에 24살이라고 적혀 있어 1898년에 출생한 것으로 볼 수 있다.[10] 그리고 본 기사에 다섯 해 전 일본으로 건너갔다고 되어 있는데, 1917년 도쿄여의전에 입학한 것으로 추측된다. 별도로 고등교육을 이수한 기록이 없어 이화학당 중등부 졸업 후 어떠한 과정을 거쳐 의학으로 유학을 떠날 것을 결심하게 되었는지는 알 수 없다. 다만 이화학당에서 기독교 가정의 영향을 받아 신학문을 배우겠다고 결심한 것으로 짐작할 수 있다.

길정희1899년 또한 허영숙, 정자영의 뒤를 이어 진명여학교에서 19세 나이 때 1918년 졸업하였다.[11] 길정희 조부는 구한말 정3품 관직을 지낸 길인수로 손녀 길정희가 신학문을 익히고 여의사의 길을 갈 수 있도록 가장 독촉한 인물이었다. 길정희는 1남 2녀 중 둘째 딸이었는데, 조부의 영향을 받아 신교육에 매진할 수 있었다. 진명여학교를 졸업하고 조부의 뜻을 받아 도쿄여의전으로 유학을 떠났다.

---

8 정구충, 『韓國醫學의 開拓者』 1, 東方圖書, 1985, 595면.
9 전라남도 복지여성국, 『전남여성 100년』, 다지리, 2003.
10 「新女醫玄德信」, 『동아일보』, 1921.11.22.
11 길정희, 『나의 自敍傳』, 三護出版社, 1981, 9~13면.

유영준은 이들보다 더 굴곡진 경험을 한 것으로 추측된다. 같이 도쿄여의전을 다닌 이들보다 6~8살 위였으며 굴곡진 이력의 소유자였다. 『한국사회주의 인명사전』에는 1890년생으로 기재되어 있다. 『삼천리 강산』에는 유영준이 궁중 내인의 이력도 거친 것으로 적혀 있는데, 이는 유영준에게 기생의 이력이 있다고 적고 있는 『매일신보』 1922년 기사와도 일치한다.[12] 정리해보면 유영준은 평남 평양 출생으로 매우 가난한 집안 출신이었으며 기생 수업을 받다가 특별한 계기로 인해 10대 때 정신여학교를 졸업하고 북경여학교를 다녔다. 한 회고에 중국에서 약 6년 있었고 일본에서 약 8, 9년 있었다고 스스로 소개하고 있어 약 1910년부터 북경여학교를 다닌 것으로 풀이된다.[13] 만일 이 기록이 맞다면 약 20살 무렵부터 북경여학교를 다녔다고 볼 수 있다. 이 와중에 안창호의 민족운동 지도에 감화 받고 일본으로 건너가 도쿄여의전을 다니게 된다.[14] 유영준이 도쿄여의전로 유학하게 된 데에는 국내 여자 의사 양성에 크게 관여했던 감리교 선교사 로제타 홀Rosetta Sherwood Hall의 도움이 있었던 것으로 보인다.[15]

왜 이들은 여성으로서 당시 어렵다는 의사의 길, 그리고 더 어려운 일본유학의 길을 택했던 걸까? 당시 조선에서 여자 의사 양성은 쉽지 않았다. 그럼에도 불구하고 신학문, 특히 서양 의학에 대한 관심과 필요성은 갈수록 높아졌다. 식민지 치하 조선에서는 국내에서 여성을 위한 고등교육 과정이 막혀 있다는 점도 유학의 길로 가는 요인이 되었다. 또한, 여성 유학의 꿈을 꾸게 된 데에는

12 「女子敎育의 先驅者, 손정규 양은 여자고보 교유로, 유영준 양은 병으로 중도 퇴학」, 『매일신보』, 1922.7.22. "류영준 양은 본래 하급의 소생으로셔 기생영업으로브터 이러나 일시 만주독립당의 수령으로 자못 불온한 사상을 품고 잇다가 별안간 량심의 책됨을 깨닷는 동시에 배우기를 결심하고 고학분투한 결과 겨우 악마의 소혈을 버셔나 광명한 바른길노 들어 녀학교로브터 녀자의학전문학교에까지 입학하엿스나"라고 적혀 있다.

13 「外國에 가서 생각나든 朝鮮 것-溫突과 김치」, 『별건곤』, 1928.5.

14 강진호 외, 『북한의 문화정전, 총서 '불멸의 력사'를 읽는다』, 소명출판, 2009. 독립기념관에는 유영준이 1911년 북경여학교에서 안창호에게 보낸 친필서한이 남겨져 있다.

15 Alice R. Appenzeller, "Changes at Ewha Haktang", *Annual Report of the Korea Woman's Conference of the Methodist Episcopal Church*. 27, Methodist Pub. House 1924~1925, 1925.

당시 소수이긴 하나 설립되어 있었던 여성교육기관—진명여학교, 숭의여학교, 이화학당 등의 영향이 있었다. 이들 학교를 졸업하고 선후배가 수학하는 일본의 학교에서 유학을 하는 것이 드물지 않았다.

의학의 길을 당대 여성이 선택하는 것은 쉽지 않았으며, 그만큼 사명감과 선각자 의식을 필요로 하는 것이기도 하였다. 그럼에도 불구하고 일제강점기 여성들 중 의학을 전공으로 유학한 수는 적지 않았다. 당시 일본의 한국인 여자 유학생은 842명이었고, 그 전공을 보면 가정학계가 247명31.1%로 가장 많았지만, 의학계 유학 또한 103명13.0%을 차지하고 있었다.[16] 1920년 이후에는 관비官費에 의해 여성들이 유학하기 시작하고 의학을 전공한 이들도 늘어나지만 그 수는 고작 1~10명 수준이었다. 대다수는 가정의 후원에 따라 사비私費 유학을 하였으며, 의학이라는 신학문을 익힘으로써 조선 사회에 이바지할 수 있을 것으로 기대하는 바가 있었다. 기독교 선교의 영향으로 신자가 된 기독교 가정으로서는 새로운 학문을 익혀 이후 사역에 봉사할 것을 기대하는 요청도 컸다. 내외를 가리는 한국의 진료풍습상 여성과 아이의 진료를 위해서는 여의사가 시급히 필요했다. 가장 조선의 여의사 필요성을 주창한 감리교 선교사 로제타 홀 여사의 경우 한국인 기독교 가정을 여러 차례 설득하였다. 황신덕黃信德의 언니 황애시덕黃愛施德은 홀이 설득의 노력을 가장 많이 기울인 인물이기도 하였다.[17] 비록 황애시덕는 도쿄여의전을 다니다가 중간에 포기했지만, 이후 다른 도쿄여의전 출신들과 함께 사회운동을 함께 한다. 이처럼 일본유학을 택한 초기 여자 의사 지망생들은 식민지 조선에 필요한 의료 기술을 익히겠다는 꽤 높은 소명의식을 가졌던 것으로 생각된다.

---

16 박선미, 『근대 여성, 제국을 거쳐 조선으로 회유하다』, 창비, 2007, 50면.

17 김성은, 앞의 책, 19면.

3. 도쿄여자의학전문학교에서의 학생 운동과 졸업

1910년대 도쿄여의전 유학생들은 일본유학생 독립 운동의 주역이었다. 이미 3·1운동 이전에도 도쿄에 유학 온 한국인 학생들과 노동자들을 중심으로 도쿄조선유학생학우회, 기독청년회, 조선학회, 도쿄노동동지회 등 다양한 협의회가 구성되어 있었고 1919년 도쿄 유학생들의 2·8독립선언은 본국에서의 3·1운동을 촉발시킨 첫 봉화가 되었다.

도쿄여의전을 졸업하거나 재학 중이었던 이들도 다양하게 일본유학생 독립운동에 관여하였다. 특히 일본유학생을 중심으로 새롭게 등장한 여성권익운동에서 도쿄여의전 출신들은 중심적 역할을 담당하였다. 정자영, 유영준, 현덕신, 길정희 모두 재일본도쿄여자유학생친목회在日本東京女子留學生親睦會와 직접적 관련을 맺고 있었다. 『학지광』 제17호의 소식에 따르면 도쿄여자유학생친목회는 1915년 4월 김필례, 김숙경, 김정화, 최숙자 등을 중심으로 조직되었고 1917년 10월에는 새로운 임원을 선출하여 일본 대표 조선여자유학생친목회의 성격을 지니게 되었다.[18]

1918년 도쿄여자유학생친목회 기관지 『여자계』 2호에는 이들 도쿄여의전 재, 졸업생들의 역할을 뚜렷이 기재하고 있는데, 허영숙은 황애시덕, 나혜석羅蕙錫과 함께 『여자계』의 초대편집부원을 지냈으며 정자영은 친목회 서기로, 현덕신은 회계로 선출되었다. 이들이 일본 내에서 유학생운동을 벌이며 조선독립운동에도 관여했던 것은 3·1운동을 위해 "1919년 1월 6일 기독교청년회관 웅변대회에서 도쿄여자친목회 회장 김마리아를 중심으로 황에스터·노덕신盧德信·유영준劉英俊·박정자朴貞子·최청숙崔淸淑 등 6명의 여학생이 참석하고 30원의 운동비를 자진하여 내놓았다"는 1919년 3월 18일 김마리아 조서에도 잘 드러난다.[19]

18 『학지광』 17호, 1917; 이혜진, 「『女子界』 연구」, 연세대 박사논문, 2008에서 재인용.

허영숙, 정자영이 도쿄여의전을 졸업한 후 유영준, 현덕신, 송복신, 한소제, 길멱석길정희, 이덕요, 전혜덕 등 도쿄여의전 재학생들은 좀 더 분명하게 여성계를 중심으로 한 독자적 조직화를 꾀하는데 중요한 역할을 담당하게 된다. 유영준과 현덕신은 1920년부터 새로이 '여자학흥회'를 조직하게 되는데 유영준이 회장, 현덕신이 부회장으로 송복신과 한소제 등 재학생이 서기를 담당했다.[20] 1921년 1월 발행된 『여자계』 6호에는 여자학흥회 임원으로 회장 유영준, 서기 전혜덕, 편집부원 현덕신, 재무부원 길멱석길정희, 이덕요 등도 참여하고 있다고 전하고 있다. '여자학흥회'는 여자친목회 중 유영준을 중심으로 독자적으로 『여자계』를 발간, 경영하기 위해 따로 조직한 단체의 성격에 가까웠다.

이들이 여성 운동의 필요성을 어떻게 의식화했는지는 『여자계』에 기고한 각 글들을 통해서 확인할 수 있다. 『여자계』 제5호에 실린 유영준의 「半島青年女子에게」는 일종의 근대적 여성 지식인의 의식을 담아내고 있다고 볼 수 있다. 이 글에서 유영준은 "우물은 파지 안코 물 아니 난다고 원망하는 것갓치 여자 혹은 처자에게 대하여 원하는 요구는 무한량이지만는 여자에게는 일분의 교육도 악가와 던저두는 이도 잇서요 이런 무리한 요구를 받으며 또 남자의 희비는 여자에게 잇다하며 여자의 천재를 무시하난 일도 잇서요 아— 슬프다 (…중략…) 오날 우리에게 준 무대에 올나 자유스러운 종을 치며 크고 큰 세상 마루우에서 활발이 활동합세다. 지금은 해방시대가 지나가고 활동할 시대가 도라왔소. 나기도 전에 평뭥한다난 이들이 하난 비평에 예를 드러 말하면 독일녀자는 출가하기 전에 가량 그 장차 가장될 이가 군인이면 그 군인에 하는 심지어 교련까지 연습한다고 하면 우리 여자 또한 교련이라도 하는 경우에는 미쳤다고 병원으로 끌고갈 모양이지요. 여보독 안에서 십만 말노 떠드러도 실행을 결

19 국사편찬위원회, 『한민족독립운동사－삼일운동』 14, 국사편찬위원회, 1988, 26면.
20 「여자흥학회 조직」, 『매일신보』, 1920.4.1.

단코 시작지 아니하면 그 목소리가 반향하여 내 몸 외에는 드를 자 업서요"라며 여성들이 대장의 직분을 자각하여 한 군郡에 청년회, 구락부, 양로원, 고아원, 자선부인회를 설치하고 '소박맞은 부인과부'와 '원치 아니한 곳에 팔니여 가서 고통에 빠진 창기'를 구원하는 수용소를 건축할 것을 주장하였다.

조선에서 몇 안되는 여자 유학생, 길고긴 타지 유학생활을 동고동락한 사이 그 중 친목회를 주도적으로 결성하고 운동의 역할을 담당한 이들 사이에는 강한 유대의식이 있었을 것으로 추측된다. 현덕신은 1918년 『여자계』 3호에 「卒業生諸兄에게 들임」라는 제호의 글에서 졸업하는 여자 선배들에게 굉장한 기대를 표현하며 "여러분의 졸업이야말노 우리 반도에 유사 이래로 초유한 귀한 사실이오며 캄캄하든 우리 여자계의 번쩍하는 귀한 광명이외다. 여러분이 나가셔셔 불완전한 사회를 완전하게 하시고 유유한 사상을 계발도 하셔야 되겟습니다"이라고 적었다. 이들은 자신들이 세상을 졸업하고 나서면 새 시대가 날거란 기대를 갖고 있었다.

그러나 이러한 기대는 1919년 3·1운동 이후 한풀 꺾인다. 1920년 『여자계』 제5호에 현덕신은 「새 셰게가 다시 왓네」라는 글을 싣고 있다. 1920년 6월에 발간된 이 글에서 현덕신은 "1919년3·1운동의 수호가 과연 무엇인가, 광명일가 진리일가 평화인가, 활발한 긔운인가'라고 되묻고 '금수는 날 수나 잇고 길 수나 잇거니와 우리 조선반도 남녀청년들은 엇더한 사람다운 춤을 추며 노래를 하엿는가'라며 답답하고 허탈한 심정을 토로하고 있다. '1920년 새로운 봄, 새로운 태양을 맞을 때 다시 우리 마음에 통절이 공명한다'라고 하지만 '혁혁한 일광은 능히 일만 미균을 근절할 수 잇쓰며 천래의 비는 일만 수육을 양육할 수 있으니" 새로이 암흑을 탈출하고 구구한 자유생활의 즐거움을 밧자고 정리하고 있다. 즉, 3·1운동의 실패로 인한 절망을 추스르고 앞으로 나아가자고 말하고 있다. 여자학흥회 조직 또한 이러한 선상에서 이루어졌을 것으로 여겨진다.

3·1운동의 실패를 같이 겪으면서 현지에 남아 운동을 추슬렀던 유영준, 현덕신은 함께 '도쿄노동동지회'가 1920년 1월 개편된 '조선고학생동우회朝鮮苦學生同友會'에 참여했다.[21] '조선고학생동우회'는 이후 재일유학생과 지식인들의 사상단체 '흑도회'의 모체가 된다. 현덕신은 훗날 국내 사회주의 여성운동, 여성교육운동을 대표하게 되는 황신덕, 그리고 이후 자신의 배우자가 되는 최원순崔元淳과 함께 도쿄 히비야공원에서 1920년 3·1운동 1주년을 기념하여 태극기를 뿌리며 시위하였다. 유영준은 황신덕과 함께 1920년 '여학생강연단'을 조직하여 국내로 계몽 강연을 다니게 되면서 화제를 뿌렸다. 1920년 7월에는 부산, 마산, 대구, 경성, 황주, 평양을 돌았고[22] 1921년 8월에는 박순천, 김선과 함께 여학생강연단으로 부산, 동래, 통영, 마산, 대구를 순회한다.[23] 8월의 강연단 행사로 내한하면서 유영준은 친일파 민원식을 살해한 독립운동가 양근환의 딸 두 명을 일본에서 조선으로 데리고 온 관계로 취조 받는 등 고초를 겪기도 했다.[24] 그럼에도 불구하고 대구에서 "육체와 정신의 위생"이란 제목의 강연으로 수백의 군중의 열광과도 같은 호응을 얻어 '사람이 너무 많아 부득이 예배당을 위하여 강연을 중지하기로 하'기도 하였다.[25] 이러한 활동들은 당시 한국 사회에서 새로운 여성 지식인, 지도자의 모습을 각인시키고 일본유학생 독립 운동에 새로운 활력을 불러일으켰다.

유영준은 도쿄 여자 유학생 운동의 중심적인 인물이었던 점은 다음의 기사를 통해 알 수 있다. 『매일신보』는 유영준이 폐결핵으로 조선으로 귀국하게 된 사연을 알리면서 다음과 같이 적고 있다. "소식 잘 아는 사람의 말을 드르면 그

21 국사편찬위원회, 「3·1운동 호응계획의 좌절과 새출발」, 『한민족독립운동사-삼일운동』, 국사편찬위원회, 1988.
22 「동경유학중의 여학생강연단」, 『동아일보』, 1920.7.7.
23 「여학생의 강연단」, 『동아일보』, 1921.8.8.
24 「梁權煥의 女兒를 다리고온녀학생단 부산에서취조바더」, 『동아일보』, 1921.8.12.
25 「女學生講演團」, 『동아일보』, 1921.8.21.

들의 교양잇는 조선여자유학생은 각기 경우와 성격에 딸아 두 가지의 파가 있는 바 하나는 교육에 투족하야 육영력사업으로 조선여자들의 암매함을 각성식히고자 하는데 그들은 대게 여자 고등학교 사범학교에 재학 중이며 또 한 파는 남자들과 갓치 정치적 권리를 주장하야 소위 정렬파라 할 만한 여자로 일즉히 여자의학전문학교에 입학하여 잇는 중 금년 귀성한 손정규 양은 50명 유학생들 중 가장 사상이 고상하다 칭송하야 유학생게에서는 모범적 인물로 있었으며 또 금년에 병을 얻어 공부를 중도에서 폐지하게 된 류영준 양은 정렬파의 비상한 인기를 밧어가지고 잇던 신여자이던 바 불행히 폐결핵이 점점 즁하야 결국 토혈까지 하기에 이르매 할 일 없이 귀성하엿는대 동녀자이력을 대강 짐작하는 사람은 모다 눈물을 금치 못할 것이다."[26] 즉, 조선여자유학생 중 정치활동을 중시하던 파와 여자교육을 중시하던 파가 나뉘었을 때 정치활동을 중시하던 파의 핵심 인물로 유영준이 핵심적 활동을 벌이고 있다고 보았다.

4. 귀국 후 행보 – 근우회와 여성운동에의 참여

유영준과 현덕신은 3·1운동 이후에도 화려하게 여성 유학생 운동의 지도력을 행사하였지만 정자영은 달랐다. 정자영은 1920년 도쿄여의전을 졸업하였다. 그는 졸업 후 1년 동안 남편이 수학 중이던 교토제국대학 산부인과에서 실습하고 귀국하였는데, 동대문부인병원에서 의사로 지내다가 1923년 경성부 수은동현 종로구 묘동에 내과, 소아과, 산부인과를 진료하는 병원 '진성당의원'을 개업한다.[27] 남편이었던 문목규는 정자영이 도쿄여의전에서 수학하는 동안 교

26 「女子教育의 先驅者, 손정규 양은 여자고보 교유로, 유영준 양은 병으로 중도 퇴학」, 『매일신보』, 1922.7.22.

토제국대학 의학부에 입학, 1926년에 졸업하여 윤일선에 이어 두 번째로 교토제국대학 의학부 한국인 졸업생이 되었고, 1931년 7월 교토제국대학 의학부에서 박사학위를 취득하였다. 졸업 후에 귀국하여 문목규는 조선총독부의원 조수로 일하는 한편 1928년부터 1936년까지 강원도 도립의원과 의관을 지냈다. 이 시기 정자영은 서울에서 개업생활을 주로 했기 때문에 상당히 떨어져서 생활했을 것으로 추측된다. 이광수와 연결되어 세간에 자주 회자되었던 허영숙에 비해서 정자영은 귀국 후에도 세간에 회자되지 않은 채 한동안 진료 및 개업 생활에만 열중하였다.

현덕신은 도쿄여의전을 졸업한 후 1922년 초에 귀국하여 부인성서학원에서 지내면서 다음 행보를 모색한다.[28] 1년 남짓 후에는 2·8독립선언에 중요한 역할을 담당했고 도쿄에서 같이 유학생운동을 하던 동아일보 정치부장 최원순과 결혼하였다.[29] 1924년 무렵에는 동대문 부인병원에 아침마다 출퇴근하면서 간호부들에게 간호학과 생리위생학을 가르치는 한편, 기독교 여자청년회 회장이 되어 강연에도 참여하는 등 활발한 활동을 펼쳤다.[30]

길정희는 1923년 11월에 졸업하여 처음에는 조선총독부의원 소아과에서 1년간 견학, 실습하다가 이후 동대문여성병원 산부인과와 소아과에서 근무하였다. 1924년 11월에는 경성의학전문학교를 졸업하고 도쿄제국대학 연구원으로 근무 중이던 김탁원金鐸遠과 결혼하였다.[31] 1927년 김탁원이 서소문에 병원을 개원하자 동대문여성병원을 사직하고 병원에서 주로 산부인과 환자를 담당하였다.

27 「〈가정부인〉째고 짜고 약 쓰기로 팔년동안 일해 온 진성당 의원장 정자영 녀사」, 『조선일보』, 1924.11.9.

28 「新女醫師 玄德信孃」, 『동아일보』, 1922.1.9.

29 「신랑신부」, 『동아일보』, 1923.6.15.

30 「〈가정부인〉첫 길에 앞장선 이들 4. 육체의 병과 정신의 병을 다 치료. 여자기독청년회장 玄德信 여사」, 『조선일보』, 1924.11.26.

31 「신랑과 신부」, 『매일신보』, 1924.11.19.

유영준은 유학 중간에1922년 폐결핵으로 귀경하여 학업을 중단할 뻔하였으나 1923년 다시 '여자학흥회'의 사교부장으로 복귀하였다.[32] 그리고 1923년 11월에 한소제, 길멱석길정희과 함께 마침내 도쿄여의전을 졸업한다.[33]

졸업 후 1924년 한 해 동안 유영준은 일본에서 수련을 받은 것으로 보인다.[34] 그리고 1925년 귀국한 후 로제타 홀과의 인연을 이어나가 이화학당의 교의로 채용되었다.[35] 또한 태화진료소의 아동건강진찰 활동을 펼치기 시작하였다.[36] 이 활동은 위생 강연과 더불어 아동을 무료로 모집, 진찰하였고 마지막에는 아동의 건강에 대한 성적을 발표하고 시상을 하는 체계적인 활동이었으며, 한신광韓晨光, 박선이朴善伊 등과 함께 진찰에 나서 10명을 우량아동으로 시상하였다. 1925년 7월에는 아성구락부와 조선일보지국과 협력하여 병자 62인에게 의약을 시료하였다.[37] 1925년 12월에는 경성여자기독교청년회 주최 조선일보사 후원의 여류대강연회를 김활란金活蘭과 함께 개최하였고 1926년 1월에는 박원희朴元熙, 스미이 미에住井美江 등과 함께 여류강연을 성황리에 개최하였다.[38]

유영준이 이 같이 활발하게 활동할 무렵 근우회 설립 기운이 무르익어갔다. 근우회는 민족주의계 여성운동 인사와 사회주의계 여성운동 인사가 협력하여 대중조직을 건설하자는 데에 뜻을 같이 하자는 취지로 시작되었다. 홍애시덕,

---

32 「女子敎育의 先驅者, 손정규 양은 여자고보 교유로, 유영준 양은 병으로 중도 퇴학」, 『매일신보』 1922.7.22; 「동경 조선여학생으로 조직된 女子興學會 근황, 개성을 계발하고 인격을 향상하기에 전력을 들여」, 『매일신보』, 1923.4.10.

33 「신女醫 3명이 동경에서 졸업」, 『매일신보』, 1923.11.23.

34 Rosetta Sherwood Hall, "Women Physicians in Orient", *Korean Mission Field* 21(2), 1925. 일본의 감시 기록에 따르면, 신정구 삼정(三井) 병원과 적십자 병원에서 수련받은 것으로 적혀 있다. 독립운동사편찬위원회, 「재일본 한국인 민족운동」, 『독립운동사』 별집 3, 1978.

35 Alice R. Appenzeller, op. cit, 1925

36 「兒童健康診察 금십오일에」, 『동아일보』, 1925.5.15.

37 「女醫 劉英俊 62인에게 의약을 시료」, 『조선일보』, 1925.7.16.

38 「여류 대강연회 金活蘭양 劉英俊양」, 『조선일보』, 1925.12.1; 「성황으로 마친 신춘 여류강연. 회장의 상하층이 입추의 여디가 업시 대만 원, 연사는 劉英俊 朴元熙 住井美江 三氏」, 『조선일보』, 1926.1.15.

김또라, 김고라, 김활란, 문인순, 정종명, 황신덕 등 총20인이 발기에 참여했는데 이 중 황신덕 정종명은 사회주의계 여성동우회 회원이었고, 황신덕은 특히 유영준과 도쿄여자유학생시절부터 동고동락한 관계였다.[39] 여성운동 인사 대부분이 여자유학생이라는 점에 착안해서 '도쿄여자유학생 친목회'가 꾸려졌는데 이는 근우회 창립의 일환이 되었다. 유영준, 현덕신, 정자영, 길정희는 이 도쿄여자유학생 친목회에 참여하게 된다. 1927년 2월 유영준, 길정희, 황신덕 3명을 중심으로 도쿄에서 유학생활을 한 여학생들을 모집하여 도쿄여자졸업생 친목회를 구성하였고 이 중 간사로 정자영, 진숙봉을 선출하였다.[40] 1927년 5월에는 이 동창회에서 동경유학졸업생환영회를 개최하였는데 이를 위한 개최준비를 유영준 자택에서 진행하였다.[41]

1927년 4월 16일에는 조선일보사 상층에서 여성운동인사들이 모여 근우회를 발기하자는 뜻을 모았다.[42] 이 근우회 발기 40명의 인사 중 유영준, 길정희, 이덕요, 정자영, 현덕신 등 도쿄여의전 출신들이 대거 참여하고 있는 것을 확인할 수 있다. 근우회는 1927년 4월 26일 인사동 중앙유치원 안에서 발기총회를 가졌으며, 창립준비위원으로 유영준, 현덕신, 이덕요 등이 참여하였다.[43] 근우회 창립총회는 1927년 5월 27일 오후 8시 YMCA 강당에서 진행했으며 전형위원 7명이 집행위원 21명을 선출하며 마무리 지었다. 도쿄여의전 출신 유영준, 현덕신, 이덕요 등이 집행위원으로 포함되었다. 이들 세 명은 6개 부 중 정치연구부에 참여하였는데 유영준은 그 중 상무였다. 도쿄여의전 출신 여의사들은 주로 근우회 정치연구부에 참여하여 선전계몽 업무를 담당했다.

39 「여성운동을 목적하는 근우회를 발기.발기총회는 26일」, 『조선일보』, 1927.4.27.
40 「동경녀자졸업생 친목회」, 『동아일보』, 1927.2.15.
41 「녀자류학생 친목회준비」, 『동아일보』, 1927.4.16.
42 「근우회발긔회 조선녀셩의젼국뎍긔관으로」, 『동아일보』, 1927.4.27.
43 「각게녀성을망라한 근우회발긔총회」, 『동아일보』, 1927.4.28.

근우회는 1931년 해산되기 전까지 1928년, 1929년, 1930년 총3번의 근우회 전국대회가 개최되었고 각 시기마다 근우회 활동 성격이 달랐다. 1928년 제1차 전국대회 이후 노선갈등이 심화되고 기독교 계열 민족주의 여성이 탈퇴하기 시작, 사회주의 진영 중심으로 변화하기 시작했다. 유영준, 현덕신, 정자영, 길정희 이들 네 명은 모두 직간접적으로 근우회 창립에 관여하며 깊은 관계를 맺어 왔으나 근우회 활동에 꾸준히 참여하지는 못한다. 이를테면 유영준의 경우 제1차 전국대회 준비 때까지 근우회 활동을 활발히 하고 전국대회를 준비하는 준비위원으로 활약하였지만 일제 탄압과 노선 갈등으로 대회 개최의 어려움을 겪은 후 근우회 활동에 나서지 않았다.[44] 그녀는 1928년 3월 학생운동을 같이 하였던 '전남순천재산가' 김종필과 결혼하고 딸을 낳은 후에는 일선 활동 자체를 멈추었다는 평가를 받은 바 있으나 이 결혼은 오래 못 가 '억지로 이혼'한다.[45] 실제로 어떻게 이혼하게 되었는지는 알 수 없으나, 유영준의 결혼생활이 순탄하지 못했으며, 이는 그의 대외활동에도 영향을 미쳤음을 짐작할 수 있을 따름이다.

유영준이 떠난 후에도 현덕신과 정자영, 길정희는 여학생 운동 관련 활동을 펼친다. 제일 근우회 일선에 오래 남은 이는 현덕신이다. 현덕신은 숙명여고보 맹휴 사건을 근우회 조사위원 자격으로 조사하였다.[46] 현덕신은 남편 최원순이 폐병으로 신병에 문제가 생기자 1927년 10월 남편의 고향인 광주로 함께 내려가서 개업하는 한편 광주근우지회 설치에 주력한다.[47] 그 후 1929년 7월 제

44 「槿友全國大會第一回 準備委員會」, 『동아일보』, 1928.4.20.

45 「코-바듸스?, 行方不明氏 探査錄」, 『별건곤』, 1930.7.1; 「한때 화제의 여성들의 후일담」, 『여성』 2(7), 1937, 7면.

46 「敎員이分路하야 學父兄個別訪問」, 『동아일보』, 1927.6.12.

47 「한때 화제의 여성들의 후일담」, 『여성』 2(7), 1937, 7면; 「玄德信醫院 光州에서十月부터開業」, 『동아일보』, 1927.10.30; 「槿友光州支會創立」, 『동아일보』, 1929.6.16. 최원순은 1936년 7월 사망하였다.

2차 근우대회 중앙집행위원으로 선출되어 활동하고 있음을 확인할 수 있다.[48] 길정희, 정자영은 비록 근우회 발기에만 참여했을 뿐 그 이후에는 참여하지 않았지만, 숙명여고보 맹휴 사건을 후원하고자 하는 숙명여자고보, 진명여자고보, 양정고보 세 학교 졸업생들의 '양명회' 건설에 참여, 학생들을 여러모로 돕는 역할을 하였다.[49]

5. 경성여자의학강습소 및 기성회 발기 운동

근우회가 해산된 후 각계에서 활동하거나 침묵하던 도쿄여의전 출신들은 경성여자의학강습소 설립과 기성회 발기 건으로 다시 모이게 된다. 경성여자의학강습소는 조선에 여성을 진료할 수 있는 여자 의사를 양성할 수 있어야 한다는 로제타 홀의 취지에서 먼저 시작되었다. 도쿄여의전 출신 여의사들은 홀의 취지를 가장 근거리에서 실행시킨 사람들이기도 하였다.

이미 로제타 홀은 박에스더가 한국 최초의 여의사가 될 수 있도록 가장 큰 역할을 한 바 있으며, 총독부와 접촉하여 경성의학전문학교에 여학생들을 3명 청강시키고 총독부 의사시험을 보게 하여 국내 배출 최초 여의사로 만든 바 있었다. 도쿄여의전 재학 중이던 여학생들과도 여러 차례 접촉하며 이들이 졸업하면 여성환자들을 돌볼 수 있는 의사들로 활용할 계획을 갖고 있기도 하였다. 유영준, 허영숙, 길정희, 현덕신, 정자영 모두 도쿄의학전문학교 재학 시절 홀 여사와 연락을 주고받았으며 졸업 후 특히 유영준, 길정희, 현덕신은 기독교 의료기관 교육기관에 종사하였다.

---

48 「苦熱三日만에 終了한槿友大會」, 『동아일보』, 1929.7.31.

49 「學校內部의 廓淸을 圖謀」, 『동아일보』, 1927.6.29.

홀은 말년을 1923~26년 동대문여성병원 책임자로 있으면서 조선에 여자 의사를 양성해야 한다는 의지를 더욱 굳히며 그 취지를 여러 차례 피력하였다. 홀의 취지가 구체화되는 데에는 차후 경성여자의학강습소 부소장을 맡게 되는 길정희의 역할이 컸다. 길정희가 도쿄여의전 재학 시절, 세브란스의전의 최동의 소개로 홀 여사를 만나 조선의 여자의학교육에 관해 구상하고 실천할 것을 간곡하게 권고 받았다고 알려져 있다.[50] 홀은 왜 이미 독실한 기독교 신자로서 관련 활동을 펼치고 있었던 현덕신이 아니라 길정희에게 먼저 연락을 취했던 것일까? 이미 현덕신과 길정희는 동대문부인병원에서 홀 여사와 함께 근무하기도 하였다. 현덕신과 길정희는 이때 여자의학교육에 관해 더욱 구체적인 구상을 함께했을 것으로 추측된다. 그럼에도 불구하고 길정희가 좀 더 앞에 나서게 된 데에는 경성의학전문학교 출신이자 한성의사회 회장을 역임하던 길정희 남편 김탁원의 역할을 기대했던 것이 아닐까 추측된다. 김탁원의 역할이 커진 것은 여자의학교육 사업이 기독교 선교의 사업에서 민족주의 계통의 한국인의 사업으로 바뀐 것을 의미하는 부분이기도 하다.

경성여자의학강습소는 1926년 로제타 홀 여사의 회갑연 때 구체화되었다. 홀 여사의 회갑연 때 홀 여사의 활동에 동감하고 같이 해왔던 유영준, 현덕신뿐만 아니라 윤치호, 안재홍도 참여했었는데 이 때 홀 여사가 식순 답사에서 조선에 여의학교를 건설해야 한다는 취지의 발언을 하게 된다.[51]

> 내가 여기에서 한 가지 제의할 것이 있는데 이는 조선 여성을 위해 하려는 일로 여러분이 협력할 수 있을런지요. (…중략…) 현재 조선에 있어서 여자 의사가 얼마

---

50 길정희, 앞의 책, 1981, 21면.

51 「홀여사의 30년 제근 축하」, 『기독신보』 1926.10.27; 기창덕, 앞의 책, 1995, 310~311면에서 재인용.

나 필요할 것입니까. 그런즉 우리 조선 안에 여자의학전문학교가 당연히 있어야 할 것이 아닙니까. 이에 대해 여러분은 어떻게 생각합니까.

이러한 홀 여사의 취지에 대해 현덕신, 유영준 또한 다음과 같이 『기독신보』에 기고하면서 활발히 주장을 펼친다.

다수가 과학적 지식에 애매하고 위생에 무식할 뿐 아니라 옛적부터 내려오는 풍습 습관이 이러하니 이 부녀의 생명을 위하여는 여의사가 필요하다. (…중략…) 남자와 여자가 공동으로 병원을 경영하게 되면 조선의 일반부녀들은 그 병원은 남자 병원과 다름없이 생각하게 되므로 여자가 경영하고 여자 환자만 보는 병원이 필요하다.[52]

현하 조선에 있어서 반드시 여의학교가 있어야 하는 이유는 1) 남자에게는 필사하고 진찰을 받지 않으려는 여성들 (…중략…), 2) 반개하여 중간에 고립한 여성들 (…중략…), 3) 소아에 관한 모든 것과 위생 및 그 신체고장을 잘 헤아릴 사람은 부모인 여성들(…중략…), 4) 여자의 사정은 여자라야만 그 아는 바 심각하고 (…중략…) 과부의 설움은 동네집 과부가 안다는 것과 같이 날마다 당하고 보는 우리 여의사라야 더욱 절통할 것이다. 현하 조선에 있어서 무엇보다 급한 것은 여의사를 양성하는 것이고 무엇보다 위대한 사업은 여의학교 그것이다.[53]

이러한 상황에서 1928년 3월 31일 14명의 여성 의료인들이 회합을 가져 "더 이상 논쟁할 필요가 없다. 우리 모두 발기인이 되어 다른 이들을 모으자"고

52 「조선에 여병원이 필요한 이유－현덕신」, 『기독신보』. 기창덕, 위의 책, 310~311면에서 재인용.
53 「조선의 여의학교－유영준」, 『기독신보』. 기창덕, 위의 책, 1995, 310~311면에서 재인용.

조선에 여의학교를 시급히 건설하려는 의지를 모으게 된다.[54] 이 모임은 조선 여자의학강습소 기성회로 이어진 것으로 보인다. 조선여자의학강습소 기성회는 1928년 4월 14일 홀의 주도로 조선인 유지 60여 명이 모여 발기인 대회를 갖고 5월 19일 창립총회를 개최하였다. 창립총회는 김탁원의 개인 병원에서 이루어졌으며 허영숙이 사회를 보았고 정자영이 사업보고를 보고, 홀의 취지를 만장일치로 통과시키는 식으로 진행되었다.[55] 재정은 홀의 요청에 따라 총독부의 지원금, 미국 나이아가라폭포 회의에 참석한 여의사들과 미국의 전국여의사협회의 도움으로 충당되었다.[56] 특히 기성회원을 모집하는 역할로 길정희, 유영준, 허영숙, 정자영뿐만 아니라 경성의학전문학교 청강생 출신의 안수경이 지목되었다. 이러한 노력 끝에 1928년 9월 조선여자의학강습소가 개강한다. 소장은 홀, 부소장은 길정희였다. 이처럼 조선여자의학강습소가 개강하게 된 데에는 당시 조선에서 활동하던 여의사들의 역할이 컸다.

애초 조선여자의학강습소는 2년제 학교였고 향후 준비 중인 조선여자의학교 5년제가 개교하면 해당 학교에 편입할 생각이었다. 교사는 창신동 루이스의 집을 임시로 사용하였다. 그러나 조선여자의학교 설립이 여의치 않자 1930년 강습소 체제로 수업연한을 5년제예과 1년 본과 4년로 하기로 한다. 초기 여자의학강습소는 주로 경성의전, 경성제대 조선인 연구생 및 강사들이 돌아가면서 무료로 수업을 맡았으며 정자영, 길정희 등도 산부인과 강의에 참여하였다.[57]

1933년 홀 여사가 은퇴하면서 7월 교사를 경성부 관철동 김탁원 병원으로 이전하고 소명도 경성여자의학강습소로 개칭하며, 소장으로 김탁원이 취임하

54 Rosetta Sherwood Hall, "The Women's Medical Training Institute", *Korea Mission Field*, 24(9), 1928.
55 「조선최초여의사 작일창립대회개최」, 『동아일보』, 1928.5.20.
56 Rosetta Sherwood Hall, op. cit, 1928.
57 경성여자의학강습소교우회, 『校友會誌』, 京城女子醫學講習所校友會, 1934.

게 된다. 그리고 재단법인으로 발족하려는 노력 끝 박영효를 위원장으로 한 경성여자의학전문학교 창립을 위한 기성준비위원회가 꾸려지게 된다.[58] 이 기성위원회 준비위원회에는 길정희뿐 아니라 유영준, 정자영, 그리고 현덕신의 남편 최원순 등이 참여하였다.[59] 1933년 9월에는 산부인과를 무료로 하는 부속병원을 같은 건물에 개원하였다.[60]

그러나 재단 설립은 쉬운 일이 아니었다. 특히 그 동안 홀 여사의 의지에 따라 강습소 운영을 지원해 왔던 감리교 재단 측에서 홀 여사의 은퇴 후 더 이상 지원이 어렵다고 통보하기에 이른다.[61] 김탁원은 김성수의 도움을 얻어 김종익 당시 조선제사주식회사 사장을 소개받는다. 김종익은 당시 유영준 남편 김종필의 형이기도 하였다. 이러한 사이 1937년 김종익이 별세하면서 여자의전 승격에 30만 원, 결핵요양원신설비에 35만 원을 기탁하라는 유언을 남기면서 돌파구가 마련된다.[62] 유영준은 김종익과 제수인 관계로 이사 직책을 맡아 일을 추진한다.

김종익의 미망인 박춘자는 재단 설립에 매진, 1937년 11월 재단을 인가 신청하기에 이른다.[63] 그러나 경성여자의학전문학교 재단 인가 과정은 순조롭지 않았다. 박춘자는 최종적으로 사토 고죠佐藤剛藏를 찾아가 경성여자의학강습소를 경성여자의학전문학교로 승격시키되, 기존의 기성회를 배제하고 일절을 사토 고죠에게 위임한다고 하며 '김탁원의 여의사 양성과 남편의 유언인 여의전의 설립과는 전연 관계가 없다'고 관계를 단절하기에 이른다.[64] 박춘자가 이러

58 「여자의전교 준비위원 선정」, 『동아일보』, 1934.4.12.
59 「女子醫專校 期成運動」, 『동아일보』, 1934.4.22.
60 「여자의강에도 부속병원 개설」, 『동아일보』, 1933.8.30.
61 길정희, 앞의 책, 1981, 31면.
62 「임종일각전 유언으로 일백십오만 원 제공」, 『조선일보』, 1937.5.7.
63 「경성여자의전 신설」, 『동아일보』, 1937.11.27.
64 佐藤剛藏, 이충호 역, 『朝鮮醫育史』, 螢雪, 1993, 142~143면.

한 행동을 한 데에는 김탁원·길정희 부부가 전면에 나서는 것을 부정적으로 본 김종익 유족 측과 조선총독부의 의중이 반영된 것으로 추측할 뿐이다. 당시 유영준은 이미 김종필과 이혼한 이후였기 때문에 더욱 개입하기 어려웠을 것으로 생각된다.

종국에 경성여자의학전문학교는 사토 고죠을 초대교장으로 하고 나서야 개교할 수 있었다.[65] 이 과정에서 길정희, 유영준 등 경성여자의학전문학교 발족을 위해 뛰었던 여의사들은 더 이상 참여하기 어렵게 된다. 경성여자의학전문학교 기성회 발기운동은 일제강점기 도쿄여의전 출신 여의사들이 합심하였으나 이름조차 남기지 못한 마지막 사회활동이었던 셈이다.

6. 여성의 위생과 의료에 관한 주장들

도쿄여의전 출신 의사들은 '여성'과 '위생', '가정'이란 키워드로 자신들의 주장을 열심히 펼친 계몽활동가이기도 하였다. 현덕신, 유영준, 정자영 모두 여성의 위생에 관하여 신문지상 등에 곧잘 글을 발표하였다. 유영준은 여성의 위생뿐만 아니라 여성운동, 조선 여성의 처지에 대한 글을 자주 발표하였고 때로는 위생과 여성운동 관점들이 혼재된 주장들을 펼쳤다. 여성의 위생에 관해서는 주로 가정 위생의 내용이 많았는데, 아동이 식이상 주의해야 할 것들을 많이 다루었다. 즉 명절 때 과식하거나 함부로 많이 먹으면 탈이 나기 쉽다는 것,[66] 과자 종류 중 좋지 않은 것과 좋은 것을 구분해서 먹이면 좋다는 것[67] 그

65 「胎中의 女子醫專 다시 白紙狀態로」, 『매일신보』 1938.4.5; 「女子醫專 遂 認可 開校는 五月上旬 豫定 初代校長에는 佐藤 現醫專校長이 有力 新入生 六十名 募集準備 中」, 『매일신보』 1938.4.10.
66 「명절끝에 주의할 어린이의 음식물」, 『조선일보』, 1926.1.2~1926.1.4.
67 「의학상으로 본 과자와 어린이」, 『조선일보』, 1925.10.20~1925.10.21.

리고 먹을 것을 배불리 먹이지 않고 조금씩 자주 먹이는 것이 좋다는 것 등이었다.[68] 이러한 유영준의 아동 건강 담론은 전통적인 방식이 아닌 서구적 방식의 가정 위생 담론의 일종으로서 과학적 양육법, 식이의 개량화 등과 맥을 같이 하고 있는 것이었다. 현덕신 또한 유영준과 유사하게 아동의 건강에서 유의해야 함을 강조하며 '너무 덥게 지내게 하지 말아야 하며', '젖은 적당히' '우유와 양유는 부패되지 않는 것으로 해야 함'[69] 등을 강조하였다.

그렇다고 이들의 여성의 위생과 의료에 관한 관점들이 유사한 것은 아니었다. 예를 들어 주로 정자영의 관심사는 부인병이었고, 그에 따르면 감기와 자궁병, 내막염, 신장염, 방광염 등은 모두 신경쇠약으로 이어져서 히스테리가 되기 쉬웠다.[70] 조선인의 위생에서 제일 개선해야 할 부분으로는 온돌 가옥의 비위생성, 규칙적 생활이 부족한 점 등을 지적하였다.[71] 1930년대가 되면 이미 정자영은 조선인의 비합리성으로 '남의 것을 조아하고 새것을 조와하며 체면을 모른다'고 비난하면서 조선인의 열등함을 강조하기 시작한다.[72] 1936년에는 또한 여교원, 여사무원 등 육체를 많이 쓰는 여성 직업들은 유즙을 많이 내지 못해서 비위생적이라는 견해도 피력하였다.[73] 이러한 정자영의 견해는 제도 및 환경 개선에 대한 관심은 전혀 찾기 어렵고, 조선인의 문제점을 의사라는 의료전문직 차원에서 견해를 제시하는 것에 가까운 모습이었다.

반면, 유영준은 위생의 차원에서 제도 및 환경 개선에 대한 관심을 계속 피력하였다. 이는 당시 정자영을 비롯한 많은 이들이 몰두했듯 조선인의 열등함과 개선을 강조하는 내용이 아니었다. 예를 들어 중외일보 기고에서 유영준은

68 「紙上放送講座」, 『매일신보』, 1926.10.23.
69 「녀름철의 어린아이 위생 (上)」, 『동아일보』, 1927.7.20~1927.7.21.
70 「〈가정부인〉요새 주의할 감기와 여러가지 자궁병(전2회)」, 『조선일보』, 1929.9.17~1929.9.19.
71 「무엇부터 곳칠가」, 『매일신보』, 1926.12.11.
72 「女性職業禮讚 (一)」, 『매일신보』, 1930.2.26.
73 「어떠한 직업이던지 유도가 부족해서 醫師 鄭子英[肖]」, 『동아일보』, 1936.1.3.

청결 독촉하겠다고 단속에 나선 순사의 예를 들며 이는 단지 죄인을 만드는 청결 행정일 뿐이라며 비판한다.[74] 또한, 일본의 마룻바닥이 조선의 온돌바닥보다 청결할 수 없으며 일본이 풍속으로 들인 공동목욕탕 또한 더러운 환경이라고 꾸짖는다. 위생의 문제가 조선인의 문제가 아닌 일제 당국의 문제임을 유영준은 솔선수범 보여주기도 하였다. 자신의 집 자가용 수도에 벌레 이십여 마리가 섞여 나오자 이를 유리병에 넣어 종로서에 신고한 것이었다. 당시 경성에는 장티푸스가 창궐하고 있었고 이는 수도 위생의 문제로 곧바로 문제가 될 수 있었다. 경성부 수도과장은 충분히 소독을 하고 있다고 일단 무마하였으나 수도관이 파열된 것이 조사 결과 드러났다.[75] 벌레의 원인이 밝혀졌음에도 유영준은 방역 당국에 대한 비판을 재차 가한다. 즉, 문제가 있음에도 소독도 하지 않고 8일간이나 무방비하게 식용수를 공급한 것이 매우 큰 실책이 아닐 수 없다는 것이며, 차라리 우물은 주의를 기울이며 먹을 테니 안심할 수 있지만 수도는 그렇지 못하니 더욱 위험하다는 것이었다.[76] 즉, 조선인들이 환경 개선에 관심을 갖고 요구할 수 있도록 본인의 전문성을 활용했던 것이었다.

7. 에필로그 – 해방 이후

1930년대 말부터 해방 이전까지 현덕신, 유영준, 길정희의 활동은 찾아보기 어렵다. 현덕신은 남편의 사망 후 광주에서 YWCA 활동을 하고 유영준은 이혼 이후 활동을 조용히 했을 것으로 추측될 뿐이다. 반면, 정자영은 1938년 여성

---

74 「『朝鮮人과 衛生』을 ㅊ-고 (一)」, 『중외일보』, 1927.2.3~1927.2.4.
75 「問題中水道에서 부정한벌레가나와」, 『동아일보』, 1928.2.28; 「怪蟲發生原因은 水道鐵管破裂」, 『동아일보』, 1928.2.29.
76 「방심 못할 수도. 일반 가정 부인에게 드림」, 『조선일보』, 1928.3.3.

으로서는 최초로 한성의사회 임원으로 선출되었을 뿐 아니라, 『매일신보』에 친일 의사를 피력하는 인터뷰를 하는 것을 볼 수 있다.[77] 이러한 행적은 해방 후 이들의 갈림길 중 하나가 된다.

현덕신은 1945년 8월 발족된 광주지역 건준건국준비위원회 부회장을 역임하였으나 이후 정치갈등 속에서 한민당 편에 서서 독립촉성애국부인회 3대 회장으로 선출되었다. 이후 1949년 대한부인회 전남도본부가 창립되었을 때 회장으로 선출, 공창제 폐지, 문맹 퇴치, 윤락여성 선도사업 등을 벌인다.[78] 이러한 현덕신의 활동은 광주지역 여성사의 주도적 인물이자 기독교 배경의 활동가로 가게 된 경로인 것으로 보인다. 정자영은 주로 고아 복지 사업을 펼쳤다. 1949년 남편 의사 문목규와 함께 인성장학재단을 설립, 1967년까지 18년간 의과대학생 7명을 포함한 1백여 명에게 장학금을 지원한다. 이 공로로 그녀는 1967년 대한어머니회로부터 '훌륭한 어머니 상'을 시상 받는다.[79] 길정희는 남편 김원탁이 1939년 지병인 신경통과 간염으로 사망하자 계속 개업을 유지하다가 1964년 자녀들의 요청으로 미국으로 떠났다.

유영준의 파란만장한 삶은 해방 이후 더 굴곡이 심해졌다. 1945년 8월 전국의 여성운동가들의 단체로 건국부녀동맹을 건설, 위원장이 되고 좌익 여성계의 대표인사가 되었다. 건국부녀동맹의 위원장은 유영준이었고, 부위원장 박순천, 집행위원 황신덕, 허하백, 조원숙, 서석전, 황애시덕, 유각경, 이규영 등으로 구성하였다. 그러나 이승만의 단정 노선을 추종하는 우파여성들은 곧 건국부녀동맹을 탈퇴하게 되며, 유영준은 다시 좌익 여성운동단체를 결집시킨 전국부녀총동맹을 12월에 결성, 위원장을 역임하였다. 그는 남로당 중앙위원

---

77 「漢城醫師會新役員」, 『매일신보』, 1938.10.19; 「먼저 信念의 準備로 內面的 改善에」, 『매일신보』, 1938.1.4

78 전라남도 복지여성국, 앞의 책, 2003.

79 「『훌륭한어머니』에 鄭子英씨뽑아 대한어머니會」, 『동아일보』, 1967.5.2.

으로 선임되었으나 1947년 8월 '8·15 폭동음모사건'으로 미군정 경찰에 체포된 후 월북하게 된다. 월북 이후 유영준은 1948년 8월 최고인민회의 대의원, 1949년 조국전선의장단 의장을 역임하고 1962년에 고령으로 요양소 생활을 하다가 숨진 것으로 알려져 있다.[80]

8. 나가며

식민지 조선에서 여자 의사로 양성되어 살아간다는 것은 어떠한 의미일까? 당시 식민지 조선에서 서양의학을 익힐 수 있는 의사양성기관 숫자도 미미하였다. 특히 여성으로 의사가 될 수 있는 길은 유학의 길뿐이었다. 그럼에도 불구하고 허영숙을 시작으로 해방 직전까지 100명에 가까운 여성들이 '여성으로서 고된 일'이라는 시선을 마다하지 않고 도쿄여의전을 비롯한 일본 의사 유학을 택하였다. 신여성이자 여류명사, 새로운 여성 지식인이라는 당대의 주목을 받았던 것 한편으로 시대적으로 부여되었던 여성운동, 여성위생운동, 여성의학운동의 지도자로서의 역할을 자임하였다. 초기 여의사들―유영준, 정자영, 현덕신, 길정희 등의 궤적이 더욱 더 두드러지는 것은 이 때문이다. 이들은 여성이 의학을 배우고 익히고 그 혜택을 받는 것이 곧 조선 사회의 발전이라는 신념을 멈추지 않았으며, 이러한 그들의 신념은 재일본도쿄여자유학생친목회,

80 최근에 유영준의 월북 후 사망 행적에 관하여 이희재가 『로동신문』 자료로 추가 연구하여 밝혔다. 이희재의 연구에 따르면 유영준은 월북 후 북한 정권의 남로당 숙청을 면한 채 정치활동을 계속하여 1972년 9월 18일 향년 82세로 사망하였으며, 애국열사릉에 안치되었다. 북한 정권은 1990년 그녀의 정치적 공적을 치하하며 조국통일상을 수여하였다고 한다. 유영준의 행적에 관하여 꼼꼼한 연구를 통해 기존의 오류를 잡아준 이희재의 연구는 다음에서 찾아보길 바란다. 이희재, 「유영준(劉英俊)의 생애와 활동―신여성 의사에서 좌익 여성운동 지도자까지」, 『한국문화연구』 42, 2022, 313~348면.

여자학흥회, 조선고학생동우회, 유학생강연단, 근우회, 양명회 등의 활동과 마지막 경성여자의학강습소 설립 운동에서 잘 드러난다.

이들의 활동이 모두 그 이름에 걸맞은 성과로서 그들에게 돌아갔던 것은 아니다. 근우회는 일제의 탄압과 내부의 분열로 그 명운을 다했고, 이들이 마지막에 합심하였던 경성여자의학강습소 설립과 경성여자의학전문학교 발기 운동은 그들의 역할이 배제된 채로 총독부 인가를 받으면서 끝이 날 수밖에 없었다. 특히 경성여자의학전문학교 발기 운동은 그들의 연대와 네트워크로부터 출발했지만, 결국 그들의 손으로 완성할 수 없었다. 해방 후에도 이들의 역할은 제대로 평가되지 않았는데, 해외 여성 전문학교 출신인 이들에게 세간의 관심을 갖지 못한 까닭이 아닐까 추측된다.[81] 이러한 한계는 이들이 당시 조선 사회에서 가졌던 취약한 위치를 보여주는 것이기도 하다.

이 글은 도쿄여의전 출신 초기 여의사들의 궤적을 정리하면서 식민지 조선에서 여자 의사 지식인의 활동상을 조망하고자 하였다. 1910년대 유학과 3·1 운동, 1920년대 근우회와 같은 연합전선운동 등 당대의 굵직한 여성운동에서, 그리고 경성여자의학강습소 설립과 같은 여성의학운동에서 이들의 주도적 역할을 정리함으로써 선각자 그룹으로서의 이들 여성 지식인의 면모를 정리하고자 하였다. 이들의 활동이 후배 여의사에게 어떠한 영향을 미쳤는지, 개별 운동에서 참여와 갈등의 세부적 내용이 어떠하였는지는 이 글에서는 충분히 밝혀내지 못한 한계로 남겨둔다.

81 1963년 정자영이 환자를 '자궁외임신'으로 오진하여 수술한 것에 대해 손해배상청구판결을 받았다는 보도가 있다. 「誤診한醫師에 損害배상判決」, 『경향신문』, 1963.6.5. 도쿄여성의학전문학교 출신들이 더이상 세간의 명사로 대접받지 않으며, 오히려 낙후된, 시류에 뒤떨어진 의사처럼 여겨지고 있음을 보여주는 사건이라 할 수 있다.

참고문헌

1. 자료

『경향신문』, 『기독신보』, 『동아일보』, 『독립운동사』, 『매일신보』, 『별건곤』, 『삼천리』, 『여자계』, 『여성』, 『중외일보』, 『조선일보』, 『한민족독립운동사－삼일운동』

강진호 외, 『북한의 문화정전, 총서 '불멸의 력사'를 읽는다』, 소명출판, 2009.

경성여자의학강습소교우회, 『校友會誌』, 京城女子醫學講習所校友會, 1934.

길정희, 『나의 自敍傳』, 三護出版社, 1981.

정구충, 『韓國醫學의 開拓者』 1, 東方圖書, 1985,

佐藤剛藏, 이충호 역, 『朝鮮醫育史』, 螢雪, 1993.

東京女子医学専門学校 編, 『東京女子医学専門学校一覧』, 東京女子医学専門学校, 昭和3年.

Annual Report of the Korea Woman's Conference of the Methodist Episcopal Church.

Korea Mission Field.

2. 논저

기창덕, 『韓國 近代 醫學 敎育史』 아카데미아, 1995.

김성은, 「로제타 홀의 조선여의사 양성」, 『한국기독교와 역사』 27, 2007.

국사편찬위원회, 『한민족독립운동사－삼일운동』 14, 국사편찬위원회, 1988.

박선미, 『근대 여성, 제국을 거쳐 조선으로 회유하다』, 창비, 2007.

신동원, 「일제강점기 여의사 허영숙의 삶과 의학」, 『의사학』 21(1), 2012.

이방원, 「박 에스더(1877~1910)의 생애와 의료선교활동」, 『의사학』 16(2), 2007.

이영아. 「최초의 '국내파' 여성의사 안수경(安壽敬), 김영흥(金英興), 김해지(金海志) 연구」, 『의사학』 30(1), 2021.

이혜진, 「『女子界』 연구」, 연세대 박사논문, 2008.

이희재. 「유영준(劉英俊)의 생애와 활동－신여성 의사에서 좌익 여성운동 지도자까지」, 『한국문화연구』 42, 2022.

전라남도 복지여성국, 『전남여성 100년』, 다지리, 2003.

한국형 의예과의 기원

장신

1. 2+4년제 – 현대 한국의 의학교육

한국에 의학전문대학원 제도가 시행되던 2005년 이전, 한국에서 의학교육은 의예과 2년과 본과 4년의 체제였다. 해방 후 한국의 고등교육 제도는 1945년 11월에 조직된 조선교육심의회의 결정으로 미국식 신학제를 모방했다고 알려졌는데, 의학교육만은 미국처럼 기초교육 4년과 전공교육 4년이 아니었다.[1] "의학도만은 2년의 예과 생활을 거쳐 인간의 기본적 품성과 인격을 도야"해야 의과대학에 진학하는 2+4년의 6년제는, 1948년 이후부터 정착되었다.[2]

의학교육기관에 입학하는 학생의 특성으로 나눈 구분에 따르면, 6년제 유형은 한국을 비롯해 독일, 네덜란드, 벨기에, 스페인, 스코틀랜드, 말레이시아, 일본 등에서 실시되었다고 한다. 이 경우 의학교육기관이 1~2년의 예과 프로그램을 운영하였다. 오히려 미국과 캐나다는 일반대학에서 다양한 전공을 이수

1 예병일, 「한국의 의예과 교육 – 무엇이 문제고 무엇이 해법인가」, 『의학교육논단』 제19권 제3호, 2017, 122면.

2 한용철, 「文理大學醫豫科」, 『進學』 1950.5, 74~75면.

하고 학사 학위를 받은 졸업생이 의과대학에 진학하는 유형이었다.[3] 미국식의 의예과 또는 의학기초교육은, 1910년에 자연과학을 중심으로 예비교육을 편성한 존스 홉킨스의 플렉스너 보고서Flexner Report[4]와 1905년에 존스 홉킨스와 하버드 의과대학이 입학 요건으로 대학 학위를 요구한 데서 역사적 기초를 찾는다.[5]

여기서 두 가지 의문이 생긴다. 하나는 미군정은 왜 한국에서 4+4의 8년제가 아닌 2+4의 6년제로 결정했으며, 다른 하나는 한국은 위의 독일이나 일본과 같은 유형인데도 왜 의과대학에 의예과를 두지 않고 이과대학자연과학대학에 두었는가 하는 점이다. 곧 미국식도 일본식도 아닌 한국형 의예과의 기원은 무엇인가이다.

전자의 답으로서 김택중은 해방 이후에도 중등교육이 미정착하고 대학 진학자도 극소수라서 의과대학 진학자에게 미국처럼 다른 대학 수료나 학사 학위를 입학조건으로 내세울 수 없었을 것이며, 둘째로 낯선 미국식 의과대학 모델보다는 자신들에게 친숙하고 식민지에서 권위를 가졌던, 그리고 2년제 예과로 시작했던 경성제국대학 모델을 선호했을 가능성을 제시했다.[6] 첫 번째 추론에 일리는 있지만 두 번째는 수긍하기 어렵다. 심의회의 위원 대다수가 제국대학 의학박사였지만 제국대학 의학부 졸업자는 교토제대의 윤일선뿐이었다. 나머지 위원은 경성의전과 세브란스의전 등 의학전문학교 출신이었기 때문이다. 한국형 의예과의 기원 중 첫 번째 의문은 해방 이전 한국 의학교육의 특수성, 달

---

3 정한나·양은배, 「의예과 교육의 역사적 발전과 교육과정 편성 방향 고찰」, 『의학교육논단』 제19권 제3호, 2017, 115면.

4 플렉스너 보고서에 대해서는 다음 논문을 참조. 황상익, 「20세기 초 미국 의학교육의 개혁과 〈플렉스너 보고서〉」, 『醫史學』 제3권 제1호, 대한의사학회, 1994.

5 정한나·양은배, 앞의 글, 116~117면.

6 김택중, 「미군정기 한국 의과대학 체제의 개편 과정」, 연세대학교 창립 132주년·통합 60주년 기념 학술심포지움 자료집, 46~47면.

리 말해 식민지 조선인이 체험했던 일본의 의학교육에서 답을 찾을 수밖에 없다. 두 번째 의문은 해방 이후 단일 단과대학에서 종합대학의 한 학부로 된 의과대학의 상황에서 찾아야 한다.

2. 1945년 이전 일본의 '의학기초교육'[7]

1870년에 제정된 일본의 「대학규칙」에서 의과는 예과와 본과로 나뉘었다. 예과의 과목은 수학도량, 격정학格政學, 화학鑛土·식물학이었다. 본과에서는 해부학, 약물학, 원병학原病學, 병시부험학病屍剖驗學, 내과, 외과, 잡과, 치료학, 섭생법 등이었다. 예과와 본과의 수업연한은 합해서 3년이었다.

1872년 대학동교大學東校의 학칙에서 의과의 수업연한은 예비학과 2년, 의학 5년 합해서 7년이었다. 예과에서는 일이만학日耳曼學, 나전학羅甸學, 수학 등을 반년씩 4회 수업하였다. 같은 해 정해진 학제는 의학교의 교과를 예과와 본과로 나누고, 수업연한을 각각 3년과 4년으로 정했다. 예과 3년의 교과목은 어학, 나전학, 산술, 대수학, 기하학, 지리학, 박물학, 물리학, 화학, 반역反譯, 체조와 외국역사·경제·수신·국체國體 등 국서國書에 관한 것이었다.

1877년 문부성은 직할의 도쿄개성학교와 도쿄의학교를 합병하여 도쿄대학을 만들고 의학부 등 네 학부를 두었다. 의학부의 예과 과정은 5년이었다. 예과생은 물리학, 화학, 식물학, 동물학, 광물학, 대수학, 기하학, 삼각술三角術, 독일어학, 나전어학라틴어 등을 배웠다.

1882년 도쿄대학의 의학부 예과는 폐지되고, 1883년에 도쿄대학 예비문豫備

7 본문에서 보겠지만 1945년 이전 일본 교육제도 내에서 의학만의 '예과교육'을 찾기 힘들다. 따라서 '의예과'보다는 '의학기초교육'으로 표기하였다.

門이 설치되었다. 1885년 예비문은 도쿄대학의 관리를 벗어나 문부성 직할로 되고, 1886년 「중학교령」에 따라서 제일고등중학교로 개칭하였다. 오사카大阪의 대학분교는 제삼고등중학교로 되었다. 고등중학교의 의학부를 졸업하면 의사가 될 수 있었다. 당시 고등중학교는 전문학교의 위상이었다. 고등중학교의 수업연한은 4년이었고, 학과목은 영어, 동물학, 식물학, 화학, 체조 등의 기초과목과 해부학, 조직학, 생리학, 약물학, 병리학, 외과병리학, 내과학, 외과학, 안과학, 산과 및 부인과학, 재판의학, 위생학 등이었다.

1894년 6월 「고등학교령」이 제정되면서 각지의 고등중학교는 고등학교로 바뀌었다. 고등학교는 전문학교와 대학 예과의 성격을 갖고 있었다. 같은 해 7월 제삼고교에 의학부를 설치하고, 제일·제이·제사·제오고교 등에 의학부와 대학예과를 두었다. 수업연한은 의학부가 4년, 대학예과가 3년이었다. 1903년 「전문학교령」이 공포되면서 고등학교는 오로지 대학예과의 성격을 띠게 되었다.

1918년의 「고등학교령」과 1919년의 「고등학교규정」은 고등학교의 학과를 문과와 이과로 나누고 수업연한을 3년으로 정했다. 이과는 의학부와 공학부, 이학부, 농학부 등을 지망하는 학생들의 일반교육을 담당하였다. 학과목은 수신(3), 국어 및 한문(6), 제일외국어(20), 제2외국어(12), 수학(12), 물리(8), 화학(8), 식물 및 동물(8), 광물 및 지질(2), 심리(2), 법제 및 경제(2), 도화(4), 체조(9) 등이었다. 이 학과목은 학교에 따라 수업시수의 변동은 있었을 뿐 1943년 「고등학교규정」 개정으로 도의과道義科, 교련과, 체련과體練科가 신설될 때까지 지속되었다.[8]

1942년 현재 일본의 영역 내에서 대학 이상의 의학교육기관은 〈표 1〉과 같다. 본토와 식민지에 설립된 아홉 개의 제국대학, 사립 게이오기주쿠慶應義塾대

8 이상, 岡國臣, 「日本の醫學教育における一般教育の變遷(戰前)」, 『醫學教育』 제14권 제4호, 1983, 230~231면.

〈표 1〉 1942년 현재 일본 내 제국대학·대학의 의학교육기관

연번	구분	학교명	(의학부) 설립년도	진학	비고(전신)
1	제국대학	도쿄제국대학 (東京帝國大學, 의학부)	1886	고교	1874 도쿄의학교 (東京醫學校, (東校))
2	제국대학	교토제국대학 (京都帝國大學, 의학부)	1900	고교	
3	제국대학	규슈제국대학 (九州帝國大學, 의학부)	1903	고교	1903 교토제국대학 후쿠오카의과대학 (京都帝國大學福岡醫科大學)
4	제국대학	도호쿠제국대학 (東北帝國大學, 의학부)	1915	고교	1901 센다이의학전문학교 (仙台醫學專門學校)
5	제국대학	경성제국대학 (京城帝國大學, 의학부)	1926	예과	신설
6	제국대학	오사카제국대학 (大阪帝國大學, 의학부)	1931	고교	1903 오사카부립의학전문학교 (大阪府立醫學專門學校)
7	제국대학	타이호쿠제국대학 (臺北帝國大學, 의학부)	1936	예과	1941년 예과 설치
8	제국대학	나고야제국대학 (名古屋帝國大學, 의학부)	1939	고교	1903 아이치현립의학전문학교 (愛知縣立醫學專門學校)
9	제국대학	홋카이도제국대학 (北海道帝國大學, 의학부)	1921	예과	신설
10	관립대학	오카야마의과대학 (岡山醫科大學)	1922	고교	1901 오카야마의학전문학교 (岡山醫學專門學校)
11	관립대학	니카타의과대학 (新潟醫科大學)	1922	고교	1910 니가타의학전문학교 (新潟醫學專門學校)
12	관립대학	가나자와의과대학 (金澤醫科大學)	1923	고교	1901 가나자와의학전문학교 (金澤醫學專門學校)
13	관립대학	치바의과대학 (千葉醫科大學)	1923	고교	1901 치바의학전문학교 (千葉醫學專門學校)
14	관립대학	나가사키의과대학 (長崎醫科大學)	1923	고교	1901 나가사키의학전문학교 (長崎醫學專門學校)
15	관립대학	구마모토의과대학 (熊本醫科大學)	1929	고교	1901 구마모토의학전문학교 (熊本醫學專門學校)
16	공립대학	교토부립의과대학 (京都府立醫科大學)	1921	예과	1903 교토부립의학전문학교 (京都府立醫學專門學校)
17	사립대학	게이오기주쿠대학 (慶應義塾大學, 의학부)	1920	예과	1917 대학의학과 예과
18	사립대학	도쿄지게이카이의과대학 (東京慈惠會醫科大學)	1921	예과	도쿄지게이카이의학전문학교 (東京慈惠會醫院醫學專門學校)
19	사립대학	니혼대학(日本大學, 의학부)	1942	예과	
20	사립대학	니혼의과대학(日本醫科大學)	1926	예과	니혼의학전문학교 (日本醫學專門學校)
21	사립대학	만주의과대학(滿洲醫科大學)	1922	예과	

(출처) 文部省專門學務局 編, 『(昭和十七年十月三十日現在) 高等諸學校一覽』, 1942, pp.1~39

학과 니혼日本대학은 의학부를 두었다. 관립의학전문학교에서 승격한 여섯 개의 관립의과대학과 공립 교토京都부립의과대학, 사립의과대학들은 의학교육 전문이었다.

경성과 타이호쿠臺北, 홋카이도北海道 등 제국대학과 공·사립대학은 예과를 설치하여 학생을 충원하였다. 나머지 제국대학과 관립의과대학은 고등학교 졸업자 중에서 학생을 선발하였다. 달리 말해 이들 대학의 기초교육은 각각 대학 예과와 고등학교 이과에서 담당하였다.

〈표 2〉 제국대학 예과의 커리큘럼

	홋카이도제국대학 예과(이과)		타이호쿠제국대학 예과			
	1935년	1943년	1941년	1943년		
수신	3	3	3	도의과		2
국어 및 한문	6	6	6	인문과		6
제일외국어	28[9]	28	27	외국어	독어	11
제이외국어	(9)	9	9		영어	6
라틴어			1			
수학	12(2)	12(2)	9	수학과		10
물리	8	8	8	물리과		8
화학	8	8	8	화학과		8
식물 및 동물	4(4)	4(4)	9	박물과		7
광물 및 지질	2	2				
철학개설			2			
심리	2	2	2			
법제 및 경제	2	2	2			
도화	4(2)	4(2)	4			
체조	9	9	9	체조과		4
				교련과		6
계	104(96)	96	99	계		68

(출처) 北海道帝國大學, 『北海道帝國大學一覽 昭和十年』, 1935, pp.183~186; 北海道帝國大學, 『北海道帝國大學一覽 昭和十八年』, 1943, pp.98~100; 臺北帝國大學, 『臺北帝國大學一覽 昭和十六年』, 1941, pp.114~115; 臺北帝國大學, 『臺北帝國大學一覽 昭和十八年』, 1944, p.132

홋카이도제대는 농학부, 의학부, 공학부, 이학부 등 이과 계통만 설치하였다. 의학부 진학자를 위한 커리큘럼은 따로 없이 예과 교육은 공통이었다. 타이호쿠제대臺北帝大 의학부는 1936년에 출발했지만 예과는 1941년에 설치되었다. 예과 이전에는 고등학교 졸업자 중에서 선발하였다. 타이호쿠제대 예과의 경우 1943년에 수업연한이 3년에서 2년으로 단축되었다.

앞의 고등학교 교육과정과 비교했을 때 수신, 국어 및 한문, 수학, 물리, 화학, 식물 및 동물, 광물 및 지질, 심리, 법제와 경제, 도화, 체조 등은 같거나 거의 비슷하다. 타이호쿠제대는 철학개설을 둔 대신에 광물과 지질을 가르치지 않았다. 타이호쿠제대는 수학 시간을 줄이고 라틴어에 한 시간을 배정하였다. 두 학교 모두 의학교육을 위해 영어보다 독일어에 세 배 가량의 시간을 할당하였다. 이·공·농학부를 지원하는 고등학생과 반대였다.

〈표 3〉은 예과를 둔 공·사립대학의 의학기초교육 현황이다. 조선의 의학교육기관과 비교하기 위해 1935년 전후의 현황을 조사하였다. 우선 수신은 공통이다. 여러모로 특징적인 만주의과대학도 마찬가지였다. 수학, 물리학, 화학, 체조, 심리, 법제와 경제도 비교적 비슷한 비중을 두었다. 이과 공통의 커리큘럼을 운용하는 제국대학과 관립의과대학과 달리 의학예과는 도화를 가르치지 않았다. 곧 도화는 이·공·농학부 지원자를 위한 과목이었다. 광물과 지질도 일본 본토의 관공립대학의 필수 과목이었지만 사립대학은 별도의 시간을 배정하지 않았다.

게이오기주쿠대학의 특징은 국어 및 한문을 줄이고, 법제와 경제를 없앴다. 또 수학보다 물리학과 화학, 생물학에 비중을 더 두었고 유일하게 이론화학을

---

9 원래 제1외국어는 영어, 제2외국어는 독일어이다. 이 경우 영어 필수 20시간과 독일어 선택 9시간이다. 단 지망에 따라서 독일어를 제일외국어로, 영어를 제이외국어로 할 수 있다. 위 표는 독일어를 제일외국어로 할 때이다.

가르쳤다. 도쿄지케이카이東京慈惠會의대와 만주의대는 독일어의 비중을 줄이고 영어를 강조하였다. 만주인과 중국인이 다수 재학했던 만주의대는 지역의 특성상 상호의 언어를 익힐 수 있도록 일본인 학생에게는 중국어를, 만주인·중국인 학생에게는 일본어를 따로 가르쳤다. 중국어 시간이 따로 없었던 타이호쿠제대와 비교된다.

〈표 3〉 공사립 의과대학 예과의 커리큘럼

	교토부립(京都府立) 의과대학	게이오기주쿠대학(慶應義塾大學) 의학부	도쿄지케이카이(東京慈惠會) 의과대학	니혼(日本) 의과대학	만주의과대학	
수신	3	3	3	3	3	
국어 및 한문	6	3	6	6	6	일본인
중국어	–	–	–	–	11	
한문	–	–	–	–	9	만주·중국인
일본어	–	–	–	–	8	
독일어	30	28	23	33	23	
영어	9	11	18	6	16	
라틴어	1	2	1	2	1	
수학	10	8	10	10	9	
물리(학)	9	10	8	8	8	
화학	9	10	8	8	8	
이론화학	–	–	–	–	–	
식물과 동물(생물학)	9	12	8	10	10	
광물과 지질(학)	2	–	–	–	–	
심리(학)	2	2	2	3	1	
법제경제	2	-	2	2	-	
체조	9(1)	6	8	9	9	
계	101(1)	96	97	100	105	

(출처) 京都府立醫科大學, 『京都府立醫科大學一覽 昭和十年十一月』, 1935, pp.89~90; 慶應義塾, 『慶應義塾總覽 昭和十五年』, 1940, p.42; 東京慈惠會醫科大學, 『東京慈惠會醫科大學一覽 昭和拾年九月』, 1935, pp.73~74; 日本醫科大學, 『日本醫科大學一覽』, 1936, pp.55~56; 滿洲醫科大學, 『滿洲醫科大學一覽 昭和九年一月』, pp.53~54.
(비고) 교토부립의 ( )는 武道 선택과목

한편 1945년 이전 일본에서는 대학 외에 따로 의학전문학교를 설치하여 의사를 양성하였다. 〈표 4〉는 1942년 현재 일본 영역 내에서 설립된 관공사립 의학전문학교의 현황이다. 본토 내의 관공립 전문학교는 모두 의과대학으로 승격한 까닭에 식민지인 조선과 대만에만 관공립 의학전문학교가 있었다. 본토의 의학전문학교는 모두 사립이었다.

〈표 4〉 1942년 현재 일본 내 의학전문학교 현황

연번	구분	학교명	인가연도	수업연한	비고(전신)
1	관립	경성의학전문학교	1922	4년	
2	관립	타이호쿠제국대학(臺北帝國大學) 부속의학전문부(付屬醫學專門部)	1926	4년	
3	공립	대구의학전문학교	1933	4년	
4	공립	평양의학전문학교	1933	4년	
5	사립	세브란스의학전문학교	1922	4년	
6	사립	경성여자의학전문학교	1938	5년	예과 1년
7	사립	큐슈의학전문학교 (九州醫學專門學校)	1928	4년	
8	사립	오사카고등의학전문학교 (大阪高等醫學專門學校)	1927	4년	
9	사립	오사카여자고등의학전문학교 (大阪女子高等醫學專門學校)	1928	5년	예과 1년
10	사립	도쿄여자의학전문학교 (東京女子醫學專門學校)	1912	5년	예과 1년
11	사립	도쿄의학전문학교 (東京醫學專門學校)	1918	4년	
12	사립	쇼아의학전문학교 (昭和醫學專門學校)	1928	4년	
13	사립	이와테의학전문학교 (岩手醫學專門學校)	1928	4년	
14	사립	제국여자의학약학전문학교 (帝國女子醫學藥學專門學校)	1925	5년	예과 1년

(출처) 文部省專門學務局 編, 『(昭和十七年十月三十日現在) 高等諸學校一覽』, 1942, pp.1~39.

일본의 사립의학전문학교는 「일람」이 남아있지 않아 커리큘럼 확인이 어렵다. 도쿄여자의학전문학교의 경우 예과와 본과를 합해 윤리(5), 독일어 및 영어(34), 국한문(3), 수학(5), 물리학(4), 화학(6), 동물학(2), 식물학(2), 체조(6) 등을 가르쳤다. 이 중 윤리, 외국어, 체조를 제외한 나머지 과목은 예과에서만 가르쳤다.[10]

〈표 5〉 경성제국대학 예과 중 이과 커리큘럼

	1924	1934	1938		1940	
			갑류	을류	갑류	을류
수신	2	3	3		3	
국어 및 한문	2	6	6		6	
제일외국어(독어)	20	28	12	28	12	28
제이외국어(영어)	4	9	20	9	20	9
라틴어	1	1	0	1	0	1
수학	7	11	15	11	15	11
물리	8	9	9		9	
화학	8	9	9		9	
식물과 동물	7	10	5	10	4	10
광물과 지질	–	–	–		2	0
심리	2	2	2		2	
역사	–	2	2		2	
법제와 경제	–	2	2		2	
도화	1	–	6	0	6	0
체조	6	9	9		9	
계	68	101	101		101	

	1943	
	갑류	을류
도의과	70	70
인문과	195	195
외국어과	500	565
수학과	460	130
물리과	330	265
화학과	265	265
박물과	100	-
체련과	130	130
교련과	200	200
계	2,250	

(출처) 『朝鮮總督府官報』, 1924.5.2 · 1934.3.31 · 1938.4.19 · 1943.5.7

10 東京女子醫學專門學校, 『東京女子醫學專門學校一覽』, 1937, pp.55~58.

3. 1945년 이전 조선의 의학기초교육

1) 경성제국대학 예과의 커리큘럼

경성제국대학 예과는 1924년 개교한 이래 「경성제국대학예과규정」을 여러 차례 개정했다. 커리큘럼의 변동은 네 차례 있었다. 이중 1938년과 1940년은 이공학부 진학 예정인 이과 갑류의 학과목과 수업시수를 조정하였다. 의학부 진학자인 이과 을류는 1934년과 1943년만 변하였다. 1934년의 개정은 기존의 예과 2년을 3년으로 연장하면서 그에 따른 시수 개정이었다. 따라서 1938년의 개정안이 의학 예과의 기초교육 내용이라 할 수 있다.

이과 갑류와 을류의 분리에서 생물학식물과 동물은 의대 진학자를 위한 과목이며 '광물과 지질'과 도화는 이공학부 대상이었음을 알 수 있다. 어학과 인문사회 기초과목은 본토의 대학 커리큘럼과 거의 같지만 1934년부터 추가된 역사는 경성제대만의 특색이다.

경성제대 예과를 마치고 의학부로 진학한 한심석은, 예과 시절을 아래와 같이 회고하였다.

> 당시 예과 이과의 교과목은 장차 의학부에 진학하여 의학을 전공하기에 필요한 교양과목과 기본과목인 독어, 영어, 라틴어, 한문, 수학, 물리, 화학, 동물, 식물, 심리 등을 교수했는데 지금의 의예과의 교과목과 별로 다른 점이 없었으나 당시 일본 의학교육은 독일 의학교육을 도입하고 있어서 의학부에서는 독일 의학서적을 많이 읽어야 했으므로 독일 교육에 치중하는 경향이 있어서 독어강의에 주당 10시간을 배당했으며, 독어회화 시간도 있었다. 이와는 반대로 영어는 주당 4시간에 불과했으며 생물통계학 강의는 없었다. 당시 예과의 수업상황을 보면 지금과 다름없이 자연계 과목들은 필기식 강의와 실습에 치중했다. 영어와 독어 강의는 수필, 소설류

를 교재로 많이 사용했다.[11]

1930년대 예과는 독일어 교육에 치중하였음을 알 수 있다. 일본 의학이 독일 의학의 영향을 깊게 받은 탓이었다. 의학부 교수의 90% 이상이 독일 유학을 다녀왔고 1940년대는 독일과 동맹관계였다. 의학용어 대부분이 독일어였고, 교재도 독일에서 수입한 것을 활용했다. 전쟁기에는 독일어 시간이 주당 12~13시간으로 늘어났다. 독일어 때문에 낙제하는 학생도 부지기수였다.[12] 미국과 전면전에 돌입한 이후 학교에서 영어과를 폐지하고 영어과 교수를 추방하면서 독일어의 위세는 더 높아졌다.[13]

문태준은 예과 시절을 자유주의로 표현했다. 교수진도 자유주의자의 냄새를 풍겼고, 청량리의 예과 교정은 "자유로운 학문의 전당"이었다. 의과대학을 위한 과정이었지만 자연과학보다 문학, 철학, 외국어 등 문과 쪽 과목이 많아서 즐거웠다고 회고하였다.[14] 1940년대 초에 예과를 다녔던 이문호도 예과 시절을 "아주 유유자적한 기간"이었으며, 많은 자유가 주어지되 별다른 제재를 받지 않았다고 하였다.[15] 당시 예과는 낙제만 면하면 학부에 자동 진학했기 때문에 일본인 학생들은 본토의 고등학생처럼 학업에 열중하기보다 낭만을 즐기는 경향이었다.[16]

하지만 전쟁이 본격화 되고 전황이 불리해지면서 수업 여건은 나빠졌다. 1944년 학생근로동원이 시작되자 예과 학생 전체가 함경남도 흥남시에서 알루미늄 제조에 동원되었다.[17] 본과조차 일본인 교수들 대부분이 군의관으로 입대하고,

---

11 韓沁錫, 『冠岳을 바라보며(回顧錄)』, 一潮閣, 1981, 26~27면.
12 李文鎬, 『의학 사랑 60년-青峰 李文鎬 博士 回顧錄』, 중앙문화사, 2001, 30~32면.
13 권이혁, 『또 하나의 언덕』, 신원문화사, 1993, 54면.
14 문태준, 『모든 사람에게 건강을-德巖 文太俊 回顧錄』, 샘터사, 1997, 33~34면.
15 李文鎬, 앞의 책, 26면.
16 韓沁錫, 앞의 책, 29면.

연구 도구나 실험용 동물들이 제대로 갖추어지지 않은 연구실에서 강의가 진행되었다.[18] 예과 교육도 별반 다르지 않았다.

2) 의학전문학교의 커리큘럼

세브란스의학전문학교의 커리큘럼은 여러 차례 개정되었는데 세브란스의전만의 특징이 있다. 첫째로 외국어 과목에서 영어의 비중이 압도적으로 높다. 선교사들의 영향으로 미국 의학이 수입되고 미국유학을 목표로 한 까닭이었다. 상대적으로 독일어는 1935년 개정 때 처음으로 도입되었다. 1939년 개정 때는 영어를 비롯하여 일본어, 독일어, 중국어 모두 두 시간으로 배정되었다.

둘째로 화학을 제외한 이과 기초 과목을 거의 가르치지 않았다. 1917년에 수학과 물리학 교과가 있었지만 1923년 개정 때 제외했다가 1939년에 한 시간 내외를 배정하였다. 셋째로 대학의 거의 필수과목인 법제경제나 심리학 등 과목을 전혀 볼 수 없다.

〈표 6〉 세브란스의학전문학교의 '의학예과' 커리큘럼

		1917	1923	1935	1939	욱의전(旭醫專) 1944	
수신	윤리	4	4	4	4	도의	140
국어	(일본어)	9	6	6	2	인문	140
외국어	라틴어			1		외국어	105
	영어	8	17	10	2		
	독일어			6	2		
	중국어				2		
화학	강의·실습	6	4	4	4/3	이수(理數)	105
물리학		4			1		
생물학					2/3		
수학		2			1		

17 문태준, 앞의 책, 34면.
18 이문호, 앞의 책, 25면.

		1917	1923	1935	1939	욱의전(旭醫專) 1944	
체조			4	8	8	체련	420
						교련	392
계		33	35	39	24	계	1,302

(출처) CATALOGUE SEVERANCE UNION MEDICAL COLLEGE, 1917, pp.23~33;
『セブランス聯合醫學專門學校一覽』, 1923, pp.16~20; 『セブランス聯合醫學專門學校一覽』, 1934, pp.31~34;
『セブランス聯合醫學專門學校一覽』, 1939, pp.31~34; 「第四編 旭醫學專門學校諸規程」, 1944[19]

미국인 교수들이 추방된 뒤 정상적으로 운영되지 못하던 세브란스의전의 수업은, 전시체제기로 돌입하면서 더욱 파행적으로 되었다.

하루도 편한 날이 없이 군사훈련, 방공연습, 근로동원에 시달리곤 했다. 아침마다 학교운동장에서 하는 조회부터가 군대식이고 한 주일에도 두 번씩 오후가 되면 총을 메고 한강변까지 행군을 해서 모래사장에서 포복훈련까지 하는 바람에 도대체 대학에 들어온 것인지, 군대에 들어온 것인지 분간이 되지 않을 정도였다. 그러니 사각모를 쓰고 으스댈 기회는 거의 없고 전투모를 쓰고 지내는 시간이 더 많았다. (…중략…) 그런 반면 정작교실에서의 강의나 실습은 몇 과목을 제외하고는 산만하기 그지 없었다. 교과서나 참고서도 거의 없고 유인물로 된 교재도 나누어주지 않았다.[20]

우리가 입학1944년-인용자을 하고 난 후 학교 생활을 하면서 병행해서 꼬박꼬박 했던 것이 바로 당시 '나가노시마中の島'로 불리던 여의도의 섬에서 일본인 배속 장교와 함께 일주일에 한 번씩 군사 훈련을 하는 일이었다. 여기에 불참하는 학생은

19 1944년 8월 21일에 인가된 「旭醫學專門學校學則」을 수록한 이 자료의 원 출전을 알 수 없는데 문서철에서 낱장으로 떨어져 나온 듯하다. 학칙을 제공해준 연세대학교 의과대학 동은의학박물관에 감사드린다.

20 又仁, 양재모, 『사랑의 빚만 지고』, 큐라인, 2001, 91면.

가차없이 무기정학을 당하는 등 학교 분위기도 상당히 군대물이 들어 있었다. (…중략…) 구하기 힘든 교과서는 주로 선배들에게서 물려받거나 혹은 내용을 일일이 베껴서 썼다. 그래도 다들 참 열심히 공부를 했다. 교과서마저 귀한 판에 의과대학 강의에서는 필수적이라고도 할 수 있는 실험실습 등은 엄두도 낼 수 없었다.[21]

가르칠 교수는 부족한데 학생은 정원을 넘었다. 교실이 부족해서 키 순서대로 두 반으로 분반하였다. 교과서도 없었고 실험실습은 꿈꿀 수도 없었다. 그나마 군사훈련 때문에 수업도 제대로 이루어지지 않았다. 일제 말기의 상황이었다.

경성의학전문학교는 관립인 만큼 커리큘럼 편성에서 조선총독부의 정책에 민감하였다. 경성제대 예과와 마찬가지로 외국어에서 독일어의 비중이 높았다. 조선인 학생들이 일본어를 배우듯이 1910년대에 한해서 일본인 학생들은 조

〈표 7〉 경성의학전문학교의 '의학예과' 커리큘럼

과목	1916	1922	1928	1938.4	1938.5	1940
수신	4	4	4	4	4	6
국어	8	6	6	3	2	2
중국어	–	–	–	–	2	2
조선어	8	–	–	–	–	
영어	–	4	4	1	–	
독일어	8	12	12	12	12	12
수학	2	–	–	–	–	
물리학	4	–	–	–	–	
화학	4	4	4	4	4	4
체조	7	4	9.5	8.5	8.5	8.5
계	37	34	39.5	32.5	32.5	34.5

(출처) 『朝鮮總督府官報』 1916.4.1; 1922.4.1; 1928.9.13; 1938.4.2; 1938.5.21; 1940.4.1
(비고) 1916년 중 국어는 조선인, 조선어는 일본인 학생에게 적용

21 이동희, 『뿌리 깊은 꿈』, 덕수출판사, 1996, 99~101면.

선어를 배웠다. 세브란스의전처럼 경성의전도 1920년대 이후 수학과 물리학 수업이 사라졌다. 모든 학교의 공통 필수과목인 수신과 국어, 체조를 빼면 경성의전의 기초과목은 독일어와 화학이었고, 제이외국어로서 영어를 보완하였다.

1933년 공립학교로서 대구와 평양에 의학전문학교가 설립되었다. 1939년에는 사립 경성여자의학전문학교가 인가를 받았고, 1944년에 광주의학전문학교가 의학교육을 시작하였다. 설립 당시 대구와 평양의학전문학교의 커리큘럼은 거의 같다. 경성의전처럼 화학에 일부 시간을 배정한 외에 의학의 기초과목은 독일어뿐이었다. 교수진이 경성제국대학의 영향을 받은 까닭이었다.

〈표 8〉 대구, 평양, 경성여자의전의 '의학예과' 커리큘럼

	대구의전 (1933)	평양의전 (1933)	경성여자의전(1941)		
			예과	본과	계
수신	4	4	1	4	5
국어(조선어)	4	4	4	4	8
일본학			1	3	4
가정학			1		1
수학			4		4
물리학	4		4		4
화학		4	7		7
생물학			4		4
독일어	12	12	4	2	6
중국어			2	4	6
라틴어			0.5		0.5
체조	6	6	2	6	8
	30(127.5)	30(131)	34.5	23	57.5

(출처) 『朝鮮總督府官報』 1933.3.17; 平壤醫學專門學校, 『平壤醫學專門學校一覽 昭和八年』, 1933, pp.22~25; 京城女子醫學專門學校, 『京城女子醫學專門學校一覽 昭和十六年』, 1941, pp.27~30
(비고) 국어는 조선어를 상용하는 자에게, 조선어는 국어를 상용하는 자에게 교수

경성여자의전은 특이하게 예과 1년과 본과 4년의 5년제였다. 고등여학교에서 부족했던 1년을 예과라는 명목으로 더 교육하도록 하여 5년제로 정해졌

다.[22] 1943년 4월 학칙 개정안이 통과되면서 예과를 없애고 본과를 5년으로 하였다. 1학년부터 보통학과 외에 기초의학의 일부를 가르치고 2학년 이상에서 임상의학 실습시간을 주로 배정하였다.[23]

예과 수업에서는 화학의 비중이 높고 물리학, 수학, 생물학을 고르게 가르쳤다. 여학교의 특성인지 가정학이 있었고, 전시 상황을 반영하여 일본학을 배당하였다. 독일어가 중심이었지만 비중은 크지 않았다.

조선의 전문학교는 관공립의 경우 큰 특색 없이 독일어와 화학이 중심이었다. 사립인 세브란스의전도 영어의 비중이 크다는 점을 제외하면 관립과 크게 다르지 않았다. 다만 1938년 이후 커리큘럼에서 지나어, 곧 중국어가 적지만 공통적으로 등장하였다. 일본에서 없던 조선만의 현상이었다.

1938년 조선총독부는 중일전쟁 이후 대륙진출을 적극적으로 모색한다면서 실업 중등학교에 지나어과支那語科를 필수과로 개설하였다.[24] 이어 일중日中친선을 명목으로 조선총독부 산하의 각 전문학교에도 지나어과를 필수과정으로 지정하였다. 대중국 무역 등을 위해 고등상업학교에는 전임 1명을 두고, 기타 전문학교에는 겸임 강사 2명을 채용하여 일인당 일주일에 15시간 정도를 맡길 계획이었다. 총독부는 북경신민회에 강사 추천을 의뢰하였다.[25] 조선총독부는 세브란스의전에도 1939년 4월부터 지나어를 교수하고, 사립전문학교로서는 처음으로 군사의학軍事醫學을 시작할 것을 지정하였다. 오긍선 교장도 총독부의 방침을 따를 것을 약속하였다.[26]

전문학교에서 중국어 교수를 강요한 조선총독부는 점차 영어를 배제시켰다.

---

22 高麗大學校醫科大學校友會, 『明倫半世紀 - 高麗醫大50年史』, 1988, 31면.
23 「女醫專學則改正案 正式認可 - 豫科制度를 廢止」, 『매일신보』, 1943.2.19, 2면.
24 「大陸進出積極策으로 實業校에 支那語必須」, 『매일신보』, 1938.4.8, 3면.
25 「專門學校에도 支那語必須科」, 『매일신보』, 1938.5.4, 2면.
26 「믯슌學園에 朗報 - 軍事醫學을 施設」, 『매일신보』, 1939.1.23, 2면.

조선총독부는 대학 예과와 전문학교 입시에서 영어의 폐단을 줄인다는 명목으로 1940년부터 외국어 시험을 폐지한다고 선언하였다. 말이 외국어시험일 뿐 거의 영어였기 때문에 오직 입시를 위해 공부하는 현상을 타개한다는 명분이었다. 단 이것은 조선에만 해당될 뿐 일본 본토나 만주로 진학하려는 학생은 별도로 영어를 공부해야 했다.[27]

4. 해방과 의예과의 도입

1945년 이전 한국은 일본 의학교육의 틀 속에 있었다. 당시 일본에서 의예과에 해당되는 과정은, (제국)대학의 경우 고등학교 이과와 예과였다. 특정한 시기에 갑류와 을류로 구분되기 전, 고등학교 이과와 대학 예과는 의학부 외에 이학부, 공학부, 농학부 지원자를 함께 가르쳤다. 의학의 예비과정으로서 존재했던 시기는 길지 않았다. 조선에서 여기에 해당하는 학교는 경성제국대학 예과였다.

한편 의학교육은 의학전문학교에서도 이루어졌다. 고등학교와 대학 예과 3년에 본과 3년을 배우는 대학과 달리, 전문학교는 4년제였다. 곧 6년 동안 대학에서 배울 내용을 전문학교는 4년 만에 가르쳤다. 2년의 차이만큼 이수할 과목과 수업시수도 적었다. 또 전문학교는 별도의 '예과' 과정을 두지 않았다. 조선에서는 관립으로 경성의전, 대구의전, 평양의전, 광주의전이 설립되었고 사립으로는 세브란스의전과 경성여의전이 있었다.

해방 이후 혼란된 상황 속에서도 일제시기의 각 전문학교는 수업 재개와 함께 대학 승격을 준비하였다. 그 결과 세브란스의전, 경성의전, 대구의전, 광주

27 「大學과 專門校入試에 英語는 斷然廢止」, 『매일신보』, 1939.7.15, 2면.

의전이 각각 세브란스의과대학이하 세브란스의대로 줄임, 서울의과대학, 대구의과대학, 광주의과대학으로 승격하였다. 경성여의전은 1948년에 서울여자의과대학으로 승격하였다.

한편 1945년 11월 조선교육평의회의 한 분과로 조선의학교육심의회가 설립되어 ① 의과대학 예과 설립, ② 의학교과서 통일, ③ 졸업생 연구 기관 설립 계획, ④ 이 연구기관에 대한 장학부조(보조금), ⑤ 의학교의 남녀공학, ⑥ 의학회의에 대한 의안, ⑦ 의학교 입학에 대한 시험표준과 자격 등을 심의하였다.[28] 12월 초에 열린 심의회 결과 의과대학에 예과를 신설한다는 안 등을 결의하였다.[29]

1946년 6월에 예과 도입안이 통과되자[30] 세브란스의대는 같은 해 9월에 첫 예과부 학생을 모집하고 이 해를 마지막으로 전문학교 학생의 모집을 중단하였다.[31] 광주의대는 1946년부터 예과와 전문부 학생을 함께 모집하다가 1949년부터 예과만 모집한 사실을 확인할 수 있다.[32] 대구의대도 전문부만 모집하다가 1949년부터 예과생을 뽑았다.[33] 서울여자의과대학은 승격한 1948년부터 예과생을 모집하였다.[34] 한편 국립종합대학설치안으로 4년제의 경성의과대

28 「醫學教育評議會 發表」, 『民衆日報』, 1945.11.11, 1면; 「醫學教育評議會 斯界權威들이 結成」, 『中央新聞』, 1945.11.11, 2면.

29 「朝鮮醫學教育確立에 邁進」, 『民衆日報』, 1945.12.4, 2면; 「兩醫大豫科를 新設－醫學教育審議會서 決議」, 『中央新聞』, 1945.12.4, 2면

30 「세브란스 의과대학 의예과 제1회 입학생, 이상종(李祥鍾)」, 『연세의사학』 제21권 제1호, 2018, 130면.

31 又仁 양재모, 앞의 책, 95면.

32 전남대학교 의과대학·의학전문대학원, 『사진으로 보는 70년史』 2015, 49면; 「광고－광주의과대학」, 『中央新聞』, 1947.6.8, 1면; 「광고－광주의과대학」, 『朝鮮中央日報』, 1949.7.10, 1면. 현재 자료는 1949년부터 확인되는데 아마도 1948년부터 모집했을 것이다.

33 「광고－대구의과대학」, 『嶺南日報』, 1947.5.21, 1면; 「광고－대구의과대학」, 『嶺南日報』, 1949.5.28, 1면; 「광고－대구의과대학」, 『聯合新聞』, 1950.4.23, 2면. 광주의대와 마찬가지로 1948년부터 예과생을 모집했을 가능성이 높다.

34 「광고－서울여자의과대학」, 『婦人新報』 1948.6.9, 2면.

<표 9> 제국대학 출신 이학사 명단

졸업년월	동경(東京)	경도(京都)	동북(東北)	북해도(北海道)	대판(大阪)
1926.3	최윤식(수학)				
1927.3			최삼열(화학)		
1929.3			강영환(물리) 이진문(수학) 장기원(수학)		
1930.3	김종원(지질) 도상록(물리)		김호직(생물) 박동길(광물) 이귀화(화학) 정두현(생물) 최종환(수학)		
1932.3		김정수(화학)	정순택(수학)		
1933.3		신건희(물리)		권영대(물리)	
1934.3			임극제(물리)		
1935.3	김지정(수학)	김한태(지질)			
1937.3			박승훈(생물) 최득원(화학)		
1938.3				한인석(물리)	배재묵(물리)
1940.3			김준민(생물)	최평즙(지질)	
1941.3				손치무(지질)	
1941.12			牧山○馥 (물리)	전평수(물리) 정병준(지질)	
1942.9				이민재(식물) 龍谷起(식물)	

(출처) 京都帝國大學, 『京都帝國大學一覽』, 1933~1942년판; 大阪帝國大學, 『大阪帝國大學一覽 昭和十八年』; 東京帝國大學, 『東京帝國大學卒業生氏名錄』, 1939; 東京帝國大學, 『東京帝國大學一覽 昭和十七年』; 東北帝國大學, 『東北帝國大學一覽 昭和十七年版』; 北海道帝國大學, 『北海道帝國大學一覽』, 1936~1943년판.

학과 6년제의 경성대학 의학부가 통합된 서울대학은, 두 대학의 학생을 동등하게 취급할 수 없다는 이유로 옛 경성의전계 학생을 '전문부'라는 특별부제를 두고 운용하였다. 전문부는 일제시기의 학제와 해방 후 학제의 변화 속에서 나타난 과도기적인 제도였다.

해방 후 한국에서 4+4년제가 아닌 2+4년제가 결정되었지만 후자조차 쉽지 않았다. 경성대학은 해방 이전에 예과를 운영했지만 단일 의과대학으로서 예과를 바로 설치한 곳은 세브란스의대가 유일했다. 다른 의과대학은 예과를 바로 설치하지 않고 전문부를 운영하였다. 세브란스의대 의예과 1기인 이상종은 스물한두 살에 의사, 달리 말해 의예과보다 2년 먼저 졸업을 할 수 있어서 전문부를 선택하는 학생들이 있었다고 회고하였다.[35] 다른 대학으로 확대 해석하면, 학생의 수요 때문에 전문부에서 의예과 전환이 지체되었을 가능성도 배제할 수는 없다.

앞서 김택중의 추론처럼 대학 수료자나 학사 학위를 가진 사람이 드물어서 4+4년제를 선택하지 못했을 수도 있지만, 해방 이전부터 대학 자체적으로 기초과학을 가르칠 수 있었던 곳은 경성제국대학밖에 없었다. 해방 후도 마찬가지였다. 모든 의과대학의 교수직을 감당할 의학박사는 모자라지 않았지만[36] 이학박사,[37] 아니 이학사조차 충분하지 않았다. 시설이나 재정도 문제였지만 무엇보다도 교수 요원이 부족했음을 알 수 있다. 세브란스의대의 경우 세브란스의전 출신을 기초의학의 전임강사급으로 활용하였는데, 예과 과정을 거치지 않았기 때문에 의과대학 교수 자격 논란이 일기도 했다.[38]

과거 의전에서 출발한 의과대학이 전문부를 폐지하고 의예과를 설치할 무렵, 서울대는 1948년 8월에 제정된 학칙에 따라 의예과부를 문리대 의예과2년에 편입시켰다. 전공과목은 라틴어, 수학, 심리학, 윤리학, 일반화학, 유기화학, 물리화학, 화학실험, 일반물리학, 현대물리학, 물리실험, 일반생물학, 유전학, 비교해부학, 발생학, 동물실험, 해부실험 등 17과목이었다.[39] 한편 1948년 세브

---

35 「세브란스 의과대학 의예과 제1회 입학생, 이상종(李祥鍾)」, 『연세의사학』 제21권 제1호, 2018, 139면.

36 奇昌德, 『韓國近代醫學教育史』, 아카데미아, 1995; 通堂あゆみ, 「博士學位受與機能から考察する京城帝國大學醫學部の'教室'」, 『九州史學』 제167호, 九州史學硏究會, 2014; 이현희, 「1930~40년대 세브란스의학전문학교 출신 교토제국대학 의학박사의 배출과 의학연구」, 『연세의사학』 제21권 제2호, 2018 등.

37 이학박사는 1931년 9월 22일에 교토제대에서 학위를 취득한 이태규가 유일했다.

38 「세브란스 의과대학 의예과 제1회 입학생, 이상종(李祥鍾)」, 『연세의사학』 제21권 제1호, 2018, 141면.

39 서울대학교 의과대학사 편찬위원회, 『서울大學校 醫科大學史』, 서울대 의과대학, 1978, 100면.

란스의대와 연희대학은 통합을 결의하였다. 따라서 1949년부터 연희대학은 세브란스의대의 위탁을 받아 이학원에 의예과를 두었다.[40] 이후 의과대학 내에 예과를 두었던 곳들도 점차 종합대학으로 변하면서 서울대와 세브란스의대처럼 의예과 교육을 이과에 맡겼다. 한국형 의예과의 두 번째 특징은, 단일 의과대학이 종합대학의 한 학부로 되면서 생긴 현상이었다.

40 연세 과학기술 100년사 편찬위원회, 『연세 과학기술 100년사 – 제1권 통사편』 연세대 대학출판문화원, 2015, 96~97면.

찾아보기

ㄴ

ㄷ

ㅊ

필자 소개(수록순)

정준영 鄭駿永, Jung Joon-Young

서울대학교 규장각한국학연구원 교수. 서울대학교 사회학과를 졸업하고 동 대학원에서 석사와 박사학위를 받았다. 일본 교토대학 외국인 공동연구자, 한림대학교 일본학연구소 연구교수를 역임했다. 역사사회학과 지식사회사가 전공이며, 한국에서 근대학문이 어떻게 제도화된 형태로 지금에 이르기까지 발전할 수 있었는지에 대해 지속적으로 연구해왔다. 「피의 인종주의와 식민지의학」, 「제국 일본의 도서관체제와 경성제대 도서관」, 「한국전쟁과 냉전의 사회과학자들」 등의 논문을 발표했으며, 저서로는 『경성제국대학 법문학부와 조선연구』, 공저로는 『식민권력과 근대지식』, 『팬데믹 너머 대학의 미래를 묻다』 등이 있다. 동료 연구자들과 함께 한국 대학사에 대한 새로운 연구 가능성을 지속적으로 모색하고 있다.

김일환 金日煥, Kim Il-Hwan

서울과학기술대학교 인문사회교양학부 교수. 서울대학교 사회학과 대학원에서 「한국 사립대학체제의 형성과 재단법인의 정치」로 박사학위를 받았다. 지은 책으로는 『절멸과 갱생 사이－형제복지원의 사회학』(공저)이, 논문으로는 「'부재지주', '영리기업'에서 '기생적 존재'로－1950년대 문교재단의 경제적 실천과 한국 사립대학」 등이 있다.

조은진 趙慇珍, Cho Eun-Jin

서울대학교 역사학부 강사. 근대 식민지기 관립전문학교의 형성에 대한 연구로 서울대학교 국사학과 대학원에서 문학석사학위를 취득하였고, 식민지기 전문학교 및 근현대 한국의 고등교육과 관련하여 연구 활동을 지속하고 있다. 논문으로는 「1920년대 관립전문학교 대학 승격 운동의 추이와 성격」이 있다.

강명숙 姜明淑, Kang Myung-Sook

배재대학교 교직부 교수. 교육학 박사. 한국근현대교육사 전공자로 대학에서 교육학을 가르치고 있다. 주요 논저는 『대학과 대학생의 시대』(서해문집, 2018), 『사립학교의 기원』(학이시습, 2015) 등이 있고 일제 침탈사 자료총서 가운데 『교육정책 (1), (2)』(동북아역사재단, 2021)를 공동 편역하였다.

김필동 金弼東, Kim Pil-Dong

충남대학교 사회학과 교수로 재직했고 현재는 명예교수이다.

사회 신분, 사회 조직, 마을연구, 비교사회학, 고등교육, 사회학사 등의 분야에 관심을 갖고 연구를 해왔다. 주요 저서로 『한국사회조직사연구』(1992), 『한국사회사의 이해』(공편저, 1995), 『차별과 연대』(1998), 『충남지역 마을연구－비교와 종합』(편저, 2011) 등이 있고, 마을연구단의 공동연구원들과 함께 「충남지역 마을지총서」(전 14권)를 펴낸 바 있다. 최근에는 주로 한국사회학사에 관한 연구를 해오고 있다.

윤해동 尹海東, Yun Hae-Dong

서울대학교에서 박사학위 취득, 현재 한양대 비교역사문화연구소 교수이다. 한국사와 동아시아사를 대상으로 한 저작으로 『식민지의 회색지대』(역사비평사, 2003), 『지배와 자치』(역사비평사, 2006), 『植民地がつくった近代』(三元社, 2017), 『동아시아사로 가는 길』(책과함께, 2018), 『식민국가와 대칭국가』(소명출판, 2022) 등이 있다. 주요 관심 분야는 평화와 생태를 중심으로 한 융합인문학 연구이다.

이경숙 李暻叔, Lee Kyung-Sook

경북대학교 교육학과 강사로, 근현대 교육, 지역, 불평등 문제에 관심이 많다. 『시험국민의 탄생』(2017), 「모범인간의 탄생과 유통—일제시대 학적부 분석」(2007) 등을 쓰고, 『프레이리의 교사론』(공역, 2000), 『교사는 지성인이다』(2001) 등을 번역하였다.

김근배 金根培, Kim Geun-Bae

전북대학교 과학학과 교수로 재직 중이며, 한국 과학기술사 전공자로 현대 과학기술의 사회사와 남북한 과학기술 비교연구에 관심이 있다. 대표 저서로 『한국 과학기술혁명의 구조』, 『황우석 신화와 대한민국 과학』, 『한국 근대 과학기술인력의 출현』, 『근현대 한국사회의 과학』(공편) 등이 있다.

김정인 金正仁, Kim Jeong-In

춘천교육대학교 사회과교육과 교수이자 전 한국역사연구회 회장이다. 주요 저서는 『민주주의를 향한 역사』(2015, 책과함께), 『독립을 꿈꾸는 민주주의』(2017, +책과함께), 『오늘과 마주한 3·1운동』(2019, 책과함께), 『역사전쟁, 과거를 해석하는 싸움』(2016, 책세상), 『대학과 권력』(2018, 휴머니스트)가 있다.

최은경 崔銀暻, Choi Eun-Kyung

의과대학을 졸업하고 인문의학 석박사과정을 마쳤다. 서울대학교병원 의학역사문화원 연구교수, 국가생명윤리정책원 선임연구원 등을 거쳐 현재 경북대학교 의과대학 의료인문학 전공 교수로 재직 중이다. 의료의 역사, 윤리, 인문학에 관하여 쓰고 가르친다. 지은 책으로 『감염병과 인문학』(공저), 『코로나 팬데믹과 한국의 길』(공저) 등이 있다.

장신 張信, Jang Shin

성균관대학교 동아시아학과에서 「1930·40년대 조선총독부의 사상전향정책 연구」로 문학박사학위를 받았다. 한국교원대 한국교육박물관 한국근대교육사연구센터 전임연구원을 거쳐 2020년 9월부터 한국학중앙연구원 한국학대학원에서 한국 근대사를 가르치고 있다. 최근의 관심은 한국 근대의 요시찰 제도 등 국가의 개인 감시와 통제, 그리고 한국 근현대 교육사를 제도 중심으로 연구 중이다.